广州博物馆丛书·藏品系列

广州博物馆藏丝织品

广州博物馆 编

SPM 南方传媒
广东人民出版社
·广州·

图书在版编目（CIP）数据

广州博物馆藏丝织品 / 广州博物馆编．—广州：广东人民出版社，2022.12

（广州博物馆丛书·藏品系列）

ISBN 978-7-218-16090-0

Ⅰ．①广… Ⅱ．①广… Ⅲ．①古丝绸—介绍—广州 Ⅳ．① K876.9

中国版本图书馆 CIP 数据核字（2022）第 178862 号

GUANGZHOU BOWUGUAN CANG SIZHIPIN

广州博物馆藏丝织品

广州博物馆 编

出 版 人：肖风华

责任编辑：赵 璐 周惊涛
责任技编：吴彦斌 周星奎
装帧设计：书窗工作室

出版发行：广东人民出版社
地 址：广州市越秀区大沙头四马路 10 号（邮政编码：510199）
电 话：（020）85716809（总编室）
传 真：（020）83289585
网 址：http://www.gdpph.com
印 刷：广州市人杰彩印厂
开 本：889 毫米 ×1194 毫米 1/16
印 张：25.5 字 数：392 千
版 次：2022 年 12 月第 1 版
印 次：2022 年 12 月第 1 次印刷
定 价：320.00 元

《广州博物馆丛书·藏品系列》之
《广州博物馆藏丝织品》

总　序

PREFACE

广州博物馆是华南第一座公立博物馆，也是我国最早的具有现代意义的博物馆之一，现为国家一级博物馆。建馆90余年来，通过考古挖掘、捐赠、交换、调拨、购买等方式，广州博物馆汇集了各个历史时期的藏品13.5万件，涉及陶瓷、铜器、字画、玉器、漆器、木雕、牙角雕、纺织品、石器石刻、历代碑帖、清代民国特色典籍、民俗物品、老照片、化石及矿物标本等73类，是国内藏品年代完整、材质类型丰富的知名博物馆之一。这些藏品承载着丰富的历史文化信息，是先辈们留下来的宝贵遗产，也是历代博物馆人躬勤奋进的动力源泉。

藏品是博物馆实现收藏、研究、展示和教育四大功能的物质基础，是博物馆不断发展的坚实后盾。广州博物馆同仁一直秉承“学术立馆”的理念，薪火相传，扎实开展藏品征集、整理和研究工作，铢积寸累，不断将藏品信息和研究成果公之于众，与民共享。

每座城市都有集中展示其历史文化内涵的博物馆，博物馆是城市的文化符号，承载着历史变迁和城市记忆，凸显其独特的精神品质和文化品格。充分挖掘文物的历史、艺术、科技、人文价值，让沉睡在博物馆的文物“活”起来，走近大众，进而扩大博物馆的文化影响力和感召力，是城市博物馆的职责所在。而摸清家底，厘清藏品的数量、类别、特色与价值，是博物馆各项工作的基本前提。为此，我们以“文物见证历史、述说历史”为主题策划出版《广州博物馆丛书·藏品系列》，组建研究小组启动不同课题的藏品研究、出版工作，如容庚先生捐献青铜器、龙泉瓷、德化白瓷、青花瓷、佛造像、名人手札、历代书画、丝织品、明清古琴、汉代模型明器、石湾陶、广州彩瓷、纹章瓷、广式玻璃窗、广式家具、外销画……将博大精深的中华文明、古代科技艺术、岭南文化与人文精神多元呈现，让更多的民众在进馆看展、参与活动之余，也可随时静心品读，感悟中华优秀传统文化和先人的智慧、创意。

在中华民族伟大复兴的道路上，广州博物馆人将勇挑重担、砥砺奋进，努力将广州博物馆建设成为立足广州、辐射湾区、面向世界的世界一流博物馆，成为粤港澳大湾区的文化标杆，为推动广州实现老城市新活力、发挥粤港澳大湾区核心引擎功能、建设“一带一路”重要枢纽城市发挥重要作用。千里之行，始于足下，我们希冀借助藏品研究、出版项目，继承弘扬前辈们严谨、踏实的学术作风和求索、开拓的专业精神，在各自的岗位上为中华优秀传统文化的创造性转化、创新性发展做出自己应有的贡献。

概　述

SUMMARY

中国是世界公认的丝绸发源地。

古老淳朴、绚烂精美的历代织绣品及其背后所蕴藏的造物思想、审美意涵、文化表征等，都是中华民族传统文化中的宝贵财富。随着世代传承和技艺的创新发展，织绣被运用于服饰、文化礼仪和艺术等方面，承载着人们的思想文化和审美观念，是一部生动的历史文化百科全书。这种美的技术，通过古老的海陆丝绸之路，把中国文化带到了世界各地，充当了中华文明的交流使者，为东西方文明互鉴作出了卓越贡献。

广州博物馆经过多年不懈努力，通过出土发掘、调拨移交、征集购买、接受捐赠等途径，馆藏织绣类藏品已初具规模，达2000余件。

一、入藏经过及藏品特色

广州博物馆织绣类藏品包括各类绣件（挂帐、横幅、绣片、面料、桌布、床罩等）和服饰（上衣、下裳、旗袍、云肩、披肩、外销服、鞋包）等，品类卓尔多姿，装饰繁花似锦。藏品的刺绣图案多为中国传统纹饰，寓意吉祥；刺绣技法有粤绣（广绣和潮绣）、苏绣、湘绣、京绣等，凸显各地工艺特色，为中国各类刺绣比较研究提供不可多得的实物资料。

根据相关账册记录，广州博物馆织绣类藏品入藏时间主要分为以下四个阶段。

第一阶段：20世纪60年代，为了支持地方博物馆事业发展，故宫博物院从1962年开始，多次调拨反映清代广州手工艺发展的各类藏品给广州博物馆，织绣品为其中之一，包括清代广缎广绣、印有广州商号的花绦等，共计60件（套），成为广州博物馆织绣类藏品的最早的一批收藏，也是反映清代广州织绣业发展的重要藏品，具有浓郁的岭南风格。同时期，广州博物馆接收了一批由广州市文化公园移交的广绣及少数民族服饰，主要为民国至现代苗族、瑶族服饰及织物，共计60件（套）。

清代蓝地金色斜万字广缎　故宫博物院调拨

清代月白缎地水墨莲花蝶绦　故宫博物院调拨

第二阶段：广州城市考古事业从20世纪50年代开始蓬勃发展，广州市文物管理委员会考古组在广州市中心地段发掘出多座古代墓葬，部分出土织绣品于20世纪70年代移交给广州博物馆，入藏25件（套），其中最为著名的是明代戴缙夫妇墓出土的织绣品。墓址位于广州市东山（今越秀区）梅花村象栏岗，1956年发掘，墓中出土多件金银绣绣制衣裙、匹料织物，是研究明代服饰和纺织工艺的重要实物资料。

第三阶段：20世纪90年代开始，因应广州老城区的规划改造以及非物质文化遗产的传承和保护，更好地保留城市记忆、记录地方文化发展，广州博物馆开始收藏反映广州民俗风情、手工艺发展的民国至现代绣件和服饰。其后，为配合反映广州外销历史的相关展览，对极具岭南特色的广绣，如喜帐绣件、裙褂及旗袍加大征集力度，其中喜帐多为广州状元坊产品。广州博物馆将广州改革开放40年来城市文化变迁、市民生活变化的纺织品，也纳入馆藏收藏方向。目前此类织绣品、纺织品达300余件（套）。

第四阶段：2015年开始，为配合新馆筹建工作，广州博物馆对织绣类藏品加大了征集力度，不断补充相关缺项。时任广州博物馆馆长李穗梅与华人藏家梁学培、余翠雁伉俪因学术会议结识，达成织绣品征集意向。在广州市文化广电旅游局的大力支持及广州博物馆领导同事的共同努力下，经过8年时间，现已向梁学培、余翠雁伉俪征集织绣类藏品1600余件（套）。这批藏品包括清宫内廷女服、外销广绣披肩（又称“马尼拉披肩”）、广绣喜帐挂件、旗袍、外销服、马面裙、云肩等，其中清宫氅衣及衬衣、外销披肩、外销服饰、云肩均属广州博物馆首次收藏的织绣类别，补充了该类收藏的缺项，使之渐成规模并形成系列。

二、织绣类藏品的保护和利用

为更好地保护中华传统织绣文化遗产，广州博物馆在开展织绣品征集工作的同时，也积极开展织绣品整理研究与保护利用工作，目前已与故宫博物院、广东民间工艺博物馆、苏州丝绸博物馆、苏州大学、江南大学等机构联合开展织绣品保护研究项目，不断拓展对相关藏品的研究、保护和利用。2021年，为更好地对藏品历史价值、工艺特色进行分类研究，广州博物馆启动了“广州博物馆藏丝织品研究保护”项目，并邀请江南大学设计学院专业团队参与，馆校合作取长补短，共同推动对馆藏中华优秀传统织绣文化的传承和创新。项目组以代表性、全面性、科学性为原则，以传统服饰形制及其艺术特色为脉络，甄选出近 200件（套）服饰织绣精品，包含了上衣、下裳、衣裳（套）、袍服、足服、云肩、绣件等主要品类，通过对每件藏品的造型、装饰、功能进行分析研究，展现出广州博物馆馆藏服饰织绣的工艺特色与风格。

此外，通过对织绣品的地域文化表征、工艺纹饰进行整理、归纳和总结，拣选具有重要历史价值和艺术价值的织绣品，参与馆内多个展览，如“广州历史陈列”“海贸遗珍——清代广州外销艺术品”“百家服——百年服饰选萃”“广州民俗”“苏州样 广州匠——明清苏广工艺精品联展”“匠心神巧——广作特展”“春暖我家——纪念广州改革开放三十周年博物展”等。今后，广州博物馆将通过对藏品的进一步丰富、整理与研究，继续加强文物的保护和利用，致力于弘扬中华优秀传统织绣文化，展现其独特魅力，当好传统文化的守护者和传播者，让丰硕成果为社会各界所共享。

广州博物馆织绣类藏品的丰富与补充得到各方支持，感谢广东省文物鉴定站潘鸣皋、杨穗敏、赵敏、吴生道、丁新义等多位专家的现场鉴定与指导，感谢肖洽龙、陈滢、黄海妍、李岚、罗兴连、梁正君等专家对藏品的评审及肯定。

历经2年的努力，《广州博物馆藏丝织品》即将付梓。本书是广州博物馆40多年织绣类藏品征集收藏的一张答卷，更是近8年织绣类藏品体系逐渐丰富、完备的一次呈现。如何全面地展示广州博物馆文博工作者40多年的努力，如何提升本书的知识性、准确性、可读性，是一道道横亘在编者面前的难题。我们组织专业人员对馆藏2000余件织绣品进行系统整理、归类、鉴别，在此基础上精选不同类别、不同年代、不同用途和不同工艺图案的最具代表性藏品进行深入研究，力求反映中国刺绣历史、地域特色和民俗文化。本书图版部分分为八章。前面七章分别介绍不同类型的织绣品，第八章为特色藏品解析；文稿部分汇聚了七位海内外文博、高校、丝织品行业研究人员的研究文章，从织绣工艺、贸易历史、民俗文化、中西交流、保护修复不同角度进行论述，为文博同行、研究学者和收藏爱好者提供了丰富的资料。

感谢余翠雁、李宏复、胡继芳的专题授课与培训交流，严勇、沈洁对清代宫廷女服的鉴定与相关知识指导，郑乃谦关于马尼拉披肩历史和工艺的多次授课及实物鉴别。本书在编写过程中得到了专家们的指导，也尽力吸收和参考了一些专家的研究成果。感谢黄海妍和罗兴连对书稿内容的细致审查，以及江南大学崔荣荣教授及其团队的辛勤工作，他们为本书增色不少。在校对过程中得到同事们的大力支持与努力付出，广东人民出版社工作人员为该书出版做了大量的协助工作。

因学识有限，书中错漏在所难免，敬请专家和广大读者不吝赐教。

目　录

CONTENTS

廣州博物館
GUANGZHOU MUSEUM

广州博物馆丛书·藏品系列

广州博物馆藏丝织品

图 版

PLATES

第一章 轻裾罗衣

我国传统上衣种类丰富，有长有短，有厚有薄，有丝有棉；亦有多种称谓，例如『袄』『褂』『襦』『半臂』『比甲』『褙子』等。襦为上衣的最早形式之一，长至腰间称为『腰襦』，最为常见；而长至腰下称为『长襦』，较为罕见。袄和衫常以厚薄区分，一般厚称为袄，薄称为衫；从袖长来看，半臂为半袖，裲裆、比甲为无袖。

袄、褂、衫为民间常见形制。袄，即有衬里的上衣，衣长一般不超过膝盖，近代形制为大襟窄袖，介于袍（上下通裁的中式外衣，直腰身、长度过膝）和襦之间，是我国民间的日常必备服装。明清时期妇女穿袄比较普遍，至近代剪裁逐渐趋向合体。褂，是指罩在外面的衣服，通常是正式场合穿着的一种礼服，常为对襟样式。衫，古代指无袖头的开衩上衣，现指单件上衣。衫比袄薄，按长短分为长衫和短衫，按内外穿用分为汗衫、罩衫等。

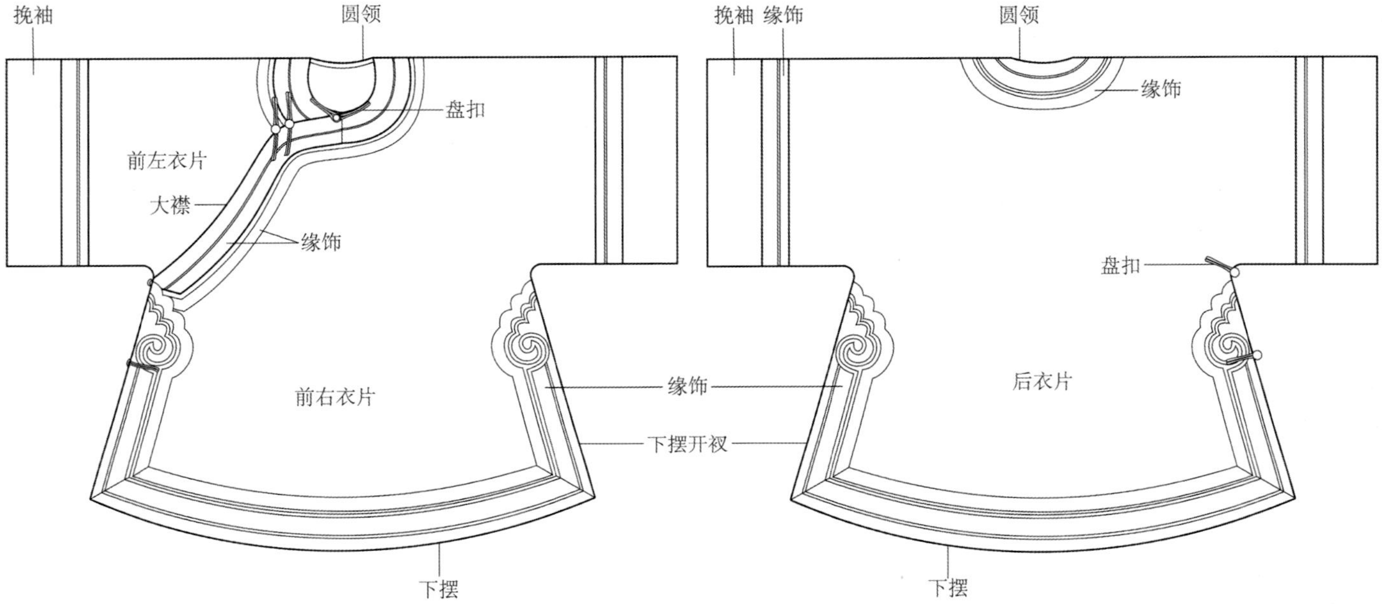

袄示意图

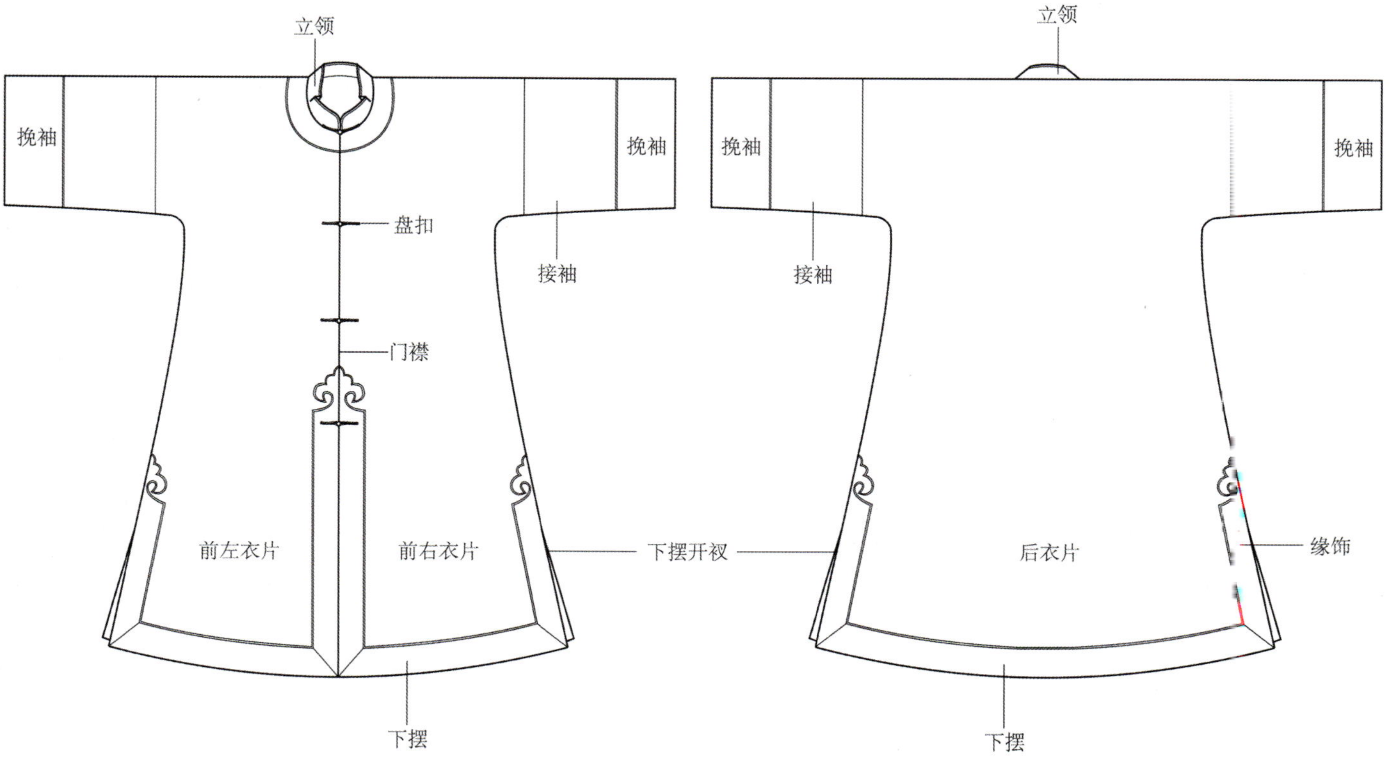

衵示意图

1

红缎地贴绣蝶恋花纹女袄　清代

衣长65厘米　通袖长92.4厘米　下摆宽66厘米

整体造型宽大，无领，大襟，有五颗一字扣，扣头材质略有不同；衣袖长及手肘，袖口平直，有蓝色镶边；衣身下摆呈弧形，两侧至腰部有如意云形开衩设计。女袄选用绸缎面料，以红色为主色调，衣身贴绣三蓝（采用深浅不同的蓝色绣线绣制出颜色深浅变化、明暗分明的各式纹样）蝴蝶花卉纹样，寓意富贵吉祥；其中蝴蝶、花卉大小以及形象各异，形态饱满，风格样式统一，布局错落有致，在红色的映衬下，显得更加富贵雅致。在领圈（指领子与衣身的拼缝部位，即领下口围）、门襟、袖口中部、下摆与开衩处均有黑缎缘饰（指服饰边缘部位的装饰），周围搭配蓝白细织带与米白地花边，整体装饰精致丰富，颜色与图案对比强烈又不失美感。

“蝶恋花”本是唐代教坊曲名，曾叫“鹊踏枝”“凤栖梧”“鱼水同欢”，宋代改为“蝶恋花”，因其形神兼备，是吉祥纹饰的重要题材，广泛应用在各式各样的女红作品之中，以此来表达男女之间的爱慕之情和人们内心对永恒爱情的祈盼。

2

钻蓝缎地绣龙凤花卉纹女袄　清末

衣长132厘米　通袖长176厘米　下摆宽93厘米

款式宽松，圆领，大襟，领口、大襟、腋下处各有一颗金属扣头的一字扣，且扣子颜色与衣身一致；衣袖自肩部到袖口逐渐收紧，袖口平直；衣身自胸部至下摆逐渐扩大，下摆呈弧形，两侧开衩。面料选用钴蓝色暗纹缎，搭配浅蓝色内衬，领圈、大襟、袖口、下摆、开衩处皆有三蓝绣花卉纹缘饰，开衩上方有如意云形装饰，配以黑色包边。衣身装饰以刺绣龙凤纹、折枝花卉纹为主，有菊花、梅花、荷花、牡丹和竹子等，龙纹搭配云纹，凤纹搭配牡丹和云纹，呈分散点状平均分布在衣身各处，布局饱满，寓意富贵吉祥、坚贞不屈、高洁出尘。刺绣图案以纯度低、明度高的浅色绣线为主，整体配色清雅脱俗，和谐统一。

3

蓝色暗花缎地绣花鸟纹女袄　民国

衣长92厘米　通袖长136厘米　下摆宽94厘米

衣身造型宽大，圆领，大襟，在领口、大襟、腋下、身侧共有六颗一字扣；袖身及袖口平直，袖长及至腕部；衣身胸部至下摆逐渐扩大，下摆呈弧形，两侧开衩。在袖口设有黑色绸缎质地的挽袖，且在领圈、大襟、下摆开衩处均有如意云形缘饰。最具特色的是缘饰内侧有蕾丝花边，该蕾丝花边并非常见的样式，而是由“寿”字纹组成，颇具中国民俗韵味。这件女袄色彩靓丽，蓝色缎面衣身与黑色布料宽幅缘饰对比强烈，云纹在蓝色面料上若隐若现，搭配黑色蕾丝和白地蓝花织带后，使整体颜色更加和谐统一。衣身刺绣纹样丰富，“凤戏牡丹”、荷叶、莲花、菊花、梅花、兰花、竹叶、芍药等纹样，以团花或折枝花的形式出现，表达女性对幸福美好生活的向往。

挽袖作为传统女装袖口的重要装饰，在结构上是女装的接袖部分，以线缝缀在衣袖之内，呈带状花边环绕袖口，穿时翻卷在外，所以被形象地称为挽袖、引袖。在功能上，挽袖可以调节穿着时袖子的长短，随举止而显露人前，长度服贴衣服，常与衣身、领饰图案相呼应，起到美化、装饰服装之用。

4

蓝色暗花绸地镶黑边宽袖女袄　民国

衣长90.5厘米　通袖长136厘米　下摆宽92厘米

圆领，大襟，领口内外边缘装饰有黑色包边和粉红色织带，领口、大襟、腋下、身侧处共有六颗金属扣头的一字扣；长袖款式，袖身、袖口宽大，配有淡粉色挽袖，袖长及至腕部；衣身自胸部至下摆逐渐扩大，下摆呈弧形，两侧开衩。衣身主体选用蓝色暗纹绸缎面料，搭配浅蓝色内衬；在领圈、大襟、下摆、开衩处有黑色绸缎如意云形宽边，外侧设同色细滚边，宽边内层有姜黄色织带，使其细节更加丰富。挽袖采用刺绣技法，左右分别绣制了插花、抚琴、赏花、嬉戏的四位少女形象，描绘亭台水榭间闲散生活的场景，绣线以蓝色为主，呼应衣身用色，整体给人颜色靓丽又极具趣味之感。

滚边也称包边，用一定宽度的布条熨烫后扣缝在织物边缘，原本是出于包裹缝头、避免抽丝的实用考虑，后来发展成为具有一定装饰性能的独特技法。

5

蓝色暗花缎地绣团龙花卉纹宽袖女袄　民国

衣长97厘米　通袖长118.4厘米　下摆宽98厘米

衣身造型宽大，领口紧窄；最具特色的是超过半身长度的衣袖，与同时期的倒大袖不同，此件女袄为直袖形制，袖口上缘肩部与下缘腰部平行，并无收紧或扩大；由于其独特的袖型，使衣身前幅扣合点下移至腰部，门襟长度也随之加长。衣身色彩以天蓝色为主，搭配黑色宽边缘饰以及袖口的彩色细镶边；衣身缘饰自领口过门襟连接下摆，在两侧腰身处做如意云头镂空变化。值得一提的是，袖口有数条镶边隐藏在内部，翻卷后才能显露出来。衣身正中绣团龙纹，龙身造型惟妙惟肖，四周以散点式分布刺绣六簇花枝纹，造型各异，以牙白、桃红和淡绿色为主。衣身选用提花暗纹绸缎面料，黑色缘饰选用棉布材质，精致华贵。

6

粉红暗花缎地镶黑边女袄　民国

衣长88厘米　通袖长160厘米　下摆宽79厘米

整体造型宽大，圆领，大襟，衣袖袖身至袖口微微收紧，袖口平直，有黑色挽袖，袖子偏长；衣身胸部至下摆逐渐扩大，下摆呈弧形，衣身两侧设有开衩；在大襟处有蝴蝶与花篮形状的盘花扣，领口、腋下、身侧各有一颗圆形盘花扣，大襟内设口袋。面料选用粉红色暗花绸缎材质，搭配黑色绸缎作为主色调，内衬为天蓝色面料；在领圈、大襟、下摆以及开衩处均有黑色如意云形宽边作装饰，内侧镶黑色花卉纹缘边；如意云头、领口下方以及背面运用挖云工艺做出莲花、兰花、蝴蝶、五福捧寿等纹饰，象征坚贞不渝的爱情，寓意美好。整体造型简洁，配色和谐统一，具有简约之美。

挖云，也称挖镶、镂空，属于中国传统服饰装饰工艺的一种，与传统剪纸类似，在面料上进行挖剪，底衬同色或撞色的面料营造出立体感，纹样面积通常较小，具有极强的立体镂空效果，因所挖花纹以云纹为主，故称为挖云。

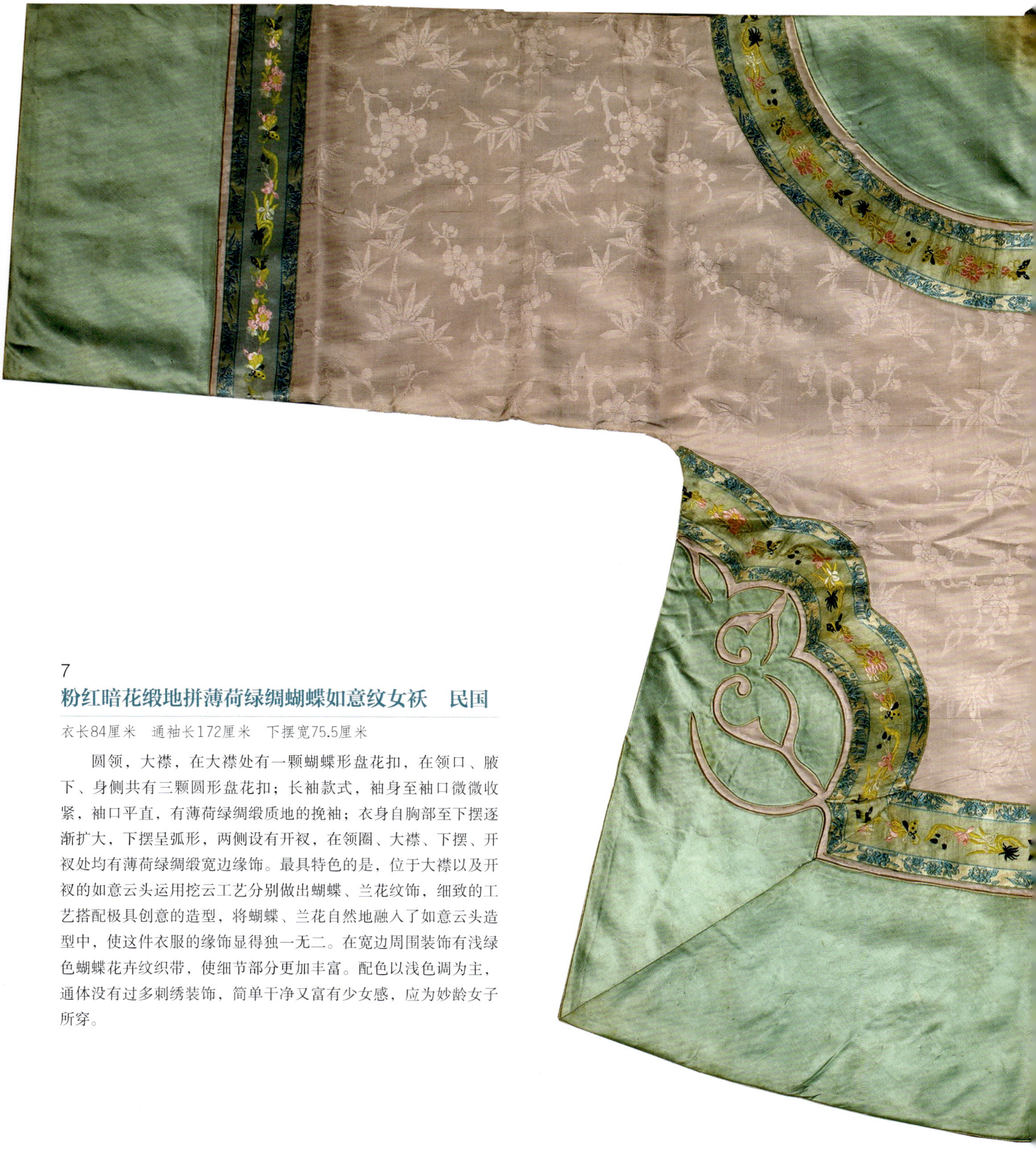

7
粉红暗花缎地拼薄荷绿绸蝴蝶如意纹女袄　民国

衣长84厘米　通袖长172厘米　下摆宽75.5厘米

圆领，大襟，在大襟处有一颗蝴蝶形盘花扣，在领口、腋下、身侧共有三颗圆形盘花扣；长袖款式，袖身至袖口微微收紧，袖口平直，有薄荷绿绸缎质地的挽袖；衣身自胸部至下摆逐渐扩大，下摆呈弧形，两侧设有开衩，在领圈、大襟、下摆、开衩处均有薄荷绿绸缎宽边缘饰。最具特色的是，位于大襟以及开衩的如意云头运用挖云工艺分别做出蝴蝶、兰花纹饰，细致的工艺搭配极具创意的造型，将蝴蝶、兰花自然地融入了如意云头造型中，使这件衣服的缘饰显得独一无二。在宽边周围装饰有浅绿色蝴蝶花卉纹织带，使细节部分更加丰富。配色以浅色调为主，通体没有过多刺绣装饰，简单干净又富有少女感，应为妙龄女子所穿。

8

淡灰暗花缎挖云蝴蝶花卉纹女袄　民国

衣长88厘米　通袖长160厘米　下摆宽72.5厘米

圆领，大襟，在大襟处有一颗由蝙蝠、金钱组成的盘花扣，腋下、身侧各有一颗圆形盘花扣；衣袖袖身及袖口平直，衣身自胸部至下摆逐渐扩大，下摆呈弧形，两侧有较高开衩。选用绸缎面料，以淡灰色和黑色为主色调，内衬选用天蓝色进行搭配，在领圈、大襟、袖口、下摆、开衩处均有黑色绸缎宽边和米白色细滚边装饰，其中大襟、衣身两侧开衩处的缘饰为如意云形，蝴蝶、兰花纹饰以挖云工艺表现，象征品质高洁、坚贞不屈；在缘饰内侧，均设有淡黄色花鸟织带。面料暗纹为梅花、灵芝与竹子，有节节高升、事事如意的美好寓意；衣身整体装饰简洁，清丽雅致，精致且不俗。

9

浅绿暗花缎绣蝶恋花纹女袄　民国

衣长88厘米　通袖长155厘米　下摆宽92厘米

整体造型宽大，圆领，大襟，领口设有低领座（指上衣领口至领子之间的连接部分），在大襟处有一颗花篮底折枝梅花形盘花扣，领口、腋下、身侧各有一颗圆形盘花扣；衣袖袖身及袖口平直，衣身胸部至下摆逐渐扩大，下摆呈弧形，两侧设有较低开衩；选用绸缎面料，以浅绿色和黑色为主色调，同样选用浅绿色内衬进行搭配，领圈、大襟、袖口、下摆、开衩处均有黑色绸缎宽边，内侧设有米白色织带；大襟、衣身两侧开衩处有如意云形缘饰，并在衣身下摆两侧夹角处配有挖云工艺的装饰。款式简洁，面料为菊花暗纹，刺绣图案以兰花、荷花、牡丹、竹子纹样为主，蝴蝶纹饰穿梭其间，显得灵气生动；花卉刺绣用色淡雅，与衣身整体色调搭配和谐，有着坚贞不渝、富贵姻缘的美好寓意。

10

浅绿暗花缎地镶黑缎边女袄　民国

衣长87.5厘米　通袖长126厘米　下摆宽72.5厘米

圆领，大襟，在大襟处有两颗黑色盘花扣；长袖款式，袖身及袖口平直，袖长及至腕部，与其他女上衣不同的是这件衣服有肩斜（指肩线与水平线存在角度，且角度为从两个领高点拉一直线，与肩线之间的夹角）设计，这种设计令衣服穿着更加合身；衣身为长款，自胸部至下摆逐渐扩大，下摆呈弧形，两侧设有开衩；在袖口、领口、下摆、开衩处均有三层黑色缘饰，在缘饰边缘与夹缝处镶有淡粉色细镶滚（是女装滚边中最窄的一种，仅0.2厘米左右，缝制好后滚边呈圆形，像一根细香），并在缘饰外层有浅色织带缘饰。装饰元素上最具特色的是开衩、大襟如意云头采用挖云工艺，在大襟处装饰为凤凰衔着长笛，长笛为韩湘子的宝物，有万物焕发生机、生机勃勃之意，与凤凰和寿字纹组合，有富贵长寿的寓意。选用浅绿色暗纹绸缎面料，暗纹为三多纹与花卉纹，以黑、绿配色为主，整体和谐统一，颜色清新雅致。

11

浅玫红缎绣蝶恋花纹女袄　民国

衣长85厘米　通袖长126厘米　下摆宽78厘米

衣身造型宽大，立领，大襟，特别之处在于这件衣服的领子为前长后短式，前领高大于后领高；衣扣较多，领口处有四颗，大襟处两颗，腋下一颗，身侧四颗，均为一字扣；长袖款式，袖长及至腕部，袖身至袖口逐渐收紧，袖口平直。衣身自胸部至下摆逐渐扩大，下摆呈弧形，两侧有高开衩；在领口、领圈、大襟、下摆、开衩处有双层黑色绸缎缘边，在大襟和开衩的包边一侧有如意云形设计。衣身装饰以刺绣为主，纹样为蝴蝶花卉纹，左右对称；花卉分别有梅花、牡丹、白玉兰、水仙、菊花、兰花、竹子等，不同姿态、不同颜色的蝴蝶穿梭其间，寓意美好姻缘；衣身以浅玫红色配色为主，颜色搭配和谐，素雅清新。

12

红缎地绣和合二仙十二生肖纹女袄　民国

衣长71厘米　通袖长125厘米　下摆宽74厘米

款式合身，圆领，领口、腋下、身侧各有两条布带；长袖款式，袖长及腕部，袖身至袖口逐渐收紧且袖口平直，有接袖（又称找袖，指衣袖因布幅宽度的限制而采用的拼接结构）；衣身胸部至下摆逐渐扩大，下摆呈弧形，两侧设有较高开衩。衣身选用绸缎面料，以红色为主色调，内衬选用浅蓝色，搭配大面积刺绣，领口处有一圈同面料无刺绣装饰的拼接设计，没有多余的缘饰。女袄主体刺绣以平针绣为主，少量打籽绣点缀，纹样以和合二仙为主，并刺绣花卉、锦鲤海水、十二生肖等纹样。和合二仙图案是中国传统象征形象，有百年好合、家庭和睦的寓意；锦鲤则象征年年有余与好运；十二生肖是我国传统文化的重要组成部分，有着深厚的文化内涵，从古至今人们赋予了十二种动物不同的生肖象征意义，常作为吉祥物出现，寓意吉祥。纹样布局饱满，主次分明，绣工精致且内容丰富，富有美感。

13

红缎地盘金绣和合二仙花卉纹女袄　民国

衣长71厘米　通袖长125厘米　下摆宽74厘米

立领，大襟，领口、大襟、腋下、身侧各有一颗一字扣；衣袖袖口宽度大于袖窿，袖型呈喇叭形，为典型的倒大袖款式，袖长及腕部，袖口平直；衣身胸部至下摆逐渐扩大，下摆呈弧形，两侧有较高开衩。衣身选用绸缎面料，有大面积盘金刺绣，几乎看不见底布，内衬选用玫红色进行搭配，在领口、领圈、门襟、袖口、下摆、开衩处均有蓝粉色织带。以平针绣与盘金绣相结合的技法刺绣和合二仙图案，搭配花卉纹，寓意富贵和谐、婚姻美满。纹样左右对称，布局饱满，红色绣线与面料颜色相互呼应匹配，刺绣技艺繁复精致，内容丰富，富有美感。

盘金绣是指将金线按照相同或者不同的方向不断地回旋、盘绕，并以与金色色相近似的细丝线或棉线将金线钉缝固定在织物表面，形成装饰纹样。绣线有双金和单金之分，两根金线并在一起绣的称双金绣，一根金线单绣称单金绣，双金绣使用相对较广。

14

黑色暗花缎地镶黑边女袄　民国

衣长83厘米　通袖长173厘米　下摆宽70厘米

圆领，大襟，领口边缘有黑色细滚边，领口、大襟、腋下、身侧处共有六颗金属扣头的一字扣；长袖款式，袖身至袖口平直，有接袖，配有黑色缎面挽袖，挽袖由三块长条形面料拼接而成，在内侧设一层相对较窄的黑色同面料缘饰；衣身自胸部至下摆逐渐扩大，下摆呈弧形，两侧开衩。选用黑色暗纹绸缎面料，暗纹为梅、兰、竹、菊四君子纹样，寓意美好，搭配天蓝色内衬；在领圈、大襟、下摆、开衩处有黑色绸缎宽边，和挽袖相同，都是由三层长条面料拼接加上最外一层缘饰组合而成，开衩部分为如意云形缘饰，边缘处有黑色细镶滚，做工精致。

15

粉紫缎地绣花卉纹女袄　民国

衣长51.3厘米　通袖长104厘米　下摆宽47.3厘米

立领，大襟，属袖长及至肘部的短款上衣。领口、大襟处各有一颗粉青双色圆形盘花扣，腋下、身侧共有三颗青色盘花扣；衣袖袖身与袖口平直，无接袖设计，衣身下摆呈微微的弧形，无开衩设计。选用粉紫色缎面面料，搭配青色内衬；领口、门襟、袖口、下摆处皆有青色细镶滚；刺绣装饰在领口、领圈、袖口、门襟及下摆处，图案以花卉为主，用渐变的粉紫色、橙色、青色和黄色表现，搭配枝叶纹饰，极具少女感，寓意美好。配色选用的粉紫色与青色，虽色相不同，但纯度相近，均不是艳丽的色彩，显得非常和谐，有清丽雅致之感，推测可能是富裕人家的妙龄少女所穿。

女袄整体尺寸相较于清代衣裳缩减颇多，属于民国初期的窄衣化服饰。民国承接晚清服饰形制，上衣下裳、长袍、长衫等样式仍是人们着装的主流选择。但此时的传统服饰已经不是旧时原样，伴随社会变革与生活变迁，服饰结构、纹饰等设计细节势必发生改良。“博采西制，加以改良”的服饰应运而生，其中窄是相对传统服饰造型而言，指腰围、胸围及袖肥等主要部位的尺寸减少，造型变窄、变瘦，成为民国传统服饰的集体特征。

16

黑缎地绣花卉纹倒大袖女袄　民国

衣长55.2厘米　通袖长105厘米　下摆宽46厘米

短款女上衣，倒大袖款式。立领，中袖，袖长及至肘部，下摆呈弧形，两侧开衩；在领口、领圈、大襟、身侧、袖口、下摆、开衩处有蕾丝状咖啡色织带；领口有两颗一字扣，大襟、腋下、身侧各有一颗一字扣，一字扣颜色与面料颜色一致，皆为黑色绸缎质地。刺绣以花卉为主，与枝叶、藤蔓组合出现，两只绶带鸟于花间翩翩飞翔。绶带即寿带，意为长寿，同时寓意官运亨通，古代常以绶带系帷幕和印钮，不同颜色的绶带，是官吏身份和等级的象征。整体布局饱满，颜色总体纯度较低，低调华丽，和谐统一。

倒大袖是20世纪20年代女性服饰的标志性特征之一，其主要特点是袖口尺寸大于袖身尺寸，搭配较为贴身的服装样式。当时上衣一直沿用这种袖型，直至30年代后才逐步消失。民国时期，中国社会历经变革思潮，生活方式发生转变，国人的价值观念、审美情趣与消费习惯随之改变，服饰等级制度逐步瓦解，中国传统女装开始向现代女装发展，倒大袖的出现反映出这一时期思想解放风潮与女性解放的历史意义。

17

粉红缎地绣花卉纹改良女袄　民国

衣长53.6厘米　通袖长116.4厘米　下摆宽36.5厘米

大襟，立领，袖长及至腕部，属收腰的短款上衣。这件上衣与民国时期的文明新装有所不同，其袖子和下摆都呈现收的状态，并将这种反差做到了极致，因袖口和腰部的尺寸极度贴合身体，与文明新装的喇叭形相悖；在腋下处添加了拼布设计，使袖口至腰身呈弧形扩大，胳膊能够更加活动自如，并添加了胸省（位于胸部两侧下方的省道，贴合胸部造型）和腰省（指省根设在腰部的省道，呈锥形或钉子形，上下连体的做成柳叶形，突出腰部曲线美）的设计。在领口、大襟处用一字扣固定，其余部位采用暗扣方式，一字扣颜色与面料一致，皆为粉红绸缎质地；在领口、领圈、大襟、身侧、袖口、下摆、开衩处有粉红蕾丝花边；衣身上的刺绣图案以花卉枝叶为主，使用打籽绣及平针绣，花卉以及枝叶选用纯度较低的颜色，以渐变形式表现。整体布局有序，颜色搭配和谐，推测是当时时尚的年轻女性所穿。

文明新装是20世纪10至20年代由进步女学生引领的着装风尚，由倒大袖上衣及筒裙构成。女性穿后露出脚踝和手腕，提高了服装的舒适性和功能性，被认为是服饰文明的进步。

18

橄榄绿暗花缎高领短袄　民国

衣长41.8厘米　通袖长97厘米　下摆宽38厘米

短袄，立领，大襟，领座偏高，领口有三颗圆形盘花扣，大襟、腋下、身侧各一颗圆形盘花扣；衣袖为倒大袖，袖口微微弯曲，及至小臂，无接袖设计；衣身自胸部至下摆平直，下摆呈弧形，两侧无开衩。选用橄榄绿地树叶纹提花缎为主面料，除此之外没有过多装饰，提花部分由不同品种的叶子纹样构成，象征着生命与希望。款式日常、简约，方便人们穿着，颜色时髦，扣子面料与衣身统一，搭配和谐，应为年轻女性所穿。

19

绿绒地高领长袖女袄　民国

衣长62.5厘米　通袖长123.5厘米　下摆宽56厘米

立领，大襟，领座微高，袖长及至腕部，袖身自肩部到袖口收紧，与其他女上衣不同的是这件衣服有肩斜设计，在衣袖的上半部有相同面料的拼接，且拼接位置离肩部较近，推测原为短袖款式，其后接驳改成长袖款。修身，腰部收紧，下摆扩大并呈弧形，两侧有较短开衩；因面料幅宽较短，在下摆左右两侧有拼布。整体并无装饰，因收腰设计，只有腋下的一颗暗扣，暗扣下方有铜质拉链，方便穿着。选用绿色绒质面料，搭配同色系青色内衬，款式简约，颜色搭配协调，适合日常穿着。

20

浅绿缎贴绣蝴蝶纹无领倒大袖女袄　民国

衣长56厘米　通袖长102厘米　下摆宽43厘米

属无领的文明新装，衣身较短，袖长及至肘部，倒大袖，与以往不同的是，这件衣服采用插肩袖（指衣服袖子的裁片与肩膀相连，也叫连肩袖）的接袖方式；衣身与袖子相同，自胸部到下摆逐渐扩大，下摆呈弧形，没有明扣设计，皆使用暗扣，分别于领口、腋下、衣侧各有一颗。款式简单新颖，领口、门襟、下摆及袖口处皆有彩色细织带作装饰。此外，翩翩起舞的蝴蝶刺绣也是这件衣服的亮点，不同颜色、不同姿势、不同品类的蝴蝶呈散点分布，有灵动之感；浅绿色面料与淡紫色内衬均属纯度较低的颜色，绣线同样选择了纯度低的颜色，亮丽不俗，雅致清新。

该女袄是“废领运动”的产物。立领款式被奉为华服经典造型之一，一直为人们所津津乐道，然而在民国初年女性意识觉醒的时代洪流下曾因造型过于夸张而一度被废除，史称“废领运动”。在其影响下，于20世纪10年代末至20年代初，文明新装出现了很多无领或翻折领的创新设计。该女袄便采用了类似鸡心领形制，以镶边形式使新领型与衣裳完美地融合与共生。

21

紫茄缎地刺绣补子女褂　清代

衣长81厘米　通袖长128厘米　下摆宽80.5厘米

衣身造型宽大，胸口处有一颗鎏金金属扣，金属扣下有两条用于系扎的飘带。最具特色的是胸前贴绣对半裁开的补子，根据造型分析，中间的禽鸟可能是代表七品文官所用的鸂鶒，周围铺满江崖海水、如意等纹饰；补子白地黑线，使左上方的红日显得格外突出。深紫色缎面衣身与白色布料宽幅缘饰对比强烈，搭配蓝色镶边和绿色织带后，视觉上的对立感得到缓和。白地缘饰自领圈到门襟连接下摆至腰部，在腰腹两侧变化出如意云头造型，缘饰绣蝴蝶、花卉等纹样，内外边上有着极细小的花苞沿路排开，工艺技法精湛。挽袖刺绣庭院人物纹，穿着时搭于手肘处，细节抢眼。

22

黑绸地挖云花卉纹对襟女褂　清末

衣长79厘米　通袖长156厘米　下摆宽72厘米

此褂形似披风，无领，对襟，门襟处有一颗盘花扣，领口有两处线迹，似扣子，已遗失；衣袖长及腕部，袖身自袖窿至袖口逐渐收紧，袖口平直，有淡粉色地刺绣花鸟纹挽袖；衣身由胸部至下摆逐渐扩大，下摆呈弧形，两侧有如意云形开衩，与门襟处的如意形装饰相互呼应。选用绸缎面料，以黑色为主色调，搭配领圈、门襟、袖口、下摆与开衩处的淡粉色与青色缘边，其中门襟与开衩的如意形缘边相连，用挖云工艺做出佛手与牡丹纹样，寓意富贵多福。在缘边的外层有淡黄色花卉纹织带，使装饰手法更加丰富。整体配色清新淡雅，精致不俗，极具美感。

23

黑缎地绣花卉纹女褂　清末

衣长91厘米　通袖长128厘米　下摆宽68.2厘米

女褂为小立领，对襟，领高偏低，在内外边缘有黑色包边，领口有一颗布扣，门襟处有一颗盘花扣，在花扣下有两条飘带；长袖款式，袖长及至腕部，袖身至袖口微微收紧，无挽袖和接袖；衣身自胸部至下摆逐渐微扩，下摆呈弧形，两侧有高开衩。选用黑色绸缎面料，搭配天蓝色内衬；在领圈、门襟、下摆、开衩处有黑色绸缎宽边，内侧有白地刺绣花卉纹缘饰，与主体刺绣相呼应。刺绣装饰集中在正反面下摆及衣袖两侧，为团花花卉与江崖海水纹，寓意福山寿海、富贵常在。绣片运用平针绣的技法，配色以蓝色为主，搭配少量淡粉与淡紫色，呈渐变效果。绣片是提前绣制，再贴于衣身上，构图精巧，疏密有致，协调统一。

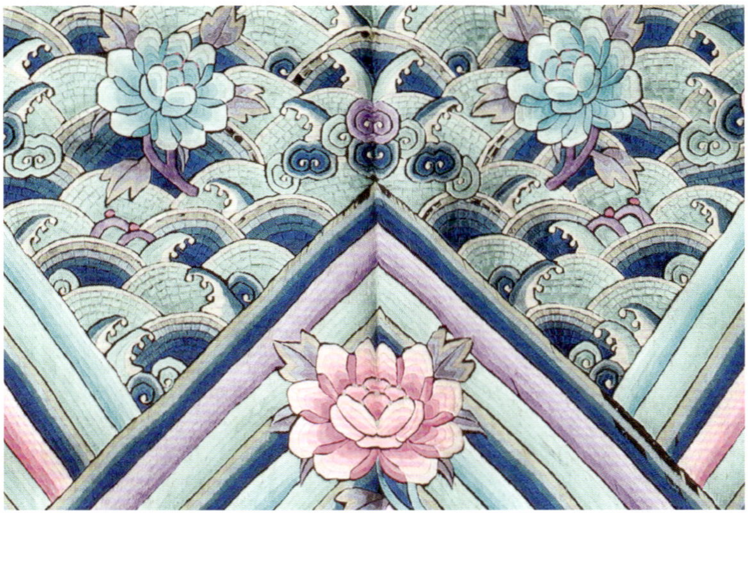

24

黑缎地绣花卉纹女褂　清末

衣长105厘米　通袖长131厘米　下摆宽81厘米

形制简约的女褂，用色典雅，装饰质朴。立领，对襟，领口到门襟共有四颗一字扣，选用与衣身包边相同的灰绿色，视觉效果和谐统一。衣袖长及手腕，有接袖；衣长过膝，无明显收腰，胸部到下摆逐渐扩大，下摆两端略有上翘，两侧开衩。选用黑色绸缎面料，内衬为淡黄色真丝材质。刺绣图案为折枝花束造型，由胸部正中及下摆两侧的三组花束组成主体图案，其余花卉分布在周围，以门襟为中线呈左右对称排列。花卉以菊花和牡丹为主，前后衣片色彩各异，基础色均为淡橙色、牙白色，前衣片为棕灰色，后衣片为蓝色，配色典雅大气，变化不沉闷。衣身缘饰为条形花卉枝叶纹，镶于领口、袖口、下摆及开衩处。绣工精美，纹样生动形象。

25

白绉夹丝棉绣龙纹褂　清末民初

衣长109厘米　通袖长148厘米　下摆宽102厘米

圆领，对襟，门襟上半部有五颗铜纽一字扣；有接袖，袖身至袖口逐渐扩大，袖长及手肘部；衣长至膝盖，胸腰处略有收拢，下摆平直，两侧有较高开衩；领口、袖口、门襟、下摆及开衩处均有拼接包边和卷草纹花边。选用白色绉为面料，内衬为淡黄色，内里填充棉絮增加保暖度，是秋冬时节所穿的外套褂衣。绉布是一种表面具有纵向均匀皱纹的薄型平纹棉织物，手感爽滑柔软，纬向具有较好的弹性。衣身前后分别刺绣两条飞龙，首尾相对，腾云在天，形象生动有神，搭配卷云纹、江崖海水纹、藤蔓纹，构图立体，气势磅礴。纹饰层次分明，整体配色和谐统一，端庄大方。

26

白丝地绣粉红蟹爪菊花纹女褂　清末民初

衣长112厘米　通袖长156厘米　下摆宽102厘米

造型宽大，圆领对襟款式，门襟处有五颗铜鎏金扣头的一字扣；衣袖长及手肘部，有接袖，袖身至袖口逐渐扩大；衣长及膝，胸腰处略有收拢，胸部至下摆逐渐加宽，两侧有开衩。衣身刺绣粉红色蟹爪菊花纹样，花瓣绽放舒展，立体生动，花叶和枝条组合连接，延绵伸展，赋予长寿之意。刺绣精致细腻，花瓣采用垫绣技法，栩栩如生。领口、袖口、门襟处皆用同色系刺绣凤鸟云纹，造型类似于云肩效果，与下摆和开衩处的单色花瓣刺绣图案相呼应。图案设计巧妙，绣工精细，色泽雅致柔和，高雅端庄。

27

深蓝缎地绣蝶恋花纹女褂　民国

衣长66厘米　通袖长134厘米　下摆宽69厘米

圆领，对襟，胸部至下摆微扩，下摆呈微微的弧形，两侧开低衩，门襟有三颗黑色一字扣，衣袖袖身及袖口平直，有接袖，袖口有白色、黑色两层刺绣挽袖装饰。选用绸缎面料，以深蓝色为主色调，搭配领圈、门襟、下摆、开衩处黑色刺绣缘边及织带作装饰。刺绣三蓝蝴蝶、牡丹纹样，蝴蝶与牡丹形态各异，造型丰富，寓意富贵姻缘；黑色缘饰刺绣花卉、金鱼纹样，白色挽袖刺绣更加丰富精致，由下而上分别是假山石木、金鱼戏水、并蒂莲花和翩翩飞舞的蝴蝶等纹样，绣工精细，意境美好，其中“鱼”与“余”同音，隐喻富裕、有余。整体颜色搭配中规中矩，极具富贵典雅之美。

28

黑色暗花纱镶边蝴蝶花卉纹女褂　民国

衣长101.5厘米　通袖长134厘米　下摆宽85厘米

立领，对襟，领口内外边缘装饰有黑色包边，于领口处设有两颗一字扣，门襟处有一颗花扣；袖身至袖口微微收紧，袖长及至腕部，有蓝色挽袖；衣身自胸部至下摆微扩，下摆呈弧形，两侧有高开衩。选用黑色暗纹纱质面料，搭配米白色内衬；在领圈、门襟、下摆、开衩处有黑色双层绸缎缘饰，缘饰内层为白地花卉刺绣织带，运用平针绣技法绣制，配色以蓝、紫为主，呼应挽袖颜色，整体颜色搭配和谐。挽袖运用钉珠绣技法，绣蝴蝶、花卉纹样，蝴蝶穿梭于鲜花之间，寓意美好爱情；装饰部分与衣身面料暗纹呼应，同为花卉纹，整体基调和谐统一。

29
黑缎地镶边福寿三多纹女褂　民国

衣长84.6厘米　通袖长155.6厘米　下摆宽74.6厘米

立领，对襟，领口有一颗金属子母扣，门襟处有一颗淡粉色圆形盘花扣，花扣下设有两条飘带，似披风形制；长袖款式，袖身至袖口微微收紧，袖口平直，有淡粉色挽袖。衣身自胸部至下摆逐渐扩大，下摆呈弧形，两侧开衩；领圈、门襟、下摆、开衩处均有黑色缎面宽边缘饰。最具特色的是门襟有上下两个如意云形缘饰，用挖云工艺分别做出了蝙蝠纹、“寿”字纹和石榴纹，蝙蝠谐音“福”，与“寿”字纹搭配象征福寿双全，而石榴则象征多子多福，加上淡粉地刺绣花鸟纹挽袖，工艺及造型精致，寓意美好。缘边内侧有淡黄色花卉纹织带，通过黑、黄的撞色对比，起到提亮效果。

30

黑缎暗花地打籽绣花蝶纹女褂　民国

衣长86厘米　通袖长158厘米　下摆宽74.6厘米

立领，对襟，领座偏高，边缘有黑色包边与米白色织带，领口有一颗一字扣；门襟无盘扣，中部仅存一条黑色飘带；长袖款式，袖口有蓝色绸缎挽袖，袖身至袖口、衣身自胸部至下摆几近平直，下摆呈弧形，两侧有较高开衩。主体选用黑色团花暗纹缎质搭配天蓝色内衬，纹饰主色调为玫红色，分布在领圈、门襟、下摆处，用打籽绣绣蝴蝶、牡丹花卉纹，花瓣呈渐变色，蝴蝶象征爱情，牡丹象征富贵，二者结合，有富贵姻缘之意。刺绣外层搭配同色系的蓝粉色与米白色织带，颜色相互呼应，和谐统一。

打籽绣为中国传统刺绣中常用技法之一，在绣地上绕一圈于圈心落针，也可绕针二三圈，在原起针旁落针，形成环形结或粒状小圈，即打籽。区别于平绣技艺以线铺排成面的造型方式，打籽绣以点的形式铺排成面，纹样由无数的小圆点组成，装饰立体感强，常用来表现花蕾，或独立使用。打籽绣绣制的图案装饰性强，坚固耐用，大大地增加纹饰的丰富性与层次感。

31

黑缎地绣牡丹纹女褂　民国

衣长61厘米　通袖长114厘米　下摆宽49厘米

立领，对襟，门襟和领口共有三颗粉红色盘花扣，衣袖袖身及袖口平直，无接袖设计，衣身自胸部至下摆逐渐扩大，下摆呈微微的弧形，两侧有约15厘米高的开衩，最下方盘花扣有两条左右对称的飘带。选用黑色缎面面料，搭配朱红色内衬；领口、领圈、门襟、袖口、下摆、开衩皆有盘金银绣的圆弧形装饰图案，因在金银绣其间用不同颜色绣线做间隔，故颜色丰富多变，毫无刻板之感。衣身刺绣极具美感，以盛开的牡丹为主体，四周缠绕各种小花作为陪衬，分布于衣身与袖口，构图饱满，层次分明，花卉边缘有同样的盘金银绣勾边，在配色和刺绣手法的运用上都自成一体，相互呼应，整体基调和谐，做工精致，寓意富贵吉祥。

32

黑缎暗花地贴绣花鸟蝴蝶纹女褂　民国

衣长84厘米　通袖长172厘米　下摆宽75.5厘米

立领，对襟，在领口、门襟处共有三颗兰花形盘花扣，在最后一颗花扣下有两条刺绣飘带；长袖，袖身平直，袖口微曲；衣身自胸部至下摆逐渐扩大，下摆呈弧形，两侧开衩；在领口、领圈、袖口、门襟、下摆、开衩处有米白色织带装饰。刺绣纹样丰富，分布在领口、门襟、袖口和下摆，有菊花、牡丹、百合等；其中，菊花寓意坚强不服输、高雅纯洁，牡丹端庄华贵，百合有百年好合之意，三者结合体现出人们对美好生活的向往。衣身为黑色团花暗纹缎面，整体配色以黑、粉为主，将提前绣制好的绣片贴绣在衣服上，整体色调统一，搭配和谐。

33

黑缎地绣花鸟纹女褂　民国

衣长68厘米　通袖长121厘米　下摆宽61.6厘米

造型微微宽大，但仍属于窄衣化服饰，立领，对襟，在领口、门襟处有五颗盘花扣，与其他同类型女褂不同的是，对襟上衣的飘带通常设在最下方的花扣下，而这件女褂的刺绣飘带则是设在倒数第三颗花扣下；袖长及至腕部，袖身平直，袖口微曲。衣身自胸部至下摆逐渐扩大，下摆呈弧形，两侧及背面中间有开衩；在领口、领圈、袖口、门襟、下摆、开衩处有米白色、粉绿色织带装饰。刺绣纹样分布于领口、领圈、门襟、飘带和袖口处，以牡丹纹为主，配以枝叶、锦鸡纹饰，有富贵吉祥、长寿之意。衣身为黑色绸缎面料，搭配玫红色内衬，绣线以玫红色渐变、青色渐变为主，颜色过渡自然，整体色调统一，搭配和谐。

34

黑缎地绣花卉纹倒大袖女褂　民国

衣长68.5厘米　通袖长124厘米　下摆宽64厘米

立领，对襟，门襟和领口共有五颗青色盘花扣；衣袖为倒大袖，袖口略有弧度，袖长及至腕部，有接袖设计；衣身自胸部至下摆逐渐扩大，下摆呈弧形，两侧与背面中线皆有高开衩，门襟处最后一颗盘花扣下有两条左右对称的飘带。选用黑色缎面面料，搭配米白色花卉纹印花内衬；领口、领圈、门襟、袖口、下摆、开衩和飘带下方边缘皆有浅金色串珠花边，在领圈处有与盘花扣颜色一致的青色细镶滚，相互呼应。在衣身的领口、门襟、袖口、飘带与背面开衩两侧皆有贴绣花卉纹装饰，主要为衣身前片与后片的兰花与石榴纹，象征多子多福、高洁和坚贞不屈。配色以浅色系为主，色调和谐统一，应为已婚的年轻女子所穿。

35

米白缎地绣花鸟纹女褂　民国

衣长70厘米　通袖长148厘米　下摆宽59厘米

造型合身，立领，对襟，领座偏高，在领口、门襟处共有四颗米白色一字扣；长袖，袖身至袖口微微收紧，袖口平直；衣身自胸部至下摆逐渐扩大，下摆呈弧形，两侧有较高开衩；在领口、领圈、袖口、门襟、下摆、开衩处有黄地几何纹包边，在领圈及门襟上半部有一圈盘金绣如意云形缘饰，与云肩领相类似。花鸟纹刺绣遍布衣身，正面左右两只鸟立于花枝，一正一反展翅欲飞，生动真实；背面一只锦鸡立于花间，两只蝴蝶环绕两侧，布局饱满；花卉以深浅渐变的蓝色为主，主次分明。衣身留白处，镶有铜色金属圆片，与包边颜色相呼应，这样的装饰手法非常少见，故推测这件女褂可能是戏服。

36

玫红缎地绣团花花卉纹女褂　民国

衣长72厘米　通袖长122厘米　下摆宽70.5厘米

立领，对襟，门襟和领口共有六颗淡青色一字扣，衣袖微扩，袖口呈弧形，为倒大袖款式，有接袖设计，衣身下摆呈弧形，两侧有较高开衩，开衩部位有如意云形缘饰，边缘用细镶滚工艺进行包边处理。选用玫红色缎面面料，搭配米白色内衬；衣领、领圈、门襟、袖口、下摆、开衩处皆有双层蓝色包边；刺绣图案主要以团花形式出现，团花以盛开的牡丹与麦穗为主体纹样，牡丹象征富贵，麦穗象征丰收，赋予作品丰盈美感；下摆、袖口处有海浪纹与花卉纹，寓意福山寿海的美。衣身图案整体布局排列呈左右对称式，颜色采用渐变形式，明艳美丽，和谐统一。

37

宝蓝缎地绣仙鹤祥云纹女褂　民国

衣长85厘米　通袖长126厘米　下摆宽78厘米

立领，对襟，门襟有五颗鋈金扣头的一字扣，衣袖微微收口，有接袖；下摆呈弧形，两侧至腰部开低衩。选用绸缎面料，以宝蓝色为主色调，整体布局排列呈左右对称，蓝地衣身上所绣图案纹样由仙鹤与祥云组成，寓意健康长寿。其中仙鹤形象各异，或站立休憩，或振翅翱翔，或仰头长鸣，造型丰富；在鹤群中穿插着升腾而起的祥云，形制简约却配色多样，红黄蓝绿皆有。在领圈、袖口、下摆镶黑色祥云缘边，虽然只有祥云纹饰，但通过色彩变化的不同丰富了缘边装饰。女褂的纹样蕴含着长寿安康的美好祈愿，应为名门之家的年老妇女所穿。

38

黑缎地金银绣团龙福寿纹女褂　民国

衣长98厘米　通袖长146厘米　下摆宽76厘米

立领，对襟，领口和门襟处有五颗金属扣头的米色一字扣，衣袖为直筒形，袖长及至腕部，袖口平直，有宝蓝色地盘金绣龙纹挽袖。衣身及下摆平直，两侧有较高开衩；于领圈、领口、门襟、挽袖、下摆、开衩处均有米色细滚边装饰；在领口、门襟下方以及两侧开衩处有盘金绣如意云形缘饰。刺绣图案以龙纹、“福”“禄”“寿”字纹为主，搭配下摆处的海水纹和局部的花卉纹、铜钱纹出现；其中龙纹以团花形式出现，外层以“寿”字纹包裹，其余“福”字纹、“禄”字纹、花卉纹、铜钱纹以散点状左右对称的形式分布于衣身上，寓意吉祥，以盘金盘银绣的形式展现，低调中透露着华丽之感，构图疏密结合，丰富且和谐有序。

39

青蓝缎地盘金绣团花纹女褂　民国

衣长97厘米　通袖长126厘米　下摆宽63厘米

造型宽大，装饰华丽，色彩浓重。衣领贴有英文标签“MADE IN CHINA”，属外销服饰。立领，对襟，领口到门襟有四颗铜鎏金扣头的一字扣；衣袖较短有接袖，长至手肘，袖口宽大；衣长及膝，无收腰，下摆平直，两侧开衩，呈直筒型。选用青蓝色缎质，内衬为石青色暗纹真丝面料，并用面料折叠缝合进行包边。装饰图案运用大面积盘金绣工艺，主要有三类，一类为团花样式，前后衣片共有六个团花，其比例尺寸与传统团花相比面积颇大，绣花卉、蝴蝶纹饰，布局紧密；一类是散落在肩部、袖身、前后衣片空余位置的各类纹饰，造型有方胜、牡丹、梅花、火轮等，以衣身中线呈左右对称排列；最后一类是装饰于下摆和袖口的江崖海水纹，大面积盘金绣铺满下摆和袖口，表现手法强烈，衣饰光彩夺目。

关于外销服饰，从我馆现有藏品可知，造型宽松，尺寸普遍较大，易于穿脱；衣长及至或已过膝盖，衣领或内衬可能贴有“Made in China”或“China”等标签；纹饰多为中国传统吉祥图案或类似外销瓷、外销漆器常用的庭院人物图，喜用团花装饰手法，纹饰尺寸颇大甚至略显夸张，空余处也用各式纹样填充铺满。

40

黑缎地白花绣团龙纹女褂　民国

衣长106厘米　通袖长130厘米　下摆宽82厘米

衣长过膝，立领，对襟。领口至门襟共有五颗黑色一字型布扣，衣袖长至小臂，有刺绣花蝶纹挽袖；胸腰处有收拢，下摆略有弧度，两侧开衩。用色展现了黑白两色的强烈对比，衣身为黑缎面料搭配白色纹饰，而挽袖和缘饰则相反，使用白缎材质刺绣黑色纹饰，一深一浅，明暗分明，碰撞出变幻的视觉效果。衣身前后共有六处团龙纹饰，位于胸部正中、背部及下摆两侧，呈品字形布局，造型尺寸比传统团花略大，中间为一条盘踞的飞龙，外侧由蝙蝠、如意、云纹围成一周形成团纹，取长寿安康之意。在团龙纹四周有左右对称的连枝花卉纹样，胸口两侧为花瓶牡丹折枝花纹，寓意花开富贵、平安如意。缘饰主要装饰在领口、袖口、门襟、下摆及开衩处，绣各式花卉纹，多处有如意云头造型。配色简单，做工细致，构图饱满。

41

黑缎地绣人物庭院团纹女褂　民国

衣长102厘米　通袖长131厘米　下摆宽90厘米

圆领，对襟，衣长过膝，胸腰处略有收拢，两侧开衩较高，下摆呈弧形上翘。领口向下共有三颗黑色一字扣；衣袖为直筒型，长至小臂，袖口宽大，挽袖为淡绿色缎地彩绣庭院人物图，内侧配黑缎绣金鱼花卉缘边。选用黑色缎为面料，彩绣纹饰，配色鲜艳，对比强烈鲜明。衣身共刺绣八个团花图案，分别置于肩部、胸前、背部及下摆两侧，均为庭院人物图，场景各不相同，人物姿态各异，有卖鱼翁、拄杖老者及立于窗前的仕宦等，配以假山奇石、柳树、松树、花卉等，元素多样，写实饱满。衣身空余地方刺绣各式花卉，对称排列。缘饰考究，镶在领口、门襟、下摆及开衩处，以黑缎为地，用水蓝色、绿色等冷色调刺绣菊花、松树、竹叶纹，蝴蝶、金鱼、花卉则用暖色调颜色进行彩绣。

42

黑缎地绣瓜瓞绵绵纹女褂　民国

衣长108厘米　通袖长148厘米　下摆宽91.5厘米

圆领，对襟，门襟自上而下共有五颗铜鎏金莲花形扣，衣袖长至手腕，有接袖；衣长及膝，胸部至下摆逐渐加宽，收腰明显，下摆呈弧形上翘，两侧开衩。整件女褂没有缘饰，只在领口用同色缎包边。衣身图案多样，有蟹爪菊花、牡丹、瓜瓞绵绵等图案，以团花或连枝形式出现，布局对称，变化而不沉闷；蝴蝶上下飞舞，点缀于各式花卉间，动感十足。配色以粉白、淡紫、橙黄为主，在黑缎的映衬下，明暗有致，更显立体，饱满和谐。

瓜瓞绵绵是中国传统吉祥纹饰。《诗经·大雅·绵》记："绵绵瓜瓞，民之初生，自土沮漆。"寓意子孙繁盛、传世久远，寄托着人们企盼子孙满堂的美好愿望。其图案有两种表现形式，一种是由瓜和藤蔓构成，瓜在藤蔓枝叶上；另一种是瓜和蝴蝶一起构成，取"瓞"与"蝶"同音。

43

茄皮紫缎地绣花蝶纹女褂　民国

衣长104.5厘米　通袖长130厘米　下摆宽83厘米

圆领，对襟，领口到门襟有三颗黑色一字扣；衣袖长至手肘，有接袖，袖口为白缎地彩绣花蝶纹挽袖，由内向外绣花卉蝴蝶、心形、叶片等，层次分明。衣长及膝，胸部至下摆逐渐扩大，两侧开衩。面料选用茄皮紫色缎，内衬为明黄色暗花绸，包边则使用黑色布料。图案以胸部正中及下摆两侧的团花为主，其余花卉纹饰以门襟为中线呈左右对称排列。每个团花图案均由两朵牡丹与两只蝴蝶旋转组合而成，蝴蝶代表美好的事物，牡丹象征富贵，两者结合寓意甜蜜的爱情和美满的婚姻，又称为蝶恋花。衣身缘饰除挽袖外，领口镶有云肩造型的绣片，两侧开衩装饰有白缎彩绣仙鹤花鸟纹缘边，装饰手法巧妙精致。

44

淡蓝缎地绣牡丹菊花纹女褂　民国

衣长110厘米　通袖长129厘米　下摆宽73.5厘米

立领，对襟，领口至门襟有四颗黑色一字扣；衣袖长及手肘，有接袖及挽袖；衣长过膝至小腿，略有收腰，下摆两侧开衩，有如意云头造型。选用淡蓝缎面料，用色清新淡雅，色泽光亮，质感平滑。刺绣以菊花、牡丹为主，三朵比例较大的蟹爪菊花分别位于胸部正中及下摆两侧，其余花卉以门襟为中线呈散点式左右对称排列；花卉配色以粉、白、红为主色调，留水路工艺明显。领口、袖口、下摆及开衩处镶白缎地彩绣缘饰，图案为荷花、蝴蝶、仙鹤团纹，元素丰富，寓意吉祥。挽袖十分精美，构图呈竖向，彩绣蝴蝶、花卉、奇石、庭院、荷塘美景等，用色明亮，工艺精湛，是整件服饰的点睛之笔。

45

牙白缎地绣人物花蝶纹女褂　民国

衣长106厘米　通袖长118厘米　下摆宽75厘米

造型宽大，用色鲜艳，构图饱满。立领，对襟，领口至门襟有四颗黑色一字扣；衣袖有接袖，长至手肘，袖口装饰暗紫色金线绣机织带；衣身收腰明显，下摆平直，两侧镶如意云头开衩；于领口、门襟、下摆及开衩处镶白缎地绣铜钱形花卉缠枝纹缘边，缘边外侧有黑色细包边。衣身以白缎为地，彩绣图案，纹饰丰富，用色明亮。最为吸引的是前后衣片共六处团花图案，尺寸颇大，分别置于胸前、背部及下摆两侧，抢眼醒目。团花内均有两人，一站立手持长箫，一在旁侧耳倾听，瑞鸟奇石点缀其间，再用金线绣回纹环绕一周突出人物图案。人物脸部五官清晰，眉目传神，姿态生动形象。团花以外的空余处均匀刺绣各式纹样，采用平针绣和打籽绣工艺，绣牡丹、菊花、蝴蝶、瓜瓞绵绵等，用色绚丽多彩，均匀对称，铺满整个衣身。图案寓意吉祥，清雅端庄。

46

白缎地绣暗八仙纹女褂　民国

衣长110厘米　通袖长127厘米　下摆宽76厘米

形制宽松，色彩淡雅。立领，对襟，领口至门襟有四颗水蓝色布质一字扣；直筒型衣袖，有接袖，长至手腕，挽袖为白缎三蓝绣三多花卉纹饰；衣长过膝，胸部至下摆逐渐宽大，下摆平直，两侧开衩。衣身和内衬均选用富有光泽感的白色绸缎面料，搭配通身的三蓝刺绣，效果柔和，过渡自然。纹饰丰富多样，前后衣片共六处尺寸颇大的团花图案，团花绣暗八仙纹样，配以蝙蝠、云纹及花卉，寓意吉祥美好。团花四周有序分布如意、金鱼、梅花、菊花蝴蝶、蝙蝠金鱼等组合纹饰，以衣身中线呈左右对称排列。领口、袖口、门襟、下摆及开衩处均有白缎地三蓝绣缠枝花卉纹缘饰，门襟中部有如意云头造型。受青花瓷影响，清代开始出现三蓝绣。

暗八仙又称为道家八宝，指的是八仙所持的法器，以法器暗指仙人，故称暗八仙，这八种法器分别是：葫芦、团扇、鱼鼓、宝剑、莲花、花篮、横笛和阴阳板，代表了中国道家追求的精神境界，承载了人们趋吉避凶的寄托和对美好生活的向往。

47

米白缎地绣和合二仙花卉纹女褂　民国

衣长100厘米　通袖长114厘米　下摆宽68厘米

立领，对襟，领口至门襟共有五颗黑色盘花扣，通身没有缘饰，只在领口、门襟、下摆及开衩处镶黑色细包边；衣袖长及小臂，有接袖，袖口挽袖绣蝙蝠花卉图案；衣长至膝盖，略有收腰，下摆平直，两侧开衩。装饰元素丰富，前后衣片共有六处尺寸较大的团花纹，置于胸部、背部及下摆两侧，团花均彩绣和合二仙、庭院花卉纹饰；团花周围对称分布色彩艳丽的牡丹和梅花纹样，下摆处为江崖海水纹，海水纹呈两种表现形式，最下方的是彩色长条形，交叉相叠，夹于中间的是半圆形彩条，以重叠排列来演绎海浪涌动的形态。海水纹正中绣一朵红白相间的牡丹，在其两侧各有一条探出头部的神龙。构图饱满，用色大胆，组合丰富，稳重大方。

和合二仙的形象一般为两个笑容可掬的和尚，一手持荷叶莲花，谐音“和”；一手捧宝盒，谐音“合”。作为中国传统形象，和合二仙寓意家庭和合，婚姻美满。

48

紫灰暗花缎男马褂　民国

衣长53.6厘米　通袖长116.4厘米　下摆宽36.5厘米

立领，大襟，袖长及至腕部，无接袖，袖身自肩部到袖口逐渐收紧，袖口平直，胸部至下摆微微扩大。这件马褂与其他马褂的不同之处在于它的门襟不是对襟，且衣身前中与后中分别有一个16厘米的开衩，故判断这是一件男款马褂。衣领、腋下、身侧各有一颗黑色一字扣，大襟处有两颗黑色一字扣，领圈、门襟、袖口、中间开衩、下摆处皆有黑色缎面包边装饰，领口有双层黑色包边，大襟内有自上而下一大一小两个口袋，极具实用性。紫灰色暗花面料与天蓝色内衬搭配，暗花为花卉枝叶组合，布局饱满，低调华丽，和谐统一。

49

珊瑚红暗花缎高领童褂　民国

衣长51厘米　通袖长90厘米　下摆宽43厘米

立领，对襟，袖长及至腕部，衣袖及袖口平直，无接袖设计；衣身自胸部至下摆微微外扩，下摆裁剪成波浪形花边，为衣服增添了几分俏皮之感；两侧无开衩，门襟有八颗圆形纽扣，造型现代。选用珊瑚红花卉纹提花缎为面料，提花部分为折枝花卉纹样，在衣身下摆处和左胸处，装饰了两大一小三个口袋，增加实用性；领圈、门襟、袖口、下摆与口袋边沿有米白色细包边，设计精致。童褂款式简约，没有过多装饰，珊瑚红与米白色搭配在一起，显得明亮灵动，和谐统一。

50

绿色暗花缎男童马褂　现代

衣长42厘米　通袖长94.6厘米　下摆宽40.5厘米

衣领与传统马褂不同，为圆形翻领，与传统立领相比穿着时更舒适、不拘谨；对襟，有五颗一字扣，材质与面料相同。袖长及至腕部，衣袖微微收口，有接袖设计；胸部至下摆微微外扩，下摆呈弧形，两侧开衩。选用灰绿色花卉纹提花缎为面料，提花图案为种类不同的花卉枝叶纹，领口、门襟、袖口、下摆与开衩处有同款面料细包边，和谐统一。款式简约，没有过多装饰，穿着方便。

51

红色暗花缎地金银线绣凤戏牡丹纹女褂　现代

衣长64厘米　通袖长114厘米　下摆宽57厘米

由现代红色暗花缎女褂贴绣清代金银线绣片组合而成，色泽华丽，隆重耀眼。中式立领，对襟，门襟处有三颗红色盘扣；直筒型衣袖，有接袖，袖长及小臂；短款直筒衣身，下摆平直，两侧开衩。衣身前后幅主体图案以对称形式呈现，均为盘金银线绣凤戏牡丹图，底部为江崖海水纹，凤凰两两相对，于山川海水间展翅飞舞，栩栩如生，寓意吉祥富贵、福山寿海。衣身后幅红色缎及下摆缘饰采用百褶形制，穿着时可延展宽幅，增加舒适感。袖口、门襟、下摆及开衩处镶深蓝缎地盘金银绣花卉海水纹缘饰，与衣身图案相呼应。

52

绿缎地绣菊花纹女褂　现代

衣长113厘米　通袖长136厘米　下摆宽84厘米

色彩靓丽，装饰丰富，选用亮绿色绸缎，内衬为明黄色真丝，镶黑缎细包边。圆领，对襟，领口至门襟有三颗黑色一字扣；衣袖长至手腕，有接袖，袖口最外侧的挽袖为白缎金线地刺绣，勾勒多个开窗绣葫芦、仕女图、柳树等纹饰；胸腰处略有收拢，下摆平直，两侧开衩。衣身图案为蟹爪菊花纹，以中线为中心呈散点式分布，左右对称，配色以橘红、淡黄、草灰为主，色彩渐变自然。两层缘饰，分别装饰在领口、袖口、下摆及开衩处，内层为细窄黄地蓝花织带，外层为白缎地彩绣花鸟纹缘边，图案丰富，白缎上刺绣蓝紫色调的牡丹、兰花、荷花、孔雀、凤凰，同时在一侧紧密排列小叶片，多种元素的组合使缘饰显得极其精美。

53

黄缎地镶贴打籽绣花卉纹女褂　现代

衣长110厘米　通袖长161厘米　袖口长26厘米　领围37.5厘米　下摆围172厘米　开衩长32厘米

款式简单，配色高雅，装饰丰富。元宝形衣领，对襟，共有四颗铜鎏金扣头的一字扣；直筒型衣袖，有接袖，袖长至手肘，袖口有白缎绣花挽袖，刺绣荷花、荷叶、鹭鸶等，寓意一路连科。衣长过膝，胸腰处稍有收窄，下摆略有弧度，两侧开衩。选用黄色缎面为面料，内衬为粉白色缎面，图案采用贴绣工艺，将提前用打籽绣绣制的各式纹饰，贴缝在衣身上。图案主要有牡丹、山茶花、瓜瓞绵绵、蝙蝠、铜钱、花篮、蝴蝶；配色为大红、青蓝、草绿，以门襟为中心呈左右对称布局。两层缘饰，主要装饰在领口、袖口、下摆及开衩处，外层为白缎地三蓝彩绣花鸟纹缘边，内层为两方连续的淡紫色蝙蝠纹与金色团寿纹织带，两两组合依次排列。色泽典雅，配色艳而不俗，绣工精美，大方得体。

54

浅绿暗花绸镶边宽袖女衣　民国

衣长91厘米　通袖长148厘米　下摆宽92厘米

圆领，大襟，领口有较低领座，在领口、大襟、腋下、身侧共有六颗一字扣；袖身及袖窿宽大，袖口平直，有淡粉色挽袖。衣身胸部至下摆逐渐扩大，下摆呈弧形，两侧有较低开衩；领圈、大襟、下摆以及开衩处均有蓝缎如意云形宽边，内侧镶淡粉色蝴蝶花卉纹缘边；衣身下摆两侧夹角和领口下方运用挖云工艺做出蝴蝶形“寿”字纹和兰花纹饰。面料选用绸缎质地，以浅绿色和蓝粉色为主，衣身暗纹为蝴蝶团花纹，袖口刺绣为仙鹤花卉纹，寓意平安长寿，淡雅高洁。整体造型简洁，配色干净明亮，清新典雅。

55

浅灰蓝色丝质云肩领宽袖女衣　民国

衣长88厘米　通袖长128厘米　下摆宽80.2厘米

立领，大襟，衣袖袖身及袖口平直，袖长及至腕部，袖口处镶黑色缘边；衣身胸部至下摆逐渐扩大，下摆呈弧形，衣身两侧有较高开衩；领口、大襟、腋下、身侧共有六颗一字扣。面料选用浅灰蓝色丝质材质，领口处有米白色地刺绣如意云肩装饰，大襟、下摆以及开衩处均有米白色地刺绣如意云形宽边作装饰，内侧镶有黑色滚边和两层不同颜色的织带花边（指由织造技艺形成的长条形装饰织带，分为手织和机织两种，长度一般介于1—3厘米之间）。宽边刺绣人物花卉、亭台楼阁、小桥流水等纹样，被大面积的盘金绣分隔成一个个小窗口。除此之外，衣身并没有其他装饰，缘饰运用凸显整体布局，主次分明，颜色搭配和谐明朗，具古典韵味。

56

米白暗花绸拼接蓝色暗花绸女衣　民国

衣长66.3厘米　通袖长176厘米　下摆宽57厘米

圆领，大襟，大襟处有一颗吉祥结、蝙蝠纹组成的盘花扣，在领口、腋下、身侧共有三颗圆形盘花扣。蝙蝠的“蝠”谐音“福”，而吉祥结又称盘长结，是佛教法器之一，因绳结的形状连绵不断，没有开头和结尾，表示佛法的回环贯彻，有长久永恒之意。长袖款式，袖身至袖口逐渐收紧，袖口平直，有天蓝色提花绸缎挽袖；衣身自胸部至下摆逐渐扩大，下摆呈弧形，两侧开衩；领圈、下摆、开衩处均有天蓝色如意云形宽边，外侧有细镶滚。最具特色的是在大襟处用挖云工艺做出南瓜形装饰，南瓜的藤蔓比较长，与叶子相互缠绕在一起，且南瓜多籽，寓意多子多孙、福运绵长。除此之外，没有过多装饰，简约明亮，清新脱俗。

57

淡紫塔大绸镶黑边女衣　民国

衣长82厘米　通袖长154厘米　下摆宽61.5厘米

圆领，大襟，大襟处有彩色花盆与兰花形组合的盘花扣，领口、腋下、身侧共有三颗青绿色圆形盘花扣，在领口、大襟处有同样青绿色细镶滚；长袖，无接袖，袖身至袖口微微收紧，袖口平直，有黑色绸缎挽袖，挽袖内侧有浅黄色织带。衣身部分自胸部至下摆微微扩大，下摆呈弧形，两侧开衩；在领口、大襟处均有黑色绸缎宽边，大襟底部有如意云形缘饰，内侧有挖云蝙蝠、万字纹（即“卍”字纹），边缘为青绿色细镶滚。蝙蝠的“蝠”谐音“福”，而“卍”则是一个符号，是佛教传统吉祥标帜，有吉祥万德之意，二者结合，寓意福满吉祥。衣身下摆处有镶嵌缘饰的痕迹，推测已被拆除。整体颜色搭配以淡紫、黑色与浅黄为主，其中淡紫与浅黄互为补色，但因纯度低、颜色浅，搭配起来并不违和，反而有清新雅致之感。

58

橙色缎几何暗纹倒大袖女衣　民国

衣长55厘米　通袖长116厘米　下摆宽57厘米

款式简约，典型倒大袖，属于文明新装。衣身与衣袖一致，由胸部到下摆渐扩，呈现喇叭状。袖长及至小臂，下摆呈弧形，两侧有较低开衩；立领，领口、大襟、腋下处各有一颗同色系的盘花扣，身侧有两颗相同的盘花扣；在领口、领圈、袖口、大襟、下摆、开衩处均有枫叶蝴蝶形的蕾丝织带，衣身内侧有口袋。面料为几何形暗纹缎地，呈四方连续式分布，点、线、面结合，主体图案呈放射状，独具时尚，富有美感。颜色清新靓丽，橙色面料与青绿色织带的搭配有脱俗美感，无论是款式还是纹样，都是当时民国时期时尚流行的样式。

20世纪20年代是中国服饰继承与创新的过渡阶段，服装造型变化急剧且富有革新性，新旧融合使该时期服饰呈现出一番新风尚。民国时期宽松的社会环境带动了女性服装风格的转变，服饰在时代的潮流下逐步革新。在旗袍出现及广泛流行之前，由倒大袖上衣及筒裙构成的文明新装是民国女性的流行着装，虽然流行的深度及广度赶不上后起的旗袍，但是从设计及时尚的层面来看，其具有反映历史过渡时期服饰的重要价值。

59

天蓝缎地团花纹短袖女衣　民国

衣长55厘米　通袖长61厘米　下摆宽39.5厘米

立领，大襟，领口处一颗蓝粉色盘花扣，其余地方为暗扣；袖长及臂，袖口微微弯曲，无接袖；衣身胸部至下摆微扩，至袖口部位呈平滑曲线，下摆呈弧形，两侧开衩。选用天蓝色缎面面料，搭配深蓝色内衬，面料为青色团花提花纹样，由一朵抽象小花和四周环绕的六只鸽子组成，寓意和平。在领圈、领口、袖口处有刺绣花卉枝叶纹贴片，花卉部分由深蓝色绣线绣制，而枝叶部分则选用红色绣线，均配黑色包边，给浅色衣服增添一抹重色；深蓝色绣线的选用与衣身的蓝色相互呼应，按款式及配饰分析，应为妙龄少女所穿。

60

淡绿缎地绣花卉纹倒大袖女衣　民国

衣长53厘米　通袖长98厘米　下摆宽52厘米

立领，大襟，倒大袖，袖口略有弧度，袖长及至肘部，衣身由胸部至下摆逐渐扩大，下摆呈弧形；领口、大襟、身侧、下摆、袖口处有蕾丝状织带，六颗由菊花、梅花组合而成的盘花扣分布于领口、大襟、腋下、身侧处，花扣颜色为淡绿色，与面料颜色一致。衣身刺绣为抽象的梅花纹样，与枝叶组合出现，构图饱满；而袖身是菊花纹，与枝叶纹组合，左右袖子上的菊花图案一正一反，为不对称式。领口绣同类型花卉纹样，与衣身上的纹样主题相互呼应，绣线选择灰绿色系，颜色匹配，典雅肃静，应为妙龄女子所穿。

61

粉红缎地绣凤凰花卉纹女衣　民国

衣长53厘米　通袖长171厘米　下摆宽47厘米

圆领，对襟，门襟有四颗米白色一字扣，衣袖微扩，袖口呈波浪形，有接袖设计，下摆平直，两侧无开衩。选用粉红色缎面面料，搭配米白色内衬；衣领、门襟、袖口三处有紫色包边。袖口设计夸张，有五段不同颜色的缘边，分别为天蓝、淡粉、深蓝、大红和深紫，上面皆有花卉纹刺绣，以红蓝配色为主，呈波浪形装饰在袖口上，因此推测女衣可能为戏服，或作内搭所用。图案分布在衣身正反面和衣袖上，由五只飞行姿态的凤凰和若干牡丹花组成，布局排列呈左右对称样式，凤凰牡丹纹象征万物繁荣，寓意美好事物，是对幸福生活的向往；配色以明度和纯度较高的红蓝为主，搭配紫色和少量灰绿色，用色明艳大胆。

62
翠绿绸地绣庭院人物纹女衣　民国

衣长65厘米　袖长58厘米　下摆宽52厘米

从图案布局来看，该女上衣是由外销“马尼拉披肩”改制而成。立领，偏襟，长袖，西式衣领型，领口开襟为宝剑式，自上而下共有四颗与衣身同色系的纽扣；衣袖为装袖，长及手肘部；直筒型衣身，下摆平直，总体来说是偏西式造型的服饰。衣身布满刺绣装饰，以中国传统庭院人物图为主，是马尼拉披肩的常用纹饰，图案有小桥流水、假山树木、货船凉亭、卖货货郎、仕女文人等，生动地描绘了繁荣和睦的中国民间传统生活场景。领口、袖口、下摆、门襟处有花卉与回纹，回纹间隔包裹着花卉图案，设计巧妙，和谐统一。

63

青蓝缎地绣白色花卉纹外套　现代

衣长98厘米　袖长51.5厘米　下摆宽59厘米

立领，对襟，属春秋季节穿的单外套。元宝形立领，紧窄贴合，领口到门襟共有四颗蓝缎嵌丝硬花扣，硬挺饱满；衣袖为装袖，袖身设计宽大便于活动，腋下袖根到胸部有省道设计；衣长过膝，收腰明显，腰腹两侧有口袋，下摆平直，两侧无开衩。衣身面料为青蓝色绸缎，色泽亮丽，质感平滑；内衬同色同质地，整件女褂无缘饰，通过将面料向内折叠，与内衬缝合形成包边。刺绣图案为白色缠枝花卉纹，造型以蟹爪菊花和牡丹为主，构图饱满紧密，铺满整个衣身，以门襟为中线呈左右对称排列。领口、袖口、下摆处用同样的花卉纹饰排列，呈条形状，形成边饰效果，规则有序。“留水路”特色明显，绣工细致，属广绣风格。

64

白缎地绣花卉纹外套　现代

衣长98厘米　袖长57厘米　下摆宽66厘米

造型中西结合，是适宜于春秋季节穿的外套。中式立领，传统对襟设计，领口藏有一颗铜质暗扣，门襟共有四颗孔雀型盘花扣，第四颗盘扣齐平处有一对插袋；衣袖为装袖，直筒型，袖长及至手肘部。衣长及膝，胸部至下摆渐宽，下摆平直，两侧无开衩。衣身白缎面料平滑有光泽，内衬为同色材质。刺绣图案呈左右对称布局，以花卉连枝为主，菊花、梅花、玫瑰等舒展绽放，枝叶细致，姿态栩栩如生，铺满整个衣身。用色丰富多彩，花瓣与花芯采用冷暖色系搭配，花瓣尖用白线点缀，渐变自然，富于变化。

第二章 五彩霓裳

我国古代将下身穿着的所有服装形式，包括深衣腰部以下的服饰统称为『裳』，和上衣相对，也称为『下裳』，其最初的功能不是为了御寒，而是遮羞。传统下裳一般分为裙和裤两大类，裙分为马面裙、作裙、筒裙等，裤分为大裆裤、膝裤等。

其中，马面裙最为常见，最初流行于明代，延续至现代。马面裙是中国汉族女性服饰中极具代表的一种裙装样式，其承载了丰富的民间服饰文化内涵，随着技艺与审美的不断变化逐渐演变出不同的形制，但根本的『马面』得以保留。裙门里外均有装饰，常常镶滚有各种精致的花边或拼贴工艺装饰，而在马面上更是满绣各种精美纹饰。此外，马面裙根据不同造型特点，分为襕干式、凤尾裙、月华裙等类型。襕干式马面裙，在裙身两侧用深色绸缎或刺绣花边裁制成细条，平均有序分隔镶滚在平整的裙幅上，外观看起来像栏杆，故名。凤尾裙是根据中国古代传说中美丽的凤鸟形态——凤凰想象而来，通过对凤凰流线的外型和飞舞时漂亮羽翼的动感形态而创造出来的艺术变形。其一般由彩色条布接于腰头而成，布条尾端裁成尖角等造型，有时也系扣铜铃铛，由于裙片之间空隙较大，故不能单独穿着，常作为外搭服饰搭配于马面裙之外。月华裙是明清之际在苏州和扬州等地流行的女子裙装，以色彩丰富华丽而闻名，一般由多褶裥和多色拼接而成，由于色彩艳丽、用料繁多、耗工费时，属于奢靡之物。

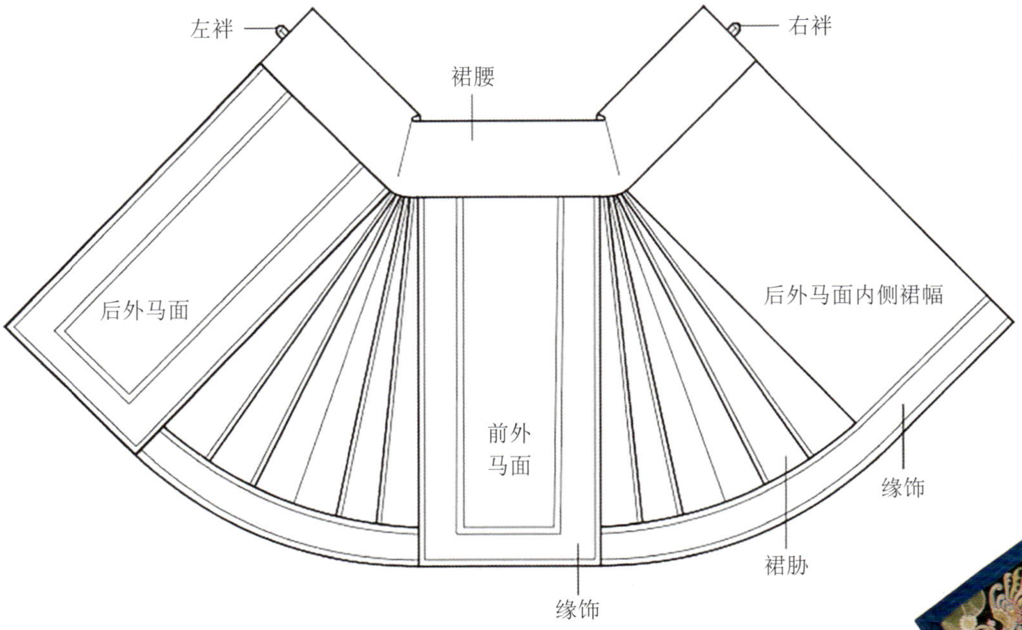

马面裙示意图

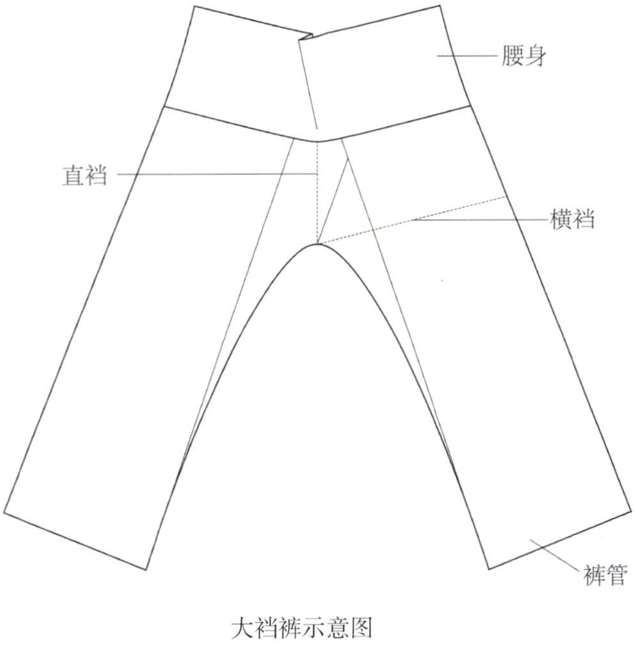

大裆裤示意图

65

七彩缎相间贴绣如意头仕女人物纹马面裙　清代

裙长94.5厘米　腰围141厘米　下摆围307厘米

形制具有典型清代风格，色彩丰富多姿。选用七彩暗花缎拼接而成，花缎有暗八仙、花鸟纹饰；彩缎间用黑色素缎及织锦花边均匀压缝成条状，相间处贴绣花卉花篮纹装饰，层次感丰满。马面裙是明清时期汉族女子穿着最为典型的款式，它从明代的清新素雅向清代的华贵富丽演变，唯一不变的是马面结构，历久弥新。该马面裙的特点是前后里外共有四个裙门，于前片中间裙门处两两重合，装饰华丽，色彩绮丽，刺绣技艺精美。前裙门正中为蓝色回纹地开窗彩绣仕女人物纹，仕女手持仙桃扇子，另有宝瓶纹饰，取其长寿、善良、平安吉祥之意；两侧贴绣如意纹及彩凤花卉纹。

清代织物设色齐全，民间喜爱用色以辟邪招福。该马面裙在“五行五色”影响下，形成其独特搭配，虽色彩早已不是本初之相，但依然能够看出白、青、玄、赤、黄五色相。这些色彩以正色间色规律搭配，尽显古人奇思妙想。

66

湖水蓝暗花绸贴绣花蝶纹马面裙　清代

裙长100.5厘米　腰围122厘米　下摆围252厘米

此为清代马面裙中常见形制，特别之处在于裙幅没有褶裥，而是用黑色素缎及织锦花边制成细条状，均匀压缝在裙身侧面，形似栏杆。这种做法在清末应用广泛，因此叫阑干式，这种左右对称、庄重严谨的穿着效果，尽显清代人们的审美趣味与设计思维。选用湖水蓝暗花绸面料，暗花为云纹及盘长纹，裙门贴绣、打籽绣花卉纹，平金绣勾勒图案轮廓。裙身另有多道缘饰，做工精致，寓意吉祥，层次丰富，彰显清代织绣技艺的鼎盛。

67

朱红暗花绸贴绣蝶恋花绣边马面裙　清代

裙长96厘米　腰围119厘米　下摆围276厘米

选用暗红色暗花绸为面料，淡粉色棉布为裙腰；裙身两侧打褶，均匀压缝数条底部呈如意云头形的黑缎细镶边，形似栏杆，属襴干式造型。裙门与下摆边缘均有蓝地和黑地两道花蝶纹刺绣镶边，纹饰繁复精致、色彩丰富；造型各异的蝴蝶与花卉枝叶纹连绵不断，画面繁而不杂，布局合理，各式花卉寓意富贵吉祥。裙门处镶边呈“U”字形布局，内贴绣四只形态各异的蝴蝶，生动活泼、栩栩如生，蕴含健康长寿的深意。

68

大红暗花绸绣凤凰花蝶纹马面裙　清末

裙长103.5厘米　腰围168厘米　下摆围199厘米

该裙的最大特点是裙腰长度比两块裙幅宽，裙幅向内收缩，原因是清末西方审美观念传入中国，人们开始重视曲线美，女性服饰开始收腰。侧裥式，裙幅刺绣花蝶纹后打细褶裥，褶面尺寸几乎一致，左右对称，排列整齐有序，因褶裥的细密程度可达上百个，故称为百褶裙。裙身素净不单调，面料有几何花卉暗纹；以大红为主色，在裙门与下摆边缘用清代流行的蓝色作为辅色，内侧为黑地绣花蝶纹绦边，结构层次丰富。裙门正中彩绣凤凰花卉纹，两侧均匀刺绣花蝶纹饰，再熨烫定型出褶裥部分，极具观赏性和趣味性。纹样灵秀多变，栩栩如生，形象表达花蝶舞于风中的情景。

69

贴绣蝴蝶暗花彩丝百褶马面裙　清末

裙长93.5厘米　腰围154厘米　下摆围252厘米

形制属侧裥式，即在裙身两侧打褶，这是明清马面裙常见的装饰手法，清代的褶裥更为细密。裙幅色彩丰富，每块均由九条不同颜色的暗花绸打褶后拼接，似月华裙的形制特点。清初文人叶梦珠在《阅世编》中提到一种女裙款式：“有十幅者，腰间各褶用一色，色皆淡雅，前后正幅，轻描细绘，风动色如月华，飘扬绚烂，因以为名。”同时期的戏剧家李渔在其著作《闲情偶寄》中也提到：“月华裙者，一裥之中，五色俱备，犹皎洁月之现光华也。”可见月华裙在当时极为流行。因色彩抢眼，故裙门只用艳丽的大红暗花绸为地，外沿镶鸟纹织锦边和黑色缎边，搭配明亮醒目。裙腰为白棉布，以布扣固定，取白头偕老之意。裙幅上均匀贴绣各式蝴蝶，色彩斑斓，远望似飞舞于花间，生机盎然。

70

红缎地绣山茶花百褶马面裙　民国

裙长82.5厘米　腰围136.5厘米　下摆围169厘米

选用大红色缎为面料，淡蓝色棉布为裙腰，用纽扣固定。侧裥式，两侧打细褶，符合清代马面裙褶裥细密、两侧对称、排列整齐有序的特点。裙门正中彩绣山茶花及连枝花卉纹，底部两角彩绣蝙蝠纹，两侧及底部镶金属线织边；裙门与下摆处绣连枝花叶纹样，排列均衡、富有条理，裙幅下方缀圆形小镜片，既有装饰效果又起到稳固作用。裙身有另一亮点，即裙幅打好褶裥后，在褶裥上刺绣与裙门相同的山茶花纹饰，极其考验绣工对整体布局的把控。该裙颜色喜庆，山茶花艳而繁盛，彰显出中国女性纯洁、端庄、高雅的格调。

71

淡黄绸地绣暗八仙花卉纹马面裙　民国

裙长99.5厘米　腰围139.5厘米　下摆围248厘米

选用淡黄绸为地，白色棉布为裙腰，裙幅有黑色绸缎镶边，在裙门与裙摆处绣蓝白相间的花枝纹样，恬静淡雅。属鱼鳞百褶裙，特点是将裙身两侧的褶裥用丝线交叉串联，固定造型，走路时呈现鱼鳞片形状。裙门正中彩绣暗八仙花卉纹饰，部分用金线勾勒轮廓，寓意长寿。

72

粉红暗花绸绣孔雀花鸟纹马面裙　民国

裙长101厘米　腰围127厘米　下摆围209厘米

选用粉红暗花绸为地，浅蓝色棉布为裙腰，有四颗一字扣，裙身两侧刺绣花卉纹后打鱼鳞裥。两块裙幅各有一个长方形裙门，中部饰如意云头，两侧及底部镶浅绿色花卉织锦边及黑色缎挖云兰花纹宽边，外压蓝白紫编织缘带，华贵精致。裙摆饰黑缎宽边并打纽褶裥，与裙门缘饰相互呼应，富有美感。裙门正中彩绣孔雀开屏、锦鸡、花卉、鹿、瑞鸟等纹饰，花团锦簇，寓意吉祥如意、锦上添花，而挖云的兰花纹有高洁出尘、坚贞不渝之意。整体颜色搭配和谐，美观雅致。

73

红色暗花缎镶绣花卉纹边饰马面裙　民国

裙长90厘米　腰围121厘米　下摆围179厘米

选用暗红色团花暗花缎为面料，裙腰使用褐色棉布，在右面缀六颗纽扣；裙腰有两处开缝位，以固定凤尾顶端。裙门边缘与裙摆处有蓝地花卉纹缘饰，内层嵌白地花卉纹镶边，色彩搭配明亮醒目，装饰繁复华美。裙身两侧打细密褶裥，褶裥上缀蓝缎金银线绣龙戏珠海水江崖纹边饰，上端固定在裙腰上，底部呈如意云头造型并缀彩色穗子。造型独特，属凤尾侧裥式马面裙，是清代出现的新样式，是将凤尾裙与侧裥式或者阑干式融合而成。多种元素的结合使马面裙层次丰富，寓意美好，制作工艺精湛，反映出民国时期人们的审美情趣。

74

土黄缎绣蝴蝶花卉纹马面裙　民国

裙长89.5厘米　腰围131厘米　下摆围249厘米

选用土黄色缎面为地，白色棉布为裙腰，有布扣；裙幅与裙摆处有黑色绸缎镶边，裙幅两侧用黑色细镶边分割成大小相等的五栏，属襕干式马面裙，左右对称，庄重严谨。裙幅及裙门绣形态不同的花蝶纹样，寓意福寿；裙门与裙摆处有蓝白相间的花蝶纹镶边，纹样写实生动，色彩明亮鲜艳，绣工精致。

75

橙色缎绣花卉蝴蝶纹马面裙　民国

裙长93厘米　腰围127.5厘米　下摆围270厘米

选用橙色缎面为地，淡蓝棉布为裙腰，裙身两侧分别纵向拼接出五栏，裙门两侧及裙摆处有蓝地绣花边饰，排布紧密自然。裙幅及裙门正中刺绣仙桃、灵芝、蝴蝶、荷花与花卉纹样，寓意健康长寿。

76

红缎地绣仙鹤荷花纹马面裙　民国

裙长75.5厘米　腰围97厘米　下摆围198厘米

选用红色缎面为地，织有金色团花暗纹，裙腰采用红色棉料缝制，低腰，有纽扣。裙幅及裙门中部绣仙鹤、荷花纹，裙门两侧及裙摆处有粉色波浪形织锦边，裙门下摆绣江崖海水纹。仙鹤在古代乃至现代都是经典的吉祥纹样，明清一品文官的官服补子图案就是仙鹤，寓意延年益寿。

77

淡黄绸地绣花鸟纹马面裙　民国

裙长72厘米　腰围118厘米　下摆围138厘米

选用淡黄暗花绸为地，由两块裙幅组成，没有宽边裙腰，裙腰部分镶藏青色包边。裙门位于每块裙幅中间，两侧打细褶裥，裙门与褶裥拼接处有藏青色细镶滚，与裙腰、裙摆的包边颜色一致，相互呼应。纹饰以蓝、白、青为主，与面料颜色和包边颜色完美搭配，素朴舒适，清新淡雅。裙门正中彩绣连枝花卉、鸟、蝴蝶等图案，边绣连枝花叶纹再缝波浪形线，褶裥绣连枝花卉纹，灵活生动，栩栩如生，层次丰富。

78

粉红暗花纱绣花鸟纹马面裙残件　民国

裙长102.5厘米　腰围78厘米　下摆围104厘米

该裙只剩单幅，以粉红色暗花纱为地，一侧打细褶裥。裙门由白色缎面和粉色暗花面料拼接而成，连接处有细镶滚，裙门两侧和裙摆有蓝色镶边，镶边间有花蝶纹织锦边遥相呼应。裙门彩绣鸳鸯、荷花、仙鹤、菊花、翠鸟、牡丹、梅花等纹饰，以水波纹衬托，配色和谐统一，清新不俗。裙幅先打褶裥，后在褶裥处绣团花纹饰，包括荷花、梅花、石榴、牡丹等，寓意吉祥延绵，多子多福。

79

绿色暗花绸金线地绣人物纹筒裙　民国

裙长80.5厘米　腰围76厘米　下摆围287厘米

由马面裙改制缝合而成，色彩绮丽，以绿色暗花绸为面料，裙腰窄细收腰，于单侧开缝并装有拉链，在襻处有按扣。改制前的马面裙属等距型襕干式，裙幅两侧压黑色缎地吉祥纹条状边饰，下方饰如意云头。裙门以黑缎镶边，中部有异型如意云头，内层镶紫色花蝶纹织锦边，最内侧镶白色瑞兽花卉纹织锦边，裙门正中用金线铺地，彩绣庭院人物纹饰，或泛舟采莲，或细语交谈，做工精细，装饰繁复，华丽精美。

民国时期，女性的生活方式及社会活动发生变化，新兴职业女性及学生群体等相继出现，对下裳裙装提出了新的设计需求。作为文明新装下裳的筒裙，通过造型样式的渐变演化、裙腰系结方式的变化改良以及裙身两侧褶裥的巧妙设计，满足了民国女性新的生活需求，成为现代筒裙的雏形。

80

红缎地绣花卉纹筒裙　民国

裙长85.5厘米　腰围79厘米　下摆围176厘米

选用红缎为地，裙腰使用粉红色棉布拼接，两侧有系带。与传统下裳相比，裙腰较为贴身，一改宽衣博带的传统样式，造型简约而不失美感，具有时代特色。裙身下半部正中绣花卉纹，“卍”字纹点缀其中，四周均匀分布花卉葫芦纹。葫芦谐音“福禄”，加上万字纹，即“福禄寿”，是长寿吉祥富贵、子孙兴旺的象征。裙摆有排列整齐的白地紫色花卉亮片边饰，增加层次感。

81

红缎地绣花卉纹筒裙　民国

裙长80.5厘米　腰围80厘米　下摆围142厘米

选用红缎为地，内衬为同款面料；裙腰使用粉白色格子棉布拼接，在拼接处有细小不规则的裥，目的是收紧腰身，突出女性腰部，在侧面单开缝，形制似现代筒裙。自民国开始，女性服饰开始受西方审美观念的影响，向新风尚转变。裙身前后幅图案一致，均为正中绣盛开的山茶花纹样，以此为视觉中心向四周延伸，在树叶、花朵间用打籽绣点缀，寓意是多子多福。山茶花于冬春之际开花，花姿丰盈、端庄高雅，是中国传统十大名花之一，在宋代已作为装饰纹样，主要应用于瓷器与服饰中。裙摆下方采用滚边工艺，用亮片缀成花卉纹样，增加层次感。

82

黑绸地绣牡丹纹筒裙　现代

裙长87.5厘米　腰围75厘米　下摆围105厘米

受西风东渐和西方服饰文化的影响，从民国开始直至现代，服饰经历多次变革潮流，裙装从传统的宽松风格逐渐向合身合体发展，该筒裙是由民国外销披肩改制而成。其造型属现代中长裙，裙腰略收，右侧有纽扣。以黑色绸为地，彩绣花卉枝叶纹样，色彩有粉、黄、白、紫、灰，绣工细致，层次分明，其中绿色叶片虚实结合，极具张力，枝条生长旺盛，相互缠绕，衔接有序，其间穿插各式碎花，画面丰富而不凌乱，赏心悦目。裙摆有镂空织网及流苏，飘逸跃动。

83

粉紫缎绣花百褶衬黑色长裙　现代

裙长104.5厘米　腰围74厘米　底摆围154厘米

由直筒裙与单幅马面裙改制而成。黑色百褶直筒裙，现代样式，裙身长至小腿，后腰中缝处有黑色拉链，裙腰正面与单幅马面裙的裙腰拼缝在一起，形成一长一短的双层效果。马面裙为紫色蝙蝠云纹暗花缎材质，裙摆宽大，裙身共有十三道褶裥，每一褶裥绣连枝花卉纹饰，以粉色和蓝色为主。裙腰和裙身缘饰均为黑缎地三蓝绣花卉纹，色泽光亮，于裙摆两侧及每道褶裥的右侧间隔有序分布，层次分明。该裙为中西结合款式，既有摇逸美感的襕干马面裙式样，又有西式长筒裙的简约规整，两者结合，打破了黑色直筒裙的沉静，让裙身立体有层次，设计巧妙，新颖别致。

84

紫罗兰暗花绸绣花蝶纹合裆裤　民国

裤长93.5厘米　腰围111厘米　直裆长47厘米

选用紫罗兰色团花暗花绸为面料，米色棉布裤腰，直裆，平口裤脚。淡紫色暗纹提花面料纹样多变，有菊花、团寿、兰花等，暗纹呈四方连续样式排列组合，精致美观，寓意吉祥。膝盖至小腿中部绣蝴蝶、蝉等昆虫以及各式团花，用色绮丽、形象生动。裤脚处缀有两条水蓝色缘边，绣凤凰、仙鹤、蝴蝶、奇石、花卉等纹饰，配色舒适协调，布局错落有致、相互呼应。缘边之上缀有深蓝色回纹，将视觉中心上下分隔，层次更为分明。

合裆裤称为裈，以区别于开裆裤的袴。西汉时，出现了有裆但产不缝合的穷裤，直到东汉，合裆裤才在民间普及，裈比袴更方便行动。裤裆的缝合对于汉族裤装而言，是服饰形制的重要进步。

85

紫缎地绣瓜果花卉纹合裆裤　民国

裤长83.5厘米　腰围98厘米　直裆长46厘米

选用紫缎为面料，裤腰采用格仔纹棉布，直裆，平口裤脚，在前片裆部做类似于清代鞋履“絇”的结构，取正直之意；裤脚处采用镶边工艺，增加耐磨性。紫缎绣有瓜果、花卉等十多种纹饰，均匀分布，惟妙惟肖，其间点缀绿叶，为画面增色不少。瓜果、花卉纹饰体现人们对耕种丰收的想象，表达出对美好生活的向往。

民国时期，人们常穿的合裆裤多为宽腰、大裆，其裆部缝合不分前后，裤腿宽而长，裤口处镶一道或数道花边为装饰，有单、夹、棉之分，因此又称为大裆裤。

86

蓝色暗花绸绣花篮纹合裆裤　民国

裤长102厘米　腰围104厘米　直裆长43厘米

选用蓝色暗花绸为面料，搭配黄色内衬，清代偏爱蓝色，其用色影响到民国时期。绸质面料为牡丹花暗纹，两侧裤腿处绣有仙桃花篮纹样，裤脚有花卉、万字与卷草刺绣纹饰。“桃之夭夭，灼灼其华”，明清以来以桃为长寿象征的装饰主题十分流行。万字纹即“卍”字，有吉祥、万福和万寿之意，用“卍”字四端向外延伸，可演化成各种吉祥纹饰，这种连锁花纹常用来寓意绵长不断和万福万寿不断之意，又称为万寿锦，这条裤子应是长辈所穿。

87

红纱暗花三蓝绣花蝶纹开裆裤　民国

裤长82.5厘米　腰围89.5厘米　直裆长49厘米

开裆裤是中华民族的传统服饰之一，经久不衰，流传不息，无论男女都可穿着，其原始的保暖、遮羞功能从宋代开始引申出新的装饰美化功能，甚至将开裆裤穿着在外。该开裆裤在结构上采用整幅面料的裁剪与拼合，裤腰十分宽松，穿着时在身前折叠，用布带系扎，没有前后片的区分。在形制结构上延续了明代以前古法制裤的方法，在裤带处采用了系扣的方式进行固定。裤腿采用红色纱质面料，铺满牡丹花暗纹，象征家庭富贵和吉祥好运，与当时人们追求的理想生活愿景一致。裤脚处镶黑色缎边及绿色织锦边，上方刺绣三蓝花蝶纹饰，装饰简约。

88

象牙白暗花缎改良合裆裤　民国

裤长88.5厘米　腰围72.5厘米　直裆长44.4厘米

裤腰与传统裤装不同，具有松紧收缩性的裤腰，在前后片侧面装纽扣与暗扣用来固定，是当时中西融合的改良产物。裤腰一侧保留褶裥工艺，除了装饰作用外，增加了穿着时的活动空间，更加舒适。平口裤脚处装饰镶边，增加耐磨性。选用象牙白暗花缎为面料，暗纹为葡萄纹，排列对称且重复，将多子多福的寓意蕴藏其中。葡萄最早在汉代被传入中国，葡萄纹在中国传统装饰艺术中最早见于东汉时期，在唐代大放异彩，其后被广泛地运用到铜镜、织物、建筑装饰上，成为独具东方韵味的装饰纹样。

第三章

衣裳楚楚

『上衣下裳』，即上身着衣，下身着裳（或裤），是中华传统最早的服饰基本形制。『上衣下裳』的造型最早出现于原始社会晚期，《世本》说：『伯余作衣裳，胡曹作冕，于则作扉履。』『上衣下裳』常见的品类有袄、褂、衫、马面裙、百褶裙、凤尾裙等，是传统主要的女性服饰。

民国时期，『上衣下裳』经过窄衣化与文明新装的先后设计改良，得以继续传承。民国一二十年代是中华传统服饰继承与创新的过渡阶段，宽松的社会环境带动了女性着装风格的转化，服饰造型急剧变化，富有革新性。在旗袍出现及广泛流行之前，窄衣化服饰、文明新装等『上衣下裳』是民国女性的流行着装，具有重要的时尚价值。

89

粉红缎地绣花卉纹衣裙　清末

衣长73厘米　通袖长136厘米　下摆宽73厘米
裙长94厘米　腰围124厘米　下摆围182厘米

套装具有典型的清代审美特征，均选用粉红缎为面料。上衣为立领，对襟，襟上有五颗同色一字扣，两侧开衩，领口、衣襟、袖口与衣摆处有双层织锦缘边。下裙为襕干式马面裙，裙腰为蓝色棉布，裙门与裙幅边沿均有与上衣相同的缘边。套装彩绣各式花卉，分布均匀，色彩旖丽，图案美观。

90

朱地暗花竹叶纹衣裤　清末

衣长84厘米　通袖长143厘米　下摆宽67厘米
裤长101.5厘米　腰围114厘米　直裆长54厘米

为清末广东客家地区妇女所穿，款式简约。上衣为圆领，右衽斜襟，平袖窄挽，右侧开裾；面料选用朱红色，有竹叶暗纹，生动形象。领口与袖口装饰多重缘饰，有黑缎滚边，滚边内贴浅色系格仔织锦，织锦纹样有几何纹、金钱纹、吉祥纹等，滚边外侧缀三层黄蓝黄地连枝花卉纹织边。下裳为裤装，质地与上衣相同，裤腰用白色棉布缝制，裤脚同样缀有多重缘饰，自下而上分别为黑缎滚边（内嵌波浪形织边），滚边中间为白缎地绣葡萄瓜果花卉纹镶边，往上为蓝地花蝶瓜果纹织锦边，寓意吉祥平安、多子多福。虽纹样颜色各有不同，但这多重缘饰的搭配使该套装形成统一风格，别具一格。

91

青色暗花元宝领衣裤　民初

衣长94.5厘米　通袖长153厘米　下摆宽68.5厘米
裤长106.5厘米　腰围118厘米　直裆长54厘米

上衣为元宝领，右衽斜襟，修身款，两侧开衩至中腰线，直通袖，领口有两颗盘扣。清末民初，立领在承袭传统的基础上，前领高不断拔高，创造出领子两端（领角处）高耸、后领较低的样式，即前领高高于后领高的新式立领领型，因形似元宝，俗称“元宝领”，盛极一时。选用青色暗花牡丹纹绸质为面料，衣襟与袖口上缀两条黑色细边。自唐代以来，牡丹颇受世人喜爱，象征繁荣昌盛、美好幸福，被称为“富贵之花”，成为器物织物上的流行装饰。下裳面料与上衣一致，为青色暗花长裤，裤腰使用米色棉布。用色清新，淡雅精致。

92

淡紫暗花绸女衣及紫色绸长裤　民国

衣长142厘米　通袖长200厘米　下摆宽74厘米
裤长108厘米　腰围128厘米　直裆长54厘米

上衣为淡紫暗花绸质长衫（此处指衣长较长的女衫），自上而下共有四排兰花暗花纹饰均匀排布，内衬选用蓝色绸面料，下装为同色系素绸长裤，裤腰用白色棉布缝制。上衣圆领，右衽斜襟，衣袖长直窄口，衣长及踝，下摆呈圆弧型，两侧开衩。兰花是中国传统纹样，被喻为花中君子，象征高洁典雅、坚贞不屈。古代文人常把诗文之美喻为“兰章”，把良友喻为“兰客”，直至今日，人们依旧用兰喻人高洁的品质。

93

绿松石色绸镶毛领女衣及长裤　民国

衣长94.5厘米　通袖长130厘米　下摆宽62.5厘米
裤长95.4厘米　腰围110厘米　直裆长45.5厘米

上衣立领，右衽斜襟，属长袄，长袖直身窄口，有接袖；领口至开衩处共有七颗盘花扣；衣身自胸部至下摆逐渐扩大，下摆呈弧形，两侧开衩；领圈、斜襟、袖口、下摆、开衩处有细滚边缘饰。选用绿松石色绸质面料，菱格暗纹，在袖口及衣领、衣襟处有毛料装饰，应是春秋微凉时所穿。下装为同质地长裤，裤腰为蓝色棉布，裤脚处同样镶细滚边。款式、装饰较为简洁，清新不俗。

94

红缎地盘金绣人物花卉纹衣裤　民国

衣长71厘米　通袖长124厘米　下摆宽62厘米
裤长84厘米　腰围70厘米　直裆长39厘米

女衣立领，右衽斜襟，选用红缎为面料，衣袖直身平口，衣身两侧于中腰线处往下开衩。有五颗盘花扣，在领口、袖口、门襟、下摆及开衩处有青色地紫色花纹织边。前后衣身及衣袖满绣各式吉祥图案，用盘金绣铺地勾勒多个形状不一的多边形或半月形，内里彩绣和合二仙、童子贺寿、童子捧石榴等图案，且绣有连枝花卉、寿字、团花和江崖海水纹，布局饱满，表现出健康长寿、富贵吉祥、多子多福的吉祥寓意。下装为宽脚长裤，质地同为红缎面料，远看似襕干式马面裙，有类似于裙门及襕干的结构，造型极具革新性。裤腰使用弹力松紧装饰，便于穿着；裤腿绣花枝纹，以金线勾勒轮廓，两侧及裤脚均有米色织边，寓意富贵吉祥。

95

红缎地绣花卉纹衣裤　民国

衣长71.5厘米　通袖长136.5厘米　下摆宽69厘米
裤长108厘米　腰围77.3厘米　直裆长45厘米

女褂圆领，对襟，选用大红缎为面料，绣白色花卉纹；衣袖直身平口，袖口有米白色缎地绣喜鹊梅花纹挽袖；领口、袖口、衣摆及开衩处有白地蓝色团花镶边。布局疏朗有致，绣工精湛，整体自然和谐，纹饰细腻生动，有富贵庄重之感。下装为红缎长裤，裤腰为同质地面料，裤腿中线有直通下摆的烫迹线（又称挺缝线或裤中线，指裤腿前后片的中心直线，一般由熨烫和折叠产生），侧面绣白色花卉纹饰，裤脚拼缝白地蓝花纹镶边，与上衣风格相呼应。女褂自清代以来是重要的礼服样式，在民国时期继续流行，纹饰繁复多样，制作精美华丽。

96

草绿花鸟暗花绸地绣团花葡萄纹衣裤　民国

衣长67厘米　通袖长106厘米　下摆宽59厘米　　裤长74厘米　腰围104厘米　直裆长29厘米

形制为中国传统的上衣下裤款式，但属外销服饰，衣领有英文标签，内容为“Name：Elise Gurtis，Address：827 Rose Wood，City：Grand Rapids”，标签展示了定制人的姓名、地址及所在城市等信息，提及的城市是大急流城，位于美国密歇根州。女褂圆领，对襟，有三颗一字扣，衣袖长至手腕，胸部至下摆逐渐扩大，下摆略有弧度，两侧短开衩。选用草绿色暗花绸面料，织葡萄纹与飞鸟纹暗花，内衬为粉红色绸。衣身有八处团花图案，主要绣牡丹团花，团花间用花卉、葡萄纹点缀，以门襟为中心呈左右对称排列。袖口、领口、下摆、开衩处镶两层缘饰，外层为暗红色机织缘边，有菊花、团寿、铜钱等纹饰；内层为白地黑边织带，图案为铜钱纹与方胜纹的连续组合。长裤造型宽大，面料与上衣一致，裤腰使用白色棉布。刺绣团花位于小腿外侧，裤脚有两道缘饰，一道为棕色蓝白线绣鲤鱼案牍纹缘边，另一道为白地红边机织带。色彩丰富，绣工精致。

97
黑缎地绣花卉纹衣裤　民国

衣长84厘米　通袖长148厘米　下摆宽83厘米　　裤长88.5厘米　腰围88厘米　直裆长49厘米

上衣为圆领对襟长袖女褂，质地为黑色万寿暗纹缎面，寓意健康长寿，内衬为浅蓝色面料；衣袖直身平口，袖口有深蓝缎地盘金银绣兰花纹挽袖；领口、衣襟与衣摆处有色彩丰富的斜纹花枝纹织锦边；衣身均匀分布刺绣兰花、梅花、牡丹花等纹样，寓意吉祥平安。下装为直裆长裤，选用同质地面料，裤腰用蓝色棉布制成；裤腿和裤脚的装饰与上衣相呼应，均绣各式花卉纹，镶彩色斜纹花枝纹织锦边。整体风格统一，通过纹饰造型的疏密布局达到韵律变化，呈现丰富的空间感与韵律感。

98

灰地花卉纹漳绒无袖上衣及长裤　民国

衣长50厘米　肩宽36厘米　下摆宽45米
裤长87厘米　腰围97.2厘米　直裆长33厘米

上衣无袖，形制似现代女士背心。选用灰地花卉纹漳绒面料，立领，右衽斜襟，领口和衣襟有盘花扣，领口、衣襟、袖口处镶白色滚边，衣身两侧开衩。下装为同质地长裤，裤腰与裤腿相连，拼接自然，裤脚镶黑色滚边，和谐统一。

漳绒是在元代著名的“丝绵里”剪绒的基础上发展起来的，到明代大量生产，以绒为经，以丝为纬，用绒机编织，使织物表面构成绒圈或剪切成绒毛，常用作服装、帽子和装饰物面料，因起源于福建漳州，故名漳绒。

99

淡湖水绿罗地女衣及粉红暗花绸绣花鸟纹百褶裙　民国

衣长94厘米　通袖长141厘米　下摆宽61厘米
裙长104.5厘米　腰围140厘米　下摆围172厘米

上衣下裙形制。上衣为淡湖水绿罗地女衣，面料有梅花、竹子暗纹，立领，右衽斜襟，有盘扣与纽扣相结合的装饰；领口、衣襟与衣摆处有多重缘饰，分别为双重黑色波浪边内饰连枝花卉纹、黑色包边内饰波浪纹边，增加层次感。长袖，衣袖直身平口，袖口有粉红缎绣花鸟纹挽袖，可拆卸清洗更换，类似于现代袖套。下裳为鱼鳞百褶裙，质地为粉红暗花绸面料，裙腰为白色棉布。裙门与裙摆边缘嵌花卉纹、淡紫色细边与湖蓝色缎质包边，用色大胆；裙门绣小鸟蝴蝶、连枝花叶纹，精美细腻，栩栩如生，方寸间得见女红技艺的精妙绝伦。

100

嫩绿缎地绣花卉纹衣裙　民国

衣长72厘米　通袖长138.5厘米　下摆宽54厘米
裙长95厘米　腰围86厘米　下摆围133厘米

上衣下裙形制。上衣立领，对襟，修身款，衣袖直身平口，衣身两侧开衩；领口及门襟处共有六颗浅绿色盘花扣，门襟中部饰有飘带；在领口、门襟、袖口、下摆、开衩及飘带底部均有浅绿色细滚边。下裙为改良款马面裙样式，裙腰有松紧带设计，裙门两侧有同色系细滚边；裙身褶裥较宽，先打褶再刺绣，裙摆有金属线流苏。衣身和裙身的刺绣装饰相同，均为牡丹花卉、枝叶纹，在衣身领口、袖口、门襟、开衩处和裙身四周都有盘银绣，以花卉纹为主，寓意美好。颜色搭配丰富协调，绣工精致，应是妙龄女子所穿。

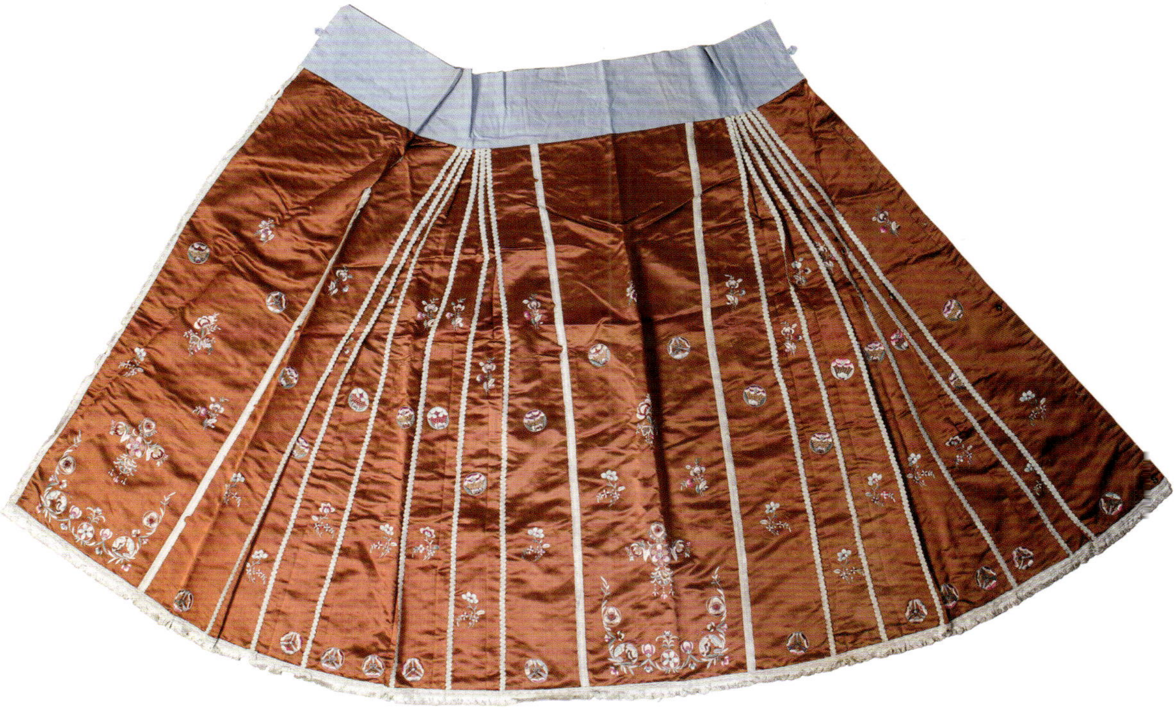

101

绛色缎绣花卉纹衣裙　民国

衣长63.5厘米　通袖长120厘米　下摆宽65厘米
裙长97.5厘米　腰围63厘米　下摆围199厘米

民国时期流行的女性服装样式，上衣为圆领右衽斜襟女袄款式，衣袖直身平口，衣身两侧开衩；质地为绛色缎面，内衬为蓝色面料，领口、袖口与下摆处镶有黑色滚边；衣身绣花卉、团花纹，层次分明，刺绣精美。团花纹外形圆润呈团状，由四季花草植物组成，结构呈四周放射状、旋转式或对称式，寓意是金玉满堂、万事亨通。下裳为典型襕干式马面裙形制，质地与上衣相同，裙腰使用浅蓝色面料；裙门、裙摆的边缘与裙幅间镶米色织边，层次感丰富；裙身刺绣的团花纹饰与上衣一致，和谐统一。

102

橙色织锦柿蒂纹衣裙　民国

衣长60厘米　通袖长123厘米　下摆宽55.5厘米
裙长99厘米　腰围81厘米　下摆围166厘米

上衣下裙形制，属当时流行的文明新装。上衣圆领，右衽斜襟，面料为橙色织锦，衣袖直身，袖口呈喇叭形；衣身自胸部至下摆逐渐扩大，下摆呈弧形，两侧开衩；领口、袖口、下摆处镶彩色织锦边和黑色细滚边。下装为同质地女裙，裙腰使用蓝色棉布制成，有纽扣，形似现代筒裙。裙幅正面装饰有四条彩色织锦边，背面两条，华丽精美。柿蒂纹因花纹形状像柿子分作四瓣的蒂而得名，其起源极早，在我国古代的陶器、青铜器上可以看到，明代常把柿蒂纹用于服饰上。

103

大红缎绣花卉纹衣裙　民国

衣长59厘米　通袖长114厘米　下摆宽61厘米
裙长89厘米　腰围76厘米　下摆围157厘米

属近代女装的经典款式，形制为上衣下裙，选用大红缎为面料，上衣内衬为浅蓝色绸质。上衣交领，右衽斜襟，衣袖长直，袖口呈喇叭形，衣身两侧开衩，在领口、衣襟、袖口处镶蓝地花蝶纹织锦边。衣身和衣袖绣花卉纹，向四周延伸，各式花卉纹均匀分布，合理填充空间。女裙质地与上衣一致，裙腰为弹力松紧设计，有收腰处理，形似现代筒裙，裙摆呈弧形，下摆处绣各式花卉纹，寓意吉祥。

104

紫缎地珠绣花卉纹衣裙　民国

衣长53.5厘米　通袖长114厘米　下摆宽42厘米
裙长110厘米　腰围84厘米　下摆围236厘米

上袄下裙形制，选用紫色缎质面料。上衣立领，右衽斜襟，衣袖直身平口，衣身中部收腰呈葫芦状，下摆短小，两侧开衩；领口、袖口、衣襟及下摆处有彩色珠片绣花卉纹镶边。下裙为百褶裙，裙幅有较宽褶裥，裙门有珠片镶边，华丽富贵。

珠片绣又称珠绣，以闪光珠片为材料，绣缀于服饰上，呈现出珠光宝气、耀眼夺目的视觉效果，增添美感。

105

枣红缎地绣白色花卉纹衣裙　现代

衣长56.5厘米　通袖长134厘米　下摆宽57.5厘米
裙长67厘米　腰围67.5厘米　下摆围113厘米

上衣下裙形制，选用枣红色缎为面料。上衣立领，右衽斜襟，领口和衣襟共有六颗盘花扣；衣袖直身平口，领口、袖口、衣襟有细镶滚，增加层次感；衣身宽松，下摆微扩上翘呈弧形，单侧开衩。上衣正中与袖口处绣白色花卉纹。下裙质地与上衣相同，形似现代筒裙，裙腰有收腰处理，腰部有褶裥，采用系带固定；裙下摆单侧开衩至臀部处，便于活动。前后裙幅均绣白色花枝纹，与上衣相互呼应，展现现代女性的审美追求。

第四章

花样锦袍

袍服在战国时期开始出现，沈从文先生认为袍服是由上下通裁的深衣发展而成。汉代以后，着袍之风逐渐盛行，代表性形制有圆领袍、襕袍、缺胯袍、龙袍、蟒袍等，但清代以前的袍服主要为男子所穿着。

民国初期，从男袍创制出女子旗袍。旗袍在流行之初本是冬季才穿的御寒衣物，后来『就应用到春令，更从春令到夏令，再从夏令到秋令，而还到冬令，遂为一年四季可以穿着的一件普通的女子衣服。』（尤怀皋：《十五年来妇女旗袍的演变》，《家庭星期》1936年第2卷第1期）旗袍裁剪得宜，长短适度，简洁轻便，大方美观，一经发明便迅速俘获女性芳心，历经多年发展变迁，已成为中国女性的代表性服饰之一，被誉为中国国粹和女性国服，受到人们的广泛关注和喜爱。

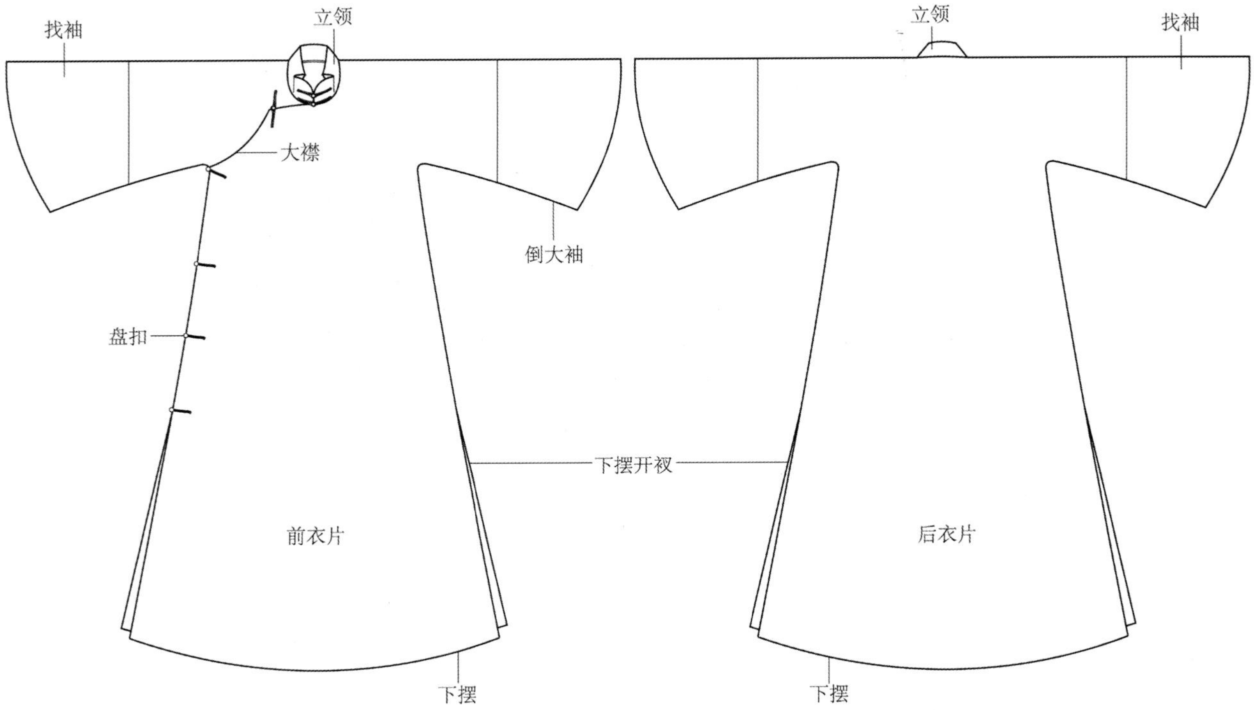

袍服示意图

106

紫色三多纹妆花缎氅衣　清光绪

衣长111.5厘米　通袖长130厘米　下摆宽93厘米

造型宽松，立领，大襟，领口有黑缎包边，包边下镶蓝、粉两层织带装饰；领口、大襟、腋下、身侧处共有五颗金属扣头的一字扣；衣袖自肩部至袖口逐渐缩小，袖口平直。衣身自胸部至下摆逐渐扩大，下摆呈弧形，两侧开裾，有如意云形装饰。袖口有白地绣花鸟纹挽袖，挽袖外层为黑缎包边以及黑地绣蝴蝶花卉纹缘饰，这样的缘饰在领圈、大襟、下摆以及开衩处皆有，并在内侧镶青色地花卉纹织带，色彩、层次感丰富。选用紫色三多纹妆花缎，三多纹即石榴、佛手、桃子，寓意为多子、多福、多寿，也被称为福寿三多或三果纹，是中国传统装饰中的吉祥图案。整体配色以紫色与黑色为主，搭配草绿色的内衬，用色大胆，刺绣精致，保存完好，是一件难得的织绣珍品。

氅衣是中国传统服饰的一个品类，从东晋时期就有文字记载，在清代之前，属于男性服装的称谓。至清后期，氅衣变成了满族女性便袍的专称，这种穿着舒适、外观富贵端庄的服饰，受到清宫后妃的喜爱，华美的装饰和精细的做工成为风尚，氅衣在此时发展达到鼎盛时期，一直到民国时期仍在流行。

107

绿色绸绣蝶恋花纹衬衣　清光绪

衣长131厘米　通袖长200厘米　下摆宽78厘米

衣身较长，穿着时长及小腿，衣袖直身略窄，袖口为双挽平阔袖，日常可作挽袖，也可展开为舒袖（指袖子的长度至手腕部位的状态）。领口、袖口、下摆、侧襟处皆有黑缎绲边、浅粉色花卉机织绦带、黑缎地绣蝶恋花纹镶边共三道缘饰。浅粉色花卉机织绦带由紫色花卉与浅绿色叶子构成，黑缎地绣蝶恋花纹镶边有玉兰、牡丹、梅花等纹样，花瓣采用渐变配色手法，绣工精致，蝴蝶以紫色、浅绿色、深蓝色为主色调，与各式花卉交相辉映，蝴蝶形态各异且与花卉形成前后相连的空间关系，使整体刺绣生动精致。衣身为绿色绸质面料，刺绣蝶恋花纹样，采用中国传统的对称式构图方式，左右图案排列匀称。衣身正中为牡丹花，两侧为玉兰花，下摆处为梅花，从花蕊至花瓣的绣线颜色均采用由深至浅的渐变配色，叶片也采用同样的手法表现，立体效果突出；两侧蝴蝶形态各异，与花卉排列相辅相成，整体色彩明亮。

衬衣是套穿在氅衣、马褂内的长款便服，是清宫后妃最具代表性的日常便服之一，制作工艺繁复精美。

108

蓝色缎绣凤戏牡丹纹衬衣 清光绪

衣长144厘米 通袖长157.5厘米 下摆宽89厘米

衣身较长，领口、大襟、侧开襟处共有五颗鎏金铜扣及一字扣。面料选用宝蓝色缎，衣身前后均刺绣凤戏牡丹纹，配色以玫红色、绿色、金色、深蓝色、紫色、橙色为主，凤凰则用绿色、玫红色、紫色、金色，翅膀羽尾处使用盘金绣工艺，凤凰及羽毛用金线勾勒轮廓；牡丹花瓣使用渐变色系，下摆处饰有连枝、奇石纹样。凤凰形态与牡丹花连枝相互缠绕形成立体空间关系，整体刺绣排布均衡。衣袖直身平口，袖口为双挽平阔袖，绣葡萄、蝴蝶枝叶纹，配以渐变手法，造型舒展卷曲，与衣身色系相同，搭配和谐统一。领口、袖口、下摆均有米色花卉机织绦带与金色几何纹绲边装饰，米色花卉机织绦带使用牡丹花卉纹样，与衣身纹饰相呼应。

在中国传统纹样中，凤为百鸟之王，牡丹为花中之王，丹、凤结合寓意祥瑞、美好、光明，象征万物繁荣、夫妻和睦、花开富贵，常以“凤穿牡丹”“凤戏牡丹”“牡丹引凤”等主题出现。

109

湖水蓝纱暗花地氅衣　清末

衣长130.3厘米　通袖长116.4厘米　下摆宽76厘米

面料为湖水蓝团花暗纹纱，团花为龙凤呈祥纹。领口、大襟、侧开襟处共有五颗一字扣，缀有鎏金铜扣。衣袖直身，袖口的挽袖为刺绣蝶恋花纹，用浅绿、湖蓝、浅紫与红色绣线绣制，与衣身色彩和谐呼应。领口、袖口、侧开襟均有黑色绲边、粉色花卉机织绦带、墨蓝色花卉机织绦带作缘饰。粉色机织绦带为梅兰竹菊纹样，配色以湖蓝、深紫、浅蓝、浅黄为主；墨蓝色花卉机织绦带为蝶恋花纹样，配色选用湖蓝、浅绿、深紫、粉色、浅紫等。缘饰配色与衣身色系相同，视觉和谐统一。

110

湖绿色竹叶暗花地团凤牡丹纹旗袍　民国

衣长119.5厘米　通袖长124.4厘米　下摆宽71厘米

衣长及至小腿，倒大袖，袖长及手腕。面料为湖绿色竹叶纹暗花罗，衣身分布多个凤戏牡丹寿字团花纹饰，配色以浅粉色、浅蓝色、浅紫色、绿色与米黄色为主，寿字纹与凤凰花卉轮廓均有描边，团纹边缘由回纹与缠枝花卉构成，样式传统。领口有彩色尼龙绳边饰，领口、大襟与侧襟共有七颗一字扣。

111

浅黄缎地蝠鹿桃花卉纹旗袍　民国

衣长128厘米　通袖长135厘米　下摆宽50厘米

立领，大襟，领口、大襟、侧开襟处共有十三颗浅黄色盘扣；袖长及手腕，袖口平直略窄；款式合身，衣长及至小腿，身侧腰臀处有曲线轮廓，腰部内收，臀部突出，臀部以下基本垂直，下摆稍有弧度，两侧开衩。面料为浅黄色缎，衣身前后均刺绣蝠鹿桃花纹饰，蝙蝠、仙鹤、各式花卉围绕鹿与桃枝分布，整体配色以浅粉色、暗绿色、咖啡色为主，桃子用橙色、红色、紫色三种颜色进行渐变处理，桃与枝叶间相互交缠形成层叠的空间效果。

蝠鹿桃纹样为中国传统吉祥纹样之一，蝙蝠谐音“福”，鹿在古代被视为祥瑞之兽，其谐音为“禄”，且与“路”同音，有一帆风顺之意。桃与桃树象征长寿，蝠鹿桃寓意为福禄寿全，是典型的祝寿题材。

112

黄缎地绣花卉纹旗袍　民国

衣长99.5厘米　通袖长102厘米　下摆宽62厘米

波浪形领，大襟，领口、大襟、侧开襟处共有七颗嵌丝硬花扣，用浅绿色与浅粉色双配色布条制作；袖长及至小臂，倒大袖；领口、大襟、袖口、侧襟和下摆有浅粉色绲边，袖口与下摆边沿呈波浪形。衣身为浅黄色缎面料，衣长及至小腿，衣身正中与衣袖两侧刺绣花卉枝叶纹样，配色以橙色、浅绿色、紫色、浅红色为主，用渐变手法装饰边缘，花瓣中心的花蕾用打籽绣绣制。

嵌丝硬花扣是传统旗袍常用的盘扣款式，造型通常根据面料或服饰主题而制作，以布条盘绕、打结而成，以45度斜裁保证其延展性与贴合性，并使用上浆、嵌棉线和嵌铜丝等工艺固定其特殊造型与纹样，立体感突出。嵌丝硬花扣因其款式变化灵活且造型易变丰富，目前依然流行。

113

暗花缎马甲及倒大袖旗袍　民国

衣长108.5厘米　通袖长115.4厘米　下摆宽68厘米

由浅黄色暗花缎马甲与浅红色暗花缎旗袍组成。马甲立领，领口处有两颗黑色及浅黄色盘扣，袖窿较大，整体与旗袍相连；旗袍无领，袖长及至小臂，倒大袖；马甲领口、袖窿、下摆及旗袍袖口皆装饰有黑色绲边。旗袍较长，腰部打褶，下身呈筒裙样式，衣料暗花为抽象羽毛造型，羽毛卷曲并相互遮挡形成层叠效果，底纹为羽毛形镂空轮廓图案，呈现“S”型曲线构图，属典型的新艺术运动风格。马甲衣料的暗花同样是抽象花卉造型，花型较大，采用反向重复构图，同属新艺术运动风格。

新艺术运动是19世纪末20世纪初在欧洲和美国产生并发展的装饰艺术运动，在设计中强调流畅的动植物花纹的使用，这一设计理念一直影响着诸多艺术设计领域，如建筑、家具、产品、首饰、纺织品、平面设计、书籍插画等。随着中西文化的碰撞，民国服饰也受到了新艺术运动的影响，织物图案开始运用抽象图案，表现出韵律、明快、活泼的视觉动感。

114

黑色暗花绸长袖旗袍　民国

衣长134厘米　通袖长152厘米　下摆宽50厘米

款式合身，全开襟，共有六颗盘扣，形似树叶；衣长及至脚踝，腰部内收，身侧腰臀处有曲线轮廓，突出臀部曲线，臀部以下垂直，下摆稍有弧度，两侧开衩。衣袖长及手腕，袖型宽松，呈喇叭袖型，袖口有蓝色花卉刺绣装饰，配色为渐变蓝色，过度自然，有光泽感。立领，有三个间距相同的圆形蓝色花卉装饰，领口可脱卸，配替换领。民国旗袍中的立领是可以拆卸和替换的，这种替换既可以是同种领型的新旧替换，及时替换掉陈旧、破损或褪色的领子，也可以是不同领型之间的替换，只要替补领子的领围契合旗袍即可。该旗袍采用了八对揿扣的闭合方式，以取代传统针线缝合工艺，使替换更为便捷灵活，同时减少对袍身的损害。面料为黑色暗花绸，内衬为淡蓝色绸，面料暗花纹样为点状几何纹，呈散点式排布。领口、大襟、开衩及下摆均有黑色包边。内衬稍短于面料，黑色包边，两者在侧摆处缝合，下摆处不缝合。

115

橙桃色蕾丝花卉纹旗袍　民国

衣长111厘米　通袖长128厘米　下摆宽45厘米

款式端庄，长度中等，长及至小腿；身侧腰臀处有曲线轮廓，腰部内收，臀部突出，臀部以下基本垂直，下摆稍有弧度。有肩斜设计，衣袖长及小臂，袖口收窄，贴合手臂。裁剪方式偏向西式，注重身体曲线的贴合，穿着时更加舒适服帖。面料为橙色花卉纹蕾丝，配同色缎质背心式衬裙，双臂处无内衬。蕾丝面料呈连续排列花卉纹样，花朵以两排顺序排列循环，花卉内有实心花蕊，外有勾边，叶子修长，围绕花卉为镂空网纱。旗袍门襟处有五颗子母扣，身侧为金属拉链。腰部有长13厘米、宽0.7厘米的省道设计，使旗袍更为合身。

省道，籁道的简写，英文为dart，是指服装为适合人体或造型的需要，通过捏进和折叠面料边缘，让面料形成隆起或者凹进的特殊立体效果的结构设计，按部位分为肩省、胸省、腰省等。

116

牙白缎地珠片绣旗袍及衬裤　民国

衣长125厘米　通袖长74厘米　下摆宽50厘米
裤长96厘米　腰围110厘米　直裆长32厘米

上衣下裤形制，选用牙白色缎质面料。上衣为短袖旗袍，属新中式服装，立领，右衽斜襟，共有十颗盘扣，衣身两侧开衩，在领口、门襟、袖口、下摆至开衩处有珠片绣花枝纹装饰。下装是民国时期穿于旗袍内的衬裤，功能类似于现代的打底裤。裤腰采用松紧设计，裤脚有珠片绣花枝纹样，造型生动。民国时期，部分女性思想相对保守，在穿着旗袍时会选择衬裤或衬裙，该套装即是例证。

117

灰蓝色暗花缎旗袍及衬裤　现代

衣长123厘米　通袖长150厘米　下摆宽79厘米
裤长73厘米　腰围112厘米　直裆长41厘米

上衣下裤形制，选用灰蓝色暗花缎面料。旗袍款式宽松，立领，方襟，身侧腰臀处无曲线轮廓，由腋下到下摆呈喇叭形，下摆有弧度。衣袖长及手腕，袖型宽松，袖口稍宽，呈喇叭袖型。领口、大襟、侧襟处共有五颗一字扣。衣料为浅蓝色暗花缎，点状暗花呈散点式分布。内搭衬裤面料与女衣相同，裤腰为白色棉料。该套装颜色较浅，整体风格简洁质朴。

118

紫蓝地真丝织锦长袍　现代

衣长125.5厘米　通袖长164厘米　下摆宽75厘米

形似清代氅衣，款式宽松，长及小腿；衣袖直身平口，身侧无腰线，下摆有弧度，两侧开衩。开襟较高，领口至开襟处有如意云头、挖云兰花等缘饰，领口的嵌丝硬花扣为蝶恋花纹样，与挖云主题相搭配。领口、袖口、开衩及下摆均有黑缎贴布万字纹镶边及浅黄色机织花卉绦带装饰，万字纹周围以米白色地圆形图案相连，轮廓以紫色、浅绿色绲边勾勒。选用紫蓝地真丝织锦提花面料，花卉颜色以浅粉色与浅绿色为主，花卉造型舒展卷曲，枝条相互缠绕，设计元素为祝寿题材，寓意万福万寿。挖云兰花纹，绲边为浅粉色、浅绿色，底衬分别为浅蓝色、浅绿色，配色丰富，清新雅致。

119

灰色牡丹暗花罗男童长袍　现代

衣长90厘米　通袖长94厘米　下摆宽55厘米

款式宽松，长及至小腿，身侧腰臀曲线轮廓不明显，腋下至衣摆呈喇叭形，下摆有弧度；衣身有中缝线，两侧图案拼接花纹不对称。圆领，领口与大襟处有同色绲边，领口、大襟与侧襟处有五颗同色一字扣；衣袖长及手腕，袖口宽度窄于袖窿宽度。衣料为灰色暗花罗，通过绞经组织使经线形成明显绞转的丝织物，暗花图案为牡丹，造型似线描工笔风格，大小不一，枝叶卷曲柔美，风格典雅。

牡丹作为中国传统图案之一，常以独枝、交枝、串枝和缠枝等形式出现，自唐代以来被视为繁荣昌盛、美好幸福的象征，是“富贵之花”，常被用作器物雕刻、纺织刺绣的经典图案。

120

黑缎地绣瑞鸟纹长袖旗袍　现代

衣长125厘米　通袖长140厘米　下摆宽36.5厘米

长度中等，长及至小腿中部，身侧腰臀处有曲线轮廓，腰部内收，臀部突出，臀部以下逐渐收紧，下摆稍有弧度，穿着时显露身材曲线；衣袖长及手腕，袖型宽松，袖身向袖口处逐渐收紧。面料为黑色缎，里料为黑色绸；衣身刺绣瑞鸟植物纹，正面与背面纹样相同，肩部运用植物纹自然过渡至背面，小臂处正背面也有同款植物纹，纹饰均由橙色、绿色、紫色、蓝色、褐色等绣线绣制。瑞鸟形态不一，羽毛采用不同颜色刺绣，更具层次感与光泽感；植物果实同样采用不同颜色绣线，呈现出渐变效果，叶片细长卷曲，造型灵活生动。领口、大襟、侧摆、下摆饰有黑蓝橙三色细镶滚，立领背面有植物纹装饰，与整体纹样相契合。领口与大襟有盘扣及子母扣，身侧有拉链，盘扣为填心花扣，形状为爱心花卉形，配色与细镶滚包边相同，整体统一和谐。

121

浅棕暗花绸花卉纹中袖旗袍　现代

衣长123.5厘米　通袖长98厘米　下摆宽58厘米

长及至小腿，立领，领口、大襟、侧襟处共有五颗盘扣，黑色与浅棕色双色嵌丝，大小相同，呈左右对称；中袖，袖长及小臂，袖口稍宽；领口、袖口、大襟、侧开衩与下摆处均有绲边，大襟与侧开衩处有如意云装饰。选用浅棕暗花花卉纹绸质，花卉为抽象玫瑰花，玫瑰花瓣轮廓以浅棕色描边，花瓣内部为浅黄色实心填充，四周叶片为浅棕色，每一组花朵中间由不规则线条连接，形成缠枝效果。整体为反向构图，每两行花卉朝向相反，呈现S形走向。民国时期，受西风东渐影响，图案常以西式玫瑰花为题材，喜爱将典型的抽象花卉与几何纹相结合。衣身图案属新艺术运动风格，开衩与大襟缘饰为中式图案，是典型的中西结合服饰。

122

暗黄绿地真丝印花佩斯利纹短袖旗袍　现代

衣长115厘米　通袖长63厘米　下摆宽41.5厘米

衣长及至小腿，衣身两侧有胸省，腰臀处有曲线轮廓，腰部收腰设计，臀部相对突出，臀部以下基本垂直，下摆稍显弧度；有肩斜，短袖，袖口略有收紧，贴合手臂。领口、大襟、开衩与下摆处有黑色绲边，领口与大襟内侧共有九颗子母扣，侧襟有金属拉链。衣料为暗黄绿色真丝，图案为简化的佩斯利纹，仅保留外轮廓线，内部使用明黄色进行填充，方向不一，呈45度倾斜散点排列。

佩斯利纹俗称火腿纹、腰果纹，图案以涡旋形为基础形状，尾部有微卷状细尖，造型优美、线条流畅。佩斯利纹通常以泪滴状或腰果状呈现，结合花草等装饰，寓意吉祥美好、绵延不断。该旗袍的佩斯利纹较为简洁，与整体衣身颜色和款式设计搭配和谐。

123

淡黄绸印花花卉纹短袖旗袍　现代

衣长105厘米　通袖长55.5厘米　下摆宽46.4厘米

衣长较短，穿着时及至膝部，短袖，贴合上臂，衣身两侧有胸省，腰部两侧前后均有腰省，为典型的沙漏型旗袍，穿着时紧贴身体，下摆开衩较高，下摆无弧度。原为双襟旗袍，右侧大襟有改制痕迹，领口下方左右两侧共有三颗嵌丝硬花扣，用衣料制成树叶造型，中心对称，与衣身相匹配。选用淡黄色印花绸，图案为抽象花卉，以红色、深绿色、绿色与淡紫色为主，由不规则椭圆形、粗细线条、红色莲花与紫色曲线等元素构成，散点式排布，每组花卉方向各异，设计极具现代时尚感。

124

草绿色缎织团寿菊花纹短袖旗袍　现代

衣长95厘米　通袖长56厘米　下摆宽39.2厘米

沙漏型旗袍，衣长较短，穿着时及至膝部，短袖，有肩斜，袖子较短，袖身贴合上臂；衣身两侧有三个胸省，腰部两侧前后均有腰省，穿着时紧贴身体，下摆开衩较高，下摆稍有弧度。领口、大襟、袖口、下摆和开衩处均有草绿色绲边，大襟内有七颗子母扣，身侧有金属拉链。选用草绿色团寿菊花纹缎质面料，菊花花瓣呈舒展卷曲形态，花瓣颜色为浅绿色，团寿字纹为深绿色，两者相互重叠形成空间关系，散点排列，风格简洁典雅。

与民国初期的旗袍不同，20世纪五六十年代的旗袍比以前有更多的胸省和腰省设计，这种沙漏型旗袍多在港台地区出现，类似于同时期的迪奥时装，强调沙漏形状，部分时髦女性在衣身里搭配子弹头胸衣，形成一种尖胸、细腰、丰臀的风格，且从这个时期开始，旗袍长度逐渐收短，20世纪60年代后长度多数在膝盖上方。

125

淡蓝色蕾丝短袖旗袍　现代

衣长109厘米　通袖长84厘米　下摆宽42.3厘米

款式合身，长及至膝，衣身两侧有胸省，身侧腰臀处有曲线轮廓，腰部内收，臀部突出，臀以下基本垂直，下摆稍有弧度；短袖，有肩斜，袖口收紧。立领内侧有透明塑料硬衬，领口、大襟内有六颗子母扣，侧襟有金属拉链。选用淡蓝色蕾丝面料，图案为玫瑰花，呈单朵排列，花瓣与叶片外轮廓有描边，花瓣由不同质感的面料构成，立体感突出，背景部分为镂空网状蕾丝。民国初期，旗袍以丝织面料为主，随着新型面料的出现，逐渐被社会接纳，面料的多元化包括蕾丝，使旗袍既可透薄也可保持优雅，具有现代美感。

126

蓝色蕾丝花卉纹短袖旗袍　现代

衣长109厘米　通袖长64厘米　下摆宽42.3厘米

沙漏型旗袍，衣长较短，穿着时及膝，短袖，有肩斜，袖身贴合上臂，衣身两侧有胸省，腰部两侧前后均有腰省，紧贴身体，下摆稍有弧度，开衩较高。衣身为蓝色蕾丝花卉纹面料，有同色真丝内衬裙，长度稍短于旗袍。蕾丝面料的花卉与叶片均有银丝描边，叶片内部填充网格状肌理，花叶均有渐变色处理，风格简洁典雅。

127

蓝色蕾丝短袖旗袍　现代

衣长124.5厘米　通袖长71厘米　下摆宽52厘米

款式合身，衣长及至小腿，短袖，有肩斜，袖口呈波浪形；身侧腰臀处有曲线轮廓，腰部内收，臀部突出，臀部以下基本垂直，下摆稍有弧度。领口、袖口、大襟、开衩和下摆处均有蓝色绲边，衣身共有十一颗嵌丝硬花扣，造型为左右对称蝴蝶图案，设计巧妙。选用蓝色蕾丝面料，图案为组合花卉，花瓣、叶片轮廓为实心描边，呈平铺式构图，每组花卉与叶片间由网格相连。颜色统一和谐，风格典雅。

128

象牙白地蕾丝立领无袖旗袍　现代

衣长117.3厘米　肩宽36.5厘米　下摆宽33.6厘米

款式合身，衣长及至小腿，身侧腰臀处有曲线轮廓，腰部稍微内收，臀部相对突出，臀以下基本垂直，下摆稍有弧度。高立领，内有透明塑料硬衬支撑，开襟与肩线重合，领口、肩线处大襟内侧有七颗子母扣；无袖，有肩斜。衣料为象牙白蕾丝，图案以叶纹为主，卷曲造型，风格典雅。民国以后，服饰图案逐渐以“花小叶大”为主，风格偏向现代主义。

129

牙白塔夫绸地织紫色花卉纹无袖旗袍　现代

衣长106.1厘米　肩宽48.8厘米　下摆宽42厘米

设计凸显曲线，衣身两侧有胸省，身侧腰臀处曲线轮廓清晰，腰部内收，臀部相对突出，臀部以下基本垂直，下摆无弧度。衣料为牙白地织紫色花卉纹塔夫绸，背景暗花为装饰艺术风格的意象花卉，整体以反向构图排列。花卉花瓣呈放射状围绕花芯，花瓣线条以实心填充、线条排列、点状装饰等手法进行组合。紫色花卉由实心紫色叶片与点状花芯组成，每两排方向相反排列。下摆与开衩处有深紫色双绲边做装饰，与衣身花卉颜色相呼应。

130

粉红绸印花仙鹤纹无袖旗袍　现代

衣长127厘米　肩宽42厘米　下摆宽48.2厘米

衣身两侧有胸省，身侧腰臀处有曲线轮廓，腰部微微内收，臀部稍显宽松，臀部以下基本垂直，下摆无弧度；领口、大襟、袖口、开衩与下摆处均有浅粉色和米白色双色绲边装饰，其中开衩与下摆的绲边较宽。领口与大襟处有两颗花卉型嵌丝硬花扣，造型为粉红色花瓣内圈米白色花芯，腋下处有同色一字扣。整体配色以粉色、白色为主，选用粉红色仙鹤纹印花绸，背景由粗细不一的线条组成网格纹，仙鹤造型简洁，鹤身为白色，翅膀尾部用黑色点缀，每只仙鹤造型与方向各异，构图呈散点分布，紧密排列。

131

紫褐色印花长身坎肩旗袍　现代

衣长127.3厘米　肩宽29厘米　下摆宽52厘米

衣长较长，身侧腋下至腰部稍有曲线轮廓，腰部线条不明显，臀部以下基本垂直，下摆无弧度。选用紫褐色印花面料，色彩较暗，印花图案为几何纹样，底纹为深紫色格子，格子纹上形成以折叠曲线斜排构图的层叠空间关系。领口、袖口、大襟、开衩与下摆均有与衣身同色系的紫褐色双绲边做装饰。领口、大襟、侧襟处共有十颗盘香扣。盘香扣是民国花扣中最简洁的款式，用细布条以螺旋盘绕制成，通常由两个大小相同并列或一大一小形成葫芦状，民国月份牌中描绘的旗袍常见盘香扣装饰。

第五章

中外肩饰

云肩是中国传统服饰中独具特色的服饰品之一，装饰于肩部，早期主要为佛家、皇家、男性所用，后逐渐世俗化，成为女性肩饰。明代以前的云肩主要为四合如意形制。清代以后，云肩衍生出多合、多层形制，有柳叶形、鱼形、蝴蝶形等形态。清代戏曲大家尤侗《咏云肩》云：『宫妆新剪彩云鲜，袅娜春风别样妍。衣绣蝶儿帮绰绰，鬓拖燕子尾涎涎』。民国时期，云肩流行式微，主要应用在婚礼等重要礼仪场合。

除了传统云肩，至清代中后期，因应海外市场的需求，广东大量生产披肩，风靡世界，因广东外销披肩经商船运至菲律宾马尼拉再转运欧美各国，被称为『马尼拉披肩』。这种色彩亮丽的外销披肩一经亮相，迅速成为欧美女士穿着服装的最佳搭配，尤其受到西班牙南部地区人们的喜爱。直到现在，马尼拉披肩仍然是西班牙妇女日常生活的重要肩饰品。

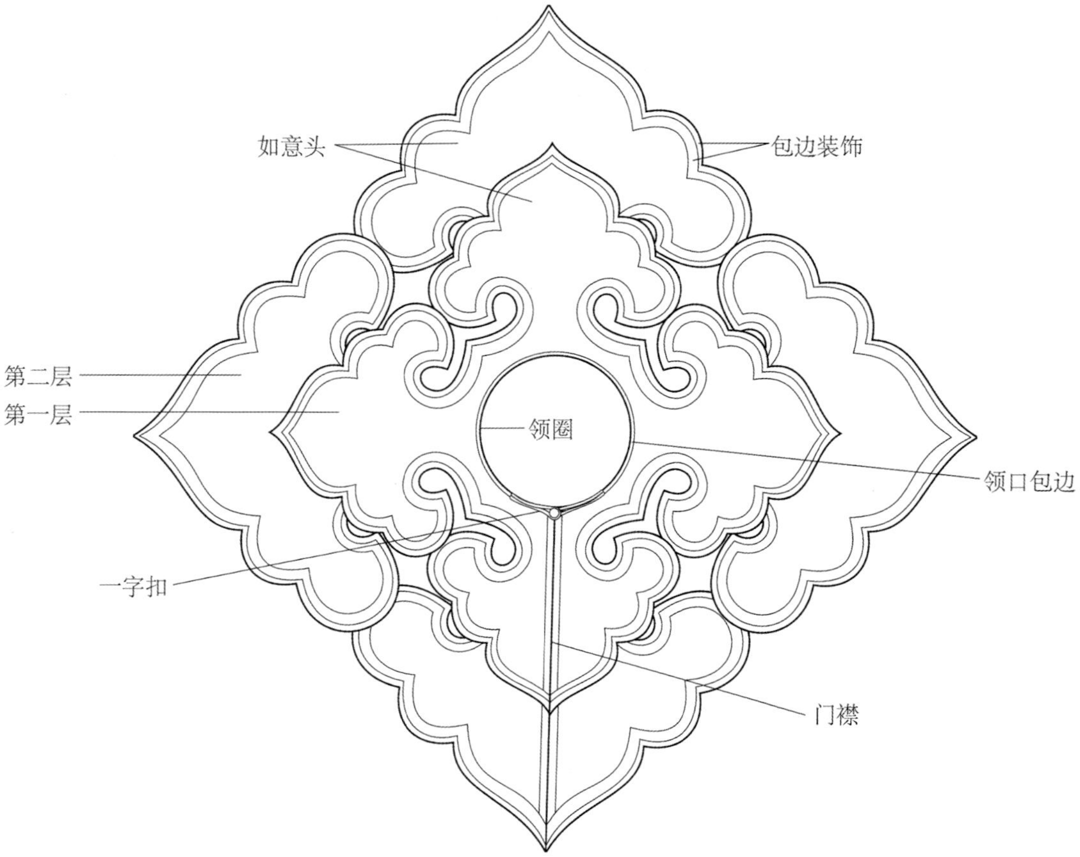

云肩示意图

132

白地绣花蝶纹四合如意形云肩　清末

长49厘米　宽49厘米　领围38.5厘米　流苏长13.7厘米

无领，领口有一颗一字扣，有黑缎包边。如意头四出，为典型的四合如意形，只有单层，以白缎为地，如意形边缘由内至外镶浅绿米色双层织锦边及黑缎边。刺绣以梅花、兰花为主，其间装饰蝴蝶、宝瓶、枝叶等纹样，蝴蝶姿态不一，灵活生动。白缎外层有两层彩色宽织带花边，缀绿色金钱纹织网及橙色流苏，增添亮色。整体配色和谐统一，清丽雅致。

云肩，是古代置于肩部的装饰织物，最初为保持衣物领口及周边衣物洁净，后来逐渐演变为纹样繁复、寓意吉祥的装饰品。四合如意形是由四个如意从四面围拢连接起来的吉祥图案。“四合”寓意为四面八方，代指天下，“如意”象征心愿、希望，两者合起来寓意着天下太平、平安和美。

133

盘金银绣仙鹤花卉纹四合如意形云肩　清末

长33.5厘米　宽33.5厘米　领围41.5厘米

由四角较大的如意云头和四边较小的如意云头组成，属典型的四合如意形，布局对称统一，造型比例协调。只有单层，如意形边缘镶双层蓝色缎边及黑色织锦边。以盘金绣铺满地，黑色绣线勾勒出多个暗八仙形状的开窗，窗内为白缎地彩绣庭院人物花卉纹饰，人物形象或坐或立，姿态不一。因采用了金线满绣工艺，呈现出绚丽华贵的视觉效果。无领，领口缝制圆形褐色缎地绣片，用盘金银绣仙鹤花卉纹，仙鹤展翅，花卉绽放，不同颜色的绣线搭配金银线表现色彩变化，绣工技法精湛，画面和谐。该云肩为改件，中心圆形褐地仙鹤花卉纹绣片为后期缝制。

134

彩缎地绣凤戏牡丹纹层叠式四合如意形云肩　民国

长51厘米　宽51厘米　领围34厘米

无领，领口有单层黑色滚边。如意头四出，为典型四合如意形，共三层，由上而下面积逐渐增加。第一层为朱红色，第二层为淡青色，第三层为米白色，均为缎质，在如意形外边缘镶黑缎边、天蓝色缎边及彩色织锦边三层缘饰。第一层刺绣为平针绣三蓝花卉，第二层为打籽绣花卉纹，作三色渐变处理搭配平针绣花叶纹构成；第三层面积最大，绣狮子滚绣球及凤戏牡丹图，以及花卉、暗八仙纹饰。狮子是百兽之王，传说为文殊菩萨的坐骑，有驱邪的象征，而绣球因颜色鲜艳多姿，寓意吉祥喜庆、好事连连，狮子滚绣球有消灾驱邪、赶走灾难、好事降临之意。而凤戏牡丹纹寓意繁荣吉祥、如意美好。

135

彩缎绣花卉纹层叠式四合如意形云肩　民国

长53厘米　宽53厘米　领围45厘米　飘带长57厘米

立领，大红缎地绣花卉纹，外设双层黑色包边，包边内侧有米白色织带花边。如意头四出，典型的四合如意形，云肩共三层，由上而下面积逐渐增加，第一层为青色，第二层为蓝色，第三层为大红色，均为缎质，在如意形外边缘设双层黑缎边，边上缀铜包边圆形镜片。三层刺绣均为花卉连枝纹样，颜色选用浅色系的粉紫、淡黄、淡绿，搭配米白色以渐变形式展现。最具特色的是领口有一颗黑色一字扣，每层如意头一角各有一颗银色金属子母扣，由上至下分别为蝴蝶形与一小一大两枚相同的蝴蝶花卉形子母扣。云肩四边分层缝隙处出四条青色长飘带，飘带装饰除了黑色拼布、包边、花卉刺绣外，还有如意云头形杂宝银饰坠，增添层次感。整体配色淡雅华丽，清新脱俗。

136

白地绣人物花卉吉祥纹层叠式四合如意形云肩　民国

长56.5厘米　宽56.5厘米　领围32.1厘米

有领，领口有一颗一字扣。如意头四出，造型饱满，典型的四合如意形，共有四层，由上至下面积逐层增加并有序叠加，每层均以白缎为地，由内至外滚浅绿色织锦边及宝蓝色素缎边，外宽内窄，针脚紧密。第一、第二层绣花卉纹饰，第三层绣福在眼前、花篮花卉纹饰，第四层广绣山水人物、柳树花卉纹饰，人物面容五官精致，开面讲究，应为男绣工刺绣。清末，广州刺绣手工业分成了男绣工、女绣工上下两道工序，女绣工做下工序，称下手工，主要负责绣日用品、供神用品；而男绣工做上工序，称上手工，俗称“花佬”，专门负责刺绣重要部分，如人物的头部、手部以及鸟雀的嘴、爪、眼和羽毛等。

137

彩缎绣人物花卉纹层叠式四合如意形云肩　民国

长51.3厘米　宽51.3厘米　领围32.3厘米

无领，领口有黑色细滚边。如意头四出，典型的四合如意形，共有四层，由上而下面积逐层增加，第一层为绿色，第二层为朱红色，第三层为浅黄色，第四层为米白色，均为缎面质地。第一层绣花卉纹，第二层为蝴蝶纹，第三层用平针绣和打籽绣绣花卉纹样，第四层最为丰富，以人物纹为主体，搭配不同姿态的花卉以及假山奇石、小桥流水等纹饰，人物面容五官精致，细节考究，颜色搭配协调，意境清幽雅致，其中兰花、菊花、荷花的运用寓意美好，搭配蝴蝶花卉，有美好姻缘之意。云肩各层如意形外边缘均镶有不同颜色的缎边及织锦花边，颇花心思。除了刺绣装饰外，还有圆形金属片装饰，丰富独特。

138

淡黄地绣花鸟纹四合如意形云肩　民国

长36.5厘米　宽36.5厘米　领围32厘米

由四角较大的方形几何如意云头与四边较小的如意云头构成，为典型的四合如意形；无领，领口有一颗金属扣头的深紫色一字扣，斜门襟设计，无明显接缝；领口、如意云头外边缘镶深紫色细滚边和蓝缎宽边。以淡黄缎为地，满绣金线方格纹，内绣四瓣蓝色花卉纹，方格纹间勾勒多个不同形状的开窗，内绣鸳鸯、鹤鹿同春、孔雀、庭院花卉等纹饰。孔雀开屏为吉祥之兆，能辟邪保平安，带来好运；而仙鹤与鹿的纹样搭配松树，意指鹿鹤同春，象征万物皆春、欣欣向荣。这种变异如意形云肩较少出现，款式新潮，应为年轻女性所佩戴。

139

彩缎绣瓜果花卉纹柳叶如意形连缀式云肩　民国

长56.6厘米　宽56.6厘米　领围36厘米

外形呈圆形，由十四片柳叶与十四片如意云头连缀而成，为典型的连缀式云肩。立领，衣领为橙缎绣蓝色万字纹，有金属扣头的褐色圆形盘扣，内衬为蓝色棉料，衣领边缘镶黑色包边与白色织锦边。主体柳叶为绿色缎面，平针绣各式花卉，如意云头以米白色缎为面料，刺绣有“寿”字、佛手、石榴、人物以及不同种类的花卉纹样。柳叶及如意云头边缘均有黑色包边与织锦边。配色丰富，绣工精致，绣线多选用粉、紫色系，搭配少量绿色或其他颜色作修饰，整体配色和谐统一。

140

刺绣吉祥纹柳叶形层叠式云肩　民国

长57.5厘米　宽57.5厘米　领围34厘米

无领，领口有一颗黑色一字扣。外形呈圆形，为双层柳叶形层叠式云肩，每一层各二十片柳叶，由上而下面积依次增加，在柳叶边缘与领口均有黑色包边，内侧叠加金色缘饰与织锦边缘饰。第一层为黑色缎面料，刺绣菊花、兰花、梅花、荷花等花卉纹样，以及亭台水榭、树木、人物纹样进行装饰，多以锁绣技法表现；第二层以米白色缎为地，同样以锁绣技法绣制花鸟、花卉蝴蝶、花卉、人物、庭院等纹样。两层纹饰均用白色绣线进行勾边，但因底色不同，纹样的显色程度不尽相同。整体配色清丽雅致，和谐统一，纹样丰富，寓意吉祥。

141

彩缎绣桃蝠纹柳叶如意形连缀式云肩 民国

长68.5厘米 宽68.5厘米 领围37.5厘米

无领，领口有系带；典型的连缀式云肩，由内而外依次为柳叶、蝙蝠蝴蝶、异形如意云头等形状。第一道共十二片柳叶，边缘以及领口镶黑色包边，柳叶以深紫、深褐等颜色缎质为地，刺绣花卉、蝴蝶和几何纹，其中花卉纹以兰花为主。第二道由四组紫缎蝙蝠和彩缎蝴蝶组成，均用金银线及织锦边勾勒轮廓及装饰，搭配绿色如意云纹。第三道为四个米白色缎地异形如意云头，形似蝙蝠，由内而外设黑、银两色缘饰，刺绣蝙蝠寿桃、蝙蝠花卉等纹饰，“蝠”与“福”同音，与寿桃结合寓意福寿双全，与牡丹纹结合有富贵幸福之意。该云肩颜色丰富，抽象有趣，独特生动。

142

彩缎绣花蝶人物纹如意荷花形连缀式云肩　民国

长79.9厘米　宽75厘米　领围36厘米

连缀式云肩，整体外形呈圆形，由里至外装饰，为四出异形如意云头，形似蝙蝠，以黑缎为地，刺绣花卉蝴蝶纹，绣线以蓝粉色系为主。其中四组荷花形图样，均由异形如意云头作荷叶为托、桃形作花芯、异形如意云头及异形柳叶为花瓣组成。连缀各层形状不同，面料均为缎质，以白色、粉红、朱红为主色，平针绣花卉蝴蝶纹样，搭配宝瓶、人物以及鱼纹出现，构图饱满，绣工精湛。该云肩由内到外的边缘皆用黑缎包边，内有不同颜色的织带花边，片与片之间用米白色或透明的串珠连接。结构紧凑，步履摇曳间随衣摆动，美不胜收。

143

彩缎地花蝶瑞兽纹连缀式云肩　民国

前长29.3厘米　后最长35.5厘米　领围38厘米　流苏长13厘米

无领，领口有单层黑色细滚边，有暗扣；连缀式，整体外形呈圆形，由里至外共两道装饰。第一道所占面积比第二道小，为黑缎素色如意形。最大亮点在于第二道装饰的彩缎异形，其装饰并不是完全运用刺绣手法，而是以不同颜色不同形状的布片拼接而成，形状多变，有童子、花卉、瑞兽、鱼、蝴蝶等形状，边缘均用红线刺绣包边，以平针绣及锁绣技法绣制面部五官、叶脉、花芯、翅膀等细节部位。云肩下方缀有双色流苏装饰，增添动态美。

144

黑缎地绣人物花卉纹连缀式云肩　民国

长67厘米　宽64厘米　领围42厘米

无领无扣，领口由一条细织带构成；连缀式，整体外形呈圆形，面料均为黑色缎质，由里至外共三道装饰，形状依次为鱼尾、花卉、如意云头，面积逐渐增加，每一道均有九片。第一道刺绣包含了金鱼、菊花、水仙等纹样，金鱼的“鱼”与“余”谐音，有年年有余之意。第二道除了两片单独刺绣花卉纹外，其他均为人物花卉纹饰，每个人穿着不同服装，与不同花卉交替组合出现，表现巧妙。第三道同样是人物花卉纹，以花卉纹为主，人物为辅，构图形式及布局相似。刺绣以平针绣为主，绣线颜色统一，配色以粉色为主，搭配绿色的叶子，绣工平整且颜色协调。云肩边缘设黑色细滚边，片与片之间以深色的串珠相连。

145

黑绸地绣花卉纹披肩　清末

长208厘米　宽193厘米　编织格纹宽3厘米　流苏长19厘米

以黑绸为地，彩绣有牡丹、莲花、菊花等纹饰，配色主要为正红、玉白、蓝紫。中心对称布局，由内至外共有三层方形图案组合。最外层是蜿蜒相接的连枝枝叶，绽放的梅花穿插其中。中间一层图案面积稍大，花卉纹饰更为丰富，对角和对边的花束相互呼应；最内层是四角对称的花束，使披肩中心形成十字留白。花枝图案色彩搭配浓淡相宜，晕色自然层层递进，花卉舒展，枝叶摇逸，绣工细腻。披肩四边连着编织网格与流苏，格纹细小紧密，流苏飘逸灵动。

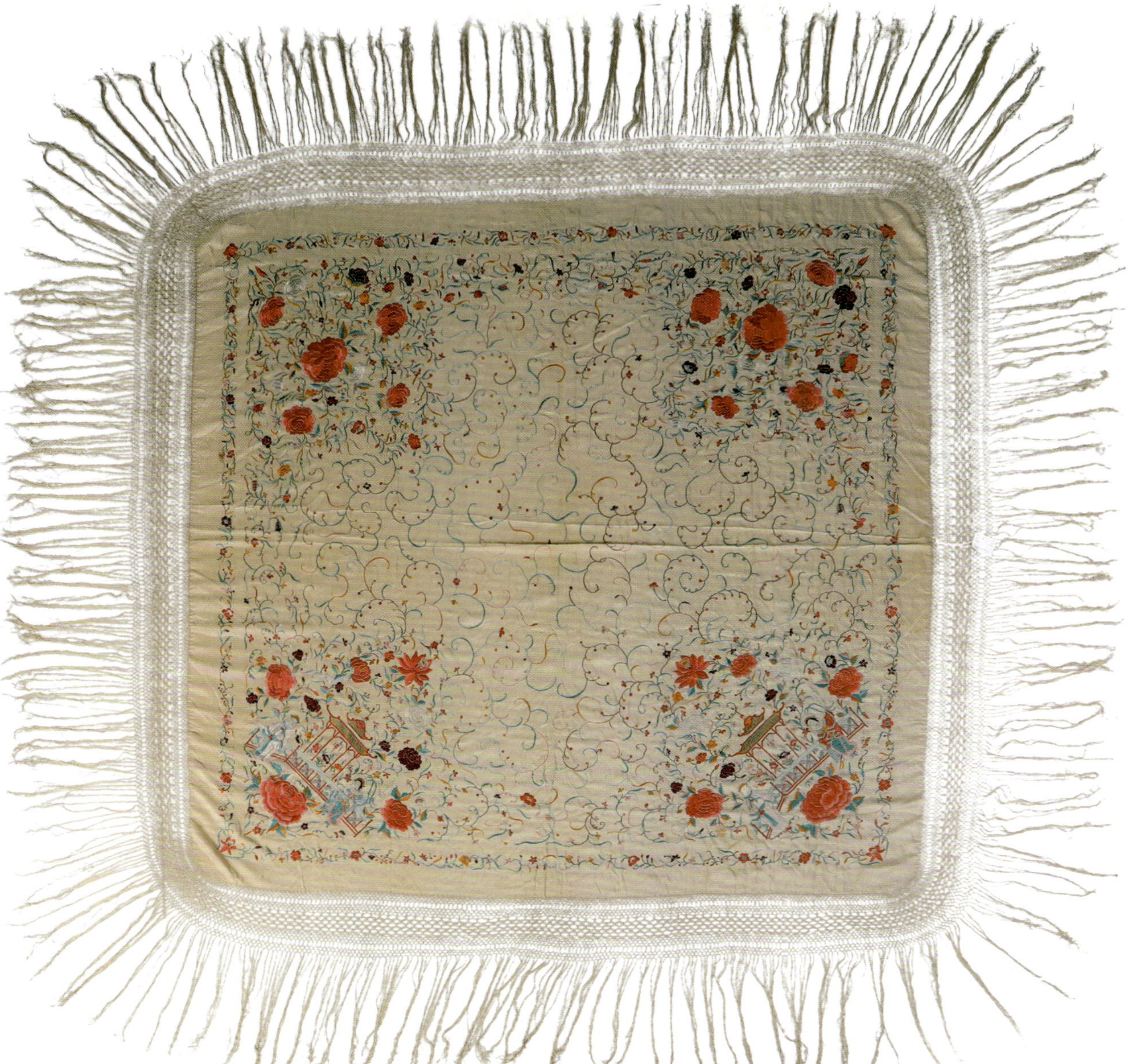

146

奶白绸地绣花卉纹披肩　清末

长239厘米　宽237厘米　编织格纹宽14.5厘米　流苏长27厘米

布局对称，疏密有致，色彩淡雅，用色丰富。以奶白绸为地，四角分别刺绣花卉和庭院人物纹样，呈对半对称布局。一侧绣庭院人物图，图内男女两人相向，穿着戏服，牡丹月季藤蔓围绕四周；另一侧以花卉为主，以连枝方式表现，分布自然，大小比例和谐。人物面部五官精致，有广绣上手工刺绣特点。四角中心形成明显的十字形，与中国传统的留白艺术风格不同，十字留白以满地藤蔓填补，最外层有连枝花卉纹为边饰，构图极饱满。披肩四角呈弧形，四边缀有重新编织打结的网格及流苏。流苏在披肩装饰中非常重要，在西班牙传统的弗拉门戈舞蹈中，挥动披肩时流苏洒脱摇逸的姿态，是舞者表现情感的重要道具。

147

黑绸地绣庭院人物纹披肩　清末

长206厘米　宽204厘米　编织格纹宽10厘米　流苏长18厘米

构图饱满，图案元素丰富，绣工细密繁琐，以黑绸为地，描绘中国民间生活场景。纹饰刺绣分三层，图案相同，由内至外面积逐渐缩小。正中结构为正方形，纹饰组合四角相同，对称布局，有庭院楼阁、珍禽异兽、小桥船只以及各式人物形象，排列紧密，衔接自然，色彩浓淡结合，搭配合理。披肩四角呈弧形，四边缀有重新编织打结的黑色铜钱纹网格及流苏。

在外销产品中，庭院人物图最早出现在瓷器上，后来渐渐被运用到服饰中。当时西方人热衷于探知中国的方方面面，这些以中国生活场景为题材的刺绣图案很受他们的青睐，大量绣品远销海外。

148

淡黄色网质绣花卉纹披肩　清末

长215厘米　宽203厘米　编织格纹宽17厘米　流苏长28厘米

质地轻柔，绣工精细，是一件不可多得的外销精品。以淡黄色网为地，网孔呈六边形结构，面料独特不常见。最外一层以连枝花卉纹饰为框，枝条自然衔接呈波浪形；四角分布团花纹饰，以粉红色的山茶、月季为主，疏密有致，对称分布；中心留白处呈正方形，形态各异的折枝花卉点缀其间，错落有致，色泽雅丽，和谐统一。刺绣技法主要有打籽绣和垫绣，花卉的花芯及部分花瓣、叶片运用打籽绣绣制、填充，而垫绣则运用于其余花瓣和枝叶的绣制或勾勒轮廓，将丝线垫底再按纹样刺绣，呈现出玲珑浮凸的立体感，有跃动的视觉效果。披肩四角呈弧形，四边缀有重新编织打结的网格及流苏，网格边幅较窄，结构复杂，分别为正六边形与等腰六边形，两种造型依次排列。

149

白绸地绣庭院人物花卉动物纹披肩　清末

长264厘米　宽262厘米　编织格纹宽20厘米　流苏长30厘米

幅面宽大，以白色绸为地，绣线选用同色系，呈现“白加白”视觉效果，这是外销披肩用色的一大特点。绸地面料丝滑垂坠感强，绣线劈丝精细，整体亮丽，光泽如新。披肩纹饰极为丰富，构图为中心对称。最外一圈是牡丹缠枝纹样，四角有亭台楼阁、仙鹿麒麟、骏马繁花以及姿态各异的人物形象，他们或推门作揖迎客、或摆宴会请、或倚杆吹笛，楼阁上方插有龙旗。内圈中心是两条腾云驾雾的龙，只露出龙首、龙尾和一截龙身，其余被云雾遮挡，设计十分巧妙。绣面所用图案元素虽庞杂多样却排列有序，穿插组合十分和谐。披肩四角呈弧形，四边缀有重新编织打结的网咯及流苏。

150

白色绸白线绣花卉纹披肩　清末民初

长244厘米　宽201厘米　编织格纹宽13厘米　流苏长25厘米

以白色绸为地，配以同色绣线，质感轻柔，用色素雅。披肩四角呈直角，四边缀原网格及流苏，网孔细小紧密，有三种不同的编织造型。披肩构图呈中心对称，主体纹饰为分布于四角的佩斯利花纹，呈旋涡状自然卷曲，花草纹饰布满其间，并从四角向中心聚拢；同时在最外一层包裹一圈缠枝花卉纹饰。该披肩是西班牙来样定制、用作嫁妆的外销披肩，纹样特别，广绣师傅称其为“猪嘴花”，十分形似，通常提前二至三年订造，有些还会绣制家族徽章。

151

白绸地绣庭院人物纹披肩　民国

长210厘米　宽209厘米　编织格纹宽8.5厘米　流苏长32厘米

造型方正，构图饱满，色彩清新淡雅，以白色绸为地，纹饰呈四角旋转对称，整体分为两层组合图形。外层为条形缠枝花卉纹，有葡萄、麦穗、牡丹、荷花等纹饰，形似外框。内层呈方形，展现的是水乡百姓生活劳作的场景，有庭院、小桥、山石、宝塔以及姿态各异的人物形象，或立于岸边捕鱼、或乘船泛舟、或追逐玩耍，纹样之间以层层叠叠的水波纹相互贯穿，空余处填补各类花卉树木与禽鸟蝴蝶等元素。每个组合衔接自然，和谐统一。披肩四角呈弧形，四边缀有重新编织打结的网格及流苏，网孔细小紧密，工艺考究。

第六章

凌波细履

鞋履是服饰体系中重要的组成部分，从旧石器时期的裹脚皮和草编鞋，到新石器时期的翘头靴和木屐，经过先秦时期的麻屦和纳鞋底，到隋唐时期的织锦鞋和六合靴，再到宋代以来的小脚鞋和『三寸金莲』弓鞋，延续到清代的花盆底鞋等，中华传统鞋履在不断的发展、演变中形成了鲜明特色，在实用价值与艺术性上都蕴含着中国传统文化。

近代以来尤其是民国时期，在西方思潮的影响下，放足运动日趋盛行，缠足弓鞋日渐淡出历史舞台，放足鞋、天足鞋以及高跟鞋等西式女鞋逐渐进入人们的视野，搭配着『上衣下裳』与旗袍，让近代女性身影婀娜多姿，步态轻盈自信。

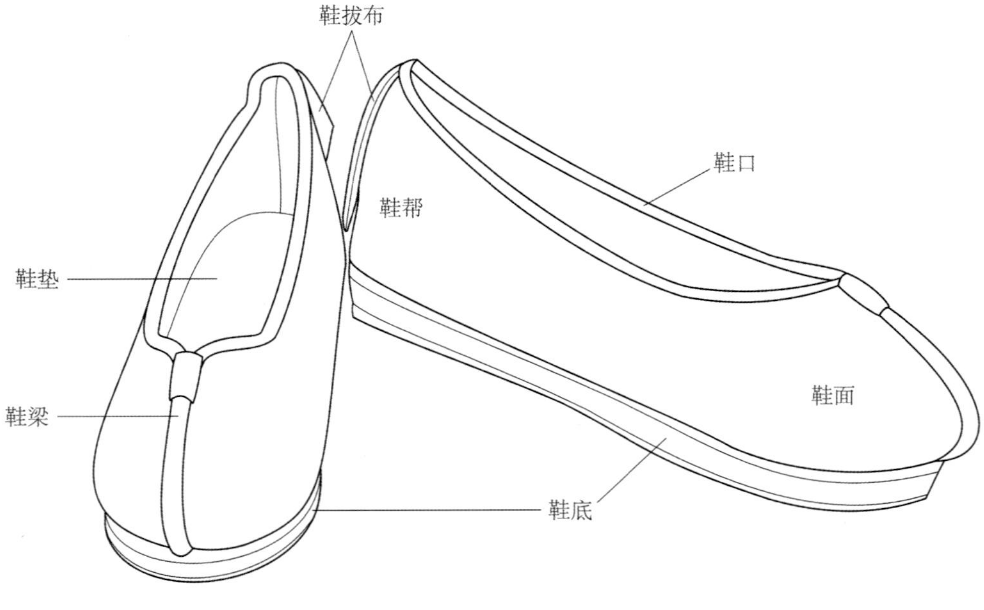

鞋履示意图

152

平金绣团寿花卉纹厚底鞋　清末

鞋长19.8厘米　鞋高9厘米　鞋底宽3厘米

造型狭长，鞋头圆润并略有上翘，似船型；鞋口弧度平缓同时向内侧收紧，行走时贴合脚面不易脱落。鞋底宽厚且有三层，内底连接帮面，中底使用木质材料且外涂油漆，美观耐用，外底长度略短并用粗线与木质中底缝合。鞋身由淡黄色帮面、深蓝色鞋口包边以及翠绿色的后包跟组成，色彩清新淡雅；深蓝色鞋口有三道白色明线，整洁美观。鞋头正中用平金绣绣团寿纹，两侧以同一技法绣对称的缠枝纹，组合巧妙，和谐统一。

仔细对比，这双鞋的鞋帮纹样并不对称相同，左脚为棕灰与淡绿色组合的花枝纹，布局狭长与鞋头处缠枝纹相连；右脚则是翠绿与桃红组合的兰花纹。在清末鞋履装饰刺绣中，采用不对称的装饰比较少见，较为奇特。

153

玫红缎镶边厚底鞋　清末

鞋长26厘米　鞋高14.5厘米　鞋宽9厘米

鞋身狭长，鞋头微微上翘，鞋帮低矮平滑；鞋面由玫红色缎面和黑色镶边组成，黑色镶边下部镂空剪裁枝条造型置于鞋头与后跟，鞋口两侧镂空剪裁绿地回纹纹饰。鞋底为清代满族特色的马蹄底，由上至下有内凹弧度；鞋底接地处粘有皮革材料，一方面可减少磨损，另一方面避免走动时木质底发出声响。

清末，厚底鞋在女性穿着中盛行，根据其鞋底形状的不同，分为花盆底、元宝底、马蹄底等，其中穿马蹄底走路最为艰难，却是最为流行的款式。由于身份和场合不同，一般人家日常以穿平底鞋为主，遇到正式场合需要盛装出席时，才会改穿厚底鞋，以示庄重。

154

红缎绣人物花鸟纹平底鞋　民国

鞋长23.5厘米　鞋高5.2厘米　鞋宽7.8厘米

造型圆润宽厚，鞋头扁平圆滑，后跟至脚背敞口，鞋口略宽，鞋帮上紧下松贴合脚背，便于穿脱。鞋面以大红色缎为主，内衬靛蓝色棉布，舒适贴合，鞋底黑色包边增添稳重感；刺绣图案多为粉色、绿色、蓝紫色，绣瑞鸟、荷花、瓜果等吉祥纹样，精致美观；鞋口有一圈细小锁边，与鞋底两道宽缘边缝合线起到加固效果。应为民国后期废止缠足后女性所穿的婚嫁绣花鞋。

155

红缎刺绣儿童猪头鞋　民国

鞋长20厘米　鞋高6厘米　鞋宽6.5厘米

整体造型宽厚饱满，鞋头猪首造型与后跟猪尾装饰相互呼应，十分传神。鞋头微微上翻起翘，巧妙地装饰成猪鼻造型；前帮鞋头较短，左右两侧的眼睛和耳朵对称缝合，鞋头拼接处有锁扣，起到加固作用。鞋帮两侧中段微微隆起，应为脚背较高而特意设计，能更好地贴合脚型，便于行走。鞋面以大红色缎为主，鞋口一圈为黑色包边，用白色丝线绣上抽象花卉，黑白双层百衲鞋底，结实舒适、生动活泼，蕴含了长辈对晚辈的关爱之情。

作为六畜之一的猪，猪首常被设计运用在传统鞋头，取其富贵吉祥和福气的寓意，寄托了人们对孩子福气绵长、茁壮成长的愿望。这种造型的鞋头在北方地区尤为常见。

156

黑缎地绣花卉纹平底鞋　民国

鞋长26厘米　鞋高11厘米　鞋宽6.7厘米

造型宽厚圆润，鞋头微微起翘，鞋身长度略长于鞋底，是常见的绣花鞋造型。鞋口对称缝合收拢，延长至鞋面正中形成单根凸起的鞋梁并连接到鞋底，后跟有鞋拔布设计，便于穿脱。鞋面以黑缎为地，鞋口一圈以同样的材质包边缝合，搭配蓝绿色、大红色、鹅黄色刺绣花卉枝叶纹饰，以鞋梁为中心对称排列，朴素雅致；深蓝色鞋垫与鹅黄色内衬对比强烈而不突兀。厚实的鞋底由多层布料和皮革组成，采用粗针纳底的方式进行缝合，最底层的皮革材质起到防滑耐磨的作用。从整体的颜色用料来看，应为较为年长的妇女日常所穿。

157

薄荷绿缎地绣花卉纹低跟鞋　民国

鞋长27厘米　鞋高9.5厘米　鞋宽9厘米

造型细长扁平，帮面为传统绣花鞋形制，后跟为独特的马蹄跟款式。鞋面以薄荷绿缎为地，纹饰以松花黄、桃夭粉、长春红、铜绿等色彩搭配为主，鞋内鹅黄色内衬，鞋口边缘有黑色滚边，清新亮丽。鞋面绣有菊花、枝叶、蝴蝶等传统纹饰，以蝶恋花为主题，表达了对爱情的向往。鞋底为皮革，其耐磨性以及较好的韧性，逐渐成为民国时期常见的鞋底制作材料，跟底也常用皮革垫底，并用钉子固定。该鞋内衬印有红色的英文商标，属外销鞋。

158

珠绣蝴蝶寿字纹拖鞋　现代

鞋长23.6厘米　鞋高4.5厘米　鞋宽8.3厘米

造型为前包式，鞋头圆润宽厚。鞋面为明黄色调，色彩鲜亮，鞋头中间珠绣蓝地白边寿字纹，两侧有振翅飞舞的粉色蝴蝶两两相对；鞋帮两侧为白色方胜纹及深蓝色万字纹样，四周蝴蝶飞绕，左右对称，规整且富于变化。鞋口弧度适中，微微隆起的角度贴合脚背，便于行走，鞋口缘饰由蓝白相间的锯齿状纹样组成。鞋底为皮革材质，皮面光滑耐磨透气，后跟钉半圈细钉，用以加固。此鞋特点是珠绣工艺，珠粒间紧密排列，技法精湛令人称奇，应为女性居家日常生活所穿。

珠绣拖鞋最初在清光绪年间由吕宋华侨带到中国，在福建开始流传，后来由漳州匠师用进口玻璃珠绣制，再流传至厦门、广东等地。珠绣有全珠绣、半珠绣两种，其质地、色彩相互辉映。

159

金色机织平底鞋　现代

鞋长17厘米　鞋高8厘米　鞋宽5.5厘米

整体造型类似于现代“一脚蹬”样式，应为日常居家时所穿的便鞋。鞋头呈平尖状，鞋帮分为前后两片式，前片包裹脚背，后片高度略低却正好卡住脚跟；鞋口由鞋帮前后片交叠形成，略为窄小；鞋口一圈有多道缝线加固，延长鞋子的使用时间。鞋面布料为淡灰色麻布，用机织方式将金色丝线织成纹章图案。鞋底由五层整块皮革组成，十分硬挺。该鞋鞋底和鞋帮的缝合方式与现代皮鞋的制作方式一样，即在鞋底一圈扎孔后利用手工上下穿缝拉紧，不仅保留了缝线印记起到装饰美化的效果，同时手工缝制也让皮革鞋底的强度变大，耐磨性更好。

160

墨绿色布质贴绣蝙蝠纹弓鞋　现代

鞋长18厘米　鞋高6厘米　鞋宽5.2厘米

造型方正立挺，呈直角梯形。鞋面由深绿色格子粗布沿中线对称缝合而成，内衬蓝色棉布，色泽沉稳大方。鞋口宽敞，有一圈黑色包边，下饰有两条细小的白色缘边，提升了层次感。鞋头以贴布绣的形式装饰展翅蝙蝠图案，形象栩栩如生。鞋底为黑色白线的百衲底，针脚细密，手工紧实精巧。

百衲底又称“纳鞋底”，是民间的一种鞋底制作工艺，即用针线在鞋底上纳制出密密麻麻的线迹，因所纳之底通常由无数层布料叠加而成，民间又称“千层底”。不仅具有平、齐、硬的视觉及手感，更具有结实耐磨的特性和极强的实用功能。

第七章 织梁绣柱

中华地域，风光秀丽，人文荟萃，自古种桑养蚕，提丝织造历史悠久，是世界高质量染织织绣产品的重要产地。至明清时期，织造技术和刺绣工艺都较前代有了很大的提高，并于江宁（今南京）、苏州和杭州三处设立专办各类宫廷御用和官用纺织品的皇家商号『江南三织造』，使中华织绣冠绝天下。

广州博物馆藏有种类丰富的传统刺绣、织锦精品，其中挂件及桌围类多为日用品，品类包括门帘、窗帘、挂幔、床罩、桌围、帐沿、桌布，形制简洁、用途丰富、题材多样、构图巧妙、装饰华美，有丝绸锦缎材质的流光溢彩，有刺绣纹饰技艺的精美绝伦，它们是中华优秀织绣工艺美术及织造设计工艺的载体。

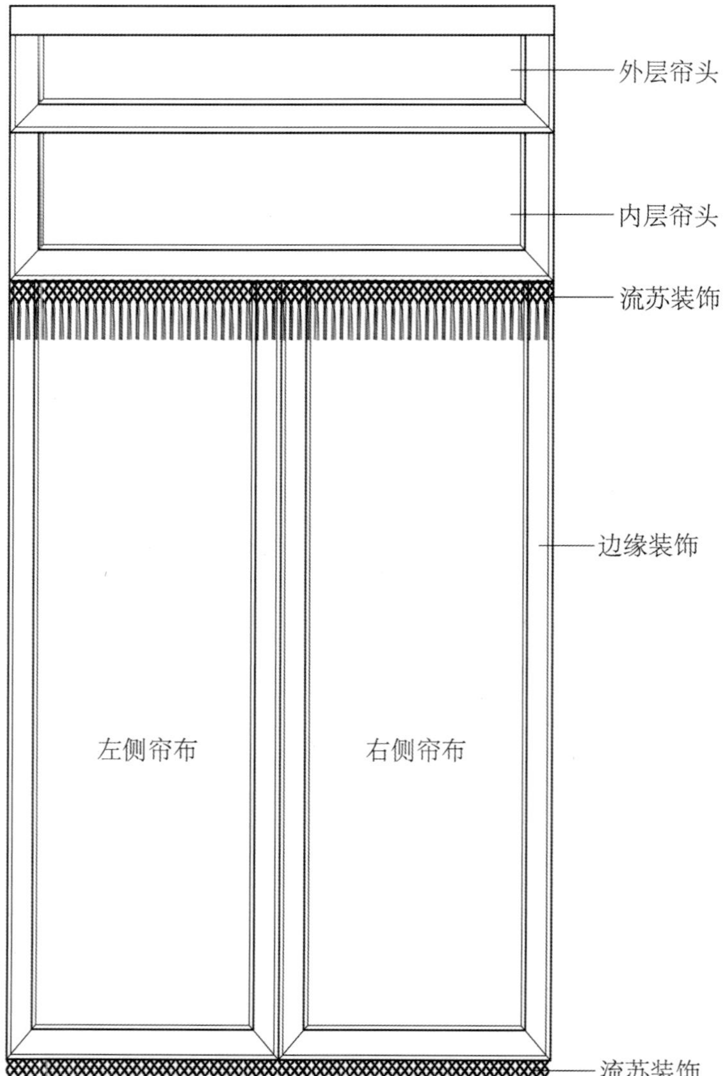

清末紫罗兰缎地排金银线绣花鹿纹门帘示意图

161

紫罗兰缎地排金银线绣花鹿纹门帘　清末

长233厘米　宽133厘米　外层帘头长22厘米　内层帘头长50厘米　流苏长5厘米

由帘头及两块帘布组成，采用大面积排金银线绣技法，虽部分流苏与珠绣脱落，仍然难掩其丰富华丽的色彩。上端为帘头，最上方拼接红色绸布，外层大红缎地，内层翠绿缎地，缀彩色流苏，均排金银绣“凤戏牡丹”纹饰，有万物欢欣、百鸟朝贺、富贵常在、荣华永驻的美好寓意。凤凰神态高贵冷艳，形象栩栩如生，与牡丹组合，一动一静，相辅相宜。两块帘布左右对称，以紫罗兰色缎为面料，排金银绣数只仙鹿，周围满绣缠枝花卉藤蔓，仙鹿或伏卧仰头，或抬蹄回首。门帘满目金银色调，搭配珠片、流苏等装饰细节，整体视觉效果显得极度耀眼夺目。这种极具耀目效果的门帘造型，多用于戏剧舞台场景中，而装饰品的工艺优劣，可彰显出戏班实力。

162

绿缎地绣凤凰花卉纹门帘　清末

长255厘米　宽240厘米　帘头长43厘米　流苏长14厘米

尺幅宽大，色彩对比强烈。门帘顶端用红色棉布拼缝起来，帘头以红缎为地，盘金及彩绣有狮子、锦鸡、鹿、鹰、牡丹、山石、芭蕉扇等纹饰，三边镶绿地铜包边薄片、金线花卉地开窗花鸟纹饰边，下方缀彩色编织网格及流苏，装饰效果丰富。两片帘布左右对称，为绿缎地盘金绣丹凤朝阳图，配以燕雀、暗八宝、鸳鸯、山石、牡丹等祥瑞纹饰。帘布下方缀六色流苏，扎结处有金线编织的蝴蝶造型。整幅门帘铺满各式吉祥元素，排列有序，疏密有致。

在中国文化中，凤凰、鸳鸯常被人们用于祝贺婚姻美满，是夫妻和谐、同心相爱的美好象征。

163

红缎绣龙凤人物花鸟纹门帘　民国

长190厘米　宽130厘米　帘头长38厘米　流苏长16厘米

色彩艳丽，绣工精致。门帘为一片式，其顶端用粉色棉布拼缝起来，内里中空，用于穿插木轴或是钉于门楣以便挂起；顶部折叠一段作为帘头，下方边缘缀编织网格及翠绿、玫红、明黄、靛青、淡粉五色流苏。整幅门帘的刺绣图案分为上中下三部分，上下两部分绣孔雀花卉纹，孔雀开屏，神气十足，花卉种类繁多，形态各异，配色丰富，争奇斗艳。中间部分绣吹箫引凤图，人物动态逼真写实，龙凤形象栩栩如生，犹如一对神仙眷侣，表达了对美满婚姻的期盼。该门帘主题和美，布局对称，工艺秀美。

164

红缎地排金绣“风云际会”仙鹤花鸟纹挂帐　清光绪

长147厘米　宽93厘米　流苏长27厘米

双面均有图案，凌空挂起可前后观赏，绣工精致，色彩鲜艳。挂帐顶端用绿色棉布拼缝起来，红地金线绣“粤东省状元坊余同和造”字样。挂帐主体以红缎为地，正中为绿地盘金绣“风云际会”四字，用红色丝线勾勒字体轮廓，外镶铜包边圆形薄片，薄片呈六角形排列。四字上方两侧用黄色丝线绣“光绪廿九年吉旦”“砵崙致公堂仝置”字样。其余空间以中心对称，用盘金绣、打籽绣等技法，满绣仙鹤、燕雀、荷花、梅花、牡丹等吉祥纹饰，镶铜包边圆形薄片，装饰效果丰富。挂帐三边均镶绿地铜包边薄片、金线花卉地开窗花鸟纹饰边及金属斜纹编织边；最下方设六色流苏，扎结处有金线编织的蝴蝶造型，配铜片加以固定，流苏三绺一簇，按大红、翠绿、柠黄、深红、桃粉、牙白六色依次排列。背后为八仙贺寿画作。

砵崙是指美国俄勒冈州的波特兰市。致公堂，又称义兴公司、洪门，是清末海外华侨会党组织，清咸丰、同治年间成立，总部设于旧金山，纽约、芝加哥等地设有分堂，奉行以义气团结，以忠诚救国，以侠义除奸三大信条，是一个以团结组织华侨、维护自身利益及反清救国为己任的组织。

165

彩缎绣龙凤花卉纹贺帐　民国

长140厘米　宽114厘米

造型独特，构图饱满，极具观赏性。贺帐由挂帐及分列两旁的挂联组成，顶部用浅绿色棉布拼缝起来，用红色绣线刺绣“广州状元坊万福造”字样。挂帐分上下两部分，上部以米白色缎为地，正中红地米色珠绣“英皇银禧大典”字样，四周盘金绣瓶花玉盆暗八仙、彩绣花卉寿桃石榴等纹饰。下部以粉红缎为地，由上至下绿地米色珠绣“香港九龙 牛羊行 恭祝”字样，四周盘金绣龙、凤、麒麟、瑞狮及卷云、彩绣花卉等纹饰。上下部分三边均镶有铜包边圆形镜片、米白地绣花卉纹缘边及金属斜纹编织边。两旁挂联以浅绿缎为地，盘金绣暗八仙花卉纹，并用红色丝线勾勒轮廓，铜包边圆形薄片点缀其中。盘金绣纹饰隆重而富贵堂皇，钉珠绣字体亮白圆润、立体耀眼，格外突出。贺帐整体布局紧凑丰满，纹饰间以各式花卉分割，多元素堆积装饰，视觉上极具冲击力。

根据文字内容，这是1935年香港九龙牛羊行为庆祝英皇乔治五世银禧大典，在广州状元坊“万福”店铺定制的贺帐。而香港英皇道，也是当时为纪念银禧大典而命名，并沿用至今。

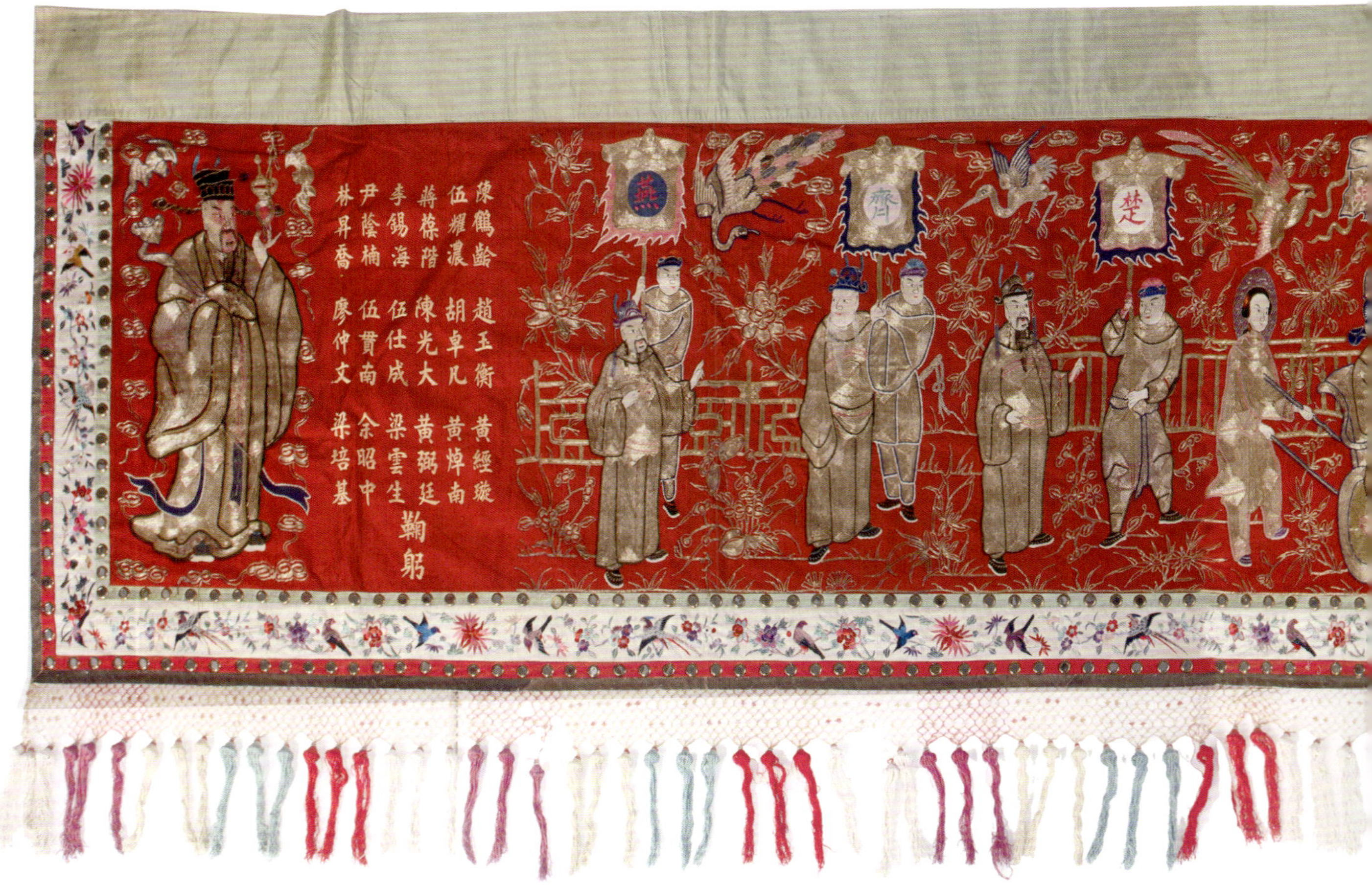

166

红缎地排金绣人物纹贺寿横幅　民国

长383厘米　宽105厘米　流苏长17厘米

色彩明艳喜庆，以大红缎为地，大量运用盘金绣工艺，隆重珍贵。横幅共有十九个人物形象，两侧各绣一禄星，其余人物从左至右一字排开，其中六名侍从手举姓氏旗帜，依次是“燕”“齐”“楚”“魏”“赵”“韩”。由此可知，所绣内容应为战国苏秦游说六国合纵抗秦的故事，也是粤剧《六国大封相》的原型典故，据说在演出此戏之前必会加演一场《八仙贺寿》，久而久之“六国大封相”图案也被赋予祝寿的隐寓。横幅还刺绣落款及人名如下：“清封淑人□伯母伍太夫人九秩開一荣寿大庆”“陈鹤龄 伍耀浓 蒋葆阶 李锡海 尹荫楠 林昇乔 赵玉衡 胡卓凡 陈光大 伍仕成 伍贯南 廖仲文 黄经璇 黄焯南 黄弼廷 梁云生 余昭中 梁培基 鞠躬”。落款中“九秩開一”代表八十一岁高寿。整体布局疏密有致，繁而不乱，四周点缀蝙蝠、仙禽、牡丹等传统吉祥图案。横幅边缘镶白缎地绣喜上眉梢花卉纹缘饰，下方缀编织网格及彩色流苏，既缓和主体大红与盘金绣的艳丽，又起到点缀作用。

清封淑人
伯母伍太夫人九秩開一榮壽大慶
趙

167

牙黄缎绣水漫金山纹挂件　民国

长193厘米　宽79厘米

绣工逼真，人物传神，极具观赏性。挂件以牙黄缎为地，图案为《白蛇传》中水浸金山的场景，亭中许仙站立于正在施法的法海身后，许妻白氏召水族水漫金山寺，法海亦召天将应战。整幅背景以云纹、水波纹铺地烘托场景，自上而下共有十三位人物形象，他们手中或舞剑或举刀，神情姿态各异，人物面部绣工精致；青瓦顶的亭阁与松树、山石、小船主次分明，布局清晰，故事情节生动。挂件用宝蓝地团花蝙蝠机织缎包边，与主图底色相互呼应，对比强烈，使主题更为突出。

长期以来，我国戏曲表演十分受欢迎，以戏曲故事情节作为刺绣主题的挂饰在民国时期比较常见。

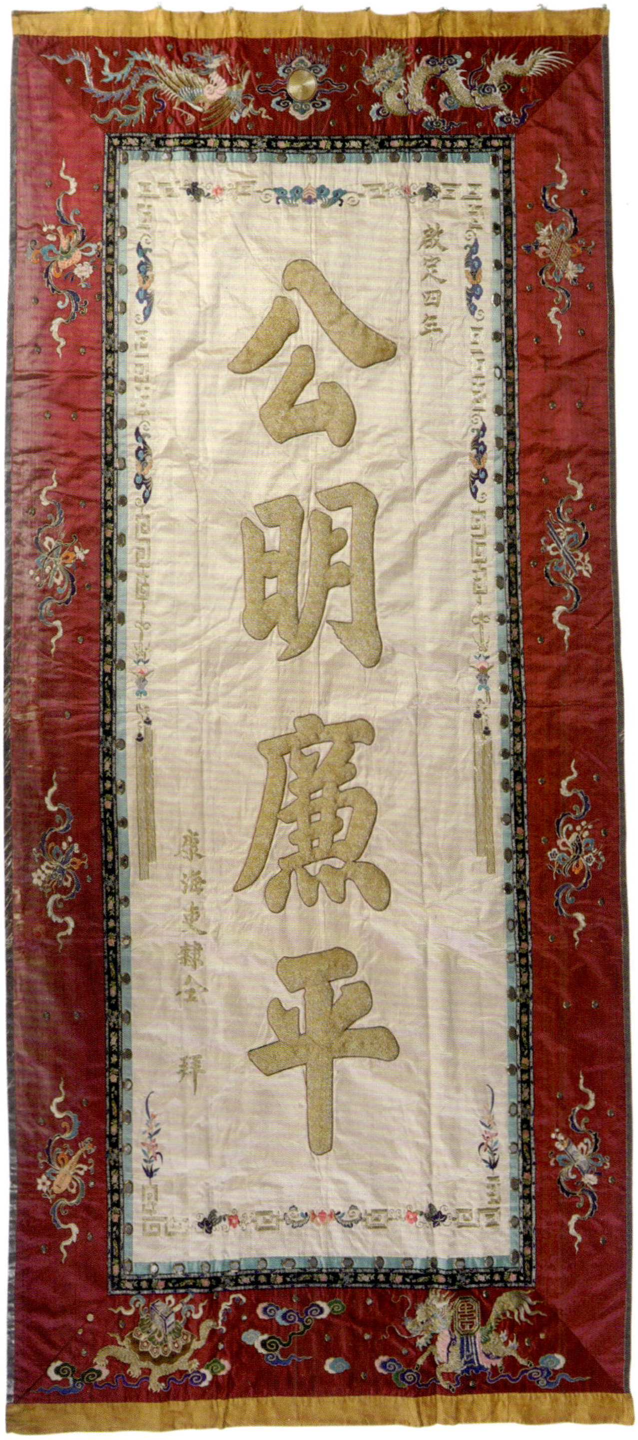

168

浅黄缎垫绣“公明廉平”龙凤暗八仙纹挂件　民国

长207厘米　宽107厘米

主题鲜明，配色和谐，层次丰富。正中以黄缎为地，绣“公明廉平”四字，字体端正有力，采用潮州金线垫绣技艺，极具立体装饰效果。左上角绣“启定四年”，据考启定为越南阮朝第十二任皇帝年号，即1919年。字体四边装饰金线绣回纹和彩绣蝙蝠纹边饰。此外，黄缎边缘有三道缘饰，由内至外分别为绿地镶铜包边镜片边饰、黑地花卉纹织锦边、紫缎地刺绣镶边。紫缎镶边上端为金线彩绣龙凤戏珠图，下端为金线彩绣身玄武麒麟图，两侧则是暗八仙图案。该挂件刺绣技艺精湛，内容寓意丰富，装饰繁复，是刺绣佳品。

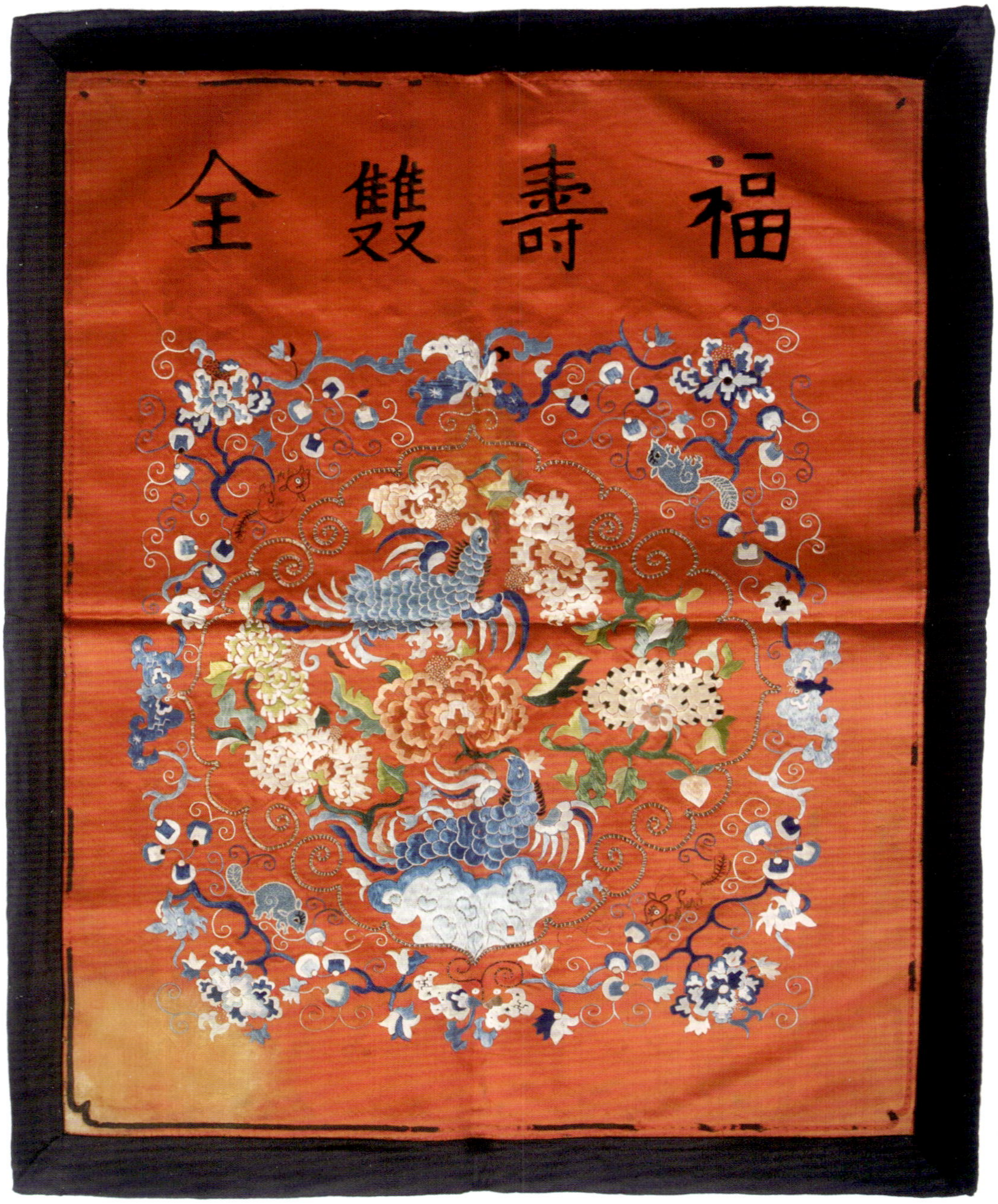

169

红缎地绣“福寿双全”凤凰花蝶纹挂件　民国

长72厘米　宽60厘米

常见样式，配色喜庆。挂件以红缎为地，上方绣“福寿双全”，字体如木板刻字形态。正中刺绣呈团花形状，内层为凤穿牡丹，两只舞动翅膀的蓝色凤凰围绕在盛放牡丹旁，凤身羽毛似鱼鳞般紧密排列，凤尾与翅膀呈振翅欲飞姿态，造型简洁，略显笨拙。外层由牡丹、蝴蝶、松鼠等纹饰以缠枝形式连接，以十字对称布局分四角刺绣翩翩起舞的蝴蝶，与内层凤凰遥相呼应；花蝶间为松鼠葡萄纹，该组合图案寓意多子富贵，因葡萄果实堆叠繁密的形态，又象征着五谷丰收。内外层间以金线绣缠枝纹分隔。

该挂件用黑布包边，凸显主体颜色和图案，虽绣工略显生硬，但图案布局传达出美好寓意，体现了人们对美好生活充满着期盼。

170

黄缎地绣孔雀花鸟纹窗帘　民国

长298厘米　宽92厘米

色彩素雅，绣工细致，图案丰富，构图丰满。窗帘以黄缎为地，中心刺绣伫足昂首的孔雀，羽尾垂落，回眸凝视，姿态优雅；枝条蜿蜒向上，花朵盛开绽放，充满生命力；花枝间的燕雀与蝴蝶，或立于枝头展翅和鸣，或在花丛中上下飞舞；最下方浅棕色灌木与黄绿色芦苇随风轻摇，极为生动。整幅绣面构图饱满，枝叶花卉繁而不乱，色彩运用浓淡相宜。花卉刺绣采用广绣“留水路”技法，纹理清晰，形象传神，营造出色泽层次的立体效果。该窗帘裁剪痕迹明显，构图不完整，应为改制件。

誠心
惟有三
叩首
囍
有三
誠心惟
叩首

171

花卉纹彩色拼接刺绣挂件　民国

长87厘米　宽73厘米

配色丰富，元素多样，装饰性极强。挂件顶部用黑色棉布拼缝，主体部分由各色六边形布片拼接而成，同色系布片两两相邻、相互对应，布片均有文字或花卉刺绣，内容为“囍”“诚心惟有三叩首”字样及莲花、菊花、兰花、石榴等各种吉祥寓意的传统花卉纹样。纹饰表现手法各不相同，有配色渐变刻画入微的单朵花型，有简约概括的勾边或是单色绣图。挂件底部造型别致，将布片裁剪成金鱼尾样式，起到了流苏效果，活泼有趣。整幅挂件色彩搭配缤纷，纹样各具特色。

这种拼接组合的装饰手法，最早出现于唐代，将各色小布块拼缀制成衣服，故名“百衲衣”“水田衣”，通常用亲人的旧衣物或零散布头拼接，体现了劳动人民对亲人平安的期盼与祝福。

172

红缎绣婴戏图帐沿　清末

长174厘米　宽45厘米　蓝边宽7.5厘米

形状方正，绣工细致，色彩鲜艳，寓意美好。帐沿上端有用于穿挂的布钩，主体以大红缎为地，彩绣婴戏图，孩童形象动态各异，眉清目秀，纯真可爱，神鹿仙鹤造型简约传神，画面充满欢声笑语、无忧无虑、其乐融融的氛围。三边均镶两道缘饰，由内至外为白缎地彩绣连枝花卉纹镶边及湖蓝缎绣团寿花鸟蝙蝠纹镶边。白缎镶边变化多样，色彩搭配不尽相同；湖蓝缎镶边图案纹样丰富，有福寿安康之意。婴戏图是中国常见的传统装饰纹样，到唐宋时期技巧与风格渐趋成熟。绘画的“婴”，其实多为孩童，神态纯真自然，玩耍嬉戏，千姿百态，妙趣横生。婴戏图常与生肖图案、吉祥器物、游戏娱乐等相结合，象征多子多福、生活美满，更有上百个儿童的画面，寓意连生贵子、五子登科、百子千孙。

帐沿，又称床幔、床围。帐沿属于传统寝室纺织品之一，是指悬挂于老式架子床上方横楣三侧、床帐开合处上方的长条形装饰布，略短于床的长度，材料有丝绸、棉布，可素面、刺绣、印花，极具装饰性与实用性。

173

红缎地绣婴戏图帐沿　民国

长203厘米　宽47厘米

以红缎为地，正中刺绣婴戏图，孩童与各类吉祥元素搭配，表达美好寓意。正中以孩童、莲花、莲叶、莲蓬与莲藕为中心，两侧分布孩童、麒麟、蝴蝶、鸟、石榴、桃、绣球等纹样。这些传统元素结合在一起，组成莲生贵子、麒麟送子等吉祥组合，表现了人们祈求子嗣繁衍、渴望子孙昌盛的意愿，而石榴、桃、花卉、绣球纹饰，体现长辈希望孩童身体健康、无疾无灾、富贵平安的期盼。该帐沿三边均镶两道缘饰，由内至外为白缎织锦边及黑缎花鸟纹镶边，采用机织而成，体现了传统手工与纺织技术进步的巧妙结合。

174

草绿缎地绣花蝶纹帐沿　民国

长171厘米　宽53厘米

色彩典雅，朴素大方，以绿色缎为地，绣橙红和玉白色绣球花，配翠绿枝叶相映衬，朵朵梅花围绕搭配，蝴蝶展翅翻飞嬉戏其中。该帐沿三边均镶两道缘饰，由内至外为白缎织锦边及黑缎蝙蝠如意纹镶边。织锦边为机织方格纹布料，靛青色包边与之相接，中间用窄小的玫红色滚条间隔，层次多样。黑缎边是蝙蝠如意的组合纹样，“蝠”谐音“福”，取其飞翔的特点，表达了人们希望福从天降的美好愿望。

175

蓝缎地金线绣麒麟吉祥纹帐沿　民国

长142厘米　宽24厘米　流苏长16.5厘米

绣工精致，简洁典雅。其顶端及左右两侧用黑色棉布拼缝起来，以石青蓝色缎为地，典雅高贵。主体图案分为上下两层，上层为彩绣麒麟团花纹，配金线绣回纹地；下层为排成一列的四合如意纹，在其正中和上下空余处刺绣花卉纹饰，材质多样，装饰独特，有强烈的视觉效果。麒麟是传统民俗文化中常见的装饰图案，有太平祥瑞、含仁怀义之意，表达了丰年、福禄、长寿的祝愿。下方缀方格纹编织网，系飘逸灵动的彩穗流苏，网格均匀钉有圆形铜片，流苏增加垂坠感，造型规整。

176

茶叶末缎地绣花鸟蝴蝶纹帐沿　民国

长264厘米　宽46厘米　流苏长9厘米

色彩清新淡雅，绣工细腻入微，以浅棕色缎面为地，平滑有光泽，下方缀菱格方格纹编织网及流苏。主体纹饰以锦鸡、蝴蝶、百花为主，用色多为淡粉、浅黄、玉白等。梅枝上，两只俯身衔花的五色彩尾锦鸡，姿态生动，相互呼应，右侧一只舞动翅膀的喜鹊停于枝头；牡丹、梅花、菊花争奇斗艳，各展芬芳，蝴蝶在花丛上下飞舞，或停于枝头，或戏于花下。帐沿主题虽鲜明简约，但内容十分丰富，花鸟蝴蝶形态各异，栩栩如生，寓意美好。

177

黄缎地绣花鸟蝴蝶纹帐沿　民国

长304厘米　宽38厘米

以正黄色缎为地，耀眼夺目，高贵典雅。主体图案为花鸟蝴蝶纹饰，绣面中的枝条呈波浪形，上下起伏，成簇花卉、歇息小鸟、飞舞蝴蝶在其上依次展开，布局简约雅致，绣工精美细腻。形似槐花的白色花束有序分布，花束枝叶间的绶带鸟和喜鹊，形态各异，或俯身张望，或瞩目远方，或躬身休憩，上下飞舞的蝴蝶围绕四周，使原本静谧的氛围顿时活泛起来，有长寿、喜悦、和美的寓意。

178

香槟色缎地绣花鸟纹床罩　清末

长236厘米　宽219厘米　流苏长8厘米

色彩淡雅清新，质感细腻平滑，边饰为飘逸灵动的流苏装饰。中心构图为一只彩色尾羽锦鸡，昂首挺胸、精神饱满，繁茂花枝间翠鸟或栖息枝头，或上下翻飞，追逐嬉戏。所绣纹饰构图饱满，线条细腻，布局对称；绣工精细，疏密有致；枝叶茂盛，花束层次若隐若现，繁而不乱。其中，花卉采用广绣“留水路”技法，具体是在每一个相邻的刺绣面之间，在起针和落针处留出约0.5毫米的等距离，形成镂空线条形成水路。这种运用在重叠造型的技法，常用于花瓣及鸟类的羽毛，清晰均匀，使图案层次更突出、更立体，是广绣中最具代表性的技法之一。

179

湖蓝缎维多利亚式绣花卉纹床罩　清末

长234厘米　宽184厘米

色泽明亮，质地轻柔，纹饰独特。整体构图为散点式中心对称，分内外两层。内层以缠枝花卉组成方形边框，中心为相互交织的团花纹，四角均饰花束，空余处散落各式碎花；外层为波浪形缠枝花卉，四角饰花环，各纹饰间相离相接，但布局合理有序。刺绣以红黄二色为主，与中国传统纹样不同的是，出现了花环及尖塔等西方元素。

19世纪，“维多利亚风格”从英国开始流传。该设计风格从各类复古元素中衍生，喜欢对所有样式的装饰元素进行自由组合，比如洛可可涡卷纹、哥特式尖塔纹、文艺复兴式绞缠纹等，将这些元素混合使用，重新演绎，其后逐步向华丽、堆砌、花哨发展。

180

黑缎地绣富士山菊花纹床罩　民国

长206厘米　宽182厘米

造型方正，构图层次清晰，绣工精致，典雅庄重。面料以黑色缎为地，光泽自然，手感细腻光滑，四角缀流苏。刺绣图案由内向外分三层组合，最内层有一团花，为粉白色菊花和玉白色牡丹围绕日本富士山造型；第二层由仙鹤花卉枝叶纹组成，花、鹤相互间隔，以旋转对称的排列形式围成一圈；最外层以牡丹菊花纹饰为主，分布在四角，三朵一簇，两两斜角相对，相互之间通过枝条连结围成一圈。

床罩的整体布局和图案纹样与同时期中国传统纺织品的艺术风格存在较多差异，尤其是黑色缎料及富士山纹样的使用，该床罩应为当时外销出口至日本的家纺制品。

181

深红缎地绣孔雀花鸟纹床罩　民国

长242厘米　宽220厘米　流苏长16厘米

幅面宽大，色调喜庆，构图新颖，布局对称。床罩以深红缎为地，正中主图案为团花花鸟纹饰，呈椭圆形，繁花间有一色彩斑斓的孔雀，锦鸡立于枝头，喜鹊、蝴蝶在花丛间飞舞，团花虽尺幅不大，但题材众多，色彩层叠，丰富和谐。与团花形成强烈对比的是四周简洁的线条装饰，连枝围绕团花向外伸展，构成菱格纹铺地，有一如意形边框，四角绣花鸟蝴蝶图案。

该床罩整体布局体现了点、线、面的构成关系，密致有序，色彩浓淡相宜而不沉闷，纹饰寓意美满幸福，和谐长久。精心设计的构图通过细腻的绣工传达出对生活的美好期盼。

182

宝石蓝缎地绣鸾凤和鸣纹被面　现代

长196厘米　宽147厘米

色彩靓丽夺目，构图和谐统一。被面以蓝缎为地，缎面色泽光亮、质感平滑。正中刺绣两只鸾鸟凤凰，相偎立于花枝上，头部微微昂起，眉眼传神，色彩斑斓的羽毛从脖颈顺到后背，细长尾部自然垂落与枝叶花卉融为一体。四周有盛开的牡丹花，枝叶舒展，花瓣分明。纹饰以玫红、淡粉、玉白色为主，过渡自然，相互映衬。被面色彩明艳，视觉效果靓丽，应为新时代新婚夫妇嫁妆的被礼。

鸾凤和鸣是指鸾鸟凤凰相互应和鸣叫，比喻夫妻感情和谐。鸾凤是古代传说的神鸟。赤色为凤，青色为鸾，是传统吉祥图案。

183

浅橙色绸地绣花鸟纹桌布　清末

长144厘米　宽132厘米　流苏长13.5厘米

整体色调清新淡雅，缎面材质柔和典雅，四边编织灵动飘逸的细密流苏。桌布正中刺绣团花纹饰，四角四边为藤蔓缠枝花卉，主次分明，相互呼应，衬托出整体构图的和谐统一。团花中心为孔雀开屏，仙鹤、锦鸡与牡丹围绕在其周围，内容丰富，寓意深远。仙鹤有延年益寿的寓意；锦鸡因生长在山地丛林，象征顽强拼搏的精神，与牡丹搭配在一起，有“锦上添花”“前程似锦”的美好愿景。图中花卉采用广绣“留水路”技法，让花卉形象更为细致生动，层次分明。

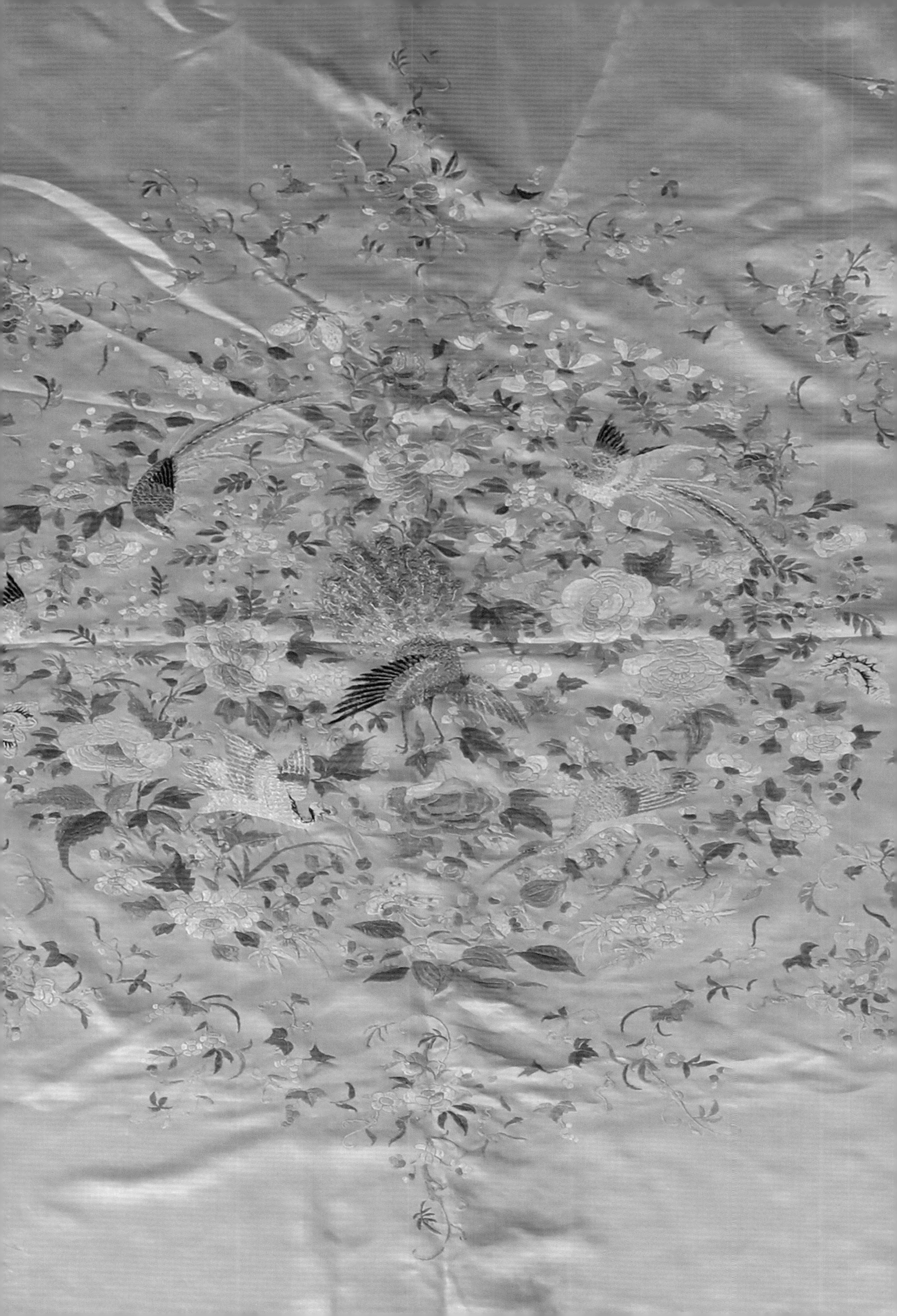

184

淡黄缎地绣孔雀花鸟纹方形桌布　清末

长139厘米　宽138厘米　编织格纹宽5厘米　流苏长9厘米

构图饱满，绣工精致，布局层次分明。桌布以淡黄色绸缎面料为地，色泽亮丽，因面料宽幅有限，于三分之一处有明显的拼接痕迹。桌布中心由珍禽及各式花卉组成团花形状，有孔雀开屏、成双成对的燕雀和展翅飞翔的白鹭，兰花、荷花、牡丹及枝叶围绕其间。团花外围是一圈缠枝花卉纹饰，枝条首尾相接缠绕成环形，而最外一层是上下飞舞的蝴蝶，分布于四角。桌布四边有同色同质地的布条包边，缀编织网格及吊钟流苏。

185

漳缎团龙纹桌布　清末

长205厘米　宽94厘米
包边宽4厘米

质地厚重，配色典雅沉稳。面料为漳绒，起花，淡黄缎地与棕绒图案形成鲜明对比，两端江崖海水纹，海浪中龙鹤亭阁纹饰均匀分布；正中是四幅团龙纹，形象庄严威武。桌布图案对称清晰，割绒规矩平齐，绒圈地匀细，富有浮雕感。四边镶金线绣包边。从整体色调与纹样元素分析，该桌布应为贺寿赠礼。

漳绒是在元代著名的“丝绵里”剪绒基础上发展起来的，到明清时期开始大量生产。漳绒一般用蚕丝作原料或作经线，以棉纱作纬线，再以桑蚕丝起绒圈。漳绒分为花漳绒和素漳绒，花漳绒是指将部分绒圈按花纹割断成绒毛，使之与未断的线圈构成纹样；素漳绒则是表面全为绒圈。

186

黑缎地绣鱼跃龙门纹手袋　现代

长34.5厘米　宽28.5厘米　握环直径长8厘米

由民国时期刺绣鱼跃龙门纹的绣品改制而成。整体呈梯形，上窄下宽，上端收口成圆弧状，配绿色玻璃圆形手提环，用金线与袋身缝合连接，两侧垂挂彩色流苏，颜色与袋身绣线同色。主体图案为鱼跃龙门图，以黑缎为地，用黄色、淡粉色、淡绿色等绣线绣制，主题突出，色彩绚丽，对比强烈。飞龙穿越云间，海浪中跃起的鱼与飞龙相视，海浪纹用不同色的绣线分层，呈现层叠翻滚的状态。袋身四边绣几何回纹为边饰，以梅花间隔，边沿缝合处用边条装饰和加固。

鱼跃龙门纹样蕴含着富贵、勇猛、平步青云等吉祥寓意。题材生动、刺绣精美的绣品通过改制，成为实用品，使绣图得到保存的同时成为别具一格的饰品。

187
红缎地盘金绣鸾凤和鸣纹手袋　现代

长38厘米　宽20厘米　握环直径长8.5厘米

由民国盘金绣绣品改制而成。形制呈长方形，圆弧形袋口，配黄色圆形手提环，用金线与袋身缝合连接，两侧垂挂彩色流苏。袋身构图饱满，以红缎为地，盘金绣鸾凤和鸣、花卉、海浪等纹样，寓意夫妻和睦；满地金线间配亮绿色丝线，耀眼的金色与安静的绿色相组合，对比强烈，视觉冲击后呈现典雅高贵的感觉。

传统绣品在民国时被重新利用，设计改制成手袋延续至今。在传统服饰变更的时代，人们对于寓意美好、绣工精湛的作品珍视爱惜，想方设法将它们融入时代的服饰中，或贴绣，或改制，让这些古老的技艺和精美的作品得到延续和保存。

188

改制清文官白鹇纹补子手袋　现代

长31厘米　宽30厘米　流苏长19厘米

由清代文官五品补子改制而成。手袋呈正方形，袋口采用流苏结绳对拉收紧设计，四边有金线绣卷草花卉纹边饰。手袋上深下浅明暗有别，下半部为排金绣海水纹；上半部以黑缎为地，白线绣五品文官白鹇图，白鹇目光凝视金日，振翅欲飞，羽毛均匀，边界清晰，姿态生动。此外，用蓝线绣盘长、花卉、宝瓶、蝙蝠、海浪等，金线绣太阳并用于勾勒其他纹饰轮廓，白线点缀并起过渡作用，使纹样细密但清晰，构图与绣工精湛。

五品文官补子为白鹇纹，寓意行止闲雅，吉祥忠诚。其形体似野雉，羽毛白色，有细黑纹，面颊赤红，尾羽很长。最显著的特点为白鹇主尾羽有齿状边缘，数量多为单数，一般为三条或五条。

189

牙白缎地绣花卉纹袋　现代

长36厘米　宽35.5厘米　流苏长17厘米

由清代边饰原料绣片拼合而成。袋身裁剪拼接呈正方形，袋口采用流苏结绳对拉收紧设计。缎地袋身呈象牙白色，图案以蓝色、紫色系绣线为主，配粉色、绿色点缀，整体色调清新淡雅。袋面刺绣图案一面为环形边饰，另一面为长条形边饰，题材有梅、兰、菊、蝴蝶、珍禽等元素，赋予了花开富贵、高洁美好的寓意。纹饰线条清晰，舒展活泼，绣工精细，图案虽不完全对称，但间隔有序，层次分明，色彩高雅和谐。根据形状，每个边饰可以对应在服饰中的用途。

第八章

特色藏品解析

本章从民国绿地金线绣龙凤纹女褂中的旧衣改制现象，到民国粉紫暗花绸绣花鸟纹筒裙和民国红绸仙鹤牡丹刺绣马面筒裙对民国女裙由传统围式向筒式变革的实证；从民国黑缎地鹤穗刺绣礼服的结构规制及纹章经营，到民国浅青缎暗纹镶边收省短袖旗袍和民国浅蓝素面收省中长袖旗袍中接袖、胸省的出现；从晚清棕色缎地金线绣吉祥纹四合如意形云肩的造型范式，到民国银色塔夫绸地绣花缠足弓鞋折射出的女性缠足陋习；从民国彩缎绣龙凤花卉纹贺帐上演绎的千年珠绣技艺，到清末黑绸地绣花蝶鸟纹披肩所代表的广绣外销风韵……我们从藏品中经历了『旧衣』到『新裳』，从『旧制』到『新构』，从继承到创新。

这些极具特色的精美织绣实物，是中华传统造物设计、装饰技艺、民俗艺术、地域文化以及社会风情的重要表征和历史见证，也是社会文明发展与艺术文化交流的重要物质媒介。

190

绿地金线绣龙凤纹女褂　民国

衣长54.5厘米　通袖长122.8厘米　下摆宽60厘米

立领，对襟，门襟处无扣，袖长及小臂，衣袖袖口平直，有接袖；下摆呈弧形，两侧至腰部有低开衩。该褂选用绿色面料，搭配天蓝色内衬。上衣正面图案分布在衣身下摆的左右两侧，两侧图案一致，为龙纹、江崖海水纹饰，在龙纹四周环绕云纹，四角搭配暗八仙纹样。衣身背面在袖子与下摆处盘金绣二龙戏珠与凤戏牡丹纹样，搭配江崖海水纹，有吉祥安泰、祝颂平安、延绵长寿的美好寓意。其绣工极其精美华丽，龙凤形象栩栩如生。此外，在领口边缘、领圈、门襟、下摆、开衩、衣袖处皆有细镶滚装饰，呼应刺绣图案的色彩，整体搭配和谐统一。

值得注意的是，该褂存在多处拼接现象，如果说前身的接袖只出现两处（一处是衣袖与衣身的拼接，另一处是袖口处类似于挽袖形制的拼接），属于面料幅宽影响下的正常设计的话，那么后身数次的拼接现象则颇为异常。首先可以确定此褂前后衣身并未相连，于肩平线处破缝；其次来看女褂的袖子，不同于前身的两处拼接，在对应前身袖1（见P288图）的部位采用了两次拼接设计；而衣身的设计，则更为反常，前身为左右衣身（对襟）分裁的正常设计，后身左右则分别由三块面料拼接而成，且以中线为中心左右完全对称。

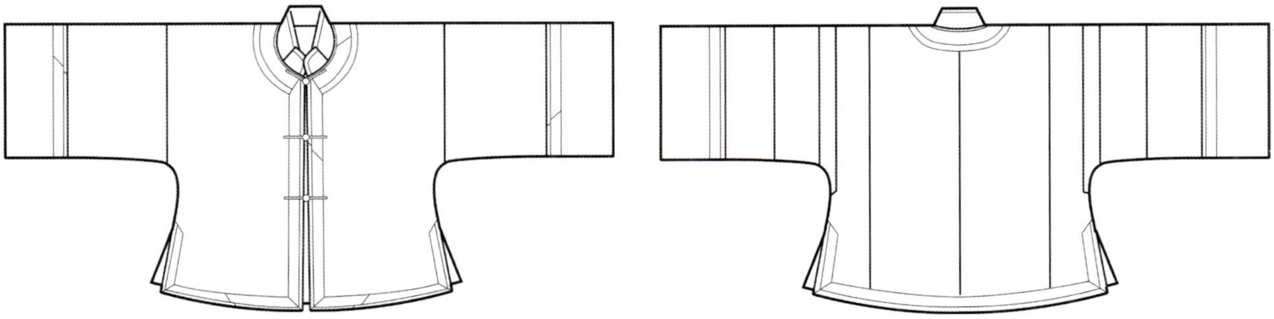

民国绿地金线绣龙凤纹女袖形制

为了进一步研究女褂的结构，对其结构进行测绘和复原，发现此褂前后身左右看似对称的裁片宽度却均不一致（按照一般范式均应尺寸一致），如衣身（前右）与衣身（前左）的宽度、袖1（后右）与袖1（后左）的宽度等。如此普遍存在的不一致现象，不可能是由裁剪或缝制过程中产生的误差所致，应为原始裁片尺寸所限而产生。因此，推测此褂属于“旧衣改制”的结果，因受旧衣裁片的尺寸限制，形成了改制后女褂中的“不正常”拼接现象。

同时，由于此褂装饰纹样的构图颇为罕见，且极具特色，试图对其改制前服装形制进行复原。江崖海水纹一般作为衣裳下摆处装饰纹样，极少出现在袖子上。此褂前身左右底摆至胸前部位分别装饰长28.6厘米、宽15.7厘米的方形图案，与马面裙裙门下摆处的装饰图案极为相似。因此，初步判定此褂由马面裙改制而成。

为了验证此观点，对此褂进行结构的拆解和重组，除了镶滚及衣领外，前身共计6片裁片，后片共计12片裁片，将这些裁片按照马面裙的结构进行模拟复原，发现正好铺满、构成了一件传统襕干式马面裙。在此基础上，继续对改制前马面裙的尺寸进行复原，推测如下：腰围130—150厘米，裙摆长240—260厘米，裙长（不含裙头）约110—120厘米，马面宽30—35厘米，襕干宽约10—16厘米。

在改制的铺料步骤中，此褂选择将马面裙上局部结构尺寸最大、装饰尺寸最大的前后裙门作为女褂的前片衣身，将马面裙左右尺寸较窄的襕干作为女褂后片衣袖的裁片，形成了改制后女褂前片拼接少、后片拼接多的形制特征，将更完整的结构和装饰呈现在女褂正面，体现了时人造物的“重表轻里，重前轻后”的设计理念，最大限度地表现改制服装的美观性。

综上所述，这是一件将传统“宽衣博袖”改制成民国窄衣新装的典型案例，改制后女褂衣长54.5厘米，胸围 114厘米，通袖长122.8厘米，袖口宽25.2厘米，是一件非常适体的上衣形制。

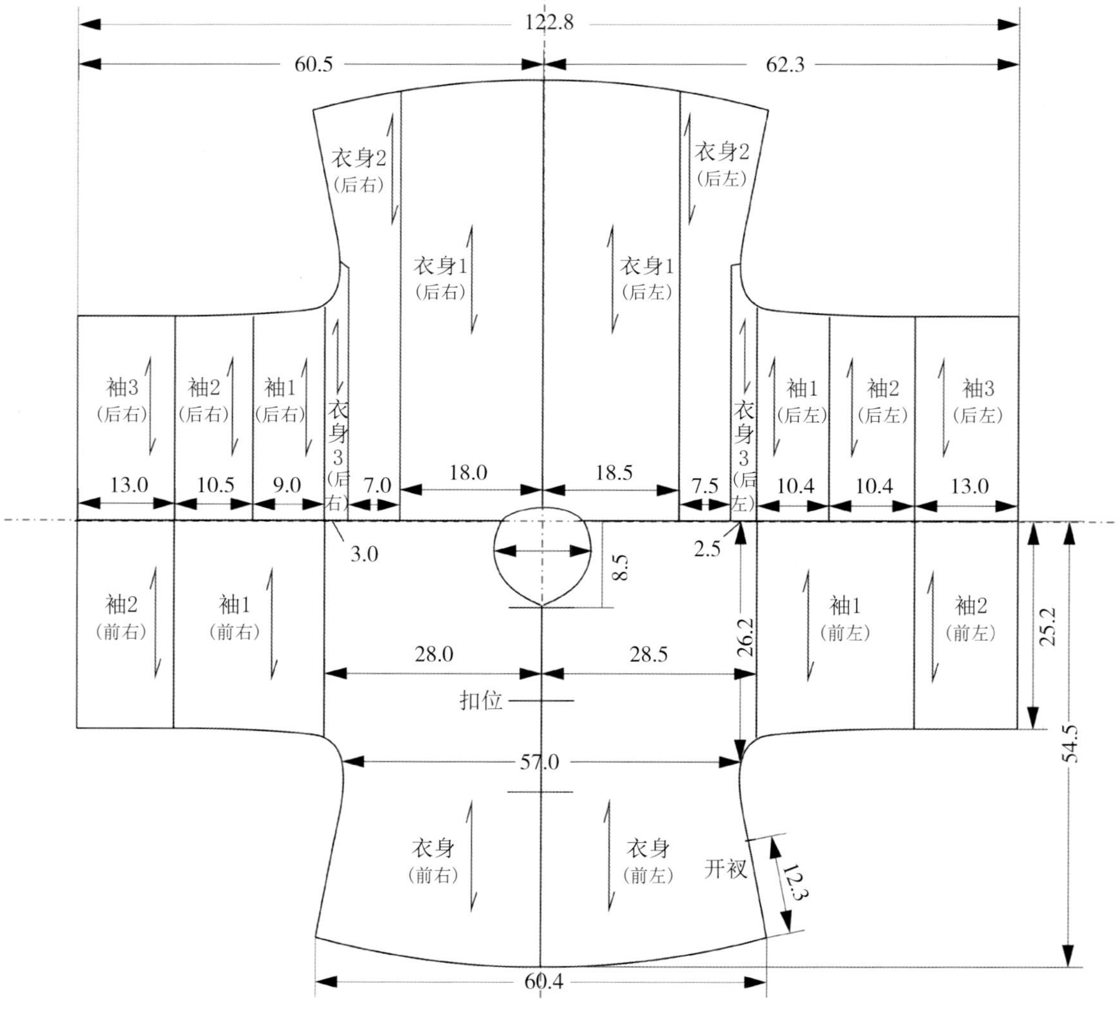

民国绿地金线绣龙凤纹女褂主结构测绘与复原（单位：厘米）

正面裁片拆开

背面裁片拆开

主要裁片排料实验

民国绿地金线绣龙凤纹女褂裁片拆卸与排料实验

191

粉紫暗花绸绣花鸟纹筒裙　民国

裙长85.3厘米　腰围87厘米　下摆围177.8厘米

该筒裙由百褶马面裙改制而成，改制前的马面裙一共有两个裙门，裙门覆盖于另一片之上，在两侧打细褶裥。质地为粉紫暗花绸，面料呈现出鱼鳞状网格暗纹；裙腰使用弹力松紧绑带的做法，增加了穿着时的便捷性。裙门两侧与裙摆处绣有连枝梅花纹样，是明清以来最喜闻乐见的具有传统寓意的纹样之一，体现出高洁、坚强、谦虚的品格，给人以立志奋发的激励之意。此外，裙门正中彩绣花鸟蝴蝶纹，鸟为喜鹊，寓意好运来，多种纹饰的使用，表达出吉祥平安、健康延寿的美好期盼。

对民国粉紫暗花绸绣花鸟纹筒裙主结构进行测绘与复原发现，裙长85.3厘米，下摆围177.8厘米，其中覆盖于马面裙背面的门襟宽27.8厘米，比正面宽28.7厘米的马面要窄0.9厘米；裙腰宽3.5厘米，较传统马面裙有了大幅度缩减；筒裙的前后开衩，位置介于马面一侧，尺寸分别为前开衩长41.2厘米，后开衩长69厘米。腰部的闭合方式为松紧带设置，弹性较大，因此未增加腰部开衩的门襟设计，在穿着时由下而上套穿即可。

正面

背面

民国粉紫暗花绸绣花鸟纹筒裙形制

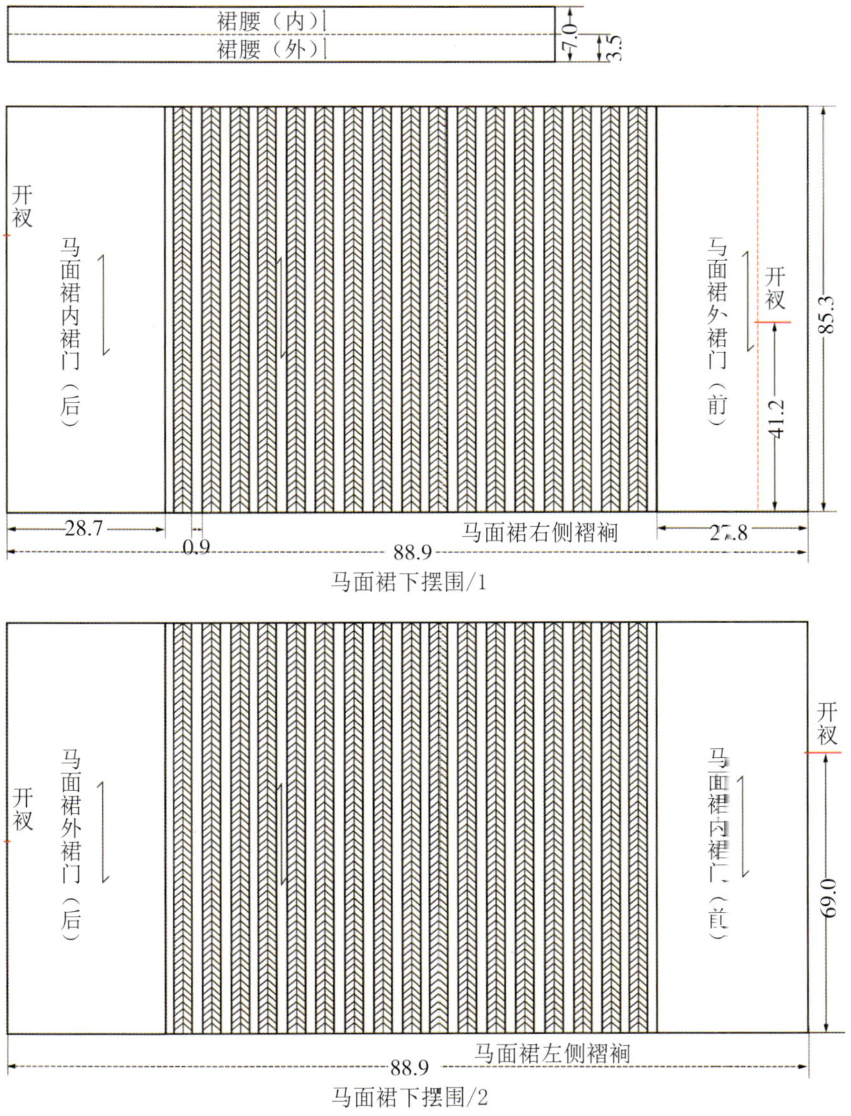

民国粉紫暗花绸绣花鸟纹筒裙主结构测绘与复原（单位：厘米）

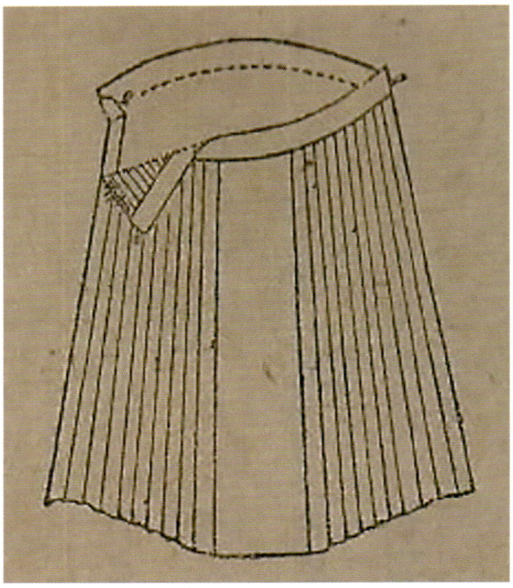

形制

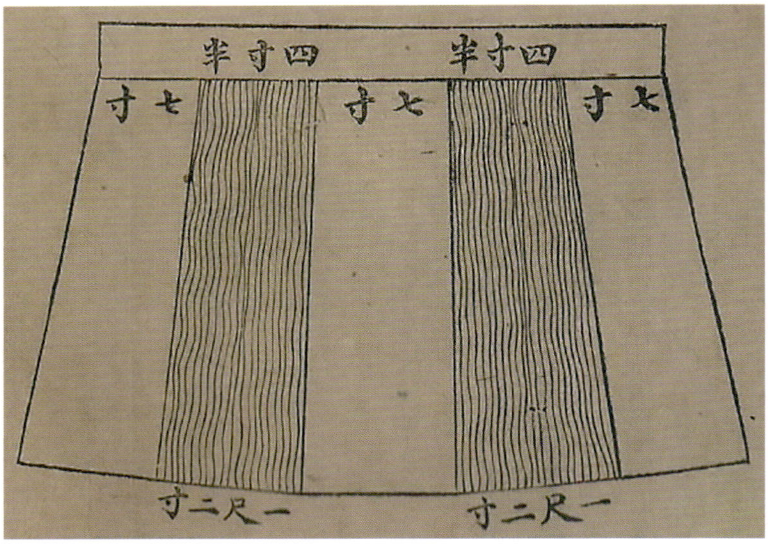

结构

民国“细裥裙”形制及结构考

民国时期，由教育部制定、商务印书馆发行的《女子中学师范教科书》中《第三十六编 衣服》记载了当时女性礼裙的形制和结构，与该筒裙基本一致。记载首先指出女裙整体特征：“前后中幅平，左右有裥，上缘两端用带，制造用料，须本国丝织品，并得加绣饰”；其次强调“裁法与常裙同，唯前后不开，并不用裹马面。服时从下套上，是以上腰两端，须开衩”。[①]所谓“细裥裙”，在命名上重点突出了此裙两侧打褶，形成密密麻麻细裥的结构特征。从形制图上可以直观地看出，此裙虽然保留了马面裙门、左右侧裥，但是在主体结构即闭合方式上，已不属于传统的围式结构，而属于筒裙结构，且在左右侧缝腰处设置了开衩，以便于筒裙的穿脱与闭合。与此同时，在结构上，此裙与传统侧裥式马面裙的结构设计仍然区别不大。

除了结构改制，在筒裙逐渐定型的过程中，还存在重要的结构特色，即存在“马面”结构的筒裙。民国红绸仙鹤牡丹刺绣马面筒裙保留了传统马面裙的形制结构，属于民国女裙由传统围式向筒式变革的过渡形制。裙身以红色丝绸为地，裙腰及内衬也是同色同质地。最大特点是在裙门侧面打褶，为了使这些褶裥能够维持固定的形态，用熨烫与缝合工艺进行定型，使裙幅可以随着人的行动发生张合变化，形成富有动感的流动观感，同时裙身两侧的襕干形成左右对称的自然形态，体现出庄重、严谨、对称的穿着效果。该裙的视觉中心位于正中所绣的仙鹤花卉图案，图中仙鹤脚踏海水搭配吉祥富贵的牡丹与象征多子多福的谷穗纹样，裙幅四周绣有形态各异的花枝纹样，整体色彩与排列有条理，组合纹样协调统一，对称平衡，同时在下摆装饰流苏，与裙身结合尽显富贵之态。

对民国红绸仙鹤牡丹刺绣马面筒裙主结构进行测绘与复原得出，裙长82厘米，其中裙腰宽4.1厘米，腰围约76厘米，下摆围148.8厘米；筒裙遗留的马面结构宽度为19.3厘米。在筒裙后右对应马面结构的侧缝处设置了门襟设计，长24厘米，并以三颗子母按扣闭合，在裙腰处还增设了内嵌式细带用以系结。

需要指出的是，这种遗留了“马面”结构的筒裙形制对后世影响颇深。中华人民共和国成立以后，在现代汉族女性裙装中，基本取消了传统围式结构，一律采用筒裙形制，但是在这些卓尔多姿的筒裙设计中，经常可以看到传统“马面”形象。具代表性的有花色马面裙、六片马面裙、四扣马面裙等，其共性为裙身前片“马面”的设置，而后身的“马面”或有或无，而传统流行的左右侧打褶的特色也是或有或无。总体上，设计不再受拘束，且在裙腰处通过腰省、育克、拼接等设计，使筒裙更加适体。同时，此时筒裙的“马面”上不再有刺绣装饰，更简约素雅。

① 《女子中学师范教科书 第三十六编 衣服》，商务印书馆，1912—1948年，第10页。

民国红绸仙鹤牡丹刺绣马面筒裙

民国红绸仙鹤牡丹刺绣马面筒裙形制

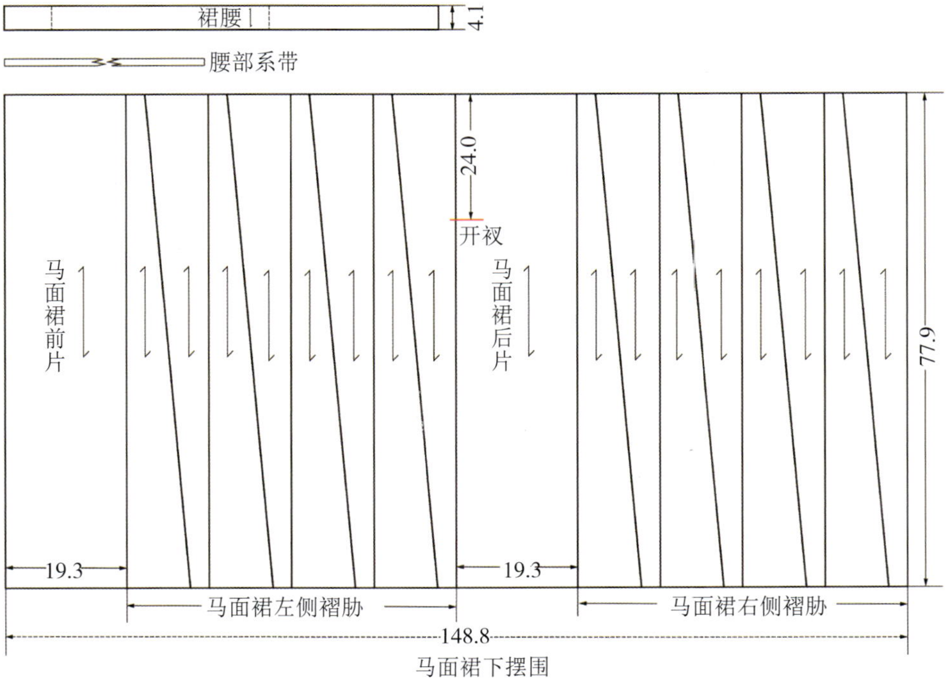

民国红绸仙鹤牡丹刺绣马面筒裙主结构测绘与复原（单位：厘米）

192

黑缎地绣鹤穗纹礼服　民国

衣长72厘米　通袖长127厘米　下摆宽68厘米
裙长98.5厘米　腰围78.5厘米　下摆围148厘米

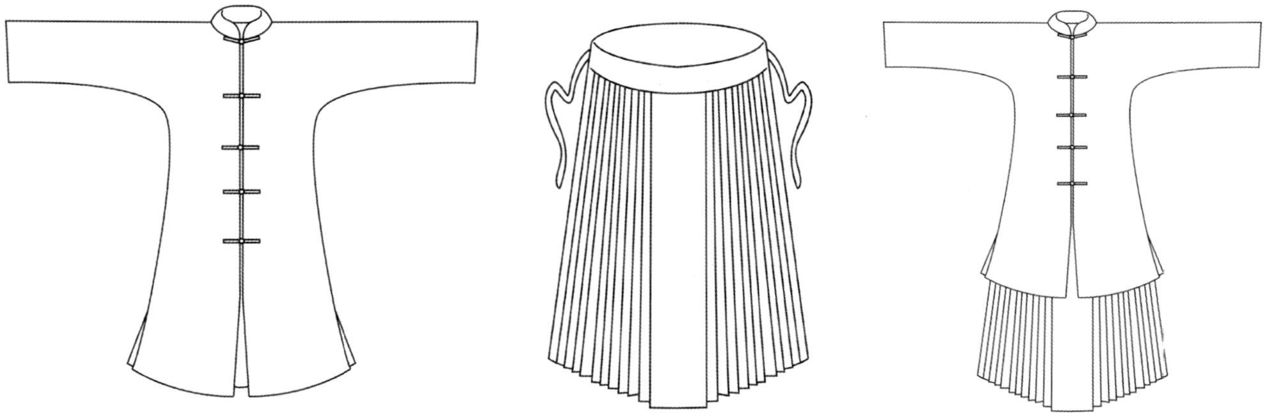

上衣：对襟褂　　下裳：褶裥马面裙　　礼服搭配形态

1912年颁布《服制》中女子礼服形制

礼服是在庄重的正式场合或举行仪式时穿的服装，区别于日常生活以及劳动生产时穿着的一般服饰，在形制及纹章规制上一般具有固定范式。1935年浩然在《评礼服运动：提倡国货礼服》中称：“呈国府军委会行政内政部，请通令全国，凡遇举行纪念周重要会议以及喜庆丧葬等事，均宜穿着礼服。”①

针对民国时期女性所着礼服，民国政府曾先后三次颁布服制条例，对女性礼服进行形制、面料及装饰层面的详细规定。1912年民国建立初始颁布第一次服制条例，在第二章“女子礼服”第九条中明确规定“女子礼服式如第八图，周身得加绣饰”并通过图绘的形式公布服式具体样貌，以供民众参考。在公布的图示中，分上衣下裳两件，上衣为女褂，“长与膝齐，袖与手腕齐，对襟”；下裳为褶裥马面裙，“前后中幅平，左右有裥，上缘两端用带”。②需要注意的是，虽然图示中未刻画，但是据明文规定可知刺绣纹饰是女性礼服不可或缺的装饰物，上衣与下裳需有刺绣纹饰。

民国黑缎地绣鹤穗纹礼服是民国初期典型的礼服形制，其中上衣形制为立领，对襟，四副盘扣，腰身微收，下摆渐宽，袖口渐窄，袖长至手腕，衣长至股下，左右开衩。女褂前后胸腰部及臂部装饰由嘉禾和仙鹤组成的“鹤岁”团纹、牡丹纹，对称分布于女褂左右。

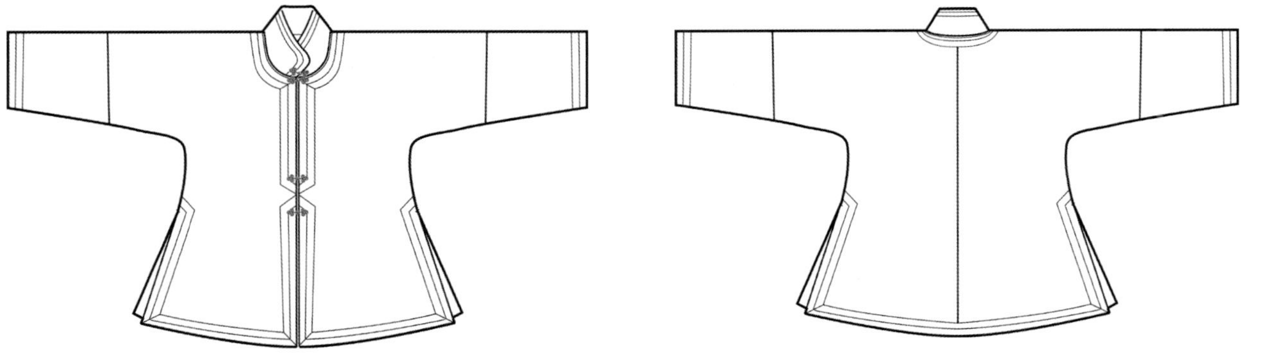

正面　　背面

民国黑缎地绣鹤穗纹礼服女褂形制

① 浩然：《评礼服运动：提倡国货礼服》，《湖州月刊》1935 年第6卷第6—7期，第24—26页。
② 《服制（附图）》，《政府公报》1912年第157期，第4—9页。

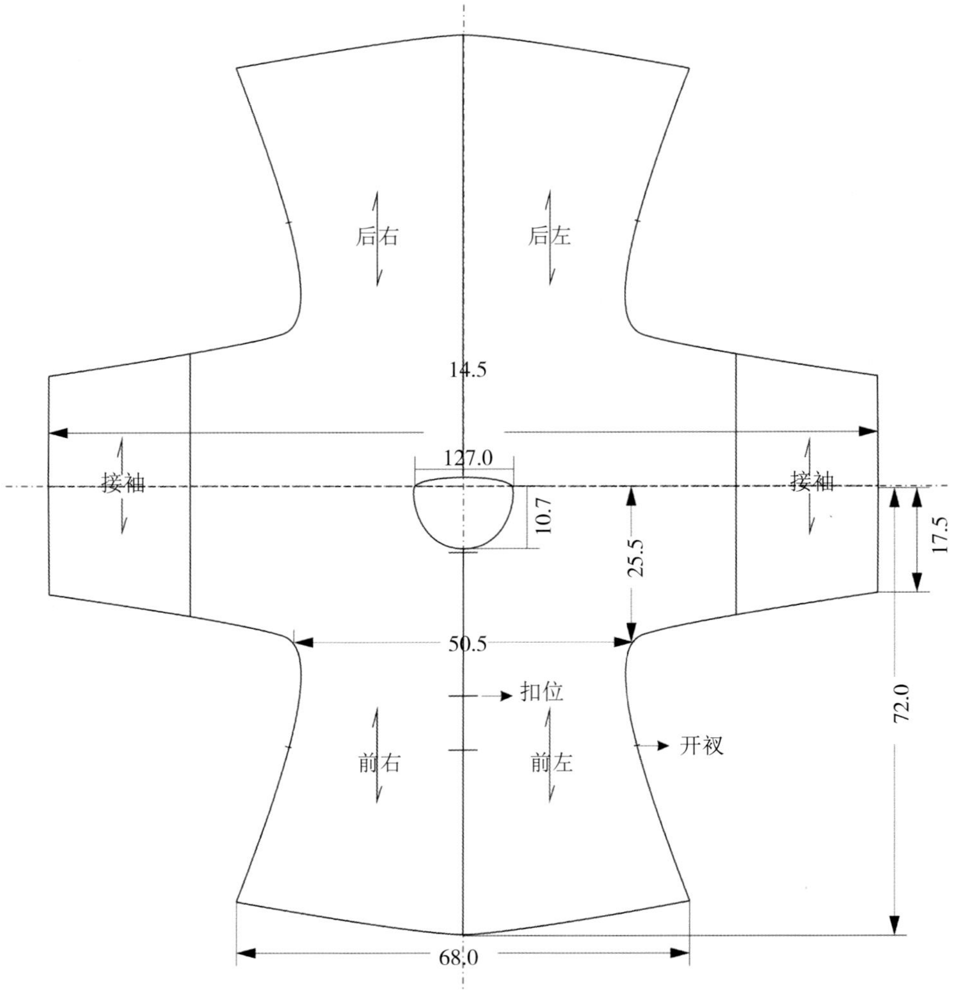

民国黑缎地绣鹤穗纹礼服女褂主结构测绘与复原（单位：厘米）

女性礼服刺绣纹饰题材虽然在《服制》中没有提及，但是据考，以嘉禾与仙鹤、牡丹等组成的团纹是礼服刺绣最主要的题材。鹤为古代祥鸟、仙禽，经常出现在瓷器、服饰等生活用品中，蕴涵延年益寿之意。汉代《淮南鸿烈解》记载："鹤寿千岁，以极其游。"①作为祥瑞符号的嘉禾纹通过与鹤纹的巧妙组合，组成"鹤穗"纹样，寓意"鹤穗千年"。纹饰中的嘉禾一般为五穗、七穗或九穗，所谓一禾生五穗、七穗、九穗，在传统文化语境中是祥瑞的征兆。仙鹤基本单脚站立，双翅展开，嘴衔谷穗或牡丹，形象生动。需要注意的是，牡丹纹是"鹤穗"组合中第三种常见的纹样。从一些传世实物发现，牡丹有时还会替代仙鹤，成为组合的中心纹样，其花瓣在形态上还分为圆角和尖角两种，特此说明。

在构图上，主要为团纹形式出现，仙鹤或牡丹作为团纹的中心，多股谷穗由下向上，相互承接，围绕仙鹤或牡丹构成一个闭合的圆环，整体构图疏密有度、繁而不杂。其次是嘉禾团纹在礼服中常以八团或十团的数量分布，以八团为主，十团等其他数量较为罕见。

此外，对民国黑缎地绣鹤穗纹礼服筒裙的形制及结构进行测绘与复原发现，此裙长88.5厘米（不含腰头），裙摆围148厘米，裙门宽24.7厘米，腰头宽10厘米，腰围78.5厘米，且前宽后窄，相差约0.3厘米。从设计角度看，如此差值使左右侧缝开衩（不含腰头则分别长21厘米和21.5厘米）闭合之后，将细节藏于或朝向裙后，达到美观效果，可谓匠心独到。

礼服筒裙的纹样装饰与上衣形成呼应，同样采用嘉禾与仙鹤构成的组合纹样，只是在构图上依据下裙的造型特征，不再采用团纹式构图，而是将主体纹样布局在前后裙门的下摆处，并在左右裙裥上散布装饰。

① （清）蒯德模、蒯光典著，蒯文铮点注：《蒯氏家集》上，黄山书社，2019年，第121页。

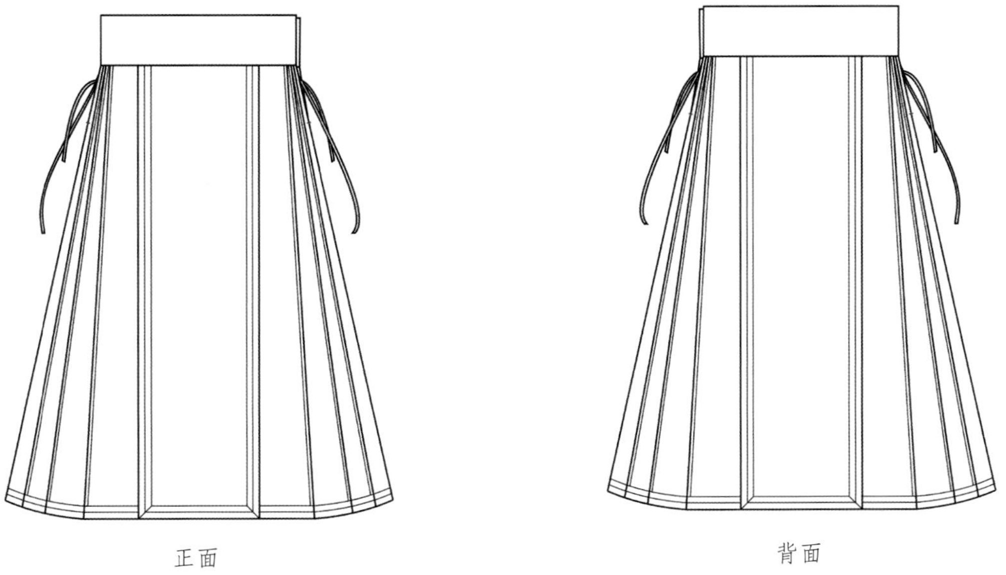

民国黑缎地绣鹤穗纹礼服筒裙形制

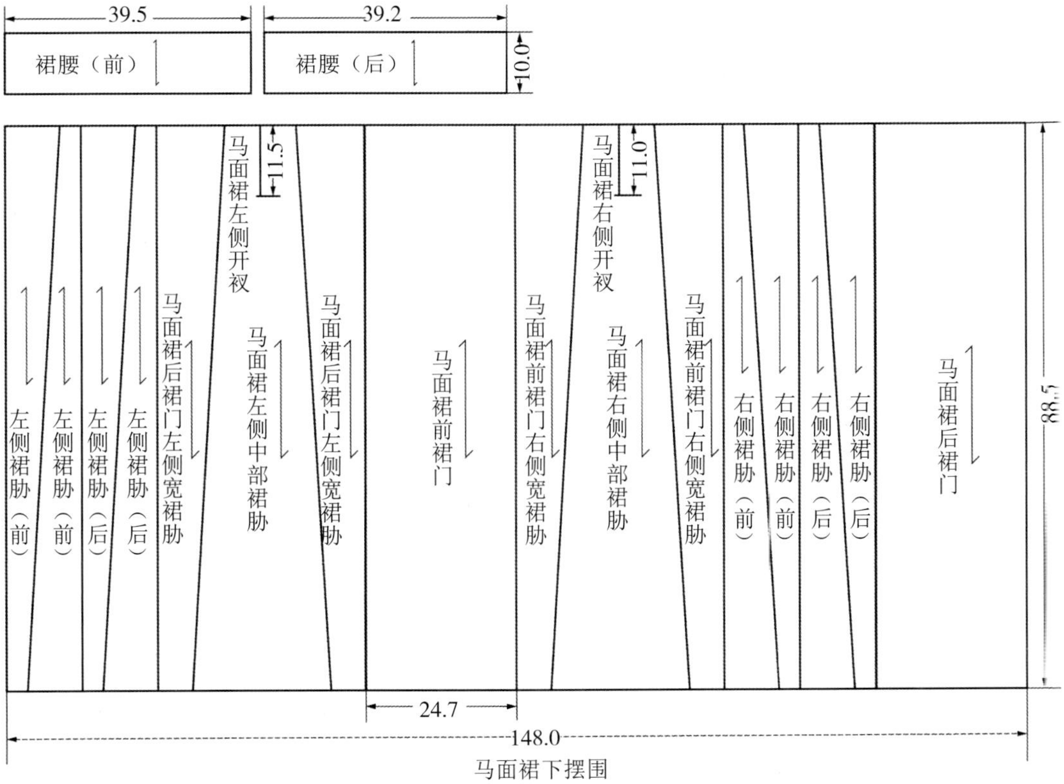

民国黑缎地绣鹤穗纹礼服筒裙主结构测绘与复原（单位：厘米）

20世纪30年代开始，旗袍逐渐走向适体化，开始出现显现腰身的曲势变化，即旗袍左右侧缝处对女性腰身的贴合程度。到30年代末，旗袍中的曲势表现更加明显，时人基本能够做到“袍随人形”，依据女性的身体特征进行设计。1937年，严祖忻等在介绍旗袍结构时指出：“除了少数的老年及乡村妇女，还穿着短衣裙子外，城市里的妇女，差不多都穿旗袍了。……可是裁剪起来，是极不容易，因为女子是有曲线美的，所以一定要顺着她的曲势裁，穿起来才有样”①。此类旗袍已有较多结构研究，在此不作具体实证。

20世纪40年代特别是40年代中后期，对旗袍曲势的表现进入了新的阶段，逐渐出现省道设计，如张玉秀在《国服制作》中称1945年“流行当时洋化的方肩，接袖（装袖），衣长缩短，胸省出现”。鉴于当下对此类民国旗袍实物考证较少，兹选取两件代表性藏品进行案例研究。

第一件，民国浅青色真丝暗纹镶边短袖旗袍。该旗袍形制为立领，右衽大襟，无盘扣设计，采用暗扣及拉链闭合立领及门襟；有明显收腰设计，自臀部向下渐窄，长至小腿下处；短袖，且为装袖结构设计；左右开衩，开衩处饰如意云头；衣身前后中不破缝，无任何拼接现象；立领、门襟、袖口、底摆及开衩有黑色绸料镶宽边。此外，该旗袍还存在明显的肩斜，整体上西式结构元素非常明显。

镶边刺绣仙鹤、梅花等吉祥纹样，整体色调采用蓝色渐变刺绣，梅花以散点构图分布在仙鹤四周。衣身面料为真丝织锦提花，暗纹提花为抽象花卉造型，呈平铺的四方连续图案。整体面料颜色与刺绣相匹配，色彩搭配淡雅大方。仙鹤有延年益寿之意，仙鹤梅花在中国传统纹样中代表“品行清高、长寿”，梅作为“岁寒三友”之一，因其能严冬含苞而有“凌寒独自开”的高尚品质，且梅开五瓣，有“福、禄、寿、喜、财”的五福的寓意。

对民国浅青色真丝暗纹镶边短袖旗袍主结构进行测绘与复原发现，旗袍长为118厘米，属于较短旗袍。在闭合方式上采用了半开襟结构下的拉链设置，系合处为八颗揿扣，侧襟有拉链，是20世纪40年代中后期的典型制式。1947年6月28日，《时事新报》报道当年最流行的上海女人时装：“至于今夏的旗袍，尺寸是比去年短，大致尺是三左右，依各人的长度，遮盖了膝头就可以了。领口是比去年高些，同时腋下的钮扣用拉链替代。依照这趋势，夏季的式样和线条，是趋向简单而活泼化了。”

正面

背面

民国浅青色真丝暗纹镶边短袖旗袍

① 严祖忻、宣元锦：《家庭问题：衣的制法（五）：旗袍（附图）》，《机联会刊》1937年第166期，第18页。

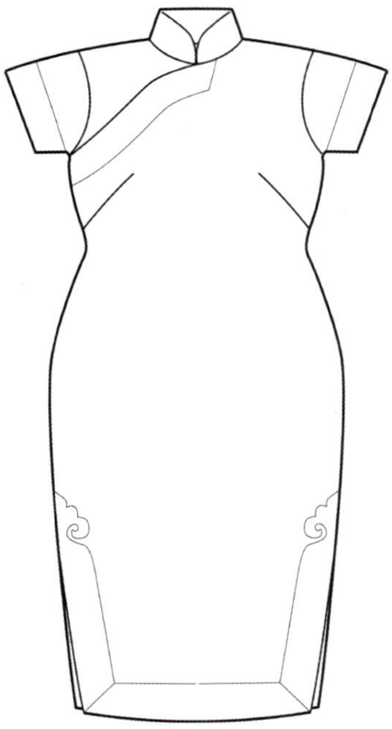

正面

背面

民国浅青色真丝暗纹镶边短袖旗袍形制

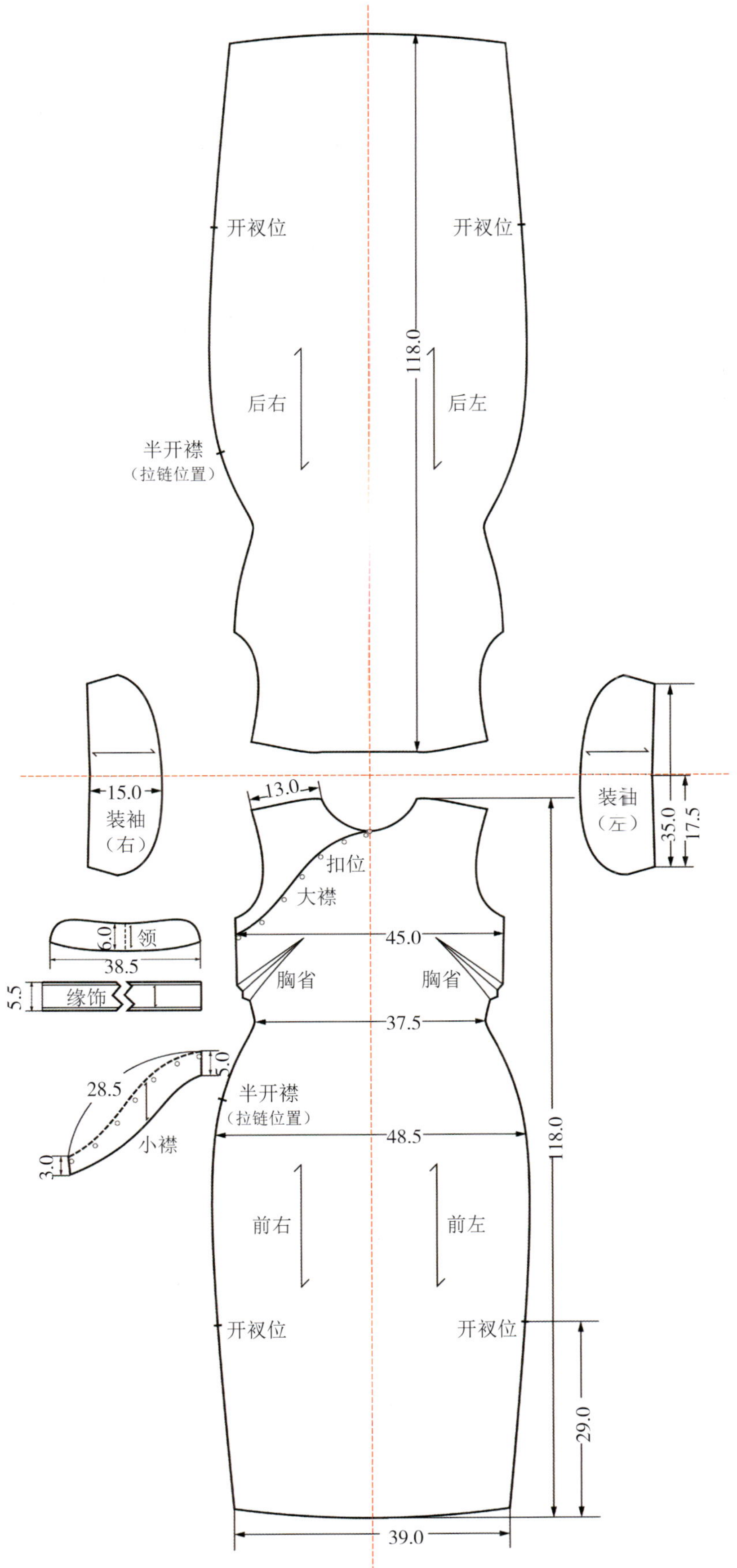

民国浅青色真丝暗纹镶边短袖旗袍形制及主结构测绘与复原（单位：厘米）

第二件，民国浅蓝素面中长袖旗袍。该旗袍形制为立领，右衽大襟，有一颗装饰用的盘花扣，其余立领及门襟的闭合以暗扣和拉链取代；具有明显收腰结构，且有胸省和腰省设计；自臀部向下渐窄，长至小腿；衣袖渐窄，在袖口处有开衩，方便穿脱和手腕活动，袖长至小臂及手腕之间，属于中长袖结构。旗袍前后中不破缝，但有接袖和肩斜结构。

领围下侧有浅蓝色黑色双色寿字花卉造型花扣，从左往右造型依次为菊花、寿字纹、蝴蝶。花扣工艺为嵌丝硬花扣，常做轴对称造型或中心对称造型，该旗袍中的嵌丝硬花扣则为特殊的不对称设计，突出了祝寿题材。

对民国浅蓝素面中长袖旗袍的主结构进行测绘与复原发现，袍长为103厘米，比民国浅青色真丝暗纹镶边短袖旗袍短15厘米，形制更短。旗袍的腰宽仅35.3厘米，臀宽45.5厘米，下摆宽41.3厘米，极为修身。同时，挂肩长只有19厘米，加上宽仅10厘米的袖口，该旗袍在结构上非常修身，属于量体裁衣的典范之作。为了提高旗袍的穿着舒适性，除了下摆开衩23厘米，还增设4厘米的袖口开衩，基本满足了活动空间。

正面　　背面

民国浅蓝素面中长袖旗袍

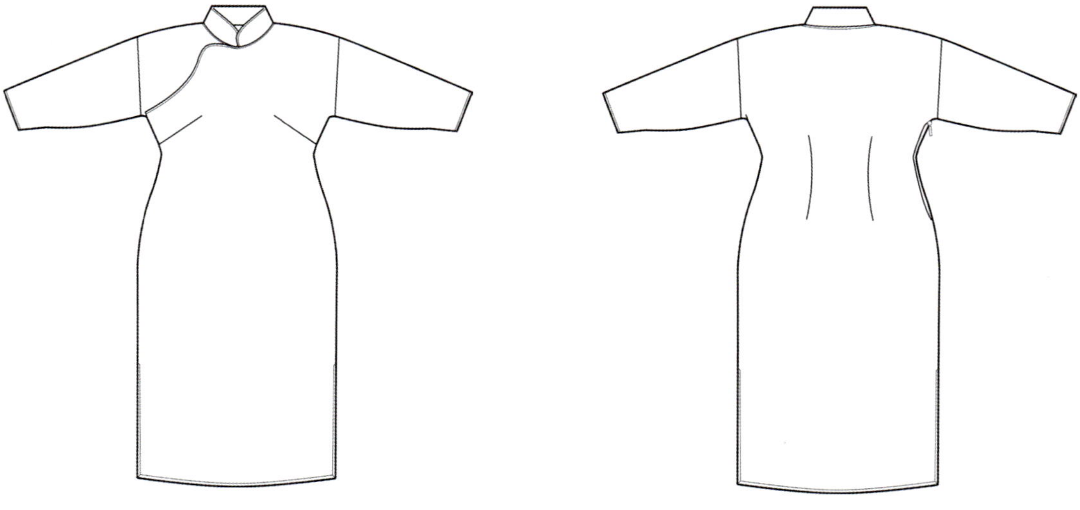

正面　　背面

民国浅蓝素面中长袖旗袍形制

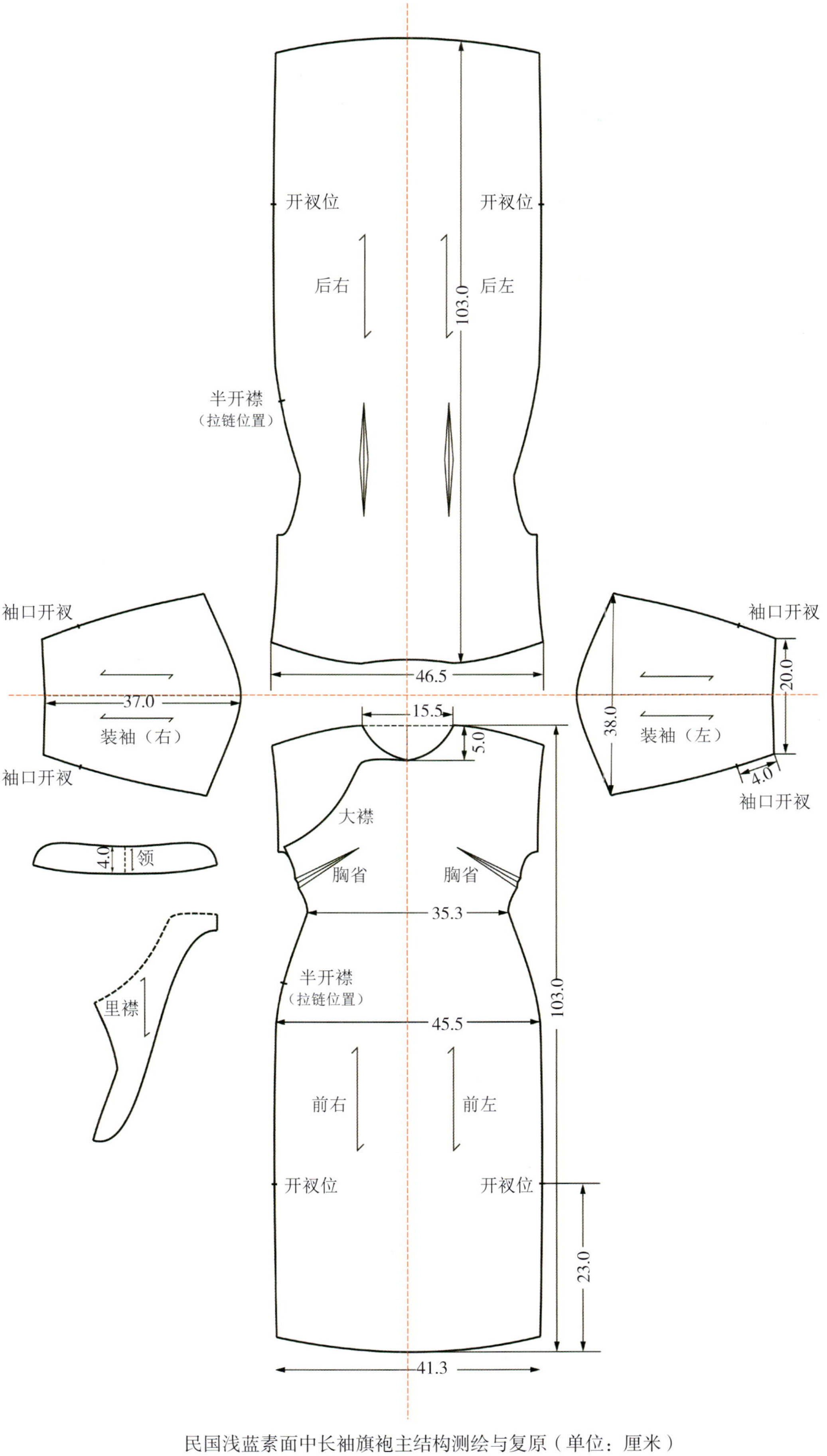

民国浅蓝素面中长袖旗袍主结构测绘与复原（单位：厘米）

193

棕色缎地金线绣吉祥纹四合如意形云肩　清末

长51.3厘米　宽51.3厘米　领围39.3厘米

无领，领口有一颗黑色缎面一字扣，有黑色细滚边。如意头四出，为典型的四合如意形，云肩共有两层，由上而下面积逐层增加，第一层为深棕色，第二层为浅棕色，均为缎质，在如意形外边缘及门襟处镶宽窄两层黑缎滚边。第一层刺绣为打籽绣三蓝蝴蝶花卉纹，第二层为打籽绣蝙蝠、寿桃、花瓶、花卉、葫芦及暗八仙纹饰，并在纹饰周围用盘金绣卷云纹做装饰，整体构图饱满，做工精细，颜色搭配协调。其中，蝴蝶象征着爱情，与花卉结合有美好爱情的寓意，而第二层的“蝠”与“福”同音，与寿桃结合，寓意福寿双全。

云肩作为服饰时，为穿脱方便设计了类似于衣裳门襟的开合之制，且以领型呈现，因此有学者称云肩是一种贴领的纹饰或服饰。在敦煌壁画所绘佛家形象中，云肩领型与清代以后的圆领形制明显不同，绝大部分采用了交领形制。早期云肩多为交领形制是一种被动表现，取决于衣裳的领型。由衣襟左右互掩相交而形成的交领是早期衣裳的主要领型。早在战国时期屈原就有"衣眦：谓交领，才细切"①的明确记载。在1976年出土的西汉中晚期卜千秋墓中，墓道壁画绘有伏羲、女娲形象，身着交领衣裳，领部左右各有一片三角形裁片，可视为交领云肩雏形。从"霓裳羽衣"的角度推测，这种饰于肩部的两块三角布块极有可能是对羽翼的抽象与简化，并逐渐演化成云纹造型。在内蒙古赤峰宝山1号辽墓（923）出土的西王母形象上，这种羽翼演化说从视觉上更具可信度，并且既有羽翼亦具云纹的形式特征。

在魏晋以后的佛家形象中，云肩仍以交领、云纹为主，但此时的云纹已多姿多式。通过对中唐36窟西壁天女、元代3窟北壁吉祥天等敦煌壁画中着交领云肩的佛家形象进行整理与汇总后，按照如意云纹（云头）的起伏造型经复原分为三种常见制式：式Ⅰ，云纹起伏一次，呈桃形；式Ⅱ，云纹起伏两次，呈葫芦形；式Ⅲ，云纹起伏三次，呈如意形，确定了后世如意云纹的造型范式。除交领外，还有左右门襟互不掩交的直领形制。西魏壁画里的摩耶夫人与侍女形象，身着直领襦裙，上衣肩部均设计了云头装饰的云肩，只是云肩领型依附上襦而成为"邪直而交下"②的直领制式。

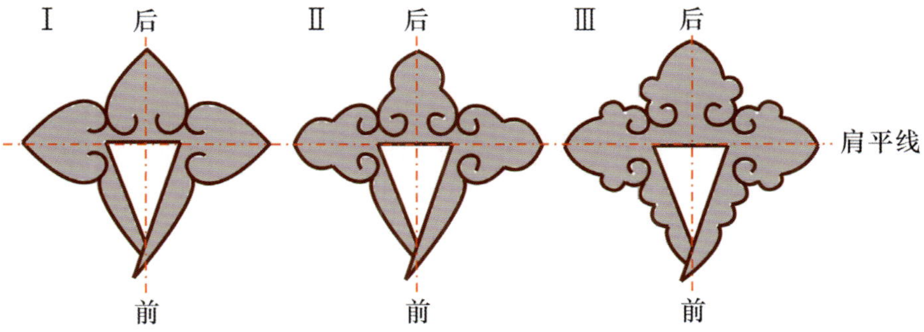

敦煌壁画佛家形象中交领云肩三种云纹制式复原

尽管云纹式样变化多端，但云肩的结构布局基本采用了四片合成，即后世所谓"四合如意式"的统一范式。明代宋濂撰《元史》中五次记载"云肩"，在规定文武百官服制时提及"衬甲，制如云肩，青锦质，缘以白锦，里以白绢"，并指出"云肩制如四垂云，青缘黄罗，无色嵌金为之"。③这是在古籍文献中较早出现云肩制式、色彩、装饰及制作工艺的详细描述，"四垂云"的制式为明代以前云肩的经典范式。

到了清代，云肩在民间创作中突破了固有形式，变异出卓尔多姿的结构与形制。在结构设计上，除了传统的单片式，变异出层叠式、连缀式、混合式等；在造型设计上，除了传统的四合如意形，衍生出圆形、四方形、柳叶形、鱼形、莲花形、蝙蝠形等。清代《红楼幻梦》载："戴着家传的赤金装珠嵌宝一品凤冠，穿着大红五色刻丝云龙卧海夹时花的蟒服，系着西湖水洋绉满绣五色云龙夹花片金镶边蝉裙，外罩翠蓝地三色金刻丝云鹤霞帔，挂着羊脂玉赤金镶叵带，披着天青缎三蓝蟠金菊花瓣云肩，尖小平直周正大红缎彩绣鞋。"④在云头数量上，云肩除了"四合"，还创新出'六合""八合""十合"等样式。

在清代满汉文化交融与服饰穿搭及民俗博弈和存续中，云肩作为汉族传统经典样式被有效传承，正是清朝宫廷及官方阶层对汉族云肩的"舍弃"，反而促成了云肩及其纹饰在民间汉族百姓中的流行。从使用规模来说，也是一种普及。但是此后的云肩主要成为女性、儿童的装饰物，男性服饰上基本取消了该装饰。至民国时期，尽管传统服饰式微，伴随文明新装及旗袍等改良服饰先后创制，云肩作为传统服饰品基本从生活中消失，但是云肩作为纹饰装饰还是经常出现在旗袍设计上，反映出云肩极强的生命力。

①（清）戴震撰，孙晓磊点校：《屈原赋注》，上海古籍出版社，2018年，第138页。

②郝懿行、王念孙、钱绎、王先谦等：《尔雅·广雅·方言·释名 清疏四种合刊》，上海古籍出版社，1989年，第1065页。

③岂水编校：《不过如此——历代笔记中的史事寻源》，中国和平出版社，2014年，第104页。

④（清）花月痴人：《红楼幻梦》，时代文艺出版社，2003年，第40页。

194

黑绸地绣花蝶鸟纹披肩　清末

长240厘米　宽234厘米　编织格纹宽13厘米　流苏长40厘米

造型方正，刺绣图案构图饱满紧密，用色绚丽，对比强烈，为典型的广绣外销披肩，是针对西方市场量身定制的绣品。披肩以黑绸为地，彩绣锦鸡、牡丹、蝴蝶、连枝花叶等纹饰形成一个组合，分布在四角，呈对称布局；中心部分及边饰绣缠枝花卉纹。刺绣丝线采用矿物染色，不同色系的色彩或鲜艳抢眼，或自然柔和，如牡丹用大红色表现，蓝紫色绣线绣制轻盈绕动的枝叶，彩色锦鸡站立其间，蝴蝶在四周飞舞。略有不同的是，四组锦鸡头尾相对，和蝴蝶在用色上也有不同，使绣面统一中存在着变化，生动活泼。刺绣花卉运用的咬针、留水路，绣制枝干用的扭针等，均为广绣常用针法、特点。此外，披肩四边缀有编织网格和流苏，工艺繁复细致，大小网格疏密有致、排列有序，网格编织后打结留下均一长度的流苏，自然垂落或随摆动飞舞。因披肩四角呈弧形，可判断网格和流苏不是原装的，而是在西班牙重新编织打结的新装饰。

清代中后期，在广东生产的外销披肩风靡世界。它们从广州出发，途经澳门，到达菲律宾马尼拉，和其他亚洲国家的货物一起，通过著名的大帆船贸易（Galleon Trade），横跨太平洋到达美洲墨西哥的阿卡普尔科港口，最后才转运至西班牙等欧洲国家。经过多次在不同港口的停留、分装，西方人对于披肩的原产地已经分辨不清，只知道它们从马尼拉港口运来，所以称其为马尼拉披肩，即“Manton de Manila”。

清末至民国时期，外销披肩主要在广州绣制。披肩尺幅宽大，较多是正反面图案一致的双面刺绣，纹样包括中国传统花卉、庭院人物图或根据西方客户的来样定制，通常选用变形较大的缠枝花和写实的折枝花，如牡丹、大洋花等作为主体图案，运用铺针、咬针、扭针、插针等广绣针法，布局对称、构图饱满、纹样平整。这种外销绣品一般为方形或三角形，材质有绸、纱、网、缎等，四边缀有编织网格和长流苏，使用时方形披肩沿对角线折叠，呈倒三角披在身上。色彩亮丽的外销披肩一经亮相，快速成为西方人穿着服装的最佳搭配，尤其受到西班牙南部地区人们的喜爱。直到现在，马尼拉披肩仍然是西班牙妇女日常生活的重要装饰品，也是弗拉门戈舞者跳舞时的“点睛之笔”。

广绣披肩因刺绣闻名，披肩上的广绣按照绣线种类可分为绒绣与线绣，“绒”指没有搓拧式结构的纯真丝材料，刺绣时需要劈丝，常用于制作细节部位。有些精品披肩通体布局绒绣，由于绒线本身细腻、光泽度高，加上“排比其针、密接其线”的高超技术，使得绣面光彩熠熠；“线”的结构为缠绕式，有支纱与股数的区别，它同属真丝线，但其加工精炼的程度不如真丝绒，线材较粗，披肩以“线绣”刺绣占据大宗。

绒线刺绣

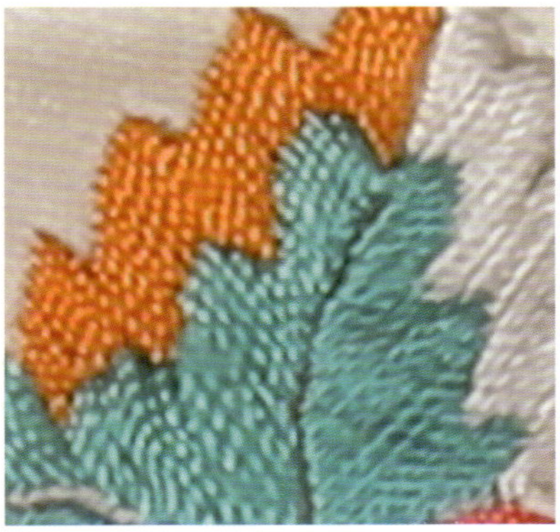

线绣刺绣

针法是广绣的灵魂。针法即运针的方法，是刺绣工艺特有的艺术语言，也是刺绣最核心的技艺。传统广绣针法有平针、续针、咬针、插针、扭针、钉针等十余类，在此基础上又根据“针路”（针线运行的轨迹）的特点划分为几十种。制作传统广绣披肩所应用的针法以直针、咬针和捆插针为主，其他针法作为零星点缀。

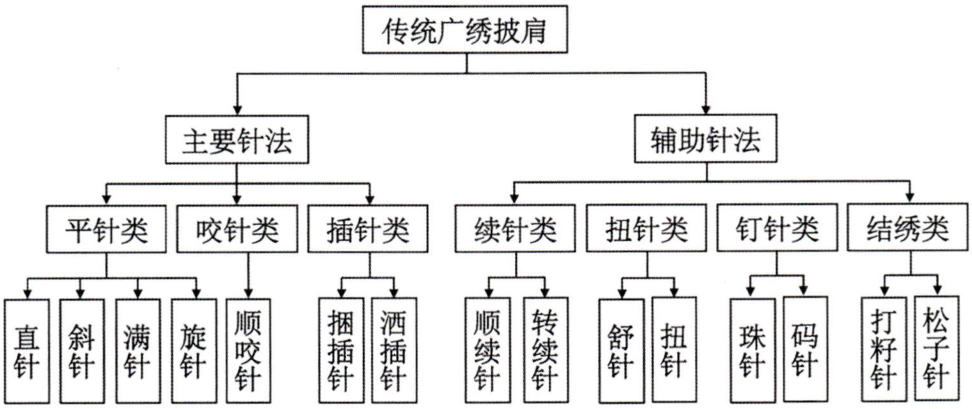

传统广绣披肩的针法种类

披肩中刺绣的运针特点和应用范围如下。直针线迹垂直，起落针整齐，针距较短；斜针、旋针与直针的差别仅在线迹倾斜角度不同，三者构成了广绣披肩的基本内容。大量卷曲的藤蔓、纤细枝干、建筑结构等图案一般都以直针和斜针制作，满针即面积较大的直针，按物象的大小由头到尾尽其长度一针绣成，常见于披肩中的点状纹样和主体花瓣。顺咬针是占比最大的刺绣针法，使用在动物躯干、花朵等较大区域，其特点是运用短直针或斜针从外至内一批一批制作，从第二层开始，它的每一批次都衔接上一批次的针脚，形成层层相叠的肌理效果，或者批次之间留有一定距离的空隙（水路），使界线显得更为明显。捆插针，“捆”在广绣针法中意为齐边的意思。在清末的披肩中，捆插针第一行为两端齐口，类似直针铺设的效果，第二行才开始进行长短不一的穿插；与清代不同，民国时期捆插针的首行一端是齐口，另一端是长短间隔，第二行同样施以长短针刺绣。捆扎针的适用范围有大片的花瓣、叶子、禽鸟鱼类的鳞片等。还有个别针法用来雕刻细节，例如抽纱绣，由西方教会传入中国沿海省份，在潮汕地区找到扎根发展的良性土壤，由于使用频率较低，应用范围有限，不再赘述。总之，广绣披肩的每种物象均以最适合的独特针法真实表现，体现了广绣针法繁复、穷极巧变的特点。

直针 斜针 顺咬针 捆插针

广绣披肩中的主要针法及铺针示意图

高超的技术、细密的排线以及富于变化的针法组合构成了广绣的技术特色。宋代《太平广记》记载，唐代永贞年间，南海有一奇女名为“卢眉娘”，她“幼而聪慧，工巧无比，能于一尺绢上绣《法华经》七卷，字之大小，不逾粟粒，而点画分明，细如毛发”①。可见自古以来，广绣排针布线之精巧就被世人所称赞。至今，广绣仍将“光、亮、齐、密、净、匀”六字作为行业标准，力求针步（起落针的距离）均匀，针路流畅，针脚齐整，绣线排列紧凑。

严苛的制作规范催生出广绣丰富的艺术处理方式，“留水路”便是其中代表性的工艺技巧。“水路”指相邻两块绣面不咬合，而是留有“线状”的空隙，该空隙被称为“水路”，采用这种方法刺绣叫做“留水路”，其宽度根据构图与物象比例的大小设置，最少距离精细到0.1厘米，也有0.2厘米、0.3厘米、0.5厘米不等。通过“水路”的切割，不仅可以明确图案的轮廓、结构和界限，还能巧妙地划分层次，如插针是为展现细腻柔和的画面，而采用“留水路”处理的纹样则多了一份色彩与造型上的干脆，从整体上增强物象的装饰意味。传统广绣披肩以直针刺绣为主，简单的针法便于把控“水路”的规整程度，为其产生创造了有利条件，并在披肩中体现得淋漓尽致。“留水路”并非广绣独有，但广绣善于通过“留水路”的艺术手法来概括和描绘物象，相比于其他绣种的偶有运用来说，“水路”成为广绣区别于其他绣种最明显的标志。

① 宗凤英：《织绣鉴赏》，印刷工业出版社，2012年，第111页。

除“水路”外，传统广绣披肩的刺绣图案具有强烈的纹理感，纹理清晰是广绣的工艺特色之一。纹理指刺绣丝线纹路的走向，传达出制作者的个性和艺术风格。通常而言，刺绣纹理按照物象的生长规律排针布线，使纹理更贴近物象的本来面貌，产生极强的真实感，一些写实性的刺绣便采用了这种方法。广绣披肩并未按照此规律去表现纹样，而是从装饰性的角度去布局设置，如下图的牡丹花，该物象以咬针层层叠加，色彩渐变以模块化构成，层次分明，显现强烈的装饰风格。

传统广绣披肩的“留水路”

绳编是传统广绣披肩必不可少的组成部分，起到丰富装饰层次的作用。绳编所用线材为搓拧式结构，通常由四根以上的捻线合为一股使用，因此编织成品具有一定重量，可以增强披肩的悬垂度。样本显示，所有披肩的绳编组织均始于共同类型的打结方法，“结”是广绣披肩缘饰之根本。通过控制“结”与“结”之间的距离或“结”的大小，使单独的“结”衍生发展为更加复杂的样式，这种联系如同一棵树，“结”为根基，组合方法为枝干，最终交织出繁复精美的图案。虽然广绣披肩是以刺绣为主要装饰工艺，但缘饰是对款式、造型进行强调的方法，同时产生的特殊肌理和纹样也强化了服饰整体的艺术表现，尤其是穿戴披肩时，随着肢体发生摆动，下垂的绳编与流苏增添了身体姿态的摇曳之感。

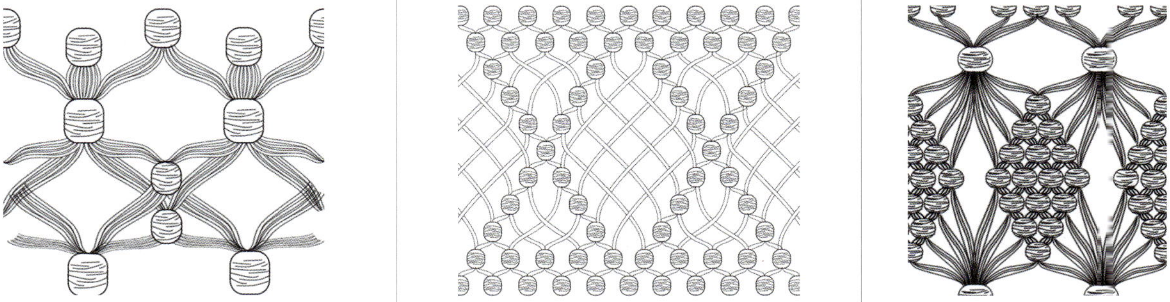

a　　b　　c

广绣披肩缘饰的三种常见绳编图案

构图是在有限的空间内，对所要表现的形象进行组织，形成整个画面的特定结构。构图决定着造型的体积和色彩的基调，也决定着画面框架及表现形式，因受地域文化的影响，不同地区的构图形式各具特色。广绣披肩的画面结构体现为以下几点：第一，以“满”为美，尤其讲究背景的刻画，内容饱满而丰富，兼具规律性和对称性；第二，披肩的装饰图案多以二维形态出现，就算是现实生活中的三维物象，也被转化为二维平面；第三，构图不表现空间的纵深和透视，这与观赏性广绣作品迥然相异。

在此基础上，披肩演化出多种构图种类，鸟瞰式构图便是其中常用的构图方法，主要用来表现故事性画面，如广绣披肩的鸟瞰式构图，主体绣有亭台楼阁、飞禽走兽以及谈笑风生的人物，并在披肩空隙之处，用假山流水、花草动物予以补充，使画面紧凑而热闹，完美凸显广绣“满”的特色。虽然纹样千姿百态，但布局仍得体恰当，可一览整个披肩各单元发生的故事内容。九宫格是传统广绣披肩的经典构图形式之一，它把内部方形划分为横三竖三的九宫格，四角方格绣制图案，其余五格留有空白或者装饰碎花、昆虫等小型纹样。这种构图方式符合人们的视觉习惯，使中间位置形成视觉中心。如广绣披肩的九宫格构图，四角纹样相同，以花朵、枝叶进行填充，中间五格露出底布色彩，最外细框的图案呈二方连续特征。该构图为清中叶至清末的主流构图形式，广州博物馆藏民国时期的披肩亦有应用。广州博物馆的这批广绣披肩，其画面结构均体现了几何形的骨骼线，包括轴心线、平行线、对角线等，为典型的格律体式构图，这样不仅确保了纹样造型的准确生动，还提高了批量生产的制作效率。除此之外还有独立式构图，但占比极少。

广绣披肩的鸟瞰式构图

广绣披肩的九宫格构图

广绣擅长表现繁盛茂密的植物题材，广州博物馆藏大部分披肩以此为基础装饰元素，极具普遍性。这是因为珠江三角洲地区拥有得天独厚的亚热带季风气候，光热充足，土壤湿润，是植物生长的理想之地。受自然环境及个人审美的影响，广绣纹样普遍以缤纷绚烂的花草入题，既可当主体图案，又可装饰于边框或补足间隙。牡丹花是传统广绣披肩重要的装饰图案之一，富贵牡丹、雍容大度，寓意人们生活兴旺发达。人物、庭院、动物、建筑及生活场景也是广绣披肩常用的创作题材，一般与动植物纹样同时出现。

鸽子灰绸地绣庭院人物花卉动物纹披肩，其涵盖内容较为全面，可作为典型案例。该披肩中心两条蛟龙在云中翻腾，诠释“双龙吐水”的故事情节，富有中国传统民间特色；主体图案的外围环绕着四块庭院风景，呈田字格状布局，纹样内容完全相同。庭院中心矗立一栋两层小亭，其山墙是岭南特有的“镬耳”，凸显了广东地区的建筑特征；凉亭二楼双人对坐，吹笛赏乐，一楼三人半掩于角柱后，躲藏亭前的舞狮，描绘出广东传统的民俗活动。左下角靠近门口的人物手拿笤帚打扫庭院，传递着浓厚的生活气息。在空隙之处，栽种着几棵芭蕉，填充着诸多花草，俨然一副生机勃勃的景象。神话的龙与庭院本无直接关联，但通过不同题材之间的合理匹配，营造出热闹、欢快、怡然自得的生活氛围，以及充满吉祥寓意的美好画面。

“双龙吐水”图案

“庭院”图案

广绣披肩相对于其他服饰品类，拥有绝对平面的展示效果，精美的图案和工艺在其平铺时一览无余，因结构单一，使得披肩穿戴于人体时可以根据需要而生成多种造型。通过对历史影像及画作的梳理，归纳出广绣披肩常见的立体形态如下：a，披肩沿对角线对折后按照倒三角的形式将两端自然搭于双臂。采用该穿戴方式的披肩，刺绣图案多集中在四角，纹样以对角线垂直定位，可以最大化将装饰图案展现出来。其整体造型简单高雅、线条自然，与新古典主义的审美潮流相契合；b、c属于同一种穿着方式，披肩一端齐胸围裹躯干，另一端由后背经肩部绕到胸前，有时搭在双肩，或者露出半臂。两种穿法的特点是包紧身体，勾勒出女性优美的曲线，悬垂的网饰和飘逸的流苏随着身体摆动摇曳生姿，尽显曼妙；d，披肩对折经过肩部系于胸前，或自然散开。

广绣披肩的穿戴方式

种类	图像	年代	出处
a	 1  2  3	19世纪	1、2. 法国《小姐杂志》，1848年 3. 法国《女性与时尚》，1837年
b	 1  2  3	20世纪	1. 《马尼拉披肩》，亨利·马蒂斯，1911年 2. 《露台上的吉普赛舞蹈》，Ignacio Zuloaga，1922年 3. 拍摄于Santa Fe的照片，作者不详，1926年
c	 1 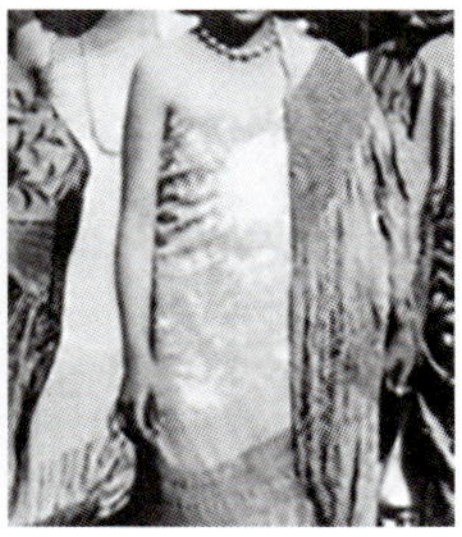 2	20世纪	1. 《西班牙区域服饰》，1926年 2. 拍摄于Santa Fe的照片，作者不详，1926年
d		20世纪	塞维利亚烟草厂女工，拍摄于20世纪20年代

披肩从二维平面转换为三维造型，其自然形态被重新建构并衍生出多种全新形象，但无论采取哪一种穿戴方式，刺绣纹样都被展现得恰到好处。究其原因，设计者已经预先考虑到展示效果，例如有的披肩以对角线为界仅装饰半边，对折时有图案的一面示人，既省工又达到了装饰目的，通过刻意的图案设计和定位，使广绣披肩与装饰表征相得益彰。

195

银色塔夫绸地绣花缠足弓鞋　民国

鞋长15厘米　鞋高6.5厘米　鞋宽5.5厘米

整体造型前窄后宽，鞋身前低后高似梨形。鞋尖略长于鞋底，开合方式比较特别，是从鞋口沿脚背至鞋跟的全开样式，只在鞋尖前端有一小段交叠缝合。平底，鞋底采用纳针手法，针脚紧密错落，使鞋子在行走过程中增加摩擦达到稳定。鞋面以银白色为主，选用了当时较为少见的塔夫绸材质，内衬为红色印花和格纹粗布，鞋内底部为棕灰色布料，加强了穿着时的稳固性。鞋身色彩素雅，刺绣粉色寿字、花卉和绿色枝叶，配以方胜暗纹，左右对称，内敛雅致；鞋口有蓝色包边，帮底一圈黑色滚边，使连接处美观的同时在视觉上富有层次感。

弓鞋是中国传统妇女缠足后所蹬之鞋，因其鞋底弯如弓得名。汉族女性的缠足起源有众多说法，目前最为普遍的是缠足始于五代之说。相传南唐后主李煜的宫廷里有一位舞女，名叫窅娘。窅娘美丽多才，能歌善舞，时长以帛缠足，使脚纤小屈上作新月状，穿上素袜，装饰以珠宝绸带缨络，在高六尺的金莲花台上翩翩起舞，博得李后主的欢心。窅娘曼妙的舞姿及别致的缠足行为一时成为王公贵族女性争相模仿的对象，逐渐流行开来。

至宋代，“存天理、灭人欲”的理学思想占据着很高的地位，表现在服饰冠履上的保守与拘谨。发端于五代末期的汉族女性缠足习俗，通过缠裹女性双足能很好地约束和管理女性的行为，极大地契合了儒家礼教规范礼俗及当时的理学思想。因此，汉族女性缠足习俗至宋代开始迅速蔓延和发展，自宫廷贵族逐渐向民间富家女子中流行、普及。当时有一种叫“错到底”的缠足鞋，鞋头尖细，鞋底由两色粗布拼接而成。陆游《老学庵笔记》有相关记载：“宣和末，妇女鞋底尖以二色合成，名‘错到底’。”[①]这种鞋子多以锦缎制成，绣精美装饰纹样，喜用红色布料，又有红绣鞋之称。如宋代缠足罗鞋，鞋面为黄褐色四经绞素罗，里衬绢，纳缝而成，鞋为尖头翘首，从鞋形可看出这是用于缠足的小鞋。不过，虽然当时已经开始缠足，却没有像明清女性那样追求极致“细、小、尖”的审美形态，该鞋尺寸只是在缠裹后相对天然足而稍有变小。

宋代缠足罗鞋 中国丝绸博物馆藏

至元代，汉族妇女缠足风气更盛，富贵家女子无一不缠足。如元代伊世珍《琅嬛记》记载：“木寿问于母曰：‘富贵家女子必缠足，何也？’其母曰：‘吾闻之，圣人重女，而不使之轻举也，是以裹其足。故所居不过闺阈之中，欲出则有帷车之载，是无事于足者也。’”[②]足见礼教思想建构下民间妇女对于缠足的向往和践行程度。1975年在山东邹县考古发掘一座元至正十年（1350年）的墓葬——李裕庵墓。李氏墓出土了大量以丝、棉、麻织品制作的男女衣裳和鞋帽，共计55件，其中有一双花绸地绣花鞋，从尺寸上看，鞋底长20厘米、鞋帮高5厘米[③]。再看其造型，鞋头尖锐上翘，鞋底前尖后圆，宽度十分窄小。不管是尺寸还是造型，都是缠足鞋的典型特征。[④]因此这是一双缠足妇女穿的缠足鞋。此外，此鞋在鞋帮与鞋底均刺绣了精美的植物花卉装饰纹样，并且这种纹样装饰的位置与近代足服基本一致，即布满鞋底和集中在鞋帮前端。

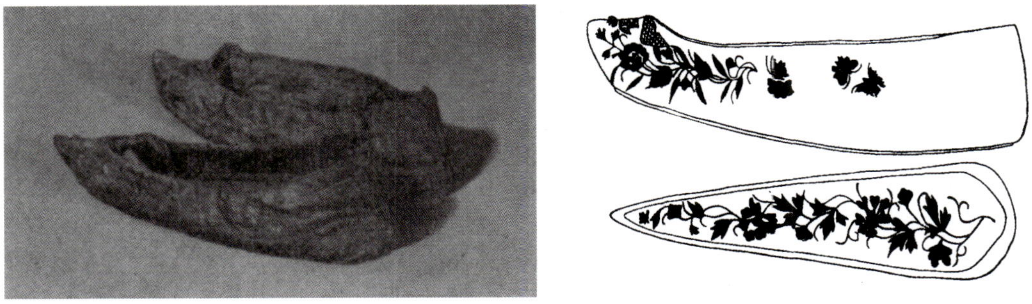

元代妇女缠足鞋 引自《文物》1978年第4期

① 雷海宗著，高山整理：《中国通史精读》下，新世界出版社，2017年，第591页。
② 陈东原：《中国妇女生活史》，商务印书馆，2017年，第186页。
③ 山东邹县文物保管所：《邹县元代李裕庵墓清理简报》，《文物》1978年第4期，第17—20页。
④ 王轩：《谈李裕庵墓中的几件刺绣衣物》，《文物》1978年第4期，第21—22页。

自五代以来，缠足与弓鞋一直流行于宫廷、贵族和民间富贵家庭之中，是效仿上层社会成为社会风尚发展的主要模式。因此在管理严格的时段，民间相对贫贱阶层的妇女还会被明令禁止缠足。明初就有禁令颁出，沈德符《万历野获编》记载：“浙东丐户，男不许读书，女不许裹足。”政府明令禁止下层女子缠足，使缠足与读书相提并论，成了有钱人家的专权。但这并没有打消民间缠足的热情，反而促使缠足成为财富、地位和荣耀等的象征，助长了民间缠足之风。“双足弓小，五尺童子都知艳羡”这种可望而不可即、求之而不得的状态，不断加剧人们对于缠足的崇尚心理。在四川新都县曾发掘出三双明代民间妇女穿的缠足鞋：“鞋帮前端向上翘，作鸡冠状，后跟有布搭。一件帮上绣花，其底较帮为短，其余两件帮上无花，底与帮的长度相同。底皆前端尖小而后端圆阔，用丝线扎制，底长16.5—20厘米，帮长22.5—20厘米。”[1]鞋底形态前尖后圆是缠足鞋最典型的形态之一，且鞋的尺寸明显小于不缠足成年妇女裸足的尺寸，由此可判断这三双鞋都是缠足习俗的产物，缠足与弓鞋在民间已逐渐普及。

至明末清初，缠足风俗已经蔓延至社会各阶层女子，不论贫富贵贱，都纷纷缠足，推崇以三寸为美的审美取向，民间称缠得小的裸足为“三寸金莲”，并且发明了“三寸金莲”所穿的高底弓鞋。李渔在《闲情偶寄》中曾详细论述这一现象：“鞋用高底，使小者愈小，瘦者愈瘦，可谓制之尽美又尽善者矣。然足之大者，往往以此藏拙，埋没作者一段初心，是止供丑妇效颦，非为佳人助力。近有矫其弊者，窄小金莲，皆用平底，使与伪者有别。殊不知此制一设，则人人向高底乞灵，高底之为物也，遂成百世不祧之祀。有之则大者亦小，无之则小者亦大。尝有三寸无底之足，与四五寸有底之鞋同立一处，反觉四五寸之小，而三寸之大者。”[2]而且“三寸金莲”弓鞋的纹饰也颇为讲究，年轻女子多绣牡丹等色彩鲜艳的图案，寓意富贵荣华；老年妇女则常绣蝙蝠等，寓意多福多寿。

缠足习俗虽然至明代中期已在民间普及，但民间制作的弓鞋形制仍以平底为主，17世纪前的木底高跟鞋实物还尚未被发掘出来，直至崇祯末年，高底弓鞋才开始出现。从造型上来看，高底弓鞋是清末妇女开始放足以前传统缠足习俗衍生出的最标准形制，木底弓鞋是缠足妇女缠足成功的标志之一。民国学者姚灵犀整编《采菲录》中《林燕梅女士自述缠足经过》记载：“双足缠毕，着木底花鞋。”[3]双琴女士《双钩泪史》记载：“母见吾脚已可观，遂赶制木底弓鞋令吾换易。”[4]根据这些缠足妇女的口述，缠足妇女一般在12岁之后15岁之前待双脚缠“弓”有成效后立即换蹬两头着地、中间上弓的木制高底弓鞋。

一双常规形制的高底弓鞋，其帮部件由最外层面料、内壁里料和衬料或絮填料三部分缝合而成。鞋底通常设有内底和外底两层，高底弓鞋还设有支撑定型的跟体。其中，内底位于跟体上方，与足底接触；外底位于跟体下方，与地面接触；跟体由内置跟体与外包面料组成。自我国汉族传统缠足习俗出现以来，作为传统缠足文化的物化载体和外在表现形式——弓鞋的设计制作开始进入传统女红领域，汉族妇女为了展现自己的手艺，制作出大量精美绝伦的缠足弓鞋，且品类繁多，诸如喜鞋、坤鞋、尖口鞋、网子鞋、合脸鞋、套鞋、睡鞋、莲靴等，经过上千年的发展演变，已成为汉民族服饰体系尤其是足服方面的重要组成部分。

缠足作为一种文化实践，在诠释传统审美取向、规训妇女社会角色、宣扬传统封建思想以及保持本民族文化认同与特性等诸多方面具有十分典型的符号价值和文化意义。随着民国以后封建帝制的废除，尤其是回归现代文明视野，缠足作为一项压迫、束缚、规训女性身心发展的文化陋习，及其衍生出以牺牲女性生理为代价的变态审美取向等，是封建性与落后性的集中体现，值得当下及今后的人们去反思与规避。

明代缠足小脚鞋 引自《考古通讯》1957年第2期

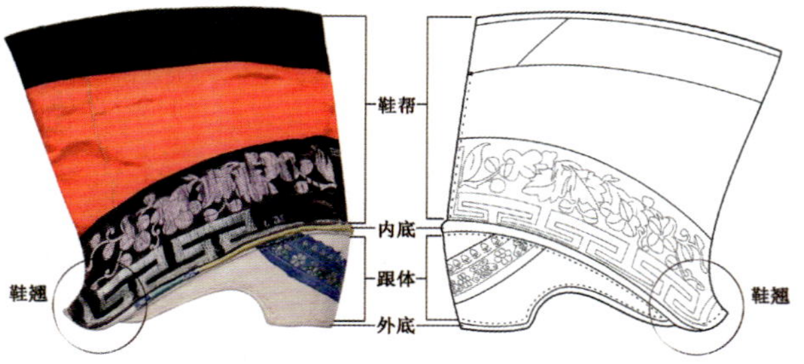

高底弓鞋构成元素示意

① 赖有德：《四川新都县发现明代软体尸墓》，《考古通讯》1957年第2期，第22页。布搭即鞋拔。
② （清）李渔著，郁娇校注：《闲情偶寄》，江苏凤凰文艺出版社，2019年，第122页。
③ 姚灵犀：《采菲录》，上海书店出版社，1998年，第92页。
④ 姚灵犀：《采菲录》，上海书店出版社，1998年，第99页。

196

红色棉布绣人物瑞兽花鸟纹挂帐　民国

长220厘米　宽140厘米

该挂帐色彩鲜艳，运用潮绣的多种技法，视觉贵重华丽。挂帐以大红色棉布为地，正中刺绣人物纹，外有由各类纹饰组成的椭圆形边框，造型犹如镜面，凸显中心图案。正中人物是手持如意的禄星，身旁为数位童男侍女，或骑麒麟、仙鹤、神鹿等瑞兽，或侍立在旁。人物面部是用布料包裹纸皮，再绘画五官的方式贴在棉布上，服饰则采用潮绣多种独特技法，如金银线绣、过桥针、龙鳞针等，显得精美传神。边框分为内外两层，内层金线绣蝙蝠纹，外层由仙鹤、孔雀、花卉组成；顶端盘金绣地球造型，球上雄鹰展翅欲飞，两侧对称绣制五色旗。五色旗是民国政府初期使用的国旗，这样的纹饰组合在当时粤绣中较为常见。

潮绣与广绣合称为粤绣，发源并流行于今广东省潮汕地区，讲究构图均称，分绒绣、纱绣、金银线绣、珠绣四大类，针法达六十多种。此挂帐运用了大量金银线绣填充图案，从视觉中心的人物到画面边缘的装饰纹样皆以此制作。金银线绣，又称为钉金绣，根据金线走向的不同，具体分为直平绣、玲珑绣、圆平绣、扣圈绣、迭鳞绣、翎毛夹金绣等。在金银线绣中，翎毛夹金绣所占比例最高，翎毛夹金绣不代表某一种针法，而是指材质混合的工艺手法，其中涵盖的针法工艺多元，可以说是融合不同线材、不同针法的一种综合呈现方式。如图中左侧手持莲花的男子，花瓣使用绒绣，轮廓以金银线绣勾勒；人物服饰大面积填充金线，而轮廓、褶皱则以丝线绣表现。这些人物服饰的肌理、光感、材质的处理方式，几乎都呈现出翎毛夹金绣的特色。

该作品还运用了两种特殊工艺技巧，其一是织锦绣，在绣好的平面上增添方形、圆点等形状的织花，如图中右下角的骑鹿童子，鹿的躯干以盘金绣打底，用平针刻画花纹；其二是凸高绣，属于立体绣。凸高绣工艺的精髓体现于“凸高”二字，必须以其他材料改变相对平面的二维空间，达到立体效果。如瑞狮嘴部，先按照造型用一块弹性布料作底，再用针线固定周边并留一小口，塞入棉絮后缝合，最后以金线覆盖，使原本扁平的绣面呈现一定的立体感。

文稿

ESSAYS

从一件外销床罩管窥19世纪广州的外销工艺品

◎ 广东民间工艺博物馆　黄海妍

2021年9月，在南越王博物院举办的“四海通达——海上丝绸之路（中国段）文物联展”上，展出了一件由广东民间工艺博物馆提供的“广绣玫红缎庭园人物纹床罩”，获得了观众的注意和喜爱。这件床罩做工精致，包装考究，是外销广绣中的精品。本文从这件外销床罩出发，管窥19世纪广州外销工艺品的制作和销售情况。

一、外销床罩及其包装

广绣玫红缎庭园人物纹床罩（见图1）是广东民间工艺博物馆近年征集的一件广绣精品。床罩尺幅颇大，长277厘米，宽295厘米；床罩包装考究，配有内外相套的两个包装盒，外包装盒为黑漆描金漆盒，长60厘米，宽52厘米；盒内再套一个正方形纸盒，边长48.3厘米，

图1 广绣玫红缎庭园人物纹床罩及包装盒

盒厚4.5厘米，床罩应该是折叠好放置在纸盒内。纸盒旁边放置着四个颜色鲜艳的流苏吊坠，应该是挂在床罩的四角起固定和装饰作用的。

床罩为丝绸质地，玫红色，鲜艳夺目。丝绸上绣庭园人物图，色彩丰富、针步均匀。床罩中心的主题图案是一幅珠江三角洲“满大人休闲娱乐图”（见图2），只见花园里栽有松树、桑树和芭蕉树，繁花盛放、彩蝶飞舞；芭蕉树下一名清朝官装人物闲适地坐在“美人靠”上与夫人闲聊，夫人端坐在鼓几上，手执团扇；男女仆从手捧茗茶点心侍立在两旁。在他们前方是一片荷塘，莲花朵朵，节节莲藕挺出水面。荷塘边仙鹤闲庭信步，两只小花狗欢快追逐，一名农夫打扮、头戴草笠的壮汉正坐在湖石上钓鱼。在远方，可见到亭台和文塔等建筑。围绕中心主题图案还有三层题材不同、色彩各异的图案和纹饰（见图3），每层之间以蓝色直线相隔。最外层为一圈莲花、石榴花与彩蝶相间的花鸟纹。第二层密布多组满大人休闲娱乐图，内容大同小异，色彩各不相同。满大人或官装打扮坐在庭院中休憩，与孩子闲聊；或身穿休闲服、手执长烟管与夫人下棋。最里一层在四角各绣了一组图案，每组的内容和色彩基本一致，都是身穿补服的满大人面带笑容携家眷坐在船上，船头和船尾各有一男一女在划船、撑船，似乎是满大人外出去赴任。床罩的各款图案细致地反映了19世纪满大人的家居日常生活，也描绘了珠江三角洲的乡村风貌和富饶物产。

图2 床罩中心的主题图案

图3 床罩的一角

放置床罩的包装盒有两个，较大的是一个方形漆盒，黑漆描金，是外销漆器中常见的工艺，盒盖上的中心图案描绘的是清代珠江三角洲常见的景象：依河涌而建的村子，代步的两艘小船湾泊在岸边，还有村口的文塔，男子坐在石头上聊天休息，妇女摇着扇子在桥上走过……中心图案外环绕三圈葡萄藤纹等花纹。盒盖里面刷黑漆，居中处贴有一张椭圆形小纸片，白底上印有“VOLONG Canton”红色字样。漆盒两侧各有一个铁的提环。Canton是广州的英译，VOLONG应该是店名，表明这个漆盒（见图4）出自广州的VOLONG店。

图4 黑漆描金漆盒以及盒盖内的店号

床罩应该是折叠好放在一个方形纸盒内，纸盒再放在漆盒内。纸盒盒面（见图5）在中间对开，上面的主图案是彩绘满大人家居图，与当时流行的外销高品质官扇上满大人图的工艺一样，人物的衣服以丝绸剪裁粘贴而成，面部为贴象牙片再绘画五官。

图5 中间对开的方形纸盒

这件制作精致、包装考究的外销床罩，让我们看到在一件外销商品上所集中的多种工艺和材质：丝绸、刺绣、黑漆描金、彩绘和象牙贴片。它们是一家店铺制作的，还是多家店铺分头做好后再由VOLONG分别采购并集中销售？VOLONG是只制作各式包装盒，还是在店内有各类工匠可生产各种受欢迎的外销工艺品？这件床罩及其包装的背后，是否蕴含着18—19世纪广州外销工艺品产销的模式或形态？

二、广州的外销丝绸和刺绣

从明代中期开始，随着欧洲资本主义扩张引起的国际贸易格局的变化，以广州为中心的海外贸易发生了根本性的转变，即由传统的以进口为基调的贸易转变为以出口为基调的贸易，由过去以周边国家的朝贡贸易为主要内容的广州对外贸易，转变为以西方资本主义商人为主要对象的贸易，出口贸易迅速增长。[①]以广州为中心的对外贸易空前繁荣，生丝和丝织品成为当时中国与欧洲之间贸易的最大宗商品之一。据当时的外国资料所记载：

> 葡人在澳门、广州之贸易输出品以绢为大宗，每年由葡人输出之绢约计五千三百箱。每箱装繻缎百卷，薄织物一百五十卷。[②]

清乾隆二十二年（1757），清政府宣布封闭闽、浙、江三海关，做出“嗣后口岸定于广东”，夷船“止许在广东收泊贸易”的决定，仅保留粤海关对外通商。[③]从这一年起一直延续到道光二十二年（1842），广州的对外贸易处于始终开放的得天独厚的地位。这一时期是广州在近代世界贸易体系中地位最为重要的时期，也是广州在世界上声誉最为显赫的时期，商业、手工业和农业的发展都已经走在了全国的前列。

在这个时期，广州丝织业的生产得到了长足的发展，丝织品行销海外，呈现出“洋船争出是官商，十字门开向二洋。五丝八丝广缎好，银钱堆满十三行”[④]的繁荣景象，刺激了广州地区人民养蚕种

① 参见刘志伟：《在国家与社会之间：明清广东里甲赋役制度研究》，中山大学出版社，1997年，第23—24页。

② Andrew Ljungestedt，*A Historical Sketch of Portuguese Settlement in China*，转引自陈柏坚、黄启臣编著：《广州外贸史》，广州出版社，1995年，第300页。

③《清高宗实录》，卷五五〇，乾隆二十二年十一月戊戌，中华书局，2012年。

④ 屈大均：《广州竹枝词》，见屈大均：《广东新语》卷15《货语》。

桑，导致了桑基鱼塘的经营方式大规模地取代了果基鱼塘的经营方式，使得以广州为中心的珠江三角洲地区也逐渐发展成为中国重要的生丝产区，从而促进了广州丝织业的发展。乾隆、嘉庆年间广东顺德地区流行的一首《竹枝词》："呼郎早趁大冈墟，妾理蚕缫已满车。记问洋船曾到几，近来丝价竟何如？"[①]说明在珠江三角洲的乡村，养蚕缫丝再拿到墟集的农家，以及墟集里收购生丝准备运到广州卖给洋船的丝商，都与国际市场发生着密切的联系。据统计，到道光十年（1830），经广州口岸出口的生丝达到7200多万担，其中广东出产的生丝占52%[②]，逐渐改变了出口的丝织品以湖丝为主的局面。

随着广州口岸生丝和丝织品贸易的发展，广州本地的丝织业在清代也成为广州地区一个重要的手工行业，广州锦纶会馆的建立及其发展，就是清代广州对外贸易全盛时期，广州丝织业繁荣发展的重要的历史物证。雍正九年（1731）《锦纶祖师碑记》[③]中提到："远国商帆亟困载贸迁之盛"，说的就是当时外国商船前来广州进行丝绸贸易的盛况。《碑记》中还提到："郡城之西隅业蚕织者，宁仅数百家。"说明当时在广州从事丝织业生产的商铺号已经有了相当大的数量和规模。又据20世纪50年代广州的丝织业工人回忆，广州的丝织业在"全盛时期有工人三四万人，丝织厂分布于上下西关、下九甫、十三行一带"[④]，所产的纱缎"甲于天下"，其精美程度为"金陵、苏、杭皆不及"[⑤]。

尽管广州的丝织业生产和出口在1840年以后有所削弱，但并没有停顿下来，在粤海关的报告中，1864—1888年的《广州口岸贸易报告》、1889—1924年的《广州口华洋贸易情形论略》、1925—1949年的《海关中外贸易统计年刊》，每年都有广州地区丝绸贸易情况的记载。[⑥]

作为广州出口货物的大宗商品，清代广州丝织品的生产不仅具有相当大的规模，品种也非常丰富，并且在生产的组织上也按照品类的不同，划分为多个不同的"行"，道光六年（1826）《重建锦纶行会馆碑》提到的线纱行、洋货敦仁行、洋货接织行、朝蟒行、宫宁线平行、金彩接织行、本地牛郎放接行、素线绉羽绉接织行、元青接织行、接织牛郎行、花八丝行、接织洋货行的捐资情况，就反映了当时

① 转引自广东省博物馆编：《三城记——明清时期的粤港澳湾区与丝绸外销》，岭南美术出版社，2020年，第167页。

② H. B. Morse, *The Chronicles of the East India Company Trading to China, 1635-1834*, Vol . Ⅰ,Chap. 3.

③ 本文引用的锦纶会馆碑记详见黄海妍：《锦纶会馆保存碑刻的初步研究》，载广州市文化局编：《广州锦纶会馆整体移位保护工程记》，中国建筑工业出版社，2007年。

④ 广东省文史研究馆编：《三元里人民抗英斗争史料》，中华书局，1978年，第184页。

⑤ 张嗣衍、沈廷芳：（乾隆）《广州府志》卷48，广东省地方史志办公室编：《广东历代方志集成》影印版，岭南美术出版社，2007年。

⑥ 参见广州市地方志编纂委员会办公室等编译：《近代广州口岸经济社会概况——粤海关报告汇集》，暨南大学出版社，1995年。

广州丝织产品种类的多样化。20世纪50年代广州丝织业工人回忆起丝织行的组织和活动情况，很具体地谈到了丝织品种的区分，据其回忆：

> 锦纶行是丝织业的总机构，下分五行，五行是按照织品的品种来区分，即：
>
> 1．朝蟒行：是丝织业最老的行业，不再分小行。
>
> 2．十八行：洋货三行，金彩三行，干纱三行，杂色三行，洋八丝三行，绫绸三行。
>
> 3．十一行：宫、宁、线、平（均是贡品），牛郎四纱（洋庄干纱），天青、元青、品蓝（即杂色三行，均是寿袍料），洋八五六丝、洋货、洋巾。
>
> 4．金彩行：原属十八行，后以业务发达，遂分拆成行。有花八丝（越南货）、洋货（孟买货，有单彩、三彩、四彩、五彩），锦（贡锦）、直口、斜口。
>
> 5．通纱行：又名线纱行，有广纱、肇纱、旧广纱、新广纱、三纱。①

从这一记载看，清代广州的丝织业生产不仅品种齐全，而且有专门的出口地如越南、印度孟买等。本文讨论的床罩，其材料应该属于洋货、绫绸类，由十八行生产。

既然制作床罩的绫绸是专营，床罩上的刺绣又是如何生产呢？广绣有着悠久的历史，最早可追溯到唐代。②明正德九年（1514），葡萄牙人航抵广州外港屯门，购买广绣艺人绣制的龙袍绣片回国献给国王，受到国王的赏赐。广绣品从此经葡萄牙商人之手出口渐多。朱启钤《存素堂丝绣录》也记载广绣绣品“铺针细于毫芒，下针不忘规矩……以马尾缠作勒线，从而勾勒之，轮廓花纹自然工整，针眼掩茬，天衣无缝”③。

到了清代，广州旺盛的外销内贡需求，成就了广绣盛世。此时的广绣，“飘洋过埠”外销欧美各地，是主要的流向，且产量不低。清末在广州民间就流传着这样的顺口溜：

① 广东省文史研究馆编：《三元里人民抗英斗争史料》，中华书局，1978年，第186—187页。

② 《太平广记》卷66，中华书局，1961年，第413页。

③ 转引自《中国织绣服饰全集》第二卷《刺绣卷》，天津人民美术出版社，2004年，第34页。

广绣广绣，广府名流。神功会景，官袍锦袖，荷包绣片，飘洋过埠。赊佬绣工，养家活口，工精艺好，仲靠揽头。若无阔佬，衣食难求。

这里唱的“赊佬”，应写作“花佬”，“花”字读“些”音，指的是男性绣工。“仲靠”是粤语，意为“还得靠”。“揽头”指接揽绣品生意发给绣花工制作的牙人。“工精艺好，仲靠揽头”，指的是绣工的技艺再好，还是要靠揽头招揽绣活才能开工赚钱。

清代乾隆年间，广州刺绣业成立了行会组织锦绣行绮兰堂，其行规中有一条重要的规定，认男不认女，女子绣花绣得再好也只能是“从属”，不得到行会里抛头露面；只有俗称“花佬”的男绣工才能加入行会，所以在传统广绣行业中，是“花佬”一统天下。在19世纪至20世纪初“花佬”的兴盛时期，一般的刺绣分上下两道工序，来自珠江三角洲南海、番禺、顺德农村妇女组成的女绣工只能做第一道工序，按图稿以平针针法绣简单的部位；之后的第二道工序交“花佬”完成，由他们专绣人物脸部五官的喜怒哀乐，衣服上的纹饰褶皱，以及飞禽走兽的嘴爪、神态和羽毛花翎等细部。由于“花佬”进行的是精加工，工钱要比女工高许多，在广绣行内称为上手工。在清中期，广绣的外贸出口畅旺，供不应求。最繁盛之时，广州刺绣有绣坊、绣庄50多家，主要集中在状元坊一带；行会内的“花佬”有3000余人，同时从事辅助性刺绣工作的女工，粗略估计有上万人之多。

当时承接各类绣品的绣庄不少，业务范围基本涵盖了传统广绣的几大品种。广东民间工艺博物馆收藏有清代广东彩元绣庄告示一份，其中提到：

本号承办进呈入贡各等绣货，专办各省文武蟒袍、珍珠补褂、朝衣朝裙、女蟒霞帔、各式挽袖、花边、裙花、花宫装、云肩、旗装绣货、珍珠翎毛、洋金古龙、纬丝、嫲纱、拉锁、顾绣、大小满汉荷包，朝带上绣翎毛、花卉、鸟兽、亭台楼阁、山水人物，围屏、寿幛、桌上插屏、斗方、挂屏、炕上围屏、大小座屏、中堂对联、条幅挂屏、簷彩铺垫、被褥帐簷、灯襚帐襚、洋金银线、时款裤带、翎毛团扇、栏杆衣边、胭脂宫粉、绒线杂货一应俱全。本号不惜工本，拣选精工巧手名绣，俱仿名家书画，永无乡里工绣。……

从彩元绣庄的这则告示，可以知道当时广州的绣庄经营品类极其多样且已经专门化，既有贡品，也有官袍朝服，还有各种衣饰品、神功用品、寿帐、日常用品和外销产品等，与上文顺口溜中概括的传统广绣的几个品种基本相同，应不同群体和用途的需要，形成了丰富的品类和风格。告示末尾处还强调绣庄经营的绣品都是由“花佬”等精工名手所绣，不惜工本，并非“乡里工绣”可比。可见当时广州城中高档绣庄已经有专门化的生产和经营。由此可以推断，本文讨论的外销床罩应该是在专门的绣庄中绣制的。

三、VOLONG：高级百货商店？

从上文可以作出这样的推断，用于制作床罩的丝绸应该由专门的洋货绫绸行生产，然后，本地绣庄买下了这匹丝绸用于制作尺幅巨大的床罩，他们安排绣工绣制了精美的图案，完工后被专营外销品的VOLONG商号采购，他们配上了考究的包装，贴上自己的商标，然后卖给外国的客人。那么，VOLONG究竟是一家怎样的商号？

广东省博物馆曾于2018年12月至2019年5月举办原创大展“风·尚——18至20世纪中国外销扇”，其中展出了一把由VOLONG店制作的清代杂骨牙片贴面人物花卉扇。据策展人白芳撰文介绍：

这件清杂骨牙片贴面人物花卉扇长40.5厘米、展幅22厘米，16档扇骨由银鎏金累丝烧蓝、螺钿、玳瑁、檀香木、象牙、茜红象牙等多种材质组合而成。纸本扇面，一面饰官邸庭园人物，60余位人物形象神态各异，疏密有序，繁而不乱；另一面以水粉彩绘花鸟图案装饰。配黑漆描金扇盒，内饰红色丝绸衬底，盒盖内彩绘蝠、磬、宝瓶、葫芦等中国传统吉祥纹饰，盒身内居中处附有纸本椭圆型店铺商标，印有“VOLONG CANTON”红色英文字样。①

① 白芳：《风·尚——18至20世纪中国外销扇》，《收藏家》2019年第5期，第58页。

从上段引文可知，印有“VOLONG CANTON”红色英文字样的店铺商标也是贴在黑漆描金扇盒内的。广东省博物馆收藏VOLONG制的扇子还包括象牙骨牙片贴面人物花卉扇（配盒）、象牙雕花卉人物扇（配盒）。[①]白芳指出：“VOLONG以经营高品质的官扇闻名。官扇（Mandarin Fan）是一款以彩绘官邸庭园人物为主题，人物面部多用象牙贴绘，人物服饰用织锦剪裁装饰而成的扇子。”[②]

笔者的朋友林世杰也收藏有多件VOLONG的出品，包括一件象牙扇，扇盒内贴有“VOLONG CANTON”红色英文字样的标签（见图6）；还有一件是银累丝烧蓝官船，配的也是黑漆描金包装盒，跟上文床罩的包装盒极为相似（见图7），亦是VOLONG的出品。林世杰跟笔者说：“这家店感觉有点像高级百货公司。”也就是说，VOLONG店号商标不仅出现在外销工艺扇的包装盒内，也出现在床罩和累丝银船的黑漆描金包装盒内。

图6 贴有标签的象牙扇盒

图7 黑漆描金包装盒及盒内的店号标签

① 广东省博物馆编：《风·尚——18至20世纪中国外销扇》，岭南美术出版社，2018年，第38—42页。

② 白芳：《风·尚——18至20世纪中国外销扇》，《收藏家》2019年第5期，第58页。

广东省博物馆收藏的外销扇子中，除了VOLONG，还有HOACHING、CHONGSHING、WOSHING、LINCHUN等一批知名外销扇品牌。据白芳介绍：

> HOACHING，19世纪中叶一位多产的制扇名家，店铺位于十三行商馆区的靖远街10号。他是一位优秀的象牙、檀香木的雕刻家，又是一位知名的金银珠宝经销商，还是一位髹漆名家，“经营着全广州最好的工艺品店铺”。……CHONGSHING是一位雕刻名家，擅长贝雕、象牙雕、玳瑁雕，同时还是丝绸经销商，店铺位于十三行商馆区的同文街5号。①

也就是说，经营外销扇子的HOACHING、CHONGSHING店号除了做扇子之外，也做象牙雕刻、贝雕、玳瑁雕、漆器、金银器等，它们应该同时配备了能做这些工艺的工匠，这些工匠或者各有所长，或者一专多能，满足着外销市场的需要。我们有理由相信，VOLONG店也是如此。白芳还提到，CHONGSHING店还经销丝绸。因此，买家能够在VOLONG店买到绣有精致图案的丝绸床罩，并且这床罩还配了高级的大小两层黑漆描金盒子和贴象牙人面纸盒包装，就毫不奇怪了。可见，VOLONG店不仅是“高级百货商店”，而且，除了专工制作的丝绸刺绣制品外，其他广受外销市场欢迎的多种精致工艺品可以做到自产自销了。

综上所述，从一件外销床罩，可以看到了19世纪广州外销工艺品的产销状况。属于大宗外销商品的丝绸和织绣品，已经有专门化的生产分工，有行会组织进行管理，有严密的师承关系。而对于一些受到外销市场欢迎的工艺品，如扇子、象牙等各种材质的雕刻、漆器、银器、珐琅器等，则会由一些专营外销品的店号承接，产销一体化，出现了集约化经营的模式，反映了19世纪的外销品市场已经随着市场需求的增长而越来越专门化和专业化了。

① 白芳：《风·尚——18至20世纪中国外销扇》，《收藏家》2019年第5期，第57—58页。

清代服装缘饰与花绦的应用探析

◎ 孙中山大元帅府纪念馆　罗兴连

花绦又称花边、阑干（或栏杆），多为丝线织造成的窄幅带状织物，由纺织或刺绣而成花纹图案的称为花绦，是中国传统服饰中最引人注目的部分。早在数千年前中国传统服饰中就有用绦带做缘饰的历史，《礼记·内则》中有“执麻枲，治丝茧，织纴组紃，学女事，以共衣服”的记载，郑玄注：“紃，绦也。”孔颖达疏：“组、紃俱为绦，薄阔为组，似绳者为紃。”①随着绦带织造和中国传统服装缘饰工艺的发展，清代花绦种类丰富、图案更加繁复多样，服饰装饰技艺也出现“十八镶”的特色，成为清代丝织业与服饰装饰艺术发展的重要见证。

一、中国传统服饰缘饰的沿革

中国服饰文化历史悠久，古人历来重视服饰的修饰和礼仪，由孔子《大戴礼·劝学》中 “人不可以不饰，不饰无貌，无貌不敬，不敬无礼，无礼不立”②可见其重要性。缘饰是传统服饰的重要组成部分，早在先秦时期就开始出现了缘饰的应用。③《礼记·玉藻》中有“袷二寸，袪尺二寸，缘广寸半”④的记载，对诸侯士大夫的服装领、袖口和缘边尺寸有详细的描述。“缘”即衣服的边饰 “缘广寸半”指衣服的边饰宽一寸半。中国传统服饰的缘饰最初多为简单的素色织物，镶嵌在衣服的领口、衣襟、下摆、袖口等位置，用以加固衣物，防止衣服边缘脱丝或磨损，对衣服起保护作用。随着对服饰审美需求的发展，出现了“衣作绣，锦为缘”⑤的审美观念，古人对

① 《礼记》，南京大学出版社，2014年。
② 《大戴礼·劝学》，（清）陈梦雷、蒋廷锡：《钦定古今图书集成·方舆汇编·坤舆典》卷26，齐鲁书社，2006年。
③ 孙云：《清代女装缘饰装饰艺术》，太原理工大学2015年硕士学位论文，第5页。
④ （西汉）戴圣：《礼记·玉藻》，胡平生、张萌译注，中华书局，2017年。
⑤ 缪良云：《中国衣经》，上海文化出版社，2000年，第381页。

面料、图案和装饰工艺的要求也越来越重视，从而也促进了服装缘饰的发展，越来越多做工精美、图案丰富的花绦也广泛应用到服饰缘饰中，成为长期以来以平面结构为主的中国传统服饰的点睛之处，增强了服饰的装饰效果。

根据缘饰镶嵌在服装的位置可分为领缘、襟缘、袖缘、摆缘等，不同部位的缘饰造型也各不相同。领缘造型相对固定，主要有交领式领缘、圆领式领缘和“厂”大襟式领缘。[①]袖缘造型则随着各朝代袖型的变化而各有不同，宽窄、厚薄不一。襟缘、摆缘造型随着古代服饰门襟造型变化而呈现装饰工艺复杂多样、纹饰繁缛的特点。

中国传统服饰采用“上衣下裳”制，从大量有关传统服饰的考古实物和文献可知，早在商周时期曲裾深衣的衣领和裾的缘饰就有色彩或图案加以装饰。河南安阳殷墟出土的商代贵族玉人服饰（见图1）为交领右衽，其衣领、下摆可见没有纹饰的宽缘；1977年河北平山县中山国王墓出土的“战国银首铜身填漆俑油灯”（见图2）中持灯人俑的衣领和裾的缘饰上可见有纹样痕迹。[②]两汉时期的深衣则有较宽的缘饰围绕，“直裾袍中下摆的缘边最宽，领襟缘边的宽度大约为下摆的一半；曲裾袍中的领襟缘边与下摆缘边大约相差10cm”[③]。1973年湖南长沙马王堆一号墓出土的“汉代彩绘随葬木俑”（见图3），其衣领、裾、袖口、下摆均饰有黑地几何点状宽饰边，层层环绕，十分美丽。[④]唐代领缘连同衣襟直通下摆与锦边大袖，尽显华丽与洒脱。宋代服装缘饰则与素净雅致的服饰风格相得益彰，多简洁素雅。随着社会生产、制造技术和审美意识的发展变化，明清时期的缘饰逐渐趋向华丽。清代，无论满汉服饰都崇尚以各色缘饰作为装饰，原本较为平面的服装，通过拼接或镶嵌各色布条或花绦，再配上各种织绣图案，显得更加清雅秀丽。作为缘饰的绦带从面料到图案再到装饰工艺都发生了诸多变化，面料由素色布料发展成精心织造的锦缎，嘉庆道光年间京城女子更是流行用青色的倭缎或漳绒作为衣服的镶边。[⑤]花绦图案也由简单到各种承载美好祝福和寓意的复杂纹饰，其装饰工艺更是由单边镶嵌到多道镶边，到了清代后期更是出现了“十八镶”的装饰工艺，“七分绦三分地”，花绦压满了地色，甚至连衣服原色都无法分辨，形成了繁缛奢华的风尚。

① 李施熠：《传统服饰中的缘边造型与工艺研究》，北京服装学院2016年硕士学位论文，第4页。

② 高春明、袁杰英、刘正：《中国织绣服饰全集·历代服饰卷》（上），天津人民美术出版社，2004年，第46页。

③ 李施熠：《传统服饰中的缘边造型与工艺研究》，北京服装学院2016年硕士学位论文，第15页。

④ 邹毅：《晚清民初时期中国女装缘饰》，东华大学2005年硕士学位论文，第39—41页。

⑤ 《清代宫廷衣裙何以总有好看的花边》，微故宫，2018年4月13日。

图1 河南安阳殷墟出土的商代贵族玉人①

图2 战国银首铜身填漆佣油灯②

图3 汉代彩绘随葬木俑③

二、清代花绦的工艺与应用

清代花绦因材料、纹样等不同而种类繁多，根据各博物馆保存的花绦实物可知其制作工艺多为机织。传统的机织花绦通常由栏杆机织造而成，以丝线、棉线和金银线等为原料，由织机的提花机构控制经线与纬线相互垂直交织，通过提花浮线设计图案，使花绦的纹样具有刺绣的风格。④机织花绦质地紧密、色彩丰富，可根据服饰的需要进行搭配，清代宫廷服饰多用传统机织花绦，显得富贵华丽。清代晚期，随着民族工业的发展，机器生产的花绦因价格便宜、图案精美广泛应用在各种服饰中。

除机织花绦外，还有一类花绦是通过编织的方法制成条带状的。这种花绦有机械编织和手工编织两种，其中机械编织是由转矩花边机制成，手工编织则是采用花线棒槌相互交换、来回穿梭的方式编织而成⑤（见图4）。

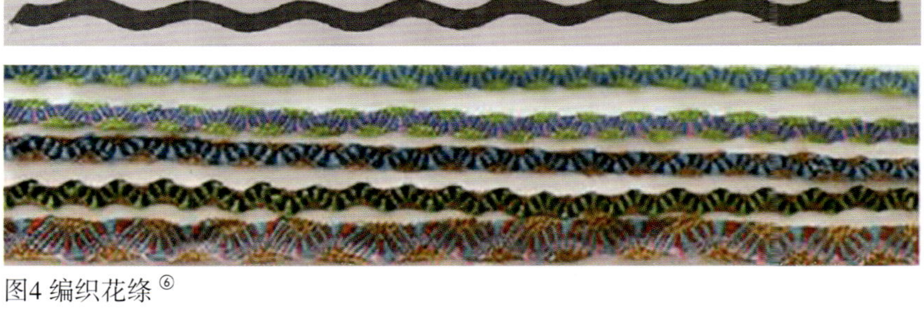

图4 编织花绦⑥

① 资料来源：沈从文：《中国古代服饰研究》，商务印书馆，2011年。

②③ 资料来源：高丹丹：《汉族传统服饰中的边饰艺术探析——以北京服装学院民族服饰博物馆晚清经典藏品为主要研究实例》，《艺术设计研究》2016年第2期。

④ 张正义：《清宫女装便服缘饰艺术探析》，《浙江纺织服装职业技术学院学报》2021年第2期。

⑤⑥ 王云云：《清代花绦中的蝶虫形象研究》，鲁迅美术学院2019年硕士学位论文，第5页。

清代花绦图案丰富，以花卉、瓜果等植物纹居多，这与清代满族崇尚自然有着密不可分的联系。这些植物图案常以主花搭配辅助小花形成二方连续纹样，常见的植物纹样有牡丹、梅花、兰花、菊花、莲花、寿桃、佛手、石榴、虞美人、水仙等。除植物纹样外，还有金龙、凤凰、蝴蝶、蝙蝠、孔雀、螳螂、蝈蝈等动物纹样以及暗八仙、琴棋书画、水浪、八卦、古钱、盘肠、万字、双喜、团寿、回纹等丰富的纹样。这些纹样搭配组合，蕴含着丰富的寓意和文化内涵。清代服饰纹样讲究“图必有意，意必吉祥”，每种图案都象征着不同的吉祥寓意，代表了古人对美好生活的向往和祝福。例如佛手、寿桃和石榴的组合象征着“福寿三多”（见图5）；牡丹与凤凰组成“凤穿牡丹”纹样（见图6），寓意富贵吉祥；团寿纹寓意福寿绵长，是古代人民追求的大福，也是清代常见的纹饰……

清代花绦的制作材料以丝绸为主，并在清晚期出现了以丝绸为地辅以亮片、珠子等进行装饰的综合材料（见图7）。中国丝绸生产历史悠久，形成了绫、罗、绸、缎、锦、纱等各种织物。这些织物质地光滑细密，其中以锦、缎为最常见的花绦材料，在目前所见的博物馆藏品中也有少量纱地花绦（见图8）。

图5 清代品月色缎地凤穿牡丹纹绦
故宫博物院藏①

图6 清代洋红色缎地竹菊桃石榴莲纹绦
故宫博物院藏②

图7 以亮片、珠子等点缀的综合材料花绦
广州博物馆藏

图8 清代雪灰色纱地牡丹纹绦
故宫博物院藏③

①②③资料来源：故宫博物院官网—探索—数字文物库—织绣，https://digicol.dpm.org.cn/?category=4。

图9 清代石青色缎盘绦必定如意纹皂鞋
故宫博物院藏[①]

清代花绦多镶在服装、桌围、椅披、床帘等处，从现今保存的实物还可见清代早期绦带也应用于皂鞋（见图9）之上，起到独特的装饰效果。花绦应用于清代女装作为缘饰主要有镶、嵌、滚等装饰工艺。镶是指将布条或花绦以暗针缝于衣身作装饰；嵌则是指将布条或花边夹于两布片间，如衣身与缘边的夹缝或两布片间的夹缝，作为装饰时也兼具加固的作用；滚又称为滚边或绲边，在加固衣裳边缘的同时还兼具装饰作用，可通过颜色的搭配和滚条上的织绣花纹起到装饰作用。[②]衣缘的花边组合有多种形式，明代以前多为单层镶边，到了清代，随着装饰工艺的发展，镶边的数量不断增加，开始出现双镶、三镶、五镶，甚至达十多道镶边的现象，也就是所谓的十八镶。镶常与嵌、滚等装饰工艺搭配应用，有“三镶三滚”“五镶五滚”等装饰手法，各种颜色、图案和宽窄不一的花绦与布条等组合，层层叠叠反复装饰，形成繁复华丽的装饰效果。

清代花绦作为女装缘饰的应用吸收了中国历代服饰缘饰发展的精髓，以独特的装饰技艺和丰富的文化内涵，成为中国传统服饰装饰艺术的奇葩。

三、清代花绦的产地辨析

根据留存的实物和历史文献可知清代花绦多产于广东、湖北、四川和江南地区等。花绦别称“阑干”“栏杆”等，清朝末年四川妇女上衣边缘所镶嵌的花边就叫“阑干”。四川作家李劼人在其代表作

①资料来源：故宫博物院官网—探索—数字文物库—织绣，https://digicol.dpm.org.cn/?category=4。

②李施熠：《传统服饰中的缘边造型与工艺研究》，北京服装学院2016年硕士研究生学位论文。

《死水微澜》第四部分曾这样写道："我前天才叫人买了一件衣料同周身的阑干回来，你拿去做棉袄穿，算是我送你的一点情谊。"自注："在光绪中叶，即是在一八九零年前后，四川女人服装是上衣下裙。上衣除青缎驼肩、绣花颜色缎挽袖外，还要通身缘一道缎锦辫子。这辫子，便叫阑干。"①从上述描述可知，"阑干"是清末四川地区常见的衣服装饰材料。

除四川外，文献中也有关于湖北汉口、江苏镇江、南京、扬州、苏州等地生产和使用"栏杆"的记载。1880年10月湖北汉口海关委员弗朗西斯·W. 怀特（Francis W. White）在给北京的海关总税务司赫德（Robert Hart）提供的关于汉口黄白生丝市场及蚕桑养殖、丝织品等情况的报告中搜集了10种汉口"栏杆"样品，价格从0.07至0.10海关两每尺。②在报告所列的样品清单中可以看到，弗朗西斯·W. 怀特总共提供了54种样品，包括茧壳、丝线和丝织品，而"栏杆"就占了10种，可见此类丝织品在汉口的丝织品生产中是比较常见的。

关于"栏杆"的重要产地，自然少不了丝绸生产中心江苏。1880年11月镇江海关委员F. Kleinwchter在给北京的海关总税务司赫德提供的一份丝绸报告中对江苏镇江的蚕桑养殖和丝绸生产情况进行了详细的介绍，并附上了镇江、丹阳、溧阳、无锡、南京等地的丝织品样品。"栏杆"就是这些样品中的一类，对应的英文名称为Silk Ribbon，当地的海关委员搜集了7种镇江的"栏杆"和12种南京的"栏杆"，这些"栏杆"多用于服装的装饰中③。关于"栏杆"在江苏的生产情况，报告中这样写道："镇江生产各种'栏杆'，且宽窄不一；宽的多，窄的较少。扬州、溧阳的'栏杆'使用本地丝绸织造，经线使用头道烫染的丝，而纬线则是用头道染色然后再打软的丝……江苏用于织造'栏杆'的织机有50或60台，一般一个人照料一台织机；只有在织造更宽的'栏杆'时才需要再多一个人以负责图案的织造。一个人平均每天可以织大约40尺。"④从中可以看出，"栏杆"是江苏比较常见的丝织品，其织造技艺较为成熟，且广泛地应用于江苏本地的服装装饰中。上海作为五口通商口岸的重要城市，就是重要的商贸港口也是重要的丝绸汇集之地，"栏杆"或花边也是流行于上海的纺织品，这些花边则多产自附近的苏州等地。1880年12月上

① 李劼人：《死水微澜》，华夏出版社，2009年。

② 吴松弟整理：《美国哈佛大学图书馆藏未刊中国旧海关史料（1860—1949）》，第207册，广西师范大学出版社，2016年，第46页。

③ 同上，第74—75页。

④ 同上，第68页。

海海关委员E．罗契（E.Rocher）提交了一份关于上海、苏州及其周边城镇的丝织生产情况报告和丝织品样品。报告中记载：除了丝织品制造外，苏州城内有2000台专门用来织造花边的织机。用来织花边的生丝四分之三来自湖州，四分之一来自苏州本地。由于从事花边织造的工人不规律，加上政府官员又没有对他们加以限制，因此花边织造的数量很难确定。一般这些织机的织造工作通常和上海有关。[①]而上海自身也有“栏杆”的生产，其织造锦缎和“栏杆”的丝来自湖州和海宁。[②]E．罗契在上海搜集了380多种丝织品，其中就包括了产自盛泽用于官服和女装镶边的“元缎真金锦边”“五彩织花边”“元青织素花边”以及130多种产自上海的栏杆，这些“栏杆”图案色彩各异，有“白杏燕栏杆”“紫色云鹤栏杆”“青莲杏燕栏杆”“白色牡丹栏杆”“品蓝云鹤栏杆”“五彩水浪栏杆”“织锦渔樵栏杆”“金红人字栏杆”等，主要用于中国女装、裤子和袖口等镶边，尺寸为1750厘米，每件的价格从0.27两至3.9两不等，价格最高的为“织锦渔樵栏杆”。[③]由此可见，清朝晚期，上海作为对外开放的港口城市和丝织品生产的重要城市，出现种类如此丰富的“栏杆”，与当地服饰镶滚装饰技术的发展和盛行有着密不可分的联系。光绪年间的一首《竹枝词》也印证了这一点：“女袄无分皮与棉，宝蓝洋绉色新鲜。磨盘镶领圆如月，鬼子阑干遍体沿。”[④]可见当地服装镶边装饰之繁复。

除以上地区外，广东是清代花绦的另一个重要产地，虽然广东关于花绦生产的文献资料不多，但在故宫博物院、沈阳故宫博物院、广州博物馆等机构保留有大量的实物物证，为我们了解广东地区的花绦织造提供了非常重要的资料。清代广东丝织业发达，生产的丝织品除了大量出口海外，还有很多成为贡品，由粤海关监督或本地官员进贡到宫廷，广东花绦也是贡品之一，因而有相当数量的广东花绦留存至今。笔者查看和搜集了故宫博物院和广州博物馆藏部分花绦资料，发现这些花绦绝大部分产自广东。这些宫廷使用的花绦都缠绕在纸板上，外加黄色包装，有的纸板上能很明显地看到这些花绦的产地。例如比较常见的有“粤东裕和造”“粤东祥孚号本机织造”“粤东泰生本机”“粤东昌盛永本机织造”“粤东祥顺号拣选”等字样。“粤东”，通常指广东，如林则徐在《严办续获烟犯以杜外人窥伺折》中有“伏

① 吴松弟整理：《美国哈佛大学图书馆藏未刊中国旧海关史料（1860—1949）》，第207册，广西师范大学出版社，2016年，第118页。

② 同上，第127页。

③ 同上，第142—148页。

④ 李家瑞：《北平风俗类征》（上册），商务印书馆，1937年，第240页。

查粤东地处海滨，番舶络绎”[①]一句，指的就是广东。笔者根据故宫博物院官网有关花绦的资料粗略整理了部分清代广东生产和经营花绦的商号，可为后续研究清代广东花绦生产和经营提供参考。

部分广东生产或经营花绦商号一览

序号	名称	时间
1	粤东裕和造	光绪
2	粤东祥孚号本机织造	光绪
3	粤东祥顺号拣选	光绪
4	粤东晋孚号拣选	光绪
5	粤东泰生本机	光绪
6	粤东忠诚（成？盛？）和足疋	光绪
7	粤东昌盛永本机织造	光绪
8	粤东裕安号本机织造	光绪
9	永利号（自织栏杆孚通街中约北向）	光绪
10	香港良济洋行本厂造	宣统
11	仁记洋行	宣统

在这些商号中，“粤东裕和造”的花绦比较多，遗憾的是笔者查阅广东地方文献和相关碑刻资料，都未找到该家商号的线索。在见证广州丝织业盛衰的丝织行业东家会馆——锦纶会馆的碑刻中见到重修会馆的捐资名单中有一名叫“王裕和”的人，此人在清光绪年间的碑刻中有出现[②]，与清代花绦商号“粤东裕和造”是否有关联还有待资料的进一步挖掘和考证。而“永利号”所在的地方“孚通街中约北向”位于今天广州解放中路附近，至今仍保留有“孚通街”这条街道的名字。这里原是明清时期广州内城城门归德门所在地，原来的牌楼和将军府也在附近。

清朝后期，随着机器纺织工业生产和西方洋行的涌入，花绦的生产也逐渐为机器生产所取代。清朝末年，洋行生产和经营的绦带也进入宫廷，最典型的就是香港良济洋行和仁记洋行的绦带也出现在故宫

① 《林则徐等奏广东续获烟犯严办以杜外人窥伺折》，《筹办夷务始末》卷7，道光十九年六月。

② 广州市文化局编：《广州锦纶会馆整体移位保护工程记》，中国建筑工业出版社，2007年，第175页。

博物院的藏品中。良济洋行和仁记洋行均为英国商人在中国开办的洋行。良济洋行在上海、香港、武汉、天津等地都有开设；仁记洋行则是鸦片战争前英国在上海成立的洋行，在北京、天津、汉口、宁夏等地设有分行，经营范围广泛，包括各类进出口商品、纺织品、古玩玉器、羊毛等，并代理各项保险、海路运输、招募华工等业务。故宫博物院藏该两家绦带，可见两家洋行都有经营绦带等纺织品业务。

四、小结

花绦作为中国传统服饰的重要组成部分，对服饰起到了极具特色的装饰效果。清代服装更是将花绦的应用发展到了极致，其装饰工艺也由最初的单层镶边发展到双镶、三镶、五镶，甚至十多道镶边的现象，出现了晚清服饰十八镶的繁复工艺。花绦的织造工艺随着清代后期西方机器工业生产的涌入也发了改变，花样丰富、价格低廉的机器花绦为民间服饰的广泛应用提供了条件，各种宽窄不同、图案和颜色各异、质地不一的花绦相互搭配，形成多种繁复的造型，使清代服装的装饰效果更加华丽。清朝后期，不但花绦的织造技术发生了改变，随着西方蕾丝花边的传入，传统服饰的缘饰材料和装饰风格也开始发生改变。蕾丝花边于清嘉庆年间传入中国，被称为“皂子栏杆”，“因其特别的装饰效果以及在当时社会追求洋货的风气推动下，受到国人追捧，甚至作为婚姻礼贴中的礼品使用”①。清代后期的服装缘饰出现了传统花绦与蕾丝花边搭配装饰的现象，这种装饰手法一直延续到了民国时期的旗袍缘饰装饰。此后，随着战争的爆发、经济的衰落以及西方服饰文化的影响，着装观念也发生着巨大的变化。中国服饰逐渐向简洁实用方向发展，服装的缘饰运用也越来越简单，并渐渐淡出了人们的视线。

① 苗荟萃：《清代宫廷服饰中蕾丝的使用》，《东华大学学报（社会科学版）》2021年第3期。

从释道华帔到民间衣裳：珠绣的历史演变

◎浙江理工大学服装学院　崔荣荣
浙江理工大学服装学院　王志成
江南大学设计学院　赵春柱

珠绣即用珠子或珠片等为原料，穿线后按照一定的顺序，排列组合成预想的造型图案再钉缝在织物上的刺绣装饰工艺，其特点是精致奢华，立体感强。珠绣有着丰富的造型和色彩变化，极具装饰性。在现代看来十分常见，但其发展演变过程却经历了漫长的时间。根据调查考证及史书记载：珠绣起源于汉晋，发展于唐代，成熟于宋明，鼎盛于清代，创新于近现代；其中最重要的分界点位于清代光绪年间，当时吕宋（今菲律宾）华侨带回了玻璃米珠，才使得珠绣得以在民间普及。

现有研究大多集中在现代珠绣，而对于传统珠绣的研究略有欠缺。如宗欣琪将视角落在珠绣于现代服装设计中的具体运用上①，潘彤探讨了在当代定制服饰中珠绣技艺的运用研究②，周游在珠绣和晚礼服的创新设计上提供了具体方法③；另有丰蔚以材料语境诠释了当代珠绣的表现形式及视觉效果的变化④；再有就是关于当下珠绣工艺方面的详解与产业技术发展的相关文献。虽在部分文章中也有提及到传统珠绣的历史发展，但未作详细阐述，同时还会与传统的串珠文化相混淆。本文立足传统珠绣到现代珠绣的历史发展与演变过程作具体探究。

一、从释道形象看珠绣的源起

珠绣很早就已在我国古代社会中得到了使用，与之相关的文献记载或出土文物最早可追溯汉末魏晋时期。自出现伊始便是一种代表

① 宗欣琪：《珠绣设计在服装设计中的应用研究》，东北师范大学2015年硕士学位论文。

② 潘彤：《我国当代定制服饰中珠绣技艺的运用研究》，江南大学2019年硕士学位论文。

③ 周游：《珠绣在中国风格晚礼服设计中的创新应用研究》，北京服装学院2017年硕士学位论文。

④ 丰蔚：《材料语境下的珠绣装饰工艺探究》，《丝绸》2019年第1期，第73—79页。

华贵奢侈的装饰符号，且多运用在佛家、道家人物绣像或是服用披帛上，以示崇敬。

（一）汉末魏晋时期珠绣肇始

当下学界及社会大多认为“珠绣起源于唐朝”，然而笔者考据发现，珠绣实际上早在魏晋时期便已出现，既有明确文献记载，亦有出土文物佐证。唐代政治家、史学家魏徵在《群书治要》中记载汉末时期：“一笔之柙，雕以黄金，饰以和璧，缀以随珠，发以翠羽。此笔非文犀之植，必象齿之管，丰狐之柱，秋兔之翰。用之者，必被珠绣之衣，践雕玉之履。由是推之，其极靡不至矣。”[①]指出当时官僚贵族在生活上的奢侈无度，表现为器具用度上的讲求名贵。一支笔被装饰得价值连城，用笔这人必须身穿珠绣的装饰衣裳，脚踩用玉雕琢的鞋，极为奢靡。这是最早（可断代）的关于珠绣的文献记载，且颇有批评之意，认为珠绣是一种极为奢侈的衣饰技法，且服务于贵胄，但并未指明珠绣装饰的具体服饰品类，只以“珠绣之衣”概而述之。此外，虽然该文献记载者为唐人魏徵，所载内容是否存在为其依据唐人衣裳臆想姑且存疑。然而无独有偶，魏晋时期名臣、文学家、思想家傅玄在其名著《傅子》中，出现同样的一段记载：“此笔非文犀之桢，必象齿之管，丰狐之柱，秋兔之翰。用之者必被珠绣之衣，践雕玉之履。由是推之，其极靡不至矣。”[②]可见魏徵关于汉末“必被珠绣之衣”的记载并非凭空臆想。

1997年，新疆伊犁昭苏县境内农四师74团场的波马古城遗址出土了一批罕见的金银器以及丝织物，其中有一件缀金织物残片，长25厘米，宽23厘米，上面穿线缀缝的金泡饰，其图案与配色显然又深受西方文化的影响，应是上层贵族制作衣服的高级豪华面料（见图1）。波马古城又称蒙古城，是特克斯河流域规模最大、保存较完整的一处古城遗址，城周围分布着一些战国到西汉时期的古墓群。考古者认为这批文物的时代下限为6—7世纪，推测是北方游牧民族墓葬。因此，此件珠绣实物的年代为战国至隋唐时期，虽不可精确断代，但也可与上述文献记载形成佐证，可以得出汉末魏晋时期珠绣已然存在的结论。

① （唐）魏徵等编撰：《群书治要》，天津人民出版社，2015年，第467页。

② 赵光勇、王建域：《〈傅子〉〈傅玄集〉辑注》，陕西师范大学出版总社，2014年，第15页。

图1 波马古城出土珠绣残片

（二）南北朝释道服用中的装饰珠绣

南北朝时期，珠绣多出现在道家圣人官服之中，并常用来装饰披帛。南北朝周武帝在《无上秘要》中记载“众圣冠服”时，有两处对珠绣有准确的描述：“玉佩魂精帝君，披珠绣华帔，飞锦青裙，带月衔日首建紫冠，执玉佩，立左。金珰魄灵帝君，披紫绣珠帔，飞罗丹裙，带日衔月首建华冠，执金珰，立右。”①《无上秘要》为目前所知最早的道教类书籍。两处记载均刻画为“珠绣华披”，也是第一次出现珠绣装饰的具体服饰品类。针对“珠绣华披”，《太上玉佩金铛太极金书上经》中亦有相关记载。“金铛仰注，玉珮执关，青白分明，适我泥丸，宝液闭精，炼柔身形，三君备卫，丹绛之裙，珠绣华帔，飞锦青裙，带月衔日，首建紫冠，安坐明堂，阴以七元，黄庭戊己。塞镇邪源，恭司二子，无英、白元，桃康三老，当我生门，通彻五府十二之纶，吐纳六宫，魂魄欢欣。”②“魂精帝君姓开明，形长九寸，头建紫冠，披珠绣华帔，衣飞锦青裙，带月衔日，乘御青鸟，在青光之中下降兆身，安镇泥丸。”③然而在圣家官服中，珠绣也同样是一种极为贵重、华丽的装饰。《太极金书》谓：“元始天帝，被珠绣霞帔，故此衣为道家所至贵重。”④此外，道教类书《云笈七签》等书记有织锦、彩绣、用翠羽织绣、缀珠绣、镶玉的帔，像珠翠华帔、紫绣珠帔、虎帔、凤帔之类。

需要强调的是，道家文化中的披帛是当时珠绣的主要装饰载体，以珠绣的华贵衬托圣人形象。今河南洛阳永宁寺，其始建于北魏熙平

① （南北朝）周武帝：《无上秘要》，明《正统道藏》本，第68卷，第113页。

② 郑圆明主编：《上药真诀》上，华夏出版社，2017年，第434页。

③ 同上，第435页。

④ （清）翟灏著，陈志明编校：《通俗编》下，东方出版社，2013年，第470页。

元年（516），于20世纪70年代出土了15万余枚的五色玻璃珠，色彩艳丽、个体细小；珠体直径范围在0.35—0.1厘米之间，每粒皆作扁圆形，中有穿孔；据考古推测具体为绣制佛像所用（见图2）。并且北魏杨衒之的《洛阳伽蓝记》也有记载："浮图北有佛殿一所，形如太极殿。中有丈八金像一躯、中长金像十躯、绣珠像三躯。"[①]其中"绣珠像三躯"证实了这些大量的彩色玻璃珠或为寺内用于绣制佛像的装饰材料。

图2 永宁寺出土彩色玻璃珠

二、皇家和贵族阶层珠绣的使用及世俗化

珠绣因其原材料的昂贵及制作不易，早期主要出现在佛道服饰或是绣像中。伴随着宗教文化的流传，珠绣装饰更多地从神用逐渐转化为人用，并深受皇家和贵族阶层的喜爱。同时珠绣逐步在民间推广开来，平民阶层及艺人伎者也开始追求起其华丽的装饰表现。

（一）唐宋时期宫廷贵族对珠绣的青睐

唐代随着佛教文化在中国的引入与普及，珠绣装饰便跟随宗教传播逐渐发展开来。在释道宣撰写的《续高僧传》中，有这样一段记载："佛事精妙，殚土木之工，绣柱金铺，惊骇心目。高风永夜，铃铎和鸣，铿锵之音，闻十余里。北有正殿，形拟太极，中诸像设，金玉珠绣，作工巧奇，冠绝当世。"[②]做工精巧的珠绣在佛像修饰中极具代表性。并且唐代还出现关于珠绣作为帝王服饰的明确记载，即后晋刘昫等撰《旧唐书》记载："凡有所兴造功役，动牵禁忌。而黎干用左道位至尹京，尝内集众工，编刺珠绣为御衣，既成而焚之，以为

① 李利安、崔峰：《南北朝佛教编年》，三秦出版社，2018年，第135页。

②（唐）道宣：《四朝高僧传》第2册《续高僧传》上，中国书店，2018年，第8页。

襁褡，且无虚月。德宗在东宫，颇知其事，即位之后，罢集僧于内道场，除巫祝之祀。”[①]御衣指帝王所着的衣服，禳禬为消灾除病而举行的祭祀。《旧唐书》记载了在火烧御衣的祭祀中，珠绣作为一种需要集体完成的费工装饰，其具有一定的神圣性，即通过焚毁最贵重的服饰来传达对神灵的重视。唐代公主嫁妆中也有凭珠绣作装饰点缀的丝被，苏鹗的《杜阳杂编》下卷中就有提到：“神丝绣被，绣三千鸳鸯，仍间以奇花异叶，其精巧华丽绝比。其上缀以灵粟之珠，珠如粟粒，五色映辉。”[②]

宋代关于珠绣也有着部分记载：宋初恩赦侯刘张用大量的彩色珍珠绣成“双龙戏珠”马鞍，送给宋太祖作为献礼。同时宋代何溪汶《竹庄诗话》记载：“公自以此句语人曰：‘穷人家有此景否？’珠帘绣户迟迟日，柳絮梨花寂寂春。又云：《云斋广录》载近时人诗一联云云，虽用珠绣，其气象岂不富贵？不害为佳句也。”[③]提及与“穷人家”形成对比的“珠帘绣户”，认为珠绣是富贵气象的指代。宋代李昉《太平广记》记载：“俄有二女褰帘，召无颇入。睹真珠绣帐中，有一女子，才及笄年，衣翠罗缕金之襦。”[④]具体描绘了富贵人家中装置珠绣帐曼的场景。

（二）清代珠绣发展到达顶峰

珠绣经过前朝的积淀发展后，在清代到达顶峰。皇宫贵族中珠绣的使用变得更加多见，尤其是帝王所穿着的服饰，留下了不少传世实物。最具代表性的是清光绪时期的明黄缎绢米珠绣彩云金龙纹龙袍（见图3）。龙袍上的珠绣表现饱满，以白色米珠和红珊瑚珠两种材质为主，珠绣图案为龙纹、红圆寿字纹、红双喜纹和八宝纹等，同时搭配蓝、绿、紫、黄各色料珠用于龙须和龙身等处，效果十分丰富。另有陈文述《颐道堂诗选》记载：“入禁赐紫衣，诸嫔竞施珠绣，诏新其宇，韩熙载撰碑并载宫嫔姓氏。”[⑤]从中可知宫内众嫔妃之间也争相使用珠绣来美化衣物。清道光石青色绸绣缉米珠云龙双喜字纹绵朝褂为当时皇后礼服（见图4），褂衣上采用白色米珠绣有左右对称的升龙纹，并用红色珊瑚珠刻画出“囍”字；同时褂衣周身缘饰再用红、白两色的料珠间隔有序的排列成条形，还嵌有翡翠、红宝石金板

① （后晋）刘昫等撰，陈焕良、文华点校：《旧唐书》第3册，岳麓书社，1997年，第2269页。

② 赵汝珍著，于钦点评：《古玩指南》，青岛出版社，2014年，第174页。

③ 曲义伟主编：《中国禁史》，时代文艺出版社，2002年，第3920页。

④ （明）冯梦龙评纂，孙大鹏点校：《太平广记钞》第3册，崇文书局，2019年，第794页。

⑤ 江西省庐山风景名胜区管理局编：《庐山历代诗词全集》第9册，上海古籍出版社，2010年，第5958页。

图3 清光绪明黄缎缉米珠绣彩云金龙纹龙袍　故宫博物院藏

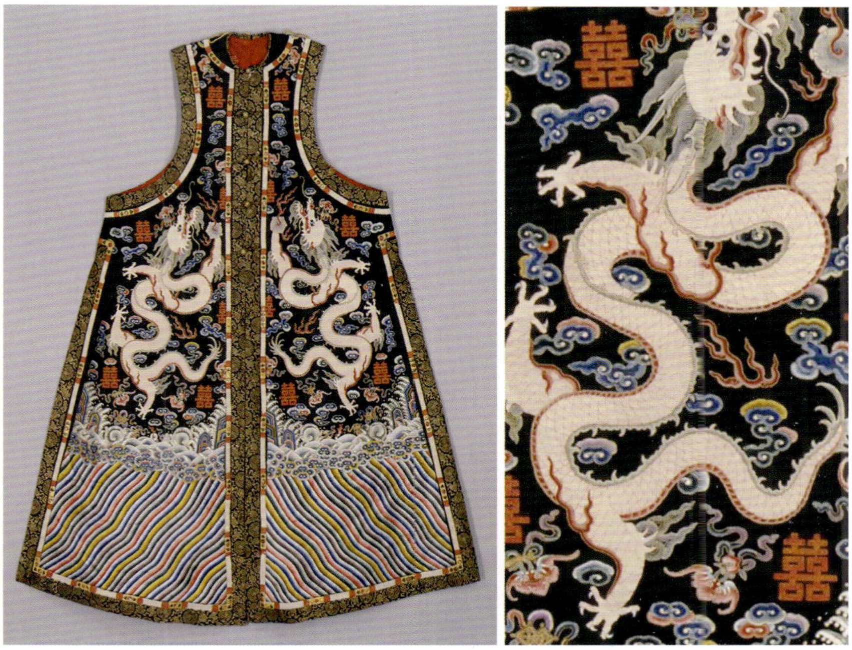

图4 清道光石青色绸绣缉米珠云龙双喜字纹绵朝褂　故宫博物院藏

进行丰富，整体装饰极其华丽。此外清代官员的补服中也用到了珠绣来点缀装饰，流失海外的清乾隆文官五品白鹇纹缉珠彩绣补子，补服正中的白鹇纹样就以白色米珠填充；所用珠粒大小虽不及皇室的匀称饱满，但也体现出珠绣在清代贵族阶层中广泛使用。

值得一提的是，珠绣作为奢华富贵的代表，一直以来深受皇家贵胄的追捧，然而在清代历史上有一位帝王却是例外。据王先谦辑《东华续录（道光朝）》记载："……犹忆皇考时，怡贤亲王曾进珠绣黄褥，当即饬训，并谕其过当。朕遵守家法，宫中服御，从不用及珠绣。又如象牙织簟，工巧近俗，又不平滑便用，远不及寻常茵席之安适，因亦摈而不用。久有旨勿许再进，即此亦可知朕之好尚矣。嗣后各省督抚除土贡外，毋得复有进献。"①道光帝在位期间厉行节俭，在服饰上表现得尤为突出，下令"宫中服御，从不用及珠绣"。《东华续录（道光朝）》又载："供奉列祖列宗冠服，所以昭法守而传俭

①（清）王先谦辑：《东华续录（道光朝）》乾隆八十四卷，清光绪十年长沙王氏刻本，第2626—2627页。

朴也，乃相沿已久，愈积愈多，且锦文珠绣递渐加增，殊失垂示后昆之意，朕万年后，止可将常用之秋冠、凉冠各一，绵袷衣服四五袭，照例收贮外，余皆酌量留用，或为赏赐之需皆可。”[①]道光帝称其死后随葬服饰只留一些日常生活必需品，其余皆留世续用，其节俭之风可见一斑。

（三）珠绣逐渐走向世俗化

珠绣作为一种刺绣技艺，从道教和佛教中起源而来，且在后期发展中成为代表华贵奢侈的符号，但也并未成为皇家独有。在清代浩歌子著叙述明末清初见闻的《萤窗异草》中便有涉及：“凡有所需，生妻一动念，翌日即于粧次得之，金帛珠绣如数，而予资用因，以小阜盖二女，知师之介不。”[②]清代刘沅《周官恒解》记：“金木水火土之物，民器民生日用之器，珍异金玉珠绣之属，有当于礼乐之器，用者四方各有所产。”[③]《同治鄱阳县志》记：“遂留张氏，不轻言笑，不近珠绣，不履堂皇，冠巾履韈，皆手自裁制，妇功修饬养。”[④]从这些记载中皆可以看出珠绣虽贵重难得，但也逐渐进入寻常百姓的家中。清代蒋楛在《天涯诗钞》还曾写道：“卧病荒城闲白昼，早暮寻君红树楼，锦囊簇簇皆珠绣，戊申三月，喜君北堂七十春，清歌妙舞彩衣新，觞余卜夜欢无极。”[⑤]其中“锦囊簇簇皆珠绣”，表明了珠绣之于民间多用来装饰随身服饰配件。

珠绣因其华丽的视觉效果，也常被用于戏曲表演的服饰中。早在隋代，民间艺人就有用珠绣来增加表演效果的记载，《隋书》卷15记：“于天津街盛陈百戏，自海内凡有奇伎，无不总萃。崇侈器玩，盛饰衣服，皆用珠翠金银，锦罽絺绣。”[⑥]到明代时戏曲行业发展迅速，艺人伎者登台表演时多追求瑰丽耀眼的视觉效果，珠绣便是一种非常符合演出的刺绣装饰。明代徐一夔在《明集礼》中关于歌伶服饰的记载为：“宣宗制新曲，教女伶数十百人，衣珠绣歌之，其歌有《播皇猷》及《葱岭》等曲。”[⑦]刻画了一群身着珠绣的歌伎形象。在清光绪时期，广州地区的戏班还会在演出期间，制作部分珠绣饰品用做伴手礼赠送给前来捧场听戏的看客。

综上所述，珠绣在整个封建时期的演变发展呈自上而下的流行趋

① （清）王先谦辑：《东华续录（道光朝）》道光六十卷，清光绪十年长沙王氏刻本，第5998页。

② （清）长白浩歌子：《萤窗异草》，上海古籍出版社，1989年，第215页。

③ （清）刘沅著，谭继和、祁和晖笺解：《十三经恒解（笺解本）》卷8《周官恒解》，巴蜀书社，2016年，第212页。

④ （清）陈志培修，（清）王廷鉴纂：《同治鄱阳县志》卷24，清同治十年刻本，第773页。

⑤ （清）蒋楛：《天涯诗钞》卷4，清康熙三十三年丘如升刻本，第53页。

⑥ 孙景琛总主编，茅慧主编：《中国乐舞史料大典·二十五史编》，上海音乐出版社，2015年，第256页。

⑦ 项阳：《以乐观礼》，北京时代华文书局，2015年，第80页。

势，从使用人群的范围到装饰载体的广度逐渐扩大，为后来的创新改革打下了坚实的基础。

三、近代珠绣在民间生活中的流行普及

珠绣的广泛传播得益于清光绪年间新式材料的引进，由此珠绣真正地走入了寻常百姓家中。自清末民初起珠绣与日俱增，相关的原料生产、技术制作、产业分销、装饰运用等各方面发生巨大的变革。

（一）珠绣原材料及刺绣技术的革新

珠绣的世俗化普及与其绣制时所需的原料有着密不可分的关系。传统珠绣所用材质大多以直径1毫米大小的淡水珍珠（形似小米，故又称米珠），珊瑚珠或是小型玉石；将珠料打孔穿针，串在一起后代替绣线缝缀服饰上；这样的制作方式损耗极大，造价高昂。直到清光绪年间，由海外华侨带回了玻璃米珠，让材料获取与绣品制作变得比以往更加便利；使得珠绣有了真正意义上巨大的转变，借此民间珠绣得到了大力发展。

此外需要说明的是，玻璃材质的珠料并非只是在光绪年间才开始出现使用，诸多清宫旧藏的记录中就提到关于“假珠”的使用；如清嘉庆时期的青绒银镀金嵌珠石头箍内附有黄纸签：“嘉庆六年十月十五日收，敬事房呈，览银镀金花托六块，玻璃花托五块，嵌假珠十一颗。”另外传统珠绣所呈现出来的色彩以红、白两色为主，为天然材质的本色；而玻璃米珠的色彩选择更为广泛，其他原色、间色的珠子不断涌现，甚至同一色系珠料也有着不同的变化。因此珠料之间的色彩排列组合更加多样，形成的珠绣图案也更加多元；玻璃米珠的运用让珠绣逐渐接近传统刺绣的制作思维。到民国时，随着西方工业文明的进步，珠绣原料的造型不再局限于一粒粒的圆球形；珠片、珠管、晶珠等各种造型的珠料进入中国，其中由铜、铝片等定形冲压而成的网片极为流行（见图5）。还有些珠料材质是通过树脂、塑料、玻璃、陶瓷等加工电镀后形成的，产量更高，使用更广。不过我国在这方面的技术略有延后，1986年时才有上海轻工部关于玻璃米珠表面

气态镀膜工艺的研究成果得以推广。该技术生产的米珠质量已达到当时日本同类产品的水平，逐渐代替了进口米珠，极大推动了我国珠绣制品发展。[①]

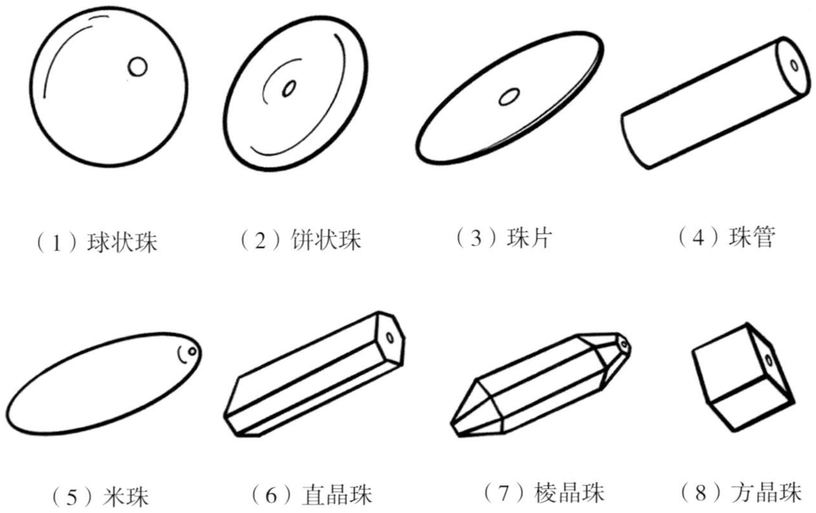

图5 珠绣材质示意图（笔者绘画）

（二）珠绣产销地域的转变及分布

传统珠绣集中在皇室贵胄的穿着服用中，服务于上流阶层，从生产制作到使用都围绕皇权所在的政治中心，且都有着明确的目的性，处于一种单向的自给自足状态；而过往的民间珠绣多作为个人使用或是赠礼，都未曾大批量地生产制作。但随着玻璃米珠的大量进口后，沿海地区便出现了相关的珠绣产业，尤其是福建、广东一带。从清代乾隆年间设立十三行到第一次鸦片战争后开放通商口岸，广州地区一直以来都是近代中国对外贸易交流的重要驿站。光绪年间吕宋（今菲律宾）华侨带回的珠绣拖鞋逐渐从福建流行开来；接着广州状元坊一带的戏服店铺出现珠绣云额、拖鞋、头花、手袋等相关产品。后来厦门也有了专门贩卖进口珠子的活源商行，用于民间生产销售珠绣拖鞋。此时的珠绣生产制作已转移至沿海一带的经济中心，但售卖及使用范围仍在本土。直到民国初期，在民族资本主义“实业救国”的推

① 刘庆辉主编：《中国技术成果大全》第十五期（总第55期）《湖北黑龙江专辑》，中国技术成果大全编辑部出版，1987年，第337页。

动下，广州商人大量进口珠料和设备用于生产珠绣手袋，民间艺人利用珠料将外国手袋与传统技艺结合制成西式珠绣手袋，运销世界各地（主销欧美、中东、东南亚地区）；并且还会根据销售地域的不同，改变流行的款式和图案，迎合各地审美需求（见图6）。自此珠绣的产销重心便在一直落在这些沿海城市，发展到如今最负名声也是潮汕珠绣、广州珠绣、厦门珠绣这三类。同时粤绣中的珠绣技艺入选为第五批国家级非遗名录，可以看出珠绣在世俗化的普及过程中与已和广州等地紧密结合，拥有了地域性的标识。

图6 民国外销珠绣手袋　广州博物馆藏

（三）珠绣应用范围及服务对象的拓展

珠绣因制作材料得到革新后，其在民间的普及有了极大的提升，相较于之前变得更加流行。主要体现在三个方面：珠绣自身的装饰效果，修饰美化的载体，使用的人群场合。首先，传统珠绣多用天然珠料，“以珠代线”在局部细节上填充造型，起到画龙点睛的作用；玻璃米珠出现后，珠绣装饰面积不断增大，甚至出现了满幅珠绣的做法。全珠绣的表达效果比起半珠绣的点缀装饰更具立体感，色彩更为丰富（见图7）。其次，珠绣所装饰的物体变得多样化，前文提到清代皇室贵族将珠绣用于日常服饰品当中，而同时期的民间珠绣多用在伴手的小物件上，如锦囊、手绢等，但在服饰品上的使用还不多见。在珠绣普及使用后，民间的珠绣装饰品类一下子拓展了许多，例如珠绣拖鞋、手袋、眉勒等。清末民初广州民间童谣《落雨大》云：“落

图7 近代全珠绣拖鞋　广州博物馆藏

雨大，水浸街，阿哥担柴上街卖，阿嫂教我做花鞋；花鞋做埋花脚带，珍珠蝴蝶两边排，排排都有十二粒，粒粒圆滑无瑕疵。”①歌词反映了当时广州民间用珍珠在鞋上做装饰的情形。然而最具实际意义的是民间百姓开始将珠绣融入日常服装之中，譬如在近代传统服饰上珠绣多用在衣边缘饰上，代替传统的丝线刺绣；并且在民国旗袍中也有用珠粒珠片组合绣成的各式珠绣图案。此时珠绣在民间各类服饰品中的大量运用，表明珠绣作为一项刺绣技已完成了世俗化演变。再次，珠绣的使用场合与人群变得更加广泛。一方面在特定场合中如戏曲表演时，为呈现更好的舞台效果，珠绣依旧深受重用。另外珠绣因其华贵富丽的视觉效果，也被用作嫁妆嫁金使用，潮州嫁娶习俗中就常在婚庆礼服中饰有珠绣，并一直延续至今成为当地特色。另一方面是珠绣在使用人群中的流行程度，清末民初时大批量的材料进口与生产制作不仅在普通百姓中流行开来，同时更受社会名媛的青睐，使其曝光率迅速增加，起到了很好的宣传效果。1927年时“南唐北陆”的合影，唐瑛裙装上就有反光金属亮片的排列组合作为装饰（见图8）。20世纪40年代上海女歌手梁萍女士的演出服饰上就有许多珠绣装饰，其中最显眼的是一件全珠片式的旗袍，此外还有珠片式蝴蝶花卉、龙凤等多种图案（见图9）。珠绣使用在近代进入一个新的历史阶段，从装饰效果、修饰用品、流行场合到使用人群都完全趋于日常化和大众化。

① 张梅主编：《广州记忆》，海风出版社，2006年，第214页。

图8 1927年唐瑛、陆小曼在云裳门前的时髦合影

图9 20世纪40年代后期上海著名歌手梁萍女士
民族服饰博物馆藏

四、结论

纵观整个珠绣的历史，因其材质的珍贵难觅，装饰效果上佳，一直以来都被认为是奢华富贵的服用代表。珠绣从最初用于装饰释道中的宗教形象，到备受皇室贵族重用，再到民间百姓的普及流行以及现代各式的珠绣装饰，其发展历程的推进离不开人们的审美追求，更得益于制作原料变革。作为一项传统刺绣工艺，珠绣使用珠体的变化与流行运用的广度伴随着工业文明的进步，依旧在不断推陈出新中。现如今的人们对于珠绣的认知已经十分普遍，更多关注的是天然珠料的使用以及制作工艺的高低。

马尼拉披肩材质与规格变化的年代特征

◎中国工艺美术协会刺绣专业委员会 郑乃谦

马尼拉披肩实际是指经由马尼拉转运到西班牙的广绣披肩。它的最初形状是面积超过两平方米的方形丝绸披肩，上面有对称分布的绣花图案，四周有丝线编结的网格和下垂的流苏。200多年里制作马尼拉披肩的布料、绣花线、流苏线的材质在特定的年代发生过若干次变化，而披肩的尺寸、流苏的尺寸在不同年代也发生了不同的变化。掌握这些变化的年代等于掌握马尼拉披肩的某些年代特征，有助于判断其制作年代。

一、布料的变化与年代

马尼拉披肩先后使用过桑丝绸、桑丝缎、交织缎、素绉缎、双绉五种布料，它们分别应用在以下三个年代段里。

1. 18世纪中后期—1956年：桑丝绸年代段

目前能见到的最古老的马尼拉披肩图案和流苏都应用在桑丝绸上，因此绸是马尼拉披肩最早使用的材料，桑丝绸绣披肩前后大约使用了200年。在这200年里又可根据织绸的蚕丝品质分为两个年代段：1873年以前，桑丝绸的纺织材料是手紅丝，织出的绸布疵点多，用手抚着绸面滑动都可以感觉到大小疵点。1873年开始出现先进的蒸汽缫丝。由于用进口设备，当时民间称为“鬼紅丝”，织出的绸料疵点少、均匀平滑。因此绸布品质优良的马尼拉披肩应该不会早于1873年。

桑丝缎通常用于镜画、衣料、床罩、被面等日用品的绣制，偶尔用来绣制马尼拉披肩也是正常的。国内博物馆藏品中也见过白缎的清代马尼拉披肩，但数量相对较少。在西班牙很难见到桑丝缎绣制的清代古董披肩，估计桑丝缎曾作为一种比较小众的披肩材料被少量应用过，与桑丝绸在某些时段同时被使用。在马尼拉披肩的生产中，桑丝缎没有被单独连续使用的年代段。

2．1956—1990年：交织缎年代段

交织缎指26%桑蚕丝与74%粘胶丝交织而成的缎料，又称软缎。1956年广东生产的马尼拉披肩统一由广东省丝绸公司收购出口，布、线材料也由该公司供应。在广东省丝绸公司的统一安排下，这个年代段的35年里，所有的马尼拉披肩都使用了软缎，彻底停用了绸和桑丝缎。软缎的经线是蚕丝，纬线是粘胶丝、经线在软缎正面显出蚕丝的光泽，纬线在底面显出斜纹。大约1956—1980年，马尼拉披肩的绣工在缎面上施绣。后来西班牙消费者厌腻了软缎正面的光泽，要求在软缎有斜纹的一面刺绣，行业内称为“反底绣”。因此在1980年之后出现了反底绣的马尼拉披肩。1980—1989年，软缎的正面绣和反底绣同时存在。

3．1990年迄今：双绉年代段

双绉指100%桑蚕丝双绉，早在1988年市场方就要求马尼拉披肩停用软缎改用双绉。历经一年多的适应性试用之后，1990年广东的马尼拉披肩全面改用双绉。考虑到双绉试用期的产品，目前可见的双绉马尼拉披肩最早不会早于1988年。

1993—1994年，素绉缎也短暂地应用过。在开始应用双绉的同时，也在探讨性能更好的100%真丝材料。1993年在一种叫素绉缎的100%真丝缎料上试产较为重工的马尼拉披肩，先后试做三款披肩，总产量约1500件。因为这种材料上的缎面光泽易被误认为是不久之前被市场淘汰的交织软缎，1994年结束了素绉缎的应用。现在西班牙市场上偶尔仍能看到这种素绉缎试产的马尼拉披肩，都是这期间所制造。

二、披肩线材质地变化与年代

1．桑蚕丝线材年代

1956年之前所有的马尼拉披肩的绣花线和流苏线都是蚕丝线。

2．粘胶丝线材年代

1956年开始，所有的马尼拉披肩的绣花线和流苏线都是粘胶丝线，又称人造丝线。1956年，人造丝还算是一种时尚的材料，而且着色性优异，能染出比蚕丝线更鲜艳的效果。加上人造丝线与蚕丝线的价格差远没有现在这么大，所以1956年全面改用人造丝制作马尼拉披肩能被市场所接受。

除了广东生产马尼拉披肩之外，苏州吴县刺绣厂在1978—1995年也短暂地生产过。长沙市湘绣总厂、长沙县湘绣厂、望城县湘绣厂在1987—2000年也生产过。它们的布、线材质变化一直参考广东披肩行业，与广东基本是同步的。（见图1、2）

图1 当代的披肩流苏编结车间

图2 当代的披肩流苏编结车间

三、马尼拉披肩流苏规格变化及年代特点

马尼拉披肩都饰有流苏，西班牙使用者极其重视流苏的流行时尚，所以流苏规格变化多而复杂、富有年代特点，可作鉴别马尼拉披肩年代的重要参考依据。

流苏的变化分为五方面，包括长度、流苏线粗细、每束流苏线里线的条数、网格花式、流苏线与披肩布料接合方式。

1．流苏线长度变化

清代至今生产马尼拉披肩200多年，流苏的长度从最初的10厘米逐渐加长到最近的62.5厘米。多数变化都有明确的时间点。一位西班牙研究者在著作里列出了1830—1900年的5次变化时间点[①]：

1830年，流苏长10厘米，网格是简单小方格；

① Carolina Stone，*Sevillay los mantones de Manila*, Coleccion Giralda 3，1887，pp. 66–71.

1840年，流苏长25厘米；

1850年，流苏长20—30厘米之间；

1850—1860年，流苏增长，网格花式趋复杂；

1870—1900年，流苏增长，网格花式更多。

1850—1900年这50年里，这位研究者只说流苏长度逐渐增加，没有具体尺寸，但我们从属于这个年代的古董披肩实物能看到，这个时期的流苏长度在30—40厘米。清代生产的马尼拉披肩始终用165厘米×165厘米左右的绸布，对于这种规格的布料而言，40厘米的流苏长度已是极限。试想在165厘米×165厘米的布料四周配40厘米的流苏，平摊开就是245厘米×245厘米的正方形。按照常见的使用方法，循对角线折成等腰直角三角形，把三角型底边搭在肩上，直角垂于身后，两个锐角垂于身前。问题是245厘米×245厘米的方型对角线长346厘米，西班牙女性的身高与中国女性相近，肩高大约150厘米左右。346厘米的对角线在身前两侧自然下垂，流苏已经拖地。使用者要用很多特定的姿势和方法使流苏离地，如果在40厘米的长度上再增加，使用就很不方便。所以在长达50年里流苏长度止于40厘米以内。

1901—1912年，披肩的尺寸没变化，流苏也只能在30—40厘米之间；

1912—1949年，呈现披肩布料缩小，流苏增长的趋势。这38年里，中国发生了北伐战争、抗日战争和解放战争，而西班牙经历了第一次世界大战、世界经济大萧条、西班牙内战、第二次世界大战。这38年内没有大规模战争和经济恐慌、不影响马尼拉披肩生产和销售的太平时日，只剩下1913年、1919—1923年，总共只有六年。因此马尼拉披肩的生产呈现量小、分散、无序的特点。找不到文字记录，能见实物不多，难以确定当时流苏增长的具体尺寸，也没有发生变化的时间节点。

1956年，马尼拉披肩的生产和销售实施统一管理，统一规定了不同长度的流苏分别适用于不同档次的披肩：

成品137厘米×137厘米的大披肩按工作量分甲、乙、丙三档。甲档：流苏45厘米，部分按客人要求用62.5厘米；乙档：流苏40厘米；丙档：流苏30厘米。

成品110厘米×110厘米的中披肩按工作量分甲、乙、丙三档。

图3 30厘米的乙档流苏

图4 20厘米的丙档流苏

甲档：流苏45厘米；乙档：流苏30厘米（见图3）；丙档：流苏20厘米（见图4）。

成品70厘米×70厘米的儿童披肩统一用30厘米流苏。

1990年后流苏的长短简化为两种长度：成品137厘米×137厘米的大披肩统一用62.5厘米流苏；成品110厘米×110厘米的中披肩、成品70厘米×70厘米的儿童披肩统一用45厘米流苏。这种简化了的流苏长度现在仍沿用。

2. 流苏线由细变粗的年代特征

1956年，流苏线由蚕丝线改为粘胶人造丝线，一律采用每束强度为120D（达尼尔）的人造丝为原料。两束组成一股，两股绞成一线，称为2×2人丝线。当时任何规格的马尼拉披肩都采用2×2人丝线做流苏。

大约1989年，增加一种两束一股、三股绞一线的人丝线，称为2×3人丝线，比2×2线粗50%。137厘米×137厘米的甲种披肩部分采用这种2×3线做流苏，其他档次的披肩流苏仍然用2×2线。

大约1995年增加一种三束为一股、三股绞一线的更粗人丝线，称为3×3人丝线，是2×2线的2.25倍粗，是2×3线的1.5倍粗。3×3流苏用在特别重工的137厘米×137厘米规格的披肩上。

2000年，137厘米×137厘米规格的披肩不论轻重工作量，全部都用上3×3流苏。

2015年至今，不论什么规格、什么档次，所有马尼拉披肩都用3×3流苏，2×2和2×3人丝线流苏基本停用。但有个别小量生产披肩的个体生产者仍然使用2×3的人丝线流苏。

至于清代流苏线粗细的年代特征，可以从古披肩实物量度取得。1840—1860年生产的披肩其流苏线径平均值接近于3×3人丝线。但是，线径平均值是有较大的波动，原因在于清代真丝流苏线的生产欠缺统一标准。从嘉庆年代到抗战之前，顺德容桂存在相当规模的真丝线制造业，马尼拉披肩的线多产于此，最兴旺的时候有100多家真丝线作坊，全部都手摇制线，质量参差，有时同一条线不同段落有10%的线径差，同一件古披肩不同一条流苏线也有10%—15%的线径差。另外，年代久远的马尼拉披肩往往更换流苏，新流苏的粗细肯定不具备古披肩的年代特征，所以建议慎重采信清代流苏线粗细的年代特征。

3. 每束流苏线条数变化年代特征

编结披肩流苏要在布料上打孔固定流苏线，每个布孔所固定的流苏称为一束，每束线的条数自古至今在增加，大致变化如下：

1840—1850年出现过每束三条线（见图5）和四条线（见图6）的流苏。

1840—1860年每束线六条（见图7）是该时段常见的束线条数。

图5 每束三条线的1840年流苏

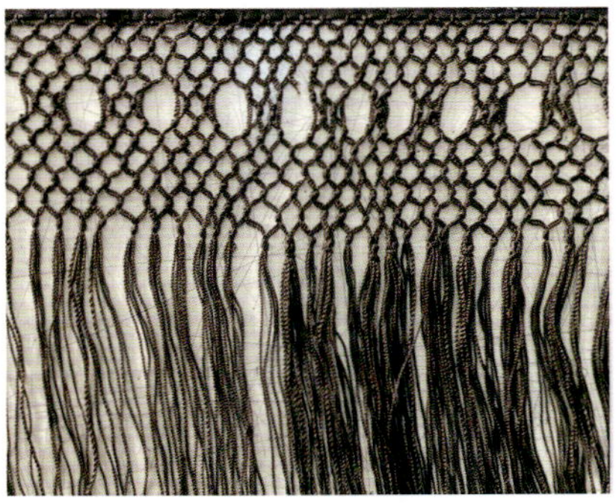

图6 每束四条线的1840年流苏

图7 每束六条线的旧披肩

1956年之前换新流苏也以每束六条线居多。

1956年之后的马尼拉披肩除了70厘米×70厘米的童巾每束八条线以外，其他披肩全部十条线。

1995年开始，规格代号为3315-18的流苏每束十二条线，这种流苏使用在最重工作量的137厘米×137厘米披肩上和158厘米×158厘米披肩上。

4. 流苏网格花式的年代特征

流苏网格花式有数十种，每种出现年代已不可考，但其花式类别有大致上的年代划分。

1860年之前马尼拉披肩流苏网格特征：由细线编织而成的正六角形小格和长六角形大格分层排列成流苏的网格，层数在4—12层，没有复杂的花式。

1860—1956年网格特征：编织网格的线束变粗，在六至八条线之间，正六角形和长六角形孔洞变细，排列的层数在7—16层之间。

1956年至今：编网格的线束最粗有十至十二条线，除了正六角形和长六角形之外，还有用线打结构成的菱形块。

在国外专门换新流苏的工匠创造了很多网格花式，这些花式不以正六角形和长六角形网格为基本元素。这些标新立异的流苏往往美观，但第二次结的流苏不具备马尼拉披肩的年代特点。

5．流苏线与布料结合方式的变化

马尼拉披肩四周编结流苏过程中，流苏线在不同的时间段以不同的方法与布料相连，呈现不同的年代特征。

1860年之前的“经边纬卷”时段：丝绸布料与经线平行的左右两边是织造出来的布边，织出的布边有一定的牢固度，不易散口，所以早期的做法是直接在布边上穿流苏线打结固定。而布料上下与纬线平行的两条布边是布料的裁剪口，纬线很容易从裁剪口散脱，所以要卷折一条宽0.5厘米，三四层布的厚边，在厚边上穿流苏打结固定。这种被后人称为“经边纬卷”的做法只适用于前期的细线编成短而轻的流苏。1860年之后，流苏向粗、长、重发展，织出的布边容易被日益加重的流苏拉破，所以这种方法逐渐被放弃。

1860—1956年“经边纬卷”与“四边卷”并存：“四边卷”是指披肩布料的四条边沿都卷成0.5—0.7厘米左右宽，三至四层布的厚边，以承受粗线长流苏的重量。20世纪初，西班牙已经出现沉重的流苏，在这几十年里“四边卷”逐渐取代“经边纬卷”。

1956年以后，一律应用“四边卷”：随着马尼拉披肩的大号规格规定在137厘米×137厘米之后，流苏的长度增长到45厘米和62.5厘米。流苏的重量已不允许使用“经边纬卷”的做法，因此统一使用“四边卷”的方式，直至现在。

1911年之前的方角披肩：前文说及1911年之前，马尼拉披肩流苏的布边处理以“经边纬卷”为主，后期才出现“四边卷”为辅，而

“经边纬卷”的披肩四角最合理的处理方法就是保留方角（见图8）。根据这一特点，可以说，不能肯定1911年之前的披肩都是方角，可以肯定方角的披肩都产于1911年之前。

1911年之后的圆角披肩时期：“四边卷”流苏的披肩，如果要做出四角都是直角，技术上难度较大。通常会出现流苏网格不平服或者不牢固的毛病，而圆角的方式处理，可以做到既平服又牢固，所以基本上所有“四边卷”的马尼拉披肩都是圆角处理（见图9）。初期的圆角披肩是细线短流苏，圆角是半径2—4厘米的小圆弧，民国中叶和1956年之后都是半径5—8厘米的大圆弧了。

在西班牙，不论什么年代的旧披肩改流苏，一定会做成四边卷的圆角披肩，通常旧披肩改真丝流苏线都是小圆角，改流苏的时间较早。若流苏线改为人造丝线则多数是大圆角，改的时间比较晚。

图8“经边纬卷”的披肩方角

图9“四边卷”的披肩大圆角

四、马尼拉披肩的规格变化年代特征

1. 1911年之前：清代的大布短流苏时段

清代披肩的尺寸见诸文字记录的或者有古披肩实物可量度的有171厘米×171厘米、167厘米×167厘米、165厘米×165厘米、160厘米×160厘米、158厘米×158厘米，平均值大约是165厘米×165厘米。此时165厘米折成清代南、番、顺一带惯用的“老尺”是4.3尺，行业内将这个范围内的披肩叫做“四尺三巾”。比之现代惯用的137厘米×137厘米规格，清代披肩的边长大了20—30厘米。因为使用者的肩高是相对固定的，布料大了，流苏只能局限在40厘米以下，所以清代披肩的规格特点是大

布短流苏。

2．1956年之后：当代的缩布增长流苏时段

由于1956年实施全省马尼拉披肩外销统一管理，整个行业按要求统一使用三种规格生产披肩：137厘米×137厘米，行业内称为三尺六巾（老尺）；110厘米×110厘米，行业内称为三尺巾（老尺）；70厘米×70厘米，行业内称为尺八童巾。

相对于清代的披肩规格，137厘米缩小了20—30厘米，这就为加长流苏提供了空间，因此流苏在这个时段得以先后增长。137厘米披肩配62.5厘米长流苏，另外两种配45厘米长流苏。2006年开始生产一种加大披肩，用158厘米×158厘米双绉配62.5厘米长流苏。

3．1912—1950年：布料缩小、流苏增长的过渡时段

其间既有大布短流苏，也存在小布长流苏的披肩。

五、判断马尼拉披肩制作年代要排除旧披肩换新流苏的干扰

披肩在使用过程中最容易损坏的是流苏。首先，流苏的末端常会拖地污损，用于跳弗拉门哥舞时舞动、摔打等动作中会使流苏线的末端开叉起毛，或被踩脱。而且100多年的旧披肩流苏线已经氧化脆弱，非常易断，加上使用者100多年来一直追求流苏更长更重，因此西班牙社会就存在一种马尼拉披肩换流苏的服务。

在更换新流苏过程中，布料的长、宽都会减小5—6厘米，流苏线的材质、粗细、每束线的条数、流苏的长度、流苏网格的花式、披肩的四个角都会失去原有的年代特征，根据新换的流苏判断年代难免会出错（见图10）。

判断是否换过新流苏存在以下要素：

流苏线是否蚕丝线。1956年之前的流苏线都是蚕丝线，而之后则只有人造丝可用于改流苏。

判断绣花线和流苏线是否同一新旧程度。古披肩两种线都是蚕丝线，老化新旧程度应该一样。

关注披肩四角是方角还是圆角。古巾多为“经边纬卷”方式的方角披肩，改长而重流苏必定用“四边卷”方式构成圆角（见图11）。

看流苏线的粗细。清代古披肩流苏线近似于当代的3×3流苏线，

改流苏所用的线往往比3×3线粗30%—80%。

关注流苏网格的花式。以正六角和长六角构成流苏网格的是古披肩网格，以各种新奇花式织出网格往往是新换的流苏（见图12、13）。

其实除了上述年代特征之外，马尼拉披肩的图案结构，题材选择，绣花稿上布方式，染线颜料及特别技法等方面都有明显的年代特征。

图10 换了新流苏的古披肩，黑底绣白花的白色绣花线与白色流苏线新旧色差很明显

图11 换了新流苏的大圆角

图12 旧披肩新流苏的新奇网格

图13 旧披肩新流苏的新奇网格

相遇与融合
——以广州博物馆藏晚清以来旗袍为例

◎ 美国旧金山亚洲艺术博物馆　余翠雁（Sally Yu Leung）

在西方，旗袍被称为满洲女袍（Mandarin gown）、摇摆连衣裙（wiggle dress）或长衫（cheongsam，这是中文长衫的音译，却是旗袍广东话的对译）。旗袍（长衫）于1960年因英国作家理查德·梅森（Richard Mason）的小说《苏丝黄的世界》（*The World of Suzie Wong*）改编的同名好莱坞电影而闻名于世。

由于纺织面料的柔韧性质，通过裁缝师傅独具匠心的高超开省剪裁，如演员关南施在《苏丝黄的世界》的电影剧照（见图1）中所示，简约、贴身的旗袍，宛如穿着者的第二层肌肤，无需额外的艳丽装饰，便尽显东方女性的千娇百媚。电影导演王家卫2000年拍摄的电影《花样年华》中，女演员张曼玉所穿一系列令人惊艳的旗袍再次向世人展示了港派旗袍的魅力。

实际上"旗袍"一词指的是一个结合中国满族、汉族和西方服装元素，因为时代的演变而设计改造成修长合身的连衣混合式服装样式。严格意义上旗袍出现于清朝覆灭之后，在民国时期盛行于华洋并处之地，有"东方巴黎"美誉的上海社交名媛、交际花和时尚妇女之时髦穿着。

图1 关南施在《苏丝黄的世界》的电影剧照

以"旗袍"称为旗人之袍一词，在清代不曾出现。"旗袍"一词的使用，较早出现于1918—1919年出版的《雪宧绣谱图说》，该书是由沈寿口述、张謇记录的。[①]在此背景下，本文使用“旗女袍”作为传统的满族女装，而旗袍则是指1912年以后的现代连衣裙。

一、1840年之前的满汉服饰

1644年，满族入主中原，带来新的服饰文化。从一开始，新的统治者为了维护本民族文化习俗，有着自己对于风格和时尚的清晰想法，贯彻尊承清太宗文皇帝（皇太极）之训谕“汉族衣冠不能取，祖宗衣冠不能改”的制度。清廷法令强迫汉人男子臣服剃发，这在尊从孝悌、“身体发肤受之父母”的汉人中引起轩然大波。清初，为了缓和在装束形式上日益激化的民族矛盾，清廷采纳了明朝遗臣金之俊的“十不从”建议。在“十不从”的法例下，汉族妇女、少儿、役隶、僧侣道士等仍旧可以穿本民族的服装。[②]在“男从女不从”的默许下，汉族女装可以继续沿用明朝服装形制，以衫、裙为美。按《清稗类钞》记载：“八旗妇女衣皆连裳，不分上下”，即采取长袍形式。满族妇女在平常家居，也喜穿长袍，不穿襦裙。

由于清初在易服改制中对汉族女性传统服饰的保留，使清代社会出现了满汉女装分途并行的局面。虽然朝廷下令，满族女服坚持原来“长布没履”“男女皆然”上下相连、质料朴素无华的形制[③]；但身处历史传统悠久的汉族文化中，旗女袍深深面临上衣下裙、色彩丰富、绣工精致的汉族女性传统服饰文化之直接冲击和影响。随着时间的推移，民族之间的关系在潜移默化中融合。满汉妇女的服装样式、装饰及审美趣味也随之相互渗透仿效。清中期开始，满族旗服像汉装一样宽身大袖，而汉装袄褂也如旗服一样向长发展，尤其是服装边缘的繁复装饰，成为满族和汉族妇女共同的喜好。[④]

现藏内蒙古赤峰博物馆1972年清康熙荣宪公主墓出土的三件女长袍，为我们提供了清代早期帝后妃嫔袍服的实例。[⑤]其中一件（见图2）为圆领、右大襟，袍身与袖均窄、下摆宽大，似呈“A”形。其色与明代浓重艳丽的官服色彩相较日趋调和与素雅；袍身绣以代表子孙昌盛的“瓜瓞绵绵”团花、象征“欢天喜地”的大小蝴蝶飞绕于“八吉祥”图纹和五彩祥云中；下摆覆盖象征江山万代、国土永固的“江崖海水”纹饰。此袷袍使用的吉祥图纹，从现藏旧金山亚洲

① 包铭新：《近代中国女装实录》，东华大学出版社，2004年，第7页。

② 宗凤英：《清代宫廷服饰》，紫禁城出版社，2004年，第12页。

③ 孙彦贞：《清代女性服饰文化研究》，上海古籍出版社，2008年，第79页。

④ 南京博物院、中国丝绸博物馆编：《芳菲流年：中国百年旗袍展》，译林出版社，2014年，第6页。

⑤ 袁杰英：《中国旗袍》，中国纺织出版社，2000年，第19页。

艺术博物馆的明代袢襕（见图3）及清初彩绘瓷器（见图4）的纹饰上即可见一斑；反映了清初汉文化对满族审美取向的影响与适应。值得一提的是，此清代早期袷袍可能为日后旗袍的雏形。

汉族和满族的妇女服装风格有很多共同点，它们都覆盖了女性身体的大部分，只露出头、手和脚趾尖。无论年龄大小，服装的宽松剪裁特性使穿着者的身材都被隐藏起来。

清代的满族长袍除了官制与民用在选料、配饰方面有所区别，穿着风格上略有不同以外，满族女性上身穿着的及踝长袍，下身穿着的窄口裤子，与男性的大体相似。

清代早期，旗女袍的款式主要是圆领、平窄袖、右襟，袍长及踝，衣身窄长，袖口细小，装饰此较简单。至中期，除圆领外，又出现类似于汉族妇女袄的小立领，衣袖、下摆都变得宽大起来，两侧开衩以腰部的如意头收尾，让长袍下裤子的对比色得以展现（见图5）。清末，旗女袍的领子大都用元宝式，领高过腮齐耳，衣身宽大，下摆长度盖住脚背，露出高鞋底。衣领、袖口、衣襟和下摆等处镶滚花边并加以刺绣（见图6）。旗女通常在袍外穿马甲，主要是对襟、琵琶襟以及清代后期穿戴一字襟的巴图鲁坎肩等。

清代的汉族妇女一般是上衣以袄、褂、衫、袍为主，款式上有对襟、大襟、琵琶襟等。袄或褂长度达腰或到四分之三过膝，带有对襟前扣或曲线形大襟。下装以裤、裙为主。裙子下面是宽松的裤子，裙子式样主要有马面裙（见图7）、百褶裙（见图8）和凤尾裙等。裙子特点是刺绣镶滚图案：有用丝绸、布帛镶拼的“弹墨裙”（见图9）；有用大幅裙围折叠缝合，在裙中褶裥处绣绘出花纹图案的“月华裙”（见图10）；也有用金银线将各裙片拼缝合宛如凤尾的“凤尾裙”（见图11），因凤尾裙下摆用线交叉缝合形似鱼的鳞甲，故又名“鱼鳞百褶裙”①。裙子颜色以红为贵。富裕人家穿绸缎，贫穷家庭穿布袄。13岁以上的姑娘穿裙子方能见客，侍女和乡村妇女穿着没有罩裙的长裤。

二、1840年之后服饰的西风东渐

中国纺织史上的一个转折点发生在1842年，《南京条约》的签订标志着鸦片战争的结束——中国被迫开放五个通商口岸：广州、厦

① 廖军、许星：《中国服饰百年》，上海文化出版社，2009年，第48页。

图2 清黄缎绣百蝶袍
赤峰博物馆藏

图3 明双龙寿字纹褂襕
亚洲艺术博物馆藏

图4 清初彩绘瓷器
亚洲艺术博物馆藏

图5 清光绪紫色团龙纹暗花绸氅衣
广州博物馆藏

图6 民国浅玫红缎蝶恋花纹女式上衣
广州博物馆藏

图7 清末桃红暗花绸绣孔雀开屏纹百褶马面裙
广州博物馆藏

图8 民国红色暗花绸镶刺绣花蝶纹边百褶裙
广州博物馆藏

图9 清末贴绣蝴蝶暗花彩丝百褶马面裙
广州博物馆藏

图10 民国绿色暗花绸金线地绣人物纹筒裙
广州博物馆藏

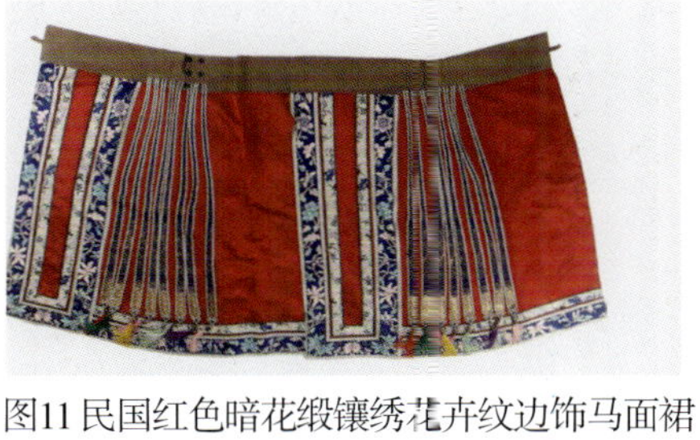

图11 民国红色暗花缎镶绣花卉纹边饰马面裙
广州博物馆藏

门、福州、宁波和上海。国门被迫开放同时，也导致“自我封闭”的帝国走上开放变革的道路，加速中国近代化的进程。那些满怀商机和穿着剪裁合体的西式服装来华的外国人，对中国政界与民间服装风格之变化起了最直接的促进作用。

大量涌入中国的西方纺织品包括极受满汉妇女欢迎的羊毛阔布到花哨新颖的入口服装面料、镂空花边和金属钮扣。此时无论满装汉装，女性的衣襟、袖口均讲究绣工缘饰，滚条道数与日俱增，咸丰、同治年间已达极致，号称“十八镶”。需求日增的进口西方服饰材料，不久被国内大量的仿制，进一步促使其普及（见图12）。

到19世纪中后期，原来朴素无华的旗女袍由于受到汉族女服流行风尚的熏陶浸染，晚清满族女服在袍身、领口、襟缘、袖口和衣摆处均以镶、滚、绣、嵌、贴、盘、钉等运用于汉女裙袄的绣工缘饰，女服日趋奢华和繁复（见图13）。其最显著的特点是，袖部的装饰不但袖端有所谓挽袖，且袖中（肘部）亦多条状装饰。挽袖是衣服袖端的拼接装饰，制作方法一般是在短宽的袖口上，加接与衣服面料颜色不同的袖头，接好的袖头从里到外一层层挽出来，袖头还镶上精美的条边，使衣服看来更富层次感（见图14），多姿多彩的挽袖把宫廷妇女的便服装饰得更为华丽和别致。①原来旗装的马蹄袖端渐变为能够上挽的汉族平直宽袖（大袖）所代取。

《道咸以来朝野杂记》中对道光、咸丰以后满族女服的变化有很详细的描述：“其次礼服，则敞衣、衬衣皆挽袖者，即缘以花边，将大袖卷上。敞衣分大红色、藕合色、月白色。皆有绣花，或净面，分穿者之年岁、行辈定之。以上皆双全妇人所著者。若孀妇敞衣或蓝色，则酱色衬衣，则视外敞衣之颜色配合之。”由此看来，这种大袖嵌加花边和外褂绣花等装饰显然受汉族女服影响所致。而汉族妇女之袄，其形制则逐渐仿效旗女袍，变得长大近膝，覆盖在由前后内外裙门加侧裥再加腰头构成的马面裙（见图14、15）。

清末民初，无论满汉，衣领高至双颊是当时女装的流行趋势。这时期的袍，身收细瘦，衣襟及下摆处，甚至用不同的珠宝，盘制成各种花样或挖空花边，镶上一道道绣上吉祥图纹的宽边：蝶恋花、花开富贵、六合同春（见图16），或以儒家思想天人合一的园林山水景色（见图17）

① 房宏俊：《国采朝章：清代宫廷服饰》，香港历史博物馆，2013年，第252页。

图12 清镶滚多重花边的女上衣　广州博物馆藏

图13 清蓝地绣花鸟纹氅衣
笔者摄

图14 清光绪绿色绸绣蝶恋花纹衬衣及其局部
广州博物馆藏

图15 晚清华裔妇女
Houseworth摄

图16 民国蓝缎地绣仙鹤园景图挂件局部
广州博物馆藏

图17 清末淡黄缎地绣庭院人物纹挂件局部
广州博物馆藏

等为装饰，除了表达出穿着者的品味以外，还附带祈求美好幸福生活的心愿。在一般情况下，女性的穿着是越来越程序化，多采用以祝愿长寿、福禄、子孙兴旺为主题的装饰吉祥图纹，有如汉族穿着上衣下裙的妇女，从头到脚成为一个名符其实、活生生的吉祥告示牌（见图18、19）。

三、民国的时尚与风潮

1911年孙中山领导的民主革命期间，反满活动日趋激烈，旗人将自己打扮成汉人的样子。末代皇帝溥仪的亲弟弟溥杰在他的自传里说："……时常听说满族到处受排斥，皇族改姓金，瓜尔佳氏改姓关，不然就找不到职业。"①

辛亥革命废除帝制，建立中华民国，剪辫发，禁缠足，禁束胸，那种从政治层面划分的贵族与平民等级区别基本消失。加上洋装的输入，旗袍的形制和用色不再受规定的限制。在革命者、西方传教士和企业等影响下，女性学校开始建立，为妇女提供了前所未有的教育机会。

晚清妇女论名著《女界钟》列举的女子急当恢复的基本权利包括：入学、交友、营业、掌握财产、出入自由、婚姻自由六项。②这说明，在动荡的晚清社会中，"现代女性"从基本人权的严重缺失，到争取男女同权，更进而与男子一道，为争取各项权利而努力奋斗。③

民国初年，影响女学生着装的因素很多，包括外来服装元素的冲

图18 清光绪紫色三多纹妆花缎氅衣
广州博物馆藏

图19 清光绪蓝色缎绣凤喜牡丹纹衬衣
广州博物馆藏

① 爱新觉罗·溥仪：《我的前半生》，群众出版社，1981年，第143页。

② 参见金一：《女界钟》第六节《女子之权利》，1903年初版、1904年再版。

③ 夏晓虹：《晚清女性与近代中国》，北京大学出版社，2004年，第4页。

击、影视和纸质媒体的宣传等，但其中最为深远的是中国思想界的新文化运动和当时风靡中国的女权主义运动。中国“现代女性新形象”的形成恰逢当时欧美国家因工业革命和第一次世界大战而产生的变化：后方工厂生产加速了社会分工和劳动力市场需求，为妇女解放提供一个就业的契机。为了适应职业妇女在工作上的需要，她们开始抛弃“繁复、累赘、华丽、不方便、机能性差”的服饰，符合方便活动的女装款式成为服饰发展的重点。经济的独立，使妇女的家庭地位提高了，由此改变了传统的婚姻价值观，推动了妇女的独立。

在西方妇女解放风潮影响下，中国追求时尚的女性摆脱了将她们束缚在三步不出闺门的传统儒家角色。她们不畏社会猛烈抨击和不为世言所动，追求时尚一往直前，展开了对帝制时代将女性定义为三从四德、仅存于家中的温顺妻子之陈规观念之挑战，这一切为20世纪20年代以来新式旗袍的诞生创造了条件。

1. 社会时局与民国服装趋向

1919年五四运动在中国新一代知识精英中引发了更高的号召，即强国兴国“救国”。一些汉族妇女为了进入高等教育界，开始穿类似于男性文人阶层的传统长袍。上海艺术家程十发于鲁迅小说《伤逝》中的连环画插图，描绘了1921年左右、一位身穿男式长袍的女学生（见图20），道出了当时女性穿男装是一种政治行为。然而，它是否反映了摩登旗袍演变的一个转折点，时至今日，在学术界仍存争议。

图20《伤逝》连环画插图①

① 鲁迅著，程十发、程多多绘：《伤逝》，上海人民美术出版社，1982年。

20世纪20年代初期，在海外女学生和当地教会学校女学生的影响下，一种源自学生制服、截然不同的时尚潮流应运而生。都市女性开始接受所谓的“文明新装”（见图21）的穿衣风格：满族女服追求繁缛的镶滚装饰不复存在，取而代之的是结合西方“现代主义”的简约、带有喇叭形袖子，比传统汉服剪裁更贴身而略微显示出腰身的上衣；裙身缩短，露出小腿或足踝。

20世纪初，上海正见证着时尚服饰的戏剧性演变。西方物质文化的涌入，学校、电影院、百货公司、舞厅等城市设施的繁荣，集中在国际租界的商业和娱乐中心，将上海变成了一座现代化的大都市。与之同时，西方女性服饰也在享有时装中心美誉的巴黎发生变化：法国首席女装设计师香奈儿（Coco Chanel，1883—1971）于1918年打破传统剪成短发，于20年代推出无束腹、宽松简单的女装；带动女性追求“苗条、年轻、自由、简洁、自主”的形象。透过服装，香奈尔让女性得到期待已久的解放与自由——换言之，女性借由穿着来达到不受束缚之自主权。①

上海女性通过融入巴黎风格元素演变出一种新的时装潮流：宽松的满族女服明显收窄，呈苗条、圆柱形状。无独有偶，类似的廓形出现在同时期的巴黎新时尚风格中。上海妇女融入巴黎时尚元素，演变出一种新时尚的同时也影响着巴黎时尚的词汇。与此同时，缝纫机的

图21 民国大红缎绣花卉纹衣裙（左图）、民国绛色缎绣花卉纹衣裙（中图）、民国黑色暗花绸绣蝶恋花纹马面裙（右图） 广州博物馆藏

① 叶立诚：《中西服装史》，中国纺织出版社，2002年，第192—193页。

普及（一方面通过进口，另一方面国产缝纫机也在1919年问世）也冲击着众多传统中式手缝裁缝店，它们纷纷转向，培养和引进掌握机缝技术人材，以求跟上机缝的潮流。①

由于受到工业革命、启蒙运动、理性主义、功能三义的影响，西方国家出现以现代主义为特质的精神，这种精神不仅影响思想、文化、政治、经济、社会等各个层面，同时也反映在艺术与设计纹样的范畴之中。②在艺术与设计的审美价值，出现追寻“纯粹、利落、明晰、次序”的“机械风格”“几何造型风格”“抽象风格”“功能主义风格”，而这些风格也着实显现在20年代服饰的款式、造型、布花纹饰之中。③

2. 现代旗袍的雏形

民国旗袍的最初形态是无袖长马甲（见图22），它源于晚清旗女的褂襕（见图23），套在短袄的外面（见图24）。《玲珑》杂志1937年6月9日刊载的一编文章《妇女衣饰和发装的演进》为我们提供了1913—1925年旗袍的发展变化脉络：“民国元二年间，妇女盛行高领，竟高至面颊，衣长至膝，方角镶边，裹衣窄袖，长出外衣袖二三寸，平时穿裤不穿裙，又一字襟马甲流行于是时。至民三年后，领渐底，衣亦渐短，裹衣袖亦不长，将以外衣袖等。方角阔镶边，裤角亦钉花边，鞋头钉花。民九，小圆文角开始流行，领乃低，其后领角越

图22 民国黑色无袖长马甲　笔者摄

图23 现代粉紫色无袖旗袍　笔者摄

图24 民国黑缎镶绣边对襟女长坎肩　广州博物馆藏

① 叶立诚：《中西服装史》，中国纺织出版社，2002年，第95页。

②③ 关于民国旗袍纹饰，参见刘可、吴欣、牟洪静：《民国旗袍纹样中的西方元素探微》，广东省博物馆《艺术与民俗》2021年第3期，第33—38页。

趋越大，于是大圆角流行，至民国十四五尚流行。当民国十三年时，流行长马甲（见图25），亦称旗袍马甲，这是旗袍盛行的预兆。翌年，旗袍既流行，高跟鞋和大衣也就随之而起，这是妇女衣饰的一大变更。”由此可见，旗袍最初是以长马甲与袄合二为一，逐渐成为20年代的旗袍的雏形。①

在现代主义的基础下，从20年代开始，从原本繁复之风逐步转向简约、现代、摩登的“Art Deco”（装饰艺术风格）在欧美地区迅速发展，盛行于30年代，延续至40年代。广州博物馆的旗袍藏品中的一件20年代由香港永安公司制造的装饰艺术（Art Deco）风格纹绸倒大袖短马甲旗袍（见图26），是旗袍发展史中具有重要价值的一件实物。它由立领短马甲和长及足踝、倒大袖无衩长袍两部分重叠并缝合，给我们显示了合二为一的一款现代短马甲旗袍。

20世纪10年代和20年代早期，城市女性中时兴过一阵“倒大袖的文明新装”。到20年代，采用时尚潮流面料和花边，形制为上小下大，平直宽松，合上下装为一，长至脚踝，袖子从袖窿处逐渐变得阔大，为倒喇叭形，袖长至肘下，一侧开衩，或另一侧开衩很低的旗袍开始流行（见图27）。此时的旗袍的长度忽长忽短，腰身有宽有窄。腿部开衩有高有低，袖子变长变短。1931年还出现过“旗袍花边运动”，就是在旗袍的周围都加花边装饰（见图28A—B）。②

随着西式服装品种全面引进，一些相关的着装规范和礼貌被采用。服装在打扮也产生了一些中西合璧的穿着方式，如旗袍、高跟鞋与烫发的组合。

3．1930—1937年代的海派旗袍

旗袍随着时间的推移而演变。服装史学家包铭新教授在《20世纪上半叶的海派旗袍》一文中曾经指出：“清末旗女之袍与民国旗袍的主要差别有三点：1．旗女之袍宽大平直不显露形体，民国旗袍开省收腰表现体态或曲线。2．旗女之袍内着长裤，在开衩处可见绣花的裤脚。民国旗袍内着内裤和丝袜，开衩处露腿。3．旗女之袍面料以厚重织锦或其它提花织物居多，装饰繁琐。民国旗袍面料较轻薄，印花织物增多，装饰亦较简约。”他同时提到：“海派旗袍是民国旗袍的典型……现代旗袍……在一般人的心目中，旗袍两字所引发的联想

① 南京博物院、中国丝绸博物馆编：《芳菲流年：中国百年旗袍展》，译林出版社，2014年，第7页。

② 张燕凤：《老月份牌广告画》上卷，台北汉声杂志社，1994年，第80页。

图25 民国蓝地花卉纹旗袍马甲
笔者摄

图26 民国暗花缎马甲及倒大袖旗袍
广州博物馆藏

图27 民国湖绿色暗花竹叶地团凤牡丹纹女服　广州博物馆藏

图28A 民国浅绿地花卉纹旗袍
笔者摄

图28B 民国照片　王庆祥供图

或意象，就是20世纪三四十年的海派旗袍。”[①]1929年4月，民国政府制定《民国服制条例》，规定民国礼服两款：一为短上衣，单裙；二为长身旗袍。被摩登的上海妇女经过一番脱胎换骨的改造，时新旗袍装扮也名正言顺成为国服。[②]

在30年代，新纺织如半透明的蕾丝、闪耀的金银线织物、面料质地柔软细腻的阴丹士林布等的生产，使女装设计师能够以前所未有的方式对待面料。西方流行的斜裁裁剪——革命性的制衣和胸省、腰省，突出了天然和理想化的女性身材，赋予了行动方便的现代连衣裙随处可见（见图29）。

旗袍也遵循了同样的轨迹。最初及踝长度的下摆在20年代后期上升到小腿中部，并在30年代再次下降。披肩袖和无袖款式越来越多地取代了长袖和中袖。同时，旗袍还通过与其他服饰的精心搭配，呈现出优雅端庄、妩媚潇洒的摩登形象（见图30）。

同时，洋文报刊、电影、舞女与美国好莱坞成为普通大众的梦工厂。尤其是在上海，电影已成为重要的娱乐形式和信息来源。好莱坞和上海明星瞬间成为时尚的榜样。画报与广告月份牌等印刷品传递的信息，无一不直接影响社会服饰观念的变更。这时期的旗袍纳入外国及内衣方面的装置：如束乳而不压乳的胸罩，让双腿上肌肤显得若隐若现的玻璃丝袜等，将旗袍从平面形推向立体形，把女性所特有凸凹的性感魅力体现得淋漓尽致——如穉英绘制的海报中的四名舞女（见图31），她们穿着最新款式的旗袍，搭配丝袜和高根鞋，在舞池中滑动，显得无比的开放和随心所欲。如此美丽的东方女性形象成为既现代又优雅精致的中国时尚宣言。

4．1940—1949年的旗袍

进入40年代，旗袍样式依然在不断变化。由于连年战争，经济萧条、物资匮乏、物价飞涨，社会各界提倡“旧衣运动”，在服饰上厉行节俭。旗袍的衣摆、衣袖大大缩短，长度缩短至小腿中部或膝盖处；开衩逐渐升高，衣领变得低矮，甚至干脆全部去掉，袖子也由宽松的大袖变得细长，继而又变成短袖、无袖。[③]此时的旗袍形制趋向以简洁、方便、实用为主要特色。无袖旗袍风行，棉布、土布旗袍成为主流，尤其是在“杜绝洋货，提倡国货”号召下的土布旗袍，创造

① 刘瑜：《中国旗袍文化史》，上海人民美术出版社，2011年，第103页。

② 司徒嫣然：《罗衣百戴——香港服饰演变》，香港市政局，1992年，第80页。

③ 谈雅丽、江南编著：《旗袍》，当代中国出版社，2008年，第28页。

了新的旗袍潮流。

西式裁剪方法在40年代的旗袍上运用得越加明显，胸省、腰省的使用比普遍收腰更为明显。衣襟简化为用拉链，只在衣领上使用简单的一字盘扣为多，甚至于衣领和衣襟全部使用揿扣为普遍的现象（见图32、33A–B）。[①]

四、1949年后走向世界

20世纪50—60年代，旗袍在中国大陆渐渐销声匿迹。但与此同

图29 民国照片　王庆祥供图

图30 杭穉英绘20世纪30年代美女月份牌　旧金山华人历史博物馆2015年“回眸”展供图

图31 穉英绘制的海报中的舞女　旧金山华人历史博物馆2015年“回眸”展供图

图32 现代黑缎地钉珠仙鹤纹无袖旗袍　广州博物馆藏

图33A 梁本安伉俪合照

图33B 梁本安伉俪与家人合照

① 南京博物院、中国丝绸博物馆编：《芳菲流年：中国百年旗袍展》，译林出版社，2014年，第8页。

时，随着华人在世界各地的大范围辗转迁徙，旗袍文化得到更为广泛的传播，并已成为中华女性的一种标志。广州博物馆藏品实物中，来自印度尼西亚华裔的腊染纹晚装旗袍（见图34），来自柬埔寨的丝盛装旗袍（见图35），来自日本的丝绒绣花旗袍（见图36）与30年代首位华裔好莱坞明星黄柳霜穿着相似，从上海迁徙至美国的华裔母亲传给女儿的旗袍（见图37）等无一不宣告旗袍是华人女性服饰的标志。

1．港派旗袍（香港1949—1977）

香港在近代中西文化交流中处于前线，受到冲击最大。反映在服饰方面，由于英国人统治华人用了“乡约律例，率准如旧”的方针，时至20世纪初，中国男子仍然留辫子，穿长衫马褂；女子缠足，穿衫裤袄裙。晚至60年代仍然有一些官绅名流出席盛会时穿长衫马褂，当然，整体来说，香港人衣着时髦在1949年前尚次于上海。①

30年代，旗袍基本上是中国内地城市女性的普遍衣装，远在南粤的香港女性也紧跟这一时尚脚步。初期的香港是一个渔港，当地妇女日常穿着一种上衫下裤的“客家装”，旗袍一般是中上层女性的穿着。

英国学者弗兰克·韦尔什所著《香港史》中提到第二次世界大战后至50年代初，以上海为代表的内地移民南迁入香港，对香港的发展起了举足轻重的作用，“上海实业家成为这一潮流的弄潮儿……上海企业家在经济上发挥了决定性作用”，并带来了技术、资金、业务经验和时尚的生活方式。因而，花样讲究的海派旗袍在香港得到广泛的响应。

名闻遐迩的上海裁缝手工精湛，以其独特的中西结合的审美观念和装饰手法，通过贴身的剪裁，以及运用滚边、嵌和荡条、盘扣（见图38A–D）等旗袍装饰手法，传达了对美的理解，一件旗袍被赋予了新的结构和内涵。在香港有钱人家的太太、小姐、明星们都有自己固定的旗袍师傅为她们量身订做旗袍。

50—70年代是香港旗袍的黄金时期。50年代初的旗袍风格讲求简洁大方，立领，方襟，衣袖合体，低开衩，在胸口缀以花卉图案；衣领、衣襟、袖口有宽宽的异色质滚边，使穿着者有一种不妖、不媚、大方的姿态。

第二次世界大战之后，法国设计师迪奥创造了时装界“新风貌”的剪裁廓形线条。“新风貌（New Look）”为女性服装呈现一种全新

① 司徒嫣然：《罗衣百戴——香港服饰演变》，香港市政局，1992年，第4页。

图34 现代印花长袖旗袍
广州博物馆藏

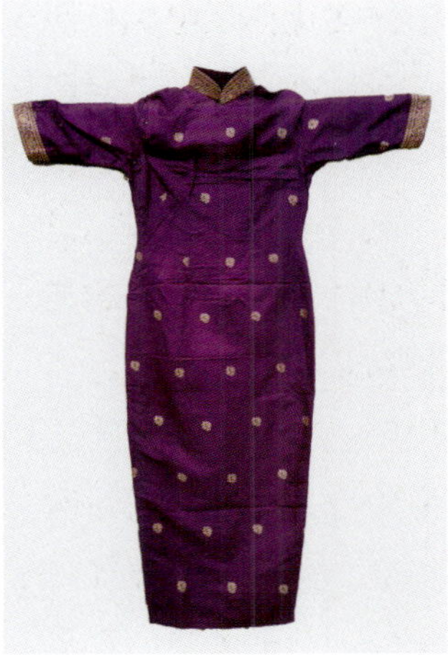

图35 现代兰紫丝地绣金色花卉纹长袖旗袍　广州博物馆藏

图36 民国黑色天鹅绒绣白色花卉纹无袖旗袍
广州博物馆藏

图37 现代羊毛拼色大圆点纹短袖旗袍　广州博物馆藏

图38A 现代茶叶末色印花几何纹丝棉袄旗袍局部　广州博物馆藏

图38B 现代茶色收腰短袖旗袍局部
广州博物馆藏

图38C 现代米色无袖旗袍及同色镶蝴蝶形扣长袖外套局部　广州博物馆藏

图38D 现代团花寿凤纹织锦短袖旗袍局部　广州博物馆藏

的面貌：急速收起的腰身凸出与胸部曲线的对比，长及小腿的裙子，再加上修饰精巧的肩线；整体外形优雅，高贵而女人味十足。香港旗袍也受到这股迪奥风潮的影响：柔软廓形线条、突出斜肩、胸部，圆臀和极细腰部。由于50年代的胸罩流行以转圈式连续缝制法，并在罩杯顶点处使用填充物（bullet bra，弹头胸罩）；这使得女性的胸部造型呈锥形，显得丰满坚挺。

1950—1970年，据统计在香港共出产电影3000多部。生机勃勃的电影业造就了许多明星，她们穿着紧身旗袍，有的美艳至极，成熟中透着性感，有的气质清纯可人，有的气质大方高雅，她们无一不把旗袍的美推上极致。例如1960年《苏丝黄的世界》取材于香港的湾仔，影片中女主角"苏丝黄"有着披肩长发，身穿高开衩、紧身而超短旗袍，散发出一种另类的东方情调，这一切代表着20世纪香港独有的风情。旗袍更因此影片而成为一个全球家喻户晓的名字。

从廓形来分析"苏丝黄"的旗袍，它有立领、斜襟、两侧开衩等一切细节，而从本质上来看，裹在贴身旗袍的美人，既有东方女性的娇小纤弱，又有西方女性的胸腰臀落差。这样的旗袍形象对于中国人是陌生的，而对于西方人则是迷恋的。中国人的陌生感源于其中西合璧的异国情调，同样西方人的迷恋也源于其中西合璧的异国风情。①

"苏丝黄"的港派旗袍是西方人眼中的中国美，也促成西方人眼中的性感、神秘东方的符号。猎奇的西方人在自己的时尚之中也好奇地使用了旗袍。甚至有西方的大明星，如依莉莎·伯泰莱、格蕾丝·凯利等专门找香港旗袍师傅定制旗袍。而到香港旅游的游客，往往都会到尖沙咀的服装店订做上一两件富中国传统纹饰的织锦旗袍。在这股风行四海的旗袍风潮之下，五六十年代的香港妇女，不论老少、时尚或传统的，都喜欢一身旗袍或旗袍配套的装扮。70年代以后，经济上的跃进催生了香港中产阶级的发展和壮大。在这东西结合的社会里，中产阶级越来越接受西方舒服休闲而新潮的穿着，尤其是新一代成长的年轻人，对于西式的观念，西式的服饰已经习以为常，旗袍就逐渐淡出潮流。旗袍、套装成为结婚喜庆与宴客时的礼服。近代以来香港虽然受英国影响，但生活并未完全被欧式同化。旗袍一直在民众心中留存，并成为中国传统文化的一种载体。

① 司徒嫣然：《罗衣百戴——香港服饰演变》，香港市政局，1992年，第171页。

2. 继承与发展、创新与融合

中华人民共和国成立后到20世纪70年代，为建国后经济建设和困难时期，国民服装趋于统一，多为白衣蓝裤。

随着改革开放，人们开始看到旗袍的复苏。设计师利用上海的浪漫怀旧情怀，借助鲜艳的色彩和图案对旗袍进行了现代诠释。旗袍甚至成为了全球时尚。

2015年大都会博物馆的《镜花水月–China Through the Looking Glass》展览中，让·保罗·古尔蒂埃（Jean Paul Goultier）的2001/2晚间高级时装和约翰·加利亚诺（John Galliano）的1997–98秋冬系列（见图39），以及谭燕玉（Vivienne Tam）、巴黎菲律宾裔设计师Andrew Gn、美国夏威夷Alfred Shaheen、郭培等众多别致的知名设计师让旗袍重新登上了国际版图。广州博物馆藏以粤绣马尼拉披肩作为面料的现代旗袍（见图40），诠释出中西合璧的服饰风格。

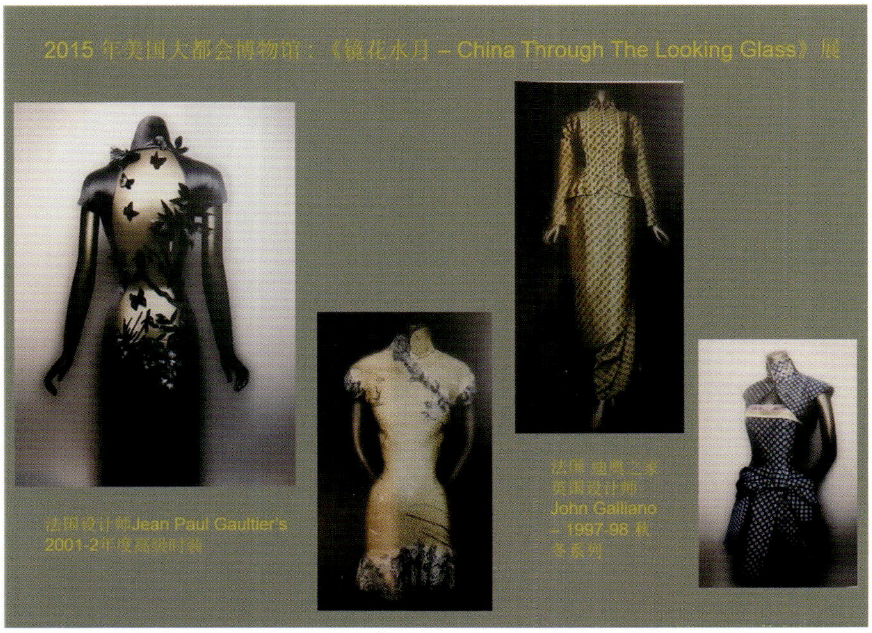

图39 2015年大都会博物馆《镜花水月–China Through the Looking Glass》展

图40 现代黑色花卉纹中袖旗袍
广州博物馆藏

五、结语

服饰是一种必不可少的文化指标，通过服饰，每个人都在展示自己的个性、艺术品味和历史。时尚触及每一个人的生活——它与社会有着内在的关联，也是对不同国家经济与文化之间相互作用和某一个时期“美”的理解。

广州作为中国主要的对外通商口岸，具有特殊的地理条件与世界各地开展交往互通。广州博物馆藏有跨百年的各式旗袍和与旗袍时尚相关的鞋子、配饰。这些征集自海内外的旗袍、配饰，显露藉由贸易或移民，海派旗袍在中国及海外流行、传播发扬的事实。本文希望通过广州博物馆的服饰藏品，起抛砖引玉的作用，激发学者、设计师们关注旗袍的发展与研究。

那么旗袍的下一步是什么？它会在21世纪幸存下来吗？它会在相遇与相融的过程中又演变成一种略有不同的形式吗？时尚是不可预测的，可以充满惊喜，我们只能拭目以待。

广西三江侗族刺绣技艺研究

◎ 江南大学设计学院　牛　犁
江南大学设计学院　郝继旭

侗族主要分布于黔、桂、湘三省下属的百余县市。按照方言语域划分，广西三江侗族属南侗，是我国侗族中最古老的一支。2009年，广西三江侗绣入选广西壮族自治区非物质文化遗产名录；2018年，侗族刺绣入选第一批国家传统工艺振兴目录。学界对侗绣的关注由来已久，笔者以“侗绣”“侗族刺绣”“侗族服饰”为主题词共检测到相关文献321篇，已有文献以贵州侗绣居多，主要聚焦于纹样研究与当代应用、侗绣传承与创新发展。其中石含洲①、黄朝晖②、何婵③分别从数字媒体、针法融合、视觉传达等方面进行设计实践；田非④、杨军昌⑤分析了侗族刺绣目前的传承现状与所处困境，并提出对应的解决措施。以侗绣技艺为研究对象的文献较少。其中姜大谦⑥、傅安辉⑦、陈默溪⑧以锦绣两种工艺为对象，梳理了侗族织锦和刺绣的特点；《侗族织绣》⑨、《侗族服饰艺术探秘》⑩两本专著主要从技艺特征、功能作用、文化寓意等方面对三江侗绣有较完整的记述。

综上可见，有关侗绣的研究早已开展，但对传统侗绣技艺的挖掘还不够深入，未见有关三江侗绣技艺的系统梳理。“刺绣”从字体构造上包含了技法（刺）、材料（纟）、纹样（秀），“技”与“艺”相辅相成。三江侗绣是侗族人在生产生活中积累创造出的民族技艺，其独特的“技”与“艺”彰显了族群性格。通过解析其工艺流程、技法特点、纹饰造型及布局等，认知三江侗族特有的族群造物智慧及艺术审美特征，在新媒体科技与文化消费快速变化的新时代背景下，对保护和传承传统侗绣技艺具有重要意义。

① 石含洲：《乡村振兴背景下侗族传统手工艺的数字化传承研究》，《工业设计》2020年第2期，第142—143页。
② 黄朝晖、曾慧：《侗族刺绣与丝带绣的比较及创新应用》，《中原工学院学报》2019年第6期，第23—28页。
③ 何婵：《侗族刺绣在食品包装中的应用》，《肉类研究》2020年第7期，第98页。
④ 田非：《从广西三江侗绣基地发展现状看民族工艺的传承与保护》，《传承》2015年第9期，第150—151页。
⑤ 杨军昌：《侗族非物质文化遗产的社会功能与传承保护》，《中南民族大学学报（人文社会科学版）》2014年第2期，第39—44页。
⑥ 姜大谦：《论侗族纺织文化》，《贵州民族研究》1991年第2期，第64—70页。
⑦ 傅安辉：《侗族的织绣艺术》，《民俗研究》1995年第1期，第61—64、18页。
⑧ 陈默溪：《侗族的织绣艺术》，贵州民族研究，1983年第1期，第127—131页。
⑨ 王彦：《侗族织绣》，云南大学出版社，2006年，第47—58页。
⑩ 张柏如：《侗族服饰艺术探秘》，汉声杂志社，1994年。

一、侗族刺绣的源流及传承现状

侗绣最早出现于明代。田汝成《炎徼记闻》卷4中记载“妇人短裙长袴，后垂刺绣一方，若绶胸亦如之”①；《贵州图经新志》卷7记载“妇女之衣，长袴短裙，裙作细褶裙，后加布一幅，刺绣杂文如绶，胸前又加绣布一方”②。以上文献所述是有史以来对古代侗绣技艺与纹样的最早记载。至清代，“重绣”的装饰风格成为南侗地区侗族女子服饰的主要特色，从《百苗图》可以看出，女子上衣领口、袖口、衣摆处均以刺绣装饰。清代《柳州府志》记载：“怀远侗人……女子挽扁髻……有裙无裤，裙最短、露其膝，胸前裹肚，认缀缀之。”③笔者在田野考察中发现，三江侗族女子服饰穿搭也是外着对襟刺绣外衣，两侧开衩，内搭胸兜，下穿露膝百褶短裙，系绑腿，同文献记载中侗人的服装形制和装饰形式几乎无异。显然，三江侗绣保留了较为古朴的制作工艺和艺术特点，作为侗族服饰最突出的装饰技艺，在近代的发展过程中，也不断吸收借鉴了周边民族的马尾绣、锡绣、盘金绣等，丰富了本民族刺绣的表现形式。

三江侗绣自入选非物质文化遗产以来，受到当地政府的重视和保护。目前最早且在世的第三代侗绣传承人覃时清，擅长侗绣剪纸纹样，创作大量经典侗绣纹样作品，而今因年事已高已较少参与传承活动；其儿媳韦清花以第四代传承人身份担起重任，响应国家政策建设侗绣传习基地。韦清花绣艺精湛，主要承担传习基地的绣艺培训，近年来带领数十位当地留守妇女参与侗绣基地建设，积极开展侗绣技艺传习活动；韦清花女儿覃桂珍是第五代传承人，主要负责侗绣的市场营销、对外宣传、创新设计等事务。传承人团队积极与当地职业院校开展合作，通过校园服务、商业活动等拓展传承路径，以基地为窗口把绣娘的手工技艺向外界传播。2020年以来，传习馆受新冠疫情的影响，相关服务与商业活动大幅萎缩，给三江侗绣的传承带来巨大的生存压力，探寻新的传承路径迫在眉睫。深入系统地解读三江侗绣技艺，搭建传统技艺与现代生活的桥梁，这也是三江侗绣传承人对于研究学者提出的迫切恳求与期望。

① （明）田汝成：《炎徼记闻》卷4，清《指海》本。

② （明）沈庠修，赵瓒纂：《贵州图经新志》卷7，明弘治刻本，中国国家图书馆藏。

③ 三江侗族自治县概况编写组：《三江侗族自治县概况》，民族出版社，2008年，第23页。

二、三江侗绣的工艺特点解析

通过博物馆藏品研究及传承人的访谈得知，三江侗绣以剪纸绣为代表，大面积应用于女子上衣、胸兜、鞋、帽及背带，与侗锦一起是侗族服饰的主要装饰。三江侗族剪纸绣善用平针，在一定厚度的剪纸底纹上以平针细密排线。虽然是简单的平针刺绣，但绣线光亮、布线细密、色彩丰富，结合剪纸纹样本身的厚度，刺绣出的纹样效果精致饱满，线条明快清晰，与靓丽的刺绣色彩组合呈现块面立体的视觉效果。

（一）多层复合的制作工序

剪纸绣工序繁琐，集多种材料和技术于一体。完整制作过程大致分为三个步骤，即复合底衬制作、剪纸纹样制作、施针设色完成（见图1）。第一步是复合底衬制作。常以底料、土布和彩色面料复合制成刺绣底衬，底衬厚实约0.3毫米—0.5毫米，形成具有一定硬度质感的刺绣基底；第二步是剪纸纹样制作。剪纸纹样是刺绣的底稿，常取硬度适中并有一定厚度的纸片，依据绣娘内心所想将纸片裁剪，剪好的纸样刷浆糊贴于底衬表面固定。底衬和剪纸纹样都有一定的厚度和硬度，经过粘合固定后增加了刺绣基底的牢度，刺绣时不需要加绣绷，也不用担心剪纸纹样破损，便于侗族女子日常劳作之余随手拿起刺绣。第三步是施针设色的刺绣阶段。三江侗族剪纸绣施针以平针绣为主，即从纹样一端出针，另一端入针，针迹以线圈包裹纸样。三江的剪纸纹样常具有一定的厚度，所以刺绣时一般不会刺穿剪纸纹样本身，线迹密实覆盖剪纸纹样，工整不留空隙。

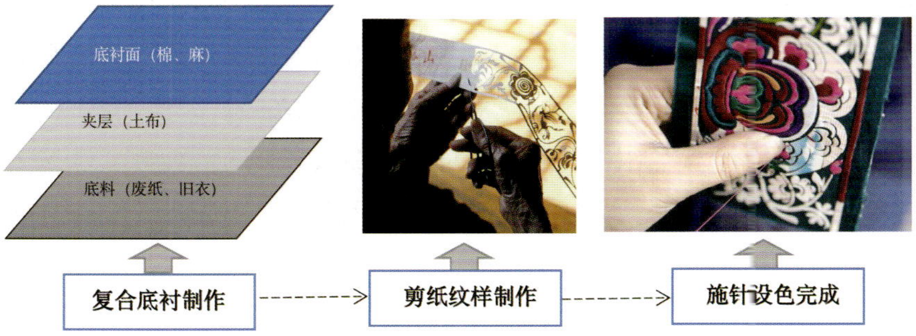

图1 三江侗绣剪纸绣工序示意图

受当地物质生活条件的限制，从底衬材料制备到完整绣品，全部由绣娘双手完成。侗绣取材广泛多样，废旧的衣料、纸张、手工染织的棉麻土布都可用作刺绣底衬材料；芋头熬煮凝练制作浆糊；鸭绒材质的手纺丝线是早期主要的绣线，取其色彩与光泽。近代以来村寨的物质材料逐渐丰富，五彩丝线品种繁多，刺绣针法也受周边民族影响逐渐丰富多样，但传统剪纸绣的制作工序被保留并代代沿袭。

（二）三江侗绣的施针布线特点

辩证转化的施针布线意指剪纸纹样和刺绣施针过程互相成就，又相对具有独立的创作思路。基于剪纸纹样施针、布线与设色是三江侗绣技艺最具地域特色的技法特征，一方面，刺绣技法受制于剪纸纹样本身的结构特点；另一方面，剪纸纹样的设计也要考虑刺绣技法的实施。二者相辅相成、相互制约，逐渐形成了独具三江侗绣的技法表现方式，最终在侗族绣娘的手中创造出独具民族特色的指尖艺术。

1. 施针技巧

剪纸绣以绣线覆盖剪纸纹样的施针（见图2）。施针从b点起针、a点落针，形成一个环圈包裹纸样重复此过程直到绣线将剪纸完全覆盖，最后将针拉至反面穿入其中进行固定。许多绣娘精通刺绣技法却不会剪纸，需要向技术高超的老艺人“讨花样”，在刺绣时，为了确保剪纸纹样的完整性，尊重精雕细刻的剪纸艺术，采用平针越过纸样区域，紧贴两外端同向排线。因纹样百变，线迹需根据纸样宽窄进行长短针调整和断线补充，绣线填充遵循主体面积原则，即在转折或末

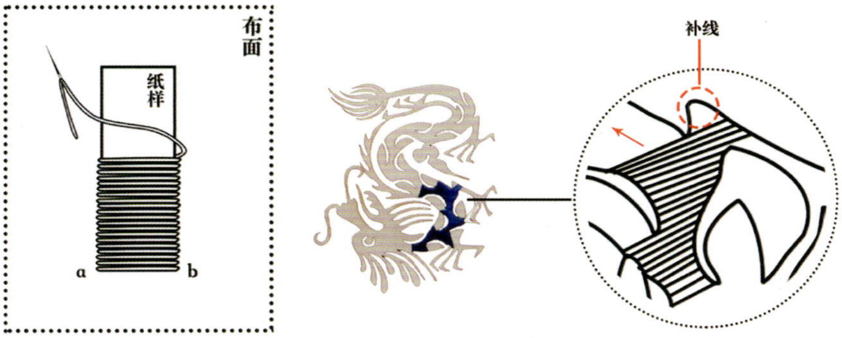

图2 剪纸绣施针及细节特点

端区域预先保留，先绣完较大面积纸样后采用补针填充预留之地，后期补充完善整体。

从施针过程来看，刺绣似乎成为被动的创作。实际上，由于三江剪纸绣是以绣线覆盖剪纸，如果针距超过0.5厘米以上，就容易因线迹过长造成绣面疏松出现缝隙的问题。因此，剪纸底稿在创作时，技艺高超的“老艺人”会根据刺绣针法的限制设计适宜剪纸绣施针的图形，常以分割、结构错落等方法进行大块面结构拆解，从而形成三江侗绣特有的线条精致细腻、对事物的抽象概括的纹样特征。如图2中龙纹的躯干设计，通过错落分割既表现了龙身躯干龙鳞的造型，又实现了短针距包裹剪纸的目的，分割的线条与刺绣的针法强化龙纹的表现层次与形式美感。

2. 布线设色

辩证转化的布线设色突出表现在侗绣顺向衔接的排线技巧。一方面反映出剪纸纹样与刺绣施针之间的辩证关系，另一方面也反映出绣娘运用色彩对剪纸纹样的再创造。刺绣制作前，应对纹样结构进行大致分析，预设线迹走向，否则就容易出现排线冲突的问题。如图3所示，A为实物，B是根据实物绘制的排线图，从B图蓝色区域可见，在花瓣的顶端出现了排线方向的冲突。C和D是根据侗绣技法设计的的两种自然转折的顺向衔接线迹。笔者求证于传承人覃桂珍得知，初学者很容易在刺绣中形成排线冲突，手巧的绣娘也需要日积月累的经验才能掌握同向铺线的合理线迹预设，并逐渐形成各自的布线设色风格。

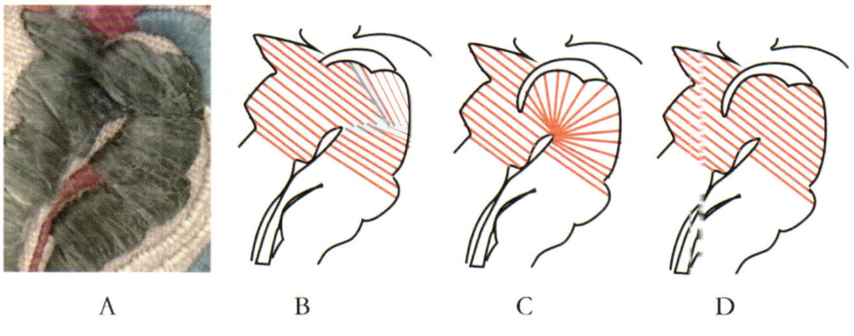

图3 排线冲突及同向衔接布线示意图

这种基于剪纸纹样的布线设色，没有绝对的标准程式规范，却是衡量侗族妇女卓绝绣技的默认标准。有经验的绣娘根据自己的审美喜好在绣线顺向衔接的基础上布线设色。由表1中的图可见，顺向衔接并不是完全同一的方向排线，而是基于剪纸纹样的合理分布与设计，聪慧的绣娘把排线与设色巧妙结合，在针法顺向衔接的转折区以不同色块作为过渡或对比，弥补因针法单一形成的视觉单调。正是由于以上原因，三江侗绣的设色自由大胆、灵活多变，虽然没有其他刺绣针法的穿插用色，依然展现出非常丰富的色彩特性。

表1　剪纸绣同向铺线实物与排线解析

名称	混沌花局部	龙纹局部	牡丹花局部	蝴蝶纹局部
实物图				
排线图	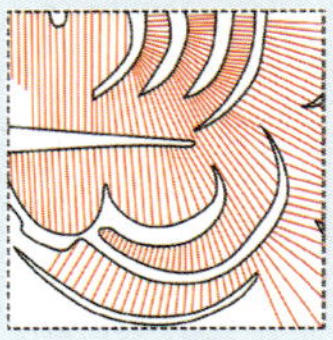	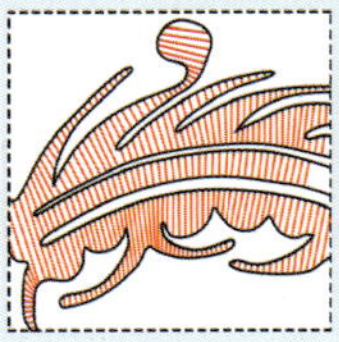		

3. 针法应用

除了普遍运用的剪纸绣，三江绣娘们也会使用锁绣、钉金绣、打籽绣、锁边绣等其他针法。锁绣，由绣线锁套而来，形成的线迹与链子相似，是中国古老刺绣方法之一。①闭口锁绣与开口锁绣是三江绣娘的常用技法。闭口锁绣线圈出入针两点闭合，多用来勾勒图案边缘或填充背带纹样，线迹窄小且针迹密集。开口锁绣相对于闭口锁绣，出入针距离较大，可形成更宽的链条充实主体纹样或构造特殊肌理效果。针法运用同装饰部位形成关联，并以直接刺绣、绣片拼缀的方式出现于服饰中。通过图案填充或勾勒边缘的方式，按照刺绣针法的耐磨程度，与磨损频率各异的服饰结构对照使用。根据考察实物的磨损状况，依次划分为弱、较弱、强、较强四个等级，强磨损部位使用绕

① 庄慧敏、王群山：《贵州苗族锁绣工艺及应用探究》，《设计》2018年第2期，第100—101页。

线和双线迹针法居多，充分考虑其实用性。盛装女鞋及上衣缘饰相对磨损较弱，以单线迹的剪纸绣为主，装饰意义更突出（见表2）。

表2　侗绣常用针法及应用部位

针法	针迹	应用部位	应用目的	磨损强度
剪纸绣	单线	上衣缘饰、腰带、盛装女鞋、背带、围腰、胸兜	图案填充	较弱
锁绣	双线	上衣边沿、背带心、胸兜围腰、日用鞋、钱包	边缘勾勒 图案填充	较强
钉金绣	双线	背带盖、围腰、鞋帮	边缘勾勒 图案填充	强
打籽绣	绕线	背带盖	图案填充	较强
锁边绣	双线	童帽、背带	边缘修饰 绣片固定	强

三、三江侗绣的艺术特征

三江侗绣纹样题材丰富，涵盖花草鱼虫、飞鸟走兽以及神灵角色，造型风格相近，具有玲珑秀雅的视觉美感。纹样表现对题材具有较高的概括性，以事物基本样貌为廓形，内容拆解成窄小玲珑的板块。装饰布局则注重秩序与均衡，充分考虑到绣片与装饰部位的合理性与功能的实用性。

（一）玲珑秀雅的纹样造型

侗绣纹样的抽象概括度高，线条细密行云流水，擅长将具体事物凝练成点、线、面相互分离又融合的几何图形。这些抽象又有具象几何纹样，结合剪纸绣的致密排线，层次丰富的设色，使纹样立体生动跃然绣布之上。图4为三江侗绣传习基地馆藏的传世绣花鞋一双，鞋面左右两边各刺绣一只龙、一只凤，造型流畅灵动，线条柔美清晰，色彩运用自由。龙头、龙爪重点设色突出纹样主题；龙和凤的躯干都用了黑白相间的线条处理，明确图形的整体性；龙尾和凤尾的线条飘逸自由，具有视觉张力。纹样造型与绣法相映成趣，形成这种看似松

图4 三江侗族绣花鞋侗绣纹样造型　三江侗绣传习馆藏

散自由又充满内在联系，与该地区的剪纸绣的特点相得益彰，呈现出玲珑秀雅的造型风格。

在三江侗族的服饰装饰中，还有许多其他的动物纹、花草纹等，虽然是不同的纹样题材，但是在造型手段上，都具有典型的玲珑秀雅的纹样造型特点。与我国其他地域的侗族纹样的造型相比，具有较大的风格差异。除了针法本身的区别，在纹样的结构、图形表达及色彩运用也都有较大的不同。表3是我国不同地区侗族刺绣的造型对比，贵州黎平侗族以贴布绣为美，纹样造型注重面的表达；肇兴侗绣以绞线绣为特色，运用线的堆积形成装饰图形边界；贵州锦屏侗族则喜以白纱线镶边，使刺绣具有浮雕感。三江侗绣的剪纸绣针法朴素，基于剪纸底稿的图形表现，巧妙施针设色，线条饱满，配色丰富，纹样构造与刺绣技巧使三江侗绣展现出独特的艺术魅力。

表3　不同地区侗族刺绣造型对比

地区	绣片	主要针法	纹样造型
贵州黎平 侗族花卉围腰绣片		贴布绣	贴布块面造型 图案细节写实
贵州黔东南肇兴 侗族绣片		绞线绣	以线堆积缠绕 注重线条表现

续表

地区	绣片	主要针法	纹样造型
贵州锦屏侗族绣片		盘轴滚边绣	以白纱线镶边 突显浮雕感
广西三江 侗族花卉衣兜绣片		剪纸绣	平针覆盖剪纸 线条灵动饱满

（二）平衡对称的纹样布局

首先，三江侗绣的纹样本体和绣片布局具有显著的对称性。侗绣中的混沌花、蝴蝶纹、蜂花图等纹样是侗族服饰的主要装饰题材。混沌花是侗族服饰中的代表纹样，由蜘蛛纹向花朵形态变异而来，又称为螃蟹花，具有典型的左右对称构成，常装饰在服饰的中心部位，如背带中心及衣兜中心。衣兜是三江地区侗族女装的重要组成部分，可内穿又可外敞，拥有“衣”的主体地位[①]。穿着时衣兜上的刺绣装饰处于人的视觉中心，对称性的图形突出重点，强化装饰部位。如图5取自侗族服饰衣兜上的各种不同的混沌花纹饰，可见混沌花似花非花，虽然配色造型各异，但都是左右对称，形态饱满。

其次，侗族服饰刺绣的装饰布局均衡对称。常以绣片形式拼缀在袖口、领、门襟、下摆边沿、衣衩边缘时，左右衣片的纹样内容和绣片规格也完全对称。侗族背带作为侗绣的重要载体，其绣片布局就是典型的均衡对称的代表。以侗绣背带纹样“八菜一汤”布局为例，

图5 三江侗绣混沌花纹样构成　三江侗绣传习馆藏

① 汤洁：《广西侗族衣兜的形制与审美特征》，《丝绸》2012年第5期，第56—58页。

一般绣片共四种图案，每种图案各二，形成八块绣片，相同图案以轴对称形成十字型对称样式（表4，图a）。笔者研究实物时发现，有的背带盖对称方式独特，每种纹样各四，八块绣片除了显现十字型对称外，每四块相同绣片的位置还串联为等腰梯形，形成两个近似全等的重叠闭合区域，最终以一条对称轴就可实现所有绣片的对称（表4，图b），布局均衡，又具有非常强烈的对称意识。

表4　三江侗族“八菜一汤”背带绣片布局分析

“八菜一汤”型实物	纹样对称（图a）	纹样对称（图b）
		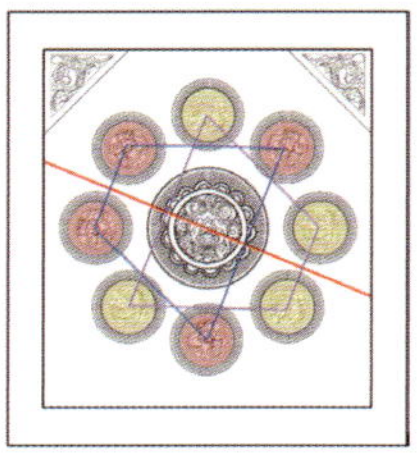

四、三江侗族刺绣技艺的审美内涵

（一）率真质朴的族群审美

艺术来源于生活，刺绣呈现的视觉美感与族群性格相关。侗绣是侗族绣娘们在日常生活中创造出的艺术，突出女性群体的审美喜好，虽然绣娘们的刺绣技艺水平不尽相同，但是总体而言，族群内部的刺绣风格是固定的。一件刺绣精美的侗族嫁衣、一副绣满祝福的孙辈背带、一双精巧别致的绣花鞋、一顶俏皮的刺绣童帽等，绣娘们把自己对幸福生活的憧憬绣进去、把美好的祝福绣进去、把自己的快乐心情也绣进去。刺绣作品不仅展现出绣娘的技艺，更展现出绣娘们的审美喜好，也从一个侧面展现族群性格。如图6为三江传习馆藏绣花鞋，鞋面刺绣是动物题材，主体图案饱满灵动、配色明快，辅助图案写意概括、充满趣味，题材表现简洁，寥寥几笔粗细变化的线条就勾勒出动物的形态。虽然是黑色做底的绣花布鞋，但生动的纹样多了几分俏皮的视觉美感，我们甚至能感受到绣娘刺绣时的欢快心情。三江侗绣在侗族乡间传承百年，这种朴素生动的刺绣作品是人们日常生活的描绘，充分展现出侗族人民率真质朴、乐观积极的族群性格。

图6 三江侗族绣花鞋刺绣装饰局部　三江侗绣传习馆藏

（二）深谙秩序的造物智慧

“秩序”贯穿于三江侗族人民的生产活动与生活习俗。用于约束行为活动而自发组织的“侗款”，鳞次栉比、错落分布的侗寨，层叠向上的侗族鼓楼，是秩序观念在生活及建筑领域的标志。侗族女子服饰采用十字对称的形制，装饰在衣身上的侗绣装饰对称分布于袖口与衣襟，也具有非常突出的“秩序”审美特征。这种“秩序”的审美潜移默化渗透在三江侗族刺绣技艺中。首先，从刺绣技艺的制作流程来看，从底衬制作到剪纸图形，再到完成刺绣，每一个步骤中都包含严谨的秩序，代代相传沿袭至今；其次，从刺绣纹样的造型与绣片布局来看，个体纹样的对称性构图与绣片装饰布局的均衡分布，形成侗绣装饰审美的基本秩序；从刺绣微观来看，顺向衔接排线的剪纸绣针法均匀整齐，形成侗绣线条整洁干脆的线条，其自由大胆的设色丰富单一针法，形成侗绣独特的色彩韵律。可见，从侗绣的制作工序、到装饰手法和施针设色，都直接明确地传递出三江人民井然有序的“秩序”审美。

五、三江侗族刺绣技艺的时代发展

（一）以技载艺融合创新

随着国家大力推进文化美育建设，广西的许多院校积极与三江侗绣传习馆开展文化传承与实践合作。有的把传承人请进校园举办专题讲座；有的把侗绣技艺融入专业课程的教学当中，以技载艺丰富专业教学内容；还有一些高校把民族技艺作为大学生创新创业的课题，开展文化传承的实践项目。传承民族传统技艺不仅要学习传统刺绣技术，更需要体悟传统艺术的审美特质和文化内涵。图7是江南大学设计学院服装专业学生通过学习传统侗绣技艺，以蝴蝶为题材创作的侗绣风格创新刺绣作品。创新设计的刺绣作品在针法及图形表现上沿袭了剪纸绣的审美特点，针法上增加了立体线绣和珠绣丰富的表面肌理，把侗绣技艺融入现代时尚，丰富传统民族技艺的现代表现力。

图7 侗绣技艺创新作品　江南大学设计学院服装专业学生创作

（二）数字转化实践探索

数字时代高速发展，信息技术不断介入民族文化的保护与传承中，科技为艺术赋能，带来新的发展思路。以侗绣文化为主题进行数字化转化的文创产品已经涌现，较多集中在纹饰题材的数字创意。广西民族博物馆的文创丝巾是以侗族的花草纹、太阳纹以及侗族刺绣背带的纹样布局为灵感的数字设计（见图8）。有关侗绣技艺的数字化实践探索也已经起步，如基于交互方式设计的侗绣文化认知、虚拟刺绣平台设计等。数字化的交互方式非常直观，也符合当下年轻人文化消费的习惯。[①]随着现代技术的日新月异，传统技艺的数字转化必将成为创新发展的趋势，这就要求设计者对传统技艺有深入系统的理解，才能使数字转化成为技艺传承的有效路径。

① 童芳：《“口袋博物馆”的用户体验要素设计》，《南京艺术学院学报（美术与设计）》2016年第3期，第126—133页。

图8 广西民族博物馆侗绣纹样丝巾文创　纹藏出品

六、结语

三江侗绣属于侗绣中最为古老的一支，流传百年至今仍然保留了一定的原始性。作为少数民族刺绣艺术中非常重要的一员，三江侗绣制作工序繁琐，剪纸绣作为其代表性的技艺特征，不仅在材料使用、色彩搭配上独具艺术特色，其基于剪纸底纹的分解、施针和设色，是以刺绣技法对于剪纸底纹的二次设计，独具三江侗绣立体线描的视觉效果。三江侗绣具有率真质朴、深谙秩序的审美特征，是三江侗族族群生活智慧与民族性格的外在表现。系统梳理三江侗绣的工艺特征、艺术风格及审美内涵，不仅可以充实我国传统刺绣艺术宝库，而且可以加深人们对民族传统手工技艺、传统民族文化的深入理解，提高大众对民族文化的认知，增强民众的文化自信和自豪感。三江侗绣独具个性的刺绣风格为现代刺绣艺术创作提供新素材，当代发展积极拓展民族技艺的传承路径，以侗绣技艺丰富专业课堂教学、运用现代科技实现侗绣技艺数字转化，推动传统民族手工技艺以不同的姿态融入现代生活。对于三江侗绣技艺的系统梳理，一方面，可以增强人们对非物质文化遗产的保护与传承意识；另一方面，有利于三江本土刺绣艺术的长远发展，对于其他地区民族刺绣艺术的当代传承与发展也有一定的借鉴意义。

纺织品修复过程中的细节和要点

——以广州博物馆藏清广绣湖水蓝地排金银线绣鹤鹿同春图门帘修复为例

◎ 广东民间工艺博物馆　胡继芳

刺绣是中华民族极具民族风格的手工艺术。它是在已经加工好的织物上，用丝、绒、棉等各种色线，以针引线，按照设计要求进行穿刺，构成各种优美图象、花纹或文字的工艺。其开始以美化服装等日用品为主，逐渐发展为与民俗、婚嫁、丧葬等活动相关的表示亲情、爱情、友情的专用品，甚至成为权势等级的象征。

广绣作为我国四大名绣之一，具有非常独特的工艺特色，它构图饱满，色泽富丽，针法多样且富于变化，尤擅长以祥禽瑞兽和花鸟虫鱼作为创作题材。所谓图必有意，意必吉祥，所组合的纹样往往蕴含着“至善、至美、幸福、祥和”的含义。广州博物馆委托修复的“清广绣湖水蓝地排金银线绣鹤鹿同春图门帘”就是典型的广绣作品。门帘双幅对开式，对称布局，主图为鹤鹿同春纹样，图中一棵粗壮挺拔、枝繁叶茂的大树上，栖息着两只仙鹤，正引颈长鸣，树下两只梅花鹿温存相对，伴以绽放的牡丹和丰盛的灵草，画面繁密饱满，富丽堂皇，整幅绣品洋溢着幸福美满、健康长寿、生机盎然的景象。这件绣品整体远观完整，近观可看到缎面多处经纬线撕裂，但组织结构基本完整。修复工作与流程主要有以下几个重要的过程。

一、文物现状分析

窗帘整体外观较好，形状规整，纹饰清晰。面料主体为湖蓝色缎料，以彩色绣线和金银线绣制鹿、树、仙鹤、牡丹、喜鹊等纹样，整体使用钉绣法，以金、银线铺出物象，用玫红、宝蓝、浅蓝、橙黄、米白、紫六色绣线钉绣而成，窗帘周边用米色和粉色缎镶边，辅件有流苏、银片、银泡等。文物整体远观完整，近观可看到缎面多处经纬线撕裂，但组织结构基本完整，用于钉绣的彩色绣线多处断裂，金银线散乱缠绕严重，镶边破损，流苏缺失，银片、银泡缺失（见图1）。

图1 文物破损状况

二、修复材料的选择与预处理

1. 因纹饰全部为钉绣，金银线脱落情况遍布全体，且面料强度较弱，无法继续承受细密的绣线拉扯。缎面除纺织结构松散外，未发生破洞和缺失现象，因此决定使用真丝平纹绢作为背衬材料对缎面做整体加固。这样背衬材料将完全隐藏在面料之后，不会出现因质感不同引起的观感差异，绢料的结实程度较缎料强，由绢来承受刺绣的力度，能够有效地保护绣线对缎面的拉扯，适宜文物的长期保存，也能满足展览悬挂的需求。

2. 缝线要求牢固但不僵硬，首先应使用与文物相同材质的丝线，既纤细又具有必要的强度和弹性，能给予原织物支撑和保护而不损坏它本身，而且丝线吸收颜色的性能也较好，能与织物产生协调的色彩效果。修复用针为目前为止最细的直针，细软的丝线和孔径极小的针眼，能最大限度地避免织物纤维因线的拉伸而切割受损，针脚周围的纤维也不会相互挤压。

3．修复材料在使用前，要求做预处理，因为现在市场上买到的面料，几乎都用染整剂处理过。这些染整剂不仅阻止染色时染料的吸收，而且其中的化学品残留在织物中，会加速织物的老化。处理方法是在沸水中浸泡脱浆，除去这些染整剂。

4．修复材料作为原文物损坏部分的视觉替代物，染色的效果要求与原文物从整体上一致，但又稍有区别以利于研究和鉴赏。虽然使用传统的植物染色技术能使修复材料更接近文物的色彩和光泽，更具古典韵味，但植物染料染色的最大问题是受时间、产地、工艺的限制，难以重复操作。同时，植物染料的色牢度较差，而原文物的色彩已趋于稳定，因此，在没有很好地解决植物染料色牢度的时候，常使用化学染料以获得准确、稳定的色泽。

5．在刺绣作品中，绣线和针法是最为重要的要素，它在很大程度上决定了绣品的表现效果。对绣线的分析不仅仅局限于丝线，还包括金银线及其他花式线，应对其从粗细、组成股数、散开程度、脱胶程度以及制作工艺等方面进行深入细致的分析。对针法的分析主要是研究其运针的规律及其排列组合的方法。这样在修复刺绣品时，可以采用原针法仔细地绣制，使修复的效果能恰当地与缺失部位契合，达到整齐划一的效果。

三、实施修复的过程

1．文物整体加固。面料强度较弱，多处组织结构已经松散，因文物体量和自重较大，若采用悬挂方式展出，面料无法承受文物自身重量及丝线的拉扯，极易撕裂，对文物造成再次伤害。因此选择真丝平纹绢做为背衬材料，以10厘米的间距用绗针将面料和背衬缝合，组织结构松散的部位用紧密的长针加固，加上补全纹饰时绣线的进一步加固，使丝线的拉力均匀分散到背衬上，可保护面料不会受到过分拉扯，也可满足悬挂展览的要求（见图2）。

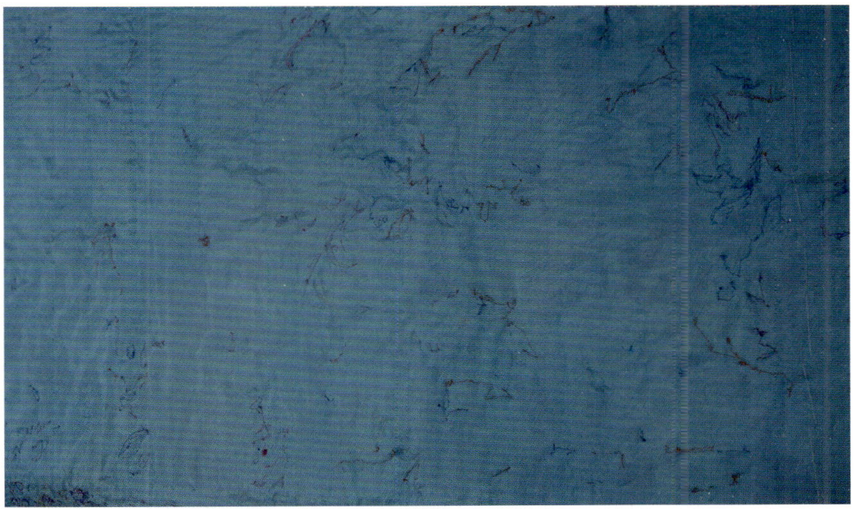

图2 文物背面的绗针与绣线

2．纹饰的修复。纹饰是刺绣的灵魂，没有纹饰，刺绣便无法可依。在补全缺失的刺绣纹样时，要结合研究纹样的风格、长度、宽度以及循环规律，仔细观察，多点测试，才能准确地复制出缺失的纹样。门帘整体使用钉绣法绣制，它是先用金银线在所绣纹样内顺次回旋排列，然后用不同颜色的绣线将金银线钉牢，形成特定纹样的方法。因其绣法特点，绣线在面料上的针步非常短小。门帘因其使用功能，在自重的拉扯和不断的掀动摩擦下，绣线极易挣断，造成金银线脱落，纹饰缺损，需要补配绣线做整体的复原及补绣。本次使用的金银线为文物上脱落的原件，经收集整理发现没有缺失，无需另外补配。绣线从广绣厂购买，每根绣线由两根单股加捻而成，每根单股又可分为四根单丝，先将绣线四等分，每两根单丝为一组，每两组合并加捻，才可用做修复的绣线。修复时遵照钉绣的方法，将每两根金线或银线遵照残留的痕迹平行排列，参照完整部位的同类纹饰，变换不同的色线将金银线钉牢。要求每组金银线排列紧密，钉线间距约0.5毫米，每行之间所订的色线不能平列，须以间错的方式钉绣，即第一行与第三行对称，第二行与第四行对称，这样可以使纹饰显得平整匀密，并在色泽变化上与原件一致（见图3）。

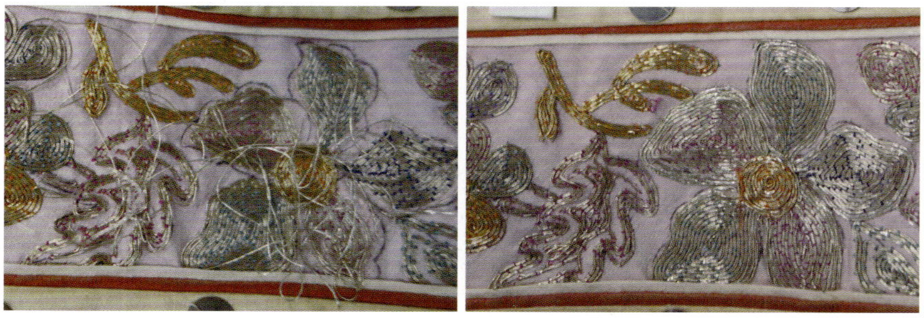

图3 纹饰修复前后对比

3．镶边的修复。窗帘的四周为米色缎镶边，使用米浆定型后与面料缝合，上浆虽然使镶边显得坚挺平整，但也造成织物纤维僵硬松脆，并易滋生霉菌、虫蛀等。在长期使用过程中，镶边有连续不断的磨损、断裂，并有多处霉斑、虫蛀和污渍等。处理方法是：拆分面料和底衬，展平镶边，用棉签蘸纯净水软化拭去镶边上的米浆、霉斑、污渍等，棉签要求湿润但不能出水，以免残留在文物上形成水迹，用磁铁压平整形。因米浆的粘连及腐蚀作用，清洁后镶边的组织结构被扰乱，经纬线也变得松脆，极易断裂，因此需要整体加固。方法是将白色真丝缎染色后，按45度斜裁成2.5厘米宽的布条作为背衬材料，用钉针法将其和镶边缝合加固（见图4）。

图4 镶边修复后效果

4．流苏的修复。流苏由红、玫、粉、黄、绿、蓝六种颜色的丝线编织而成，帘楣处的流苏有三段缺失。在修复过程中，拆开门帘的面料和底衬时，发现左、右幅门帘的下缘在两层布料中间残留一小截棉绳，棉绳上残留有彩色线头，线头的系法和帘楣的流苏相同，可以推断在门帘下缘原本装饰有流苏，但已经完全缺失，需要做整体的复原和补配。

表1 流苏的相关数据

序号	图片	说明
1		流苏共有红、玫红、粉红、黄、绿、蓝六种颜色
2		流苏长约7.5厘米，流苏头宽约1厘米，每只流苏有60根线组成
3		流苏头部用金钱缠绕30周，按一定规律排列组合，形成特定的纹样和菱形缕空花纹
4		每根线的尾端有一个线圈，是由一根线对折加捻而成，这种编法叫做回龙须，其好处是端头不会起毛和松散
5	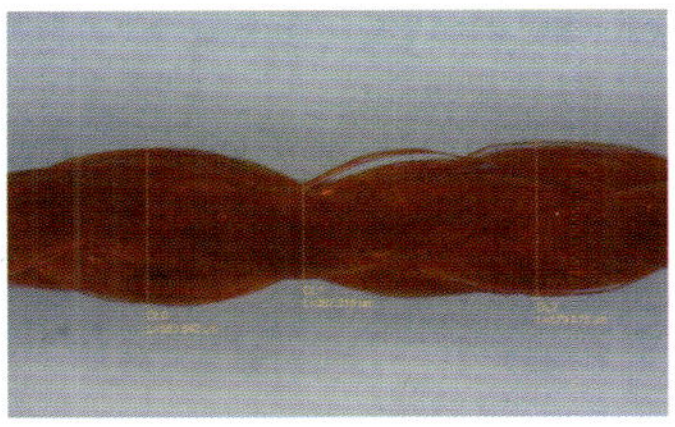	随机取一根流苏线，选三个点位测量其直径，取中间数，得出线粗0.52厘米。

根据取得的相关数据，选用白色真丝线，染色后用编绳工艺复原并补全缺失的流苏。配线较原线稍细，对折加捻后取三个点位测量，取其平均数，得出线粗0.53毫米，加捻后线尾自然形成的线圈也恰好符合回龙须的效果（见图5）。

表2 染色使用颜料配比

序号	颜色	染料	效果
1	红	大红、黑	
2	粉红	粉、黄、红棕、黑	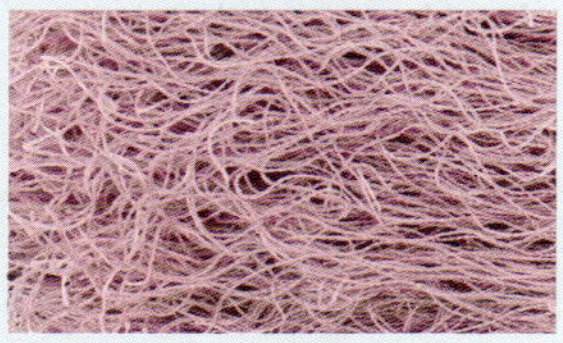
3	玫红	粉、大红、金黄、黑	
4	蓝	艳绿、黄、黑	
5	绿	艳绿、黄	
6	黄	金黄、红棕、黑	

图5 流苏修复前后对比

四、结语

经过以上步骤的处理，该件文物得到了妥善的修复，整体效果良好，其收藏价值和艺术价值都得到了最大程度的展现。文物修复是一项严谨、科学的工作，修复过程中要对文物的材质、强度做严格的评估，采用合理的工具、材料，酌情运用合适的针法，甚至针脚的疏密都会对文物的保存产生不同程度的影响，在实际操作中要充分考虑每一个细节。对于一些特别的工艺，没有现成的教程和经验，要求修复人员要有一定的领悟能力和耐心，仔细分析、摸索、试验，准确地复制补全遗失的部分，才能最大限度地展现文物原有的风貌。

国家“十三五”重点图书

当代经济学系列丛书
Contemporary Economics Series
主编 陈昕

(第二版)

劳动和人力资源经济学

经济体制与公共政策

陆铭 梁文泉 著

当代经济学
教学参考书系

格致出版社
上海三联书店
上海人民出版社

主编的话

上世纪 80 年代，为了全面地、系统地反映当代经济学的全貌及其进程，总结与挖掘当代经济学已有的和潜在的成果，展示当代经济学新的发展方向，我们决定出版“当代经济学系列丛书”。

“当代经济学系列丛书”是大型的、高层次的、综合性的经济学术理论丛书。它包括三个子系列：(1)当代经济学文库；(2)当代经济学译库；(3)当代经济学教学参考书系。本丛书在学科领域方面，不仅着眼于各传统经济学科的新成果，更注重经济学前沿学科、边缘学科和综合学科的新成就；在选题的采择上，广泛联系海内外学者，努力开掘学术功力深厚、思想新颖独到、作品水平拔尖的著作。“文库”力求达到中国经济学界当前的最高水平；“译库”翻译当代经济学的名人名著；“教学参考书系”主要出版国内外著名高等院校最新的经济学通用教材。

20 多年过去了，本丛书先后出版了 200 多种著作，在很大程度上推动了中国经济学的现代化和国际标准化。这主要体现在两个方面：一是从研究范围、研究内容、研究方法、分析技术等方面完成了中国经济学从传统向现代的转轨；二是培养了整整一代青年经济学人，如今他们大都成长为中国第一线的经济学家，活跃在国内外的学术舞台上。

为了进一步推动中国经济学的发展，我们将继续引进翻译出版国际上经济学的最新研究成果，加强中国经济学家与世界各国经济学家之间的交流；同时，我们更鼓励中国经济学家创建自己的理论体系，在自主的理论框架内消化和吸收世界上最优秀的理论成果，并把它放到中国经济改革发展的实践中进行筛选和检验，进而寻找属于中国的又面向未来世界的经济制度和经济理论，使中国经济学真正立足于世界经济学之林。

我们渴望经济学家支持我们的追求；我们和经济学家一起瞻望中国经济学的未来。

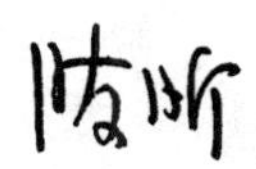

2014 年 1 月 1 日

献给为中国劳动经济学研究作出贡献的人们。

自序(第二版)

有一些事实还不清楚,有一些理念还未传播。有一些偏见深入人心,有一些共识远未达成。

我们写书的目的,就是去展现现代市场经济的样子,以及中国当前仍然存在的差距。

是为自序。

陆　铭

2016 年 12 月 5 日于上海家中

自序(第一版)

在中国经济学快速发展的今天,劳动经济学可能是中国经济学大家庭里现代化和国际化程度最高的子学科之一,同时,也是最为贴近中国现实的子学科之一。

中国经济学的研究和教学要发展,要走向国际,必须首先基于实证研究,清楚中国经济的事实,并且在运用已有的经济学原理的基础上,发现新的理论创新空间。

对我来说,好的研究必须具备三个要素:首先,它应该是"真实"的,研究者所能够做的,只是揭示现实中不为人知的规律;其次,它应该是"科学"的,形式服务于内容,重要的是用准确的方式表述深刻的内容,而且,准确的往往并不是复杂的;第三,它应该是"新颖"的,它应该说一个不为大多数人了解的故事,解答存在于人们心中的疑惑。

经济学知识应该被更多的人所了解,让更多的人增加智慧。

是为自序。

陆 铭

2007 年 3 月 12 日于上海家中

序　言*

劳动经济学是一门重要的学科，在当今宏大的经济学体系中占有重要的地位。因为第一，劳动力资源是经济活动中最为重要的生产要素，以经济资源的优化配置为主要目的的经济学，自然将劳动力资源的配置放在一个重要的位置上；第二，劳动力要素又不同于参加经济活动的其他生产要素，具有非常独特的性质，描述其他生产要素在经济中配置的一般规律不能完全用来解释劳动力生产要素的配置，因此需要另辟一块阵地来进行专门的耕耘，而劳动经济学领域的深入研究也为经济学的发展开拓了新的空间；第三，劳动经济学既是一门相对独立的经济学子学科，同时又是一门与经济学中其他子学科具有广泛联系的学科，如劳动经济学既涉及微观经济学中的微观经济单位的供求行为，而且涉及宏观经济学中的就业、失业、经济周期等现象的分析。不仅如此，劳动经济学还与其他社会科学，如管理学和社会学，有着紧密的联系。从这个角度来讲，学好劳动经济学，除了掌握劳动经济学本身理论体系之外，也是深入理解宏、微观经济学，甚至其他社会科学的必要途径，是将经济学的整体理解和把握提升到一个更高层次的必要训练。基于劳动经济学的这些重要性，劳动经济学在国外的发展是相当快的。尤其是在欧美国家，劳动经济学的研究、教学始终构成各个大学经济系的一个重要分支。

* 这是袁志刚教授为作者的《劳动经济学——当代经济体制的视角》（复旦大学出版社 2002 年版）所作的序，这篇序言也同样适用于本书。

但是，与国外的情况相比较，我们国家的劳动经济学的研究和教学是相对落后的。如果说我们在传统的计划经济体制下，劳动力资源的配置是按计划进行的，无所谓微观经济行为人的理性选择，也无所谓劳动力市场的运行，同时也不存在诸如失业之类的宏观经济学问题，那么，随着中国经济向市场经济体制的转轨，劳动力市场的重新培育和发展，失业现象的不断发展，对劳动力经济学高质量的研究和教学的呼唤是十分强烈的。但是，令人遗憾的是，实际情况的发展并不尽如人意。

呈现在我们面前的这一本《劳动经济学》，在当前相对寂寞的劳动经济学研究和教学领域无疑是具有一定地位的一本著作。作者陆铭博士是一位我相知颇深的青年经济学者，早在他攻读硕士学位期间，就专心于劳动经济学和就业理论的研究，博士阶段更是一如既往沉浸于这门学科，并有机会赴法国著名的就业研究中心进修，取得了较为丰硕的研究成果。在研究之外，这几年来他还承担了复旦大学经济学系本科生劳动经济学的教学工作。就在他教学和研究的基础上，积累起这一本有其独特风格的《劳动经济学》教材。与国内外其他劳动经济学教材相比较，这本教材具有以下几方面的特点：

第一，这本教材具有很强的时代性。这里所指的很强的时代性具有多方面的含义：首先，这是一本用现代经济学的方法和概念撰写的教材，在与国际教材接轨方面自然是没有问题的；其二，这本教材考察了很多劳动学中的前沿问题，让人有耳目一新的感觉；其三，教材所用到的素材，如宏观经济运行和劳动力市场方面的经济数据都是最新的。

第二，这本教材具有很强的现实性。作为一本要在中国大地上流行的教材，作者特别明确自己的使命：揭示中国劳动力资源配置的内在规律。抱有这样一个目的，作者在本书中展开对劳动力概念的界定，对劳动力市场运行、就业和失业问题的讨论时，始终围绕着中国的经济环境和中国的经济体制转轨来进行，这对于培养学生理解并把握中国劳动力资源配置的内在机制，做到有的放矢，无疑是十分重要的。

第三，这本教材具有很强的个性。撰写教材最难以避免的是形式和内容的雷同，尤其是作为一本本科程度的教材。但是，这一本教材却有着其非常鲜明的个性，因为这是一本建立在作者自己对本学科的深入研究基础上和教学实践的总结基础上的教材，教材的很多地方都显示出作者独立思考和研究的痕迹以及如何将这些思考和研究试行于教学过程的尝试。

当然，在赞扬这本教材优点的同时，我们也必须指出，作为一位年轻学者的第一本教材，难免会有一些不足之处，如教材在概念、框架体系上如何做到进一步的严谨和统一，还有很大的空间可以作为，希望作者在今后的研究和教学实践中进一步积累经验，使其更上一层楼。

袁志刚

2002年春于美国哈佛大学

使用说明及教学建议

这本书兼具科普读物和专业教材的性质，根据不同的内容组合和教学方式，本书适用于不同的教学和自学目的。为此，我们推荐本教材的三种使用方法：

使用方法一：中国劳动力市场讲座系列，每周2个学时，共约4—5周，或者连续8—10个学时，可以简要介绍原理，重点讲授每章最后的中国问题部分，注重运用劳动经济学原理分析中国实际问题。这种授课方式适用于实践部门（包括政府部门、企业、事业单位）与劳动就业和人力资源管理相关的工作人员的培训，以及非经济学专业的讲座系列。这种学习方式也适用于普通读者自学。

使用方法二：初级课程，每周2个学时，共约18—20周，平均每章两周左右，讲授本书的基本原理和中国问题，省略一些较为难懂的内容，强调对于原理的掌握和现实的理解，多结合教材中插入的提问展开讨论。这种授课方式适用于经济学、人力资源管理、公共政策相关专业的专科或本科阶段专业课。

使用方法三：中级课程，每周3个学时，共约18—20周，平均每章两周左右，可以完整讲授本书的全部内容，可以讲授书中介绍的少量模型，建议特别突出中国问题部分。不妨深入讨论教材中插入的提问，以及每章后面的思考题。可以结合一些相关论文的阅读。这种授课方式适用于经济学、人力资源管理、公共政策相关专业的本科高年级或MPA（公共管理硕士）阶段专业课。

本书设有很多补充阅读材料，并用方框的形式嵌入到相应的正文中去。其中，“背景”旨在帮助读者了解相关的背景知识，以及相关的争论；“模型”是为了将有关原理用数学的方式表述，形式上更为严密，对于喜欢数学的读者不妨学习一下；“阅读”提供了一些材料，这些短文只是为了丰富读者的视野，而不是标准的原理；“新闻”取自于报纸或者网络，目的在于将读者所学到的原理与现实问题（大多数是中国的问题）对应起来，增加读者的“实感”。

在本教材之外，读者可以访问陆铭的个人主页 http://www.profluming.com，或者位于搜狐财经的博客 http://lumingfudan.blog.sohu.com 来了解作者在研究和教学方面的新进展，一些相关的材料（包括教学相关的 PPT）可供下载。陆铭的个人微信公众号是“铭心而论”，推荐读者通过搜索进行关注，其中有更多视频、音频和文字可供参考使用。

目　录

▶1

导论

劳动经济学是一门"非常迷人"的学科，这是我们在本书一开始就想说的话，这距离作者在第一本《劳动经济学》教材中说劳动经济学是一门"迷人"的学科，已有14年之久。

可以毫不夸张地说，劳动经济学是一门研究范围极广的经济学分支学科，在现代经济学大家庭里的地位极其重要。劳动经济学研究的对象非常古老，从人类社会诞生之日起，当一个家庭考虑谁外出采果子，谁在家带孩子的时候，就已经涉及了劳动力资源的配置问题。

在现代经济学里人类社会被抽象成为商品市场、劳动力市场和资本市场这三大市场，而劳动经济学这门学科则以研究劳动力市场为核心内容，涵盖了微观层面的劳动力市场运行和企业内部人力资源配置，以及宏观层面的失业和收入分配问题。这也是为什么我将这本书命名为《劳动和人力资源经济学》的原因。在当代经济学研究里，经济理论和经验研究在应用层面上越来越与公共政策结合在了一起，而劳动经济学则成为了一门与就业、教育、健康、福利等公共政策最为紧密相关的经济学分支学科。

同样，可以毫不夸张地说，当代中国最为重要的劳动经济学问题都是中国经济最为重要的问题。我们不妨列举两个重要的问题，读者们可以思考一下。如果你正在使用这本教材作为课堂教学所用，我们建议可以组织学生们展开相应的政策辩论。

问题一：中国自2012年以来，经济增长速度有所下降。有观点认为，以前中国经济增长享受着人口红利，现在，如果以劳动年龄人口占全部人口的比重来度量，这个比重大约已经到达顶点，并且将逐步下降，因此，劳动力数量的增长放缓了，经济增长速度下滑是必然的。对此，你同意吗？（提示：中国经济的90%都已经在工业和服务业这两个部门。整个中国的劳动年龄人口占全部人口比重下降，一定会带来工业和服务业的劳动力下降吗？）

问题二：中国大约从20世纪70年代开始，逐步推行计划生育政策，城市家庭一对夫妻仅允许生育一胎。大约从2015年开始，中国在城镇地区推行二孩政策。如何理解国家对于生育行为的政策管制及其变迁？放松生育行为的管制后出生率会发生什么样的变化？它对于经济发展将产生什么样的影响？

这样两个问题看似简单，其实不然，经济学家对其也有不同看法。在我们看来，大量的分歧和争论是因为人们在面对这些问题时缺乏对于经济规律的认识，而这本书就是想帮助读者理解一些相关的经济规律。

比规律更为复杂的是制度。换句话说，同样的规律，在各国不同的制度背景下将呈现出不同的现象。这些千差万别的现象常常被人们误认为是没有规律，或者规律不一样。很多时候，人们在讨论中国问题时，甚至不了解相关的制度背景，误把别国在特定制度背景下出现的现象视作规律，简单地用来对照中国，加剧了人们的争论和分歧。本书也将向读者展现这样一幅劳动力市场的“世界地图”：在现代市场经济国家，有崇尚自由竞争的“盎格鲁-撒克逊模式”的英国和美国，也有大致可归为“莱茵模式”的法国、德国和日本；在转型经济国家，有采取了渐进转型方式的中国，也有采取了激进转型方式的前苏联、东欧国家。不同的国家在劳动力市场制度方面独具特色，在失业、收入分配、劳动力流动、企业管理等方面的表现也各有差异。

如何在全球化和知识经济的大背景下，有效地制定公共政策，促进就业，减少贫困，控制收入差距，提高人民福利，是人类所共同面临的挑战。强调不同国家的制度背景的差异，最终的目的不是去盲目强调这种差异，而是要在差异化的现象中探索共同的规律，并在不同体制的比较中找到本国发展可借鉴的经验。

从劳动经济学这门学科开始，我们将触及一些有关人类社会和中国发展道路的深刻问题。人类社会从何处来，向何处去？对于中国而言，走怎样的道路来实现社会和谐发展和经济持续增长？经济学没有为这些问题提供现成的答案。但是，作为这本劳动经济学教材的作者，我们期望读者在合上这本书之后，不仅能够学会基本的经济学分析方法，还能够由此而开始找到一个关注人与社会的新的起点。

【背景】

我们所处的时代

第二次世界大战以后，人类历史进入了一个新的时代，全球化和知识经济成为这个时代的两张标签。

全球化在很大程度上表现为全球市场的一体化，特别是商品市场和资本市场的一体化。虽然劳动力市场没有在全球范围内连成一体，但是借助于商品和资本的跨国界流动，劳动力市场竞争仍然加剧了。在这一轮的全球化浪潮中，改革开放后的中国作为一个积极的参与者迅速地成为世界排名前列的贸易大国和外商直接投资目的地。中国作为一个发展中的大国加入全球化进程，改变了世界的经济地图，同时也给中国经济和劳动力市场的运行带来了深刻的影响。

知识经济在第二次世界大战后初现端倪，并首先在发达国家发展起来。新技术革命成为近几十年来经济持续发展的源动力，人类的生活为之而发生了巨大的变化。在劳动力市场上，知识、技能和经验的回报越来越高，人们因此而更多地投资于教育和培训。知识经济社会伴随着“技能偏向的技术进步”(skill-biased technology change)，大量创造了对高技能劳动力的需求，而一部分低技能劳动力的工作岗位却被机器所替代。于是，我们看到的现象是，操着一口流利英语的人们，拎着公文包飞在世界的上空，而缺乏技能的人却被挡在各种机会之外。

1.1 劳动经济学首先是一门经济学

经济学是一门研究稀缺性资源配置问题的学科，更为一般地来说，经济学是基于理性假定来研究人类行为的学科。劳动经济学首先是一门经济学，它必须直面现实。让我们来看一些数字：

全世界半数的劳动者约 14 亿为工作中的穷人，连同他们的家庭每人每天的生活费不足 2 美元。这些人大部分工作在非正规部门，包括农村和城市的小型企业。

失业率处于最高点并持续攀升。在过去的 10 年里，登记失业率提高了 25%以上，目前全世界登记失业人数近 1.92 亿人，约占全球劳动力的 6%。

在这些失业人口中，国际劳工组织估计有近 8 600 万人，即大约全球失业总量的一半是 15—24 岁的青年人。

上面的一组数据摘自《劳工世界》，2006 年第 9 期(第 7 页)。那时的世界还处在经济上行期，影响全球的国际金融危机还没有爆发。在 2008 年，金融危机席卷全球，之后世界经济一直增长乏力。大约到 2015 年，全球失业人数超过 2 亿。

作为经济学的一门分支学科，劳动经济学是以研究如何实现劳动这一稀缺资源的最优配置为主要内容的。但是，面对着失业、贫困和收入差距，我们需要回答两个富有挑战性的问题。

问题之一：劳动(或者说劳动力)仍然是一种稀缺资源吗？

回答是肯定的，即使存在失业、贫困和收入差距，劳动仍然不像空气一样随手可取，相反，使用他人的劳动，就必须付出相应的价格(工资)，因此，劳动是一种与土地和资本一样具有稀缺性的资源。

对于读者来说，可能感到困惑的是，为什么劳动是一种稀缺性的资源，但全世界范围内又普遍存在着失业、隐性失业和就业不足这些劳动力资源闲置的现象呢？

要回答这一问题，首先需要明确，资源的闲置和资源的稀缺性并不矛盾，闲置的资源也并不是可以无偿使用的。更为重要的是，即使部分资源被闲置，也并不意味着已经得到利用的那部分资源的价格会降低。如果一种资源的价格不能有效地降低，对这种资源的使用量就很难扩大，对于劳动资源来说也是一样。资源的价格不能有效降低的现象常常被称为价格的粘性（stickiness）。劳动资源的特殊性在于，劳动价格（工资）的粘性与劳动力市场的许多复杂性和特殊性有关，而这又恰恰是劳动经济学成为独立的经济学分支学科的重要原因。

问题之二：上面列举的失业、贫困、收入差距这些现象是理性的行为所导致的吗？

为了给分析问题找到一个起点，经济学假定经济行为人是理性的，比如说，在商品市场上企业总是追求利润最大化，而消费者总是追求效用最大化。那么，在劳动力市场上这些假定仍然适用吗？回答仍然是肯定的。在劳动力市场上，企业是劳动要素的需求者，企业是根据利润最大化原则决定其产量和劳动需求的。劳动力市场上的供给者是劳动者自身，一个劳动者通过劳动获取收入，但他也必须同时享受闲暇，一个劳动者安排多少时间去挣钱，又安排多少时间去花钱，也可以被视为理性选择的结果。

有了理性行为人和资源稀缺这两个基本假定，劳动经济学就与经济学有了共同的逻辑起点。

【阅读】

理性还是非理性？

反对的观点：人类的行为不完全是理性的。

经济学家的看法：理性假设只是经济学为了分析问题的方便而采取的假定，经济学并不否认人类有非理性行为，甚至可能在一些由医学和心理学所关心的问题里，人的行为可能的确不是由理性来解释的。社会科学对于人类行为与理性的关系的认识也在发展，在经济学里，很多在以前被视为“非理性”的行为（比如说从众行为），现在都在“理性”的假设下得到了解释（从众行为可以被解释为信息不充分情况下的理性选择）。其实，经济学里说的理性假设只是说人们在最大化某个目标，这个目标甚至可以不是纯经济目标。

反对的观点：在劳动经济学和家庭经济学里，经济学家还基于理性的假定来解释与爱情、婚姻和生育有关的行为，这是不是太“过”了？

经济学家的看法：即使对于爱情、婚姻和生育这样的行为，人们也在最大化某个目标。人对于用理性来解释与爱情、婚姻和生育有关的行为具有天然的抵触，但人们却的确在理性地谈论这些问题。如果理性假定可以帮助我们理解这些行为中的一些规律，总比完全忽视它要好。

1.2 劳动力市场的特殊性和复杂性

21世纪的人们已经很难想象，“劳动力是商品”和“社会主义国家劳动者也会失业”这些观念逐渐被中国社会所接受，只是20世纪90年代以后的事情。仅这一点就足以证明劳动力这一商品是多么的特殊，在劳动力市场上观念和意识形态起着多么深刻的作用。经济学是一门研究人类行为的科学，而劳动经济学研究的对象就是人本身，当人被作为劳动力和人力资本的载体在市场上成为买卖的对象时，具有不同的政治立场、经济利益和社会身份的人就会把自己对这个买卖过程的直观认识、自己的切身利益与劳动力市场运行的规律混在一起，给经济学家的分析和公共政策制定带来很多麻烦。不相信的话，让我们来讨论一个在中国极其重要的公共政策问题：

特大城市的人口规模需要通过政府政策来管制吗？

如果就这个问题展开讨论，我们相信5分钟过后，现场就已经炸开锅了。大家在发表了自己的观点之后，不妨回过来问一下自己，你发表的(或听到的)观点是基于全社会的公共利益的吗？这些论点有理论支持吗？大家列举的一些观点有基本事实或者国际经验作为支持吗？

另一个经常听到的批评是，经济学家只管效率，而不管公平。事实上，正是劳动经济学才大量地研究有关收入差距和贫困，甚至歧视和犯罪这些社会问题。劳动经济学家之所以关心这些问题，恰恰是因为，公平和效率往往并不矛盾。

【阅读】

静态效率与动态效率

静态效率和动态效率是一对非常重要的概念。简而言之，静态效率就是在一个较短的时期里实现的效率，而动态效率则是一个跨期的概念，它的含义是在较长的时期里实现的效率的总和。做出这一区分是非常重要的。在很多现实问题的讨论中，人们对同一个问题持有不同的看法往往是因为不同的人使用的效率概念是不一样的，一些以静态效率来评价是不合理的事，用动态效率的标准来看却是合理的。这里我们仅以收入分配为例来说明区分静态和动态的效率是如何的重要。

在中国改革开放以后，收入分配差距总体上处在不断扩大的趋势之中(近年来有所下降)，于是，这就引出了一个非常重要的问题，从经济学角度来说，是不是需要实行一些旨在缩小收入差距的政策？更进一步的问题是，在市场机制之下，只要市场主体拥有的禀赋不同，交换和市场竞争的结果通常会导致收入差距，而在中国的改革进程中，市场竞争是在不断加剧的，因此，收入差距就很自然地被作为市场化改革的一个结果了，既然如此，关注经济效率的经济学是不是需要关注收入差距呢？值得注意的是，在经济学的原理中，大多数情况下，我们研究的都是静态问题，市场经济的优点就在于，完全市场竞争的结果将能够实现静态的效率。由此，我们的确可以说收入差距的扩大是市场竞争追求效率的结果，而正是这样一个基于静态概念的结论，往往被误解为经济学只关注效率，而不关注公平，不需要采取控制收入差距的政策措施。实际上，经济学还采用动态效率的概念来评价收入差距的后果。有很多经济学家用理论和实证研究证明，从较长的时期来看，收入差距对于经济增长还存在着负面的效应。如果意识到这一点的话，一个旨在控制收入差距的政策可能有利于提高经济的动态效率。

(注意，在上面一段话中，我们假定了中国的收入差距是在市场经济条件下产生的。实际情况真是这样吗？中国有些收入差距问题是不是恰恰因为市场经济仍然被一些既有的制度扭曲了，市场公平竞争受到了危害？这些问题，我们在有关收入差距的章节中再讨论。)

相对于其他的市场来说，劳动力市场的特殊性和复杂性特别表现在这一市场受到非常多的制度因素的影响。在这一市场上存在着太多的相关组织机构——政府的劳动部门和民政部门、企业的人事和劳动部门、工会、妇联、职业介绍所、大学生就业指导中心等等。这一市场上还有很多相关的法律——《劳动法》《工会法》《最低工资法案》等等。在研究问题时，这些制度因素往往都是不能忽视的，而制度的因素又在各个国家之间千差万别。在西方国家工会的作用尤其重要，而在中国，政府的干预则是影响劳动力市场运行的重要因素。此外，还有制度差异、文化背景、工作环境、观念、管理者个性等因素，有时这些细节对我们理解具体的现实问题是非常重要的。在进行具体问题的讨论时，往往在不同国家看上去相似的现象，产生的制度背景完全不一样。也正因如此，想成为一个好的劳动经济学家，就首先要对劳动力市场上的复杂性有充分的认识，要对每一个现象背后的制度“细节”有充分的了解。

1.3 劳动经济学与经济学发展

劳动经济学是一门在近 40 年来取得了很大发展，并且仍在快速发展的学科。在 20 世纪 70 年代，一本典型的劳动经济学教材主要论述的是工人运动、劳动法、工会组织结构、集体谈判协议等等，其教学内容还停留在对于制度的描述阶段。但就在近 40 年里，劳动经济学这门学科已经发生了根本的变化，借助于现代经济学的研究方法，越来越多的经济规律被揭示和总结出来。

目前，劳动经济学已经形成了一个庞大的学科体系，由于其涉及的问题非常广泛，因此它与其他一些经济学科之间也有着紧密的联系。甚至我们可以说，劳动经济学的发展是与第二次世界大战之后经济学在各个领域内的发展——特别是微观经济学、宏观经济学和计量经济学的发展——紧密结合在一起的。对于已经有了一些经济学知识的读者，不妨借着下面的内容了解一下不同经济学子学科之间的联系。不感兴趣的读者可以直接进入下一章。

首先，劳动经济学与微观经济学有着最直接的联系。所有的微观经济学教科书无不将劳动力市场的研究作为要素市场理论的一个组成部分，而劳动经济学的主体内容其实就是这一部分内容的深化，有关劳动供给和需求这样的内容在劳动经济学教科书中无疑需要进行更为细致和全面的研究。事实上，劳动经济学的发展也直接构成了微观经济理论的发展，比如说，企业内部劳动力市场上的委托代理问题本身就是信息经济学中的重要内容，对于双边垄断的劳动力市场的研究直接导致了议价理论(bargaining theory)的诞生，并直接催生了博弈论的这一现代分析工具。

其次，劳动经济学中的失业问题、劳动力市场与通货膨胀的关系问题则与宏观经济学联系较为紧密。战后宏观经济理论的发展所产生的几个重要的学派——货币主义、新古典宏观经济学、新凯恩斯主义等都将劳动力市场的运行和失业、通货膨胀等宏观经济现象之间的关系作为核心的研究课题。

第三，劳动经济学研究还极大地推动了现代计量经济学的发展，特别是运用微观数据进行研究的微观计量经济学的发展。在经过了 20 世纪 90 年代以前的理论体系的完善之后，最近 20 年里，劳动经济学越来越成为一门应用微观计量经济学。甚至可以这么说，在第二次世界大战后微观计量经济学的发展过程中，很多方法就是首先被用来解决劳动经济学中的问题，然后再推广到其他研究领域中去的。

第四，随着劳动经济学的日益成熟，它还进一步催生了一些新的经济学分支学科，其中，最为重要的当属人事经济学、健康(卫生)经济学、教育经济学这三个学科。人事经济学直接产生于劳动经济学中的内部劳动力市场理论(internal labor market theory)，它的研究对象主要是企业(或其他组织)中劳动力资源的配置和利用，目前仍然是当代经济学研究的一个活跃的领域。健康(卫生)经济学和教育经济学是从劳动经济学中的人力资本理论(human capital theory)发展而来的。人力资本不同于物质资本，它体现着劳动资源的质量，也是经济长期可持续发展的根本源泉。人力资本最为重要的两个方面就是健康和教育，于是，如何提高人们的健康和教育就成为政府和经济学家关心的问题。在当代经济学研究中，由于健康和教育是政府追求的重要目标，因此，政府的大量开支集中在这两个领域，而这又使得有关健康和教育的公共政策评估成为研究的热点。

第五，作为一本在发展中国家出版的教材，我们必须要说，劳动经济学与发展经济学的关系也很密切，而这一点则常常被国外主流的劳动经济学教科书所忽视。实际上，有关二元经济中农业剩余劳动力转移和城市失业问题的研究是发展经济学的经典理论。除此之外，本书在最后一章中所涉及的经济发展和收入分配之间的关系的内容也是发展经济学的重要内容。

第六，在经济发展过程中，最为重要的经济现象就是城市化，城市化相关的问题也是中国最为重要的经济问题，其中又涉及最新发展起来的“城市劳动经济学”(urban labor economics)，研究的是城市经济学中有关城市发展机制的重要问题。为此，我们在本书的这一版中还特别增加了一章，讨论与劳动力资源的空间分布有关的城市劳动力市场、城市化和区域经济发展等内容。

最后，我们还需要提一下有关转轨经济中就业、失业、劳动力市场和就业体制改革的研究，这些研究不仅构成了转型经济学研究的重要组成部分，同时也大大推动了劳动经济学的应用研究，成为劳动经济学最新的研究方向之一。事实上，本书所有涉及当代中国劳动力市场如何转型与改革的问题都天然的是转型经济学的重要内容。

1.4 学什么和怎么学

为了展开后面各章节的研究，我们在第 2 章中首先对劳动力市场的基本结构进行了研究，并讨论了劳动经济学中的一些基本概念。这完全是为了提供一种经济学的语言，避免由于概念的分歧而引起的无谓争论。

同样的概念和分析框架适用于不同的经济体制，但在不同的经济体制下所产生的经济现象却会千差万别，这就要求我们花一些时间来比较资本主义市场经济体制之间的差异性，以及转型经济体制与一般市场经济体制的不同。这些内容构成了第 3 章的内容。

供给需求分析是经济学的法宝，劳动供给需求分析则是劳动经济学的经典内容，本书也将由此入手。通过第 4 和第 5 章中的劳动需求和供给研究，我们能够初步地理解劳动力市场上就业数量和工资水平的决定。如果我们进一步地考虑劳动力的异质性，我们就需要考察不同劳动力之间的教育水平差异，为此我们在第 6 章中将研究人力资本投资理论，作为劳动供给理论的一个拓展。对人力资本相关问题感兴趣的读者，不妨再找有关健康(卫生)经济学和教育经济学的材料来延伸学习。

前面我们已经提到，当代劳动经济学的一个重要的进展就是将劳动力资源配置的研究从外部劳动力市场拓展到了企业内部，这一分支的研究发端于 20 世纪 60 年代，当前仍然是劳动经济学研究中一个非常活跃的领域。在第 7 章中，我们将对这一新的理论发展作一个简要的介绍，这样一来我们就可以对劳动力市场的运作和劳动力资源的配置有一个较为全面的理解。对于企业内部劳动力市场问题和人事管理经济学这些新的研究方向感兴趣的读者一定要读一下 Lazear 的教材，这本书太棒了,它可以教会我们如何从现实问题出发开展经济学研究,这也是我们想强调的一种方法。①

在劳动力资源的配置过程中,第 8 章中介绍的劳动力流动是一个最为重要的现象。首先劳动力的流动是劳动力寻找工作(job search)的过程,表现为劳动力在企业间、行业间和地区间的流动。但由于劳动力市场并不是无摩擦的,因此劳动力找工作也需要一个过程,当劳动力暂时没有找到工作的时候,便产生了失业现象,这是新古典理论对失业现象提供的解释。劳动力流动的一种特殊现象是劳动力的国际流动和人才流失(brain drain)现象,我们也将研究其动因及影响。

除了劳动力在企业间和行业间的流动外,我们再专门用第 9 章一章的篇幅来解释城市和区域经济发展的基本原理。中国是一个发展中的大国,这一章对于理解中国的城乡间和地区间的劳动力流动至关重要,也是思考兼顾效率与平衡的城市化和区域经济发展道路的核心问题。

作为配置劳动力资源的结果,就业和失业是劳动力市场上最为重要,也是最为基本的现象。但是,为什么我们能够观察到持续的失业现象呢?要全面理解失业产生的原因,我们就必须对当代的失业理论进行总结,这是本书第 10 章的内容,而这一章的重点就是"工资粘性"理论。

工会是劳动力市场上非常重要的一个组织机构,对工资和就业的决定有着重要的影响,劳动力市场上的很多现象都与工会组织有关系。由于市场经济国家和转型经济国家的工会组织有着不同的特征和职能,因此我们专门用一章的篇幅来研究不同体制下工会的变迁及其影响,并由此进一步理解不同体制下就业和失业现象的差异。

本书的最后一章是劳动经济学中的宏观部分,涉及当前人们普遍关心的收入分配问题,我们试图将收入分配问题放在经济全球化和知识经济的时代背景下去讨论。我们还将在最后一章研究经济增长和收入分配、社会和谐之间的关系。

与其他劳动经济学教材相比,本书主要缩减了两个方面的内容。在宏观经济问题方面,一般劳动经济学教材还涉及了劳动力市场与通货膨胀之间的关系,鉴于这部分内容已经在宏观经济学中比较多地介绍了,所以本书略去了这一部分。实际上,细心的读者将发现,我们在劳动力需求一章的最后也对中国的劳动力市场运作与通货膨胀之间的关系作了一个简要的讨论。此外,本书没有专门讨论有关歧视的经济学研究。在国外,这部分内容主要讨论劳动力市场上处于弱势的群体(比如黑人和女性)的就业和收入问题。而在中国,没有在种族意义上的弱势群体。有关女性就业的问题,我们将在家庭劳动供给的相关内容中涉及,而对于中国最为重要的歧视问题——城市居民对农村进城务工人员的歧视问题,我们则将结合中国农村向城市的劳动力流动问题来讨论。

相对于市场上已经出版的同类教材和那些被翻译介绍的国外教材来说,本书

① Lazear, Edward P., 1998, *Personnel Economics for Managers*, John Wiley & Sons, Inc.(中译本《人事管理经济学》由北京大学出版社和生活·读书·新知三联书店于 2000 年 1 月出版。)

显然是为那些对当今世界的现实问题，特别是中国经济的现实问题感兴趣的人们而准备的，因此，本书大量地涉及了中国的劳动经济学相关问题，读者翻开目录就能感受到，有关中国问题的论述在每一章中都有单独的一节，这也是本书的最大特色。鉴于篇幅和本书的难度，我们对于研究性文献的总结是挂一漏万的，请专业人士原谅。

应该指出，这本书在内容的选取上充分考虑了中国实际问题的需要（包括理论研究和改革实践），如果读者找一些国外的英文读物作为辅助阅读也是有帮助的。在众多的劳动经济学教材中，Ehrenberg 和 Smith 的教材已经以《现代劳动经济学》为题翻译出版了。[①]但是，读这类国外经典教材时，读者千万要注意，劳动经济学是一门应用性的学科，千万不能将国外的理论拿到中国来生搬硬套。正如我们反复强调的，理论虽然有普遍性，但其应用的时候却要结合每一个国家的具体背景和条件。如果不结合中国的实际情况，就有可能学了大量理论之后，甚至不知道中国重要的问题是什么，就更不要说为这些问题寻找答案了。

为了方便读者使用本书，我们在每一章的开头都对相应章节的安排有一个小小的介绍，并且在适当的位置穿插了一些来自中国现实的案例和背景材料。除此之外，我们建议读者将整个中国大地上发生的这场激动人心的变革本身理解为一个宏大的“中国案例”，不要将眼光仅仅局限在那些有时间、地点、人物、事情的案例上，而应该将这门课中所学的理论运用到对于更为广阔的现实问题的思考和研究中去。本书在每一章之后所安排的一些思考题就是对一些初学者在理论联系实践方面的引导。

这本书是一本劳动经济学的入门读物，不喜欢数学的读者可以不管书中少量的数学推导，那些数学推导只不过是为了表现出经济学的逻辑性，本书已经将数学以专栏的形式放在了每一章的中间或附录中，读者可以跳过数学表述，而不影响对本书内容的理解。

经济学的应用就在你我身边，它是一种思维方式，也是一种分析工具，因此，从一般意义上来说，劳动经济学的学习也应作为经济学这种思维方式和分析工具的训练，希望这本书对读者有用。

首先，对于个人而言，本书的读者已经工作，或者即将步入工作岗位，因此，这本书一定能够帮助你思考一些与自己有关的问题。比如说，如果你正在读大学，你可能会想为什么自己要读大学，而且要尽量读名牌大学，为什么一些人会选择不读大学？如果你从学校毕业后开始工作了，你发现自己比周围一些年龄大的人更加能干，但工资却比他们低，你知道这是为什么吗？如果你是一位女性，当你发现自己在找工作时比较困难，找到工作后待遇又比男性低，这种现象怎样解释？如果你是企业的副总经理，你发现总经理的收入是你的两倍，难道他对企业的贡献就真的

① Ehrenberg，R.G. and R.S. Smith，1997，*Modern Labor Economics*，*Theory and Public Policy*，Addison-Wesley Educational Publishers Inc.（中译本《现代劳动经济学》由中国人民大学出版社于1999 年出版。）

是你的两倍吗？如果你失业了，你可能会想这是为什么，为什么失业的时间越长越难再找到工作？而另一些读者可能会有意地延长找工作的时间，从而找到更满意的工作，为什么？为什么对失业者的救济一定要有相应的期限限制？……

其次，作为一个社会中的人，读者也一定会（而且应该）思考一些社会重大问题，而很多的社会问题也是劳动经济学需要回答的问题。比如说，为什么世界各国都有失业现象？为什么社会上会有收入差距，一些人赚得多，而另一些人却只能保证温饱？为什么欧洲国家失业率很高，收入差距比较小，而美国却失业率低，收入差距大？为什么太好的社会保障体系、太强的工会组织、工资自动按通货膨胀率上涨的指数化规定、逐步上升的最低工资这些“看上去很美”的事物却可能最终对劳动者不利？……

再来看中国。为什么农村居民在就业、社会保障和子女教育等方面至今不能平等地享受与城市居民同样的待遇？为什么大城市人口会越来越多，而对大城市的人口增长进行限制是合理的吗？为什么中国要进行大学的扩招，大学生就业会因此而受到怎样的影响？为什么一些地区出现了大学生就业难和农民工短缺并存的现象？① 城乡间、地区间教育的不均等现象应该如何看待？教育是不是不能进行市场化改革？中国是一个收入差距很大的国家吗？收入差距是经济发展过程中无法避免的现象吗？……

好吧，让我们带着这些问题开始下面的学习吧。虽然本书未必能够给以上这些问题提供标准的答案，但我们仍然希望当你合上这本书的时候，你已经能够为这些问题找到自己的解答。

思考题

1. 犯罪问题也是劳动经济学家关心的问题之一，你觉得经济学分析方法可以用来研究犯罪问题吗？如何解释下面这些现象？

（1）教育程度高的人，犯罪率相对较低。

（2）在美国，大城市的犯罪率比小城市要更高一些。

（3）近些年来，很多中国城市大范围地安装了街头的摄像头，对犯罪行为的发生起到了一定的遏制作用。

2. 价格机制是市场经济配置资源的最为重要的方式。有人认为，运用价格机制是不公平的？你怎么看？

3. 劳动经济学这门课将大量涉及公共政策问题。在有针对性地展开一些政策讨论之前，让我们先讨论一个问题：如何实现制定公共政策的公正性？（请读者搜

① 本书有时使用“农民工”这个词来指代农村进城务工人员。我们必须说明，这个词本身就与户籍制度相对应，带有一定的歧视性。本书使用这个词的唯一原因是因为这个词的使用太广泛，读者通过本书的阅读将明白，中国长期存在的户籍制度和相应的公共服务歧视如果逐步被淡化，“农民工”这个词将退出历史舞台。在这个意义上，我们使用这个词，最终的目标是加速这个词的消亡。

索一下“无知之幕”这个词。)很多人认为,经济学家只在意效率,而忽视了公正性?你同意这种看法吗?

4. 经济学会告诉你,资源最优配置的状态是这样的或那样的,但是,同时,这些“最优”状态所需要的条件在现实中往往是不成立的。既然如此,我们学习这样的理论意义何在?

5. 如果列举几条市场经济体制的共性,你会怎么说?你觉得中国的现状与市场经济体制的共性特征有差距吗?你认为一个国家的经济体制是如何形成和演化的?你相信全人类的市场经济体制会逐步向某些共性特征演化吗?

6. 你觉得就业、缴税、居住和公共服务的享受之间是什么关系?政府应该如何应对城市(特别是人口不断增长的大城市)的公共服务短缺现象?战后的日本,大量人口向东京迁移,东京人口迅速膨胀,目前虽然已经过了快速增长期,但东京人口仍然在缓慢地上升。在人口不断增长的过程中,东京也出现了公共服务短缺的问题。请看下面这则材料,谈谈自己的感想。

【新闻】

日本如何对待东京的公共服务不足?

“连孩子上个幼儿园都这么难,这是什么烂国家,日本去死吧!”

事情的原委是这样的。因为所住地区的幼儿园数量不足,新生适龄儿童上幼儿园得排号等前一批孩子离开幼儿园去上小学了才能入园——等待上幼儿园的孩子,就叫“待机儿童”。

2016年2月中旬,一位儿子将满1岁的东京年轻女性在博客上发帖,讲述自己让孩子进托儿所的努力泡汤,不得不面临离职危机的尴尬处境,言语间充满了无奈与不满。该“职场妈妈”尚不满35岁,正是在工作中大显身手的年龄,却面对育儿与工作的两难困境。

安倍政权信誓旦旦地提出要实现帮助妇女就业的“一亿总活跃社会”目标。这位女博主不无讥讽地在博客中质问:“我还活跃得了吗?!”

这篇网帖刚一贴出,不仅没有遭到批判,反而立即引发无数经历相同的日本女性的强烈共鸣,进而成为日本全社会热议的话题。

刚开始,安倍政权对此事不以为意,首相安倍晋三在2月底轻描淡写地称,博主“因为是匿名,无法确认是真是假”。安倍此言一出,日本国会前马上出现大批抗议人群,他们称自己的孩子也没能进托儿所。他们高举写有“是我”等字样的标语牌,回讽安倍避实就虚的言论和漫不经心的态度。赞同他们意见的网上署名也迅速超过2.5万人。

在3月7日的国会上,当再度被问及此事,安倍不得不转变态度,慎重表态称将努力解决儿童入托难问题。对于安倍这样一句没有任何实际内容的空洞承诺,人们显然并不买账。3月9日下午,几名正在育儿的女性前往日本国会,向厚生劳动大臣盐崎恭久递交了写给安倍本人的联名信。在这封约有2.8万人签名的联名信中，日本妇女强烈要求完善保育制度，以解决入托难等问题。安倍3月11日在参议院全体会议上不得不表示，“理解职业母亲们的心情，一定要实现没有‘待机儿童’的社会”。之后，新任东京都知事小池百合子刚上任，第一件事就是拨款数百亿日元，用来解决东京都幼儿园不足导致的“待机儿童”问题。

资料来源：本书作者根据中国新闻网等相关新闻材料整理。

▶2

劳动力市场:基本的图景与概念

没有工作的人就是失业者吗?有工作的人,他的劳动资源就被充分利用了吗?

在失业统计中的人就是就业困难群体吗?不被统计为失业的人口就一定不是就业困难群体吗?

中国的失业问题有多严重?为什么人们经常说中国的失业压力很大,但中国政府公布的登记失业率却在国际上是非常低的?

为什么2009年之后中国经济增长速度有明显的下降,但政府公布的"城镇登记失业率"却非常稳定?

在这一章中,我们首先了解与劳动力市场相关的一些基本概念,为后面的内容提供一种共同的语言。事实上,了解了这些概念之后,读者也就大致地对劳动力市场有所认知了。同时,我们也应该知道,中国的劳动就业统计指标和统计手段与国际通行惯例仍然存在着一定的差异,中国劳动力市场转型过程中所出现的复杂状况,又给劳动统计增加了难题。把概念说清楚,是劳动经济学的基本功,也是避免一些观点分歧的前提条件。

2.1 每个人对应一个劳动力市场的状态:存量划分与流量变化

在劳动经济学里,每一个人都对应于一个状态,存量划分就是将一个经济中的人口存量按其就业状态区分为不同的类别。图2.1中,一个经济中的总人口存量就被划分成了一些相应的部分,分别对应于不同的概念。

首先我们可以将一个经济中一定时点的总人口划分为*劳动年龄人口*和*非劳动年龄人口*,世界上大多数国家把年龄在16—60周岁之间的人口定义为劳动年龄人口,在中国,一般将16周岁作为劳动年龄人口的年龄下限,将法定退休年龄作为上限,即男性60周岁、女性55周岁。请读者特别注意一个背景,中国的退休年龄是20世纪50年代初期确定的,当时人口的预期寿命不到50岁。现在,国情发生了巨大变化,在2012年人口出生时的预期寿命已达到75岁。上海、北京等一些发达地区户籍人口的预期寿命更是超过了80岁,但退休年龄却是与全国一样的。由于退

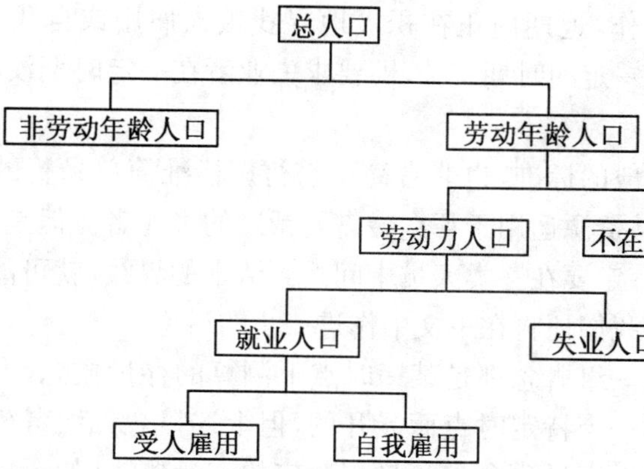

图 2.1　总人口存量的划分

休年龄长期不变，而预期寿命逐步延长，社会保障的压力越来越大，中国已经开始逐步实施推迟退休年龄的计划。

讨论：1. 上海户籍人口的预期寿命全国最长，已经达到发达国家水平。按照道理来说，上海应该会出现严重的养老保险金赤字现象，但实际情况是，上海的养老金是每年有结余的。请读者查阅资料，对此现象给予解释。

2. 上一章一开始我们就说，中国出现了人口红利消失的趋势。推迟退休年龄对此将产生什么影响？

进一步地，我们可以将劳动年龄人口划分为*劳动力人口*(labor force)和*不在劳动力人口*(not in labor force)。“不在劳动力人口”有两种：第一，不能工作或者没有工作能力的；第二，主观地放弃工作或者减少工作量到一定限度的。根据各国劳动就业统计的惯例，这样一些人员一般是不被列入劳动力人口的：(1)军队人员①；(2)在校学生；(3)家务劳动者；(4)退休和因病退职人员以及丧失劳动能力、服刑犯人等不能工作的人；(5)不愿工作的人；(6)在家庭农场或家庭企业每周工作少于15个小时的人。在劳动年龄人口中减去以上六类人员的余下部分称为劳动力人口，这是一个国家实际可用的劳动力资源。

一般地，我们将劳动力人口划分为*就业人口*与*失业人口*。就业人口一般可以区分为两种情况：(1)受雇于企业、政府部门或其他经济组织；(2)处于自我雇用(self-employment)状态，劳动者以个人或家庭为单位进行劳动。

劳动力人口中减去就业的部分即为失业。国际劳工组织(International Labor Organization，简称 ILO)关于失业的界定有三条通用的标准，即：(1)没有工作，既不被人雇用，也没有自我雇用；(2)当前准备工作，在相应的时期内愿意被雇用或自

① 也有少数国家将军队人员作为劳动力人口，比如美国，原因是参军是劳动力市场上一种替代性的选择。

我雇用;(3)正在寻找工作,近期内正在积极地寻找被人雇用或自我雇用的机会。这三条标准的考察都与一定的时期有关,即要求失业者在一定时期没有工作、准备工作并正在寻找工作。

以上三条标准是一般的标准,也非常简单易行。标准简单易行的好处是便于操作,从而有效地将公共资源运用于帮助最需要帮助的失业者。但是,上述三条标准有时是很难把握的,一定要在三类人员中间找到清晰的界线,就可能产生一些统计与现实的偏差,对此,我们还将在下文中作进一步的讨论。

我们在上面讨论的一组概念都是某一时点上测算的存量概念,人口普查和劳动力市场调查都是针对一个特定时点而展开的,但上述概念无法考察各存量变动的情况。如果我们把以上存量概念与各自相对应的流量概念(如新增劳动年龄人口、新增就业人口、新增失业人口、退出劳动年龄人口等)动态地联系起来,我们就可获得图 2.2 所示的存量—流量模型(stock-flow model)。

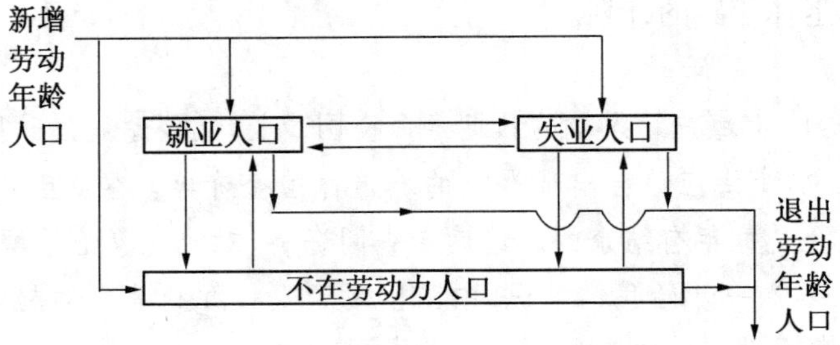

图 2.2　存量—流量模型

图 2.2 较明确地表示了每一种人口存量变动的情况,我们称之为存量—流量模型。在这张图中,方框表示每一种人口的存量,即某一时点上测算的变量,如 2020 年 1 月 1 日零点测得的各种人口存量。图中的箭头表示人口的流量,表示从某一时期(如一年)内看的存量变动及变动方向。首先是新增劳动年龄人口加入上述三种不同的人口,成为新增就业人口的一部分,新增失业人口的一部分和新增不在劳动力人口的一部分。其次,三种人口存量之间也存在相互对流的变动:(1)就业人口中会有一定比例的人失去工作,成为失业人口,而失业人口中会有一定比例的人找到工作,进入就业人口;(2)就业人口中会有一部分人由于不愿再继续工作等原因进入不在劳动力人口,同时不在劳动力人口中也会有一部分人想工作并立即找到了工作,从而成为就业人口;(3)失业人口中会有一部分人因为失去信心等原因进入不在劳动力人口,而不在劳动力人口中有一部分想工作但又一时找不到工作的人则成为失业人口。最后,上述三种劳动人口在一定时期内都会有一部分退出劳动年龄人口。

2.2　对劳动年龄人口更细的区分

我们在上文中将劳动年龄人口划分为不在劳动力人口和劳动力人口,将劳动力人口划分为就业和失业两种状态，并给出了有关就业和失业的衡量标准。这样的区分较为简单，一般被政府用作最基础的统计标准，从而便于掌握最基本的宏观经济变量（如失业率、劳动参与率等）及其变化趋势。但这样简单而便于操作的划分，却也有其缺陷，有时会直接影响我们对于劳动资源利用状态和宏观经济现象把握的准确性，因而引起了经济学家的讨论。

首先，就业和失业的简单区分，没有考虑到非全日制工作者（part-time workers）的情况，在统计上常把这类人员简单地算作全日制的就业者（full-time workers）。实际上，在“就业者”当中有相当一部分并不是满工作日工作的。这其中，有一部分是自愿减少工作时间的，另一部分则是因为找不到全日制的工作，不得不减少工作时间。举例来说，1989 年在美国就有 2 110 万人处于自愿的非全日制工作状态，另外有 490 万人处于被迫的非全日制工作状态。①遗憾的是，目前中国没有类似的统计。现在，非全日制的工作正在成为一种降低失业的有效渠道。在中国，很多近年来发展起来的新的就业形式（如钟点工、季节工和临时工，还有网约小时工）实际上都具有非全日制工作的性质。

其次，失业者的定义要求该劳动者一定是在积极地寻找工作，然而，事实上有很多失业者在经历了一段寻找工作的时间后，仍未找到工作，便丧失了信心，不再寻找工作。在统计上，这类人员被列入不在劳动力人口，而实际上，他们只是长期处于失业的状态，属于一种被掩盖了的失业现象（hidden unemployment）。确切地来说，虽然这类人口在统计上属于不在劳动力人口，从其福利状态来说却更接近于长期失业人口。此外，有些人由于找不到工作而宁愿选择去读书，或者参加各类职业培训，或者提前退休，从而成为非劳动力人口的情况，也是一种被掩盖了的失业，并且降低了失业人口的统计数据。目前，在世界各国，特别是在欧洲，因丧失信心而不再寻找工作的长期失业者越来越多，这一问题已经成为当今社会的一大顽症。从某种意义上来说，如果失业率高，但失业的平均周期短，这对社会的伤害并不大，而如果失业的平均周期长，即使失业率低，对社会的稳定危害也很大，因为这时，失业问题将集中在少数人群当中。

有材料显示，在美国，申请 MBA 的人数与经济周期有关。你觉得在中国有没有在经济不好的时候年轻人更愿意选择读书和参军的现象？

【阅读】

2016 年全国研招调查报告

近几年本科毕业生人数连创新高，在经济下行压力下，就业压力增大从而催生考研大军。从中国教育在线对硕士研究生报考初衷的调查数据中可以看出，受就业影响而选择考研的人数超过五成，提高未来就业竞争力、暂时不想就业都成为选

① McConnell, C.R. and S.L. Brue, 1992, *Contemporary Labor Economics*, McGraw-Hill, Inc.

择考研的重要初衷。

硕士研究生报考初衷调查

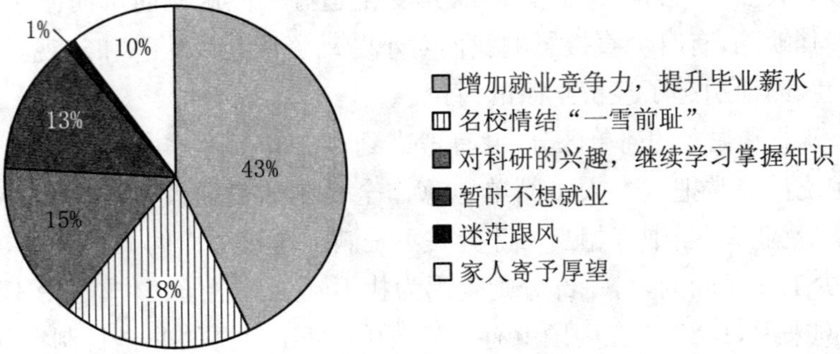

图 2.3　中国教育在线调查

根据中国教育在线调查平台收集数据统计，37 665 人的调查群体中，有 43% 的考研群体因“增加就业竞争力、提升毕业后薪水”选择考研，暂时不想就业、逃避步入社会而选择考研的人群占 13%。

另外，根据部分省市考试院已经公布的 2016 年硕士研究生考试报名数据，其生源结构中往届生占比持续增加。

资料来源：网址 http://www.eol.cn/html/ky/report2016/a1.shtml#a12。

第三，就业的简单数据无法测量有多少人是被低层次雇用的(subemployed)。这种情况是指一个人接受了一项工作，他在这份工作上所得到的工资较低，并且他的劳动能力没有得到充分的利用，而当社会处于充分就业(full employment)时他可以从别的工作中得到更高的工资，他的劳动能力可以得到更好的发挥。当经济出现衰退的时候，一些人宁愿接受一份较差的工作，也不愿意失业，这种低层次雇用现象如果很普遍，统计数据就可能低估劳动力资源未充分利用的程度。

以上三种情况的存在都可能使得政府的统计数据低估了劳动力未充分利用的程度。与此相反，有些情况却使得政府统计数据可能夸大了失业状况，主要包括这样几方面：

首先，有些人员没有积极寻找工作，在理论上应属于不在劳动力人口，但他们为了在政府调查中保持良好的形象，或为了能够领取失业保险金，却采取欺骗行为，谎称自己仍在积极寻找工作，并假造相应证据等，这样，他们就可能被统计为失业人口。

其次，有些在政府机构登记为失业人口，并领取失业救济金的人，实际上有一些劳动收入来源，他们的工作属于地下经济(underground economy)的范畴，未被政府列入统计对象之中，但他们实际上处于就业状态。在世界各国，地下经济的规模都相当大，其中有一些经济活动甚至具有非法的性质。在中国的劳动力市场转型过程中，由于劳动统计制度的不规范，存在着失业(或下岗)①人员“隐性就业”的现象，即被政府部门统计为失业(或下岗)的人员实际上已经有了有收入来源的工作。这种“隐性就业”现象与“地下经济”有些相似，但又不完全相同，我们所指的“隐性就业”不包括非法的经济活动，有些“隐性就业”创造的经济价值，比如失业人员在餐馆里打工所创造的价值是计入统计的，只是其就业活动没被统计而已。比如说，根据我们自己在2005年进行的一场上海市劳动力市场调查的数据显示，在政府部门登记并领取失业保险金的人口中，有大约42%的人事实上正在从事一份每周工作超过5小时的有收入的工作。在这部分人群中，月收入超过上海市城镇居民最低生活保障线的占到了94%，而月收入超过上海市最低月工资线的比例则为69%。

第三，在政府统计中，很难区分这样两类与劳动力队伍联系不紧密的人，一类是半退休的(semiretired)想找份工作的人，一类是想找一份课余工作的学生。如果把他们登记为失业者的话，则政府数据也会夸大真实的失业情况。

以上，我们讨论了基于对劳动力人口作简单区分的政府统计指标的缺陷。如果考虑到就业、失业、不在劳动力人口的中间状态，我们可以用图2.4来对劳动年龄人口作更为细致的划分。

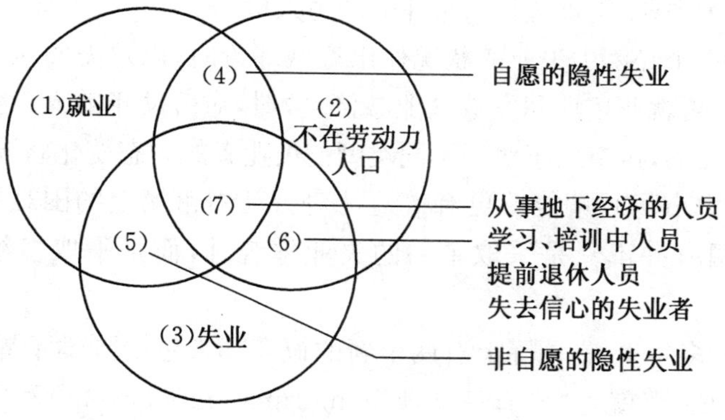

图2.4 对劳动年龄人口更为细致的划分

从图2.4中我们可以清楚地看到一些介于就业、失业和不在劳动力人口之间的状态：

自愿的和非自愿的隐性失业者形式上都处于统计上的就业状态，但实际上却是部分工作者或完全不工作者，只是形成两种隐性失业的主观原因不同。

“隐性失业”是一个对中国特别有用的概念。在中国这样的发展中国家，往往还存在着大量农业人口，他们的就业不足，但却有收入，因此，在发展经济学中被称为农业“隐性失业”人口。从一般意义上来说，隐性失业是相对于公开失业而言的，

① 在1996年至2001年期间，在中国国有企业再就业服务中心内的“下岗”职工是不进入社会“失业”人口的统计的。2001年之后，随着再就业服务中心作为一种过渡性的组织退出了历史舞台，这两类失业人口的统计已经并轨了。

它在转型经济的企业里也大量存在着。如果一个企业中所雇用的劳动者数量(或所使用的劳动数量)超过其生产所必需的数量,而该企业又没有对这部分多余的劳动者(或劳动数量)作其他用途的配置,让其在企业内部存在下去,这部分多余劳动就是隐性失业。之所以说这是一种失业,是因为劳动者处于无工可做或生产能力未能完全发挥的状态,也就是说劳动力资源没有得到充分利用。之所以说其是隐性的,是因为隐性失业者从形式上看并没有失业,他们仍然处于被雇主支付工资的状态。在改革开放之后,直到20世纪末,中国存在劳动力大量富余的状况,隐性失业问题曾经是非常普遍的现象。即使在当前,由于国有部门仍然在就业当中占有一个不小的比例,而国有部门往往不会完全按生产所需而决定雇用数量,于是,隐性失业的问题恐怕也不能说消除了,在经济增速下滑的时期更是如此。

在第(6)类人员中,有些长期失业者失去了工作信心而成为不在劳动力人口的统计对象,有些人由于找不到工作而选择学习或提前退休,也进入不在劳动力人口的统计范围。同时,也有一些实际上属于不在劳动力人口的学生和半退休人员登记为失业者以领取失业救济金。

第(7)类人员是地下经济中的就业者,他们实际上是有工作并能获得收入的,但却不在政府统计之列,如果他们登记失业并领取救济金,则被统计为失业者,如果他们不登记为失业,则被统计为不在劳动力人口。

当需要对一个经济中失业的状况作出客观评价时,以及需要对失业者实施某种政策措施(如再就业培训和发放失业救济金)时,对劳动年龄人口作如上细致的区分是很有必要的,这有助于对于不同类型的失业者的动态变化状况进行了解,使得政府的劳动力市场政策能够更有效地针对劳动力市场上的困难群体。也正因此,一些发达国家并不只是采取单一的失业率统计,而是采取多维度的失业率统计。

在最近10多年里,在国际上有两个新的概念越来越受到学术界、政府部门和国际机构的重视,那就是“非正规就业”(informal employment)和“非正规部门”(informal sector)。

根据1993年第15届国际劳动统计大会的定义,“非正规部门”是指:“由家庭所拥有的没有被纳入注册的(unincorporated)企业,这些企业的固定的和其他资产属于他们的所有者,而不是生产单位。”

“非正规就业”在2003年第17届国际劳动统计大会上得到了进一步的定义:“就业者将被视为拥有非正规的工作,如果他们的就业关系在法律或实践上没有被就业注册、所得税、社会保护或者特定就业福利(解雇前的事先通知,解雇费、年度的带薪休假或病假)所覆盖。”

非正规就业这个概念之所以得到普遍的关注是因为就业的非正规化正在成为普遍的趋势。首先,经济全球化进程中劳动力市场的竞争越来越激烈,而劳动关系则越来越灵活。其次,就业的非正规化过程中,劳动关系也相应变得灵活化,这对生产率的增长有一定的正面作用。第三,就业的非正规化也带来了非正规就业者在收入、社会保障、劳动权益各方面的脆弱性(vulnerability)。此外,非正规就业者在提高生产率和获取资本方面更脆弱,教育和技能的投资更低。在一些发展中国家,非正规就业者更多受到社会规范对于他们所从事的经济活动的限制,他们很难提升自己的经济和社会地位(特别是对女性),这些都使非正规就业者成为劳动力市场特别值得关注的群体。在中国,大量非正规就业者是跨地区流动的劳动力,这些劳动力因为没有就业所在城市的户籍,从事的工作更不稳定,社会保障参与率低,使得中国非正规就业群体与户籍身份有了紧密的联系。

2.3 劳动参与率与失业率

在前面两节中,我们介绍的都是一些总量概念,这一节中我们要界定的是一些重要的比率概念,这些比率比总量概念更为常用。

1. 劳动参与率(labor force participation rate, LFPR)

劳动参与率可表示为(实际)劳动力人口在潜在劳动力人口之中的比率,即:

$$劳动参与率(LFPR)=\frac{劳动力人口}{潜在劳动力人口}\times 100\% \qquad (2.1)$$

其中,实际劳动力人口包括就业人口和在积极寻找工作的失业人口。潜在劳动力人口指劳动年龄人口中减去因智力或身体原因丧失劳动能力的人和服刑犯人。从 1983 年开始,美国将军队人口算作潜在劳动力人口的一部分,其理论基础是认为参军是一种自愿行为,是在劳动力市场上谋求就业的一种替代选择。各国由于统计指标的差异,对 LFPR 的定义有细微的差异,但都大致反映了一个经济中愿意就业者在适龄人口中所占比例。在实际计算过程中,由于潜在劳动力人口数据可得性较差,因此,通常就以劳动年龄人口为分母计算 LFPR。有时,为了计算方便,也以总人口为基础计算 LFPR,相应的比率被称为总人口劳动参与率。虽然以劳动年龄人口或总人口作为分母所计算的劳动参与率并不严格,但其变动趋势还是可以反映出劳动参与率的变化。

2. 就业率(employment-population ratio)

就业率为就业人口与潜在劳动力人口之间的比率,即:

$$就业率=\frac{就业人口}{潜在劳动力人口}\times 100\% \qquad (2.2)$$

用这样的指标可以反映一个经济的潜在劳动力人口中有多少在从事商品或服务的生产活动,从而为一个经济创造财富。值得注意的是,按照这一通行的定义,就业率并不等于 1 减去失业率。在中国,人们常常挂在口头的“就业率”与劳动经济学中标准的“就业率”概念并不一致,这点特别需要注意。

3. 失业率(unemployment rate)

失业率是失业人员在劳动力人口中所占比率,即:

$$失业率=\frac{失业人数}{劳动力人口}\times100\%=\frac{失业人数}{失业人数+就业人数}\times100\% \quad (2.3)$$

根据一国获得失业率数据的不同方法，一般有登记失业率和调查失业率两种失业率。登记失业率是根据在劳动就业机构登记的失业人数计算的失业率，而调查失业率是劳动就业部门定期对样本家庭进行调查而获得的失业率，这两个指标往往有些差距，但一般都很接近，世界上很多国家同时采用这两个失业率指标。

中国的统计失业率主要采取的是登记失业率，而且目前只统计并报告城镇登记失业率。城镇登记失业率计算方法是：

$$城镇登记失业率=\frac{城镇登记失业人数}{城镇就业人数+城镇登记失业人数}\times100\% \quad (2.4)$$

现在公布的城镇登记失业率是劳动力部门各级上报的。以下是所用的定义：

城镇登记失业人员：是指有非农业户口，在劳动年龄(16周岁至退休年龄)内，有劳动能力，无业而要求就业，并在当地就业服务机构进行求职登记的人员。不包括：(1)正在就读的学生和等待就学的人员；(2)已经达到国家规定的退休年龄或虽未达到国家规定的退休年龄但已经办理了退休(含离休)、退职手续的人员；(3)其他不符合失业定义的人员。

城镇登记失业率：分子是城镇登记失业人员，分母是城镇单位就业人员(扣除使用的农村劳动力、聘用的离退休人员、港澳台及外方人员)与城镇单位中的不在岗职工、城镇私营业主、个体户主、城镇私营企业和个体就业人员、城镇登记失业人员之和。

与国际惯例相比，中国的失业率统计有着很大的缺陷，主要表现在：

(1) 这一指标没有反映农村地区的失业问题，而对于中国这样一个农村人口众多的国家，对农村地区劳动力资源闲置状况做出统计无疑是非常重要的。①

(2) 这一指标的统计过程受到了户籍制度的严重影响，因为某一地方就业服务机构的登记失业人员只是有本地户口的失业者，这在跨地区劳动力流动规模日益增长的今天，会影响到我们对失业问题的总体把握及相应的政策措施。

讨论：读者先在网上查阅一下当前中国跨地区劳动力流动规模有多少。有人认为，恰恰是因为中国的劳动力人口中有这么多是跨地区流动的“外来人口”，其中绝大多数是农村进城务工人员，因此，一旦经济增长率下降，失业上升，这些农村进城务工人员就回到了家乡，这样，失业的负面影响得到了缓解。请对这一观点给出你的评论。

① 需要指出的是，由于实行了家庭联产承包责任制，拥有土地使用权的农户即使出现劳动力闲置问题，其“失业”也是隐性的，主要表现是劳动力利用率不足，因而也是难以统计的。

下面这则新闻是在 2008 年国际经济危机到来之后的一则报道。请注意，农民工群体的失业是不进入“城镇登记失业率”统计的，我们很快就要解释为什么了。

【新闻】

约 2 000 万农民工失业，须直面相关社会问题

中央财经领导小组办公室副主任、中央农村工作领导小组办公室主任、农村问题权威专家陈锡文说，金融危机所引发的农民工失业潮尚未见底，可能会加剧社会矛盾，甚至诱发群体性事件。要防患于未然，未雨绸缪，关键是要妥善处理农村征地、环境污染、移民搬迁和集体资产处置等四大领域的问题。

陈锡文是在 2009 年 2 月 2 日国务院新闻办举行的新闻发布会上作如此表示的。他在会上透露：“在全国 1.3 亿外出农民工中，大约有 15.3%的农民工因全球金融危机而失去了工作，或者没找到工作。据此推算，全国大约有 2 000 万农民工失去工作，或者还没有找到工作就返乡了。”

该估计数超过了此前官方 1 000 万—1 500 万农民工失业的估计。显然，金融危机对农民工就业的影响已相当严重。

中国约有 2 000 万农民工失业

陈锡文的上述估计是根据农业部此前组织的一次抽样调查。此前，农业部抽样调查了中国农民工输出比较多的 15 个省、150 个村。抽样调查发现，截至中国农历春节前，返乡农民工已占到外出农民工总量的 38.5%。

抽样调查发现，在上述返乡农民工中，约有 60.4%的农民工是春节正常返乡，春节后还会进城工作。其余 39.6%的人则属于因金融危机而失业或未能就业返乡。依此计算，大约有 15.3%的农民工失业或未能就业即返乡。

陈锡文表示，按上述 15.3%的抽样调查比例推算，中国共有 1.3 亿外出农民工，其中约有 2 000 万外出农民工因金融危机失业返乡。

陈锡文在会后接受《财经》记者采访时更指出，2009 年上半年，由于金融危机的影响尚未见底，农民工失业或将加剧。

“目前，全国 1.3 亿外出农民工中，除了失业返乡的 2 000 万人，还有 1.1 亿人的就业目前是稳定的。但究竟 2009 年上半年农民工就业形势如何，取决于金融危机的影响何时见底，也取决于中央相关就业扶持政策的落实。”陈锡文对《财经》记者说。

农民工失业引发后续事件

农民工大规模失业将严重打击农民收入。陈锡文指出，目前，务工收入占农民人均纯收入的近 40%，是农民增收的主力。加之国内外农产品价格持续下行，农民收入增长难度加大。“2009 年确实存在农业生产滑坡、农民收入徘徊、农村发展势头逆转的风险。”

农民工大规模失业还会加剧城乡社会矛盾，危及城乡社会稳定。陈锡文指出，农民工失业返乡，可能增加农村土地承包纠纷。为此，中央政府已于2008年12月20日出台解决农民工就业的六条对策，其中就强调要切实保障返乡农民工的土地承包权益。

同时，按照上述调查估计，中国还有近8 000万农民工没有返乡，继续留在东南沿海城市。如果这些人中，有部分失业后滞留城市，或者返乡农民工春节后进城找不到工作，将加大城市公共服务体制和社会治安的压力。

陈锡文认为，农民工大量失业返乡，与中国严重依靠外需的经济增长模式密切相关，也与整个户籍制度改革和城市化滞后有关，后者导致农民工不能稳定融入城市。但他同时认为，中国的城市化将是漫长的过程，要与二三产业的发展相适应，不可强行推进。

资料来源：《财经》记者常红晓的报道，2009年2月2日。

失业率是宏观经济的一项重要指标，在市场经济国家，失业率的波动被作为衡量经济周期的主要参数之一。在中国，虽然城镇登记失业率并不能完整地反映出劳动力资源的闲置情况，但它的变动还是能够反映出特定时期劳动力市场的状况。城镇登记失业率自1978年以来总体上呈现先下降后上升，再波动的趋势(见图2.5)。

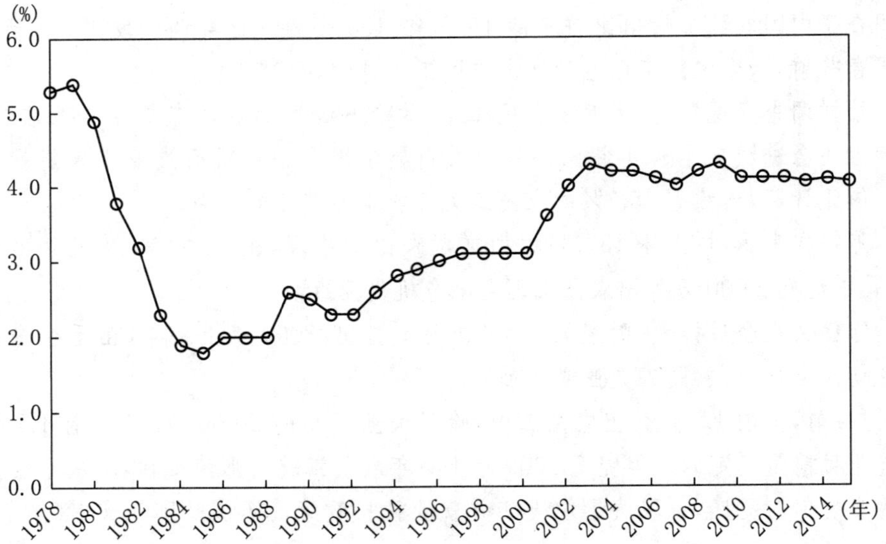

资料来源：国家统计局。

图2.5 中国的登记失业率变化(1978—2015年)

早期，中国的失业率变化与体制的转轨有着密切的关系。在改革以前的计划就业体制下，国家以消除显性失业为目标，同时，在企业内形成了大量的隐性失业。改革开放之初，伴随着大量上山下乡的知识青年回城，城镇失业率(当时叫“待业率”)出现了急剧的上升，为此，国家继续通过计划就业的手段来降低失业率。1985

年，失业率降低到历史最低点，同时，城市企业改革也对就业体制改革提出了要求。于是，在1986年推行劳动合同制之后，计划就业体制逐渐发生了变化。一方面劳动力人口的增量就业基本上实行了市场化，而不再实行由国家保证分配工作的制度。另一方面，城镇企业隐性失业和二元经济中农村隐性失业也逐渐地显性化。从那以后，失业率总体上保持了逐渐上升的趋势。值得一提的是，失业率在1989年和1990年的上升与这两年经济增长率大幅度下降有关。

而1996年之后的失业率上升有两方面原因。一方面，上世纪90年代中期，国有企业大规模地分离了富余劳动力，当时虽然大量的“下岗职工”进入了“再就业中心”，没有进入失业率的统计，但在大约2001年之后，仍未再就业的下岗职工就逐步并入了失业率统计。另一方面，1998年东南亚金融危机爆发，也或多或少地波及中国，中国经济增长也受到负面冲击，影响到了就业增长。

2003年之后中国的城镇登记失业率更与宏观经济周期有关。2003—2008年间是全球经济的扩张时期，也是中国经济的高速增长时期，失业低且呈现出下降趋势。2008—2009年间的国际金融危机冲击也影响到了中国，失业率有所上升。之后，失业率稳定在4.1%左右。2009年之后，由于经济增长率持续下滑，公开的失业率数据却表现稳定，这受到了一些质疑，对此，政府部门的解释是，因为创业活动趋于活跃，缓解了失业的压力。

除了登记失业率以外，中国也进行城镇失业率的调查工作。由于调查失业率数据通常不通过政府部门予以公布，而政府所公布的失业率可能低估了中国的实际失业率，于是，一些学者也尝试利用大样本的调查数据自己估计失业率。其中，中国社会科学院人口所基于2000年第五次人口普查中与国际劳工组织定义相符的数据得出，城市失业率为8.3%，其中男性为7.7%，女性为9.0%。非常有趣的是，城市本地劳动力失业率为9.1%，城市迁移者失业率为7.9%，农村迁移者失业率最低，为3.6%。①这说明，如果中国城市的失业率统计包括迁移者的话，既是与国际接轨的做法，也可能大大降低失业率的统计数据。2004年9月，国务院办公厅下发《关于建立劳动力调查制度的通知》，决定建立劳动力调查制度，计算调查失业率。国家统计局2005年11月正式启动城乡劳动力调查制度，期望通过抽样调查的方式获取逼近真实的失业率。在“调查失业率”中指的“失业”具体被定义为在调查周（调查时点前的一周）内，工作时间未达到一个小时，在近三个月采取了某种方式找工作并且在调查周内可以应聘的人。其中，农民首次被纳入调查范围。在可预见的未来，政府将定期公布失业率的调查数据。

4. 自然失业率（the natural rate of unemployment）

诺奖得主弗里德曼认为，劳动力市场存在一种长期的均衡失业率，即使在充分就业的状态下也难以消除。所以，有时自然失业率又被有些矛盾地称作“充分就业

① 这里的“迁移者”的定义是5年以来的迁移者，并根据出发地辨识是农村迁移者还是城镇迁移者。参见王德文、吴要武、蔡昉，2004，《迁移、失业与城市劳动力市场分割——为什么农村迁移者的失业率很低?》，《世界经济文汇》，第1期，37—52页。

下的失业率”(full-employment rate of unemployment)。①

自然失业率的存在与充分就业并不冲突。一般来说,总有一部分劳动力在不断地进入和退出失业状态。有些新增劳动力人口(如毕业学生),会进入劳动力人口,有些已有工作的人会换工作,他们都需要花费一定时间去找工作。在没有找到工作前,将有一段时间处于失业状态,由于这种劳动力的合理流动就会形成一定时点上的一定水平的失业率。此外,即使经济在繁荣时期,也会存在劳动力供需双方之间在技术要求和地理位置等因素上的差异。由此可见,自然失业率的形成具有某种摩擦性因素和结构性因素。

自然失业率并不是一个固定不变的量,当决定自然失业率的各种因素发生变化时,它也随之改变。这些因素主要有:

(1) 人口构成。自然失业率可以视作一个经济当中不同人口组别的自然失业率的加权平均数,所以人口构成因素对自然失业率的影响很大。当一个社会的劳动力结构发生变化时,自然失业率也会相应变动。例如在美国,从 20 世纪 50 年代到 80 年代早期,妇女、黑人、青少年和拉美籍劳工在美国劳动力人口中的比重增加了,由于他们当中的失业率高于其他人口组别,因此,这种劳动力结构的变化也促使美国的自然失业率有上升的趋势。

(2) 最低工资。世界各国一般都有关于最低工资的法律规定,经济学家们认为最低工资通常高于市场供求相等(即市场出清)的工资水平。最低工资的升高会影响雇主的劳动力雇用决策,当其减少劳动力雇用时,会使自然失业率升高。

(3) 结构调整。一个经济的增长总体伴随着结构性的调整,扩张中的部门要吸收劳动力,而收缩中的部门要释放劳动力。劳动力供给需求之间的弥合往往在结构性的调整当中出现技术的、地理环境的、信息沟通的问题。因此一个经济中的结构调整越快,其自然失业率也越高。

(4) 失业保险。世界各国一般都设立了失业保险制度,当一个人处于就业状态时,他一般要在工资中拿出一部分缴纳失业保险金。当他失业时,他可以在一定期限内领取失业保险金。失业保险制度通过以下机制影响到自然失业率:失业保险金的水平越高,失业保险金领取的期限越长,失业保险金的征收比例越高,则失业与就业对于一个劳动者而言,其效用的差别越小,从而使得失业者降低寻找工作的积极性,失业时间增加,全社会的失业率增加。此外,效率工资理论(efficiency-wage theory)还从另外一个角度解释道,当失业保险金水平提高时,在职职工对于失业的效用期望就增加了,这样他们就会降低努力程度,雇主为保持他们的努力程度就需要提高工资水平,在更高的工资水平下,劳动力的实际需求就减少了,社会

① 参见 Friedman, M., 1968, "The Role of Monetary Policy," *American Economic Review*, March 1968。弗里德曼是这样定义自然失业率的:

> “自然失业率……是可以由瓦尔拉一般均衡体系得出的失业率水平,假设我们在其中考虑进劳动和商品市场的一些实际的结构性因素的话。这些因素包括市场缺陷、需求和供给的随机变化、有关劳动力供给和职业空位的信息收集成本、流动成本等。”

失业率随之上升。①

(5) **工会力量**。在世界各国,工会的作用有显著的差异。工会的作用主要是提高其成员的工资水平和保障成员的就业,但却会削弱企业雇用劳动力的意愿。通常人们认为,一个经济中工会组织的力量越强大,其自然失业率越高。欧洲大陆国家的失业率比较高,被认为与其工会力量比较强有关。

(6) **劳动工资税**。决定企业的劳动力需求的是企业付出的工资总额,而不是劳动力的实际所得工资,两者的差别就在于政府对企业征收的劳动工资税。在短期内,如果政府的税率提高,就会增加企业雇用劳动力的成本,从而减少企业的劳动力需求,使失业率增加。在中国,与劳动工资税相对应的概念是员工缴纳的社会保险,主要是养老、医疗、失业、生育和工伤五项。其中,养老保险企业缴费的比例一般为企业工资总额的20%,员工个人缴纳比例为本人缴费工资的8%,进入个人账户。医疗保险,企业和个人的缴费比例分别为7.5%和2%。失业保险,企业和个人的缴费比例分别为2%和1%。上述比例视每个地方的具体情况,还存在差异。

以上有关自然失业率影响因素的研究构成了第二次世界大战以后失业理论的新发展,对此,我们还将在第8章中详细介绍。读者需要注意的是,影响自然失业率的因素与每个国家的经济发展阶段、人口学特征和制度背景均有关系。对于中国来说,是不是存在一个长期稳定的自然失业率,是一个需要谨慎对待的问题。

思考题

1. 在中国,各级地方政府都将控制失业和增加就业的目标交给劳动部门去负责,而同时,基础性的失业统计数据又是由劳动部门层层上报的。这种安排会产生什么样的问题?怎么解决?

2. 有人说,发展高等教育能够降低失业率,你怎么看?

3. 国际通行的惯例是,以常住人口为失业统计的对象,如果中国的城镇失业统计对象也扩大为城镇常住人口(本地居住达半年以上),由此而得到的失业人数和失业率会怎么变化?

4. 按照失业的定义,拥有土地承包权的农民是不会失业的。但是,在中国的城市化进程中,一些农民的土地被征用之后,却可能面临失业的困境。为此,政府应该为失地农民做些什么?为什么?请查阅一些相关资料,或对本地的情况展开调研,看一下地方政府是怎么做的,并对其进行评论。

5. 中国的养老保险金体系是在省级水平上统筹的,养老保险缴费标准可以在国家统一规定的基础上根据地方上的养老压力而有所调整。有些省份是人口流入

① 参见Shapiro, C. and J. Stiglitz, 1984, "Equilibrium Unemployment as a Worker Discipline Device," *American Economic Review*, 74(3):433—444。本书第10章将具体再介绍相关内容。

地，有些省份是人口流出地，这样，你认为地方的养老保险缴费率会出现什么样的差异？这会进一步对地方经济产生什么影响？

6. 经济学家通常认为，最低工资的提高可能造成自然失业率上升。事实上，最低工资的影响仍然是劳动经济学中最具争议的课题之一。那么，最低工资提高有没有其他效应呢？请结合下面的新闻报道谈谈你的看法。

【新闻】

低了难保生活　高了企业受不了　最低工资咋走好钢丝

2014年，上海将最低工资标准往上增加200元。

“最低工资提高后，对企业成本肯定有影响，因为最低工资有一个传递效应。”叶维弘分析，原来低于最低工资的人必须加到最低工资线，“比如原来拿1 620的人，现在就是1 820了。但原来你是1 620，我是1 800的，你涨到1 820了，我也只拿1 820这就不行了，肯定要超过1 820才行。企业发放工资是按照岗位不同，有级差的。”

“最低工资有向上传递的效应，但越往上去这个效应是递减的，每个月拿好几千的人相对没这么大影响了。”叶维弘说，这意味着，最低工资标准对整体提高低收入劳动者的收入水平具有积极的作用。

受最低工资标准调整影响较大的企业，主要是劳动密集型、低附加值、服务型的行业，如物业管理、超市、便利店、餐饮等。“物业管理靠服务收费，物业费涨不上去，最低工资上涨了，保安、保洁的工资就要提高，而物业能做增量的广告费、停车费的增幅不大，压力比较明显。”叶维弘说。

“我们要考虑到企业和劳动者双方的压力。对企业来讲，是人工成本的压力；对劳动者来讲，是生活成本的压力，物价在涨，生活成本在上升。”叶维弘说，“政府部门要做的，就是把握好两者之间的平衡。”

上海自1993年建立最低工资制度以来，除2009年受国际金融危机影响、按照国家统一部署未作调整外，每年都调整最低工资标准，今年已是第二十一次调整。调整后，上海市最低工资标准仍为全国最高。

“企业受劳动力供求关系影响，对最低工资标准调整的敏感度在下降。”叶维弘分析。“以前，在征求企业意见时，企业大多是不希望涨的，这带来用工成本的增加。但最近情况有些新变化。这两三年企业意见跟前几年不一样。企业的意见是：最好不要涨，但涨了也无所谓，因为你不涨我们也已经在涨了。”

调研实际市场后，主管部门发现，原来企业都是把最低工资作为招聘工资在招人，这三五年来已经逐步不行了。上海现在招工，一个普通农民工一般也要2 500元以上才行，已经跑过最低工资标准了。

“我们也担心最低工资上涨造成企业裁员。”叶维弘说，但上海有关就业数据显示，这几年来上海登记失业率稳定在4.2%左右，每年新增就业岗位稳定在60万多。“都比较稳定，说明最低工资标准调整得还比较合理，没有对就业产生直接的、比较大的影响。”

最低工资制度与广大人民群众的切身利益息息相关。数据显示，近两年上海的最低工资标准上调幅度在11%和12%左右，在未来几年这样的幅度是否还能够维持？

通过了解最低工资标准制定制度就能发现，每个地区的最低工资标准，与当地的物价水平关系最大。“上海现在是全国最高，这不是我们主观意愿决定的，而是算出来的生活成本就高。”叶维弘说。

事实上，在前期调研中，有些专家还提出，上海的最低工资从实际生活的客观需要来考量的话还是明显偏低。

需要说明的是，上海市月最低工资标准不含劳动者个人依法缴纳的社会保险费和住房公积金，这部分由用人单位另行支付。劳动者延长工作时间的加班费，中班、夜班、高温、低温、有毒有害等特殊工作环境、条件下的津贴等也不作为月最低工资标准的组成部分。

目前，全国最低工资标准口径不一，只有上海、北京的月最低工资不包括社保个人缴费部分。“如果同口径比较的话，上海老早就是全国最高了。”叶维弘说。事实上，即便是社保缴费，上海也是全国最高。上海社保最低缴费基数是上年平均工资的60%。随着平均工资的增长，社保缴费也同样会提高。

关于最低工资还有多少增长空间，叶维弘认为，“不能说这几年涨得快就一直涨下去。这几年上海虽然最低工资的绝对额最高，但增幅不是最高的。最低工资调整是要综合考虑经济发展、物价水平、企业成本、就业状况等因素的。”

至于最低工资会不会加剧上海实体经济的成本压力？“现在的最低工资标准应该是符合上海实际需要的。上海有个产业结构升级、转型发展的问题，沿海地区都遇到这个问题，企业竞争力不能只靠低成本了，要靠技术和管理，靠提高劳动生产率，靠自主知识产权。”叶维弘说，“沿海地区人工成本适当高点是需要的，就是要对人力资本方面多投入一点，激发劳动者特别是技术人员的积极性。”（记者曹玲娟）

资料来源：改编自中国发展门户网，www.chinagate.cn，2014年4月30日。

▶3

劳动力市场:体制差异与历史演变

世界各国的历史、政治、文化各异,它们的就业体制有什么异同?

当我们谈到市场经济体制的时候,有没有不同模式的市场经济体制? 在西方国家中,英美文化传统和欧洲大陆文化传统怎样影响着今天这些国家的体制模式,包括就业体制模式?

中国的就业体制是怎样一步步进行转型的? 为什么就业体制的改革走的是渐进的道路?

中国未来的就业体制将走向何处? 在劳动力市场上,制度的转型必须面临效率与平等之间的抉择吗?

在这一章中,我们的目标是对不同国家的就业体制进行比较,我们既会对现有的西方发达市场经济体制进行比较,也会讨论中国就业体制的变迁。首先,读者将发现,就业体制的差异对于各个国家劳动力市场上的现象的差异具有关键性的影响,同时,读者也会发现,这些现象的差异的背后所隐藏的经济学规律是一致的。其次,在政策的层面上,懂得每一个国家所处的历史和现实的差异性是非常重要的,这就使得政策可以切实地适应本国的需要,而不仅是简单地重复其他国家走过的道路。

3.1 就业体制的国际比较

大千世界,每个国家的体制都不一样。本书将世界各国劳动力市场上丰富多彩的现象视为相同的经济学原理在不同体制下的作用结果,因此,我们在统一了本书的语言和概念之后来比较一下世界各国的就业体制。世界上有太多的国家,我们只能关注那些在经济、政治和文化上比较大的国家和经济体。为此,在本书中我们将世界各国按其经济体制划分为发达市场经济和转型经济两大类,包括四小类,它们分别是:

(1) 崇尚自由竞争的英、美市场经济国家。主要包括一些说英语的具有英美传统的国家,也被称为“盎格鲁-撒克逊模式”国家,包括英国、美国、加拿大、澳大利亚等;

(2) 强调国家干预的欧洲大陆市场经济国家。也被称为“莱茵模式”国家，主要包括法国、德国、意大利等欧洲大陆国家，由于日本在建立现代市场经济体制的过程中深深地受到了欧洲大陆国家的影响，因此，也把它归入“莱茵模式”国家；

(3) 实行了激进式改革的东欧转型经济国家。主要包括俄罗斯、波兰等前苏联、东欧国家，这些国家对其计划经济体制采取了激进式的改革方略；

(4) 实行了渐进式改革的中国。在中国，改革的总设计师邓小平用两句话定下了渐进式的改革方略，一句是“摸着石头过河”，另一句是“不管黑猫白猫，抓到老鼠就是好猫”。

在这一节中，我们主要研究两类不同的市场经济体制，在简要回顾西方国家劳动力市场发育过程的同时，总结英、美和欧洲大陆两类市场经济下的就业体制产生的背景、存在的主要差异和一些共性特征。

在西方资本主义市场经济发展历程中，首先经历了长达二百年的自由竞争的资本主义阶段。在这一阶段，劳动力所从事的大量都是简单劳动岗位，劳动力之间的相互替代性很强，因此这一时期的劳动力市场也始终处于完全自由竞争的状态。虽然在完全自由竞争的劳动力市场下，劳动者的权益未能得到充分有效的保障，工人组织的力量也较薄弱，但这一阶段劳动力市场的运作客观上却为整个资本主义市场经济的发展打下了基础，西方国家在这一阶段加快进行资本积累，同时，劳动力市场也基本形成了工资自由浮动和劳动力资源充分流动的就业机制。

从 19 世纪中叶以来，在空想社会主义和马克思科学社会主义理论思潮的影响下，西方资本主义国家的工人运动有所高涨，劳动者越来越多地以有组织的方式展开争取自身权益的斗争。从 20 世纪初期开始，失业保险制度等有利于劳动者的法律制度在西方各国逐渐建立。但是，这一时期政府还没有开始对劳动力市场的运作进行太多干预。

【阅读】

自由市场经济与“看不见的手”

亚当·斯密生活的时代恰值英国资本主义快速发展的时期。英国资产革命已经完成，对于私有产权的保护已经写进了法律。

18 世纪的英国已经逐渐地发展成为一个工业国，工场手工业仍然是生产的主要方式，但一系列的重要的工业技术革新也陆续产生，机器大工业的时代即将到来。如果说工业革命为生产的发展提供了技术支持，那么圈地运动则为资本主义生产的发展提供了大量的廉价劳动力，同时也为产业资本的发展提供了广大的国内市场。

在国际上，18 世纪中叶的英国迅速地拓展着国际贸易，这时英国已经取代西班牙、葡萄牙和荷兰而夺得了海上霸权和贩卖黑奴的垄断权，并在全世界范围内占领了大片的殖民地。对殖民地的掠夺贸易不仅为英国的产业发展提供了广大的国际市场，而且也为资本主义大工业的进一步发展提供了资本和劳动力资源。

不管你用什么样的形容词来形容早期的资本主义市场经济的发展，它对于人类经济成长本身的推动所产生的意义是非凡的。与经济的成功相比，英国产业资产阶级的政治地位却不稳固，议会由土地贵族和商业、金融资产阶级控制，产业资产阶级仍然受制于一些限制产业资本发展的法律。在对外贸易方面，保护关税政策已经成为产业向外扩张的障碍。

在这样一个经济成长意欲突破一切束缚的年代，斯密出版了他的《国民财富的性质和原因的研究》，即《国富论》。在这本伟大的著作里，斯密全面地论证了自由市场经济的合理性。

斯密及同时代的经济学家的理论出发点从一开始就直指个人与国家的关系，这一主题使得当时的经济学被广泛地冠以"政治经济学"的名称。斯密相信，自然法则反映了造物主的思想，而实在法则只不过是世俗的法院的一纸公告，因此，自然法则比实在法则具有更高的约束力。个人的自由就是一种自然法则，相应地，自由放任的市场经济体制则符合这样的自然法则。在斯密的理论里，他首先要回答的一个问题就是，如果每个人都是自利的，那么，社会的福利怎么能够保证。斯密论述道：

"每个人都必然努力尽可能使社会的年收入增大。实际上，一般说来，他既不打算促进公共利益，也不知道他自己在什么程度上促进公共利益。由于宁愿支持国内产业而不支持国外产业，他只是盘算他自己的安全；由于他按这样的方式管理产业，即使其生产价值最大，他所盘算的也只是他自己的利益，在这场合像在其他许多场合一样，他受着一只看不见的手的引导，去尽力达到一个并非他本意想要达到的目的。也并不因为事非出于本意，就对社会有害。他追求自己的利益，往往使他能比在真正出于本意的情况下更有效地促进社会利益。"

因此，在市场的"看不见的手"的引导下，每个人在追求自己个人私利的同时，也就无意识地促进了社会的公共利益。这一论断在今天看来是过于简单了，但是，对于当时受到限制的产业资本的成长而言，对于那些政府和计划的信徒而言，斯密所代表的古典传统仍然是值得借鉴的基本经济学思想。

资料来源：摘编自陈钊、陆铭，2007，《微观经济学原理》，高等教育出版社，第16章。

一个关键性的转折点出现在20世纪30年代的经济大危机之后，这时凯恩斯主义经济学诞生，结束了新古典主义自由竞争经济学理论一统天下的时代。凯恩斯主义经济学奉行国家干预主义，认为完全自由的市场经济体制不能保证经济自动良好运行，当市场机制运行出现"失败"的时候，政府就有必要出面纠正市场机制的不足。在劳动力市场上，新古典主义的经济学认为失业是因为一部分劳动者不愿意接受市场竞争形成的工资，而凯恩斯主义经济学认为大量的失业不是由于职工不愿接受更低的工资造成的，相反，正是由于完全自由的市场经济体制可能导致周期性的生产过剩和有效需求不足，从而导致经济危机和工人失业。在这一指导思想下，西方国家开始以货币政策、财政政策和收入政策等手段对经济进行干预，以实现经济的稳定增长和劳动力的充分就业。20 世纪 30 年代经济危机之后，工会组织迅速得到加强，对劳动力市场上工资和就业的决定产生了重大的影响。1938 年，美国开始实施《公平劳动标准法案》，这是美国首部在全国范围实施的保护劳工权益的法案，法律规定了最低工资和长时间劳动的补贴标准，并对使用童工进行了限制。

与资本主义国家有所不同，在社会主义国家中劳动者成了国家的主人，国家通过计划就业体制保障劳动者的充分就业，劳动者之间的收入差距也有所缩小，这些现象也在西方国家产生了一定的影响，对国家干预经济的思潮起到了进一步的推动作用。但国家干预主义在经历了 20 世纪 60 年代西方国家的"黄金增长期"之后，很快便面临了自身的危机。70 年代以后，西方国家开始面临通货膨胀和经济停滞并存的现象，于是又引发了向自由竞争回归的思潮，在经济学理论方面，以货币学派和理性预期学派为代表的新自由主义理论均主张放弃国家对于经济的干预。到了 80 年代，理论界又形成了新凯恩斯主义学派，这一学派认为失业产生的原因主要是劳动力市场的功能性障碍。在理论逐渐发展的同时，以自由竞争和劳动力充分流动为基本特征的劳动力市场日益得到完善，而政府的职能则是对市场进行适度的干预，在建设社会保障制度和保护劳动者权益的同时保证市场机制的良好运作。

思潮是反映现实的，二战以后西方的资本主义制度出现了一些分化的趋势。其中，以美国和英国为代表的一类国家更加崇尚自由竞争，从而形成了所谓"盎格鲁-撒克逊模式"。在这类国家，工资浮动的灵活性更强，劳动力的流动性也更加充分，但社会保障的完善程度相对较差，于是在这类国家里人们的收入差距较大，而失业率却较低。另一类国家是以德国、法国和日本为代表的"莱茵模式"国家，在这些国家中，工会力量较强，工资浮动的灵活性较差，劳动力流动性相对较低，但是这类国家的社会保障制度却比较完善，企业为职工提供更多的培训和各种福利，有时职工还能够参与企业的管理。所以，在"莱茵模式"国家中，人们的收入差距较小，享受的福利水平较高，但由于劳动力市场的竞争性较差，失业率水平相对较高。①

通过上面这些讨论我们可以发现，在西方市场经济国家中，劳动力市场从完全自由竞争的状态开始逐渐走向各具制度和文化特征的有管理的模式。在经济发展的同时，各种经济理论和社会思潮也不断发展，在这一过程中职工的权益总体上得到了有效的保护，而政府也适度地干预市场，保证了市场机制充分和良好地运作。虽然在不同的市场经济国家劳动力市场有着一些不同的特征，但是现代市场经济

① 对两类资本主义制度差异的讨论可参见[法]米歇尔·阿尔贝尔，1999，《资本主义反对资本主义》，社会科学文献出版社 1999 年 10 月版。对于两类国家中社会保障、失业和收入分配的不同特征，请参见本书第 10、12 章中的详细讨论。

体制下劳动力市场的基本特征是,劳动力充分地参与市场竞争,工资在一定范围内能够有效地浮动,劳动力要素能够充分地流动。其次,非常重要的一点是,即使政府对劳动力市场的运作有所干预,也多以经济手段为主,政府的干预不会影响企业作为劳动力市场独立主体的地位。只要不违法,企业通常能够根据自己的经济目标作出劳动力雇用的决策。此外,成熟市场经济体制下的就业体制是统一的,也就是说,不同的企业所面临的是同样的体制环境,一个国家内部的不同地区的就业和社会保障体制也是统一的。成熟市场经济国家的劳动力市场发育过程和基本特征为我们考察中国的劳动力市场发育和就业体制转轨提供了很好的参照系。

【阅读】

自由市场失灵与"看得见的手"

1929—1933年间,以英美为代表的自由世界经历了一场空前绝后的经济大危机。这场经济危机从美国开始,迅速波及世界上其他的主要资本主义国家,全世界都仿佛陷入了末日的恐慌。1932年,资本主义国家的工业生产比1929年下降了三分之一以上,5年间失业人数从1 000万人增加到3 000万人,加上半失业者共达4 000—4 500万人。这场危机竟然使工业生产倒退到了1908—1909年的水平!

经济的衰退使经济学家也陷入了同样的恐慌。也许没有来自于残酷现实所带来的理论恐慌就不会有理论的发展,经济学家们陷入了深深的反思。在大危机来临之前,经济学家们醉心于新古典经济学所构建的逻辑体系,相信市场经济那只"看不见的手"可以自己解决自己的问题。生产将会自动地产生需求,当供给者得到收入时他就会去买同样多的东西,——这就是以英国古典经济学家萨伊的名字命名的"萨伊定律"——市场将始终是平衡的,经济危机只会是短暂的。大危机使经济学家意识到新古典的经济学出了问题,但没有人能够发展出一套驳得倒"萨伊定律"的理论,直到凯恩斯在1936年出版他的《就业、利息和货币通论》(即《通论》)。

凯恩斯的入手点是价格与供求的关系,他认为,宏观上的供大于求问题出在价格。价格并不是无限自由地浮动,从而可以在瞬时间使市场达到供求平衡的。在短期内,当市场出现供大于求的现象的时候,价格具有向下调整的刚性,使得商品滞销和工人失业这样的现象不能通过价格调整而及时消除。

当经济从有效需要不足而走向衰退的时候,市场是不是可以自动地解决问题,使经济重新走向繁荣呢?凯恩斯的答案是否定的。虽然价格(包括工资)总是可以对供求产生反应,从而使市场再回复到均衡,但那需要很长的时间,在短期内,价格的调整是具有向下的刚性的。所以,如果要使经济能够很快地走出低谷,只能依赖政府的干预。政府一方面可以通过增加政府支出直接增加有效需求,另一方面可以通过增加货币供应而降低利率,从而刺激投资。政府的宏观经济政策对于有效需求的增加将首先缓解供求不均衡的局面,然而,更重要的是,有效需求的增加能够增加劳动力需求,从而减少失业,增加劳动者的收入,而这些又将进一步地增加有效需求，从而产生一系列的“乘数效应”。

凯恩斯的有效需求不足理论为资本主义的经济危机提供了很好的解释，这在理论上是革命性的。凯恩斯的理论为政府在市场经济中的功能提供了全新的认识，从此，人们不再单纯地认为政府只要像一个守夜人一样，除了打更和防止失火以外什么都不要管。他的理论直接将国家引上了政府干预的道路，当经济中出现了有效需求不足的时候，政府就可以通过需求管理政策来使经济重新走向繁荣，这就为政府自罗斯福新政以来的货币和财政政策找到了理论的支撑。从此直到第二次世界大战后的20世纪50、60年代，经济学家们几乎不再相信市场是会自动实现均衡的。

1971—1973年是当代世界经济史的又一个转折点。石油危机带来了石油的价格大幅度上升，西方国家的经济出现了“滞胀”(即经济停滞和通货膨胀并存)的现象。这一新的现象给凯恩斯经济学带来了严重的挑战，因为在凯恩斯经济学里，如果政府增加货币供给，一方面会出现通货膨胀，一方面实际工资和实际利率都会下降，结果劳动力雇用量和投资量都会增加，经济增长率必然上升。也就是说，在凯恩斯经济学里，通货膨胀和经济停滞是不会同时出现的两个现象。正是在这一背景下，自由主义的复兴时代来临了。在凯恩斯的国家干预主义大行其道，特别是政府全面管制经济在前苏联获得成功的时候，一些自由主义的经济学家从来没有放弃过他们的自由主义倾向。也许这标志着经济学已经走出了迷信的时代，如果说在凯恩斯时代，他拥有的经济学知识来源主要就是新古典主义的话，那么，到了第二次世界大战以后，经济学家拥有的知识资源就不仅有自由主义，也有干预主义了。

资料来源：摘编自陈钊、陆铭，2007，《微观经济学原理》，高等教育出版社，第16章。

3.2 中国的就业体制及渐进转型

在我们所归纳的四小类经济体制中，前苏联和东欧转型经济中的体制实际上并不构成一种稳定的经济体制，在那些国家表现出的经济现象大多可视为计划经济体制向“标准”市场经济体制的迅速过渡所导致的结果，因此在这一节中，我们仅考察中国转型时期的就业体制和劳动力市场发育过程。

通过对成熟市场经济国家劳动力市场发育过程的回顾，我们可以发现，中国转型时期劳动力市场的发育与西方国家有着迥然不同的历史背景和约束条件。在近现代历史中，中国从来未曾真正地确立过现代意义上的市场经济体制，虽然在新中国成立前中国的资本主义经济也有所发展，也曾建立过企业内部企业与工会间的工资谈判机制，劳动力的城乡间和地区间流动也是自由的，但这种市场化就业体制仍然处于较为初级的阶段，而且随着新中国成立后计划经济体制的确立，之前市场化的就业体制也因为与计划体制不相容而退出了历史舞台。

在新中国成立以后到改革开始之前的这段时期，中国基本上照搬了前苏联的计划体制来实行各种资源（包括消费品和生产资料）的配置。对劳动力资源的配置，中国政府也学习了前苏联的计划体制，这个体制的基本特征是：

（1）*工资是由政府部门制定和管理的。*在计划经济体制下，企业不是一个利润中心，它的任务是完成上级完成的计划，包括生产计划和就业安置目标。企业销售产品后，将所有的利税上交给上级主管部门，再由政府把工资总额下放到企业，而工资水平和级别则由政府统一制定。

（2）*劳动力流动和配置是由政府部门实施的。*在计划经济体制下，企业的目标是完成计划，再加上政府试图在社会主义体制下消除失业，因此，劳动部门的一个重要目标就是为每一个想工作的劳动力安置工作，而企业则通常都在政府的安置下接受了相对于生产所需要的过多的劳动力就业。在这种体制下，企业不能自主地雇用和解雇劳动力，劳动力也不能自主地在企业间、行业间和地区间流动，要流动必须要通过政府部门的"调动"，而能够因各种理由实现"调动"的劳动力数量几乎可以忽略不计。

（3）*社会保障的功能是由政府通过企事业单位来提供的。*在计划经济体制下，政府试图通过计划手段压低职工的工资，从而控制企业的生产成本，提高企业的利润，然后再把利润转成重化工业的资本积累。为了对低工资进行补偿，政府为企事业单位的劳动者提供了全方位的"社会保障"。在这个体制下，失业保险是不需要的，因为政府包就业，医疗是由单位免费提供的，养老是由企业以"退休工资"的形式发放的，住房是公有的，子女教育也由公立的学校免费提供。这种状况实际上起到了鼓励劳动力就业的作用，也形成了企业办社会的沉重包袱。

中国实行计划就业体制的一个直接原因是所有的社会主义国家在当时都以充分就业作为一个重要的目标。尽管有一些经济学家指出社会主义国家虽然表面上实现了充分就业，其实只不过是以隐性失业取代了公开的失业，但这种表面上的充分就业仍然是让实行计划体制的社会主义国家引以为豪的。除了充分就业这一理想化的目标以外，至少还有两点原因促使中国政府选择了计划就业体制。

（1）*人口和劳动力资源的快速增长。*除了20世纪60年代初"三年自然灾害"的困难时期人口总数有所下降以外，中国的人口总数自新中国成立以来一直保持着快速的增长，而人口的快速增长带来的则是劳动力资源的快速增长。"文革"后期和改革开放的最初几年里大量知识青年返城，使得城镇人口的数量快速提高。为了实现城市劳动力的充分就业，中国政府实际上将计划就业体制的实施一直延续到了1985年。在这一阶段，国家实行了"在国家统筹规划和指导下，实行劳动部门介绍就业、自愿组织起来就业和自谋职业相结合"的方针，并相应地调整了所有制结构和产业结构，实行了搞活经济、广开门路的政策，大量安置了就业，使城镇失业率在1985年降到了改革以来的历史最低点，但这一时期的计划就业体制并没有发生实质性的变化。

（2）*以重工业为重点的"赶超型"发展战略的实施。*几乎所有社会主义计划经济国家在改革前都采取了“赶超型”的发展战略，这一背离自身比较优势的发展战略要求重工业部门有超常规的资本积累，为此，中国实际上相对地抬高了工业品价格，而压低了农产品的价格。这样做的目的是为了压低城镇职工的工资和生活费用，从而降低劳动力成本，提高企业的利润上缴，为实现重化工业部门的高积累创造条件。所以，控制工资水平及其增长速度也成了计划就业体制的一项重要内容。①

在计划就业体制下，城市职工虽然将一部分的劳动所得交给了国家，仅得到了被人为压低的工资，但他们也由此获得了一些其他的利益，其中最为重要的就是没有失业的风险，此外还有养老、医疗、住房等福利。而从政府这一边来看，虽然计划就业体制的实施使得工业部门的高投资得以实现，但却由此而导致了国有企业内部大量的隐性失业和人浮于事的低效率问题，同时也因为职工的养老、医疗和住房等福利造成了国有企业的沉重负担。

面对传统计划就业体制所遗留下来的一系列问题，中国在 20 世纪 80 年代初开始在就业体制中引入了一些市场化的因素，以解决当时严峻的就业问题，但是以劳动合同制全面推行和失业保险体系建立为标志的就业体制市场化改革是从 1986 年才真正开始的，当时，统计上的城镇失业率已经降到了历史最低点。

从总体上来看，中国的就业体制改革采取了一种渐进式改革的策略，这也是在解决改革、发展、稳定之间的矛盾时的理性选择。具体地来说，中国之所以不能很快地实现就业体制的完全市场化，是因为我们在相当长的一段时间里至少面临着以下几个方面的制约因素：

（1）*庞大的隐性失业规模和尚待健全的社会保障体系限制了企业富余人员的分流速度。*传统的计划就业体制导致国有企业存在着大量的隐性失业，直到 1995 年前后，一些调查结果仍然表明国有企业的隐性失业率可能高达 20%左右。如果将这样大规模的隐性失业进行迅速的显性化，就有可能造成像前苏联、东欧国家所出现的失业率快速上升和社会动荡等问题。中国虽然自改革开放以来一直保持了较快速的经济增长，但仍然不足以吸纳如此大规模的隐性失业。从另一方面来看，中国的社会保障体制也有待完善，失业保险体系的承受力不允许社会上出现大规模的失业队伍。在这种情况下，隐性失业的显性化过程也只能是渐进的。

（2）*劳动力的社会保险关系没有理顺，市场就业意识没有形成。*在传统的计划经济体制下，职工的社会保险关系一直是与所属企业挂钩的。为了实现向市场经济体制的转轨，中国也开始对社会保障体制进行社会化的改革。养老保障自 1997 年开始建立以社会统筹加个人账户的社会保障体制，而医疗保障也在世纪之交的几年时间里逐步与企事业单位脱钩，实现了社会化。在社会保障没有被社会化之前，企业的富余人员心里有后顾之忧，不愿与企业解除劳动关系。同时，劳动者的观念制约也是一个重要的因素。企业内的富余人员一般具有年龄大、文化程

① 对于计划经济体制的形成和“赶超型发展战略”之间的关系，读者不妨参阅林毅夫、蔡昉、李周，1999，《中国的奇迹：发展战略与经济改革（增订版）》，上海三联书店和上海人民出版社。

度低的特点，这些职工都是企业的老职工，大多数都是在劳动合同制实施之前就业的。这些职工在传统体制下是由政府和企业保障其就业的，因此他们缺乏自主就业和参与竞争的意识，不愿意通过市场渠道实现再就业。

(3) 受到传统计划经济体制的影响，政府还不能完全顺应市场经济体制的需要转变自身职能。在传统体制下，一般劳动力和人才分属劳动部门和人事部门管理，从而造成了这两类劳动力市场的分割。在改革过程中，非国有部门逐步发展壮大并形成了市场化的就业体制，而政府对国有部门工资和就业的管制措施有些则长期存在，于是又形成了不同就业体制下的劳动力市场分割。政府部门长期习惯于在劳动力市场上居于管理者，而不是服务者的地位，制约了劳动力市场的改革。

中国转轨时期劳动力市场的发育呈现出渐进的特点。具体地说来，政府在避免激化社会矛盾的前提下，对国有部门原有的传统体制进行了边际上的改革。相反，自改革开放以来，新生的非国有部门逐步发展壮大，这一部门是在市场化的环境下成长起来的，使得越来越多的劳动力(特别是年轻劳动力)通过市场机制进行配置。这样，就在劳动力市场转型时期形成了国有和非国有部门"二元"的就业体制。非国有部门的市场化就业体制对传统的就业体制产生了巨大的冲击，对整个劳动力市场的发育起到了不可忽视的推动作用。

1. 新生的劳动力市场的成长

在改革开放的历史中，按照先后次序，新生的劳动力市场的发育是从三个方面逐步推进的。

首先，城镇劳动力的体制外就业成为劳动力市场发育的最初动力。在上世纪70年代末至80年代初的一段时间里，出现了一个安置就业的困难时期，压力来自于城镇地区在"文革"中积存的待业人员、新增劳动力和大量返城的上山下乡知青，为了缓解这一就业压力，国家在就业体制中引入了灵活的市场机制。1980年8月，党中央在全国劳动工作会议上制定了新的劳动就业方针，即"在国家统筹规划和指导下，实行劳动部门介绍就业、自愿组织起来就业和自谋职业相结合"的方针，并相应地调整了所有制结构和产业结构，实行了搞活经济、广开门路的政策。从那以后，城镇的个体经济开始发展起来，随后，私营经济也成为了一支吸纳就业的重要力量。与此同时，随着国家放开对于外资进入的限制，三资企业在中国取得了快速的发展，三资企业的劳动力资源配置也是通过市场机制实现的。

其次，农村剩余劳动力向城市的流动加强了劳动力市场的竞争，促进了劳动力市场的发育。从20世纪80年代中期开始，在城乡收入差距的作用下，农村剩余劳动力开始了向城镇地区的流动。进入90年代，这一农村向城镇的劳动力流动规模越来越大，一方面，沿海地区的外资企业创造了大量就业需求，另一方面，随着粮票取消，农民工从家乡跨地区流动到另外一个地方就业也变得容易得多了。①当时，农民工在城市里没有养老、医疗、失业等保障，他们的就业也完全通过市场化的渠

① 在上世纪90年代中期之前，由于粮食短缺，城镇居民需要凭粮票购买商品粮，而农民进城务工因为没有粮票，构成了进城务工的障碍。

道实现，因此，农民工就业加强了城市劳动力市场的竞争和劳动力的流动，对僵化的传统就业体制产生了巨大的冲击，对整个劳动力市场的发育起到了非常重要的推动作用。

第三，传统国有部门的富余劳动力寻求体制外就业是城镇劳动力走向市场化就业的关键一步。20世纪90年代以来，国有企业隐性失业显性化的进程有所加快，90年代中期开始出现了国有企业富余职工大规模下岗的现象（具体请参见本书第10章）。失业下岗人员中有不少是通过市场化的渠道实现再就业的，再就业的主要去向是从事个体、私营经济，也有一部分再就业困难人员从事社区公益性劳动，或者在政府扶持的非正规就业组织中就业。其中，不少失业下岗人员是以“隐性就业”的形式实现再就业的，也就是说，他们虽然实际上已经就业了，但却仍然被政府部门和企业当作失业下岗人员对待，享受着由政府或企业提供的失业保险金或下岗工资。在转轨时期劳动者社会保险关系还未理顺的情况下，为了使下岗职工能够进入劳动力市场，政府对部分下岗人员采取了协议保留社会保险关系（简称“协保”）的方式，鼓励下岗职工实现市场化的就业，但是，这些协保人员往往是以隐性的形式实现再就业的。从雇用协保人员的企业（多为非国有企业）来看，无需与协保人员签订劳动合同，便可以不为他们缴纳“三金”，劳动力成本较低。从协保人员自身来看，他们一方面不愿放弃与原单位的社会保险关系，对就业能瞒就瞒，同时，他们也不愿（或不能）与新就业的企业签订劳动合同，因为他们一旦提出这种要求企业就可能不再愿意雇用他们。这种失业下岗人员隐性就业的现象从客观上对政府和企业造成了一定的损失，形成了国有企业和非国有企业之间社会负担不同的局面，但是也正是这种过渡时期看似不合理的制度安排使得一些国有企业的富余劳动力走向了市场，这些劳动力通过市场在非国有部门就业是城镇劳动力走向市场化就业的关键一步。

我们可以看到，非国有部门的发展对新生劳动力市场的发育过程起到了关键性的作用。首先，非国有部门的发展壮大同时就意味着实现市场化就业体制的范围逐步扩大，新的就业体制对传统的就业体制产生了巨大的冲击，对就业体制的市场化改革起到了一定的示范作用。其次，非国有部门的市场化就业体制也促使从业于这一部门的劳动力更新观念，带动了劳动力（特别是国有部门职工）平等竞争、自主就业观念的形成。第三，非国有部门在发展壮大的过程中不仅吸纳了大量城镇新生劳动力和农村剩余劳动力的就业，还为国有部门的富余劳动力再就业提供了大量的就业岗位，这就有效地缓解了国有部门就业体制市场化改革可能导致的社会矛盾，为改革的进一步推进创造了条件。

2. 传统部门劳动力市场的逐步转轨

与非国有部门形成对照的是，中国的国有部门长期保留着带有计划色彩的就业体制，但在改革进程中，国有部门的就业体制总体上进行了市场化取向的改革。

中国城市就业体制的改革开始于1986年，其标志性的事件是劳动合同制的实施。选择这一时机开始就业体制的市场化改革既是1984年开始的国有企业改革的必然要求，也是因为1985年时城镇失业率降到了改革以来的历史最低水平。劳动合同制的实施首先经过了在上海、广东等少数地区的试行，直到1986年国务院颁布了《国营企业实行劳动合同制暂行规定》，开始在全国范围内正式实行劳动合同制。在这一制度下，合同工的劳动合同期满后就业即自行终止，而在合同期内，如企业和工人任何一方在规定允许的情况下也可以终止合同。实行劳动合同制以后，企业雇用增量劳动力的权力已经较为自由。从劳动力进入和退出行为选择来说，自由度也增大了，劳动力的自由流动机会也增多了。

与此同时，企业对职工的辞退权也有所扩大。1982年，国务院颁发了《企业职工奖惩条例》，规定企业可对犯有各种严重错误者给予开除处分，可对无故旷工者给予除名处分。1986年，国务院又发布了《国营企业辞退违纪职工暂行规定》，进一步规定企业对于错误严重程度尚未达到开除和除名的违纪职工可以予以辞退的处罚。这一阶段的改革扩大了企业的辞退权，但这一权力的行使仍然是以职工的过失行为为前提的，企业实际上不能根据生产需要解雇职工，即使在有限的辞退权范围内，由于缺乏其他相应的配套措施，许多企业实际上还无法充分行使其辞退权。据统计，在1986年10月到1989年10月间被辞退的职工仅占全国登记失业职工总数的2.8%。①1995年开始，一些国有企业被挑选出来进行现代企业制度的试点，这些试点企业被允许在法律的许可范围内解雇多余的人员。至此，国有企业的就业制度改革取得了一定程度上的突破，但从现实情况来看，即使是当时的现代企业制度试点企业也仍然受到各种因素的限制，实际上还不能完全根据自己的经济目标解雇富余人员。

在经济体制的过渡时期，不允许国有企业完全按照自己的经济目标解雇职工是有其合理性的。特别是对于那些老职工来说，他们在传统的就业体制下所得到的是被人为压低的工资，作为对低工资的补偿，职工不会有失业的风险，而就业体制的改革实际上打破了这一"隐含的合约"。如果市场化改革一步到位，一定会引发职工的不满，甚至成为社会和政治的不稳定因素，从而抵消改革本身带来的成果。为了避免由改革而引起的社会矛盾激化，同时又兼顾国有企业的经济效益，国家开始允许国有企业以企业内下岗的形式逐渐分流一部分富余人员。1996年7月，上海市政府下发了《关于推进上海纺织、仪电控股(集团)公司再就业工程试点意见的通知》，在下岗职工相对集中的纺织、仪电两行业建立了企业主管部门与困难企业共同负责、政府与社会共同资助，对下岗职工进行托管的"再就业服务中心"，随后这一工作又扩大到轻工、化工、机电、冶金和建材等系统。从上海开始，全国范围内以再就业服务中心形式分流企业富余人员的工作逐渐推开。

作为向市场化就业体制过渡的一个中间阶段，再就业服务中心的成立有效地减轻了企业的负担，促进了再就业工作的开展。然而，国有企业的下岗职工规模也是受到政府控制的。在成立再就业服务中心的操作中，只有连续亏损两年以上的

① 数据引自符钢战，1992，《中国：劳动力市场发育的经济分析——从微观到宏观》，上海人民出版社，第107页。

国有企业才可以建立“再就业服务中心”，其他企业只能小规模地搞企业内下岗。在上海，根据政府的财政支出能力、全市的下岗人员上年结存数和企业富余人员分流的压力，每年上海市劳动部门均会制定当年下岗职工规模的总量规划，然后，再根据各个行业的效益情况将下岗人员的总量指标分解到各个行业。而效益好的企业即使存在着富余人员，也不能得到政府的下岗指标，只能通过企业内转岗等手段将富余人员进行分流。在不能完全自由地决定企业的就业数量的同时，国有企业的工资总额和工资增长决策也曾经受到来自于政府部门的管制。

经过若干年的就业体制市场化改革，即使在国有企业里，只要在法律规定的范围内，工资的制定和职工的辞退都已经比较自由，就业决策受到政府行政干预的情况已经大为减少。2008 年 1 月 1 日，新的《中华人民共和国劳动合同法》施行，企业与员工的雇用关系，包括企业的解雇行为被更为正式地纳入到了法律的框架之内。

所谓就业体制的市场化，并不仅仅是建立一个供需见面的市场，使得工资和就业的决定较为自由，也不只是建立一套完善的法律体系，这些都只是市场化就业体制的一部分。就业体制的市场化改革，首先是要明确市场经济体制下劳动力市场机制的基本框架，同时，要培育起市场的主体，明确他们各自的角色。举例来说，上海市劳动部门曾经提出目标，劳动力市场体制的基本框架的主要构件为“一个核心机制、四个支撑体系”，即：劳动力市场配置劳动力资源的核心机制，辅以充分体现政府在市场经济中重要职能的就业促进体系、社会保障体系、监督调控体系和管理服务体系。这样的目标是符合市场经济体制下市场与政府之间的功能互补原则的。

3.3 劳动力市场的地区间和城乡间分割：老问题、新挑战

中国是一个发展中的大国，发展中国家的特征意味着在相当长的历史时期，人口大规模从农村向城市迁移是一个必须经历的过程，同时，中国是一个幅员辽阔的国家，城乡间的劳动力流动主要是欠发达地区的农村劳动力向较发达地区的城市的跨区域流动。如果我们从全球范围来看，发生在中国城乡和区域间的劳动力流动，完全可以说是过去几十年来全球经济的最重要事件之一，全球经济的重新布局、中国经济的起飞和区域结构调整均与此有关。

经济理论将劳动力流动看作是理性决策的结果，而作出这个决策的人（或家庭）所面临的制度约束却不尽相同。对于中国那些与其他国家和地区不同的劳动力流动现象，应引起研究者和政策制定者的充分重视。本书的第 9 章将具体地讨论劳动力在城乡和地区间流动的问题，在这里，我们先来了解中国劳动力流动的制度背景。

正如我们在前面已经介绍的那样，在改革开放以前，为了实现工业部门的资本积累和快速工业化，中国采取了压低农产品相对价格，抬高工业品相对价格的“剪

刀差”制度。同时,城市工业部门的工资也被人为地压低,以增加工业部门的利润空间和资本积累。在城市,与低工资相伴的是由国家负责的养老、医疗、子女教育、住房等一系列福利,城市居民的实际收入远高于农村居民,这产生了农村居民向城市移民的巨大动力。与此同时,城市工业部门的重型化又使得工业部门创造就业岗位的能力较低,要实现城市居民的充分就业已经不易,因此,政府便通过户籍制度严格限制农民向城市的迁移,甚至曾经通过“上山下乡”运动,将城市的青年人迁往农村,缓解城市的就业压力。

改革开放之后,中国经济开始逐步加入全球化进程,劳动力相对质优价廉的比较优势,使得中国进入了全球生产链的劳动密集型环节,特别是出口加工型制造业。由于出口加工型制造业布局在靠近东南沿海的地方能够节省国际贸易的运输成本,因此,外资也大量集中在沿海省份。相应地,大量制造业的新增就业岗位也产生于沿海省份。这就导致了劳动力从农村向城市的流动同时也表现为从内地向沿海的流动。

在上世纪 80 年代,劳动力流动仍然受到户籍制度的严格约束。当时,由于经济仍然处于短缺状态,城市居民仍然通过粮票来购买商品粮,因此,农民进城即使找到工作也必须自带口粮,或在城市换取粮票,劳动力流动成本巨大。1993 年 4 月 1 日,国家提高粮食订购价格和销售价格,5 月 10 日,北京城粮油价格放开,粮票终于退出历史舞台。而广东则早在一年前已实现了粮价放开后的平稳过渡。“粮食关系”不再成为劳动力流动的制约,劳动力流动的规模迅猛增长。

农民工进城也曾被认为对城市劳动力市场形成了冲击。尤其是在 20 世纪 90 年代中后期,一方面大量农民工进城,一方面城市内部劳动力市场改革快速推进,大量企业富余职工被下岗分流,很多人认为农民工挤占了城市居民的就业岗位。必须指出,人们所认为的农民工进城挤压城市居民就业的效应却并没有被实证研究支持,如果说有影响,农民工进城影响的主要是增加了城市劳动力市场的供给,缓解了城市的工资上涨。

尽管农民工进城对城市就业的影响被夸大了,但城市内部按户籍所进行的劳动力市场分割政策仍然被制定并实施了。这种由户籍政策所导致的身份歧视至今仍然存在,而且在城镇地区获得户籍的难度在不同地区还有所不同,在人口流入多的东部沿海城市(特别是特大和超大城市),相对来说落户门槛更高。在中国的城市,如果没有当地的城镇户籍,外来劳动力至少面临以下“三歧视一障碍”,这就加大了劳动力流动成本,从而阻碍了劳动力流动和城市化进程。具体来说,“三歧视”包括:

第一,就业。早期,城市政府曾经直接通过政策管制来限制企业招收外来劳动力,其主要手段是向招收外来劳动力的企业征收额外的费用,同时,外来劳动力也被限制进入一些特定的行业。今天,虽然大多数歧视性政策已经被取消,但是,非本地城镇户籍人口要进入到政府的公务员系统和高收入的垄断行业都几乎是不可能的,即使在较差的劳动力市场上,拥有城镇户籍的劳动力也处于有利地位。

第二，社会保障。中国现有的社会保障体系是由本地财政支撑并独立运转的，因此，各个城市的社会保障均以服务本地居民为主。即使有些城市有专门为外来人口提供的社会保障，其保障水平也比较低，外来劳动力的参与率不高。尤其值得一提的是，虽然中国政府已经在努力将养老保障的个人账户变成可以跨地区携带的，但直到目前仍未实现。在现有制度下，普遍的规定是，一个外来劳动力必须在工作地缴费15年后方能在当地享受养老保险，如果未满15年便离开工作地，只能从当地退保，转到未来所在地，但退保时职工只能带走个人账户中个人缴纳的累积金额，而企业缴纳的统筹部分则无法全部带走，这对外来劳动力而言是不小的损失。①另外，中国的另一项重要的社会保障——最低生活保障，提供给收入低于最低生活保障线的居民一笔收入，这项保障的获得也是与户籍身份挂钩的，仅仅提供给本地户籍居民。

第三，公共服务，特别是子女教育。地方政府提供的公共服务有些是没有歧视的，也难以有歧视，比如绿化和公共交通。但是，仍有公共服务项目是与户籍挂钩的，其中，特别重要的就是子女教育。从幼儿园开始，如果没有本地城镇户籍，就不能以像本地居民实行的收费标准上公立幼儿园。在义务教育阶段，以前的制度是本地公立学校不招收外来务工人员的小孩，即使招，收费也更高，导致大量农民工子弟学校的产生。现在，义务教育阶段的学校已经对外来务工人员开放，但是，那些较好的学校却未能对外来务工人员的子女实行同等待遇。一些超大城市对于外来人口随迁子女的入学设置了较高的门槛。由于随迁子女入学难，大量进城务工人员将其子女留在了老家，于是形成了大约6 100万（根据2010年人口普查的数据）的留守儿童。此外，高等教育资源集中的城市往往倾向于将高考招生名额分配给本地考生，外来务工人员的子女必须回原籍参加高考，面临更严酷的竞争，这显然会造成高等教育的机会不均等，并阻滞代际的收入和社会流动。②与高考机会不均等相连带的一个结果是，城市（特别是大城市）的高中教育实际上也是不对外来人口平等开放的。另外，如廉租房这样的公共服务也基本上只对本地户籍人口开放。特别需要说明的是，国际上的普遍原则是，常住人口平等享受公共服务，这可以缓解由收入差距带来的实际福利差距。但在中国，当户籍与公共服务挂钩，同时，本地户籍人口的收入又高于外来常住人口的时候，公共服务并没有充分地起到缓解福利差距的作用。

城乡和地区间劳动力流动也面临着土地制度的障碍。中国为了保持“粮食安全”，要保持一定数量的耕地，于是就相应实行了“建设用地指标配给制度”，每一年给出农业用地转建设用地开发的指标总数，不能突破。这个总数的分配虽然也要考虑不同地方不同的经济发展需要，但采取了偏平均主义的方式。特别是在2003

① 在本书修订之时，国家正在考虑全国社会保障一体化的改革方案。应该说，“社保一体化”正在路上。

② 高等教育是否属于公共服务并无一致看法。近年的研究发现，高等教育具有很强的外部性，因此，政府对高等教育的投入具有一定的公共服务的性质。

年之后，沿海地区和经济较发达的大城市面临着更紧的建设用地制约，这就导致出现了这样一种情况：沿海地区更需要建设用地却没有用地指标，而内陆地区有用地指标却使用并不充分，土地利用效率低。设想如果存在一个市场交易机制，用地指标需求更多的地方就可以去购买别的地方相对富余的用地指标，从而可以将更多农业用地转化为建设用地，而卖出建设用地指标的地方则需要相对增加农业用地的保有量，这在实践中叫农业用地的跨地区"占补平衡"。更进一步说，进城的农民每家都有宅基地，而宅基地天然对应着建设用地指标，实践中也仍然不允许进城农民转让其在家乡的宅基地对应的建设用地指标，换句话说，农民家里的宅基地使用权不能被作为资产来交易。截止到本书写作的时候，跨省（市、区）的农业用地"占补平衡"仍然是被禁止的，但同时政府也在考虑在未来的改革中实施跨地区的农业用地"占补平衡"。

上述这些制度上的制约加大了劳动力流动成本，对劳动力流动和农民工融入城市造成了障碍。随着时间的推移，进城务工人员的数量日益增多，城市常住人口中不拥有本地城镇户籍的比重也逐步提高，形成了城市"新二元结构"。新生代农民工市民化的愿望明显高于上一代，于是，制度制约对他们融入城市形成的障碍就更为明显了。

城乡和地区间劳动力流动的障碍对中国经济产生了一系列的深刻影响，对此，本书将在第 9 章中加以讨论。

【背景】

中国就业体制变迁的大事记

1955 年 5 月，新中国第二次全国劳动局长会议确立了计划就业体制。计划就业体制，或者称劳动力统一招收与调配制度的特点是由国家单方面实现劳动力雇用和配置，企业则几乎没有用工权，劳动者也基本上没有选择工作岗位的权利，而是由劳动部门统一"分配"工作。

1980 年 8 月，党中央在全国劳动工作会议上制定了新的劳动就业方针，即"在国家统筹规划和指导下，实行劳动部门介绍就业、自愿组织起来就业和自谋职业相结合"的方针，并相应地调整了所有制结构和产业结构，实行了搞活经济、广开门路的政策。

1982 年，国务院颁发了《企业职工奖惩条例》，规定企业可对犯有各种严重错误者给予开除处分，可对无故旷工者给予除名处分。1986 年，国务院又发布了《国营企业辞退违纪职工暂行规定》，进一步规定企业对于错误严重程度尚未达到开除和除名的违纪职工可以予以辞退的处罚。这一阶段的改革扩大了企业的辞退权，但这一权力的行使仍然是以职工的过失行为为前提的。

1984 年，国务院出台了允许农民自理口粮进城务工经商的政策。

1986 年，开始实行《企业破产法》。与此相配合，国务院颁布了《国营企业实行劳动合同制暂行规定》，开始在全国范围内正式实行劳动合同制。之前，劳动合同制自1980年起在上海、广东等少数地区试行。

1986年，为了适应国有企业改革的需要，国务院颁布了《国有企业待业保险暂行规定》，由此开始建立起失业保险制度。

1993年4月，国务院发布《国有企业职工待业保险规定》。1993年11月十四届三中全会《关于建立社会主义市场经济体制若干问题的决定》中正式提出要建立"失业保险制度"。

1995年开始，现代制度的试点企业被允许在法律的许可范围内解雇多余的人员。

1996年7月，上海市政府下发了《关于推进上海纺织、仪电控股(集团)公司再就业工程试点意见的通知》，在下岗职工相对集中的纺织、仪电两行业建立了企业主管部门与困难企业共同负责、政府与社会共同资助，对下岗职工进行托管的"再就业服务中心"。之后，企业富余职工通过"再就业服务中心"进行分流的模式在全国范围内逐渐推广。

2003年12月30日，《最低工资规定》经劳动和社会保障部第7次部务会议通过，自2004年3月1日起施行。(1993年，中国劳动部发布《企业最低工资规定》，开始建立最低工资制度。1994年实施的《劳动法》中，明确实行最低工资制度。2004年《最低工资规定》之后，最低工资制度被全面实施。)

2005年3月，劳动和社会保障部和财政部共同发布《关于切实做好国有企业下岗职工基本生活保障制度向失业保险制度并轨有关工作的通知》，通知要求，2005年底原则上停止执行国有企业下岗职工基本生活保障制度，企业按规定关闭再就业服务中心。并轨人员和企业新裁减人员通过劳动力市场实现再就业，没有实现再就业的，按规定享受失业保险或城市居民最低生活保障待遇。

2006年3月27日，新华社受权发布《国务院关于解决农民工问题的若干意见》，该《意见》提出，要"逐步建立城乡统一的劳动力市场和公平竞争的就业制度，建立保障农民工合法权益的政策体系和执法监督机制，建立惠及农民工的城乡公共服务体制和制度，拓宽农村劳动力转移就业渠道，保护和调动农民工的积极性，促进城乡经济繁荣和社会全面进步，推动社会主义新农村建设和中国特色的工业化、城镇化、现代化健康发展"。

2008年1月1日，新的《中华人民共和国劳动合同法》施行。此法的目的是为了完善劳动合同制度，明确劳动合同双方当事人的权利和义务，保护劳动者的合法权益，构建和发展和谐稳定的劳动关系。但自此法施行以来，恰好遇到全球金融危机。

2013年11月，中国共产党十八届三中全会提出，"健全促进就业创业体制机制。建立经济发展和扩大就业的联动机制，健全政府促进就业责任制度。规范招人用人制度，消除城乡、行业、身份、性别等一切影响平等就业的制度障碍和就业歧视。完善扶持创业的优惠政策，形成政府激励创业、社会支持创业、劳动者勇于创业新机制。完善城乡均等的公共就业创业服务体系,构建劳动者终身职业培训体系。增强失业保险制度预防失业、促进就业功能,完善就业失业监测统计制度。创新劳动关系协调机制,畅通职工表达合理诉求渠道”。

思考题

1. 怎样理解就业体制的市场化?所谓市场化的就业体制是不是就是完全由企业进行自由的工资和就业决定呢?中国渐进的就业体制改革进程有什么样的普遍意义?

2. 你了解英国、法国、德国、日本和美国这些大国的历史吗?第二次世界大战以后这些国家在就业体制上的分化与这些国家在近现代资本主义发展过程中的经历有什么关系?有哪些重要的思想家影响了这些国家的发展道路?(如果你对此不了解的话,不妨找来2006年中央电视台播出的纪录片《大国崛起》来简单地了解一下这些国家的历史。)

3. 用主张自由竞争的新古典主义经济学为参照系的话,转型时期的国有企业就业量显然过多了,那么,为什么不立即把多余的职工解雇掉,完全让市场自由来决定工资和就业呢?前苏联和东欧国家就是在新古典主义经济学的指导下对其就业体制进行了激进式的改革,对这些国家的改革实践如何评价?

4. 为什么中国和前苏联、东欧国家在改革之前实行了计划经济体制?计划就业体制下对工资、就业和劳动力流动的管制与计划经济体制有什么关系?(提示:当时,计划经济国家实施的普遍是赶超型的发展战略,需要通过发展资本密集型的重化工业来迅速地追赶发达国家,这样,就需要实施快速的资本积累。)

5. 与上一题相关的问题是,中国劳动力市场的改革和就业体制转型与中国经济发展战略的转变有什么关系?1996年对于中国劳动力市场改革和经济增长方式的转变有什么样的影响?

6. 中国转型时期的就业体制有什么特点?未来中国的就业体制改革应该更多地借鉴英、美模式还是欧洲大陆模式?请读者查阅资料,关注有关新《劳动合同法》、最低工资制度和社会保障制度的争论。你怎么看待这些争论?市场经济体制下,到底要不要对于劳动者进行法律和制度上的保护,或者说,要保护到什么程度?

7. 2008年新的《劳动合同法》中最受到争议的就是“无固定期限劳动合同”的相关条款。很多人认为,这形成了新的“铁饭碗”。请查阅一下“无固定期限劳动合同”的定义和相关条款,并对这种合同等于“铁饭碗”的观点进行讨论。

8. 请读者查阅两个事实:第一,在新中国成立之后,在历次宪法的修订过程中,有关人口流动与迁徙的部分是如何演变的;第二,在欧盟的制度框架下,有关欧盟国家间人口流动以及相关的社会保障、公共服务等制度是如何规定的。了解了这些之后,你获得了怎样的启示?

9. 全国各地对于外来人口的社会保障和公共服务制度均有差异，并且在不断变化。请读者了解一下自己所在城市的相关制度处于什么样的状态。

10. 国际上的普遍原则是常住人口平等地享受公共服务。在中国，中央不断提出基本公共服务要覆盖到常住人口，但地方政府却一直未能真正做到这一点。请对这种现象予以评论。

11. 请思考一下，当城市内部无本地城镇户籍人口与本地城镇户籍人口之间存在身份差异的时候，对于城镇的经济社会发展将产生哪些影响？（提示：请读者查阅陈钊、陆铭，《迈向社会和谐的城乡发展：户籍制度的影响与改革》，北京大学出版社 2015 年版。）

▶4

劳动需求

企业如何决定劳动需求？是使用劳动还是使用资本？

以前，农民工每年要在播种和收割这两个季节回老家劳动。现在，至少在收割季节，大型农业机械已经取代劳动力了，农民工在此季节返乡的也大量减少。这个过程是怎么发生的？

机器替代人，会导致大量劳动力失业吗？技术进步和资本积累怎样影响劳动需求？

在失业严重的时候，“就业优先”是否意味着政府应该用政策去补贴劳动密集型企业的生产？或者，反过来说，最近这些年来，随着劳动成本的上升，一些沿海地区的政府补贴企业进行资本替代劳动，这有道理吗？

……

劳动是生产过程中最为重要的投入品，劳动需求是商品需求的派生需求（derived demand，或译为“引致需求”），因此劳动需求往往反映出一个国家或地区的经济活动水平，并决定了一个经济中的就业水平。劳动需求的主体有三个，分别是企业、政府和从事自我雇用工作的劳动者自身。在这三者中，最为重要的劳动需求主体是企业，也最直接地反映出经济活动水平；政府的劳动需求变化则往往与政府反周期的财政支出相关；而自我雇用者的劳动需求就是自身的劳动，其变化往往表现为个人劳动时间的变化，而不是政府统计的就业人数的变化。因此，在研究劳动需求时，我们将主要研究企业的劳动需求。

企业的劳动需求是与一定的企业目标相联系的。也就是说，在不同的企业目标之下，企业劳动需求的形成机制也是不同的。在市场经济体制下，通常用利润最大化来描述企业的目标，因此，在这一章的前两节，我们讨论在利润最大化目标之下企业的短期和长期劳动需求分别是怎样决定的。这一章的第三节是关于中国劳动需求的研究，这里我们就需要结合中国的计划经济体制和双轨体制来研究企业的目标和相应的劳动需求。出于中国经济转型与发展的特征，我们还将研究中国农村劳动需求的演变。

4.1 短期劳动需求

4.1.1 完全竞争市场环境下的劳动力需求

通俗地来说，一个劳动力是否被企业雇用取决于他给企业带来的收益与企业支付的工资(成本)谁更大，企业只会雇用那些产出大于工资的劳动力。

在微观经济学中我们已经了解到，生产理论中的短期问题研究的是某些生产要素不可变的情况，而长期问题则研究所有生产要素都可变的情况，因此，在这一节中，我们假定除了劳动以外的其他生产要素均已给定。

企业在短期内的劳动力需求决策从本质上仍然是一个成本—收益决策，雇用劳动力的成本是工资，而收益则是劳动力创造的产品价值。在一个竞争性的劳动力市场和商品市场上，企业不能控制自己所面临的劳动工资和商品价格，因此，决定企业的劳动力需求的因素主要有两个方面：一是劳动力的边际生产率，劳动力需求随着劳动力边际生产率的提高而提高；二是劳动力的实际工资，实际工资越低，劳动力需求越高。

需要强调的是，在上面这个用文字表述的简单的劳动需求模型中，实际上还有一个非常重要的假定，那就是，劳动力市场和商品市场均是完全竞争的市场，也只有在这样的市场环境下，劳动力工资和商品价格才是外生决定的，单个企业只是价格接受者(price taker)。但是，如果劳动力市场和商品市场不是完全竞争的市场，就业决定的机制就需要用另外的模型来描述了。

本章一开始，我们就已经指出，劳动需求是商品需求的派生需求，如果市场机制是非常完善的，工资和价格都能够灵活地进行调整，那么，在上面这个简单的劳动力需求模型中，企业面临的工资和价格就是使得劳动力市场和商品市场供求均衡的变量(实际上，这假设了商品市场也是完全竞争的)。

但是，现实中的情况是，当商品需求不足时，会传导到劳动力市场上，导致劳动力需求不足。商品市场上的价格往往是有刚性(或者粘性)的，这时，商品市场可能会出现供给大于需求的情况。于是，企业在进行劳动力雇用决策的时候就必须考虑它的商品是否能够卖得出去。在短期内，如果商品供给大于需求，那么，商品需求就决定了企业的生产量，企业就只能根据生产量来雇用所需的劳动力。

上面所讲的三点影响企业劳动力需求的主要因素如果用一个简单的数学加图形的模型来表述就更清楚了。使用模型的好处是，它能够使得分析的结论显得逻辑清楚而严密。但不喜欢数学符号的读者也完全可以跳过下面的数学模型，直接看图形和后面的文字。

【模型】

企业的短期劳动力需求决策

1. 企业不受商品需求约束时的劳动力需求

为简化起见，生产过程中所使用的要素主要是劳动(L)和资本(K)，通常在短期中假定资本是不变的，这样我们就可以将生产函数简化为 $F(L)$，当然，我们需要假定这个生产函数是凹性的，也就是说具有 $F'(L)>0$，$F''(L)<0$ 的性质。进一步地，我们假定劳动力市场上的名义工资水平为 W，商品市场上的价格为 P。这样，当企业通过调整就业数量追求利润最大化目标时，企业的目标函数就可以被写作：

$$\max_{L} \pi = P \cdot F(L) - W \cdot L \tag{4.1}$$

其中，π 表示企业的利润。在上述规划的一阶条件下，企业的劳动力雇用数量(记为 L^*)必然使得企业的边际劳动生产力等于实际工资水平，即：

$$F'(L^*) = W/P \tag{4.2}$$

2. 企业受到商品需求约束时的劳动力需求

如果用 Q^d 表示商品需求的话，那么，企业的最优规划就要重新写作：

$$\max_{L} \pi = P \cdot F(L) - W \cdot L \tag{4.3}$$
$$\text{s.t.} \quad F(L) \leqslant Q^d$$

不难发现，当商品市场的需求对企业构成约束时(即约束条件的等式成立)，企业的劳动力需求就由商品需求来决定。这时，商品市场上的非均衡就传导到了劳动力市场上，这种效应被称为“溢出效应”(spillover effect)。这时，劳动力需求可以由下式表示：

$$L^* = F^{-1}(Q^d) \tag{4.4}$$

其中，F^{-1}表示生产函数的反函数。

均衡条件(4.2)也可以用一个简单的图形来表示。在图 4.1 中，向右下倾斜的曲线是资本存量给定情况下的边际劳动生产力曲线，这表明边际劳动生产力是递减的。换句话说，给定资本存量，劳动力越多，其边际劳动生产力(边际上新增一位雇员带来的产量增加)越低。水平的直线表示由外生的名义工资和价格决定的实际工资水平。外生的工资水平是由劳动力市场的供求决定的，而单个企业在完全竞争的市场上不能改变这个工资水平。边际劳动生产力曲线和工资水平线的交点决定了均衡的劳动力雇用数量(L^*)。

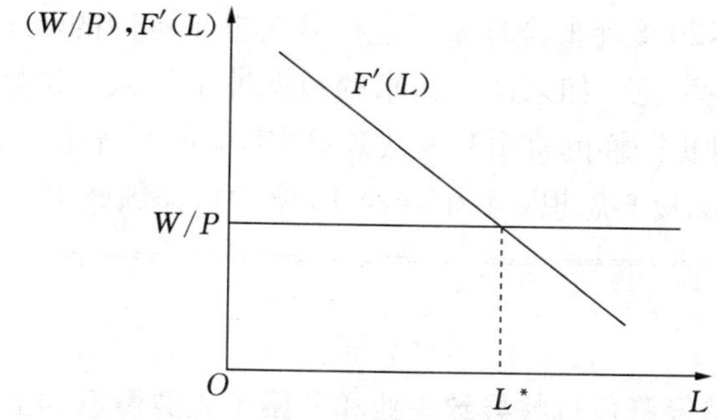

图 4.1　企业的短期劳动力需求决策

要增加就业，增加劳动力需求是关键的措施。通过上面的理论分析，我们就为分析影响劳动力需求的因素找到了一个理论框架。不难发现，影响劳动力需求的因素主要有以下三个方面：

（1）边际劳动生产率。在图 4.1 中，一条特定的劳动力需求曲线总是与特定的技术水平和资本存量相对应的，当技术水平有所提高或者资本存量有所扩大时，边际劳动生产率曲线就会右移，从而导致均衡的就业数量增加。

（2）实际工资。在既定的边际劳动生产率曲线之下，实际工资与均衡的就业数量呈反向变动关系，而实际工资水平则由名义工资和物价水平两者共同决定。在名义工资既定的情况下，物价水平的上升会导致实际工资水平下降，从而增加就业。在短期内，用通货膨胀的方法增加企业的劳动力需求是政府克服经济衰退，提高经济活动水平的重要手段。

讨论：我们在宏观经济学中学习的菲利浦斯曲线与上述劳动力需求模型能否建立联系？（提示：正是物价与实际工资负相关这一机制使得我们能够看到由菲利浦斯曲线[1]所描述的失业率与通货膨胀率的反向变动关系，或者产出水平与通货膨胀率的正向变动关系。当然，如果考虑到消费者对通货膨胀的完全理性预期，那么，消费者就会要求名义工资与物价同步上涨，这时通货膨胀对于就业水平和经济活动便没有任何影响了。）

（3）商品需求。商品需求是对宏观经济非常敏感的变量，居民收入的下降、未来预期收入的下降都可能引起商品需求下降，从而进一步导致企业的劳动需求下降。中国自 20 世纪 90 年代中后期开始，总体上处于消费需求增长相对于经济增长更为缓慢的状态，其中，由社会保障改革和劳动力市场改革所造成的未来实际收入预期下降和收入风险上升可能都是原因。

现实生活中，更为重要的影响商品需求的因素是一些周期性的对需求产生冲

① 这里我们所讨论的菲利浦斯曲线的形成机制在一般的宏观经济学教材中都可以找到，本书就不再详细阐述了。

击的因素。比如说，2008 年的全球金融危机就对世界各国的经济产生了负面的影响，中国经济也未能幸免。如果由于需求的负向冲击导致经济增长下滑和失业率的上升，就可以通过扩张性的货币和财政政策来缓解经济增长下滑和失业率上升，这就是凯恩斯主义的核心思想。我们在第 10 章中再详细介绍。

【背景】

全球经济危机将导致失业和贫困工人数量急剧上升

2009 年 1 月 28 日，国际劳工局发布了 2009 年度《全球就业趋势》报告，预测全球经济危机将导致大量人员加入失业、贫困工人和在脆弱就业环境中工作的工人队伍之中。报告分析指出，根据劳动力市场的发展变化以及各国采取经济恢复政策的时效性和针对性，相比 2007 年，2009 年全球失业人口增加幅度在 1 800 万至 3 000 万之间，如果情况继续恶化，失业人口增加数量甚至可能超过 5 000 万。如果出现最后这种局面，那么，还有大约 2 亿工人将陷入极度贫困，他们大多数来自于发展中经济体。

国际劳工组织曾经提出全球化社会影响问题，2008 年经济危机进一步加深了人们对该问题的关注。国际劳工局的报告强调，必须采取措施，支持劳动力市场中的弱势群体，如青年人和妇女。报告同时也注意到全世界劳动力的巨大潜能还未被发掘出来。如果通过生产性投资和积极的劳动力市场政策赋予人们体面劳动的机会，世界经济增长和发展的速度将会大幅度得到提高。

该报告列出了国际劳工组织建议的政策措施，许多国家正在实施这些措施：

——扩大失业保险覆盖面，为下岗工人提供技能培训，防止养老金在金融市场中严重缩水；

——公共部门在基础设施和住房、社会基础设施和绿色就业中进行投资，包括紧急提供公共部门就业岗位；

——扶持中小企业；

——在企业、部门和国家层面开展社会对话。

资料来源：中国常驻日内瓦联合国代表团劳工组编，《国际劳工动态》2009 年第 6 期，总第 72 期。

上面这个简单的模型还可以用于思考一些公共政策问题。首先，工资的粘性是造成失业的一个重要原因，当经济面临外来的冲击（如技术退步、自然灾害等）时，边际劳动生产力曲线内移，这时，如果工资不能充分地降低，那么劳动力需求就会下降。因此，我们有必要通过考察导致工资粘性的原因来探索造成失业的原因，这正是本书第 10 章的任务。在大多数国家都有最低工资的相关法律，从理论上来说，这一法案可能是造成工资刚性的一个直接原因，从而可能阻碍就业的增加。但是，最低工资法案也有增加穷人收入的作用，从而有利于扩大需求、提高经济活动水平和增加就业。从已经取得的研究成果来看，的确有很多针对不同国家的实证研究证明最低工资对就业有负面影响，但目前经济学家们在最低工资法案是否增加失业和缓解贫困这一问题上还没有达成一致的认识，我们在此就不进行更深入的讨论了。

一般来说，一个经济的劳动生产率总是处在不断上升的过程之中，劳动力的实际工资水平也同样在不断上升。我们从上述理论分析中所获得的另一个启示是，在劳动生产率和实际工资水平的同步上升过程中，如果实际工资上涨过快，超过了劳动生产率的增长速度，那么就会起到减少就业的作用。在图 4.2 中，当边际劳动生产力曲线发生右移时，如果实际工资上升的速度更快，超过$(W/P)'$的水平，则就业水平就会下降。相反，如果是劳动生产率上升得更快，那么就业水平就会上升。在 20 世纪的最后 10 年当中，美国经济持续增长，并且保持了很低的失业率，经济学家们认为，其中的主要原因就是这些年来美国的劳动生产率在技术进步的作用下保持了快速的提高。在 2008 年经济危机之前的那些年，中国也曾经出现过一段高速经济增长时期，这段时间利率仍然是受到压制的，于是投资增长迅速，带动劳动生产率快速提升，但工资增长速度却不如劳动生产率的增长速度，于是劳动力市场上出现了就业快速扩张，失业率始终处于低位的结果。

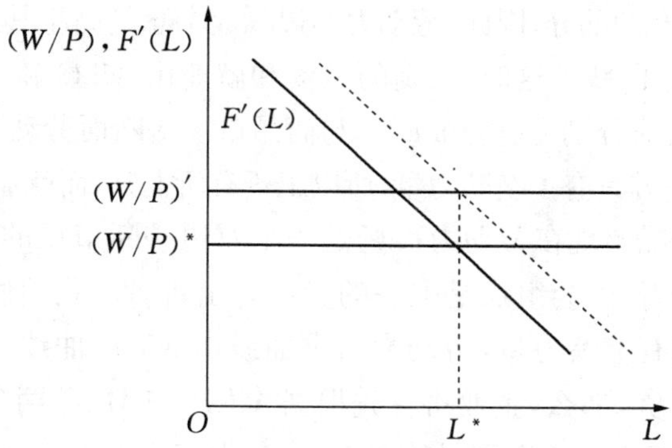

图 4.2 实际工资和劳动生产率的同步上升

4.1.2 不完全竞争市场环境下的劳动力需求

这一小节要说明的经济学原理是：与商品市场和劳动市场都是完全竞争的状态相比，不完全竞争市场环境下的均衡就业量将下降。随着市场从竞争状态变为垄断状态，在市场上拥有垄断力量的一方将从中获益。如果读者觉得这一部分内容难以理解，可以直接进入下一节。

我们在上文中指出，只有当商品市场和劳动力市场都是完全竞争市场时，企业的边际劳动生产率才等于外生的①实际工资，但是在现实中，商品市场和劳动力市

① 在经济学分析中，当我们使用“外生”一词，是指在分析中这些“外生”变量不是被分析的行为人可以控制的。

场往往都不是完全竞争的市场，这时我们可以用图 4.3 来描述劳动力需求的决定。

在图 4.3 中，*VMP* 曲线（劳动的边际产品价值曲线）代表商品市场完全竞争时企业的劳动力需求曲线，这条曲线是边际劳动生产力与价格相乘的结果。如果我们用一条向右上倾斜的 S_L 曲线表示当劳动力市场也是完全竞争市场时的劳动力供给曲线（工资越高，劳动供给越大），那么，均衡的工资和就业组合就由 E 点表示。

当劳动力市场是完全竞争市场，而商品市场是垄断市场的时候，劳动力供给曲线不变，但劳动力需求曲线却变为劳动的边际收益产品（*MRP*）曲线，这条曲线是边际劳动生产力与产品的边际收益相乘的结果。微观经济学的知识告诉我们，产品的边际收益总是低于其价格，所以 *MRP* 曲线也总是低于 *VMP* 曲线。这时，劳动力市场的均衡由 *MRP* 曲线和 S_L 曲线的交点 A 决定，均衡的工资和就业分别是 W_1 和 L_1。显然，与商品市场是完全竞争市场时的情况相比，均衡工资和就业均有所下降。

当企业所处的商品市场是垄断市场，而且工会组织是劳动力市场上唯一的劳动力出售者的时候，企业的劳动力需求曲线仍然是 *MRP*，而劳动力的供给曲线就不再是 S_L 了，而应由 *MLC* 曲线（劳动力的边际成本曲线）表示。由于边际上新雇用的劳动力所得到的工资水平也必须同样支付给之前已经雇用的劳动力，所以劳动力的边际成本就不只是最后那一个劳动力得到的工资，而是应该再加上之前已经雇用的劳动力的工资上升的部分，因此，劳动力的边际成本总是高于其工资水平，*MLC* 曲线的位置要高于 S_L 曲线。这时，均衡的工资和就业由 *MLC* 和 *MRP* 的交点 C 决定，均衡的工资和就业分别为 W_2 和 L_2。与商品市场垄断而劳动力市场竞争的情况相比，由于劳动力一方具有了垄断力量，所以工资有所上升，而就业则进一步下降。

最为复杂的情况出现在劳动力市场是一个双边垄断市场的时候，这时企业是唯一的劳动力购买者，工会组织是唯一的劳动力出售者。我们假定企业在其所处的商品市场上也拥有垄断力量，劳动力需求曲线由 *MRP* 曲线表示。如果企业能够单方面地决定工资，那么，企业将首先根据 *MRP* 与 *MLC* 两条曲线的交点决定均衡的就业量 L_2，但企业不会支付给职工 W_2。由于企业是单方面决定工资的，企业将把工资压低到 S_L 曲线与 L_2 相对应的 W_3 水平之上，W_3 与 W_2 之间的距离就是企业对职工的“剥削”。如果工会的力量比较强大，则工会最多可以将工资提高到 W_2 这一水平，这时，相当于工资是由工会组织单方面决定的。传统的理论认为，当工资是由企业和工会组织共同决定时，最终的工资水平将位于 W_3 与 W_2 之间，一旦工资被决定了，那么，企业的边际劳动成本曲线也会发生相应的变化。例如，当经过谈判确定的工资位于 W_1 时，那么企业面临的劳动供给曲线将变为 W_1AE，相应地，边际劳动成本曲线的前一段也将变为 W_1A，这时企业雇用的劳动力数量也会相对于 L_2 有所上升。

但是，在上面的分析中，我们无法知道双边垄断的市场上最终的均衡工资和就业到底在什么位置，传统的经济学理论只告诉我们，均衡的工资和就业水平取决于企业和工会的谈判（议价）能力，而企业和工会之间的相对议价能力则取决于一些比较模糊的因素，比如工会组织的参加率等。如果我们需要更为确切地了解劳动力市场双边垄断时的工资和就业的决定，那么，我们就必须借助于第二次世界大战以后发展起来的一种新的分析工具——议价理论（bargaining theory），对此，我们将在第10章结合失业理论进行介绍。①

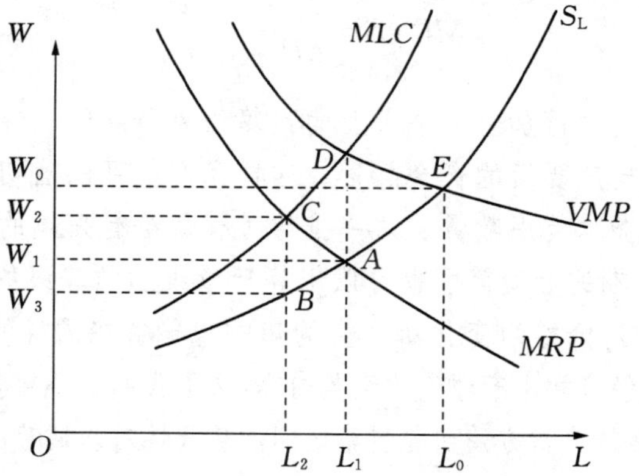

图 4.3　非完全竞争市场上工资和就业的决定

4.2　长期劳动需求

在经济学里，长期是指劳动和资本两种生产要素的使用数量都是可变的，因此，企业通过调整劳动和资本的使用量来达到其长期的均衡。

4.2.1　劳动和资本的最优使用量：长期均衡

显然，在企业决定劳动和资本的使用数量时，要权衡每种生产要素的边际成本和边际产出，而每种要素的边际成本在竞争性的要素市场上就是它的价格。从直观上可以想象，在长期均衡下，每一种要素的相对产出（其边际产出与价格之比）一定是相等的，否则，对于那些边际产出与价格之比更高的要素，企业就可以增加使用量，这样可以增加利润。这一结论也可以用一个简单的数学模型来证明。

【模型】

企业的长期劳动力需求决策

当企业通过调整劳动和资本两种要素的使用量来追求利润最大化目标时，企业的最优规划可以写作：

$$\max_{L,\ K} \pi = P \cdot F(L,\ K) - W \cdot L - r \cdot K \tag{4.5}$$

① 有关工资和就业的议价理论的详细介绍可以参见陆铭，2004，《工资和就业的议价理论：对中国二元就业体制的效率考察》，上海人民出版社。

其中，r 表示资本的价格，即利率，其他符号的含义和前面是一样的。求解上述最优规划的结果是，资本和劳动两种要素的边际产量之比（即边际技术替代率，$MRTS$）等于要素价格之比 W/r，这一结果也可写作：

$$MRTS=\frac{MP_L}{MP_K}=\frac{W}{r} \tag{4.6}$$

我们可以在上述规划中再加上一个企业的预算约束 $W\cdot L+r\cdot K=M$，其中 M 表示企业可用于购买生产要素的资金总量。这样我们就可以确切地解出企业最优的劳动力雇用数量和资本使用数量。这一推导过程留给有兴趣的读者自己去完成。

实际上，企业长期的劳动需求也可以用等产量线加预算线的图形分析框架来研究，劳动力和资本相对价格的变化所产生的影响也能够在同样的分析框架中得到说明，这一内容是微观经济学生产理论的经典内容，这里我们就不重复了。下面我们直接用等产量线加预算线的分析方法研究要素之间的替代性对长期劳动力需求的影响。

4.2.2 劳动和资本要素的替代性

在现实生活中，有些岗位的资本和劳动可替代性比较强，比如服装加工企业，既可以手工操作，也可以用缝纫机。但另一些岗位则资本和劳动之间的替代性比较弱，比如，一架飞机总是要配两个飞行员。当然，资本和劳动之间的替代性本身就和技术的发展有关。比如，在无人驾驶技术被广泛应用之前，一辆车一个司机，这个比例几乎是不变的，但无人驾驶技术成熟之后，司机就可以被替代了。

在上一小节的分析中，我们已经知道，劳动和资本的相对价格在决定劳动和资本使用量的决策过程中起着关键性的作用，但劳动和资本相对价格的变化对企业劳动力需求的影响还取决于企业所使用的生产技术，即生产过程中资本和劳动之间的替代性。为了说明这一点，我们不妨来看两种极端的情况，即资本和劳动完全不可替代和替代性很强这两种情况（见图 4.4）。

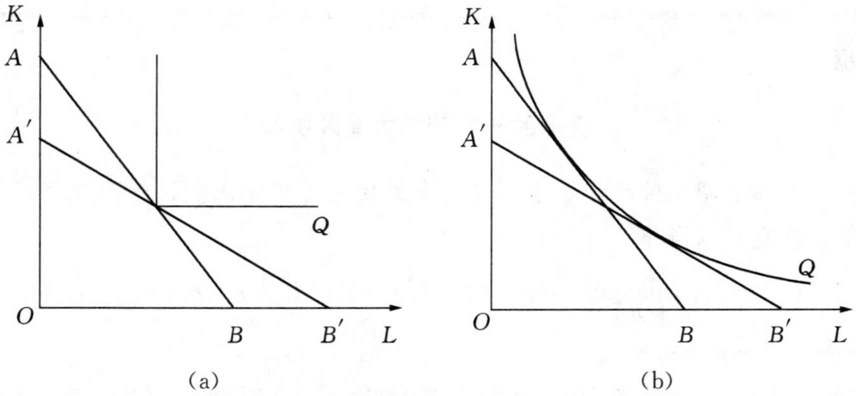

图 4.4 资本和劳动的替代性与劳动需求

在图 4.4 中，我们画了两种生产技术下的等产量线。在图 4.4(a)中，等产量线是直角状的，这种生产技术被称为"里昂惕夫式"的生产技术，两种生产要素之间是完全不可替代的，在一条等产量线上仅仅增加其中一种要素的使用量，不能增加总产量。在图 4.4(b)中，等产量线非常平坦，两种生产要素之间的替代性非常强，当增加一种要素投入量时，另外一种要素可以减少，在等产量线上，两种要素之间的替代率(等产量线的斜率)变化不大。如果两种生产要素之间是可以绝对相互替代的，那么，等产量线将变成一条直线。

我们假设劳动和资本的相对价格发生了变化，劳动工资有所下降，但利率却有所提高。同时我们还假设工资和利率的变化使得企业仍然能够生产原来的产量 Q。在这两个假设条件下，企业的预算线由 AB 旋转到 $A'B'$。我们发现，在图 4.4(a)中，企业的最优劳动—资本组合并不发生变化，但在图 4.4(b)中，企业的资本使用量大幅度下降，而劳动使用量却大幅度上升。由此我们可以得出结论，在企业使用的生产技术下劳动和资本的替代性越强，企业最优劳动和资本使用量的组合对两者相对价格的变化越是敏感。

对一个发展中的经济来说，在经济发展的初期往往劳动力较为充足，劳动工资相对较低，而资本则相对匮乏，利率较高，这时企业往往使用劳动密集型的生产技术。随着经济的发展，由于劳动力供给增长一般较慢，而资本短缺的状况则会日益得到缓解，这时，劳动工资就会相对上升，从而出现资本对劳动的替代，表现出来的现象是一个国家或地区投资增长和经济增长的速度快于就业增长速度，也就是每单位的投资或 GDP 增长带来的就业增长是下降的，或者说就业增长的 GDP 弹性和资本弹性是逐渐下降的[就业增长的 GDP 弹性和资本弹性分别由(4.7)和(4.8)两式表示]。在极端的情况下，短期内，如果资本对劳动的替代过快，还可能导致企业劳动力需求的萎缩(就业增长的 GDP 弹性为负)。当然，就业增长的 GDP 或资本弹性为负的情况并不常见，因为当就业数量下降时，如果市场是灵活的，市场工资就会相应下调，劳动力相对资本又会变得更为便宜，于是企业又会增加劳动力雇用数量。

$$\varepsilon_{GDP} = \frac{\Delta L}{L} \bigg/ \frac{\Delta GDP}{GDP} = \frac{\Delta L}{\Delta GDP} \cdot \frac{GDP}{L} \tag{4.7}$$

$$\varepsilon_K = \frac{\Delta L}{L} \bigg/ \frac{\Delta K}{K} = \frac{\Delta L}{\Delta K} \cdot \frac{K}{L} \tag{4.8}$$

4.2.3 技术进步的性质

在短期劳动力需求分析中，我们已经考察了当资本使用量不变时技术进步对劳动力需求的作用。在长期，技术进步的作用是使得劳动和资本的生产率均得到提高，也就是说，技术进步会导致等产量线的形状发生改变，在这种情况下，如果要考察劳动力需求如何变化，我们就必须区分技术进步的不同性质。

在图 4.5 中，我们画了两条企业的预算线 AB 和 $A'B'$，这两条预算线是相互平行的，这表示劳动和资本的相对价格没有变化。两条预算线分别与两条等产量线相切，这两条等产量线代表着不同的生产技术，但生产的产量水平是相等的（$Q=Q'$）。显然等产量线 Q' 之下的技术水平更高，生产同样产量所需的投入品数量也更小。如果一个企业发生的技术进步是从用 Q 表示的等产量曲线变为用 Q' 表示的等产量曲线，那么，在这一过程中，哪怕资本和劳动的相对价格不发生变化，企业所使用的资本—劳动比也可能发生变化。在图 4.5 中，E' 点比 E 点的资本—劳动比有所上升，我们称这种技术进步为节约劳动型的技术进步。相应地，我们将导致资本—劳动比下降（或不变）的技术进步称为节约资本型（或中性）的技术进步。从人类社会的发展史来看，技术进步的性质往往是节约劳动型的，因为随着社会的进步，劳动总是相对于资本越来越稀缺，于是资本劳动比将越来越高。

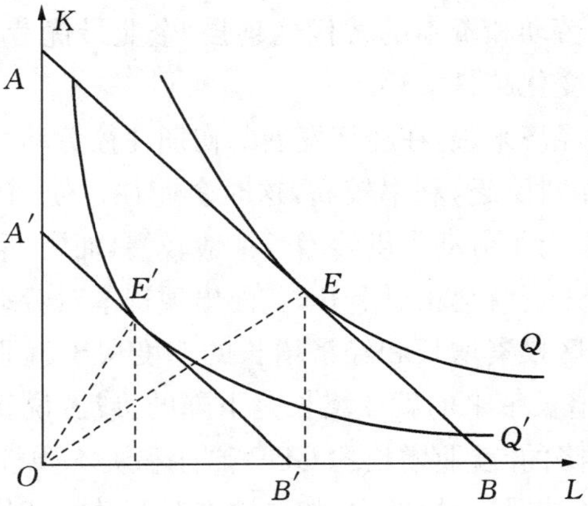

图 4.5　不同技术进步下的劳动力需求变化

【新闻】

机器人不是职工失业降薪的“罪魁祸首”

上海交通大学教授、中国发展研究中心主任陆铭指出，机器人的大量应用，会在局部的行业、企业、岗位上对人产生替代。但是，在宏观上，恰恰技术进步快的时候，也是劳动生产率提高快，并且创造大量就业的时候。

我国尚未进入机器人全面应用阶段

“尖端技术的应用，会进一步提升一个国家的竞争力。但具备制造全球最先进的机器人的能力，并不等于中国现在就要全面推开机器人的使用来替代劳动力。”陆铭说道，“这和国家经济发展的阶段有关。越是经济发展的早期，先进科技的应用越是没有那么紧迫，劳动密集型的比较优势恰恰是一个国家实现经济腾飞的重要路径。随着经济发展，劳动成本上升，劳动力出现短缺，劳动生产率提高，这时应用尖端科技的需求才会存在。”

陆铭认为，冲击国际科技的高端前沿，的确是引领未来中国国际竞争力提高的重要力量，但与此同时，中国的城镇化率刚过50%，仍然存在大量的低技能劳动力，需要创造就业。“中国现在并未进入全面实现机器替换劳动者的阶段。”

大规模运用机器人会降低工人工资？

在经济学中，一个比较理想的经济模型是生产率提高、工资上涨、消费增加。但是，机器人是不会消费的，工人也是消费者，当机器大批量取代人，会否降低工人的收入水平，导致消费者缺乏相应的收入和购买力，进而无法刺激对于经济持续增长所需要的需求？

陆铭表示，这种担忧是多余的。“如果真出现这种情况，工人的工资就会降下来，再用机器替代人就不合算了，企业就会重新雇用劳动力。严格说来，市场经济体制下，机器替换人恰恰是劳动者工资上涨过程中才会产生的结果。”陆铭认为，不排除在局部的行业企业或个人由于技术跟不上、在市场上缺乏竞争力，导致一部分人受到冲击，但只是局部的，从全社会看，这样的情况理论上不会出现，历史上也从来没有出现过。“必须强调的是，职工需要努力提高自己的技能来适应时代发展趋势。”

服务业低端劳动者难以被机器替代

去年，上海市统计局发布的数据显示，至2015年末，本市外来常住人口981.65万人，同比下降1.5%，15年来首次出现负增长。机器人的到来，会否加速这种外来人口的负增长？

对此，陆铭指出，上海常住人口出现下降，不会是一个长期的趋势。“任何大城市，越是产业升级，越是会带来对低技能劳动力的需求。因为在生活生产中，这和高技能劳动力是互补的。一个城市的高技能劳动力越多，对于服务的需求越高。比如生活里的保姆、护工。而且这些岗位，恰恰在人类目前的技术下，难以被机器人替代。”

陆铭认为，上海目前已经出现了服务业中低技能劳动力的短缺，更不能排斥低技能劳动者。“不要指望在制造业机器替代人，低技能劳动力不要了。恰恰相反，越是在制造业提高劳动生产率，提高劳动者的收入，越会在制造业的某些岗位以及服务业中产生对低技能劳动者的大量需求。研究显示，越是中国的大城市，低端劳动者的失业率越低。”

资料来源：《劳动报》，邵未来、叶赟、陈宁报道，2016年6月27日。

4.3 中国劳动需求的演变

前两节中的劳动力需求理论是以一般市场经济体制为背景的，这些基本方法必须结合中国特殊的体制环境才能被我们用于研究中国的现实问题。中国自

1978年以后进行了市场化取向的经济体制改革，经历了计划经济体制向市场经济体制的转轨。与此同时，中国作为一个发展中国家，其经济带有鲜明的城乡“二元”经济色彩，农村和城市的就业体制也有着很大的不同。在这一节中，我们就分别研究中国农村和城市的劳动需求决定机制及其变化。

4.3.1 中国农村的劳动力需求

在研究中国农村的劳动力需求时，我们将考察期分为改革前和改革后两个时间段。

在改革前，农村地区的二、三产业是受到抑制的，因此，其劳动力需求主要来自于农业生产。在农业生产中，劳动力需求又分为人民公社生产中的劳动力需求和自留地上的劳动力需求。在人民公社生产中，劳动力的努力没有得到充分的激励，存在大量的搭便车行为，因此，其目标就是为了完成国家的农业生产计划，这部分劳动力需求就决定于国家的生产计划数量。而在自留地生产中，劳动力的目标是最大化自己家的产量，因此，在劳动力过剩的情况下，其劳动力投入数量就受到自留地数量的影响。所以，在改革前，人民公社生产中的计划产量和自留地数量共同决定了农业劳动力需求。

上世纪80年代中国农村改革以后，实行了家庭联产承包责任制，这可以看作是将原来的人民公社的土地全部转变成了由家庭经营的自留地，因此极大地激励了农民提高农业产量。由于中国农村居民的收入较低，我们可以将农户的目标近似地认为是追求产量最大，这时农业生产中的劳动力需求就由土地数量决定。农村总劳动力中，除了农业生产所需的劳动力之外，剩余的劳动力就需要通过其他途径增加就业。

在一个一般的发展中国家，如果不存在劳动力流动的障碍，那么，当农村存在剩余劳动力的时候，农村劳动力将流向城市工业和服务业，这个过程就是发展经济学中的二元经济模型所刻画的城市化和工业化过程(具体参见本书的第9章。)但是，由于本书在上一章中所介绍的劳动力流动障碍，中国的农村劳动力长期以来(特别是在20世纪90年代中期之前)未能充分地流动到城市部门。在这样的背景之下，农村地区的乡镇企业得到了快速的发展，也吸纳了大量的就业。当时，由于几方面原因，乡镇企业的生产成本比较低：乡镇企业所使用的农村集体用地没有使用成本；劳动力方面，劳动工资相对较低，劳动力年龄结构比较年轻，没有社会保障负担；资金方面，大量采用自有资金，较少利息支出；技术方面，当时国家鼓励城市的国有企业为乡镇企业提供技术支持。于是，这些乡镇企业迅速地成长起来，并且对城市企业形成了竞争。

由于乡镇企业的劳动力需求决定机制与一般市场经济体制下的企业劳动力需求决定机制没有实质性的区别，我们可以近似地认为它的从业人员数量就反映了它的劳动力需求。从图4.6中可以看出，乡镇企业的从业人员在20世纪的80年代曾经经历过一段高速增长的时期，一度被认为在中国出现了城市、农村和乡村工业并存的所谓“三元经济”模式。但是，必须指出的是，这种三元经济模式不是一种发展中国家的普遍规律，它只是在存在乡—城劳动力流动障碍的条件下的一种现象。只要外在条件发生变化，这种三元经济模式就会发生变化。正如上一章的制度背景所说，上世纪90年代以后，特别是1994年以后，农村向城市的劳动力流动障碍得到缓解，同时，随着经济开放程度提高，城市部门形成了大量的劳动力需求，而在农村地区零散分布的乡村工业的竞争优势逐步削弱，于是，乡镇企业在全部就业中所占的份额趋于稳定。同时，又由于农村劳动力毕竟一直未能实现自由向城市移民，工业和农业之间存在的收入差距又不断吸引农业劳动力转移到乡镇企业，于是乡镇企业在农村就业中的份额仍然缓慢增长。

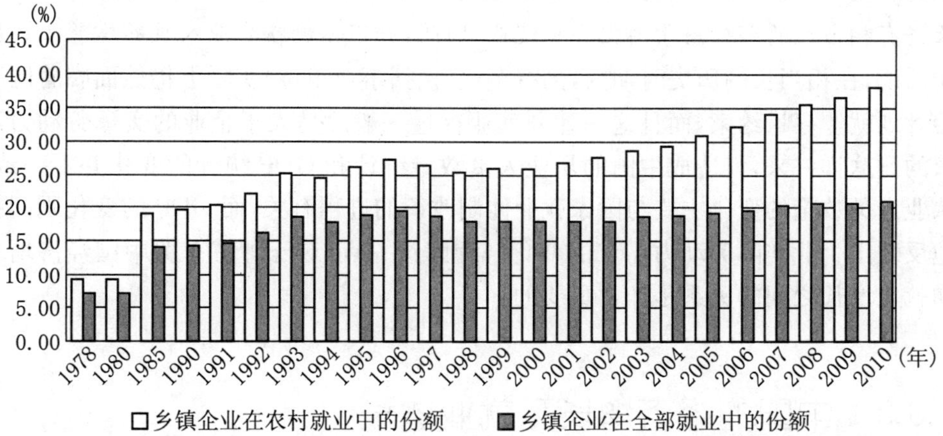

数据来源：历年《中国统计年鉴》，中国统计出版社。2011年以后国家统计年鉴不再包含乡镇企业栏。

图4.6　乡镇企业的就业份额

综上所述，改革之后农村地区的劳动力需求主要决定于农村土地的数量和以乡镇企业为主的农村非农业产业的就业吸纳能力。在农村就业问题上，依靠农业就地吸纳被称为“不离土不离乡”的模式，而依靠农村非农产业吸纳的模式称为“离土不离乡”。由于土地数量有限，而乡镇企业的分散生产与工业生产需要发挥规模效应的规律相违背，因此，靠这两种模式来吸纳农村就业的能力是非常有限的。也正因此，农村就业问题最终还是要通过城市化、工业化中的农村向城市的劳动力流动来解决，这就是通常所说的“离土又离乡”的模式。对于农村劳动力流动问题，我们放到“劳动力流动”那一章中再详细讨论。

讨论：有种观点认为，可以通过持续加大对于农业部门的资本和技术投入来增加农业吸纳劳动力的能力。与此相关的一种观点认为，进城农民可以返乡创业，这样可以实现就地城镇化。对这样的观点，你怎么看？

4.3.2 中国城市企业的劳动力需求

在中国城市，企业的劳动力需求演变经过了三个阶段：在计划经济体制下，企业的劳动力需求取决于计划产量所需要的劳动力数量；在计划和市场并存的双轨制下，通常企业利润最大化目标下的生产量已经超过了计划产量，则企业的劳动力需求取决于企业的生产量；当双轨制过渡完成后，企业的劳动需求量则取决于利润最大化目标下的产量。

不难想象，在上述历史过程中，由于企业(主要是国有和集体企业)往往有一个由计划就业目标遗留下来的就业存量，因此，企业的实际从业人员数量不能反映企业的真实劳动力需求。在企业存在隐性失业的情况下，企业实际劳动力需求的增长将有相当大的部分用于消化存量就业，因此，并不体现在从业人员的增长上。换句话说，在相当长的历史时期内，国有企业(包括事业单位)实际上仍然面临着国家的计划就业存量约束，而且这一计划就业存量一般总是大于企业的实际劳动力需求的。这样一来，就造成中国的从业人员数量统计和 GDP 统计的变化并不一致，从业人员数量的变化主要与国家就业体制改革的进程有关，而 GDP 的变化则间接地反映出企业实际劳动力需求的变化。理解这一点，对于理解有关中国经济增长和就业增长之间的关系是非常重要的。

4.3.3 中国的经济增长和就业增长

正如我们在前面所指出的那样，一国经济的发展总是伴随着技术进步，而且主要是倾向更多使用资本的技术进步，同时，劳动力总是相对于资本显得越来越贵，这就会使得经济增长对就业的吸纳能力逐步降低，从而表现为就业增长的 GDP 弹性逐步下降。然而，以我国就业增长 GDP 弹性数据来看，情况却略为复杂(见图 4.7)。根据图中所显示的数据，似乎中国的经济增长所带来的就业增长非常低，而且总体上出现了就业增长的 GDP 弹性有所下降的现象，以至于有不少人认为中国的经济增长是“高增长、低就业”，如何理解中国经济增长和就业体制转轨的过程中出现的这些现象呢？

在一般的市场经济体制下，由于企业解雇劳动力是比较自由的，因此，企业的劳动力雇用数量就能够反映企业真实的劳动力需求，相应地，就业增长的 GDP 弹性就能够反映出经济增长吸纳就业的能力。但是，在中国情况却更为复杂。我们在上文中已经指出，必须区分由政策决定的企业就业存量(从业人员)和企业经济目标决定的实际劳动力需求这两个概念，在此基础上，我们就可以进一步区分两个概念，一个是经济增长吸纳就业的能力，另一个是就业增长的 GDP 弹性。一般来说，经济增长吸纳就业的能力所反映的应该是一国是否采取了资本倾向的技术进步；而就业增长的 GDP 弹性指的是每单位经济增长所带来的就业增长数量，是一个根据统计数据计算得出的数值。在一般的市场经济体制下,企业是利润最大化目标的追求者,因此,企业的劳动力雇用量能够真实地反映企业的劳动力需求量。当然,即使在市场经济国家,政府对于企业的劳动力雇用决策也不是完全地不干预,但这种干预的范围是比较小的,而且采取的常常是经济手段。所以,在一般的市场经济国家,人们根据统计的就业数据计算出的就业增长 GDP 弹性能够较为准确地反映出经济增长对就业的吸纳能力。在中国,就业数据一般采取的是统计所得的从业人员数据,据此计算出的就业增长 GDP 弹性数据是否能真实地反映经济增长对就业的吸纳能力呢?由于中国与一般的市场经济国家相比至少存在以下两点差异,使得我们不能直接根据就业增长的 GDP 弹性来判断经济增长吸纳就业的能力及其变化趋势。

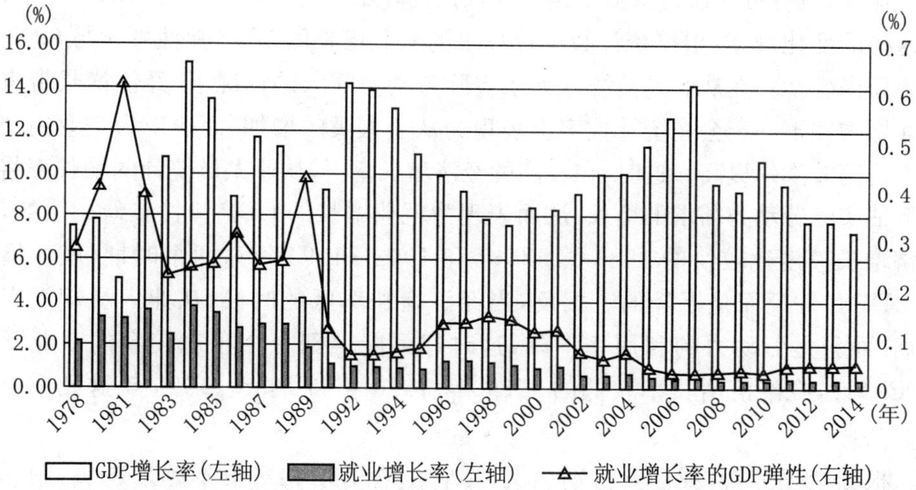

资料来源:历年《中国统计年鉴》,中国统计出版社。其中,由于统计口径的变化,1990 年的就业增长率出现异常,因此未包括在图中。

图 4.7 中国的经济增长和就业增长(1978—2014 年)

直接以就业增长的 GDP 弹性数据来反映经济增长对就业的吸纳能力的做法依赖于政府就业统计数据的准确度。而在中国,统计所得的从业人员数据与经济学意义上的就业数据是有一定差异的,具体表现为三个方面:

(1) 由于在传统计划就业体制下,城镇国有、集体企业以及广大的农村地区存在着大量的剩余劳动力,因此,中国的总体从业人员统计数据有比实际劳动力需求量偏大的倾向,而实际劳动力需求则成了一个不可以直接观测的变量。

(2) 中国对于就业的统计与国外更加注重就业事实的做法相比仍然有一定差距。在西方发达国家,从事劳动达到一定的时间标准和收入水平即被统计为就业。而在中国,一些自我雇用、非全日制就业、季节工、临时工等就业形式往往表现为"隐性就业",而并未完全被统计为就业。

(3) 在中国的城市,日益增长的外来务工人员的就业实际上也反映了劳动力需求的增长,但他们只是从农村就业转向了城镇就业,但却不一定体现为从业人员总数的增长。由于存在这些统计方面的问题，会使得统计的从业人员数据（尤其是城镇从业人员统计数据）增长量比实际劳动力需求增长量有偏小的倾向。

由于直到2000年前后，中国的就业体制都仍然带有很强的计划经济色彩，使得从业人员统计数据的变化不能真实地反映劳动力需求的变化。当宏观经济不景气，经济增长速度放慢，企业实际劳动力需求量减少时，企业往往不将多余的职工解雇，于是企业内的富余人员数量增多；相反，由于企业原来就存在大量富余人员，因此即使当宏观经济形势好转，经济增长速度加快，企业劳动力需求增加时，企业的理性选择也是通过内部挖潜和提高内部劳动力资源的使用效率来满足生产的需要，而不是再从外部劳动力市场上增加劳动力雇用量。

这样，就有可能使得根据中国统计数据计算出来的就业增长的GDP弹性表现出这样的变化规律：根据统计数据计算出的就业增长的GDP弹性可能与GDP增长率反向变动。在从业人员统计大于实际劳动力需求的情况下，经济增长带来的就业增加并不一定会在统计数字上表现为从业人员的增加，而表现为企业内部劳动力使用效率的提高。这时，在较高的经济增长率下，从业人员统计的增长率将大大低估实际劳动力需求的增长，从而表现为就业增长的GDP弹性较低。比如，在经济增长速度比较快的1983—1985年和1992—1994年这两个时期，就业增长的GDP弹性反而是下降的。相反，当经济增长率低的时候，从业人员却没有被解雇，而只是劳动力的利用率下降，这时却可能得到一个相对较高的就业增长GDP弹性，在经济增长率较低的1981年、1986年和1998—1999年这几个时期就是如此。

根据上述分析，我们要特别强调，尽管随着劳动相对资本越来越贵，中国也会出现资本替代劳动的趋势，但不能简单而武断地根据从业人员增长数据和GDP增长数据计算出就业增长的GDP弹性，就得到中国经济“高增长、低就业”的判断！

如果统计的就业人数能够较为准确地反映出企业真实的劳动力需求，那么我们还能够看到GDP增长率和就业增长率正相关这一规律，即宏观经济学中的“奥肯定律”。但是中国2000年前的数据却没有明显地表现出这一规律，甚至个别年份还出现了制造业从业人员数据下降的现象，其中的原因也在于中国的体制转轨，从业人员统计数据不能真实地反映企业实际劳动力需求及其随着GDP增长率变化而发生的变化。

同样还是因为统计的从业人员数据不能真实地反映企业的实际劳动力需求，再加上我们在第1章中指出的失业率统计的缺陷，也不能用中国的统计数据去试图发现失业率和通货膨胀率之间的负相关性，即宏观经济学中的菲利浦斯曲线。不过，菲利浦斯曲线的另一种表达形式是经济增长率和通货膨胀率之间的正相关关系，这种关系是不是存在就不受就业统计的准确性的影响了。

上述对于中国就业增长的GDP弹性的评论主要适用于就业体制转型时期，主要就是2000年之前。但毕竟中国经济中还有一个市场主导部门(主要是非国有企业),这个部门的从业人员统计是反映其实际劳动力需求的,这使得总体上的就业增长的GDP弹性仍然可能随着时间推移而下降。而且,由于市场主导部门在逐渐发展壮大,经济增长和从业人员增长的相关性将越来越强。从统计数据上来看,中国似乎在2000年之后出现了就业增长的GDP弹性持续下降的现象。这又如何解释呢?

新世纪以来,虽然城镇部分企业的就业决策已经基本上市场化,但是,乡—城之间的劳动力流动障碍并没有彻底消除。2001—2007年期间,经济增长率高的时候,农民进城数量增加快,他们从农业从业人员转为城镇从业人员,仍然不一定表现为全社会总的从业人员增长。而在2008年之后,经济增长率明显下滑,大量农民工返乡,也并不一定表现为全社会总的从业人员增长放缓。

与此同时,资本市场的扭曲却非常严重。相当长一段时间以来,中国的利率是受到政府管制的,扣除通货膨胀之后的实际利率远远低于资本回报率,这种情况在2000—2007年的经济高速增长时期特别明显,同时,又因为乡—城劳动力转移的障碍仍然存在,因此,企业的理性选择就是多使用资本,少雇用劳动力。由于地方政府普遍喜欢大企业,而这样的企业又往往是资本密集型的,因此,资本深化进程(提高资本—劳动比)得到了地方政府的鼓励。2004年之后最低工资制度加强,2008年新《劳动合同法》的实施,都进一步增加了企业雇用劳动力的成本。因此,2000年之后,就业增长的GDP弹性持续走低的背景是劳动力市场和资本市场的双重扭曲的结果。否则,中国经济增长的"资本深化"和用资本替代劳动力的进程不应该到来得如此之早。①

思考题

1. 从增加就业的角度来看,为什么保持商品市场和劳动力市场的完全竞争状态是比较有利的?

2. 根据中国的从业人员统计和经济增长数据计算就业增长的GDP弹性,所得到的数值很低,于是,有人认为,中国经济中出现了不正常的资本替代劳动的倾向。这个观点对吗?随着时间推移和就业体制的市场化,中国经济增长和从业人员增长之间的关系是否会越来越显著?

3. 为了增加就业,有人主张政府应大力扶持劳动密集型产业的发展,以提高经济增长吸纳就业的能力。对此,你怎么看?有没有更好的增加就业的政策?如果政府采取财政补贴或直接投资的方式来发展劳动密集型企业,就可以人为地提高

① 关于地方政府推动资本深化进程,以及利率管制对于中国经济结构扭曲的影响,有兴趣的读者请参见陆铭、欧海军,《高增长低就业——政府干预与就业弹性的实证研究》,《世界经济》2011年第12期,第2—30页。陈斌开、陆铭,《迈向平衡的增长:利率管制、多重失衡与改革战略》,《世界经济》2016年第5期,第29—53页。

就业增长的GDP弹性，但是，这是不是意味着就业增长一定随之而提高？为什么？（提示：就业增长唯一地取决经济增长吸纳就业的能力吗？）

4. 在城乡二元的发展经济中，农业存在着大量的剩余劳动力。那么，农业自身的发展是否可能成为吸纳劳动力的渠道之一？如果可能，其条件是什么？在你所想到的增加农业吸纳劳动力数量的办法之下，能不能同时实现农民收入提高，并且农产品价格保持国际竞争力？请在思考这一问题的同时，对下面这则背景材料中的观点进行理性的分析。

【背景】

中农办主任陈锡文：四大原因致国内粮食价格高于国外

在粮食总产量取得“十一连增”的同时，中国还面临着进口粮食不断增加，社会粮食库存总量也不断增加的“三量齐增”的局面。

7月30日，在农业部农村经济研究中心举办的“2015中国农村发展高层论坛”上，中共中央农村工作领导小组副组长、办公室主任陈锡文认为，“三量齐增”局面的出现有两个原因。一方面，生产和消费的结构不对称，存在农产品供求的结构性矛盾；另一方面，最重要的原因就是国内外粮食存在价格差。

具体来说，2014年，中国粮食进口首次突破1亿吨。但其中70%以上是大豆，国产大豆只有1 200多万吨，进口了7 140万吨的大豆。这表明，大豆供给无法满足需求。所以不得不进口，而且这几年进口在持续增加。

除了进口大豆外，中国还进口了2 000多万吨其他品种的粮食。陈锡文说，国际市场低价粮食进入国内市场，从某种程度上讲，这显示了中国粮食还有一些其他的农产品在价格竞争力方面明显不足。从三大主粮来讲，以今年6月份为例，国内大米（晚籼米）比泰国进口完税后的价格高51.8%，小麦高56.6%，玉米高65.3%。

针对国内外粮食价差高企的局面，社会上颇多议论，形成两种观点。

一种观点认为，既然中国的农产品，特别是粮食、棉花、糖等大宗农产品在国际上明显的不具备竞争力，同时财政投入补贴农业，似乎得不偿失。所以有人建议，应该减少对农业的补贴，使得国内大宗农产品价格与国际接轨，由此导致的缺口通过增加进口来解决。

另一种观点认为，中国农业这么小的规模要有竞争力显然不容易，因此，必须采取各种各样的措施促使更多的农民离开土地，然后才能搞大规模经营，才能降低成本。

作为中央农村政策的智囊，陈锡文回应称，这两种看法都是针对当前国内农业确实没有价格竞争力的现实，从经济学的角度来讲当然是合理的。但是，纵观世界各国的农业政策，农业政策不是单纯的产业政策，而是关系到农民生存发展、整个社会公平公正的社会政策。

他说，制定农业政策必须考虑，既要保证供给，还要考虑国际市场的竞争关系，更要考虑还在农村居住生产生活的六亿多农民。离开这一点，再好的经济政策都不好用。即使减少自身生产，扩大进口或者把大量的农民从土地上请出去，让少数人来耕种使更多的土地效率提高，从这个过程中增加的经济利益远远弥补不上这样的政策出台以后所带来的社会问题。

资料来源：第一财经网站，2015年7月31日。

5. 技术进步、经济增长和就业增长的关系是怎样的？政府在这之中的作用是怎样的？下面这段材料是否对你有所启示？

【背景】

美国和日本的半导体产业

美国企业的全球竞争力随着时间的推移也会发生变化。美国半导体企业的经验可以清楚地说明这一点。随着1947年贝尔实验室发明了晶体管，半导体产业开始在美国起步。1959年集成电路发明，集成电路可以在一个硅片上包含多个晶体管，美国在该行业开始占据主导地位。在整个20世纪80年代，美国企业占有全球半导体市场的百分之六十到百分之八十的份额。从20世纪70年代开始，日本政府通过补贴本国企业和限制从美国进口半导体，试图发展一个强有力的国内半导体产业。在最基本的芯片——DRAM（动态随机存储器）方面，日本的政策是非常成功的。到了20世纪80年代中期，日本企业开始主导全球市场，几乎所有的美国芯片制造商放弃了DRAM的生产。很多观察者认为美国的半导体行业要完蛋了。即使美国最成功的半导体企业英特尔公司也一度濒临破产。

到20世纪90年代，美国的半导体企业开始走出低谷，重新夺回了在全球市场上的主导权。美国企业东山再起的关键原因是，人们对简单芯片的需求开始下降，而对微处理器（如个人电脑中的英特尔奔腾4）和ASICs（用于很多电子产品的专用集成电路）的需求开始上升。在生产微处理器和ASICs方面，企业快速设计和开发新产品方面要比使用低成本的生活流程更为重要。时间证明，在设计先进的微处理器并将其迅速地推向市场方面，像英特尔这样的美国企业要比日本、韩国等国家的竞争对手强出很多。

资料来源：摘自Glenn Hubbard和Anthony O'Brien合著的《经济学》（宏观、微观卷），张军、王永钦译，机械工业出版社华章公司，2007年版。

6. 近些年来，在中国，是否应该通过加强劳动保护和采取增加普通劳动力收入的政策来缩小收入差距存在着争论。其中，一种反对的观点认为，这样会提高劳动力成本，妨碍劳动力低价的比较优势的发挥。而支持者认为，产业的升级换代恰恰是在劳动力工资逐步上升的过程中实现的。对此，你是怎么看的？下面这则材料对你有何启示？

【阅读】

细分的劳动力类型和技术进步的方向

如果我们将劳动力细分为高技能劳动力（想象一下电脑编程员，白领等）和低技能劳动力，那么我们可以看到更为有趣的现象：技术进步的方向也是内生的。如果低技能劳动力的数量大量增加，那么企业出于利润最大化的动机，就会发展一些适用于低技能劳动力技术。马克思在《资本论》中生动地描写了19世纪的英国，城市化进程使得很多农村的低技能劳动力进入了城市劳动力市场，高能力的技工（artisan）砸坏织布机，纺纱机，打谷机。他们认为这些机器会使得他们变成冗员。的确，工厂以及之后的可替代的零件和流水线的出现，代替了手工商店，高能力技工的工作被相对低技能的在工厂工作的工人替代。为什么20世纪，我们不再看到工人砸坏生产资料的场景了呢？研究发现高等教育的扩张导致高技能劳动的供给增大，从而使得高技能劳动力的"价格"便宜了，导致了技能偏向（skill-biased）的技术进步。美国第二次世界大战后的婴儿潮（baby boom）和高等教育的普及，造就了大量的高技能劳动力，这使得20世纪70年代美国的教育回报率显著下降，但同时，高技能劳动力的价格下降，使得企业的技术进步方向偏向于适宜于高技能劳动力的方向，美国的信息革命也从那时候开始。

资料来源：参见 Acemoglu, Daron, 2002, "Technical Change, Inequality, and the Labor Market," *Journal of Economic Literature*, Vol.40, No.1, pp.7—72。

7. 在当前中国劳动力市场条件下，请问如何评价一些地方政府补贴企业进行"机器换人"的政策（见下面的背景材料）？有人认为，反正机器换人是迟早的事，用补贴的方式来推进这个"产业升级"过程，是符合经济发展的趋势的。对此，你如何评价？（提示：请考虑一下，在资本价格得到补贴，同时，乡—城劳动力流动存在障碍的情况下，企业的资本和劳动力使用量配比是不是社会最优的状态？更为一般性的讨论是，当资本得到补贴时，经济增长的路径是不是最优状态？请读者回顾一下宏观经济学中的经济增长理论来回答这一问题。同时，不妨也想一下，在什么样的条件下，补贴企业的资本可能是增进社会福利的？在中国出现的情况符合这样的条件吗？补贴研发和技术进步，与补贴机器换人是一回事吗？）

【新闻】

粤拟三年推动近两千企业“机器换人”

在2015年2月9日广东省政协召开的座谈会上，广东省经信委人士透露：广东省补贴“机器换人”的措施，是按照企业购买机器人的合同额，将10%至20%的款项反补企业。2015年至2017年这三年期间，广东省将累计推动1 950家规模以上工业企业开展“机器换人”。这些企业将集中在汽车和摩托车制造、家电、五金、电子信息、纺织服装、民爆、建材等行业。

广东省政府近日下发的《广东省工业转型升级攻坚战三年行动计划(2015—2017年)》(以下简称《计划》)公布了这一目标。

《计划》将这一目标分解至三年：2015年，600家；2016年，650家；2017年，700家。这一目标由广东省经信委、发改委以及各地级以上市政府推动实施。

《计划》称，广东省将挑选若干龙头骨干企业开展“智能工厂培育建设试点”。三年内，广东省计划将投入工业技术改造的投资高达9 430亿元。

中国的人口红利逐渐消失，“机器换人”是广东省工业转型升级的大势所趋。一家机器人制造企业的负责人此前向财新记者介绍：若工厂使用无人车间，将节省大约2/3的人力成本。但目前的推广障碍在于前期投入太高，即便是大型企业，也至少需要三年以上才能收回前期投资。

上述人士判断：仅从市场看，尽管目前人力成本高涨，但“机器换人”红利还未凸显，大规模“机器换人”的拐点尚未真正到来。但政策加快了市场“机器换人”的速度。

业内人士称：地方政府早已对“机器换人”实施补贴。目前补贴分为两部分：一部分是补贴给装备制造企业，即机器人生产厂家；另一部分则补贴给使用机器人的企业。

比如广东省佛山市2014年10月宣布：对于该市符合条件的大型生产工业机器人的企业，给予一次性500万元的奖励；采购本地工业机器人的传统制造企业，每台奖励1万元，最高不超过20万元。

被喻为“世界工厂”的东莞市也于2014年8月公布《“机器换人”专项资金管理办法》：东莞每年安排2亿元专项用于推动企业实施“机器换人”，其中单个项目最高奖励500万元。

东莞还支持和鼓励第三方服务机构、行业协会大力开展企业“机器换人”推广应用。这些机构为企业提供改造方案、设备采购、设备租赁、金融服务、技术支持、人才培训等多方面服务，都将获得一定额度奖励。

东莞市宣布：到2016年将争取完成相关传统产业和优势产业“机器换人”应用项目1 000至1 500个，力争推动东莞全市一半以上的规模以上工业企业实施技术改造项目。

暂无权威数据显示全广东省用于“机器换人”的具体补贴数额。但在今年2月9日广东省政协召开的座谈会上，广东省经信委技术创新与质量处处长王月琴透露：广东省补贴“机器换人”的措施，是按照企业购买机器人的合同额，将10%至20%的款项反补企业。

广东省欲在智能装备全产业链上发力。《广东省智能制造发展规划（2015—2025年）》和《机器人发展专项行动计划》目前正在制定实施中。

《计划》显示：至2017年末，广东省拟初步建成10个在全国具有较大影响力的智能制造产业基地，形成4个产值规模超100亿元的智能制造产业集聚区；建成2个国内领先的机器人制造产业基地，机器人制造及相关智能装备总产值从2014年的300亿元提高到600亿元以上，年均增长26%。

资料来源：财新网，王婧报道，2015年4月1日。

▶5

劳动供给(1):劳动时间与劳动力数量

你用多少时间工作,多少时间休闲旅游?如果收入高到一定程度之后,你会不会减少劳动时间?

为什么失业保险金一定要规定领取的时间期限?

为什么通常家庭都是“男主外、女主内”的?为什么农民工外出打工,经常是丈夫外出,妻子留守?

为什么婚姻法要特别保护女性?为什么要实施婚后财产均分的制度?

为什么在发达国家劳动参与率上升的同时,中国的劳动参与率下降得非常快,而且尤其是女性劳动参与率下降更快?

在劳动供给理论中,我们将劳动者和家庭均理解为理性决策的经济行为人,并且在此基础上研究劳动供给的决定。在这一章中,我们关注在不同层面上劳动供给的决定。首先,我们将个人(或者家庭)的劳动供给行为理解为行为人在收入与闲暇之间进行时间配置的结果,从中我们将可以看到为什么劳动供给曲线是向后弯的。然后,我们进一步研究家庭作为一个劳动供给单位,怎样在家庭成员之间(主要是夫妻之间)进行分工。这个部分在经济学中构成了一块非常重要的内容,被称为“家庭经济学”。我们还将考察一个人在生命周期内怎样随着自己的生产率和能够得到的工资水平变化来安排自己的劳动供给。从整个市场总量角度来看,我们还用劳动参与率来衡量劳动供给,通过考察劳动参与率的变化及其影响因素,我们能够理解经济的发展和文化的变迁是怎样影响劳动供给的。这一章的最后一节有关中国劳动供给问题,我们将揭示中国经济的转型和发展是如何影响居民的劳动力供给决策的。

5.1 劳动供给:收入与闲暇的替代

5.1.1 收入与闲暇的替代

一个人的劳动供给可以概括性地描述为两个目标之间的权衡:一方面,他需要挣钱,无论他最终是为了养家糊口,为了有身份有地位,还是为了有能力捐款给慈善事业和希望工程;另一方面,他需要休闲,如果他终日工作,那么即使赚了钱也没有时间花，赚钱就没有意义了。很容易理解，上述两个抽象的目标之间有着相互替代的关系，也就是说，一个人将在他的全部时间（T）限度内分配获得劳动收入（I）和享受闲暇（H）的时间。不难想象，在给定工资水平的条件下，一个人在闲暇和劳动的时间分配上应该达到闲暇和收入的边际效用之比等于每单位劳动时间获得的工资。反过来说，如果一个人闲暇和收入的边际效用之比大于工资，那么，这意味着他减少劳动，多休息一点，虽然收入下降了，但闲暇增加了，总的效用反而更高。

【模型】

收入与闲暇的替代模型

如果我们将一个人的效用（U）写作收入和闲暇的函数，并假定他“消费”收入和闲暇这两种“商品”的边际效用是递减的，那么我们就可以通过下列最优规划来求解一个人的劳动供给：

$$\max U(I,\ H) \tag{5.1}$$

$$\text{s.t.}\quad T=H+I/w \tag{5.2}$$

其中，个人的劳动供给时间（L）可以表示为他的收入和单位时间劳动收入（w，也就是单位工资，这里用小写的字母表示实际工资）的商，即 $L=I/w$。熟悉经济模型的读者很容易证明，上述最优规划的均衡条件是闲暇和收入的边际效用之比等于实际工资，即：

$$U'_H/U'_I=w \tag{5.3}$$

上述劳动和闲暇进行权衡的决策结果用图形来表示更加直观。在图 5.1 中，纵轴表示收入，横轴表示闲暇，从反方向看横轴则表示劳动时间。U 是一条无差异曲线，IT 是由式 5.2 表示的预算线，其斜率为单位时间的实际工资（w）。显然，预算线与无差异曲线的切点（E 点）是劳动者达到效用最大时的均衡点，这时，他最佳的收入和闲暇分别为 I^* 和 H^*，劳动供给为 L^*。

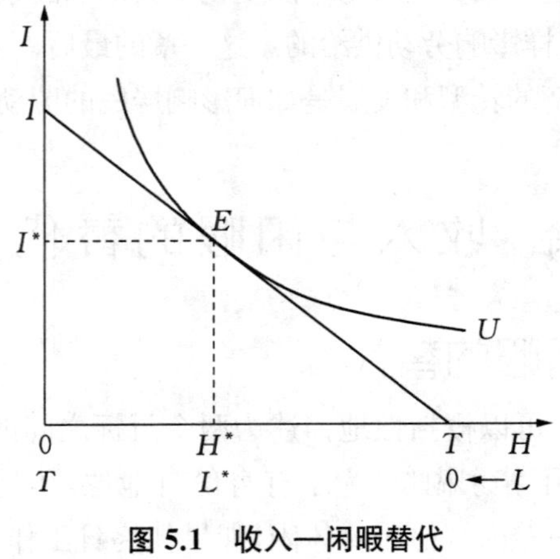

图 5.1　收入—闲暇替代

5.1.2 劳动供给如何随着工资变化？——收入效应与替代效应

接下来我们要问的一个问题是，当工资水平发生变化时，劳动供给将发生怎样的变化呢？不难想象，当一个人收入很低的时候，收入的边际效用非常高，而闲暇的边际效用非常低，这时，如果工资上升，他当然会选择更多地劳动，更少地休息。但是，随着收入水平的提高，收入的边际效用越来越低，于是，当收入超过一定水平以后，人的“身价”高到一定程度，反而劳动时间减少了。从个人来说，不难发现，富人对于休闲的需求更高。这个社会上，最辛苦的可能就是普通白领，因为他们还不够富，同时，对他们来说，“时间就是金钱”，不加班都不舍得。但是，真的做了大老板，反而轻松了。

从整个国家来看，读者不难发现，在低收入国家，人们非常休闲，道理很简单，单位劳动时间收入太低，劳动不如休息。中等收入的国家最辛苦，因为有钱挣，同时又不够富，中国（特别是沿海地区）大概就处在这个阶段。而在发达国家，特别是欧洲，休闲又变得重要了。在法国，很多行业的每周工作时间已经降到 35 小时。到了周末，人们是绝对不会加班的，连商店都关门。马克思曾经设想，当物质极为丰富的时候，劳动就会成为人们的一种需要，而不是生存的手段，这种判断与上面的分析有着异曲同工之处。

上面这个故事如果用图形来分析就是著名的“*后弯的劳动供给曲线*”。在图 5.1 中，工资水平的变化会引起预算线的斜率相应变化。工资水平上升（下降）会引起预算线围绕 T 点顺（逆）时针旋转，并与一条代表更高（低）效用水平的无差异曲线相切。

图 5.2 中坐标轴的定义与图 5.1 相同，U、U_1 和 U_2 表示一组无差异曲线，TA、TB 和 TC 表示一组预算线，其对应的工资水平越来越高。从图中可见，随着工资水平的上升，三条无差异曲线与三条预算线分别相切于 E、E_1 和 E_2 三点，在这三点下收入和闲暇的组合分别为（I, H）、（I_1, H_1）和（I_2, H_2）。也就是说，随着工资水平的上升，劳动者的收入水平是逐渐上升的，但闲暇时间却是先下降再上升，从而导致劳动供给先上升而下降，形成 EE_1E_2 这条轨迹。如果我们将 EE_1E_2 这条轨迹在工资和劳动供给的平面内表示出来，则可以得到图 5.3 中后弯的劳动供给曲线（L_S）。

那么，在什么样的情况下，劳动供给曲线是向右上倾斜的，又在什么样的情况下，劳动供给曲线发生后弯呢？为了回答这个问题，我们需要对单位时间工资水平上升时所带来的收入效应（income effect）和替代效应（substitution effect）进行分解。首先，我们画一条平行于 TB 线并与 U 相切于 E' 的 aa 线，由于 aa 线平行于 TB 线且位置低于 TB 线，因此由 E' 点到 E_1 点就相当于劳动者在工资不变而额外得到一笔收入的情况下所达到的新的收入—闲暇均衡。E' 点到 E_1 点的变化所表示的就是收入效应，可见收入效应的作用是使劳动者减少劳动供给，增加闲暇。导致劳动供给变化的另一个效应是替代效应，这一效应可以用图中 E 点到 E' 点的移动来表示，在这一过程中，劳动者的效用水平没有发生变化，但工资水平（也就是闲暇的价格）却上升了，这就导致劳动者减少了闲暇时间，增加了劳动供给。我们发现，之所以工资的上升导致劳动者的收入—闲暇均衡从 E 点移动到 E_1 点，劳动供给增加了，是因为在这一过程中收入效应小于替代效应。同样道理，我们再画一条平行于 TC 线并与 U_1 相切于 E_1' 的 bb 线，便可以分解工资水平进一步上升时所产生的收入效应和替代效应。结果我们发现，随着工资上升，均衡点从 E_1 点移动到 E_2 点，劳动者的劳动供给减少了，这是因为在这一过程中，使得劳动者增加劳动供给的替代效应（从 E_1 点到 E_1' 点）要小于使得劳动者减少劳动供给的收入效应（从 E_1' 点到 E_2 点）。

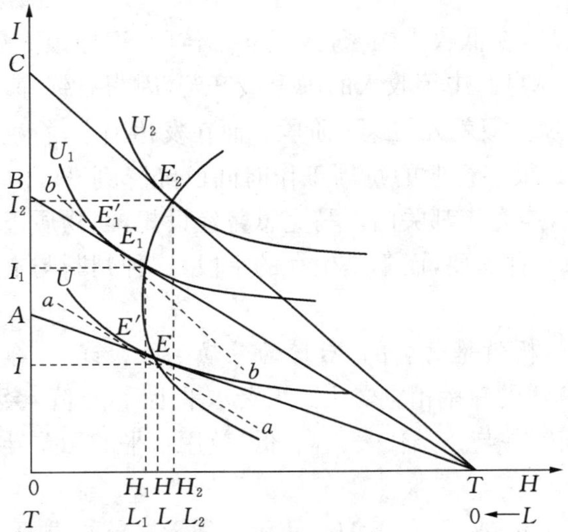

图 5.2 工资变化的收入效应和替代效应

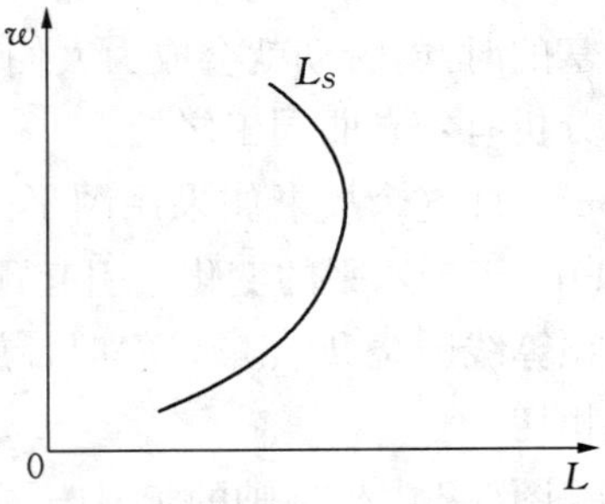

图 5.3 后弯的劳动供给曲线

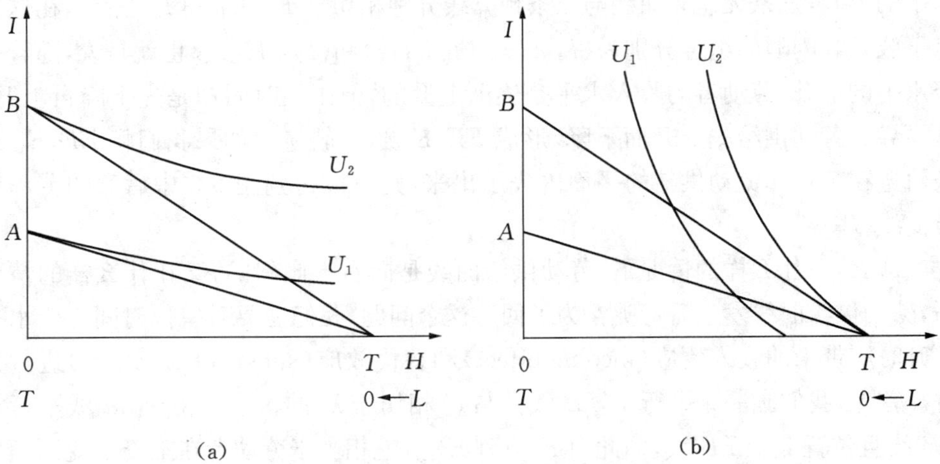

图 5.4 特别偏好收入和特别偏好闲暇的极端情况

从理论的完整性来说，我们还需要给出两种特殊的情况，一种是无差异曲线特别平缓的情况，这类人特别偏好劳动（收入），无论工资怎样变化，他总是用全部的时间来工作[见图 5.4(a)]，这种类型的人就是人们通常所说的“工作狂”；另一种是无差异曲线特别陡峭的情况，这类人特别偏好闲暇，在任何工资水平下他都选择不工作[见图 5.5(b)]，这种类型的人就是“懒汉”。在这两种情况下，收入和闲暇的均衡解都是所谓的角点解（corner solution），当然，这两种特殊的情况并不具有代表性，虽然可以解释一些人的行为，但对于一般的经济分析来说也用处不大。

5.1.3 加总的劳动供给曲线

收入—闲暇替代理论给我们展现了一幅关于人类未来社会的美好图景，当人类社会的收入普遍达到一定程度之后，人们将越来越多地享受闲暇，从而达到人类的全面发展。当然，从当今世界来看，这一趋势恐怕只在少数富人和少数富国那里才有所表现。所以，个人劳动供给曲线的后弯部分只是一种理论上存在的情况，在实际的经济分析中并没有太大的应用价值，我们通常只考虑劳动供给曲线的右上倾斜部分。这样的话，我们就也很容易地能够得到加总的劳动供给曲线——一条在工资—劳动平面中向右上倾斜的曲线，它表示人们的劳动供给将随着工资上升而上升。

5.1.4 影响劳动供给的因素

通过上面这些理论和图形分析，我们可以总结一下影响劳动供给的因素。

(1) 偏好。不同的人有着不同的偏好。在其他条件（如工资）相同的情况下，越是偏好劳动（收入）的劳动者供给的劳动越多，而偏好闲暇的劳动者则供给的劳动数量较小。

(2) 财产。我们在分析收入效应的时候，实际上就已经指出了财产数量对于劳动供给的影响。在其他条件不变的情况下，如果一个人的非劳动收入增加（例如得到了一笔遗产，或利率上升导致其生息资产的回报增加），那么这个人的劳动供给将会减少。

(3) 工资。尽管对于一些特定的问题而言，我们有时候需要研究偏好和财产这类因素对于劳动供给的影响，但是在一般的经济分析中，我们主要还是考虑工资变化对于劳动供给的影响。我们在上面已经指出，工资对于劳动供给的影响取决于劳动者的收入水平。一般来说，一个人在工资低、收入低的时候会随着工资收入的上升而增加劳动供给，但当工资水平上升到一个临界值时，工资进一步上升反而导致劳动供给减少。

工资在调整劳动力供给的同时，也在调整劳动力需求。如果劳动力市场和工资是足够灵活的，那么，当劳动力供给大于需求的时候，工资就应该下调；而当劳动力供给小于需求的时候，工资就应该上浮。在日常生活中，工资调节劳动力供需关系的现象随处可见，逢年过节的加班费就可以看作是调节劳动力供需关系的一个例子。每年春节临近，不少保姆思家心切，向雇主提出回家休假的请求。可是春节正是不少家庭家务量增大、需要留人帮忙的时候，特别是一些有老人和小孩的家庭。于是，部分雇主就采用“浮动工资”，在春节期间实行双薪，中秋、黄金周这些节假日则视保姆劳累程度，发放不同数量的奖金。

5.1.5 一些政策含义

通过总结影响劳动供给的因素，我们还可以获得一些相关的政策含义。

我们已经指出，财产和非劳动收入的增加会降低劳动的供给。在其他条件不变的情况下，非劳动收入增加得越多，劳动供给就减少得越多。类似的道理也可以用来分析失业保险对劳动供给的影响，因为失业保险从性质上来说也是一种非劳动收入。所以，失业保险的作用肯定会使一部分劳动力选择退出劳动力市场。如图 5.5 所示，当存在失业保险的时候，如果劳动的收入低于失业保险时，劳动力的理性选择就是不就业，只领取失业保险，这样，他所面临的预算线就成了拐折的形状。首先，我们在图 5.5 中复制图 5.1 的坐标轴和各条曲线，并把预算线的形状修改为如 $IABT$ 这样的拐折形状，其中 TB 线段表示失业保险的水平。可见，当失业保险水平较低时，这个劳动者没有改变原先的收入和闲暇组合（实际上已经有一部分更加偏好闲暇的人选择不劳动，从而退出了劳动力市场）。但是当失业保险金的水平提高到 TD 时，我们就发现，这个人的最优选择是不再劳动，均衡点出现在 D。虽然这时他的收入比原先有所下降，但却充分地享受了闲暇，相应的效用水平也从原来的 U 提高到了 U_1。从这个分析中，我们就可以理解为什么在现实当中总是可以观察到一些人宁愿拿失业保险而不去工作（这事实上是一种自愿失业现象）。用他们的话来说，辛苦了半天，钱却没有多多少，不值得。虽然从个人理性的角度来

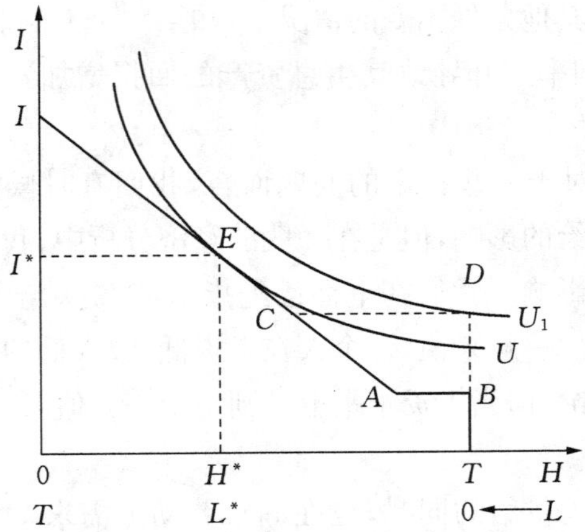

图 5.5　失业保险对劳动供给的影响

看，劳动者选择退出劳动力市场是完全合理的，但是这种现象从全社会的角度来看却是劳动力资源的浪费，因此，尽管失业保险制度是一项不能缺少的社会保障制度，但失业保险金的水平却不宜过高，而且一定要有相应的领取时间限制。一般而言，很多国家都规定失业保险的最长领取期限是 2 年，过了 2 年之后，劳动者所面临的预算线又变回了图 5.1 中的 IT，这样他就会重新回到劳动力队伍中去。

【阅读】

如何防止懒人骗取失业保险？

经济学家：为了防止懒人骗取失业保险，应该规定领取失业保险的最长期限。在给失业者介绍工作时，应该规定，如果给他介绍一定次数（比如三次）的工作被拒绝的话，那么，就应该取消其领取失业保险的资格。

反对意见：这样做是不对的，因为每个人只有找到适合自己的工作时才会去工作，如果做上述规定，就会使人们被迫接受不适合自己的工作。

经济学家：有关什么是“适合的工作”的信息是不充分的，或者说，要了解每个人“适合的工作”是什么样的，需要花费高昂的成本。因此，上述规定虽然的确有可能对部分劳动者不利，但是，在政府不掌握有关“适合的工作”的信息时，通过政策规定防止失业者不去工作，能够实现“次优”状态（second best）。虽然这时所有人都找到“适合的工作”的“一级最优”（first best）未能实现，但这本质上是因为劳动力市场上的信息不对称造成的。当然，政府仍然必须尽力去了解失业者适合做什么样的工作。

一个社会除了有失业保险之外，还有一些其他的福利政策，比如说对于贫困人口的救济和帮助政策。在中国失业保险是由劳动部门发放的，而低收入居民的救济（比如城市最低生活保障）是由民政部门发放的。导致贫困的原因有很多，其中一种原因是由于失业救济是有期限限制的，一些长期失业者很容易失去领取失业救济的资格而面临生存困难。因此，对低收入者进行帮助是非常有必要的，而且这种帮助不宜再采取期限限制措施，这就使得我们必须思考怎样才能尽量降低类似的福利政策所造成的劳动力闲置。如果对贫困人口的帮助不与就业情况联系起来，那么，这种帮助的效果与失业保险金的效果一样，会导致一些“懒人”退出劳动力市场，为了避免这种情况，可以规定劳动力必须劳动达到一定时间之后才能够领取贫困救济，而劳动收入（或劳动时间）超过一定限度之后便不能再享受救济，预算线成为 $IFGAT$，这样就使得原来可能选择退出劳动力市场的人返回劳动力市场（最优选择从均衡点 D 变为 G），并且至少供给劳动时间的下限[见图 5.6(a)]。

一种更加好的政策措施是将贫困救济的数量与劳动数量挂钩[见图 5.6(b)]，规定达到劳动时间下限后能够得到补贴，但补贴数额随劳动时间的增加而递减，这样就会诱使劳动力供给的劳动时间超过领取贫困救济的最低劳动时间规定。在图

5.6(a)中，以预算线 $IFGAT$ 表示的福利计划与预算线 $ICDT$ 相比，显然能够诱使劳动者供给更多的劳动时间，并且使劳动者达到更高的效用水平。而在图 5.6(b)中以预算线 $IJKGAT$ 表示的福利计划与以预算线 $IJFGAT$ 表示的福利计划相比，则前者能够诱使劳动者供给更多的劳动，并达到更高的效用水平。当然，上述两种福利计划的改进措施都仅对一部分比较偏好劳动的人有效，而且第二个改进方案的实施还需要花费额外的经济成本。

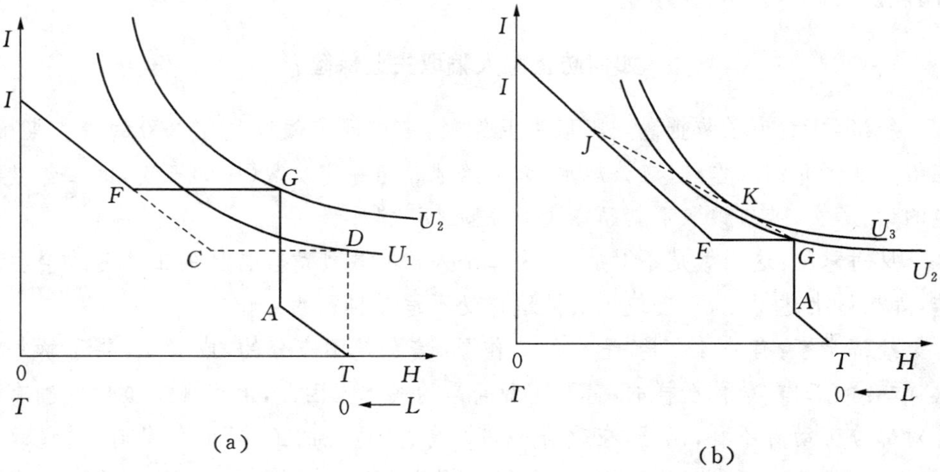

图 5.6 福利计划的改进

讨论：在中国，城镇最低生活保障作为一种福利只提供给本地城镇户籍人口。同时，有数据显示，外来劳动力的失业率远远低于本地城镇劳动力。你觉得，这两件事之间是不是可能存在某种联系？

5.2 劳动供给：家庭生产与生命周期

在上一节中我们是从个人的角度（或者说是将一个家庭看作一个整体）来研究劳动供给行为的。在这一节中，我们要进一步研究劳动供给行为。首先，我们深入到家庭内部，研究家庭成员（主要是夫妻之间）是怎样进行劳动分工的。其次，我们研究一个人如何在一生的生命周期中安排自己的收入—闲暇组合，来追求整个生命周期内的效用最大化。这两项研究工作都是由美国芝加哥大学的诺贝尔奖得主贝克尔(G.S.Becker)开创的。

5.2.1 家庭生产和夫妻分工

在经济学的发展历史中，贝克尔的一项突出贡献是将生产理论运用于家庭行为的研究，从而开创了"家庭经济学"这门新的学科。在贝克尔的理论中，他认为家庭就好像一个生产企业，它的投入品是时间，产出是家庭的效用（或者说满足感）。

这个基本的理论起点对于理解家庭行为非常有用。家庭经济学广泛地涉及家庭的分工、婚姻、生育等行为，而在这里，我们只涉及家庭成员分工问题。确切地说，我们只以夫妻分工为例来讨论家庭分工。

【阅读】

爱情也是经济学可以分析的吗？

有一次，中央电视台的水均益采访贝克尔，他的问题可能代表了很多人的疑惑。他的问题是，家庭是基于爱情的，难道这也能用经济学分析吗？贝克尔的回答是，即使是爱情，也最终是给人带来效用和满足感的，它就是家庭的"产品"。因此，爱情也是能够被纳入经济学分析的。

夫妻之间更多相处能够增进爱情，但更多的相处是以减少工作和收入为代价的，因此，多少时间用来工作，多少时间用来过家庭生活，就是一个可以用效用最大化的分析方式来解释的。比如说，收入高的人往往显得不太顾家。在大多数情况下，在夫妻之间是丈夫收入高，于是，妻子往往觉得丈夫不够顾家，其实，如果"更顾家"(更多时间呆在家里)是以减少收入为代价的，对家庭来说并不一定是最佳选择，而是另一种形式的"不顾家"。不过，这里的分析是针对那些真正的最大化家庭总效用的家庭的，不能用来为那些因为个人原因而整天不回家的人找借口。

如果男性和女性在劳动力市场上的工资水平存在着差异，这就好比夫妻之间在通过劳动生产"效用"时的生产率有差异，那么，当家庭追求效用最大化时，就需要在家庭成员间进行分工，谁能够挣得的工资越高，谁就应该更多地就业，而另一位则更多地从事家务劳动。①

贝克尔认为，男性和女性生理上固有的差异是导致家庭内部分工的重要原因。因为存在着生理的差异和社会角色的差异，女性将更多地在生育和照料孩子的人力资本上投资，而男性则更多地在有利于提高其市场活动的生产率的人力资本上进行投资。这种人力资本投资的差异是导致已婚男性的市场工资率超过已婚女性市场工资率的一个原因。

后来，经济学家们还从劳动力市场信息不对称的角度对女性就业难和工资较低的现象作了解释。在市场经济条件下，企业的目标必然是追求企业的利润最大化，因此，企业就希望在市场上寻求劳动能力较强和就业稳定性较强的劳动力为企业工作。但企业在市场上聘用职工的时候，并不知道谁的工作能力更强，谁在工作后会有更强的稳定性。在这种情况下，企业只能根据关于劳动力能力和工作稳定性的概率分布来做出雇用决策。一般来说，人们都知道在一些特定的工作岗位(尤其是重体力活)上，男性具有得天独厚的优势，这是由两性的生理差异造成的。另

① 有兴趣的读者如果想了解更深入的分析，可参见 Becker, G.S., 1981, *A Treatise on the Family*, Harvard University Press，第二章。(中译本《家庭经济分析》，华夏出版社1987年版。)

外，男性员工一般具有更强的工作稳定性，而大多数女性员工（尤其是年轻女性）都需要生育和抚养孩子，在这一过程中，很多女性会选择辞去工作呆在家里，用经济学的语言来说，就是退出劳动力队伍。这些信息都会给雇主一个信号，雇用男性职工更加有利于实现自己的利润目标。结果是，一方面企业倾向于多雇用男性员工，另一方面女性劳动者会适当地屈就于较低的工资水平。也是因为同样道理，企业会更倾向于将企业培训的机会给离职倾向较低的男性员工。

既然女性工资水平较低在很大程度上是两性人力资本投资的对象不同以及劳动力市场信息不对称这样的因素造成的，那么对于一个家庭来说，丈夫更多地从事市场活动，妻子更多地从事家庭活动就可能是达到家庭效用最大化的理性选择。可见，经济学家从家庭分工出发为劳动力市场上对女性劳动力的工资和就业“歧视”提供的解释是比较中性的。但是，这并不意味着经济学家不需要关心由于女性工资低、就业难而带来的一些其他社会问题。贝克尔指出：“已婚男女之间劳动分工的性质已经意味着男人比妇女有更大的能力几次结婚，同时通过一夫多妻制或通过离婚或遗弃妻子而连续几次结婚。因此，婚姻法和婚姻契约主要是保护在家庭内专门化的妇女反对离婚、被遗弃以及受到其他不公平的待遇。”①

从上面的分析中，我们还能够理解为什么生育保险是重要的，因为当女性职工在生育期间的收入由社会提供时，企业就不必再担心其雇用的女职工在生育期间请假而企业却要继续为她们付工资，这就使得企业更加愿意雇用女性职工。在中国，上海市率先建立了女性生育保险制度，这将对促进女性就业和保障女性权益起到积极的作用。从经济学逻辑出发从而得到具体的政策建议，显然要比空泛地呼吁“保护女性权益”要更为实在。

最新的家庭内部劳动分工的研究认为，家庭成员并不一定像传统理论所认为的那样最大化整个家庭的总效用，家庭内部的劳动分工还具有动态的策略性的一面。新的理论将家庭分工看作夫妻双方通过谈判分享分工收益的过程。一般来说，女性的工资较低，因此她们通常在家务劳动方面具有比较优势。但是，如果女性真的选择分工并在家里从事家务劳动，那么，由于长期脱离劳动力市场，她们在市场上就业的能力就会越来越弱，当未来再与丈夫谈判分享家庭分工的收益时，她们的谈判能力就下降了。考虑到这一点，女性劳动力就可能倾向于选择就业，而不是呆在家里。最近几十年来，包括中国在内的很多国家的离婚率都在上升，这就给女性发出一个信号，为了家庭而放弃就业越来越不值得了，于是，她们就会更多地走向社会去就业，从而导致家庭分工程度下降。

讨论：如果女性考虑到离婚的风险，出于上述策略性的考虑，不愿意分工于家务劳动，这并不一定是家庭效用最大化的选择。这时，能不能设计一种保险机制，来提高女性的效用，并且提高家庭分工程度和家庭总效用？与之相关

① 参见贝克尔，1987：《家庭经济分析》，华夏出版社，第32页。

的是，婚后财产均分制度实际上是否就是一种保险？

（提示：请参考陈钊、陆铭、吴桂英，《考虑离婚的动态家庭分工理论及一个提高分工效率的保险机制》，《经济学（季刊）》，2004 年第三卷（中国经济学年会专辑），167—190 页。同时，可在网上查阅一下“婚姻保险”这样的词条，看看有什么发现。）

【背景】

上海妇女社会地位调查

资料来源：根据《文汇报》2001 年 10 月 11 日和 11 月 19 日相关报道整理。

调查显示，女性比男性平均每天多做 1.9 小时家务。虽然女性的社会地位越来越高，但是即使在上海也分别有 43.8%的男性和 37.4%的女性认同“男人以社会为主，女人以家庭为主”的传统分工模式，支持率居然比 10 年前分别上升了 9.2 和 6.8 个百分点。

城镇在业女性的年均收入只有男性的 70%，因为即使在相同职业中，女性的职务、职称往往低于男性。尽管上海专业技术人员中女性的比例已经高于男性，但由于职务职称低，女性的收入还是只占同类男性收入的 62.4%。

在“家庭投资或贷款”和“买房、盖房”的决策上，妻子参与决策的比例分别为 83%和 85.5%，不但比 10 年前大有提高，还分别比全国高 22.3 和 13.8 个百分点。

当家庭面临决策问题时，上海由夫妻共同决定及主要由妻子决定的比例达 85.1%，比 10 年前提高了 11.4 个百分点。

95%以上的女性表示，她们可以自己做主“购买个人的高档商品”或资助“自己的父母”，其决定个人事务的自主权已经略高于男性。

女性在继承权问题上也享受到了更多的平等，数据表明，有 48.4%的男性赞同出嫁女与兄弟平等继承家庭遗产，还有 21.4%的男性赞同“孩子可随母姓”，比 10 年前提高了 13 个百分点。

为了保持自己的独立性，79.6%的女性表示，即使配偶的收入足够高，或者家里有大量钱财，还是会自己工作或劳动。

5.2.2 生命周期内的工作决策

在一个人的一生中，一般来说是在中年达到所谓的“年富力强”的时期，也就是从事市场活动的生产率最高的阶段。在年轻的时候，刚刚跨出学校大门，没有实际的工作经验，这时生产率较低。而当中年过后，一个人则会面临体力精力下降、知识经验老化的困境。如果一个竞争性的劳动力市场能够保证一个人根据他的生产率获得工资报酬的话，那么他的生产率和工资曲线就如图5.7(a)所示，呈倒U形，在美国那样的市场经济国家，实际情况也是这样(参阅本书第5章的图5.1)。根据这条工资曲线，一个人达到生命周期内效用最大化的选择应该是工作时间越来越多，到中年时达到峰值，然后再逐渐减少(如图5.7(b)所示)。①

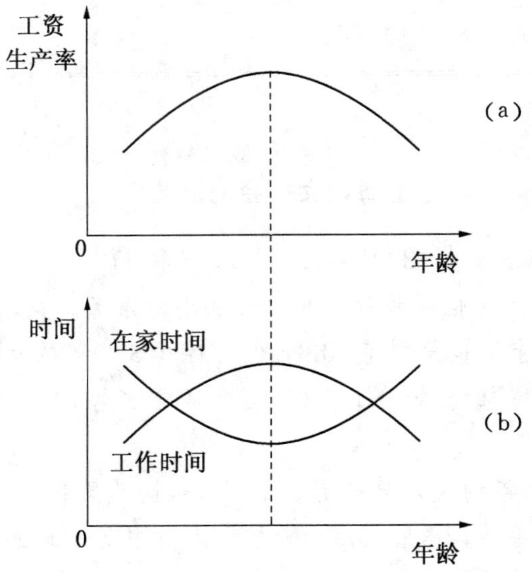

图5.7　生命周期内的就业决策

特别值得一提的是，女性劳动力在生命周期内的劳动供给比较特殊。因为女性需要在家庭内承担生育孩子和抚养孩子的职责，所以很多女性会选择在孩子出生到长大这段时间里退出劳动力市场。于是，女性劳动力在生命周期内的劳动供给曲线在年轻和中年以后出现两个峰值，呈驼峰状，这种现象被称为女性的"双头就业"或者"M型就业"。目前，中国的女性劳动力中也出现了一些退出劳动力市场的现象，由于中国在计划经济年代强调两性平等，当时女性劳动参与率畸高，因此，在经济市场化的过程中，一部分女性劳动力，特别是家庭其他成员收入较高的女性，可能会为了追求家庭总体效用的最大化而选择退出劳动力市场。因此，不能笼统地将不工作的女性都作为就业困难对象予以帮助，而应该进一步区分自愿不工作和想工作找不到工作的两类女性，后者才是真正需要政府和社会帮助的对象。

5.3　劳动供给：参与率的变化和影响因素

在上面两节中，我们是用劳动时间作为衡量指标来看劳动供给的，这一节我们将从另外一个重要的视角——劳动参与率——来研究社会总体的劳动供给情况。

---

① 一个经典的证明参见Becker, G.S., 1976, *The Economic Approach to Human Behavior*, The University of Chicago,第6章。(中译本《人类行为的经济分析》,上海三联书店1995年版)

5.3.1 劳动参与率的变化趋势

我们不妨首先考察一下部分发达国家劳动参与率的变化趋势。从所选取的八个主要的发达工业国的历史资料来看,从20世纪60年代以来,劳动参与率总体上有上升的趋势。进一步地分性别来考察,不难发现,各国男性的劳动参与率总体上有所下降。而各国女性的劳动参与率变化趋势则表现出高度的一致,也就是普遍大幅度上升。由此可见,影响这期间发达国家劳动参与率变化的主要是女性劳动参与率的变化,由于女性劳动参与率普遍大幅度提高(见表5.1)。我们不禁要问,是什么样的因素导致劳动参与率在大约半个世纪的时间里出现如此明显的变化呢?对这个问题的回答实际上就是要说明为什么女性劳动力大量地加入了劳动力队伍。

表5.1 发达国家劳动参与率变化(15—64岁人口;单位:%)[a]

	年份与组别								
	总体			男性			女性		
	1966	1993	2014	1966	1993	2014	1966	1993	2014
澳大利亚	68.1	75.9	76.3	95.6	85	82.2	42	62.5	70.5
加拿大	65.5	72.2	77.8	89.4	78.9	81.3	38	65.4	75.2
法国[b]	69.2	66.7	71.3	89.9	75.7	75.3	48.9	58.7	67.4
德国[b]	70.1	68.4	77.7	95.8	78.9	82.5	48.4	58.6	72.9
日本	72	75.9	75.5	88.6	90.1	85.9	56.2	61.7	66.0
瑞典	75.5	78.5	81.5	95.1	80.3	83.6	56.5	76.5	79.3
英国	75.4	75.9	77.6	95.7	85.3	83.1	51.4	65.3	72.1
美国	68.7	76.8	72.7	91.2	85.5	78.5	46.8	69.1	67.1

注:a. 美国数据是16—64岁人口的数据。

b. 法国和德国的数据是1992年的数据。

资料来源:OECD, *Labor Force Statistics*, selected issues; OECD, *Employment Outlook*, 1994, Tables I and J; OECD, *Employment Outlook*, 2015.

5.3.2 影响劳动参与率的因素

在20世纪60年代以后,有以下几个方面的因素可能是导致女性大量加入劳动力队伍的原因所在:

(1) 产业结构调整的需要。第二次世界大战以后,发达国家的第三产业(尤其是其中的服务业)有了非常迅速的发展,这一过程创造了大量适合女性从事的职业和岗位,女性就业的机会增加了,就业的收入也有所提高,这就诱使越来越多的女性劳动力走向就业岗位。

(2) 社会发展和家庭结构的变化。二战以后,西方社会发展的一个重要的现象是家庭的规模在缩小,特别是孩子的数量有所减少。与此同时,家用电器的普及也把女性从繁重的家务劳动中逐渐解放了出来，使得女性也能够有时间和精力到市场上去从事有收入的工作。更为重要的是，三产（特别是服务业）的发展本身也是一个分工深化的过程，很多原先在家庭内部完成的活动（比如照顾老人和小孩）开始由市场来完成。一些女性劳动力从事于服务业，把原先一些由家庭内部完成的劳务作为一种产品来提供，从而创造了大量的就业岗位。与此同时，大量的女性又由于家务劳动可以在市场上购买了，从而得以从家务劳动中解脱出来去工作。

（3）观念的变化。第二次世界大战以后，西方国家女性的观念有了巨大的变化，独立的意识也大大增强。由于女性受教育水平也有大幅度提高，这又进一步地加强了女性的独立意识。女性越来越多地走上劳动力市场，拥有了自己的收入，对于丈夫和家庭的依赖程度也有所下降，而这又反过来加强了女性的独立意识。

（4）离婚率。第二次世界大战以后，西方社会的家庭越来越不稳定，离婚率有显著的上升。离婚率的上升直接将提高女性劳动参与率。即使对于没有离婚的女性，离婚率的上升也将使女性觉得为家庭而放弃就业越来越不值得了，于是已婚女性越来越多地策略性地选择就业而不是在家从事家务劳动。

上述四个方面都是促使女性劳动参与率上升的因素，此外，理论上还存在一个使劳动参与率下降的因素，那就是教育的发展，因为受教育的人口越多，不在劳动力人口的数量就越多，劳动参与率也就越低。教育的发展直接通过降低青年人的劳动参与率而对总体劳动参与率产生影响，同时，教育也会改变人们的观念和人力资本水平，从而间接地对总体劳动参与率产生作用。

5.4 中国转轨时期的劳动供给变化

由于中国曾经是一个劳动力过剩的国家，而为了解决就业问题，国家曾采取了计划就业体制来强制性地安置就业，因此我们可以将统计的经济活动人口作为劳动力供给总人数的相应指标。由图 5.8 可见，中国的经济活动人口自 1978 年以来一直保持着缓慢的增长，21 世纪以来增长的速度也有放缓的趋势。换句话说，如果用绝对指标来衡量，中国的劳动供给是在缓慢增长的。但由于人口出生率的明显下降和人口老龄化的趋势，中国经济活动人口的数量迟早将转为负增长。

经济活动人口的缓慢增长一方面是总人口增长速度放缓的结果，而另一个重要的影响因素则是劳动参与率的下降。我们不妨来看一下中国劳动参与率的变化趋势。在转轨过程中，各个转轨经济国家畸高的劳动参与率均有所下降。以俄罗斯为例，仅 1992—1994 年间，该国的劳动参与率就下降了 5.2 个百分点。[①]在中国，改革以来城镇的劳动参与率总体上呈现下降趋势，也就是说，以劳动参与率这样的相对指标来衡量，中国的劳动供给正处在一个总体上下降的趋势之中。以 2012 年的水平来看，中国的城镇劳动参与率与其他国家相比仍然略高（参见图 5.9 和表 5.2）。

① 数据引自 Commander, S. and R. Yemtsov, “Characteristics of the Unemployed,” in Jeni Klugman (ed.) *Poverty in Russia: Public Policy and Private Responses*, The International Bank for Reconstruction and Development, The World Bank, 1997.

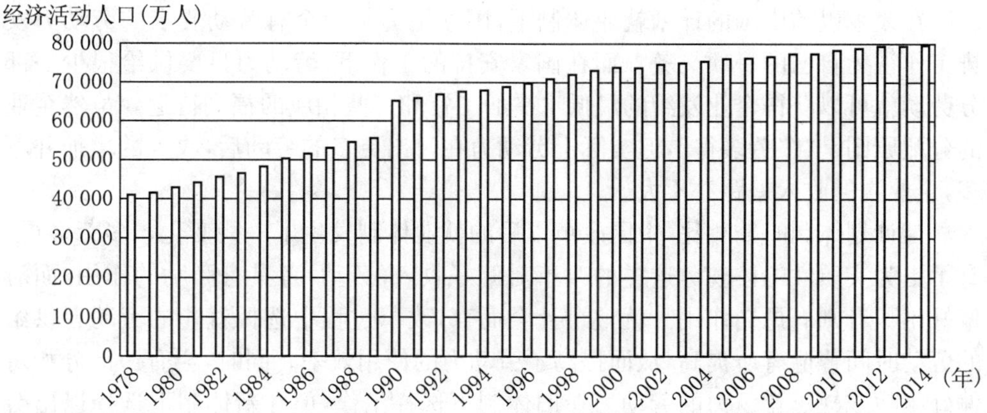

注:1990 年就业人口的统计口径放宽了,这导致这一年的就业人口和经济活动人口的统计数据有一个大幅度的提高。

资料来源:《中国统计年鉴 2015》,中国统计出版社。

图 5.8 中国的经济活动人口数量(1978—2014 年)

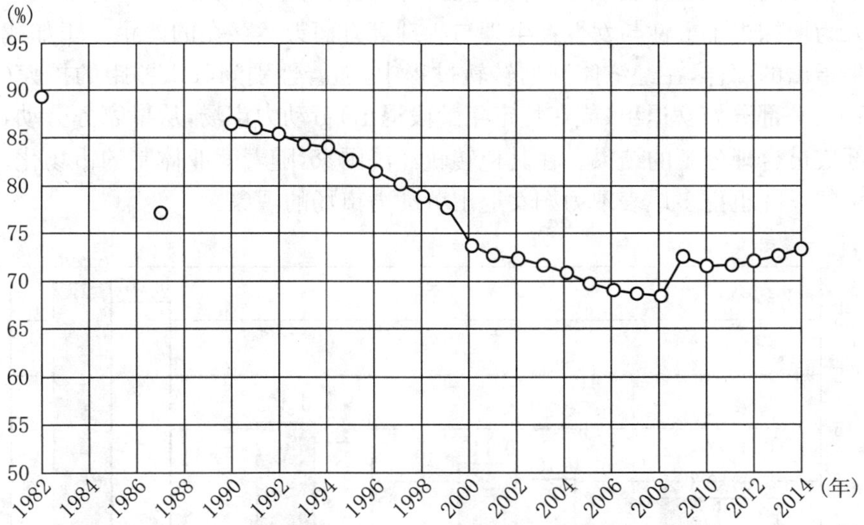

注:a. 我们以从业人员数据作为就业人口数据,以登记失业人数作为失业人口数据。由于缺少城镇的劳动年龄人口数据,我们以 15—64 岁人口比例乘以城镇总人口数近似地作为城镇劳动年龄人口数据。早期个别年份的数据有所缺失。

b. 1990 年劳动参与率比之前有较大幅度的升高,这主要是因为就业人口的统计口径变宽了。

资料来源:历年的《中国统计年鉴》,中国统计出版社。

图 5.9 中国城镇劳动参与率(1982—2014 年)

表 5.2 2000 年和 2012 年世界各国劳动参与率(%)的比较

国　家	日本	法国	德国	美国	韩国	巴基斯坦	印度	泰国	波兰	中国
2000 年	62.4	55.3	58.1	66.3	61	51	59.1	72.8	56	77.1
2012 年	58.9	56.1	59.8	62.9	60.8	55.2	55.5	72.4	56.5	71.1

资料来源:《国际统计年鉴 2014》,其资料来源于世界银行 WDI 数据库。

在改革以前中国的计划就业体制下，国家把为每一个有劳动要求的劳动力安排工作视为自己的一项义务。而在国家安排的工作下，劳动力只要供给很少一部分劳动就可以获得企业发给的最低水平的工资和一些相应的福利待遇。虽然企业的分配原则是“多劳多得”，但实际上劳动力在付出更多的劳动后，收入的增加并不多，企业内的收入差距并不大。

与计划体制时期相比，中国改革以后的就业体制发生了一些变化，“多劳多得”有了更为实质性的体现。这样的改革对偏好收入（劳动）者具有激励的作用，而对偏好闲暇者则有惩罚作用。就整个社会而言，改革过程中选择就业的劳动者供给的劳动时间普遍有所提高，从而提高了劳动力的使用效率。同时，会有一部分相对偏好闲暇或缺乏竞争力的劳动力在旧体制下选择工作，但在新体制下选择退出劳动力市场，通俗地说，这部人会觉得在新体制下就业不像原来那样“合算”了，于是劳动参与率在体制改革过程中有所降低。

体制转轨因素对劳动供给影响的分析也同样适用于分析家庭劳动供给行为的变化。在传统的就业体制下，政府通过实行两性间的平等就业，以一种强大的行政力量人为地抹去了男性与女性在生理与心理等方面天然存在的差距。正如我们在前文中指出的那样，在经济体制的转轨过程中，随着性别间收入差距的扩大（参见图 5.10），一部分妇女退出（或在特定年龄段退出）劳动力市场，从事家务劳动，是家庭内部成员合理分工的结果。在其他转轨经济国家，随着就业体制的市场化，劳动参与率的下降也更多地表现为妇女退出劳动力市场的现象。

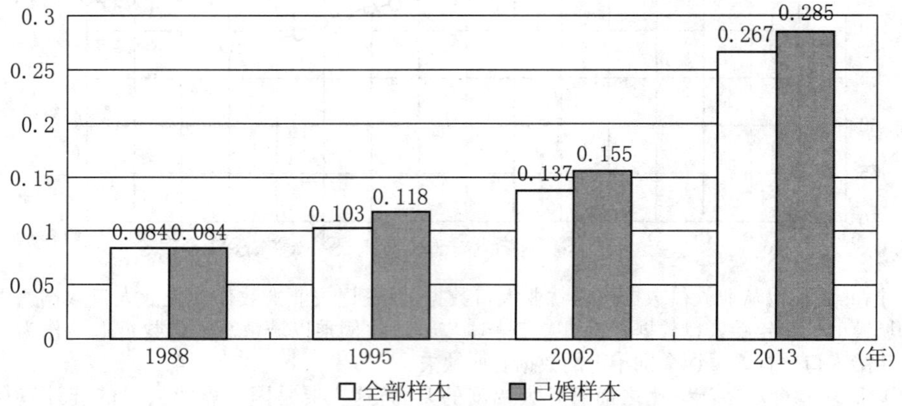

注：图中的系数表示男性相对于女性的工资优势，例如 0.084 表示男性的工资大约高于女性 8.4%。其中，模型已经控制了教育水平、年龄（及平方项）、户籍性质、工作的所有制、职业、行业和城市哑变量。但未控制其他可能影响性别差距的工作特征，例如工作的时长、强度、环境等。

资料来源：作者根据中国家庭收入调查（CHIPS）历年数据估计。

图 5.10　中国工资的性别差距

【背景】

经济转型与女性就业

经济转型对女性就业产生了重要的影响。在转型之前，计划经济国家的妇女在政府的鼓励之下普遍有着畸高的劳动参与率，而且她们的家务劳动时间也很高，在中东欧国家，女性在家务劳动中投入的时间高达每周近 70 个小时，比西欧女性在家务劳动中投入的时间要高每周 15 小时左右(UNCF，1999)。经济的转型导致女性的劳动参与率出现了明显的下降(UNCF，1999；World Bank，1996)。就业的数据显示，在转型期间失去的 2 600 万个工作岗位中，有 1 400 万是女性失去的。在经济的恢复期间，大部分新创造出来的工作岗位都被男性占据了，而女性却难以再获得新的就业机会。与转型之前的状况相比，市场化改革之后性别间的就业"歧视"更加明显。一些私人的雇主认为雇用女职工会引致一些非工资成本，从而不愿意雇用女性职工。与男性相比，女性从事自我雇用职业的或者做企业主的人都更加少(UNCF，1999)。

资料来源：UNCF(United Nations Children's Fund)，*Women in Transition*，*A Summary*，The MONEE Project，Regional Monitoring Report，No.6，The UNICEF International Child Development Centre(ICDC)，Florence-Italy，1999.

World Bank，*World Development Report 1996*：*From Plan to Market*，New York：Oxford University Press，1996.

在经济转轨时期，除了体制转轨因素以外，一些在市场经济国家影响劳动供给行为的因素在中国也同样可能存在，这些因素主要包括：

(1) *收入增长因素*。随着经济的发展，单位劳动收入一般会不断提高，收入也会同步提高，这一过程对劳动参与率的影响有两方面。首先，劳动者单位就业收入的增加会加大闲暇的机会成本，从而诱使一些人增加劳动时间，这是收入增长对劳动供给的"替代效应"。对于收入水平不高的人来说，"替代效应"尤其显著。另一方面，单位就业收入的增加又使收入水平较高的劳动者减少劳动时间。这是收入增长对劳动供给的"收入效应"。如果家庭总收入持续提高，那么，相对收入较低的家庭成员将可能退出劳动力市场。

(2) *产业调整因素*。在中国，改革开放之后第三产业的发展也非常迅速，同样可能吸引女性劳动力加入就业大军。从另一角度来说，中国的产业结构调整速度非常快，新兴的产业中有相当大的一部分是资本和知识密集型的，而从一产和二产中转移出来的劳动力又不能满足这些新兴产业发展的需要，使得一些低技能劳动者难以顺利实现再就业，从而减少劳动供给，甚至退出劳动力队伍，降低劳动参与率。

(3) *教育发展因素*。随着经济发展水平的提高，知识和技能在经济发展中的作用越来越重要，劳动年龄人口中受教育者的比例也有所升高。在中国的城镇，青年人接受高等教育、职业教育和成人教育的人数和比例正在不断提高。特别是在 20 世纪末以来，大学的扩招速度非常快。全国高校毕业生的数量在 2001 年是 114 万，到 2016 年增长到 765 万。劳动年龄人口中受各类教育者的比例升高，也成为劳动参与率下降的直接原因。

思考题

1. 为什么个人(或家庭)的劳动供给曲线是后弯的,但厂商的商品供给曲线却向右上倾斜?两者的本质差异是什么?(提示:请回想一下"收入效应"和"替代效应"。)

2. 为什么失业保险水平提高会导致自愿失业的人更多?失业保险水平提高对失业程度的影响有其他作用机制吗?有人认为,既然失业保险水平提高可能会增加失业,那么就取消失业保险制度好了,对此,你有何评论?

3. 有人说,如果考虑到女性受教育程度总体上来说低于男性,其工作经验也往往低于男性,那么,男性和女性之间的工资差距就有相当大的一部分是合理的。但是也有人说,女性的受教育程度和工作经验更少本身就是歧视的结果。对此,你怎么看?(学过计量经济学的读者知道,计量经济学可以帮助我们了解在多大程度上两性的工资差距是由教育和经验的差距来解释的,多少两性工资差距不能被教育和经验解释,这样的分析有什么政策参考价值?)

4. 用经济学的分析方法也可以有助于我们理解家庭的生育行为。香港自1971年至2005年其人均实际GDP增长了5.8倍,成为全球经济同期增长最快的地区之一。与此同时,其房价自20世纪70年代开始同时起飞,同期房价上升了6.7倍。而与此形成鲜明对照的是香港的生育率从20世纪70年代开始稳步下降,目前已成为全球生育率最低的地区之一。从1971年到2005年,香港的粗出生率从17.9下降到了7.2;总和生育率(TFR)从3 459下降到973,下降了差不多400%;一般生育率从75.9下降到了25.8。[①]请问房价的上涨和生育率的下降之间是否有可能存在某种理论上的关系?

5. 中国的离婚率在上升,而出生率在下降,如何解释这些现象?两者之间可能存在着什么联系吗?2003年,新的《婚姻登记条例》规定,离婚登记不再需要单位开证明。似乎图5.11中的数据也显示,离婚率自那之后上升得更快了,这与新的《婚姻登记条例》规定的变化有联系吗?这种联系能够说明什么道理?

6. 中共十八届中央委员会第五次全体会议公报指出:促进人口均衡发展。坚持计划生育的基本国策,完善人口发展战略。全面实施一对夫妇可生育两个孩子政策。根据你的理解,曾经的一对夫妇生育一个孩子的政策起过什么样的作用,现在实施"二孩"政策又会产生什么影响?根据你的观察,高收入家庭和低收入家庭相比,谁更倾向于生育二孩?不同收入水平的地区之间又有何差异?如何解释?

---

① 感谢易君健博士在其研究中为我提供的这些数据。粗出生率是指一年内活产婴儿数目相对于该年年中人口的比例;TFR是某年的年龄组别生育率的总和,即1 000名女性若她们在生育龄期(即15—49岁)经历了该年的年龄组别生育率,其一生中活产婴儿的平均数;一般生育率是指每年出生的活产婴儿数目相对于该年年中15—49岁女性。

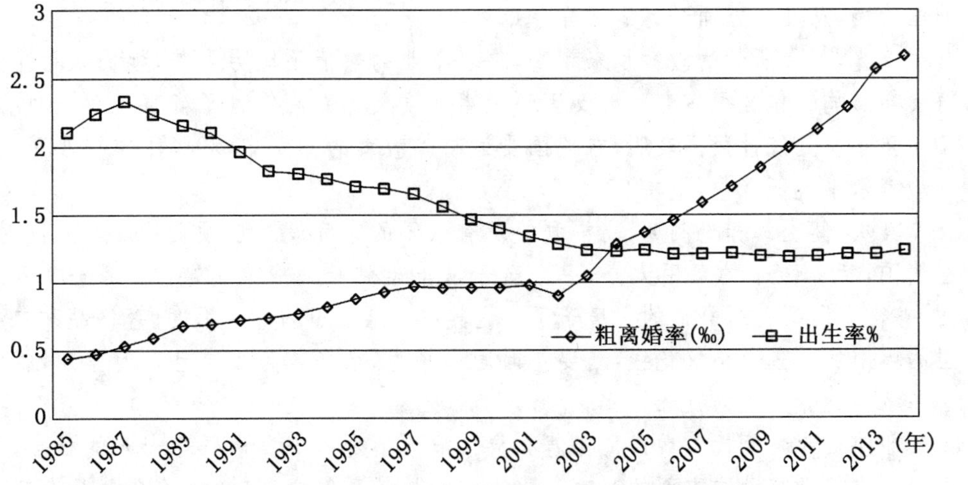

资料来源：2015 年《中国统计年鉴》(北京：中国统计出版社)及作者的计算。

图 5.11　中国的离婚率和出生率(1985—2014 年)

7. 请阅读以下这篇新闻报道，并思考这样的问题：为什么发达国家出生率如此低？这对劳动力市场，以及经济和社会的发展将产生哪些影响？政府应如何应对？中国未来是不是会出现同样的趋势？为什么？

【新闻】

不少欧洲人要好车好房却不要娃

18 个国家人口出现负增长，低出生率已导致一系列社会问题

在全世界 25 个出生率最低的国家中，有 22 个在欧洲。欧洲已有 18 个国家的人口出现负增长。欧盟委员会 2006 年公布研究报告说，到 2050 年，欧洲人口与 1995 年相比将可能减少 13%—22%，即从 7.28 亿降到 6.32 亿或 5.64 亿。即使在平均每位育龄妇女生育 2.34 个孩子的最佳情况下，欧洲人口仍然会以每年 3%的幅度下降。联合国曾经预测，到 2030 年欧洲人口将减少 4 100 万。

■ 太多老人太少孩子

人口出生率低导致社会老龄化现象严重。欧盟委员会说，到 2050 年，全欧洲 65 岁以上老人所占比例可能上升到 25%—33%，较 2000 年翻一番。

作为欧洲最大经济体的德国更是令专家担忧。德国人口出生率在西方国家中最低，也是最早出现人口下降的国家，婴儿出生率仅为 8.5‰。

德国人口下降最为严重的地区是乡村。据报道，由于婴儿出生率低，加之年轻人纷纷离开乡村迁移到城市中居住，德国东萨克森地区的博克斯贝格和魏斯瓦瑟两个村庄正在变成空村，农田荒芜。距离它们不远的霍耶斯韦达镇在过去 15 年里人口由 7 万锐减到 2.5 万。由于儿童少，一些小学被迫关闭。

■ 车子房子为何“挤”走了孩子？

究竟是什么原因让欧洲人宁肯要好车好房也不要孩子？柏林企业家史蒂芬以

德国为例，从几个方面进行了解释。

首先，妇女所受的教育越来越高，追求事业的热情不比男人差，她们认为生儿育女会影响工作。很多育龄妇女因追求事业发展等原因错过了生育年龄，干脆就不生孩子了。统计数据表明，在德国受过高等教育的妇女中，39%不想要小孩；而受教育水平较低者中，也有25%不愿要后代。

其次，健全的养老制度、高福利使没有孩子的家庭没有后顾之忧。与此同时，在德国，抚养孩子的费用太高，一个孩子从出生到长大成人需要25万—30万欧元，够得上购买一所舒适的大房子了。这其中包括孩子的吃穿用度、奢侈品和口袋里的零用钱。孩子不仅花钱，还要花时间和精力，很多人为了自己及时享乐，根本不愿承担抚养后代的责任。

即使负起责任抚养后代又能怎么样？德国不是一个提倡赡养老人的社会，孩子们从小就没有受这方面的教育。老人生活接近不能自理时，也不会到子女家去住。一成年就主动从父母家中搬出去另立门户的孩子们，只是在节假日或周末来看望父母。暮年的父母辛苦一生，却享受不到儿孙绕膝的快乐。所以，很多德国人认为，将自己的大半生消磨在养育后代上，实在是一件得不偿失的事情。

■ **多管齐下仍难增出生率**

为了解决就业人口下降问题，德国和其他欧洲国家政府采取了许多对策，包括争取年长就业者、减轻家庭妇女就业者公、私两难的负担等。然而，到目前为止，这些措施在遏制人口减少方面都没有发挥太大作用。

德国政府不断地出台新政策，鼓励妇女生育。例如，德国政府规定，2007年1月1日之后出生在收入高、纳税多的妇女家庭的婴儿，可以享受一笔不小的补贴。而每个家庭的每个孩子还能享受数目不等的政府补贴。即使这样，父母们仍然抱怨政府的补贴还不够。

在移民方面，西欧地区原指望从相对落后的东欧国家引进移民，但最重要的就业人口来源地——东欧某些国家的人口出生率，现在甚至低于德国。例如，乌克兰和保加利亚的人口到本世纪中期将减少1/3。欧盟委员会说，欧洲从目前起到2050年每年需要180万移民才能维持1995年的人口水平，每年有360万移民才能维持现有的就业年龄人口水平。要想维持就业与退休人口之间的合理比例，每年需要2 520万移民，这无论如何是无法做到的。欧洲将不可避免地出现太少孩子和太多老人的状况。

还有专家提出，要对德国的教育制度进行改革，因为按照目前的教育体系，年轻人受教育的时间过长，就业的时间就过晚，这也是延误妇女生育的因素之一。

人口下降对德国乃至欧洲的社会经济、劳动市场、公共财政及社会基础设施都带来负面影响，也使欧洲在工业、农业等领域的竞争力下降。但是遏制人口下滑不是一朝一夕能够见效的，政府和整个社会需要下大力气，将眼光放长远，共同承担责任才能改善这一局面。

资料来源：《新华每日电讯》2007年2月11日，来源于《半月谈》，作者张碧弘。

8. 随着出生率下降，从总的劳动年龄人口占总人口比重这一指标来看，中国的人口红利很快就会消失。那么，这是不是意味着占全国 GDP 90%的工业和服务业的劳动力供给一定下降？城市化进程在其中起到什么样的作用？推迟退休年龄又会起到什么作用？（提示：请读者了解一下中国渐进推迟退休年龄的政策。）

9. 在当前的户籍制度和土地制度之下，如果农村家庭选择一位劳动力去城市打工，大多是年轻男性，女性、年长者更多留守。这如何解释？如果没有劳动力流动的障碍，这样的现象会怎样变化？未来，随着城市化率持续提高，当农村人口下降到 20%以下的时候，农场规模将比现在有大幅度提高。请问那时，在农村和城市之间劳动力的年龄和技能结构会发生什么变化？（提示：城市里将持续增加消费型服务业需求，而农场规模的持续扩大将提高对于体力和技术的要求。）

10. 这道题供喜欢模型的读者解闷。在中国企业改革之前，只要职工去上班就能拿到工资加福利，同时，每单位劳动时间的报酬相对较低。企业改革之后，职工的单位工资上升了，但福利都社会化了，不再与是否工作相关，同时，要获得企业发给的工资，职工的劳动时间必须要达到一个最低的限度，而不是只要上班就行了。请尝试用一个图形模型来刻画上述企业改革对劳动者劳动供给决策的影响，并说明以下两点事实：

（1）在这一改革过程中，有的人会增加劳动时间，而有的人会减少劳动时间，甚至选择退出劳动力市场。

（2）不同的人之间的收入差距扩大了。

（提示：请根据此题的描述，用拐折的预算线来刻画制度的变化，并分析其影响。）

▶6

劳动供给(2):人力资本与教育

为什么国家需要对教育进行补贴?为什么特别需要针对低收入者采取教育的补贴、贷款贴息等政策?

为什么有的企业愿意出钱送员工出国学习?为什么有的企业愿意为员工攻读在职研究生付费,但同时要求这些员工与企业签订长期合同?为什么有的人宁愿自己出钱读书,而不找企业报销?

现在的中国大学生为什么要去考那么多证书?为什么大学生们总是抱怨学校的教育"不实用"?

在中国,大学教育的质量受到部分人的质疑,而大学生人数在上世纪末以来成倍增长,与此同时,家长们也仍然想尽办法让孩子读书,从而显得中国具有某种重视教育的文化。这是为什么?

在城市里,为什么人们对学区房趋之若鹜?按片划分、就近入学的政策真的能够促进教育均等吗?

在上一章的劳动供给理论中,我们没有深入地讨论劳动力之间存在的差异。此外,无论是以劳动时间还是以劳动力数量作为衡量劳动供给的指标,都只研究了劳动供给的数量,而没有讨论劳动供给的质量。事实上,当我们迎来"知识经济"时,劳动力的质量越来越重要,不同的人受教育水平的差异,也成为理解失业和收入差距现象的重要因素。

知识是现代经济的最为重要的增长源泉,特别是当人类社会进入"知识经济"时代以后,知识的作用越来越强。对于中国来说,经过几十年快速的经济增长之后,劳动力总量过剩的时代已经结束,简单依赖投资和出口推动的经济增长方式也遭遇到巨大的挑战。接下来,为了提高中国经济增长的持续性,要使经济增长向创新驱动的方向发展。为此,中国也需要通过教育的发展来提高国民素质和劳动生产率,以适应未来经济增长的需要。

在这一章中,我们引入人力资本投资理论,从质量的角度来考察劳动供给,并给出不同劳动力质量差异的经济学解释。人力资本概念也包括健康等其他有关劳动力质量的维度,鉴于健康是经济学研究中的专门话题,本章仅讨论教育相关的问题。同时,我们也将讨论教育在劳动力市场上所起的作用,以及政府实施教育政策的理论基础。其中,我们特别要讨论当代教育经济学中有关教育财政政策的一些理论,这些理论对于如何有效而公平地利用教育资源具有很强的指导意义。在本章的最后一节里,我们讨论中国教育和人力资本投资的问题。特别重要的是,教育发展如何能够在追求效率的同时兼顾公平是一个社会各界共同关注的问题,也成为了这一章中的重要内容。

6.1 人力资本投资理论

6.1.1 教育与人力资本投资:一些事实

我们知道,企业的投资活动是为了能够获得更多的利润。同样道理,个人在教育、培训等方面进行人力资本投资的目的是为了赚取更高的收入。当然,教育本身也是一种消费品,受教育的过程本身有愉悦身心的功能,同时,我们还希望教育能够使得人类更加高尚,但是,经济目的仍然是人力资本投资的基本目的,至少对于个人来说是这样。如此理解教育和培训的目的,我们就很容易理解下面这样三个现象:

首先,教育和培训的费用是非常高的。世界各国都将公共教育支出作为最为重要的公共支出之一,很多国家公共教育经费占国内生产总值比重都在4%以上(参见表6.1)。1993年,中共中央、国务院发布的《中国教育改革和发展纲要》提出,国家财政性教育经费支出占GDP比例要达到4%的目标。但是在1994年中央和地方分税之后,地方政府在国家财政收入占比中大幅度下降,同时,由于地方政府热衷于发展经济,更愿意将财政支出用于基本建设,因此,教育财政支出增长相对缓慢。经过多年的努力,上述局面已经得到了扭转,2012年教育财政支出占GDP之比首次超过了4%。2015年,中国教育财政支出超过2.6万亿元,为公共财政第一大支出。从私人方面来看,中国家庭对于教育非常重视。据中国社会科学院早在2005年发布的调查结果,在居民的储蓄动机中,教育一直处于第一的位置,其次才是养老等其他因素;子女教育和养老是居民支出的主要部分,排在总消费的前两位。①根据《中国家庭财富调查报告(2016)》显示,在家庭进行储蓄的主要原因中,位居首位的是"为子女教育做准备",超过40%的家庭都将其作为储蓄原因。

表6.1 世界各国公共教育经费占国内生产总值比重(%)

国　家	2005年	2008年	2011年	2013年
澳大利亚	4.91	4.63	5.11	5.3
加拿大	4.80	4.66	5.27	
中　国	2.78	3.30	3.84	4.16
法　国	5.50	5.44	5.52	

① 摘自中国社会科学院,《2005年社会蓝皮书》,社会科学文献出版社。

（续表）

国家	2005 年	2008 年	2011 年	2013 年
德国		4.42	4.81	
印度	3.13		3.85	
印度尼西亚	2.87	2.90	3.37	3.4
日本	3.48	3.44	3.78	3.82
韩国	3.90	4.46		
马来西亚		3.96	5.8	6.1
巴基斯坦	2.25	2.75	2.22	2.49
菲律宾	2.43	2.69		3.4
俄罗斯	3.77	4.10		
新加坡	3.22	2.78	3.07	2.94
英国	5.19	5.12	5.75	5.7
美国	5.07	5.30	5.22	

资料来源：中国的数据由《中国统计年鉴 2015》的相关数据计算得来。其他来源于 2016 World Development Indicators Online，http://data.worldbank.org/data-catalog/world-development-indicators。

第二，*劳动力受教育水平迅速地提高*。发达国家人口的受教育程度有普遍的提高，相应地，劳动力所从事的职业对知识和技能的要求越来越高。在中国，人口的受教育水平提高也非常快，但是，与发达国家（甚至俄罗斯和南非这两个金砖国家）相比，中国仍然存在明显的差距（参见表 6.2）。同时，相比之下，中国农村居民的受教育水平仍然明显落后于城市（参见表 6.3）。对比第五和第六次人口普查的受教育年限数据，可以看出，2010 年 20 岁及以上的人口中，大学学历及以上、高中/中专、初中/小学以及未上过学的比例分别为 10.9%、14.4%、68.9%和 5.8%，而 2000 年，这四个数字分别为 4.75%、13%、72.5%和 9.75%。表 6.4 给出了第六次人口普查数据中 20—24，25—29，30—34，35—39 四个年龄组别初中及以下，高中和大学及以上学历人口的比重。可以看出，越年轻（受教育时间越晚）的组别，学历水平越高。这主要体现在更年轻的年龄组未上学和初中及以下学历人口的比重更低，同时高中和大学及以上学历人口的比重更高，尤其是大学及以上学历人口的比例，几个年龄组的差异更加明显。

表 6.2　1980—2014 年世界主要国家教育水平（年）

	美国	英国	德国	法国	日本	韩国	俄罗斯	印度	巴西	南非	中国
1980	11.9	7.5	7.6	6	8.7	7.3	7.1	1.9	2.5	4.9	3.9
2000	12.7	11.7	10.5	9.8	10.7	10.6	11.3	4.4	5.6	8.8	6.5
2010	12.9	13.1	13	11	11.5	11.8	12	5.4	6.9	9.6	7.3
2014	12.9	13.1	13.1	11.1	11.5	11.9	12	5.4	7.7	9.9	7.5

资料来源：Human Development Data（1980—2015）：Education/Mean Years of Schooling（网址：http://hdr.undp.org/en/data）。表中数据根据各国公布的 25 岁以上人口的教育水平换算而成。因为统计口径不同，表中中国数据与表 6.3 略有差异。

表 6.3　中国人均受教育水平的变化(年)

	2010	2005	2000	1990	1982
全国平均教育水平	8.2	7.9	7.6	6.0	5.2
城市平均教育水平	10.5	10.3	9.9	8.9	
农村平均教育水平	7.6	6.9	6.7	5.1	

资料来源:作者根据历次人口普查数据计算。

表 6.4　2010 年第六次人口普查 20—39 岁人口学历结构(%)

年　龄	未上学	初中及以下	高　中	大学及以上
20—24 岁	0.53	53.40	20.72	25.35
25—29 岁	0.76	60.74	17.92	20.58
30—34 岁	1.08	66.14	17.56	15.22
35—39 岁	1.42	73.13	14.81	10.63

注:数据来源于第六次人口普查,比例为作者计算所得。

第三,*教育投资的确明显地提高了劳动力的收入流*。美国的数据表明,在相同的年龄组内,教育水平较高的职工所获得的平均收入要高于教育水平较低的职工。同时,受教育较多的职工的收入上升速度也较快,这就造成受教育水平不同的职工之间的收入差异随着年龄的上升而有所扩大。有意思的是,美国和中国的情况非常相似,每一个受教育水平组别的劳动力在一生中的收入曲线都的确是倒 U 形的(参见图 6.1)。在中国,教育也同样能够提高劳动力的收入流。根据不同的研究估计,从改革开放以来,随着时间推移,教育的平均个人回报率(即增加一年教育带来的收入增长)是持续提高的。

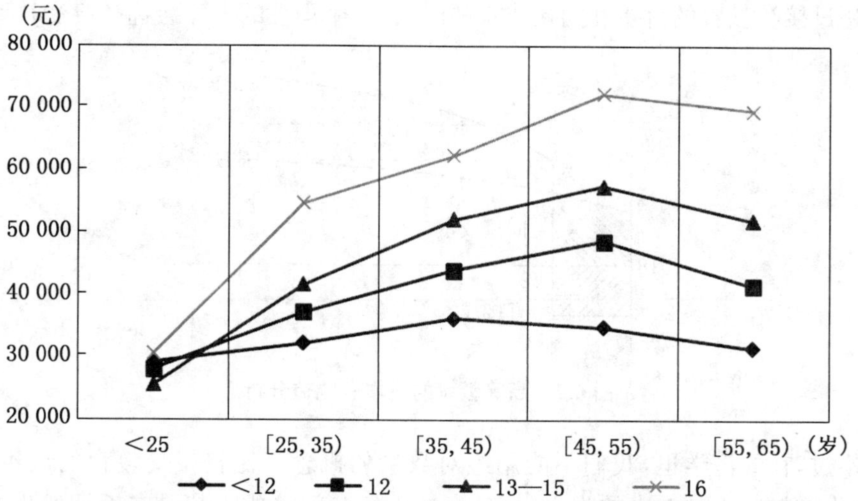

注:横轴为调查时的年龄,纵轴为年收入。四条曲线对应的教育水平自下而上逐步提高。
资料来源:作者根据中国家庭收入调查(CHIPS)2013 数据绘制。

图 6.1(a)　中国城镇男性的年龄—收入曲线

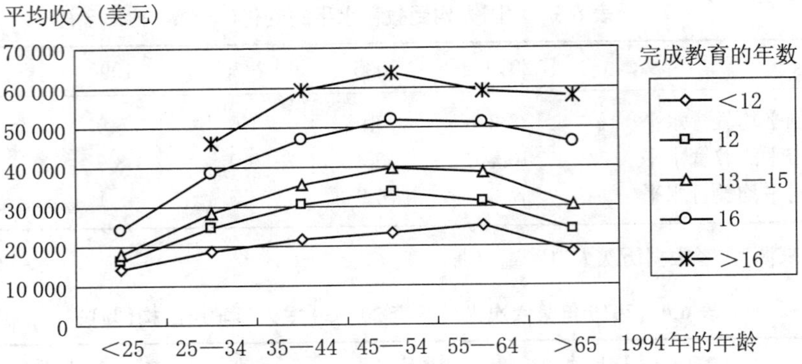

资料来源:Filer, R.K., D.S. Hamermesh and A.E. Rees, 1996, *The Economics of Work and Pay*, New York: HarperCollins Publishers, p.88, Table 3.3.

图 6.1(b)　美国 1993 年全日制男性职工年均收入

6.1.2　人力资本投资的成本—收益分析

既然教育和培训都是人力资本投资行为,那么经济学的成本—收益框架就可以用来分析这一问题。首先,我们用图 6.2 来介绍一个简单的人力资本投资模型。在图中,曲线 *HH* 表示一个人不接受大学教育所得到的收入流,曲线 *CC* 表示接受大学教育所获得的收入流。从图中可以看出,一个人接受教育后会增加他毕业以后的收入,这就是高等教育投资的个人收益。但是接受教育也是需要付出成本的,这其中又有两种成本。一方面,接受高等教育需要付出一笔直接成本,其中包括学费、书本等各种支出,以及上学期间的食宿等费用。另一方面,一个人在接受高等教育期间不能在劳动力市场上就业,这样他无形中就放弃了一笔收入,这又构成了接受教育的间接成本,或者叫"机会成本"。显然,只有当接受教育后增加收入部分超过接受教育的直接和间接成本的时候,一个理性的人才会选择接受教育。

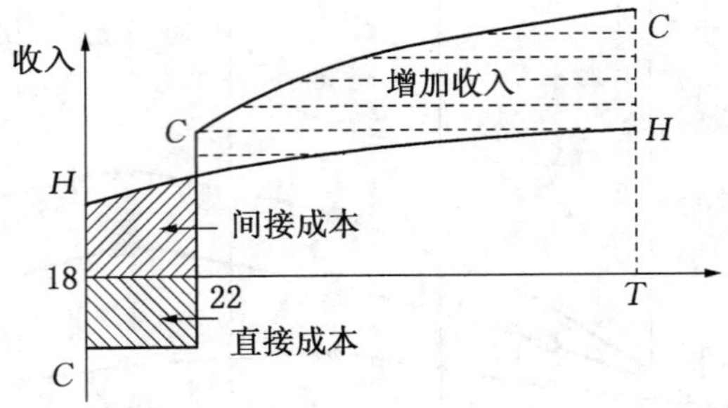

图 6.2　高等教育的成本—收益分析

不过,在经济学里,我们不能用绝对数量的概念来比较接受教育的成本和收益,因为增加收入是未来的收入,而教育的直接和间接成本却是在近期发生的,为了解决这一问题,我们就需要引入现值(present value)和贴现因子的概念。请看下式:

$$V=\sum_{i=18}^{T}\frac{Y_i^C-Y_i^H}{(1+r)^{i-18}} \tag{6.1}$$

在式(6.1)中,V 表示接受教育所获得的净收益的现值,T 表示退休年龄,Y_i^C 和 Y_i^H($i=18, 19, \cdots, T$)分别表示接受教育和不接受教育所获得的净收入流。r 是一个主观贴现因子,表示一个人的时间偏好,r 越大,表示一个人越是偏好于现在,未来收入的贴现值越小。从式(6.1)中我们可以知道,假设 Y_i^C 和 Y_i^H 这些变量是外生给定的,那么选择接受教育的一定是那些相对偏好未来,具有长远眼光的人。一般情况下,人们对未来的主观贴现率总是与利率正相关的,事实上教育投资决策的内在机制就是个人在教育投资和其他投资手段(比如储蓄或购买有价证券)之间进行收益的比较。在给定利率的情况下,理性的教育投资决策应该是将人力资本投资进行到教育的内部收益率[internal rate of return, IRR,即在式(6.1)中使 V 等于 0 的一个 r 值]等于利率为止。因此,式(6.1)的另一个含义是,较低的利率意味着其他投资手段的收益率有所降低,从而使得教育投资的未来收入贴现值升高,促使人们更多地投资于教育。

【阅读】

家庭养老和家庭教育投资

在亚洲文化圈里,特别是在中国,家庭养老文化盛行,也就是说,当一个人退休之后,他的子女将为父母提供一定的养老收入。

在中国,不论是在城镇,还是在农村,老年人的日常生活照顾有很大一部分来自于后代子女的支持,在农村为 60.8%,在城镇为 53.3%;在物质反馈养老支持上,城镇居民由于有较高的收入和保障,因而比重比农村稍低,但也达到了 33.5%,农村为 43.8%(具体见下表)。由此可见,不论在生活照顾上,还是物质反馈上,在中国,子女都是父代养老的重要依靠。

中国城乡老年居民的养老资源来源百分比例表(%)

来　源	日常生活照顾		物质反馈支持	
	农村地区	城镇地区	农村地区	城镇地区
来自子女	60.8	53.3	43.8	33.5
来自其他	2.8	4.4	9.7	5.4
来自上述两方面	6.0	3.8	29.1	13.0
来自非上述的其他来源	30.4	38.5	17.4	48.1
总　计	100	100	100	100

资料来源:Zimmer, Zachary and Julia Kwong, 2003, "Family Size and Support of Older Adults in Urban and Rural China: Current Effects and Future Implications," *Demography*, Vol. 40, No.1, pp.23—44.

在中国，由于“孝道”文化的广泛影响，在养老支持方面，储蓄投资并不是老年养老的唯一资源，家庭养儿防老仍然具有非常重要的作用，父代也可以通过生孩子（考虑到计划生育，本文将假定孩子的数量是外生决定的）和投资于子女教育（提高孩子质量）来养老。养儿防老和家庭教育投资是中国养老模式的关键特征。从这个角度来讲，父母给子代的支出（尤其是教育投资支出）尽管在当期而言具有消费的性质，但对将来的养老而言，则具有投资的性质。同时，在中国实施独生子女政策时期，由于子女的数量受到了管制，中国的家长就更加重视子女的教育投资了。

6.1.3 理论的一般化和若干含义

上面这个人力资本投资理论框架虽然非常简单，但却对现实具有很强的解释力，下面我们讨论三个问题：

(1) 收入流的时间长度。其他条件不变的情况下，教育所带来的收入增量的时间持续越长，教育越是可能成为一项有利可图的投资。由此，我们可以为两个现象提供解释。首先，我们可以观察到年轻人总是更加愿意选择接受教育，因为比起年龄更大的人来说，年轻人受教育之后获得更高收入的收益期更长。第二，上述理论可以部分地解释由性别因素引起的收入差距。我们在上一章中指出，很多女性都会在孩子出生到长大这段时间选择退出劳动力市场，这就意味着同样的教育对于女性来说收益期比较短，从而降低了女性接受教育和家庭投资于女孩的激励。此外，对于雇主来说，他们也相对不愿意对于女性职工进行在职培训，因为同样的投资用于男性职工收益期更长。

(2) 成本。相同条件下，人力资本投资的成本越低，就会有越多的人发现教育投资是有利可图的。由此我们可以获得的一个重要的政策含义是，如果由政府出面为学生的贷款提供担保，那么就会降低贷款人的风险，从而能够降低贷款人向学生收取的利息。受教育的利息成本降低了，就会有更多的人选择接受教育。

同样道理，宏观经济状况也会影响青年人的受教育选择。比如说，当经济处在一个较长期的低迷状态时，青年人工作的机会就少了，这意味着接受教育的机会成本下降了，于是选择受教育的青年人就更多了。

此外，由于劳动力的收入是随着年龄上升而上升的，因此受教育的机会成本也随着年龄的增长而提高，这也意味着年轻人更愿意接受教育。至此我们已经提到了两个导致年龄较大的人不愿进行教育投资的原因，一是因为他们接受教育之后的收益期较短，二是因为他们接受教育的机会成本较高。

(3) 收入差距。除了接受教育之后的收益期以外，接受教育和不接受教育的人之间的收入差距也是影响教育决策的重要因素。不难想象，两者之间的差距越大，选择教育的人就越多。在改革开放早期，最早致富的一批“万元户”并没有接受很好的教育，而知识分子收入却不高，这样，“读书无用论”就流行起来了，而现在，连进城务工的农村劳动力都会感觉到，如果没有文化，就难以找到好工作。从当今世界来看，随着人类社会逐步进入知识经济时代，世界范围内出现的趋势是受过高等教育和未受高等教育的人之间的收入差距正在逐步扩大。在中国，根据我们用中国家庭收入调查几轮数据的测算，大学的教育回报率已经从1988年的0.84%增加到2013年的27.4%。可以推断，这一趋势必然导致越来越多的人选择接受更好的教育。

讨论：在中国存在这样一种现象，农村进城务工人员常常不愿意接受技能培训，政府和企业也不愿意为他们提供技能培训。如何解释这种现象？应该如何改善这种状况？（提示：请考虑一下进城务工人员的跨地区流动性如何影响他们接受培训之后的收益期。）

【新闻】

投入产出不成正比，考研不再“无意识”

京沪两个高教重镇考研报名人数减少

今年，报考2007年复旦大学研究生的考生为14 331人，这个数字虽然仍然名列上海各高校首位，但却比去年下降了13.5%。和复旦大学一样，上海交通大学、同济大学、华东师范大学的报考人数也比2006年分别下降了11.3%、11.3%和8%。

在上海公布考研人数后4天，教育部也公布了全国硕士研究生招生考试报名的情况，今年全国共有128.2万人报名参加2007年全国硕士研究生招生考试，仅比上一年增加了7 000人，增幅仅为0.55%，这个数字比此前专家预计的150万人少了一大截。

而2005年较2004年的报名人数增幅为24.11%，2006年较2005年的增幅不到9%，研究生报考人数的增长明显放缓。

此外，报考北京地区高校硕士研究生的人数也减少了5 777名。其中北京大学、清华大学、中国人民大学、北京师范大学、中国政法大学、北京理工大学的报考人数都有不同程度下降。这一系列数字似乎都在暗示着考研热的降温。

研究生教育收费吓退考生?

对于考研人数的下降，上海市教育考试院给出的理由是“硕士研究生教育收费消息的影响也是其中原因之一”。事实上，上海几所报考人数下降的高校都是研究生培养机制改革的试点单位。而北京大学、清华大学等北京高校同样也是试点单位。

不过，几所大学的负责人却不约而同地否定了这种说法。复旦大学校长王生洪认为，报考人数的小幅波动十分正常，与研究生收费的传言并不相干。他表示，硕士生教育究竟怎么改、改成什么样,具体的方案校方还在斟酌中,但目标已经确立,那就是通过一系列的改革吸引更多优秀的学生到复旦来读研。

北大校长许智宏也表示,增加或减少的人数在10%左右都很正常。他认为,导致部分考生放弃的原因可能是误读了关于硕士研究生收费的种种说法。事实上,收费并不是改革的本质,改革是为了让现在读研的学生能承担起相应的责任,不论是当助教、助管,还是参与科研项目,学生都要目标明确且全力投入。

一些研究生导师也表示,培养机制改革对考研人数的影响不会太大。因为实际上,自2000年以来,各高校研究生扩招主要扩大的是自费生的比例,公费生的数量并没有增加。

降温根本原因是读研"投入"与"产出"不成正比

有人分析,研究生考试推荐免试生比例增加,也是导致报考人数减少的一个原因。

按照教育部《全国普通高等学校推荐优秀应届本科毕业生免试攻读硕士学位研究生工作管理办法(试行)》的规定,有研究生院的高校,2007年保送研究生名额一般按该校应届本科毕业生数的15%左右确定,即推免生从过去占毕业生人数的10%扩大到15%,未设立研究生院的"211工程"高校推免生的比例为5%,往年这类院校为3%,一般大学则维持在3%。

以北京大学为例,2007年计划招收的推荐免试生的人数共为1 400余人,占总招生人数的近50%,考生录取比例下降了约1.3个百分点。

也有教育专家认为,近几年研究生就业困难的消息频频见诸报端,导致不少原来准备考研的学生对研究生的预期下降,"把考研当成临时避风港"的想法也开始发生变化。

有专家指出,在市场化就业的格局中,教育自然也有一个"投入"与"产出"的问题,考研"降温",最根本的原因还是"投入"与"产出"不成正比,考生基于现实的理性思考,在比较中作出更为"理性""慎重"的选择。

资料来源:根据2006年12月22日《新华每日电讯》相关报道改编。

6.1.4 教育的社会成本与收益

上面的人力资本投资理论都是针对个人决策的,实际上这一分析框架也同样适用于从社会角度来衡量最优教育投资水平,不同的只是我们需要从社会的角度来重新评价教育的成本与收益。

教育的社会成本与收益要比私人成本与收益包括的内容更广泛。从社会的角度来看,国家对教育的补贴是一项重要的教育成本,但这部分支出不是由私人承担的,因而在私人决策中是不被考虑的。类似地,教育的个人收益是以税后收入来计算的，但体现教育的社会收益的收入却应该用税前的收入来计算。

更为重要的是，在计算教育的社会收益的时候，我们必须要考虑到一些不被受教育者个人得到，但却被社会得到的收益，即具有正外部性的社会收益。首先，受过良好教育的人一般来说失业率较低，而教育水平较低的人失业率较高，犯罪率也较高，所以对一个社会来说，提高居民的受教育水平就能够节省社会福利支出、治理犯罪支出以及法律执行支出。第二，人们通常认为，居民文化程度的提高往往能够提高政治活动的参与程度，改善政治决策的质量，保证社会的政治秩序良好地运转。第三，教育的改进还能够产生一种隔代的收益，因为在父母教育良好的家庭里，孩子能够得到更好的照料和学前的教育。第四，受过高等教育的人如果从事研究性工作的话，他们的研究成果往往对社会有着重要而广泛的影响。第五，教育还是一种传输意识形态的工具，降低社会冲突和实施社会规范的成本。

为什么要区分社会和个人不同的人力资本投资的成本和收益呢？首先，对于一个社会来说，有效率的教育投资水平是使得人力资本投资和物质资本投资的收益在边际上相等，这里，人力资本的投资收益就应该用社会收益的概念。其次，正是因为教育有很强的正外部性，一个社会才有必要对教育进行补贴。对教育的补贴也是一种教育投资，所以补贴的最优规模也必须通过比较教育的社会成本与收益来决定。

从教育的成本和收益的定义来看，大多数人认为，一个社会的基础教育（中小学教育）的社会收益更高于私人收益，所以国家应该对这部分基础教育大力投资，并且给予适当的补贴。

高等教育的情况则更为复杂，传统的观点认为，高等教育的社会收益低于私人收益，因此主张高等教育应该由私人投资，由受教育者支付教育费用。当然，几乎所有的人也都有一个共同的看法，那就是，高等教育中也有一些部分专业和研究活动具有很强的社会收益，但相关人员的个人收益并不高，这时，靠市场来发展这类高等教育就难以达到社会最优的规模，这时就需要政府的干预和资助。

更为重要的是，最新的学术研究认为，高等教育具有很强的社会收益，主要是因为在社会互动的过程中，受高等教育者能够对其周围的人产生知识的外溢性（或者称为“人力资本外部性”），提高整个社会的收益。如果这样的话，高等教育如果完全由私人投资的话，也会产生投资不足的结果。由于高等教育所产生的人力资本外部性必须借助于城市当中的社会互动来实现，对此，我们留到第 9 章结合城市劳动力市场再详细讨论这一问题。

6.1.5　资本市场的不完善性

在一般市场经济国家，教育贷款是支持年轻人接受教育的主要经济来源之一。但是资本市场是不完善的，这可能妨碍它发挥为教育提供经济支持的功能，因为人力资本是内在于人本身的，教育贷款往往不能像房地产或消费品抵押贷款那样找到直接的抵押品。一旦教育贷款者未能如期偿还贷款，那么借款方很难找到弥补损失的方法。于是，为了减少这种违约风险造成的损失，借款人往往对教育贷款征收更高的利息。其次，一般来说教育贷款的主要需求者是年轻人，但他们却缺乏良好的信誉保证和足够的抵押品来获得贷款。最后，人力资本投资也是有风险的，虽然平均地来看教育程度提高后收入也随之提高，但总是有部分人即使接受了高等教育，其收入仍然低于高中毕业生的平均收入水平，而对于借款方来说，却很难了解到底是谁的教育投资风险更高。这种收益的不确定性也会使得借款方通过提高利率来作为风险的补偿。

资本市场的不完善性对教育贷款的影响有两个不良后果，使得教育投资低于社会最优规模。首先，由于教育贷款存在的风险和不确定性，金融机构的一个选择是不发放教育贷款，这样的话，一个人是否接受教育的决策就受制于其家庭的经济实力。于是，穷人的孩子就可能失学，而这又导致这样的家庭难以摆脱穷困，从而导致社会在收入不均的状况之中不断地恶性循环。

另外，如果一个社会进行教育投资最佳规模的决策，就需要将教育投资进行到教育的边际收益与边际成本相等为止。又由于教育贷款的利率（边际成本）要高于物质资本投资的贷款利率（边际成本），所以在教育投资的最佳规模下，教育投资的边际收益一定高于物质资本投资的边际收益，也就是说，教育是投资不足的，社会资源的产出没有达到最大化。如果用 MR 表示边际收益，MC 表示边际成本，那么，用式子来表示的话，是这样的：

$$MR^{\text{教育}} = MC^{\text{教育}} = \text{教育贷款利率} > \text{物质资本投资贷款利率} = MC^{\text{物质}} = MR^{\text{物质}}$$

由于资本市场的不完善性使得教育贷款低于社会最优的规模，这就使政府有必要采取措施来刺激教育信贷，比如为教育贷款提供担保，或者直接为教育投资提供资金和补贴（或者贴息）。

讨论：即使市场的不完善性可能通过政府的补贴等政策予以弥补，也并不是说低收入家庭就一定会增加教育投资。设想这样一种情况，低收入家庭具有某种社会身份（比如在美国，黑人群体平均收入较低），而他们又面临劳动力市场上的歧视，请问补贴贷款能不能增加他们的教育投入？教育投资的收益发生在未来，如果低收入家庭预期他们会面临劳动力市场上的歧视（即使真实的情况可能是根本没有歧视），请问补贴教育贷款能不能有效地增加他们的教育投入？

6.2 在职培训

很多劳动者在工作时所需的技能不是得自于学校教育，而是通过在职培训（on-the-job training）获得的。在职培训包括的内容非常广泛，有的是比较正式的培训，有时则是采取一些非正式形式，比如“干中学”（learning by doing）、向老职工请教、顶替缺勤的老职工等等。

与学校教育相类似的是，在职培训也有相应的成本与收益。企业为在职培训所支出的成本主要包括一些培训的直接费用（如聘请教师、租赁场地的费用等），以及一些由培训所引起的间接费用（主要是在职工培训期间所损失的产出）。接受在职培训的职工为培训所承担的成本则主要是培训期间损失的工资，此外，他们还需要为培训付出一些时间、精力，甚至部分的培训费用。试想一下，既然企业和职工都愿意接受在职培训，一定是在职培训的收益超过了成本。对于企业而言，在职培训的收益是提高了员工的劳动生产率，从而增加了企业的利润，而职工在接受培训之后则能够因为劳动生产率有所提高而获得更高的工资。

为了理解在职培训的成本与收益怎样在企业与职工之间分配，我们需要区分两种类型的培训：一种是对所有企业均有用的技能和知识方面的培训，比如说外语和计算机应用的能力，我们称之为一般培训；另一种是特殊培训，其内容是那些仅对特定企业或特定工作才有用的技能和知识，比如国家统计部门对人口普查的调研员进行的培训。企业的在职培训往往同时具备以上两个方面的性质，很难确切地将某一培训项目进行归类，但进行一下大致的区分仍然有助于我们理解一些问题。例如，如何解释有些时候职工愿意支付培训费用，而另一些时候却由企业来承担培训费用？又如，为什么企业特别想挽留一些接受过培训的职工？

我们不妨借助图 6.3 来了解在职培训的成本与收益是如何在企业与职工之间分摊的。图 6.3 所包含的故事是：如果是一般培训，职工可以由这种培训获得更高的收入，不管是在原企业工作，还是换个企业工作，这样，企业就没有激励提供培训费用了，只能由职工自己来支付培训费用；但是，如果培训是特殊类型的，那么，这种培训只能给特定的工作带来收益，如果员工培训之后离开了企业，这种技能基本上就没有用了，这样的话，职工就没有承担培训费的激励，而企业则有激励去为员工提供培训。

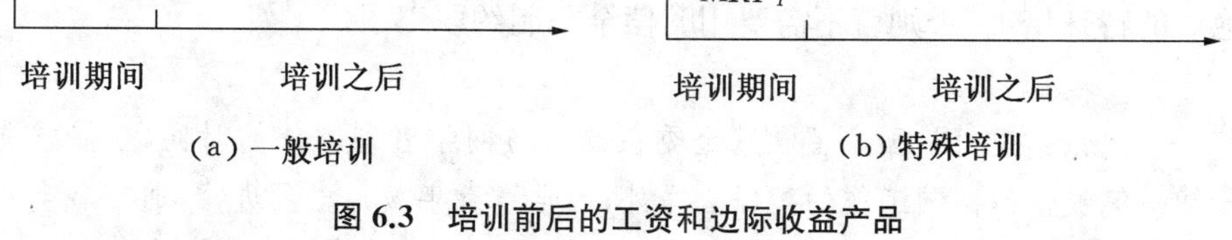

（a）一般培训　　（b）特殊培训

图 6.3　培训前后的工资和边际收益产品

在展开问题的分析之前，我们先假设劳动力市场是充分竞争的，劳动力在企业间的流动是充分自由的。在图 6.3(a)中，W_U 和 MRP_U 表示的是未接受培训的职工的工资和边际收益产品，两者在竞争性的劳动力市场环境下是相等的。当职工接受过培训之后，其边际收益产品将上升至 MRP_P 的水平。由于市场是充分竞争的，而职工的培训又是一般性的，于是其他企业将会把培训过的职工的工资一直抬高到与其边际收益产品相等的水平以试图“挖走”这些职工。这样一来，这些职工原来所在的企业也一定要抬高职工的工资至 MRP_P 才能挽留住他们，也就是说一般培训的收益几乎全部被职工得到了。也正因此，企业是不愿意为职工承担一般培训的成本的，职工只有通过在培训期间接受比其他职工更低的工资来承担培训的成本。由此我们便可以理解，为什么一般培训往往是由学校提供的，或者反过来说，学校也总是应该以提供一般培训为己任。也正因为如此，大学毕业生到了特定工作岗位上，总是觉得学校里学的东西没用，这也与学校提供的是一般培训有关。等到学生到了特定的岗位上，比较广泛的一般培训中学到的东西被用到的总是很小的一部分。

图 6.3(b)表示的是特殊培训的情况。由于特殊培训所形成的人力资本具有专用性，职工不能通过换工作并将自己的专用人力资本“出售”给其他企业而增加收入，因此职工就不会有积极性来承担特殊培训的成本。于是，只有企业才愿意支付这笔成本，在职工接受培训期间，企业必须支付给职工与其他员工相同的工资。当培训结束之后，由于员工获得的专用人力资本对其他企业没有用处，所以企业没有必要将职工的工资抬高到与其边际收益产品(MRP_P)相等的水平，而只需付给职工 W_U 这一水平的工资，如果通过将职工的工资压低在其边际收益产品之下能够给企业带来正的投资收益净现值，那么企业就会进行这样的特殊培训投资。不难发现，图 6.3(b)也可以视为企业进行特殊培训投资决策的成本收益图，这与图 6.2 中人力资本投资的成本收益图非常接近。

由图 6.3(b)我们还可以理解企业为何常常采取一些挽留职工的措施。特殊培训的成本是由企业来承担的，这笔成本一旦支出就无法收回了，这使得劳动力具有了一些“准固定成本”的性质。因此，尽量延长接受培训的员工的服务期就能够提高企业进行特殊培训的收益期，提高企业进行这种人力资本投资的回报。为了挽留职工，企业往往愿意支付给职工略高于其他企业工资水平(W_U)的工资，如图中的 W_P，在这样的工资水平之下，职工就与企业共同分享了特殊培训的收益。

此外，现实中我们还观察到企业如果愿意为职工支付在职培训的费用的话，一般都会规定员工在培训完成以后为企业服务一定的时间，以此来挽留员工，如果职工提前离开企业需要交纳一笔赔偿金。企业之所以这样做是因为大多数培训都不是绝对的特殊培训，否则就不需要用赔偿金来制约职工了。

> 讨论：在中国，国家留学基金委在选派访问学者到国外的时候，会要求先缴纳一笔钱作为回国工作的担保。另外，大学送青年教师出国进修，通常就会规定回国之后的最低服务期。这些现象是不是可以用在职培训的理论来解释?

对于企业来说，通常会愿意把在职培训的机会给那些受正式教育较多的人。正如我们在下文中还将指出的那样，劳动力市场上的信息不对称现象是很严重的，这时教育就成了一种“信号发送机制”,受教育水平高就成了一个人的能力的证明。当企业没有什么其他信息来对员工的能力进行甄别时,选择那些受教育水平高的员工进行在职培训通常是合算的,一般来说,他们对新的知识和技能学得更快,在相同的学习过程中花费的成本也较低,企业的人力资本投资就更加有利可图。教育水平高的员工往往有更多的机会接受在职培训,这就为受教育水平高的人收入也上升得更快这一现象提供了部分的解释。从 CHIP2007 年城镇居民来看,32.13%的大学以上学历者接受过企业培训,而对于非大学以上学历的只有16.66%接受过企业培训。

6.3 人力资本理论的批评

尽管人力资本投资理论对很多现象具有较强的解释力,但这个理论也遇到了一些批评。总的来说,这些批评对人力资本投资的成本和收益的度量提出了质疑,有的批评也对人力资本投资理论的出发点表示怀疑。我们不妨将这些批评意见作为人力资本投资理论的补充,而不是替代。

批评之一:教育不仅是投资品,也是消费品。这种批评意见认为,将所有与教育有关的私人支出全部视为教育投资的成本是有失偏颇的,因为一个人选择接受教育(主要指高等教育)似乎并不完全是出于提高自己生产力的目的。在高等教育的支出中,有相当大的一部分能够给个人带来即时的和长期的消费收益。大学里的文学课、音乐课和一些文化活动本身就具有很强的欣赏性和娱乐性,而且这些课程和活动也能够提高一个人的修养和品位,扩大他的兴趣范围。当然,并不是说类似的课程和活动就没有投资的性质。文学课有很强的欣赏性,但也能够提高一个人的写作和表达能力,这对于工作的成功非常重要。同样道理,经济学课程中虽然有大量实用性很强的内容,但本质上经济学却是一种方法,能够帮助一个人理解社会和人生,其中充满了乐趣(可惜的是,很多人都认为经济学就是赚钱的工具)。问题在于,我们找不到一个合理的方法来明确地区分教育支出中有多少比例是投资性的,多少比例是消费性的。不管怎么说,笼统地将教育支出作为教育投资的成本会低估教育的收益率。

批评之二:教育还有一些非工资的收益。在计算高等教育的收益时,大多数经济学家都直接地比较大学毕业生和高中毕业生的工资收入,这样可能会低估高等教育的收益,因为无论用绝对数量还是相对比例来衡量,受过高等教育的人在工作中能够获得的非工资收益(比如由企业支付的消费、非工资的福利等)都要高于高中毕业生。此外,大学毕业生的工作有时还有一些难以量化的收益,比如说更好的工作环境,工作内容更加有趣,时间安排更加规律等。如果考虑到上述非工资收入和一些无法用收入衡量的收益的话,那么仅用工资来计算高等教育的收益就显然会低估教育的收益。

批评之三:教育与收入的关系还部分地反映了能力的差异。尽管数据说明教育水平和收入水平之间有着明显的正相关关系，但这种关系是不是因果关系却不明确。批评者怀疑，观察到的教育回报并不完全——甚至并不主要——是由教育水平差异导致的。换句话说，我们通常说，“在其他条件相同的情况下，更高的受教育水平带来更高的收入”，但实际上，不同人之间的“其他条件”并不是相同的。众所周知，那些天生聪明、能够自律、进取心强的人更加倾向于选择接受高等教育，有时，更加富有、职业更加优越的家庭也更加倾向于让自己的孩子进大学。有理由相信，由于进大学学习的人有着不同于其他人的条件——这些条件差异通常是在数据中看不到的——他们还是能够在未来的工作中获得更高的收入。这样一来，人力资本投资理论会高估教育投资的收益。

值得强调的是，研究不同人之间的收入差距是由观察不到的能力导致的，还是由教育导致的，这具有非常重要的政策含义。如果教育水平的确对收入水平影响很大，那么政府就可以实施一些针对穷人（包括失业者）的教育和培训计划，比如对参加职业培训的失业者进行补贴，以及对穷人进行教育的补贴，等等，这些计划将有效地缓解贫困，缩小社会的收入差距。相反，如果不同的人只不过是因为天生的能力不同才导致其收入差距，那么，在低收入者的教育和培训等方面花费的财政支出对缓解贫困和缩小收入差距将收效甚微。

【阅读】

因果关系的重要性及其识别

因果关系和政策讨论

劳动经济学非常强调对于不同因素之间的因果关系的识别。事实上，整个经济学（甚至可以说整个社会科学）都越来越重视变量之间因果关系的识别。现在我们虽然是在学习劳动经济学，但我们强烈建议读者养成用因果关系的思维来看待日常生活中出现的一些争论，你会发现，人们很多时候之所以对一些事物持有错误的观点，是因为人们的立论依据被误认为是因果关系，但其实只是一些简单的相关性，甚至连相关性都未见得有。这里仅举两个非常流行的观点和相应的政策主张，读者不妨思考一下这些观点的立论依据是不是建立在因果关系的基础之上的：

观点一：城市里的人多是造成拥堵和污染的原因，因此，通过限制城市人口可以减少“城市病”。

观点二：农村地区大量留守儿童缺乏父母照看，是因为他们进城打工的父母没有尽到监护人的义务，所以，要对把未成年孩子留在家乡的父母进行惩罚。

计量经济学中的因果关系识别

教育回报估计是克服因果关系识别中的内生性偏误的经典例子。比如说，在实际的操作中，一个人的工资水平（*wage*）可以写成教育水平（*educ*）和能力（*abil*）的函数，再加上一个随机的误差项（*e*）：

$$\ln(wage)=\beta_0+\beta_1 edu+\beta_2 abil+e$$

但实际上，由于能力是很难度量的，通常只能估计出这样一个方程，其中，u 是一个包括了能力的未观察的误差项：

$$\ln(wage)=\beta_0+\beta_1 edu+u$$

在上述方程中，β_1 这个系数并不是真实的教育回报率，因为其中包括了能力的影响。这种估计的偏误就叫作“遗漏变量偏误”。由于教育是“内生”于能力的变量，由此导致的估计偏误也叫“遗漏变量的内生性偏误”。

实际应用中，另外一种常见的内生性偏误是“双向因果”偏误，也就是说，变量 X 既可能是变量 Y 的原因，也可能是变量 Y 的结果。这样，如果用 Y 对 X 作计量经济学的回归分析，得到的系数就并不代表 X 与 Y 的因果关系。

内生性偏误是经验研究中广泛存在的问题。几乎所有社会科学都在努力在经验研究中准确估计变量之间的因果关系。如何做到准确估计因果关系已经超过了本书的范围，有兴趣的读者不妨自己学习一下工具变量法(instrumental variable)和双重差分(difference in difference)这两种最为常用的因果识别方法。

批评之四：教育的一部分功能只是帮助雇主筛选出能力高的劳动力。筛选假说与上面所提到的能力问题联系很紧，这个假说认为，劳动力市场的信息不对称问题非常严重，所以雇主就根据职工的教育水平来判断他的能力。于是，当我们观察到教育水平和收入水平的正相关关系时，可能是因为雇主用教育水平这一信息来筛选那些能力较强的员工。这样一来，学校文凭和各种专业证书就成了获得更高职位和更高收入的“通行证”，由较高教育程度带来的收入增量就像是雇主为“信息可信度”所付的费用，而不是因为教育程度高的人生产力也更高。相反，没有文凭和证书的人并不见得就技不如人，可惜他们没有足够的证据来让雇主相信他们的能力。这时教育就成了能力的信号发送机制。①或许也正是因为这种教育的筛选作用，中国自隋唐开始就用科举的方法选拔政府官僚，尽管大家都知道“八股文”没什么大用处。在当代中国，学校教育、各种证书和培训在多大程度上能提高人力资本，多大程度上只是在作信号发送，这是个重要的政策问题。

如果筛选假说的确成立的话，那么个人的教育收益率并不受到影响，因为这一收益率仍然取决于教育的成本和收益，而与教育到底起了什么作用无关。但是从全社会来看，问题就严重了。如果教育的作用只不过是将能干的、自律的并有进取心的人与其他人区分开来，那么，一个国家耗费巨资来办从小学到大学的各级教育是否值得呢？显然，教育的社会收益率将被大大地高估。于是，经济学家们就希望通过实证研究来估计教育到底在多大程度上有“生产性”。现在，经济学家们通常认为，如果简单地估计个人教育水平和收入的关系是高估教育回报的，但教育对一个人的技能水平并不是没有一点提高作用。即使已经剥离了信号发送机制，教育

① 这一理论是诺贝尔奖得主 Michael Spence 提出的。Spence，Michael，1973，“Job Market Signaling，” *Quarterly Journal of Economics*，87(3)：355—374.

的回报仍然存在,说明教育是有提高技能的作用的。

不过,即使教育只是在发送信号,它的存在也是有意义的,特别是当市场上不存在替代的机制的时候。也正是这样的原因,在清代末期,当有人向慈禧太后建议取消科举制度的时候,这个建议没有被采纳。当时,如果那些大臣们学过经济学,就知道,除非找到一个替代的机制,否则,取消科举并不见得更能有效地鉴别人才。

6.4 基础教育资源利用的公平与效率

教育资源是稀缺的,优质教育资源更是稀缺的。基础教育的目标是进行人力资本积累,而作为基础教育产出的人力资本积累则包括了知识、技能、良好的文明素质、积极的公民意识等所有与经济发展直接或间接相关的方面。因此,将基础教育投入作为人力资本积累的手段,在一定的投入下,追求各类人力资本积累的最大化,总是有利于整体的经济增长和社会发展的。

从投入—产出的角度来看,基础教育的目标应是通过提高配置效率和组织效率使稀缺的教育资源产出最大的人力资本。其中,配置效率要求教育投入通过不同地区、不同教育种类和学校、不同人群的教育资源分配,达到教育总"产出"的最大。组织效率则要求教育投入实现教育生产单位(学校)在一定的投入下达到产出的最大化(或者给定产出下的投入最小)。

特别需要强调的是,教育的公平和效率并不一定是矛盾的。相反,如果让低收入家庭的高能力的孩子能够有效地获得优质教育资源,则可以兼顾教育的公平与效率,这样的教育均等化就是适度的。然而,如果教育的均等化过度,强调每个人获得的教育资源是完全均等的,则可能在追求公平的同时,有损于教育资源的有效利用,并进一步危害经济增长。

有两个经典的理论有助于我们理解教育的有效利用如何实现。一个是由梯布(Tiebout)提出的公共品提供模型,这个模型能够回答如何通过地方政府竞争来提高地区间的资源配置效率和组织效率的问题。①另一个是由艾普(Epple)和罗马诺(Romano)提出的教育市场模型,这个模型解释了公立学校和私立学校如何通过竞争和互补来实现不同学生和学校的匹配,以及如何通过同一地区内的学校间竞争来提高教育资源的组织效率。②

教育资源的有效利用涉及三个行为主体:中央政府、地方政府③和居民(家

---

① Tiebout, Charles M., 1956, "A Pure Theory of Local Expenditure," *The Journal of Political Economy*, Vol.64, No.5:416—424.

② Epple, Dennis and Richard E.Romano, 1998, "Competition between Private and Public Schools, Vouchers, and Peer-Group Effects," *American Economic Review*, Vol.88, No.1:33—62; Epple, Dennis and Richard E. Romano, 2008, "Educational Vouchers and Cream Skimming," *International Economic Review*, Vol.49, No.4:1395—1435.

③ 这里的地方政府对应于英文中的"local government"的概念,这一概念并不包含对于政府级别和管辖范围的限定,而只是说这一级政府提供着仅由当地居民可以享受的公共产品和服务。

庭)。教育资源可以由中央政府或者地方政府来配置,但是地方政府比中央政府拥有更多的信息,更了解当地居民对公共品的需求。事实上,如果没有了这个假定,由中央政府还是地方政府来提供公共品就没有差异了。居民(家庭)作为公共产品的消费者可通过房地产市场来搬迁居住地,选择最匹配他们家庭收入和子女能力的教育。这里,一个具有一般意义的问题是,地方政府是提供当地公共品的垄断者,那么,公共品的提供怎样才能够有效率呢?

梯布提供了两个机制来促进教育等公共资源的有效利用。

第一,分权式的教育财政可以提高资源在不同地区之间的配置效率。由于地方政府拥有更多的关于地方的信息,如果由中央财政来配置教育资源的话,由于中央无法了解不同地区居民的真实偏好,可能导致教育资源的配置在数量和性质等方面与地方的实际需要不吻合。

第二,在分权财政体制下,居民通过搬迁居住地来"用脚投票",形成了地方政府间在公共品提供方面的竞争,可以提高教育资源利用的组织效率。在美国,一个地区的居民(家庭)以投票的方式决定房产税的税率,作为当地教育财政支出的基础,如果一个地方的教育质量低,就可能造成居民搬离该地,从而造成当地经济活动水平的下降,并继而造成房产价值下降、房产税下降和教育财政下降等一系列后果。在中国,虽然教育财政并非以房产税为税基,但是,如果居民通过变换居住地来选择教育仍然会影响一个地区的经济活动和房地产价格,并影响政府税收,同时也将影响当地居民的收入和受教育水平,并直接或间接地影响地方经济的发展,最终影响地方政府的教育财政投入。

上述的教育财政分权模型的启示是:*教育财政分权、居民通过搬迁居住地来以脚投票加上房地产市场的价格机制,有利于提高教育资源在不同地区之间的配置效率,并且促使地方政府提高基础教育资源的利用效率。*如果放弃基础教育财政的分权体制,就可能出现教育投入的低效率。来自美国的经验研究发现,如果以州的教育支出在地方教育总支出中的比例作为教育财政集权程度的指标,那么,当州的支出比例上升时,意味着财政集权程度上升,随之而来的是教育的生均成本上升、师生比上升、教师工资上升、教师参加工会比率上升、教育的成绩下降。①如果缺乏居民在不同地区间进行搬迁的制度,则很难保证地方政府考虑当地居民对于教育质量的需求。房地产市场的价格机制使教育的质量被"资本化"(capitalize),如果房地产价格不反映教育质量,就可能切断教育质量和地方政府税收之间的联系。

分权财政提供基础教育的模式可能导致优质教育资源更多地被高收入的居民得到了,这就引起了完全按收入分层的教育分层(stratification by income)现象。对于低收入居民,特别是那些低收入家庭的高能力孩子来说,他们难以获得优质教育资源,这种结果同时有失于公平和配置效率。因此,简单的财政分权机制只解决

① Hoxby, Caroline M, 1995, "Is There an Equity-Efficiency Trade-Off in School Finance? Tiebout and a Theory of the Local Public Goods Producer," NBER Working Papers 5265.

了教育资源在不同地区间的配置问题，我们有必要引入其他的机制来提高教育资源在不同人群间的配置效率，缓解按收入分层的教育群分（sorting）现象。在教育产业中，受教育者之间存在着同学相互影响的同群效应（peer effects）。假设一个地区内同时存在私立学校和公立学校，前者效率更高，而后者效率较低。如果它们之间充分竞争的话，私立学校将有激励通过奖学金去吸收那些高能力的学生，特别是那些低收入家庭的高能力的学生，从而可以提高本校学生的平均质量，这样能够使学校对那些教育需求强烈的高收入家庭收取更高的学费，从而形成了一种类似于高收入者补贴低收入者的机制。其结果就会大大提高低收入家庭子女获取优质教育资源的机会。在通常情况下，假设私立学校比公立学校具有更高的效率，因此，在市场竞争下，公立学校的职能将是提供大众化的低价（甚至免费）的教育，满足一般家庭的需要。

艾普和罗马诺的教育市场模型的启示是：公私并存、市场竞争加上合理的价格机制是地区内教育资源的有效利用的必要条件。

首先，允许教育市场上存在着公立和私立两类学校，并且促进它们之间的竞争有利于提高教育资源的配置效率和组织效率。由于存在着同群效应，私立学校有激励去吸收低收入家庭的好学生，这提高了教育资源的配置效率。与私立学校相比，如果公立学校效率较低，也缺乏吸引低收入家庭的高能力孩子进入好学校的激励。反过来说，公立学校的存在能够为一般大众提供低价（甚至免费）的教育，提高居民的福利。

第二，学校之间的竞争是提高教育资源的配置效率和组织效率的关键。有了学校间对于优秀学生的竞争，低收入家庭的高能力孩子就有机会获取优质教育资源。

第三，在教育市场上，价格机制是重要的。即使表面上地方政府可以提供免费的基础教育而不收取学费，只要存在着居民（家庭）的搬迁从而影响房价的机制，教育的质量最终会资本化为房地产的价格，实际上，居民还是需要为优质的教育资源付费的。

那么，在上述的教育市场模型中，作为基础教育目标的教育资源配置效率和组织效率被最大程度地实现了吗？政府除了提供满足大众需要的公立学校之外，还能够做什么？

首先，通常情况下，因为产权明晰、竞争更充分，而且收入与绩效更为挂钩，理论上可以假设私立学校比公立学校更能够有效利用资源。对一个具体的国家来看，就需要研究“是不是真的私立学校效率更高”。如果实际情况不是这样，就不能把学校的私有化简单作为政策建议来提。

第二，在现实中，劳动力流动和教育市场的竞争性并不像理论模型中那样充分。在中国，尽管存在着户籍制度的限制，但是，在同一城市的不同区之间，在同一省的不同城市间居民的搬迁自由是存在的，尤其是高收入群体，户籍制对他们搬迁居住地的限制较小，而恰恰是这部分居民的搬迁是形成居民“用脚投票”机制的关键，使得前面介绍的梯布机制同样适用于中国。但是，只要地区间的搬迁不是完全自由的，那么，对于落后地区或农村的财政转移支付仍然能够提高未流动起来的低收入家庭的孩子(特别是其中的高能力孩子)获得教育资源的能力，这也是有利于同时提高教育的公平与效率的。

第三，教育存在着隔代效应，高收入家庭因为收入高能够买学区房，上好学校，但并不一定意味着高收入家庭的孩子的能力更高。同时，低教育水平的家庭往往更易陷入贫困，进而获得好的教育的可能性更低，从而形成低教育和低收入的代际影响和恶性循环，并可能扩大收入差距，而收入差距过大又对经济增长和社会发展有多方面负面影响(见第 11 章)，因此，对贫困家庭和地区提供适当的教育补贴可能获得有利于长期人力资本积累和经济增长的动态效率。

需要强调的是，上述这些兼顾公平与效率的措施并不意味着完全的教育均等化。适度的教育均等化应建立在市场机制的基础上，并以政府对市场的缺陷进行弥补。如果一旦用行政的力量推动基础教育的过度均等化，那么就可能是对市场机制的一种替代，反而可能造成教育资源利用效率的损失，并且最终危害低收入群体的利益。请读者参考本章思考题中的第 6 题，想一想追求绝对的教育均等化为什么可能造成事与愿违的结果。

讨论：有人认为，学校教育是不能市场化和产业化的，一个相应的政策含义就是学校的收费应该实施政策定价，好学校和差学校一个价。另一个政策主张是，为了追求教育平等，应该“按片划分、就近入学”。请问，这些政策真的能够实现教育平等吗？如果你是孩子的家长，在学费受政府管制，并且“按片划分、就近入学”的政策下，你会怎么做？当家长都像你一样做的时候，教育的平等程度比艾普和罗马诺的教育市场模型中的结果更差了还是更好了？

6.5 中国的教育与人力资本投资

中国经历了艰难的经济转轨，市场经济体制还有很多不够完善的地方。在体制转轨的过程当中，中国的人力资本投资和教育的发展都呈现出一些独有的特点，这些特点在很大程度上与经济的转型有关，但驱动这些现象和问题的却仍然是那些经济学的规律。

6.5.1 中国的教育投资与回报

在传统的计划经济体制下，不同受教育程度的人之间的收入差距是很小的，这一结果完全是借助于行政性的手段达到的，这就使得教育投资的个人收益率非常低。在经济体制的改革过程中，这种现象逐步得到改善。在经济改革的初期，当工资形成机制还没有被完全市场化的时候，最先富起来的甚至是一些最会利用市场机会的人，而并不是因为他们教育水平高，这曾经在 20 世纪 80 年代造成了“读书无用论”的流行。

长期以来，中国的教育个人收益率低下的原因主要有：(1)劳动力配置和使用效率低下，必然影响到职工劳动生产率的提高和职工收入的增长；(2)教育投资效率不高，小学、中学和大学教育的投入比例不合理，大学教育学科设置不合理，脱离现实需要；(3)长期以来中国存在着轻视教育、轻视科技知识的倾向，教育程度没有成为决定工资收入水平及晋升的重要因素。(4)中国的高等教育市场上教育质量良莠不齐，“严进宽出”问题严重，这就使得高等教育对劳动力能力的信息甄别作用下降了，而这又必然反过来影响高等教育的收益率。

从整个改革的过程来看，由于人力资源的配置越来越多地通过市场机制来实现，以及企业内工资决定机制的改革，中国的人力资本投资的个人收益率从总体上来看明显提高。在图 6.4 中，教育回报率在 1978 年仅为－0.642％，到了 1987 年则上升为 3.707％①；在整个 20 世纪 90 年代，从 1990 年的 2.43％，上升到 1999 年的 8.1％②；2000 年之后，从 2001 年的 6.78％，上升到 2010 年的8.6％。③教育回报逐步提高总体上来说是劳动力市场发育成熟的结果，但一个连带的后果是，中国城镇居民收入差距部分因此而有所扩大。

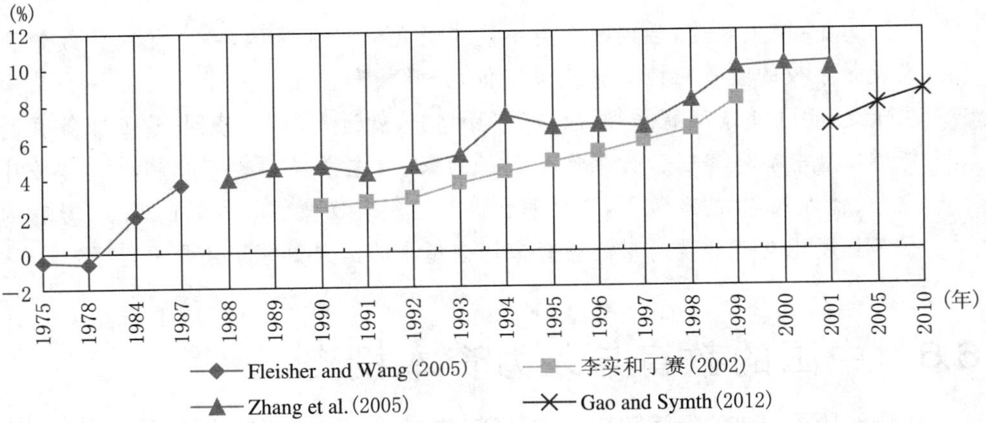

图 6.4　教育回报率的长期变动趋势

---

① Fleisher, B.M. and X. Wang, 2005, “Returns to Schooling in China Under Planning and Reform,” *Journal of Comparative Economics*, 33(2):265—277.

② 李实、丁赛，2003，《中国城镇教育收益率的长期变动趋势》，《中国社会科学》第 6 期，第 58—72 页。类似地，张俊森等人发现教育收益率从 1988 年的 4.0％增加到 2001 年的 10.2％。参见 Junsen Zhang, Yaohui Zhao, Albert Park, Xiaoqing Song, 2005, “Economic Returns to Schooling in Urban China, 1988 to 2001,” *Journal of Comparative Economics*, 33:730—752。

③ Gao, W. and R.Smyth, 2012, “Returns to Schooling in Urban China, 2001—2010: Evidence From Three Waves of the China Urban Labor Survey,” Monash University, Department of Economics, Discussion Paper, 12(50).

中国的高等教育从 20 世纪末以来经过了非常迅速的扩张过程，高校毕业生数量从 2001 年的 114 万迅猛增长到 2015 年的 749 万。大学扩招使毕业生的就业出现了一定程度的困难，但从教育回报率的变化趋势来看，似乎并没有出现教育回报率下降的现象，因此，一定存在着一些因素在维持教育的高回报。其中，城市的发展对于提高教育回报非常重要，对此，我们到第 9 章中再进行讨论。教育回报率的提高也反过来使得大学招生规模多年来有增无减。

讨论：一直以来，每到毕业季，都有“大学生就业难”的报道见诸媒体。请问你对于“大学生就业难”的问题怎么看？

教育的投资还与金融市场有关。长期以来中国的资本市场并没有对于个人的教育投资提供金融支持，所以人们习惯于使用家庭的储蓄来供子女上学，或者通过亲朋好友的资助来弥补资金的不足，这非常容易造成穷困家庭子女的失学，以及贫困的恶性循环。而且这种贫困的恶性循环还会使得地区间和人群间的发展差距有扩大的趋势，为了缓解这一问题，中国非常依赖政府通过学校提供的资助来帮助贫困学生接受高等教育。从 20 世纪 90 年代末以来，中国的教育贷款发展非常迅速，普通高等学校的在校生申请教育贷款的手续非常简便。在近些年的扶贫攻坚战中，对于贫困家庭孩子上大学，政府给予一定的资助。

在 20 世纪 90 年代以前，中国的高等教育几乎是免费的，在高等教育市场化的过程当中，学费在不断提高。高等教育“上学难”的问题不能通过教育由国家包办来解决，而应该通过国家为低收入者提供奖学金，以及金融市场的完善来弥补教育市场的不足。显然，在这一过程中，通过建立大学生的信用体系，降低教育贷款的风险是增加教育贷款供给的有效举措。

在教育体系中，人们普遍认同基础教育的外部性是非常强的，因此，在基础教育的提供中，除了更多地引入私人资本办学以外，政府应该扮演关键的角色。针对中国农村义务教育发展相对落后的状况，从 2001 年开始，政府对农村义务教育阶段贫困家庭学生就学实施了“两免一补”政策，主要内容是对农村义务教育阶段贫困家庭学生“免杂费、免书本费、逐步补助寄宿生生活费”。其中，中央财政负责提供免费教科书，地方财政负责免杂费和补助寄宿生生活费。2006 年又从西部地区开始全部免除农村义务教育阶段学生的学杂费。2007 年，全国农村义务教育阶段家庭经济困难学生均享受到了“两免一补”政策。之后，国务院又决定从 2008 年秋季学期开始，在全国范围内全面免除城市义务教育阶段学生的学杂费。

从 2016 年春季学期开始，国家统一确定生均公用经费基准定额，对城乡义务教育学校（含民办学校）按不低于定额标准给予补助。适当提高寄宿制学校、北方取暖地区学校和规模较小学校补助水平。鼓励各地结合实际提高公用经费补助标准。从 2017 年春季学期开始，统一对城乡义务教育学生（含民办学校学生）免除学杂费、免费提供教科书、补助家庭经济困难寄宿生生活费。

在中国农村，教育水平需要持续提高是问题的一方面，而当教育水平提高之后，在哪里提高教育的回报则是问题的另一方面。如果农村人口众多，人均农业用地面积小，这时，教育水平的提高对于促进农业生产和提高农民收入的作用就很微弱，农村居民让其子女接受教育的积极性也不强。如果要持续提高农村人口的教育水平，关键仍然在于持续地发展经济，提高城市化水平，让越来越多的农村人口能够在城市工业和服务中获得其教育回报。这样，既能为城市发展提供足够数量和质量的劳动力，同时，也能够提高农村人口接受教育的激励，并通过获得教育回报而提高其收入。

改革开放以来，大量廉价劳动力从乡镇转向城市、内陆转向沿海。低技能劳动力依靠其在家乡接受的中小学教育形成的人力资本在其流入地产生回报，他们和高技能劳动力一起，成为了流入地经济发展的重要推动力量。而中国现行的基础教育经费主要是由县和乡两级政府负担，中央和省一级财政支出比例过低。由于低技能者的向外迁移，劳动力流出地政府的教育投入所产生的人力资本未在本地形成回报，这使得劳动力流出地政府缺乏激励进行教育投入。而在劳动力流入城市(特别是大城市)，地方政府也不愿意为流入的低技能者增加教育投入。为此，中国应当改变基础教育主要由地方政府承担，中央政府财政支出比例过低的现状，从师资水平和教学设施软硬两个方面着手，加强中央财政投入，提升基础教育质量，促进迁移人口及其子女人力资本的迅速积累。

6.5.2 中国城市教育改革中的公平与效率

基于前面的理论分析，我们已经知道，有效的教育资源利用机制需要做到以下三点：一、主要由地方政府而不是中央政府来提供基础教育。二、教育市场上引入私立学校，并且促使私立学校和私立学校，私立学校和公立学校之间的充分竞争。三、价格机制(无论是学费还是房价)在调节基础教育供给和需求方面发挥作用。

由于缺乏有效利用教育资源的理论的指导，中国的基础教育改革所实施的一系列政策是值得重新评价的。中国的有些教育政策对有效利用教育资源不利，一些看上去更有利于公平的政策实际上却更不利于公平的实现。下面我们具体地来分析几个现实中的教育政策。

(1) 按片划分和就近入学。

新中国成立以后的一段时间内，为了使稀缺的教育资源被用于快速培养人才的目的，全国在中小学实行重点学校制度，形成以升学教育为目标，选拔和培养少数“尖子”的教育体制。20 世纪 90 年代以后，随着人们对于基础教育公平的日益关注，这一重点学校制度被取消了，但是这并没有实际上消除原有的重点学校和非重点学校之间在师资力量和生源上的差别。作为地方公共品的中小学质量差异是很容易被当地居民所观察到的。在 20 世纪 90 年代以后，随着市场化改革进程的加快，教育作为改变命运，提高未来收入的途径，被越来越多的民众所认识到。当住房市场开始发育，住房商品化之后，富裕家庭就会通过搬迁到优质教育资源的周围来获得这些教育资源，住房价格也开始“资本化”教育的质量，形成了学区房制度。同时，为了给学生减负，政府也取消了“小升初”考试，严格按照地段就近入学。在这种公立学校之间存在质量差异，允许住房市场上的自由迁徙的条件下，严格的就近入学反而不利于低收入家庭获得优质教育资源，并且通过房地产市场加剧了教育群分现象，从而导致优质教育资源主要被富裕家庭（或有社会关系的家庭）所获取。而在学校公立的情况下，学校也缺乏激励来为低收入家庭的高能力的孩子提供奖学金。也就是说，按片划分和就近入学并不能实现所谓的“教育公平”。

(2) 禁止择校和教育“乱收费”。

当人们不满于就近入学的学校质量时，择校行为就发生了。择校成为了一部分虽然没有买好学校附近的高价房，但却付得起择校费的家庭的选择，他们通过向学校支付一笔赞助费，就可以使子女获得优质的教育资源。在现实的争论中，人们对于择校行为的批评集中在两方面：第一，择校引起了社会不公平，出不起择校费的家庭无法获得优质的教育；第二，择校行为直接成为了学校乱收费屡禁不绝的一个根源。因此，人们认为，只有严厉地禁止择校，才能杜绝社会不公平，制止学校乱收费。

正如我们前面论述的那样，即使禁止了择校，只要优质教育资源是稀缺的，而住房市场上居民的居住地选择是自由的，那么富裕家庭仍然能够通过居住地的变换获得优质的教育资源，其结果还是高收入家庭获得高质量教育，这时候的房地产市场就会将学校的价值体现在高房价上。同时，即使取消了就近入学政策，人们仍然会通过其他机制来竞争有限的优质教育资源。在很多地区，推行素质教育要求初中在招收小学生时取消考试，而代之以对“能力”的考查。这时候，富裕家庭相对于低收入家庭就更有能力让自己的子女通过接受昂贵的才艺培训，发送“高能力”的信号，其结果仍旧是穷人家的孩子，特别是穷人家的高能力孩子受损。如果学校学费水平被限制，那么，除了买房子，家长还可以通过找关系来让孩子进入好学校，只不过相关的“学费”不是被学校获得，而是进了房东（或房地产开发商）和有权力的人的腰包。

我们必须清楚，减少教育高收费的根本在于加强学校间（特别是私立学校间）的竞争，学校间竞争激烈了，学校就将有激励通过降低收费来吸引学生，并且为低收入家庭的高能力孩子提供补贴。而在学校间缺乏竞争的情况下，无论是取消择校还是降低学费，都只会使得居民对于优质教育资源的竞争转向房地产市场。一方面，这将使得教育质量被进一步地“资本化”为房地产价格，使房产所有者而不是学校得到这部分收益。另一方面，这也使得一部分可以不购买好学校周围的房子但却愿意支付择校费的家庭，少了一种获得优质教育资源的渠道，而这部分家庭往往是那些并不富裕到足以买好学校周围的房子的中低收入家庭。

总之，如果要真正限制学校乱收费，促进教育公平，关键在于促进学校之间的竞争，而不是通过行政手段来限制学校收费。

(3) 教育的过度均等化。

在基础教育领域内,还有一种政策建议就是义务教育的完全均等化。事实上,兼顾效率与公平的教育均等化是“适度均等化”,而不是“完全均等化”或者说“过度均等化”。如果完全通过中央政府办教育,在省之间实行教育的完全均等化政策,将切断地方政府教育投入及其收益之间的联系,使得地方政府没有激励去办好教育,同时地方政府也会向中央政府夸大教育成本,降低教育投入的使用效率。

如果教育均等化政策在一个区域内实行的话,过度的均等化也是得不偿失的。首先,即使能够实现学校之间教育投入的均等,只要依旧实行就近入学政策的话,仍然无法实现学校质量的均等。要知道,学校的质量并非只由投入决定,还取决于学校的师资和学生的平均质量,在就近入学政策下,同样地以居住地搬迁为途径的教育群分仍然会出现,最终将会出现按收入分层的教育资源配置结果。其次,在教育资源总量约束的情况下,义务教育的完全均等化必定意味着所有学校的质量向中间学校靠拢。这样虽然使得一部分学生获得了收益,但是优质学生并没有获得好的教育,同时这一地区也失去了真正意义上的好学校,从而导致总体的教育质量下降。那些对教育需求特别强烈的家庭,就会以脚投票,离开当地。但是,这些家庭往往就是受过高教育的富裕家庭,他们的离去会显著地影响一个地区的税基、人力资本和经济活动水平。最终受损的,仍然是流动性较差的低收入、低教育家庭。最后,教育完全均等化必定是排斥私立学校提供教育的,这也导致了竞争不足和教育投入的组织效率损失。

上面所说的不能简单通过政府干预来推进教育的完全均等化,不能极端化地被理解为任何形式的教育均等化措施都是不对的。首先,要考虑到劳动力的自由流动只是个目标,而在现实生活中却难以完全实现。对于欠发达的人口流出地来说,人口流出会带来财政资源相对不足,而且,当地的基础教育投入,却在人口流入地产生回报,因此,加大中央政府对人口流出地的教育投入就是非常必要的。

在人口流入地,很多城市(特别是一些大城市人口)出现了快速增长,由于城区中心地带住房的刚性供给,很多新进入的移民人口只能住在郊区地段。由于大城市和特大城市的教育经费是由各个区县财政提供的,而市中心往往是优质教育资源丰富,经济更为发达的地区,这就会出现城市中心区域教育资源充裕,城市偏远地段的公立学校和新建民工子弟学校的教育投入相对较少的现象。城市内部不同地段的教育资源分配不均便会体现为不同儿童教育机会不均等的现象。因此,在大城市内部的不同地区之间,通过行政手段推进教育适度均等化的措施仍然是必要的。

总之,教育的不均等现象是个全球普遍现象,教育的绝对均等既是不现实的,也并不是最优的。中国出现的教育不均等的现象,本质上不是因为采取了教育市场化改革的方向,而是因为教育市场化改革的方式没有经过科学的设计。教育财政的分权、地区间和学校间的竞争以及合理的价格机制是有效利用教育资源的必要条件。但是,简单的教育市场化并不能保证教育资源的有效利用,政府通过政策的干预或者机制的设计进行适度的均等化,能够实现教育公平和效率兼得。

【背景】

教育部2016城市义务教育招生:就近入学非直线距离最近入学

多知网2016年2月22日消息,近日,教育部办公厅发出通知,对做好2016年城市义务教育招生入学工作提出要求。通知要求各地要科学确定划片方式,合理确定片区范围,完善划片工作机制,并明确"就近入学并不意味着直线距离最近入学"。

两种方式:单校划片和多校划片

单校划片:适用于教育资源相对均衡的地方,落实就近入学的要求。

多校划片:适用于目前教育资源配置不均衡、择校冲动强烈的地方,将热点小学、初中分散至每个片区,确保各片区之间大致均衡;并通过随机派位方式分配热点学校招生名额。派位未能进入热点学校的学生,仍应就近安排至其他学校入学。

对于群众高度关注的热点学校,要加快推进学校联盟、集团化办学、校长教师交流轮岗,发挥其辐射带动作用,扩大优质教育资源覆盖面。

合理确定片区,就近入学并不意味着直线距离最近入学

要求相关教育行政部门,根据适龄学生人数、学校分布、所在社区、学校规模、交通状况等因素,合理为每所义务教育学校科学划定片区范围。片区确定后,应在一段时期内保持相对稳定。

需要注意的是,由于部分地方人口分布不均,学校布局各异、街区形状不规则等因素,因此就近入学并不意味着直线距离最近入学。

公开划片过程,设立过渡期限

对于新建学校或新建居民小区的划片,以及对需进行调整或准备实行多校划片现行片区,区(县)级教育行政部门要完善工作机制,确保划片工作程序的公开和透明。由于划片及片区调整工作备受关注,有关部门应提前广泛告知,设立必要的过渡时限,给社会留出合理的预期时间。

另外,有关社区、居委会需要发挥作用,及时化解划片、招生、入学工作中出现的矛盾和问题。

严控特殊招生比例,取消不必要的优惠政策

通知指出,2016年,对于经教育行政部门批准,允许招收特长生的初中,所招收的特长生比例要降到区(县)初中总招生人数的5%以内。

各地要梳理针对特定人群的优惠招生政策,取消不必要的特殊政策。符合必要优惠政策的学生,应保障能够在学生所在片区内入学,原则上不得跨片区择校。

简化优化随迁子女入学流程

按照国务院《居住证暂行条例》要求,各地教育行政部门要以居住证为主要依据,建立随迁子女入学政策,以简化优化随迁子女入学流程和证明要求,提供便民服务。

学校要实行混合编班和统一管理，促进随迁子女融入学校和城市生活。

学校要按照“一人一籍、籍随人走”原则，在学生实际到校报到后，使用全国中小学生学籍信息管理系统，做好随迁子女的学籍转接和管理工作。

资料来源：多知网，张硕报道，2016年2月23日。

思考题

1. 一个人的工资水平与其年龄和受教育水平有何关系？这种关系是否能够证明人力资本投资理论的正确性？

2. 有人说，教育产业应该市场化，有些人反对。有些人说，教育就应该由政府提供，有些人反对。笼统地作这些论断有意义吗？对于不同类型的教育，需要怎样不同的体制和提供模式？

3. 为什么在低收入地区，家长总是偏向于让男孩读书？为什么企业更愿意把企业培训的机会给男员工？如果政府想减少由教育和培训的差异所导致的性别间收入差距，政府可以实施什么样的政策？生育保险对于促进性别平等有何意义？

4. 如果有研究发现一个国家的高等教育个人收益率（高等教育给个人带来的收入增长）很低，并以此为依据，主张政府应该少投资于高等教育，你认为有问题吗？

5. 在存在大规模跨地区劳动力流动现象的背景下，人口流出地的政府可能会不愿意增加教育投入。这种现象如何解释？应该怎么增加地方政府的教育投入？

6. 很多人认为，在中国出现的“择校”现象将造成教育不公，从而主张禁止跨学区（地区）的“择校”行为。对此，你怎么看？

【新闻】

北京治理择校重大突破：跨区择校基本被控制

北京的基础教育版图，正在发生改变。

今年年初，教育部公布了一份名为《教育部办公厅关于进一步做好重点大城市义务教育免试就近入学工作的通知》的文件，要求包括北京在内的全国19座城市在今年“要制定完善进一步规范义务教育免试就近入学的方案”。

依照上述文件的精神，北京市在2014年4月18日正式发布了“京版”的《2014年义务教育阶段入学工作的意见》。文件中强调，北京在今年的招生中将取消共建生，实行计划管理，并首次启用小学和初中入学两个信息服务平台，提供公开透明的入学通道。

此后近两个月中，北京市以及各区教委又陆续出台了一系列相关规定，基础教育的格局为之一变。优质教育资源的均衡化，或将成为北京下一段教育改革的重点，在各区内部渐次展开。

为此，本报近日专访了国家教育咨询委员会委员、21世纪教育发展研究院院长杨东平教授。杨东平此前一直关注中国城市中存在着的义务教育领域"择校热"问题，在他看来，北京此番举措"是前所未有的重大突破"。

但杨东平教授也认为，北京的改革不能仅仅止步于"禁止跨区择校"。在完成区内优质教育资源均衡化后，进一步推进北京全市范围内的教育资源均衡化，则是政策制定者所要面临的"更大挑战"。

跨区择校基本被控制

《21世纪》：这次北京实行"新教育地图"政策，在采访中我接触到很多家长，他们普遍反映现在跨区择校难度非常大，几乎不可能了。

杨东平：从这些家长们的反馈可以看出，今年北京跨区择校基本上被控制住了。据我了解，主要采取了两个技术手段，一个是每位学生都有一个电子学籍，另一个是今年首次启用了小学和初中入学两个信息服务平台，而且将电子学籍与入学服务平台对接起来，并将结果在网上公开，不给学校留空额。你学校今年招300名新生，就是这么多。过去不是这样，经常有额外的招生，比如某个热门校计划今年招生300人，实际招了350人，教委最后也就照单全收，至于学校多出来这50人是怎么收的，谁都不清楚。现在通过技术手段，把校长这种自由裁量权给控制住了。

资料来源：《21世纪经济报道》，2014年6月16日。

7. Hoxby和Kuziemko的研究发现，美国得克萨斯州的教育均等计划每年动用的资金达到300亿美元之巨，但是，这一计划较少使用相对有效的一次性总额再分配手段，而过于依赖于高额的边际税率。结果是，虽然这一计划成功地将富裕地区和较穷地区的生均支出差距减少了500美元，但是由房产价值下降等原因却损失了生均27 000美元的财产财富。①现在，这项计划已经趋于破产而被放弃。请问，出现上述现象的原因是什么？

8. 你认为，如果一个城市能够将辖区内所有学校之间的生均经费和教师收入全部完全均等化，是不是可以实现学校教育质量之间的均等化？这样，是不是就可以消除学区房现象？如果中国有一个城市想把所有中、小学之间的质量都拉平，这会产生什么影响？为什么？［提示：请考虑一下教育中存在的同群效应（peer effect）现象。］

9. 中国正在逐步推行物业税征收和改革。请问这项改革与本章所讨论的话题

① Hoxby, Caroline Minter, and Ilyana Kuziemko, 2004, "Robin Hood and His Not-So-Merry Plan: Capitalization and the Self-Destruction of Texas' School Finance Equalization Plan," NBER Working Paper No.W10722. http://ssrn.com/abstract=592662.

有什么关系？征收物业税之后，这些钱应该用于什么用途？为什么？

10. 在独生子女政策下，中国家庭的教育投资非常高。家长们会说，因为只有一个孩子，会把可能的资源集中到唯一的孩子身上。同时，独生子女政策下中国的老龄化问题非常严重，所以，中国需要改变独生子女政策。你认为独生子女政策对家庭的生育决策构成约束吗？独生子女政策对子女教育投入有何影响？如果从家庭教育投资的角度来看，放松独生子女政策会给人力资本积累带来怎样的影响？对于经济增长的影响会怎样，如何应对？上述问题的答案受到哪些参数的影响？

▶7

内部劳动力市场与薪酬

为什么企业内部充满条条框框？为什么企业内每个职位的任务和收入都是由人力资源部事先决定的，而不是根据每个人的能力和贡献，或者根据每项任务的产出来支付？

为什么企业内部薪酬差距巨大？总经理与副总经理对企业的贡献真的像他们的薪酬差距那么大吗？类似的，体育比赛的奖金也是如此，冠军奖金远远高于亚军，为什么？难道真的是因为冠军的水平远远高于亚军吗？

为什么老职工收入高，悠然自得？为什么新职工收入低，怀才不遇？

为什么中国的上市公司高管年薪一路看涨，企业业绩却未必同步上升？为什么国有企业的高管要限薪？

企业和组织内部的劳动力市场就像一个古老的城堡，神秘而富有秩序，古板却不乏活力。传统的经济学看不清城堡里的真相，就假设企业和组织是最大化一个自己的目标的（比如利润），而不满足于此的经济学家们则用自己的好奇心叩开了城堡的大门。

内部劳动力市场（internal labor market）理论既是近二十多年来经济学理论所获得的最新进展之一，同时也成为劳动经济学最新的组成部分，甚至已经逐渐形成了一门新的经济学子学科——人事管理经济学（personnel economics）。①这一子学科也为管理学中的人力资源管理和组织行为学的一些内容提供了经济学的基础，从事人力资源管理工作的人在本章的学习中一定能有所获益。

内部劳动力市场理论注意到，劳动力并不完全是在外部劳动力市场通过工资的竞争（价格机制）进行配置的。事实上，有很多劳动力是长期服务于固定的企业，并在企业内循着工作的阶梯（job ladder）被晋升或淘汰。因此，传统的经济学理论只关注外部劳动力市场对于劳动力资源的配置作用是不够的，必须研究内部劳动

① 想对人事管理经济学进行详细了解的读者可以参阅 Lazear, Edward P., 1998, *Personnel Economics for Managers*, John Wiley & Sons, Inc.。（中译本《人事管理经济学》由北京大学出版社和生活·读书·新知三联书店 2000 年 1 月出版。）从方法方面来看，这一领域的理论研究大量运用了博弈论和信息经济学的理论工具，这也是人们将劳动经济学称为博弈论和信息经济学最成功的应用领域之一的原因。

力市场配置劳动资源的方式和效率特征。在这一章中,我们一起对内部劳动力市场的主要研究成果进行总结,其中,我们也将展开对于中国企业(包括高校、医院、政府等组织)改革的讨论。

7.1 内部劳动力市场的劳动力资源配置

在这一章之前,我们所认识的劳动力市场是在供给需求的作用下运作的,劳动力资源的配置是通过外部劳动力市场上的竞争而实现的,当企业雇用劳动力的边际生产力等于其工资率时,企业达到利润最大化的目标,劳动力资源也就实现了有效率的配置。

实际上,大部分的劳动力资源实际上是在企业(或者组织)内部的劳动力市场上进行配置的。曾经有数据显示,在美国,拥有目前工作已超过 25 年时间的职工占到全部职工的大约25%。①在法国、德国和日本,劳动力拥有稳定工作的倾向更加明显。根据 OECD 在 1986 年出版的一本报告,日本企业的职工中有 70%在本企业就业时间超过 10 年,显示出高度的职工稳定性,相应的比率在美国最低,是 37%。欧洲国家的相应比例居中,依次是英国 39%,意大利 46%,德国 53%,法国 58%。②在中国,从 CHIP2002 年的城镇居民样本可知,在前一份工作中已经连续工作超过 10 年的比例为 41.2%,而从 CHIP2007 年的数据发现,在目前工作中所持续年份超过 10 年的为 39.5%。不同国家的职工稳定性不同虽然体现出了不同国家在文化和就业体制方面的差异,但内部劳动力市场的存在却有着一些共同的成因。

7.1.1 为什么会有内部劳动力市场?

具体说来,导致内部劳动力市场产生的原因主要有四个方面,而这几方面原因相互之间又有一定的联系。

(1) *存在劳动力替换的成本*(labor turnover costs)。读者不妨想象一下自己在经营一家企业,你觉得自己能够做到随时随地地增加或减少雇员吗?恐怕直觉就是“不会”。为什么呢?劳动力替换——无论是雇用还是解雇——都是有成本的。劳动力替换成本至少包括三个方面,即:①雇用劳动力和解雇劳动力的直接成本,比如面试员工的成本和为解雇员工支付的解雇补偿,根据中国的《劳动合同法》第四十条,在某些特定条件下,用人单位提前三十日以书面形式通知劳动者本人或者额外支付劳动者一个月工资后,可以解除劳动合同;②老员工之间有长期的合作

---

① Hall, R., 1982, “The Importance of Lifetime Jobs in the U.S. Economy,” *American Economic Review*, 72:716—724.

② 参见 OECD, 1986, *Flexibility in the Labor Market*。此处转引自王一江、孔繁敏,1998,《现代企业中的人力资源管理》,上海人民出版社,第 35 页。

共事基础，企业内部人(老员工)可能会不愿与企业新成员合作，并破坏与新成员的关系，由此所引起的成本；③劳动力替换对劳动力的生产效率造成负面影响而隐含的成本，比如说新员工不熟悉生产流程而造成的低效率。由于存在着这些成本，企业对于劳动力的替换总是抱着谨慎的态度，这样，劳动力在不同企业间的流动性就降低了，企业内部劳动力市场因此而形成。

(2) 岗位的特殊性。在现代经济中，随着分工的深化和各种岗位上人力资本和知识的专用性提高，很多岗位都对从业人员提出了特殊的要求。从劳动力自身的角度来说，最优的择业行为一般是掌握几项特定的技能，然后在自己的技能范围内寻找合适的职业。这两方面的原因就使得从事不同职业的劳动力之间不具有充分的替代性。这样一来，当企业需要雇用劳动力时，就要耗费一定的成本进行搜寻，这本身就构成了雇用劳动力的成本之一。其次，企业对于新员工一般都要进行一定量的培训，这种培训也是一种人力资本的投资，如果用外部劳动力市场的劳动力对本企业的老员工进行替换，就会降低企业人力资本投资的收益，这也构成了企业解雇劳动力的成本之一。换句话来说，保持较为稳定的劳动力队伍是企业提高专用人力资本投资回报的一种手段。

讨论：现在很多企业都觉得，员工流动性太大了。特别是那些劳动密集型的企业，他们雇用的员工大量都是进城务工人员，员工流动性大，使得企业经营遇到了额外的成本，同时，也不愿为员工支付培训成本。这种现象是如何产生的？有可能改进吗？

(3) 劳动力市场上的信息不对称性。在本章之前所学的内容中，实际上假设了外部劳动力市场上存在一种拍卖机制，在这种机制下，买卖双方的信息对称是非常重要的。劳动力的边际产出曲线决定了劳动力需求，劳动力的收入—闲暇权衡决定了劳动力供给，这些都是市场公开信息。但实际上，劳动力市场上的信息往往是不对称的，劳动者对于自己就业后的收益一般都能事先从劳动合同中得到了解，而企业一般总处于信息的劣势，因为每个劳动力都不一样，具体到某个劳动力的生产效率和劳动态度都是事后才能了解的。因此，企业总是通过一定时间的观察后才能对劳动力的生产效率和劳动态度做出评价，并决定劳动力的去留或升降。从这一角度来说，内部劳动力市场的存在也可以视为企业收集信息的一种需要。

(4) 工会的作用。工会与内部劳动力市场之间的关系非常复杂，但有一点可以肯定，工会即使不是形成内部劳动力市场的决定因素，也至少是一种促进因素。西方国家的企业集体谈判合约使得内部劳动力市场的一些规则和程序正式化和成文化。反过来说，内部劳动力市场的形成意味着企业内部有一支稳定的员工队伍，又对工会的形成有促进作用，职工特定的职业技能也增强了职工的谈判能力。同时，企业内的规则和程序都对管理层行政权利的范围有着清楚的规定，这些都有利于工会组织的形成和强化。有关工会的分析，本书将专门用第 11 章来讨论。

7.1.2 内部劳动力市场配置劳动力资源的特点

把外部劳动力市场与企业内部劳动力市场对照起来看，更能够表现出内部劳动力市场在劳动力资源的配置方面的几个显著特点：

(1) 一些非经济的手段对于劳动力配置所起的作用更大。在内部劳动力市场上，劳动力的工资水平并不是劳动力供求作用的结果，而往往是与特定职位挂钩的，在员工被招聘之前就已经确定了。读者如果打开一个招聘网站，能够看到，绝大多数的招聘职位都会给出一个相应的薪资水平，或者一个薪资区间。除了行政性的规则和程序以外，企业的文化和习惯在劳动力定价和配置中所起的作用也非常大。比如说，有的企业就是愿意支付稍高一些的薪资，以吸引最优秀的人才。美国企业把内部的薪资差距拉得特别大，而日本企业则相反。再比如，在美国，最顶尖的大学并不是薪水最高的，但仍然很多学者愿意在顶尖大学任职。

讨论：什么样的工作岗位会在招聘时注明"面议"?

(2) 存在着工作的阶梯(job ladder)。在很多企业中都存在着一些工作的等级制度(hierarchies of jobs)，其中的每一个等级系列都围绕着一种特定的技能、一个共同的职能或者一项工作的中心。企业的新成员进入企业的位置一般都是在这个等级制度(或称为工作阶梯)的最底层，这一位置称为"进入口"(port of entry)，这里也是内部劳动力市场的工作阶梯与外部劳动力市场的连接处。当进入企业之后，职工再依一定的规则和程序逐步晋升到更高的职位上去(参见图 7.1)。比如说，大学教授的职位分为讲师(助理教授)、副教授和教授。再比如，四大会计事务所(一般简称"四大"，即普华永道 PWC、毕马威 KPMG、德勤 DTT 以及安永 EY)在中国一般分为五级，第一级的岗位为普通员工，第一级下面又分为两级，第二级的岗位是资深员工，下面分为三级，第三级的岗位是经理，第四级的岗位是高级经理，第五级的岗位是事务所合伙人。"四大"的员工如果一直在企业内做下去，需要根据进入事务所的年限和岗位慢慢晋升。

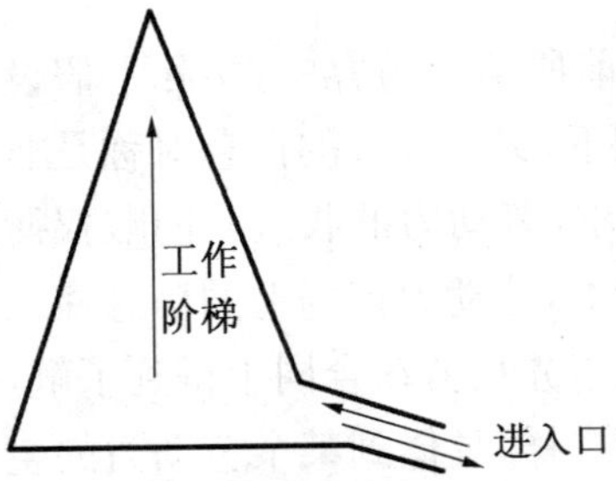

图 7.1　工作阶梯示意图

(3) 锦标(tournament)制度常被作为企业内的激励机制。在内部劳动力市场上，企业往往注重从老员工中提拔一定比例的人员进入到工作阶梯的更高级别，而对于新雇用的劳动力则主要用于补充较低层次岗位上人员的不足。这就好比在企业的员工之间开展一场竞赛，由员工的相对表现来决定谁能够得到晋升。一种极端的锦标制度的形式是所谓的"非升即走"(up-or-out)合同，如果员工在工作一定时间后不能得到晋升，则将被解雇。这种合同常见于会计师事务所、律师事务所和高校这样的企业和组织，员工如果在一定时间内不能晋升到一定职位（如合伙人，partner，或终身教授），那么员工就会自动离开，这甚至已经成为了一种文化，而无需以正式的合同来加以规定。在中国的大学体制改革中，越来越多的学校在引进非升即走的“终身教职”合同，用于教授的评价与晋升。对于锦标制的一些效率问题我们在下文中再详细讨论。

【背景】

大学的“终身教职”制度

自从1940年美国大学教授协会（American Association of University Professors, AAUP）和美国大学协会（Association of American Colleges）通过了《关于学术自由和终身教职的原则声明》这一经典文件以来，终身教职（Tenure）作为一项学者们自由从事科研教学活动的制度保证在高等教育领域，尤其是研究性大学中被广为采用。在这一制度下，教师一旦选择进入所谓的“终身轨（Tenure Track）”就将为了能够获得终身教职而奋斗若干年，在这段试用期以后，他们要么被晋升而得到这一终身教职，要么就得走人，这也被形象地称为“非升即走”（up-or-out）。相比较而言，终身教职意味着长期而稳定的职位与收入，即使这一职位并非真的是“终身”的。1998年，据统计，全美所有授予学分的大学中，有43.5%的教师已经获得终身教职或进入“终身轨”，在所有专职教师中，这一比例更是高达71.9%。

资料来源：陈钊，2006，《创新的价值、非对称信息与终身教职制度》，《经济研究》第6期。原始数据取自 U.S. Department of Education, National Center for Education Statistics, 2002, *Tenure Status of Postsecondary Instructional Faculty and Staff: 1992—98*, (NCES 2002—210), by Basmat Parsad and Denise Glover. Project Officer: Linda J.Zimbler. Washington, D.C.。

（4）不同岗位的收入并不完全是按生产力原则确定的。在内部劳动力市场上，各个岗位的收入水平是与企业内的锦标制度相配合的。也就是说，不同的岗位要对应于工作阶梯的一定层次和相应的岗位。因此，企业内有相应的工作评估体系，根据不同岗位的劳动条件、工作强度和技能要求等因素来确定岗位在工作阶梯中的位置，并制定与工作性质相对应的收入水平。一般情况下，工作阶梯中层次越高的岗位收入越高，这主要是为了能够保证锦标制度的有效性，而并不一定表明不同岗位的生产力之间也有同样幅度的差距。下面我们还会讨论，为什么在锦标制下不同级别的员工的收入差距不一定对应于他们的生产力差距。

7.2 内部劳动力市场的效率

在传统的经济学理论里，劳动力按生产力（或者说贡献）来获得收入是最有效率的，既然这样，内部劳动力市场不按生产力来支付薪酬又怎么能够保证效率呢？经济学家的思维方式是，当理论与现实不符时，就需要新的理论，而不是现实出了问题。内部劳动力市场的存在恰恰说明，内部劳动力市场及相应的工资结构能够有效率地配置劳动力资源。对此，经济学家们提供的解释如下：

(1) 企业通过内部劳动力市场的运作降低了劳动力替换成本，获取了有关劳动力质量的信息。首先，企业通过保持一支较为稳定的员工队伍，有效地减少了从外部劳动力市场上招聘、筛选、雇用和培训新员工的成本。其次，企业对既有员工进行培训以及员工在“干中学”(learning by doing)中积累的人力资本，也可以稳定地为企业带来收益。第三，企业可以通过保持员工队伍的相对稳定，得到有关劳动力能力和劳动态度等方面的充分信息，相比之下，外部劳动力市场上的劳动力信息不对称现象则严重得多，因此，企业对老员工进行提拔就可以降低从外部劳动力市场雇用相应人员需要面对的不确定性。第四，虽然资历常常作为晋升机制中的一条标准，但企业往往还会在此基础上附加上一些其他的标准（如业绩、日常表现等），这就保证了对于员工的提拔不会出现太大的失误。上面这几方面原因是通行的《劳动经济学》教科书常被提及的，在我们看来，企业内部劳动力市场的存在还有一个重要的好处，那就是有利于促进员工之间的合作。很多企业或组织都是需要团队生产的，或者需要员工之间相互合作，如果员工队伍稳定，就可以增进员工之间的相互了解与信任，减少合作中的磨合与冲突。

(2) 企业常常是通过放弃静态效率来追求动态效率的。静态效率指的是如何以最有效率的方式对质量给定的要素进行组合，而动态效率则强调如何通过改进要素的质量来提高要素的生产力。对于既有劳动力进行组合所产生的效率具有一次性的特点，而对于劳动力知识和技能的提高却是无限的，内部劳动力市场的功能主要在于它能够有效地增进动态效率。在内部劳动力市场上，资历较深、技能较高的职工往往拥有更多的晋升机会，而当企业需要解雇职工时，这些职工被解雇的可能性又最低，这就增加了他们在工作中的安全感，使得他们愿意将自己的经验与技能传授给资历较浅、技能较低的职工，这对于提高整个员工队伍的素质，从而增进动态效率是很有好处的。这就是所谓“传、帮、带”的作用，如果竞争和不同员工间的替代过于激烈，以至于“教会了徒弟、饿死了师傅”，那么，老员工就不会愿意把自己的经验和技能传授给新员工。

劳动力缺乏流动，收入水平是事先定的……这些内部劳动力市场的特征与传统经济学理论所描述的有效率的市场相距甚远。内部劳动力市场之所以能够保证效率，更为根本的还是因为企业会通过实施一些激励机制来促使员工努力工作。

在当今的知识经济时代，每种岗位上的劳动都变得比从前复杂了，像喜剧电影大师卓别林在《摩登时代》里所刻画的那种每个动作都被标准化的生产方式在当今世界已经不再是“摩登”的了。正是因为每种工作都越来越复杂，职工的努力也就越来越难监督，现代企业也越来越少地使用简单的监督方法来防止员工偷懒，而且简单而直接的监督也被认为是不够文明的做法。这样一来，通过激励机制的设计与实施促使员工努力工作就越来越重要了，职工能否在各自的岗位上发挥自己的主观能动性和创造力就成了企业成败的关键。下面，我们从三个方面来研究企业内部劳动力市场上的激励机制。

7.2.1 对于员工的工资方案

在现实生活中，企业对于员工的工资支付形式比理论上的简化形式(比如按小时计酬)要复杂得多。如果要归纳一下的话，我们可以将员工的工资形式大致划分为三个类别：(1)按时间计酬的计时工资(time rate)；(2)按产出计酬的计件工资(piece rate)；(3)不变工资(salary，或 flat rate)。

那么企业分别在什么样的情况下使用这三种不同的工资形式(或者它们的某种组合)呢？通常情况下，如果一项工作的节奏由职工控制而且产量又比较容易衡量的时候，企业倾向于采取计件工资制，销售员的薪酬往往与销量挂钩，是最典型的计件工资。产量是否容易衡量与企业的规模有关，企业越大，对单个职工的产量进行衡量就越难，所以，大企业往往更难使用计件工资制。如果一项工作需要一个工作单位(比如一个部门、一个车间、一家工厂)的员工相互合作时，往往实行针对整个单位的计件工资方案。

有时，企业还同时采取计件工资和计时工资两种工资支付形式。这时，实际上就形成了职工间的一种归类机制，一般说来，能力较强的职工会选择计件工资形式以争取超过劳动定额，并且得到与自己产出相应的报酬，而能力较差的职工则会选择计时工资的形式，因为他们完成劳动定额的可能性较低。这里，要提醒读者注意，通常人们认为计件工资制比计时工资制更加能够激励职工努力工作，但实际上，这种感觉可能只是因为计件工资制更加吸引能力强的职工而已。①

在实施计件工资制时还有两个问题需要特别小心。第一，如果产品的质量非常难控制，那么计件工资制就可能导致职工为了追求产量而降低产品的质量。比如说，中国的大学里非常流行用论文的数量来考核教师，并且对论文的数量进行奖励，这就会使教师片面追求数量，而忽视论文的质量。一个解决办法是，再把论文发表的杂志按档次分类，实施不同的奖励。第二，如果被实施计件工资制的职工可以控制自己产品的需求，那么，计件工资制也将导致一些低效率问题出现。例如，长期以来，中国的医院和药房不分离，在这种医疗体制下，医生可以从药品的销售中提成，这本质上就是一种计件工资制，于是，我们就观察到医生往往给病人开过多的药(盲目追求"产量")，或者普通的病也开出进口的药(医疗服务的质量下降)。当病人享受社会医疗保险的时候，医生就更加有激励多开药、开贵药。造成这些低

① 在经验研究中，这是一种典型的"选择性偏误"，也是一种特殊的遗漏变量偏误，这是指存在一些未观察因素影响行为人选择了模型的解释变量，这时，解释变量的系数可能部分地是因为其未观察因素的影响。这类"选择性偏误"是经济学研究中经常会遇到的问题，请读者注意在其他章节的内容中也会遇到这一问题。

效率问题的原因实际上很简单,医疗服务的质量是很难监控的,而且在医、药不分的体制下,医生是可以操纵对于药品的需求的。

讨论:在中国的大学里,非常流行按照国外英文期刊的"档次"和发表论文数量来对学者进行评价和晋升,甚至成了唯一的指标。请问,你对这种体系有何评论?对于学术和学者的质量如何评价?是否存在唯一的标准?特别是对于人文和社会科学领域,有没有更好的评价和晋升标准?

这个讨论虽然是针对大学的,但实际上却隐含着一个一般性的问题。对于有些行业和职业,产品或服务的质量和价值很难界定,这时,如果对所有员工仅采取统一的"客观"标准,所达到的结果并不一定是最优的。有的读者会说,统一的"客观"标准即使不是最优的,但却是在信息不对称的情况下的次优(second best)标准,你同意吗?仍然以大学为例,有没有可能改进仅仅根据按照国外英文期刊的"档次"和发表论文数量来对学者进行评价和晋升的制度?

【阅读】

不同的竞争,不同的结果:对医疗服务的质量的一点思考

如何让医生有积极性提供高质量的医疗服务,的确是一件困难的事情。现在,中国面临的一个基本问题是,患者排队等候了几个小时,但真的轮到自己时,医生只需几分钟就解决了。由此,患者老大不悦,关键是怀疑这么几分钟就把自己的病症搞清楚了?

我们知道,当产品或服务具有"经验品"性质时,提供者的声誉非常重要。显然,医疗服务具有典型的"经验品"性质。患者只有在"消费"了这种"服务"(包括派生出来的药品消费)之后,才能明白医生的服务质量高下。

但是,现在的医疗卫生制度安排,使得医生之间的竞争没有向着良性的方面,而是向着恶性的方面发展。

我们抛开医生的固定工资不管,而集中考虑与医疗服务相关的收入。第一块:挂号费;第二块:患者药物支出的抽成。显然,两者都与医生看过的人数或者开出的药品数量呈正比。

由此,医生是有积极性尽可能增加单位时间内的看病数量以及开药数量。更糟糕的是,在现有安排下,医生这样做不会受到市场的惩罚。原因是,患者在挂号看病时,往往只是挂某某科室,从而他们所面对的是一个匿名的医生群体。通常,在科室的门口,有一个护士将患者"随机"分配给前来看病的医生。这样,我们考虑两个同时值班的医生A和B。如果A医生每10分钟"打发"一个患者;而B医生每5分钟就"打发"一个患者,那么,他们同样值班一个上午,B医生的收入基本上是A医生的两倍。预期到这个结果,A医生也会尽可能缩短他的看病时间。在这

里，每个医生“打发”患者带来的危害是所有医生作为一个群体承担的，而收益则是自己独享的。由此可见，由于没有医生的个人声誉，他们的行为最终造成了医院声誉的“公共地悲剧”。

可以简单地推论，在现有机制安排下，医生的竞争是一种“事后”竞争，挂号费越高，医生的药费处方抽成比例越高，他们越有积极性“打发”患者。

现在我们考虑另外一种竞争机制：事前竞争。

这里的意思是，患者在挂号的时候，就已经通过电话预约或者其他方法约定了某个特定的医生。可以设想，患者可以通过多种信息收集渠道（从别人处打听，或者重复看病）收集各个医生的医术和医德信息，从而都愿意到服务质量最好的医生那里看病。

这时候，不管是挂号费还是抽成对于医生的服务质量就具有两种相反的效应：一方面，给定患者已经选择了某个医生，他将有积极性尽快打发他，从而实现处方费和药品抽成收入；但一方面，如果他这样做，他就有可能损失将来的收益，因为这个患者可能不再到他这里来了，或者这个患者可能告诉其他人，说这个医生很差。总之，此时，医生之间的竞争在事前展开，他们要为争夺患者而竞争，而竞争的手段是什么呢？看病时间增长，回答问题更加耐心，开药不能太贵等等。

总结一下：我们必须促进医生之间的事前竞争，约束他们之间的事后竞争。如果现在的制度安排不变而提高处方费，其结果是医生看病会更加“敷衍了事”。

真所谓：不同的竞争，不同的结果！

资料来源：寇宗来，复旦大学中国社会主义市场经济研究中心。

在有些工作中，不变工资也使用得很广泛，这也同样是由工作的性质决定的。通常来说，适用于不变工资的工作有三个特征：(1)雇员能够控制工作的节奏；(2)短期内的产量很难观察，或者很难观察单个雇员对产出的贡献；(3)完成工作所需的时间是不确定的，也很难预测。在这样的工作中，一个职工的产出与他在工作中所付出的时间并没有直接的联系。这也就是为什么大学教师、科研人员往往都拿不变工资的原因。行政秘书的工作也有这样的性质。不变工资也能够产生一些激励效果，因为对于职工来说，如果他们更加努力地工作，就能够更快地完成既定的任务，从而获得更多的休闲而不影响收入。同样的道理，拿不变工资的职工也有动力进行人力资本投资，特别是参加企业提供的培训。通过提高自己的工作技能，他们能够更有效率地工作，但却不影响收入。

有时，不变工资也采取项目制的激励方案，在这种机制下，项目承担人有激励尽快完成项目，以便再承担下一个项目。家庭装修是一个实施项目制的非常好的例子，因为实施了项目制，装修队就有激励尽快完成，而不磨洋工。但是，在项目制下，可能会存在因为赶进度而影响工程质量的问题，因此，通常情况下，业主都会现场进行施工质量的监督。也有少部分业主宁愿采取按工时支付的方式来做家庭装修,不难想象,这样的业主一定既要有时间现场监督防止磨洋工,又要有足够的专业知识防止施工质量下降。

除了上述几种不同的工资制度以外,基于绩效评估之上的一次性奖金和利润分享制度在现代企业的薪酬制度中也普遍存在。由于存在严重的信息不对称问题,企业的管理者可能采取一些行动最大化自己的利益,但却损害所有者利益。比如,管理者可能会偷懒,增加职务消费,或者拿了回扣,然后增加一项不必要的投资。类似的问题被称为现代公司制中的"委托—代理"问题。为了避免类似问题,对企业管理者的激励制度一般都是与企业的绩效挂钩的,在完善的市场条件下,企业的现金流和股票价格是反映企业绩效和管理者的努力程度的重要指标,根据相应的市场信息对管理者进行激励能够有效地激励管理者(代理人,agent)追求所有者(也就是委托者,principal)的目标。具体地来说,对于管理者的激励方案一般都可以分为两部分,一是与当年绩效挂钩的年薪,用于解决短期激励问题,二是股票和股票期权,激励管理者追求企业的长期目标。当管理者获得企业的股票,或者获得在未来某天以当前价格购买企业股票的权利的时候,管理者为了提高自己未来的收入,就不会做有损于企业长期发展的事。

不同的工资方案(或者它们的组合)适用于不同的工作类别。通常我们可以将企业的员工大致划分为普通职工、销售人员、技术人员和管理者四个类别。对于管理者通常实施短期激励(年薪)和长期激励(股票或股票期权)相结合的薪酬方案。对于普通职工则要看具体的工种来选择合适的工资制度。对于技术人员,特别是研究人员,通常实行不变工资加上与项目结合的奖励制度。对于销售人员最好的激励机制就是佣金(提成)制度,这本质上就是一种计件工资制度。但是,如果完全实行佣金制度的话,就可能导致不同业绩的销售人员收入差距过大,还可能导致销售人员的收入随着市场波动起伏过大。为了消除这样的负面影响,对于销售人员的激励机制一般都采取底薪加佣金的制度。

【阅读】

"牛肉面馆"的薪酬问题:一个网友的故事

我早晨在珠江路边一个不起眼的小店里吃了碗面条,是该店的招牌面——皮肚面。味道倒不怎么样,唯一那个面碗给我留下了极其难忘的印象。那个碗啊,口径足有三十厘米,就是个小脸盆!……吃过面条后我就抽了根烟,那时客人也少了,就和小老板聊了会。谈及如今的生意老板感慨颇多,他曾经辉煌过,在兰州拉面最红的时候在闹市口开了家拉面馆,日进斗金啊!

"后来怎么不做了?"我心存疑虑地问他。因为我知道兰州拉面再怎么样也比那皮肚面强上百倍。

"我当时雇了个会做拉面的师傅,但在工资上总也谈不拢,"老板说,"开始的时候为了调动他的积极性,我们是按销售量分成的,一碗面我给他五角钱的提成,经过一段时间他发现客人越多他的收入也越多，这样一来他就在每碗里放超量的牛肉来吸引回头客。一碗面才四块，本来就靠的薄利多销，他每碗多放几片牛肉我就没得赚了！”

“后来看看这样不行，钱全被他赚去了！就换了种分配方式，给他每月发固定工资，工资给高点也无所谓，这样他不至于多加牛肉了吧？因为客多客少和他的收入没关系。”

“但你猜他怎么着？”老板有点激动了，“他在每碗里都少放许多牛肉，把客人都赶走了！”

“这是为什么？”现在开始轮到我激动了。

“牛肉的分量少，顾客就不满意，回头客就少，生意肯定就清淡，他（大师傅）才不管你赚不赚钱呢，他拿固定的工钱巴不得你天天没客人才清闲呢！”

结果一个很好的项目因为管理不善而黯然退出市场，尽管被管理者只有一个。

7.2.2 锦标制度和相对绩效评估

前面我们已经提到，企业内部劳动力市场上的工资不是按照边际劳动生产力来制定的，与此相关的一个重要制度就是企业内部的锦标制度。在锦标制度之下，企业内部职工之间的竞争决定了谁能进入下一轮比赛，获得更高的工资。也就是说，谁能够获得更高的工资取决于职工之间的相对绩效，而不是职工的生产力水平（绝对绩效）。

在锦标制度之下，工资的差距和工资的结构是非常重要的两个问题。员工的努力程度取决于与晋升相联系的工资上升幅度，晋升前后的工资差距越大，则职工为了追求晋升所付出的努力水平越高。当然，工资差距总是有限的，它不可能超过企业通过工资差距而获得的职工生产力的提高幅度。此外，一味地扩大工资差距而忽视了职工的平均工资水平也不行，因为太低的平均工资水平根本不足以让职工参与到竞争中来。通俗地来说，一旦失败就所得甚少，还不如不要做。所以，企业应该注意，工资差距要足够大以产生激励效果，但同时也必须实行足够高的平均工资，吸引职工参与到工作的竞赛中来。

与工资结构相联系的另一个重要的问题是倾斜的工资结构是否具有某种合理性。锦标理论认为，在企业里通常是职位越高，工资在晋升中获得的涨幅越大，就好像图 7.2(b)所示的那样。与此类似的是，体育比赛中冠军与亚军的奖金差距也大大超过亚军和季军的奖金差距。对此，一个直观的解释是比赛越来越艰难了，当然要有更高的奖金增幅来诱使参赛者加油比赛。对倾斜的工资结构的经济学解释是，在决赛之前，选手胜出以后获得两部分奖励，一是奖金，二是获得下一轮比赛的“期权”，而对于决赛的胜利者——冠军而言，他的奖励就只有一笔奖金，因此决赛的奖金增加幅度就必须高于前几轮的奖金增幅。从体育比赛的例子中，我们就可以理解为什么企业中的总裁(CEO)收入要大大高于副总裁的收入,这并不是因为总裁比副总裁的能力或者贡献要高出几倍,而是因为,这样的工资结构能够激励员工努力工作,去争取更高的职位和更高的收入。职位越高,晋升的难度越大,就特别需要用更大的收入涨幅来激励员工努力工作。换句话来说,倾斜的工资结构要比平稳的工资结构具有更好的激励效果。

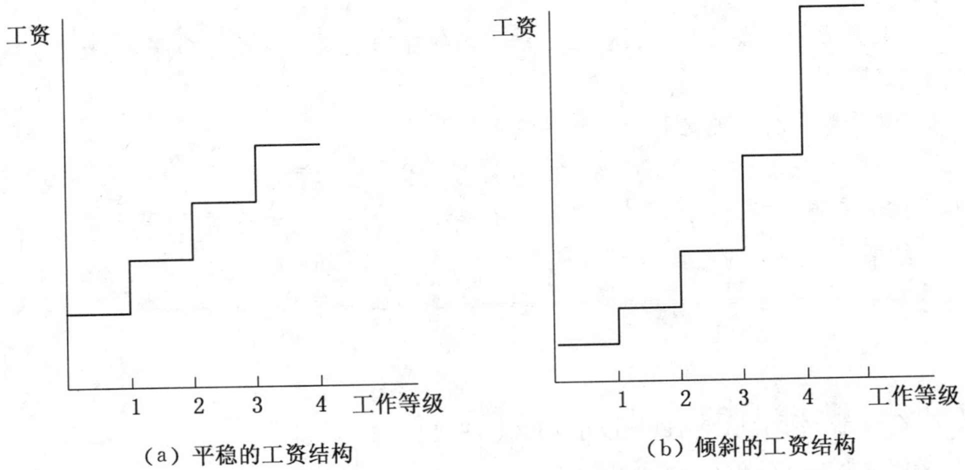

图 7.2　工作等级和工资水平

职工的晋升比例和一些不确定因素也会影响企业内部的工资差距。一个较高的晋升比例通常与较低的工资差距相配合,而一个较低的晋升比例则需要与较高的工资差距相配合。更为一般来说,晋升比例的大小也是职工参加"竞赛"时的不确定性的大小。如果职工的晋升比例较小,或者员工的流动性很大就增强了员工在"竞赛"中所面临的不确定性。这就好像让两位羽毛球选手在大风中比赛一样,显然,风越大,比赛的结果越是与努力无关,选手就越是没有努力比赛的激励。为了克服这种不确定性因素对职工努力水平的负面影响,企业应该适当地拉开工资差距,增强奖金的激励效果。这些道理对于解释不同行业、不同企业和不同国家的工资差距都有帮助。比如说,在新兴的行业和企业,职工的工资差距相对来说就要大一些,因为新兴的行业和企业总是面临更大的风险。另外,在日本和欧洲大陆国家的企业里职工的工资差距要比美国企业的工资差距小得多,这也可能是因为日本和欧洲大陆国家的企业里员工流动性比较低,职工在参加企业内"竞赛"时面临的不确定性较低。

锦标理论研究的另一个重要的话题是内部晋升(internal promotion)和外部雇用(external recruitment)之间的选择。我们常常观察到企业更加倾向于通过内部晋升来选拔人才,锦标理论对此的解释是,通过内部晋升可以增强对员工的激励,相反,如果从外部市场上雇用人才,就降低了企业内部职工晋升的机会,从而降低了企业员工通过努力实现晋升的激励。当然,从理论上来说,可以通过扩大企业内部的工资差距来抵消由于增加了外部人竞争所造成的负面影响,但工资差距的扩大本身也会造成一些负面影响，比如导致一些风险规避的职工退出竞赛。所以，企业一般来说总是更加倾向于通过内部晋升来选拔人才。但是，在高层管理人员的选拔中，内部人和外部人的能力差别可能非常大，这时，企业只能通过外部聘用来招聘需要的人才。

在中国，家族企业发展过程中是否需要通过外聘职业经理(即所谓“空降兵”)来谋求发展的问题，突出地表现出了内部晋升和外部雇用之间的选择。虽然很多家族企业试图通过引进职业经理来实现本企业管理的改进，但在很多案例和观察中，外聘的职业经理并没有很好地解决家族企业的发展问题，相反却造成了外来职业经理与原企业员工和家族成员的矛盾冲突。

7.2.3 工龄工资和强制退休制度

在内部劳动力市场上，工龄长短往往是决定收入水平的一个重要因素，或者工资中有一个部分是与工龄有关的。我们在前面的章节中就已经指出，一个人一生中的生产力曲线通常呈倒 U 形，如图 7.3 中的 *AED* 曲线所示。但是，企业内部由于存在工龄工资和论资排辈，职工的工资常常是随年龄的增长而提高的，如 *BEC* 曲线所示。在这种工资制度之下，新职工的收入低于其为企业创造的价值（边际收益产品，*MRP*），而老职工的收入则高于其为企业创造的价值。采取这种工资制度的好处是，企业能够有效地激励年轻职工长期就业于某一企业，并为获取将来的高收入而努力工作。这种现象在日本的企业中较为普遍，也与日本企业的长期雇用制度配合了起来。从企业这一边来看，能够获得稳定的员工队伍，这样，有利于员工积累人力资本和相互合作，并且为企业长期发展出谋划策。

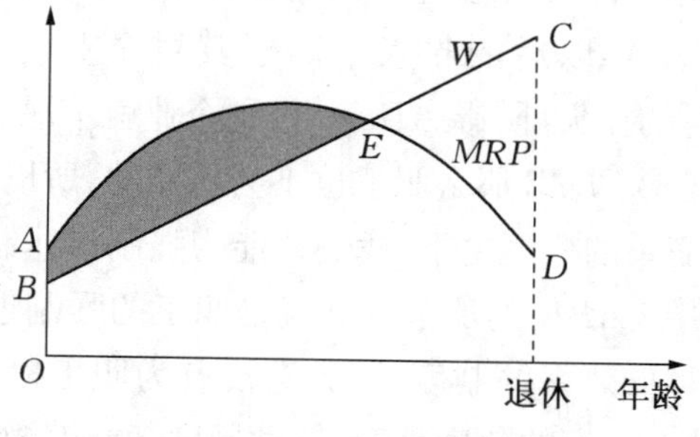

图 7.3　工龄工资和强制退休

【背景】

日本企业的年功序列制

日本企业的终身雇用制、年功序列制和企业内工会制度曾经被人们认为是日本企业制度的“三件神器”。

定义

其主要内涵是员工的基本工资随员工本人的年龄和企业工龄的增长而每年增加,而且增加工资有一定的序列,按各企业自行规定的年功工资表次序增加,故称年功序列工资制。

特点

年功序列工资制的优点

(1) 年功序列工资制可防止过度竞争,保证秩序。不同年龄层职工之间的关系比较融洽,同年龄层之间的工资差别很小,有利于维护团队精神。

(2) 在起点工资确定之后,工资便随着年龄逐渐上升,以保障生活费用为原则,从而使职工有一种稳定感,工作的心理压力不大,能力能正常发挥。

(3) 企业内进行人事调动时,年功序列工资制是一种适应性较强的工资体系,因而它有利于企业内人才的相互流动。

年功序列工资制的缺点

(1) 年功序列工资制取决于年龄与工龄等要素,而不太讲求能力或职能要素,不利于人才潜能的发挥,缺乏激励性。

(2) 工资决定的基础过于模糊,不利于职工对工资体系的了解。

(3) 提升工资时,无法确切把握能力要素。

(4) 年功序列工资制的包含要素过于庞杂,它不仅是推动职工工作的一种代价,还要照顾职工的住宅与家属方面的收入要求,因而在工资体系中往往设定种种名义的津贴或间接性给付,这就造成家庭与工作不分的局面,忽略了工资的本质定义。

在图 7.3 的工资制度下,职工在年轻的时候是吃亏的,但到了中年以后就可以享福了,但是,职工在中年以后的收入中高于其对企业的贡献的部分(三角形 CDE)不能超过年轻时的损失(阴影 ABE),否则企业就不愿意了。同样道理,如果阴影 ABE 超过了三角形 CDE,那么职工也不会愿意的,所以两者正好相等就形成了一个均衡。在这个简单的模型之下,我们还能为强制退休制度提供一种解释,使得三角形 CDE 等于阴影 ABE 的那个年龄就是职工的强制退休年龄。由此可见,工龄工资看起来是一种低效率的制度,因为它没有为职工提供等于其边际劳动生产力的工资,但是从动态效率的角度来看,这种制度却能够激励职工长期为企业服务,从而有利于提高企业的劳动生产率。这是企业内部劳动力市场上工资不按劳动生产力原则来制定的又一个例子。需要指出的是,这种制度在遇到了经济衰退的时候就会给企业带来沉重的负担,因为企业必须支付给大量生产力并不高的老员工较高的工资,所以,即使在日本,也有一些企业在 20 世纪 90 年代以后的经济衰退中放弃了原来的"年功序列制"和"终身雇用制"。

当考虑内部劳动力市场对于效率的影响时,我们还需要结合外部劳动力市场对失业问题进行考察,而不能孤立地只看内部劳动力市场。从以上的分析来看,保持企业内职工队伍的稳定性对雇主和内部职工都是有利的，内部劳动力市场的存在减少了职工摩擦性的失业。但同时我们应该看到，内部劳动力市场的存在也对失业问题产生了一定的负面影响。内部劳动力市场对失业产生的最直接影响可以由失业理论中的"内部人—外部人"模型来加以解释。该理论认为，由于劳动力替换成本的存在，使得企业不可能也不愿意频繁地替换劳动力，从而导致内部职工的工资要高于外部劳动力市场上劳动力的工资要求，这就表现为外部劳动力市场上有一些失业者愿意在较低的工资下工作，但却找不到工作，这是一种非自愿的失业。具体参见本书第10章中的"内部人—外部人"模型。

此外，由于解雇劳动力是有成本的，雇主即使拥有解雇的自由，也不愿意随意解雇职工。在美国，大约只有不到十分之一的失业者是因为被解雇而离开工作岗位的。在产品需求下降时，企业虽然会采取一些短期的解雇行为，但当企业需要增加人员时，企业往往会招回那些被短期解雇的职工。正因为如此，劳动力被解雇并长期失业的纪录本身就成了一种信号，说明该职工可能属于较差的职工，这样的失业人员很难实现再就业，即使就业了，其所获得的待遇也一般要比相同条件下没有解雇纪录的职工低10%到15%。①

7.3 中国企业的内部劳动力市场与薪酬

相对于传统的劳动力市场理论，内部劳动力市场理论更多地关注了企业和组织内部。但上述内部劳动力市场理论仍然是针对比较成熟的市场经济体制的，有关文献都将市场化的就业体制作为其不言自明的理论前提。因此，当我们研究中国企业的内部劳动力市场问题时，既要重视这些既有的理论知识对于中国实践的启示意义，也要根据中国的具体制度背景对具体问题做出细致的考察。

7.3.1 转型时期的内部劳动力市场

如果不是市场经济体制的话，企业内部劳动力市场的存在并不一定以外部劳动力市场的存在为必要的前提。在传统的计划经济体制下，企业的边界是由行政力量决定的，所有经济资源在企业外都是由行政手段（而不是市场机制）配置的。在劳动力市场方面，与企业内部劳动力市场相对称的不是外部劳动力市场，而是一个附属于政府部门的劳动力资源配置体系——劳动部和地方的劳动局。劳动力资源在企业间（甚至地区间）的配置完全是由行政手段来完成的，不存在由劳动力价格（工资）调节供求的机制，于是劳动力资源初始配置的效率非常低下。更为重要的是，劳动力资源初始配置的低效率又不能通过劳动力资源的流动和再配置加以纠正。在外部劳动力市场缺位的同时，我们却不难发现，在传统的计划经济体制下

① 引自 Filer, R.K., D.S. Hamermesh and A.E. Rees, 1996, *The Economics of Work and Pay*, New York: HarperCollins Publishers: 355。

企业的内部劳动力市场仍然存在。企业内部的工作等级制度(如职务等级工资制、八级工资制)、计件工资和奖励工资制度等,对内部劳动力市场上的劳动力资源配置起到了很重要的作用。

改革以后,中国的就业体制已经发生了一些市场化的转变,主要表现在增量的劳动力逐步开始借助于市场机制进行配置,而存量劳动力中也有一部分开始流动起来。这一时期,内部劳动力市场的运作对于企业继续发挥了重要的作用。由于中国的劳动力市场和经理市场都是改革以后才逐步发育起来的,仍然非常不完善,企业仍然常常依赖于企业的内部提拔(而不是外部聘用)来选拔人才。这时,内部劳动力市场在积累有关劳动力素质的信息方面发挥了非常重要的作用。

中国国有企业的内部劳动力市场在计划经济年代就已经具有与西方企业内部劳动力市场相类似的一些基本特征,如:劳动力主要是通过行政性的手段(即工作调动)来实现的,企业内存在工作的阶梯和相应的内部提拔制度、锦标制度和工作评估制度等,这些基本特征在经济体制转轨时期的国有企业中仍然存在。然而我们更为关心的是,中国国有企业内部劳动力市场对于劳动力资源的配置是否具有充分的效率。为了回答这一问题,我们必须对中国国有企业内部劳动力市场与西方市场经济国家企业内部劳动力市场的不同之处进行考察。

内部劳动力市场理论强调了“进入口”的作用,在这里,外部劳动力市场上的劳动力得以进入企业内部,同时,企业也不放弃运用外部劳动力市场淘汰企业内一部分低生产力劳动力的可能性,因此,内部劳动力市场和外部劳动力市场之间的劳动力双向流动,以及就此而造成的对企业内部人的压力,是保证内部劳动力市场效率的必要条件。①在经济转型时期,中国的国有企业长期不能根据自身的生产需要对多余的职工进行解雇,甚至在效益较好的企业,利用职工下岗的方式来提高企业经济效率的做法也受到政府的限制。由于外部劳动力市场与内部劳动力市场之间劳动力流动不充分,企业内部多余人员不能充分向外部劳动力市场流动,使得企业内在岗人员没有受到足够的失业压力,于是其劳动效率也受到了影响。

上面的一些体制转型时期的特征对于理解中国劳动力市场转型和国有企业改革的相关现象非常必要。在进入 21 世纪以后,政府对企业的就业和工资管制逐步地被放开了,同时,随着非国有企业的发展和国有企业的非国有化,国有企业内部劳动力市场的运作有了很大的改善。现在,企业只要合理合法地解雇员工,并支付一定的经济补偿,便不会被政府直接干预。下岗作为一种特殊的失业形态也已经成为历史。对于员工的收入,政府也主要采取税收调节的方式,而不再直接干预了。因此,国有企业和非国有企业的内部劳动力市场的运作效率差异将逐步消除,未来中国企业内部劳动力市场的运作效率将主要取决于企业的内部和外部治理结构和激励机制。

---

① 这一点在效率工资理论中有很好的说明。参见 Shapiro, C. and J. Stiglitz, 1984, “Equilibrium Unemployment as a Worker Discipline Device,” *American Economic Review*, Vol.74:433—444,以及本书第 10 章的介绍。

7.3.2 转型时期的企业治理结构与激励机制

让我们仍然从经济转型时期国有企业的相对低效率说起。经济学研究所强调的企业效率主要是用全要素生产率(total factor productivity，简称 TFP)来衡量，简单地来说，TFP 的增长就是总产出(产值)增长中不能用投入生产要素的增长解释的那个部分，实际就是企业内部资源利用效率的意思。不同的研究均表明，平均来看，国有企业的效率低于非国有企业。注意，这里所说的是“平均来看”，对于具体的企业来说，如果通过改善管理，实现了较高的效率，那另当别论。

一种信息经济学和企业治理结构角度的理解是，国有企业的低效率本质上来源于企业治理结构的不合理。从根本上来说，国有企业的治理结构是一种上至中央，下至企业管理者的多层级的委托代理制度，这种多层级的委托代理制势必造成信息传递的重大问题。公有化程度的提高和公有经济规模的扩大导致委托—代理层次的增加，从而拉大初始委托人与最终代理人之间的距离，使得监督变得更加缺乏效率。从委托—代理理论的视角来看国有企业改革，一种有效的改革方案是让代理人(管理者)获得剩余索取权，即通过让其分享企业经营的剩余来激励管理者努力工作。实际上另一种隐含着的方案就是对处于竞争性领域的企业进行非国有化的产权改革，从而形成对于企业发展最终负责的所有者主体，同时缩短企业的委托—代理链条。

从历史来看，中国的企业改革举措可以分为两大阶段。第一阶段的企业改革主要采取的是放权让利改革，让企业能够有更多的利润留成和决定企业内部分配方案的自主权。从 20 世纪 90 年代中后期开始，企业改革进入到了第二阶段的企业非国有化改革，无论是股份制改造，还是中小企业的管理层收购，或者是合资，实际上都是通过引入非国有的资本实现股权多元化，使得企业的初始委托人不再是虚拟的全体人民，而是实实在在的以法人或自然人形式存在的企业所有者。

在中国渐进式企业改革过程中，国有企业的激励机制也发生了许多的变化。首先，企业管理者的权力得到了加强，而企业的主管部门的权力则相对地削弱了。第二，企业通过利润留成制度得到了更多的激励基金，用于实施对于职工的激励方案，职工得到了更好的激励。第三，企业在不断地尝试对于管理者的激励机制(从承包制到年薪制，再到股票和股票期权制度)，以期将管理者的收入更好地与企业的绩效联系起来。

企业改革的效果如何呢？从激励机制改革的效果来看，20 世纪 80 年代的企业改革，特别是激励机制改革使国有企业的效率有明显的提高。但是，是不是我们就可以说国有企业的改革获得了成功呢？如果我们以非国有企业作为参照系的话就会发现，国有企业与非国有企业之间仍然存在明显的效率差异。

问题出在哪里？我们的看法是，现有的国有企业改革的方案都将重心放在了企业内部治理结构方面，而忽视了企业外部治理结构的方面。在企业内部，企业所有者和企业的管理者可以通过某种契约关系来决定管理者的报酬，实现企业的激励，这是企业的*内部治理结构*。而在企业的外部，劳动力（经理）市场、产品市场和资本市场对管理者的行为起着非常重要的制约作用，这就是企业的*外部治理结构*。在劳动力（经理）市场上，市场的竞争对企业的管理者构成了压力，由于市场将根据企业经营管理的历史来了解经理的能力，所以经理考虑到自己的声誉将努力工作。产品市场的竞争也会对经理的行为构成制约，在竞争的条件下形成的商品价格给了企业所有者有关企业生产成本的真实信息，这就促使企业的经理努力地降低企业的生产成本。资本市场上对于公司控制权的争夺也是防止经理偷懒的重要机制，如果企业经营不善，就可能被市场上的其他人接管，这时，企业的原管理者就将失去对企业的控制权，因此，接管的潜在威胁就促使经理努力地工作。

从外部治理结构的角度来看，中国的国有企业改革实在是任重而道远。中国的经理市场还远远没有实现竞争，党管干部的人事管理体制决定了中国国有企业管理者的任免难以通过市场选择来实现。同时，企业管理的历史信息也混杂着其他的噪音，企业差可能是因为历史负担和当下的政策负担过重，企业好则可能是因为享受着特殊的政策，或者企业处在垄断者的地位，管理者的能力在企业业绩的历史信息中难以得到体现。中国的产品市场的竞争程度相对较高，但是，在上世纪末实施了“抓大放小”政策之后，存量国有企业所处的市场结构则带有了明显的行政性垄断特点，这突出地表现在石油、电信、金融等行业。在垄断的市场结构下，企业的业绩与经营管理者的努力并无直接联系，也就使得国有企业的低效率长期以来难以得到彻底的改进。

在企业外部治理结构不完全，尤其是在经理市场、劳动力市场和产品市场都不充分全竞争的情况下，内部激励机制和薪酬体系的改革对于激励管理者和员工努力的效果就要大打折扣。由此，一些怪现象的出现也就不难理解了。比如说，一些严重亏损的国有企业，管理者的薪酬却非常高。再比如说，一些垄断行业的员工工资水平比较高，但企业却仍然称自己是亏损的，要求国家给予大量补贴。因此，促进市场充分竞争，改善企业的外部治理结构，仍然是未来提高企业内部劳动力市场效率的必要条件。事实上，央企高管薪酬过高的现象已经受到了中央的重视，为此，自 2015 年起，中央已经开始着手对于央企高管采取限薪措施（参见下面的阅读材料）。

另外，值得一提的是，虽然从进程来看，国有企业改革越来越受到就业体制市场化的影响和非国有企业的竞争，但相对来说，公共部门（包括政府部门和事业单位）的改革却相对滞后，也缺乏一个对应的非国有部门的竞争，因此，这些公共部门如何形成一个更为有效的内部劳动力市场和薪酬制度仍然处于“改革进行时”。

【背景】

央企高管薪酬改革:总收入不超员工工资7—8倍

从2015年开始,72家央企高管工资单上的数字要小了,他们享受的职务消费也将被严格规范。

2015年1月1日,《中央管理企业负责人薪酬制度改革方案》正式实施。改革首批将涉及72家央企的负责人,包括中石油、中石化、中国移动等组织部门任命负责人的53家央企,以及其他金融、铁路等19家企业。

此次改革在业内称为"有一锤定音之效"。人社部副部长邱小平曾表示,"改革后多数中央管理企业负责人的薪酬水平将会下降,有的下降幅度还会比较大"。

有关专家评论称,中央管理企业负责人薪酬制度改革是中央企业建立现代企业制度的重要组成部分,也是深化收入分配制度改革的题中应有之义。

事实上,此次企业负责人薪酬改革不是简单意义上的降薪,而是薪酬结构的调整和优化。此轮改革被外界视为撬动国企改革以及收入分配改革的一个支点。央企负责人的腰包如何动,怎样改,牵一发而动全身。

央企调薪并非简单意义上的"降薪"

央企高管薪酬制度一直处于改革之中,但仍存在着薪酬水平总体偏高、薪酬结构不合理等弊病,一定程度上影响社会公平正义。

数据显示,2013年我国沪深上市公司主要负责人年平均薪酬水平为76.3万元,全部负责人平均薪酬水平为46.1万元。央企负责人薪酬水平是同期沪深上市公司主要负责人的大约2—3倍,与职工薪酬差距达到12倍之多,显著偏高。

央企负责人往往具有双重身份,不仅是职业经理人,还同时是具有较高行政级别的公务员。在职务薪酬上往往既有高管工资,又有"高官"待遇。

严格规范央企负责人薪酬分配,更深的意义在于撬动国有企业完善现代企业制度。事实上,此次薪酬改革并不是简单意义上的降薪,而是薪酬结构的调整和优化。

改革后的薪酬结构由基本年薪加绩效改为基本年薪、绩效年薪加任期激励收入。一位央企内部人士分析说,基本年薪将根据上年度72家在职员工平均工资的两倍确定,也就是说两家央企负责人的基薪是一样的。绩效年薪不超过基本年薪的两倍。而任期激励收入不超过年薪总水平的30%。总的收入不超过在职员工平均工资的7—8倍。

值得注意的是,"薪酬改革应与中央企业负责人选任方式相匹配"。所谓的与选拔方式相匹配,就是不能再"当不了高官当高管",除了根据不同企业的类别和性质,还根据企业高管的身份和选拔任用机制来确定不同的薪酬。不少国企的负责人是由组织任命、有行政身份的,就不能再拿着市场化的薪资,其薪酬应参考国家相应级别的公务员薪酬和国企的实际情况综合考量后决定。

有关专家表示,对于国有公益、垄断以及行政任命类的央企负责人薪酬要管紧,而对于央企竞争性行业职业经理人仍然要随行就市，实行市场化的薪酬。在此基础上，既要打破高管旱涝保收的铁饭碗，又要给予相应的激励，做到约束和激励相平衡。

老总降薪是否会造成人才流失

企业老总薪酬降了，会否出现层级递减效应？是不是国企中高层普遍呈降薪态势？是否会造成企业人才的大量流失？种种疑问和担心，令企业负责人降薪引发的震荡一直在持续。

一位央企中层干部开玩笑说，老总都降薪了，你总不能比老总还拿得多吧。对于企业人才流失的担忧更甚，一些在国企中经过历练的人才，更被民企、外企紧紧“盯上”。

2014 年年底，一家大型能源企业召开动员大会，老总给在座的员工吃了“定心丸”，他指着台上就座的董事长、总经理一级的人员说：“降薪是管我们这些人的，你们不受影响。”

这家企业的一位中层也认为老总降薪不会对人才流失形成大的冲击。她分析说，不可否认，降薪的连带效应对那些高级管理人才或许有一定影响，但是很多人选择国企、央企，更多看重的是这个平台可以有更多开拓视野和业务锻炼的机会，“不会轻易舍得走”。

事实上，改革恰恰有利于解决这种留不住人的问题。

按照此次统筹兼顾的改革思路，意在形成中央管理企业负责人与企业职工之间的合理工资收入分配关系，合理调节不同行业企业负责人之间的薪酬差距，而对于通过市场手段招聘进来的职业经理人仍给予市场化的薪酬待遇。

国电资本控股有限公司党组书记刘焱称，公司过去通过猎头招人，但无法按照市场给价，而是纳入央企传统的薪酬体系，反而造成高端人才的流动性比较大。“今后在公司职业经理人层面，市场化原则选聘，薪酬参照市场化标准，以此起到激励作用，这是对人才和市场的尊重。”

“阳光央企”倒逼高管晒“阳光账本”

长期以来，央企高管薪酬如同雾中看花，有的甚至成为“秘密”而不为外人所知，而附着在一些央企高管行政级别之上名目繁多的职务消费黑洞，更是一个触痛公众神经的痛点和敏感点。

引人注目的是，此次改革方案明确规定了信息公开制度，上市公司企业老总严格按照信息披露制度，公开薪酬；非上市公司参照上市公司公开企业负责人薪资。这意味着，国企高管负责人薪酬成为阳光账本，不再神秘。

中国人民大学商法研究所所长刘俊海一直呼吁企业公开信息。他指出，当前，我国公司法、证券法仅为上市公司设定强制性的信息披露义务。对公众来说，除有限的国有上市公司外，绝大多数国企的财务与经营状况都秘而不宣。

“实现国企公开透明，有助于激励企业管理人员慎独自律，约束其失信行为，维护国企为全民所有的性质。”刘俊海强调，国企公开透明是推动“阳光央企”的必要前提，公开透明后才有可能探索国企高管与职工的持股计划，进一步推进国企高管薪酬的市场化，体现公众的社会监督。

此前中共中央政治局会议上通过的《关于合理确定并严格规范中央企业负责人履职待遇、业务支出的意见》，首度对央企负责人公务用车、办公用房、培训、业务招待、国内差旅、因公临时出国(境)、通信7项具体内容划了“红线”，同时为“企业用公款为负责人办理的理疗保健、运动健身和会所、俱乐部会员、高尔夫等各种消费卡”“企业按照职务为企业负责人个人设置定额的消费”都戴上了“紧箍咒”。

专家认为，如此细致、精准、详实的规定，明确取消职务消费、公开高管薪酬，意在将企业正常业务支出规范化、合法化，坚决堵住职务消费黑洞，给公众一个阳光、透明的央企。

资料来源:《中国青年报》,2015年1月1日。

思考题

1. 有人认为，只有劳动力的工资与边际劳动生产力相等才有效率？你对此如何评论？

2. 在人们谈论中国企业的激励机制的时候，往往忽略了一点，那就是，企业的内部劳动力市场和外部劳动力市场之前有一个“进入口”作为连接。请问这个“进入口”对于激励机制有效性的意义？在外部劳动力市场未能实现充分竞争的条件下，会影响到企业内部的薪酬制度对于员工的激励作用吗？

3. 在美国，关于企业的CEO(首席执行官，企业最主要的管理者)的年薪是否太高了存在着很大的争论。1992年，美国大公司总经理的平均年收入接近350万美元，为一般职工平均工资的150倍以上。在日本，这个比例大约是17倍，而在欧洲的法国和德国，大约是24倍。对此，你怎么看？

4. 在英国，最近实施了一项大学评价体制的改革。如果一位教授发表的论文并不是在最高级别的A类杂志上，但是，他可以提供证明，这项研究中产生的政策含义对英国的政策制定产生了实质性的影响，那么，这篇论文就可以被认定为等同于A类期刊论文，还可以获得国家提供的特别科研资助。对此改革，请结合本章所学的知识进行评价。这对中国的大学评价体制改革有何借鉴意义？

5. 在20世纪90年代中后期，对于中国的国有企业改革曾经有过很多争论，一些经济学家认为，国有企业改革应该首先从完善市场和促进竞争入手，而另一些经济学家认为，国有企业应该先从所有制改革开始，改善管理者的激励。曾经有一段时间，企业改革的很多举措都旨在提高经营管理者的收入，拉开企业内部的收入差距。对此，你有何评价？

6. 如何理解一些垄断行业的高收入现象？如果来自于垄断行业的管理者说，他们的员工工资高，是因为他们雇用了更多高教育水平的员工，请问，如何从逻辑和数据分析两个方面来证明这些行业的员工工资高并不是因为他们的员工教育水平更高？（提示，请读者参阅陈钊、陆铭、佐藤宏，2009，《谁进入了高收入行业？——关系、户籍与生产率的作用》，《经济研究》第10期，121—132页。）

7. 国有企业高管限薪之后，出现高管收入低于部门经理收入的现象。请问，这种现象是不是合理？为什么？

8. 中国对地方政府实行了分权管理，对地方官员的评价和晋升与地方的GDP增长率挂钩，这就类似于给企业的经理实施一个与绩效挂钩的激励机制。这种体制安排有何优点和缺点？以下论述对你有何启示？

【阅读】

中国分权式改革的得失

政治组织中的激励与经济组织中的激励相比有很大的不同。……中国的分权式改革过程中的一个重要机制是，上级政府通过考察下一级政府辖区的经济发展（尤其是GDP）的相对绩效来晋升地方官员。但是，这种财政分权加相对绩效评估的体制正在日益显现它的弊端。第一个弊端是，相对绩效的评估会造成代理人之间相互拆台的恶性竞争。确实，我们也观察到各地政府为了在GDP竞赛中名列前茅而采用了各种各样的以邻为壑的手段。其中，最典型的就是形形色色的地方保护主义，地方保护主义造成的地区分割和"诸侯经济"会阻碍中国国内市场整合的过程。

过于依赖GDP作为相对绩效的考评指标，就给城市倾向的经济政策提供了另一个理由。因为城市的第二、三产业是经济增长的主要源泉，于是，地方政府对于农村地区的经济发展就大大忽视了，一个直接的表现就是地方政府用于支持农业生产的财政支出比重在相当长的一段时间里急剧地下降。同样是为了追求经济增长的目标，在各地的经济增长都依赖于招商引资的情况下，一旦发生资本拥有者和普通劳动者之间的利益冲突，地方政府就会优先考虑资本拥有者的利益，而普通劳动者的利益则很容易被忽略。

相对绩效评估发挥作用的一个重要前提是，代理人面临的冲击或者风险是共同的，这样仅仅通过代理人之间业绩的相对排名就可以比较准确地反映出他们的绩效。但是在中国这样的大国，各个地区之间在自然、地理、历史、社会等很多方面可以说千差万别，由于这种异质性的存在，相对绩效是一个噪音很多的指标，基于相对绩效评估的激励方案的效果就会大打折扣，这可以看作是相对绩效激励的第二个弊端。

第三个弊端实际上是第二个弊端的一种形式，鉴于问题的重要性，我们将其拿出来独立论述。由于各地区之间先天的（自然、地理、历史、社会等）差异性，或者由于改革后享受的政策的差异性，会出现由收益递增效应导致的经济增长差异，即使没有其他外力，穷的地区也可能相对地越来越穷，而富的地方则相对地越来越富，这样就加大了相对绩效评估标准中的噪音,中央政府很难区分地方的经济增长绩效是由收益递增机制造成的,还是地方政府努力的结果。

相对绩效评估的第四个弊端来自于如下事实:在基于相对绩效评估的锦标赛下,赢家的数量是有限的,而大部分则是输家。更为重要的是,由于比较富裕的地区更多地享受着先天的优势和收益递增机制的好处,这就使得经济较落后地区的地方官员不能在相对绩效评估的机制下获得激励,通俗地来说就是,努力了也未必有用,所以相对绩效评估对落后地区的官员基本上是没有作用的。但是官员也是理性人,在晋升的可能性比较小的前提下,他们会寻求替代的办法进行补偿,如贪污腐败,或者"破罐子破摔"。这样一来,从整个经济的角度来看,就会加剧落后的地区越来越落后、发达的地区越来越发达的两极分化现象。

对地方政府官员进行激励还有一些其他与相对绩效评估无关的难题。一方面,与企业的经理相比,地方政府官员的绩效更加取决于一个团队的努力,而不是自己的努力,一个政府目标(如扩大就业)的实现取决于多个政府部门作为一个"团队"的共同努力,因此,在地方政府的"团队生产"中,不同的地方官员之间就可能存在严重的搭便车现象。另一方面,在企业经理的激励计划中,可以比较容易地找到激励经理追求企业长期目标的手段,比如说给予经理股份或者股票期权,但是,对于地方政府的官员却很难进行类似的长期激励,从而使得地方政府的长期目标被忽视,而这又集中体现为地方政府对于环境、收入差距、教育和医疗服务质量这些问题的忽视。

资料来源:摘编自王永钦、张晏、章元、陈钊、陆铭,2007,《中国的大国发展道路——论分权式改革的得失》,《经济研究》第1期,第4—16页。

9. 用企业激励与考核的模式进行官员的激励与考核会产生什么样的问题?为什么?请结合下面这一则新闻进行评论。

【新闻】

河南商丘紧急发文叫停强关企业行为饭店油烟验收将立即行动

央广网商丘2016年7月30日电(记者管昕)昨天,中国之声报道了河南商丘为治理大气污染强关饭店和企业的事情,引起舆论关注。商丘市委宣传部官方微博今天凌晨发文称,当地发出紧急通知,要求各县(区)对原不达标餐饮饭店油烟治理进行集中验收,而且要立即行动,加快进度。各县(区)要立即组织联合验收工作组,由环保部门牵头,多单位参与,对辖区内餐饮饭店逐店进行验收。

该通知还要求,相关部门要便民利民,严格标准,集中验收以利民便民为基本原则,强化服务意识,增强服务主动性,确保餐饮饭店正常营业不受影响。对不产生油烟的包子店、馒头店、面条店等食品店铺只要完成煤改气,验收即可通过,准许其继续营业。各类产生油烟的餐饮饭店，包括西餐店、中餐店和其他各类饭店，必须安装符合国家产品质量标准的油烟净化装置。每个灶头风量达到每小时 3 000 以上，并且达到《饮食业油烟排放标准》。

此外，针对网络疯传梁园区 7 月 27 日红头文件发文要求辖区内所有企业停产的消息，商丘市委宣传部的官方微博称，梁园区政府发文当晚就已通知紧急叫停此做法，监察部门正在对此决策不当行为展开调查。据知情人士透露，该通知发文单位是商丘市梁园产业集聚区大气污染防治攻坚战指挥部，梁园区政府对此红头文件并不知情。区政府主要领导获知此事后，立即要求停止此做法。

商丘市委宣传部通报称，此行为是梁园产业集聚区大气污染防治攻坚战指挥部对政策理解有误，决策不当，已责令监察部门对此展开调查，处理结果适时公布。通报中还称，梁园区所有涉气企业和存在隐患的企业，需进行环保评估，经环评验收合格后方可恢复生产。

▶8

劳动力流动:工作转换、工作搜寻和迁移

如果你问一个中国的大学毕业生他喜欢做什么工作,八成的回答是不知道,找工作的时候,都奔着高收入去。但到了30岁之后,换工作越来越少,却发现,自己最终找到的适合的工作可能与最初的选择相去甚远。

找工作的时候,有的人把同样的简历投给上百家企业,有的人在面试前先了解企业的情况。有的人辞了职再找工作,有的人边工作边找新的工作。不同的做法之间有什么差别?

一些来自中小城市和农村地区的大学生毕业了以后,大多数都想留在沿海的大城市工作。为什么?

合理和自愿的劳动力流动是改进资源配置效率的途径,那为什么发展中国家的政府还要采取一些政策来防止人才外流呢?与此同时,很多发达国家都采取了限制移民的政策,这又是为什么呢?

说完了内部劳动力市场,让我们再回到外部劳动力市场上去。劳动力市场配置劳动要素的功能是在劳动力流动的过程中实现的。劳动力的流动有三种形式:工作转换(job turnover)、工作搜寻(job search)和迁移(migration)。我们在上一章中曾经指出,在计划经济体制下,中国的就业体制非常僵化,劳动力资源的配置效率是非常低下的,而这种状况又不能借助于劳动力的流动和再配置过程得到改进。在经济体制的市场化过程中,市场机制对于劳动力资源的配置作用越来越重要,劳动力流动的规模也越来越大,对中国转轨过程中劳动力流动的一些特征进行总结具有很强的理论和现实意义。在当前的中国,尤为引人注目的是城乡间跨地区的劳动力流动。如何通过劳动力合理有序的流动,促进全国统一的劳动力市场的形成,推动社会的和谐发展和经济的持续增长,是当代中国面临的重大挑战。由于城乡间和地区间的劳动力流动关系到城市化进程,是发展经济学和劳动经济学中的重要课题,因此,本书除了在本章中对于劳动力流动的一些特征做些简单的总结之外,将专门在第9章中进行专题讨论。

8.1 劳动力流动的成本收益分析

经济学的第一法宝就是供给和需求分析,这样来看,劳动力流动和人力资本投

资都是成本收益相权衡的结果，也正是从这一意义上来说，有经济学家将劳动力流动也作为一种人力资本投资。等到下一章，读者了解了“人力资本外部性”这一概念之后，就更能理解为什么在城市的生活经验本身就是人力资本的积累过程了。

这一章将要研究的三种劳动力流动行为——工作转换、工作搜寻和劳动力迁移都可以纳入成本收益的分析，因为劳动力流动的决策也是一种理性决策。换句话说，在我们看到一些劳动力流动现象的时候，千万不要忘记，人们一定是在追求更为幸福的生活，明白这一点对于理解劳动力流动来说非常重要。那么，劳动力流动的成本和收益包括哪些呢?

*劳动力流动的收益*比较好界定，一般都将由于劳动力流动所带来的收入(和更好的工作机会)作为劳动力流动的主要收益。当然，劳动力流动的收益还应该包括一些非货币因素，比如工作环境、同事的关系等，通常来说，可以假定这些非货币因素是能够量化的。在城市之间进行流动时，流动带来的收益可能还包括更好的公共服务、环境、气候等等。

*劳动力流动的成本*含义比较丰富，它包括直接的成本和间接的成本(机会成本)，从内容上来说劳动力流动的成本又包括经济的和心理的两方面。

*劳动力流动的直接成本*首先包括一些经济成本，比如搬家的费用、由于离家更远而引起的电话费和交通费的增加等。直接成本中还有一个重要的组成部分——心理成本，这其中包括离开原来的工作和生活的地方或者离开家庭更远所引起的心情的不愉快。别小看了这些心理成本，实际上同样的劳动力流动所引起的经济成本对任何人都是差不多的，但心理的成本对不同的人来说却是很不一样的。特别地，心理的成本可能与文化因素有着密切的联系，同样的跨地区劳动力流动对于一个美国人和一个中国人来说，美国人的心理成本可能小得多，这可能是因为在中国，不同地区的文化、语言和生活习惯差异更大。而欧洲国家之间的语言、宗教、文化差异要比中国地区之间的差异更大。之所以仅把心理因素作为不同文化背景之下劳动力流动率差异的原因之一，是因为劳动力流动率显然还受到其他一些因素的影响，比如说劳动力市场的发达和灵活程度，等等。

*劳动力流动的间接(机会)成本*也可以分为经济的和非经济的两个方面。从经济方面来看，劳动力流动过程意味着放弃原来生活和工作的地方的收入。从非经济的方面来看，中国是一个“关系”特别重要的社会，而“关系”总是在一定的工作和居住地通过与周围的人进行社会互动(social interaction)而形成的，于是，在劳动力流动过程中，原来地方的“关系”就被一定程度上放弃了。在当代经济学研究中，社会关系网络(social network)已经成为一种非常重要的社会资本(social capital)，影响着人们的收入和福利，包括找工作的成功率和新工作的收入。在中国，由于传统文化的影响，以及人与人交往的范围仍然局限在当地，“关系”更为重要，因此，劳动力流动所放弃的“关系”就更是不可忽视的非经济的机会成本。从现象上来说，人们会觉得，在中国，“家”和长期工作在一起所积累起来的同事情谊是非常宝贵的。也许这正是为什么我们在以美国为代表的西方发达国家能够观察到更高的劳

动力流动率，而在中国、日本等东亚国家劳动力换工作比率和跨地区流动率却相对比较低的原因之一。①可能也是因为同样的原因，如果在发达国家之间做比较的话，英、美两国的劳动力流动率比较高。

劳动力流动的决策就是对上述经济和非经济的成本和收益进行比较的结果，如果收益大于成本，劳动力就会选择流动，反之，留在原地（或原工作单位）就是更好的选择。在劳动力流动的过程中，个人和家庭最大化了自己的收益，从市场总体来看，劳动力资源的配置就获得了最大的收益。也正是在这一意义上，劳动力流动是提高劳动力资源配置效率的必要途径。

在中国，存在着大规模的城乡和地区间劳动力流动，这同样也是人们追求更幸福的生活的结果。在实际的公共政策讨论中，人们常常会片面地夸大劳动力流动带来的成本，但却忽视劳动力流动带来的收益。人们经常忘记，如果不是因为存在着相对于成本来说更大的收益，那就不会有劳动力流动了。更为简单的道理是，收益与成本之间的差异就是劳动力流动带来的净收益，即使劳动力流动带来成本，也不应通过控制劳动力流动来减少成本，因为，这样的政策导向所减少的收益可能更多。

讨论：为什么在世界上绝大多数国家，劳动力自由流动和迁徙的权利是被写进宪法的？是不是存在通过政府行政手段来限制跨地区劳动力流动的理论基础？

（提示：当跨地区的劳动力流动伴随着外部性的时候，政策含义是怎样的？劳动力流动是不是会带来正、负两个方面的外部性？如果会，政策应该怎么做？读者如果现在难以回答这个问题，请等到学习了下一章再回答。）

【模型】

劳动力流动决策

我们可以用两个简单的数学式子来表示劳动力流动的决策。在下面两个式子中，E 表示收益，C 表示成本，Z 表示净收益，下标 0 和 1 分别表示劳动力不流动和流动时相应变量的取值。其他的变量的定义分别是：A 表示年龄，r 表示主观贴现率。假设一个人工作到 60 岁退休，那么他流动和不流动的净收益便可以表示如下：

$$Z_0=\sum_{A}^{60}\frac{E_0}{(1+r)^{t-A}} \tag{8.1}$$

$$Z_1=\sum_{A}^{60}\frac{E_1}{(1+r)^{t-A}}-C \tag{8.2}$$

① 请注意，当我们讲到中国劳动力流动率相对较低的时候，没有包括由于中国巨大的城乡差异所引起的大规模城乡间劳动力流动，否则，中国的劳动力流动率可能并不比发达国家低。

用上面两个式子表示的净收益不是绝对数量，而是经过贴现的净现值。如果进行流动的净收益大于不流动的收益，即 $Z_1 > Z_0$，那么理性的决策就是流动。

在不同的劳动力流动问题下，对于不同的决策主体而言，上述简单模型中的每一个变量是不一样的，因此，人们所观察到的劳动力流动现象和人群特征也将呈现出不同的特点。读者请自己推论一下，年龄、时间偏好、心理成本、职业特征这样一些因素对于劳动力流动决策的影响。

8.2 工作转换

在市场经济体制下，职工的工作转换（跳槽）是非常平常的事，特别是在美国这样劳动力市场竞争性较强的国家更是如此。工作的调整往往是在同一个城市里进行的，而伴随有迁移的工作转换相对来说只是少数，因为无论是从心理上来说还是从经济上来说，跨地区迁移的成本毕竟都是巨大的。

8.2.1 工作转换的原因

工作转换的第一种原因是“非自愿的流动”，也就是职工被解雇。职工被解雇的原因有很多，有时是因为职工自己有过失，或者表现欠佳，有时是因为短期内技术进步或需求萎缩导致的劳动力过剩。有些情况下企业解雇职工只能是临时性的(layoff)，只是企业用来应付经济衰退的一种手段。一旦当需求恢复，这些临时解雇的职工常常会被企业招回。这种情况在一些需求的季节性波动较明显的行业（比如农用机械制造业）较为常见，我们有一次在山东调研，就发现一家农用机械制造厂在需求旺盛的时候就招用当地的农民，而需求低的时候，那些农民就回家务农。再比如说，生产冷饮的企业也会在夏季有更多的劳动力需求，而冬季的劳动力需求就少得多。临时性解雇是把双刃剑，它可以增强劳动力市场的灵活性，同时也会对职工形成一种压力，可能使职工更倾向于去寻找更加稳定的工作。

相对于“非自愿流动”来说，职工换工作的更为常见的原因是不满意于当前的工作，希望在别的地方能够表现得更好一些，收入更高一点。这种工作转换的形式一般来说是辞职，或者说“自愿的流动”。由于“非自愿流动”的原因与企业劳动力需求的变化有关，在有了劳动力需求的知识之后，这里无需进行更多的讨论，因此下面所讨论的内容均针对那些自愿的流动。

问题是，辞职是一种有必要单独进行研究的现象吗？辞职现象的背后会不会是雇主对职工的解雇？雇主如果想让员工主动辞职是很容易做到的，他只需保持员工的工资不变就可以了，这时，表面上看起来是职工自己选择了辞职，但辞职背后只不过是老板解雇员工，雇主用这种方式来让员工主动辞职，无非是不想支付给员工解雇费。这种情况在现实生活中是存在的，比如说，就在我们大学的校园里，在实施“常任轨”(tenure)制度的大学里，这本质上是一种非升即走的制度。一部分在“常任轨”的教师，如果预期达到不了晋升的要求，会主动选择在考核期到来之前另寻教职，以免向市场发送一个“被解聘”的坏信号。

通常情况下，对于职工当前所在的企业来说，只要它能够支付给员工等于他们生产力的工资水平，企业一般不愿意看到职工辞职，毕竟员工的替换是需要耗费成本的。有时，企业以培训的方式对职工进行了人力资本投资，它就更不希望员工离开了。但是，从职工的角度来看，只要他认为还有其他企业更加适合于发挥自己的能力，他就仍然会选择辞职，因此，辞职通常是自愿的行为，也就是说，自愿的工作转换和解雇之间的区别在于造成工作转换的最初原因是什么，解雇的初始原因是员工的生产力明显低于工资，而辞职的原因往往是员工觉得能够得到更高的收入。

为什么我们常会看到一些自愿的流动呢？当然，一种可能性是由于劳动力市场原本就不处于均衡的状态。如果劳动力市场起初是处于均衡状态的，那么只有当一些外部的条件发生变化导致某些工作的吸引力随之改变时，才会出现自愿的工作转换现象。例如，由于自然灾害、劳动力的知识和技能老化等原因，劳动力的生产力下降了，这时就要看工资是否可以灵活地调整。如果工资不可以灵活地调整，那么企业就只能通过解雇职工来降低劳动力成本。如果工资可以灵活地调整，那么企业会降低工资，而不主动解雇职工，这时，职工就可能发现别的企业存在着更好的机会，于是就会选择主动辞职。同样以大学为例，有些学校会对达到不了续聘要求的教师不直接采取解聘的方式，而是将其转为待遇相对较低的行政岗位，这样，有些教师就会主动选择辞职。这种类型的工作转换只是暂时的，而不是持续性的。

在另外一些情况下，工作转换也可能成为持续存在的现象。在本书的第 10 章里我们将讨论一些工资高于市场出清水平的情况，比如说，工会的集体谈判所制定的工资就是一个例子。效率工资(efficiency wage)也是一个例子，这种情况下企业为了激励职工更加努力地工作，自愿地将工资设置得更高一些。当工资高于市场出清水平的时候，市场上为了获得这一工作岗位的劳动力供给数量就会超过劳动力需求的数量，而构成这些劳动力供给的职工中有相当一部分就是那些对自己当前的工作不满意的人。

主动的辞职还是劳动力获得劳动力市场相关信息的一种途径，在这种情况下，辞职就是职工进行工作搜寻(job search)的一个部分。的确，我们常常发现只有当自己亲身尝试过一种工作以后才会了解所有有关这种工作的信息。这种行为可以形象地描述为“工作采购”(job shopping)，在这一过程中，职工通过尝试和犯错来搜寻那些最为适合自己的技能、兴趣和习惯的工作。“工作采购”的现象在年轻人群中最为常见，对于他们来说，经常换工作并不会带来太多人力资本投资方面的损失。美国曾经有一项实证研究表明，在一个人最初 10 年的工作时间里，有三分之二的收入增长是由工作转换带来的。[①]在中国，有研究发现，如果直接考察换工作

① 参见 Topel, Robert and Michael Ward, 1992, “Job Mobility and the Careers of Young Men,” *Quarterly Journal of Economics* 62:439—479。

对于收入增长的影响，给定初始收入和其他特征，换工作对于收入增长的平均影响是正的。相比之下，换工作对于低收入者的收入增长有较大的正的影响。①

随着知识经济的到来，越来越多的工作都需要知识和技能，而知识和技能在很大程度上又是通过“干中学”的方式日益积累的，从这一意义上来说，频繁地换工作，或者“工作采购”的时间太长，都不利于提高自己的收益。所以，本书的读者们，好好地想想你是不是已经了解了自己的能力和兴趣，如果你的回答是“不”，那么，这意味着你需要通过更多的尝试来发现自己的能力和兴趣，但是，这就需要频繁地换工作，在经验回报越来越高的时代，这样做是损失巨大的。特别需要提醒的是，换行业的跳槽要慎重，因为这更可能浪费你之前积累的人力资本，这就是“男怕入错行”的现代经济学解释。

讨论：换个角度，如果你是个企业老板，招人的时候，你喜欢经常跳槽的员工吗？经常跳槽透露出什么信息？雇用之前经常跳槽的员工，成本和收益是怎样的？

【背景】

为什么别人跳槽，能薪资翻倍？

年关将至，相信很多职场人对于跳槽又开始跃跃欲试了。为什么别人跳槽能薪资翻倍，你跳槽却只能涨五百、一千，跳槽成功的人究竟是怎么做到的？

白领跳槽的三大因素

从年关将至，到金三银四

职场人一般在年关将至的一、二月就开始思考自己的职业发展了，如果你在目前的公司没有能力上、薪酬上的提升，并且根本找不到清晰的发展路径，很可能就会想到趁这段时间找找其他工作机会。年关将至的时候正是很多企业放出职位的时候，从这时候就可以开始更新简历，等到过年回来的三、四月是企业换血的高峰期，很多人都会拿完年终奖投入到新东家的怀抱。

职场新人试错期，急于求成

跳槽心思最重的恐怕并不是工作了几年的老员工，而是刚刚工作几年的职场新人，由于自己对工作的期待比较高，往往会因为工作环境、薪资、工作内容不喜欢等等原因而跳槽。有些刚刚毕业一两年的员工甚至已经换了两三次工作。

亘古不变的薪资低

相信这条原因肯定戳中了很多职场人的内心，没错，就是薪酬低。历史和周围人的经验告诉我们，如果你一直待在一家公司等着老板每年给你升职、加薪，真的

① 参见邢春冰，2008，《换工作对收入水平和收入增长的影响》，《南方经济》第11期，第70—80页。

很难。但是如果你选择跳槽，就可以看到原来自己竟然在市场上这么抢手，只要有经验和能力，就可以拿到高薪的offer。

你凭什么跳槽拿高薪？

公司填补人才缺口，往往是跳槽的大好时机

所谓跳槽拿高薪，也需要机遇。比如你赶上了节后公司招人的高峰期，或者是有些公司由于某个岗位缺失急招有经验、能上手的人，这时候如果你能抓住机遇，往往能够得到高于市场价格的薪资。虽然这个时候你得到薪资和你对企业所做的贡献相比是虚高的，但由于供不应求，很多公司还是会选择高薪纳人。

能力、经验积累的爆发

目前跳槽成为了很多人寻求工资和职位增长的渠道，但相比盲目跳槽来讲，有计划的跳槽更容易让你获得成功。在跳槽前需要进行以下的思考：

(1) 你的工作能否给你带来能力层面的提升？

(2) 你的行业/职业发展前景是否客观？

(3) 目前这份工作是否与你个人职业规划相一致？

(4) 薪资有无上升空间？

如果在这份工作中还有你能够学习或发展的空间，尽量先不急于跳槽。等自己在这个岗位得不到任何提升和发展，而自己的能力和经验又有了一个积累，这时候跳槽往往可以有质的飞跃。你从一个专员级别跳槽成为经理、总监也并非不可能。

资料来源：智联招聘，2016年1月7日。

【新闻】

常跳槽的人薪水高？

不少人喜欢稳定的工作，不爱跳槽。但《福布斯》杂志近日刊登文章说，与经常换工作的人相比，每次在同一个岗位工作超过两年的人，一生挣的钱将少50%。

文章中说，2014年，美国上班族的平均薪水将比前一年增加3%，但若把2.1%的通货膨胀率考虑进去，实际增幅只有约1%。与之形成鲜明对比的是，跳槽者的薪水将可以增加10%至20%，有些人甚至可以增加50%。

为何会出现这种差距？美国硅谷资深猎头贝萨妮·迪瓦恩曾与多家世界五百强企业合作过，英国《每日邮报》23日引述他的话报道："一直在一家公司工作带来的问题是，你从最低工资开始赚起，每年工资增长比例基于现有工资标准。但如果你换一家公司，一切重新开始，你可以要求更高的薪资水平。如果符合期望，新公司一般不会吝惜于多给些钱。"

资料来源：《广州日报》，2014年6月25日。

8.2.2 工作转换的人群特征

现有的研究基本上是以发达市场经济(特别是美国)为主要研究对象的,而针对中国的研究还很少。好在基于其他国家的研究得出的结论似乎也与在中国得到的观察是吻合的。

一般来说,在发达的市场经济国家里,青年人的工作转换次数较高,而英、美两国青年人工作转换的次数又高于欧洲国家。这种现象的确反映出工作转换作为信息收集手段的功能,只有当尝试过一些工作之后,一个人才更清楚自己的能力和兴趣所在,这之后,更多的工作转换就显得没有必要了。其次,随着年龄的增长,特殊人力资本的投资也越来越多,工作转换的心理成本也会越来越大,这也是造成老职工流动性较低的原因之一。另外,老职工剩下的工作时间较短,也就是说,在给定的工资差距之下,工作转换的收益随着年龄的增长而下降,所以老职工进行工作转换的收益相对较小。从雇主这方面来说,对招收老员工比较谨慎,道理也差不多。再以大学为例,在水平相同的情况下,相对于一个年轻教授,如果挖一个接近退休的老教授,学校获得的收益期也较短。

在本章的第三节以及下一章中我们将指出,教育程度高的劳动力进行迁移的倾向较强。但从工作转换的角度来看,有研究发现情况恰恰相反——随着教育程度的提高,工作转换的倾向有明显的下降。①这两种现象是否可能共同存在呢?答案是“可能”。因为教育水平较低的劳动力的确更多地花时间进行“工作采购”,而他们也的确没有太多特殊的人力资本构成调整工作的阻力。同时,低技能劳动力的工作也总是可以在当地找到。而从劳动力迁移的角度来看,企业总是派教育程度较高的劳动力到外地去工作,同时,教育程度高的劳动力在某个城市之内找到满意的工作不太容易,而在不同的地区间进行工作挑选的余地也比较大,这可能与教育程度高的人从事的工作比较专业化,从而在一个城市内部换工作不那么容易有关,除非是在大城市。又要以大学教师为例了,这个行业要换工作的话,非常可能同时要换座城市,甚至换个国家也很常见。需要补充说明的是,在发展中国家,低教育水平的劳动力也经常跨地区迁移,对这一点,我们到下一章再详细讨论。

企业的特殊培训是自愿辞职的一种阻力,不难发现,在职培训较多的企业里,主动辞职的员工的确较少。从职工这一方面来看,只要职工能够部分地分享企业特殊人力资本投资的收益(比如培训之后的工资有所提高),那么职工辞职的动力就下降了。而从企业这一方面来看,往往希望职工能够分担一部分特殊培训的成本,从而降低职工辞职带来的损失。通常,如果培训之后,职工并没有辞职,企业将会在培训结束之后支付职工更高的工资来确保职工不主动辞职。

职工工龄与离职率之间的关系也很有趣,不难理解,职工的工龄越长,离职率

① 参见 Börsch-Supan, Axel, 1990, “Education and Its Double-Edged Impact on Mobility,” *Economics of Education Review*, Vol.9, No.1, 39—53, Table 3。

就越低，因为老职工离职的机会成本高，而离职带来的收益期相对较短。更加有趣的是，在工龄和离职率的关系上，经济的因素似乎比文化的因素要重要得多。通过美国和日本的对比可以说明这一点。日本企业的离职率较低，这与日本企业中工资随工龄上升的速度更快有关，而在美国离职率相对较高。但是，坐落在美国的日资企业的离职率却与日本本地的企业的离职率较为接近，原因也很简单，因为美国的日资企业所实行的收入和工龄挂钩的报酬方案与日本国内企业是一样的，从而在经济上降低了员工离职的激励。

不同性别劳动力的离职率也呈现出不同的特征。一般来说，女性的离职率要高于男性，但如果考虑到女性劳动力的工资较低、工作经历较短等因素，两性之间离职率的差异就少了。此外，在控制了经验和收入的差异后，已婚女性的离职率要高于单身的女性，刚生过孩子的女性的离职率要高于其他女性。这些都与女性照顾家庭和孩子的社会角色有关。

我们最后关心的一个问题是，职业间的流动和企业间（不同雇主间）的流动有怎样的特征，美国的数据显示，职业间的流动更加频繁。通常的观察是，一个职工在同一家企业里往往从事过不同的工作，有时是通过晋升改变了工作的性质（比如说从技术人员变成了管理人员），有时则仅仅是在不同工作间轮岗。如果比较不同行业里职工的辞职率我们发现，消费者服务业职工离职率最高，而公共服务业职工的离职率则最低，其他行业（建筑业、制造业等）的离职率则居中。我们可以用工资差异和特殊培训的差异来对不同行业离职率的差异进行解释，工资较低、特殊培训较少的行业一般来说离职率较高。①

在中国特殊的转型和发展时期，值得特别提一句的是，离职率和户籍身份有明显的关系，非本地户籍的劳动力离职率显著高于本地劳动力。

讨论：假想自己是位企业雇主，离职率非常高的非本地户籍员工群体会怎样影响你的雇用决策？这对经济发展将产生什么样的后果？

8.3 工作搜寻

经济学总是从最简化的理论开始的，但简化的理论往往又不能很好地刻画现实生活，这就需要我们进一步丰富理论。

在简单的劳动力市场供给需求模型中，当市场达到均衡时，所有就业的劳动力都获得同一个市场出清的工资水平。但现实当中的情况是，一方面，几乎同质的劳动力之间的工资差异非常大；另一方面，并不是所有的劳动力都能够在市场提供的工资水平下就业，失业广泛地存在着。工作搜寻（job search）模型就是用于解释这

① 研究不同性别的劳动力离职率的差异和不同行业间离职率差异的文献很多，这里我们就不再详细介绍了。有兴趣的读者可以参考 Filer, R.K., D.S. Hamermesh and A.E. Rees, 1996, *The Economics of Work and Pay*, New York: HarperCollins Publishers: 285—288。

些现象的，在这一模型中失业具有鲜明的“摩擦性失业”的特征。

工作搜寻之所以广泛存在主要有两方面原因。首先，即使是在同一种职业内部，不同职工和不同工作之间也是千差万别的。此外，劳动力在市场找工作然后被企业雇用，这一交易的过程非常复杂，也非常耗费成本，而且这种交易不可能经常重复。所以，为了找到令自己满意的工作，在找工作过程中多投入一些时间和精力仍然是值得的。

8.3.1　工作搜寻的概况

根据工作搜寻过程所用的渠道和所具有的特点，可以用两种维度来区分工作搜寻的种类。一种划分方式是将工作搜寻区分为正式的和非正式的搜寻。前者是有组织的，常常是通过公营的或私营的职业介绍所、学校的毕业就职机构（就业指导中心）等市场中介完成的。非正式的工作搜寻所用的渠道则五花八门，包括亲友的介绍、商店门口的招聘信息，甚至仅仅是挨家挨户地打听。

另一种区分工作搜寻的维度是将其分为粗放的（extensive）和集约的（intensive）搜寻。前者的特点是与聘用方有多次的联络活动（比如说给许多感兴趣的企业寄简历），但并不十分花时间或精力去提高每一次搜寻成功的可能性。而后者的特点则是与聘用方联络活动较少，但对于每一次机会都投入更多的时间和努力，比如说在正式应聘前先研究企业的产品、历史、市场前景，甚至在目标企业里找到亲戚朋友来进行推荐。

不是所有的工作搜寻渠道都能够给搜寻者带来工作的，不同的渠道所能够提供的机会差别很大。无论是现实观察还是经验研究都告诉我们，社会关系网络对于工作搜寻的作用非常大。有亲朋好友介绍的时候，搜寻者比较愿意接受企业的雇用，这或许是因为亲友提供的信息较为可靠。当一个职工通过亲友的介绍找到工作时，他所获得的工资一般来说起点也较高，找工作的人比较愿意接受更高工资的工作。此外，对亲友介绍的人，企业所需耗费的培训费用和监督费用也相对较低。所以，在工作搜寻的过程中，亲友的介绍是一种非常有用的渠道，但是青年人拥有这类机会的可能性又往往较低。

8.3.2　在职职工的工作搜寻

并非所有在市场上进行工作搜寻的人都是失业者。在美国，大约20%的新雇员是直接从另一个岗位中被聘用的，在剩下的部分中，一半是失业者，一半原来属于不在劳动力人口。从人群特征来看，在美国三分之一的成年男性求职者是有工作的，成年女性的相应比例为五分之一，而青年人当中该比例仅为10%。此外，希望每周工作时间多的人，以及那些所获报酬在同类工作中较低的人都更多地进行求职活动。显然，特殊人力资本投资一般在刚开始工作的时候比较少，所以在一家企业留的时间越长，职工到市场上求职的倾向就越低。①

对于在职职工来说，他们进行工作搜寻的成本和收益都不大。从成本角度来看，他们在求职时损失的只是一些闲暇时间，但并没有损失自己的收入。而从收益角度来看，由于在职者已经拥有工作，因此即使工作搜寻最终获得了成功，给他们带来的额外收益也有限。与失业者进行工作搜寻的情况相比，正是因为在职职工进行工作搜寻的成本和收益都有所下降，所以在职者进行工作搜寻的努力并没有明显的差异（参见表8.1）。

表8.1　工作搜寻的努力与成功率（美国，1980年）

	在职职工	失业者		在职职工	失业者
每周的联络活动	2.18	2.11	接受聘用与回复之比	0.55	0.67
回复与联络活动之比	0.24	0.17			

在职的工作搜寻和失业时的工作搜寻孰优孰劣呢？要回答这个问题我们需要比较表8.1中的数据，数据显示，在职者所获得的回复与联系活动的比率比较高一些，同时，也正是因为在职者所获得的回复较多，他们的选择余地也比较多，当接到应聘企业的回复后，他们也不会轻易放弃目前的工作，接受新工作的可能性反而比找工作的失业者更低。

8.3.3　工作搜寻模型

由于大量的工作搜寻都不是“在职搜寻”，因此，搜寻和失业其实就是一块硬币的两面，换句话说，更长时间的失业就是找到更好工作的代价。

1. 工作搜寻的成本收益比较

工作搜寻会带来一些直接的和间接的成本。直接的成本包括交通费、邮费、电话费、报纸的广告费等。间接的成本（机会成本）则主要包括两个方面：一个方面，在工作搜寻期间，人们所放弃的从其他活动中可能得到的效用或收入；另一方面是机会成本，就是当一个人决定放弃当前已经得到的工作机会继续进行搜寻时所放弃的收入。

不难理解，工作搜寻的成本主要是间接成本（机会成本），由此我们可以推断，一些旨在降低工作搜寻的直接成本的政策对于工作搜寻并不会产生明显的影响，但间接成本的变化对工作搜寻过程却有重要的影响。失业保险金是典型的与政府政策有关的工作搜寻的间接成本。更高的失业保险金降低了不接受工作机会而继续搜寻的成本，因此，理论上来说，如果失业保险金水平调低，进行工作搜寻的人和由此而产生的摩擦性失业就会相应减少。通俗地说，如果失业保险金水平降低，那么，尽快找到更好的工作就更要紧了。当然，失业保险金调低可能造成失业者贫

① 有关工作搜寻的数据（含表8.1）均转引自 Filer, R.K., D.S. Hamermesh and A.E. Rees, 1996, *The Economics of Work and Pay*, New York: HarperCollins Publishers: 236。

困，因此，是不是应该用降低失业保险金的方式来减少失业，还需要政府权衡利弊。在实际生活中，社会保障具有向下的刚性，往上调容易，向下调困难。面对人们对调高失业保险金的呼吁，政策制定者要充分意识到，这可能会增加失业率。

2. 一个简单的成本收益模型

既然工作搜寻既有成本又有收益，那么，简单的推理就可以告诉我们，最佳的工作搜寻次数出现在搜寻的边际收益与边际成本相等的时候。更为通俗地来说，如果再增加一次搜寻，带来的收益是大于经济和心理成本的，那就再找一次工作。如果成本已经大于收益了，那就接受目前已经找到的工作吧。

我们不妨用图 8.1 来说明工作搜寻最佳次数的决定。在图中，我们假定搜寻次数是个连续变量，然后我们可以分别用向右上倾斜的 MC_0 和向右下倾斜的 MR_0 表示增加工作搜寻次数所带来的边际成本和边际收益。我们不难找到一些原因来说明为什么工作搜寻的边际成本是递增的，而边际收益是递减的。边际成本递增的原因在于：(1)工作搜寻一开始总是从成本最低的机会开始的；(2)工作搜寻的时间越长，一个人已经拥有的工作机会的收入就越高，进一步搜寻的机会成本也就越高；(3)工作搜寻的时间越长，搜寻者越可能耗尽他的失业保险金和储蓄；(4)工作搜寻的时间越长，周围人以及自己给自己的心理压力都更大。边际收益递减的原因与此类似：(1)工作搜寻往往从最有希望的机会开始；(2)随着搜寻过程中得到的工资越来越高，进一步搜寻获得更高工资的难度也越来越大；(3)工作搜寻的时间越长，搜寻者在剩下的生命周期中享用更高工资的时间也越短。

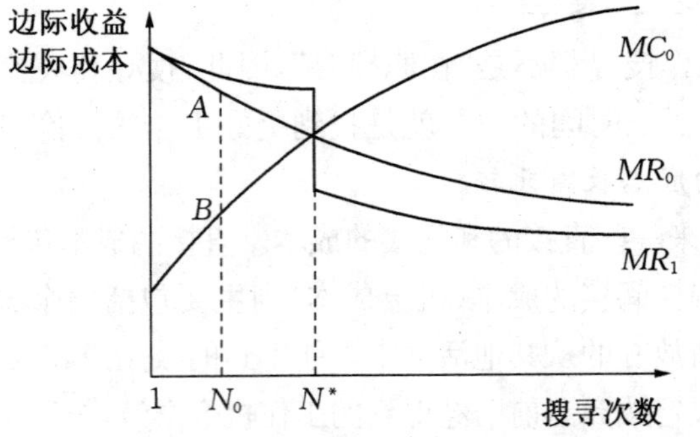

图 8.1　工作搜寻的最佳次数的确定

从图 8.1 来看，当一个人的搜寻次数为 N_0 时，工作搜寻的边际收益要高于边际成本，因此，他会继续地搜寻，直到搜寻次数达到 N^* 时，进一步增加搜寻次数的边际成本与边际收益相等，换句话说，进一步的搜寻不能再让总收益继续扩大了，这时的搜寻次数是最佳的。

图中的边际收益曲线和边际成本曲线是平滑的，这描述的是许多职工进行工作搜寻的平均的边际收益和边际成本，但是对于单个的搜寻者来说，边际收益和边际成本曲线却不可能是平滑的。更为现实的情况是，当一段时间里没有(或很少)新的工作机会时，搜寻的边际收益下降得很慢，但突然间，来了一个相当好的工作机会，这时，进一步搜寻的边际收益就会迅速下降至低于边际成本的水平，这种情况在图中用一条拐折的曲线 MR_1 表示。显然，搜寻者将在 N^* 次搜寻之后接受最后一个工作机会。

经济学家在上面这个简单的模型基础上，后来又发展了大量的工作搜寻模型，但是尽管考虑的因素更加多，模型也更加的复杂，却没有得出很多新的结论，因此我们也就不再展开更深的讨论了。①

3. 保留工资（reservation wage）

关于工作搜寻的第二类模型是建立在保留工资这一概念之上的。在上面的这个工作搜寻的成本—收益模型中，搜寻者需要根据他所掌握的信息事先确定一个最佳的搜寻次数，然后按照这个确定的次数进行工作搜寻。不难发现，这一规则似乎与我们的经验有一些距离。有的经济学家认为，人们的工作搜寻过程是这样的，当他开始进行搜寻时，他并不知道自己将会搜寻多少次，只是根据他所掌握的有关劳动力市场和工资分布的一些有关信息大致估计一个可以接受的最低工资报价，这个最低的工资报价就是"保留工资"，俗称"心理价位"。当他有了这个心理价位后，他开始进行工作搜寻，如果企业提供的工资低于他的心理价位，那么他拒绝这份工作；一旦企业开出的工资高于他的心理价位，他会立即接受这份工作，并停止工作搜寻活动。在这样的搜寻原则下，搜寻次数不是事先确定下来的，最后的搜寻次数取决于搜寻者保留工资的高低，以及他在工作搜寻过程中的运气如何。

4. 一些评论与比较

无论是成本—收益模型，还是保留工资模型，其实都是在为失业寻找一个解释。这种解释在实质上是表达了这样一个意思：如果承认劳动力市场不是完美的，那么，一个人失业之后，就不太可能立即找到工作，而他在多长的时期里能够找到工作，从搜寻的角度来看，其实就是一个成本—收益决策，或者说是取决于他的保留工资水平和找工作时的运气。

同一个现象可以找到不同的解释，每一种解释都有特定的视角，也有特定的假设。在实际生活中，对一个具体的现象来说，需要活学活用。比如说，在劳动力市场上，保留工资的工作搜寻方式与成本收益比较的工作搜寻方式并不是完全不相关的。让我们来思考一下保留工资是如何确定的。如果一个人确切地了解劳动力市场的各种信息，特别是市场上工资的分布，那么他可以根据这些信息来确定一个期望的工资来作为自己的保留工资。但是，劳动力市场的信息是不完全的，特别是作为单个的劳动力对整个市场的信息往往掌握得不够充分，更不要说在中国这样一个劳动力市场经历了剧烈变化的国家。在这种情况下，搜寻者在市场上已经得到的工资报价就成为不断修正他的保留工资的信息。一种最为简单的做法就是把已经获得的工资报价中最高的一个作为自己的保留工资。另一种可能是将保留工资确定在

① 较为经典的有关搜寻理论的综述可参见 Rogerson, Richard, Robert Shimer and Randall Wright, 2005, "Search-Theoretic Models of the Labor Market: A Survey," *Journal of Economic Literature*, 43(4):959—988。

高于已经获得的工资报价之上，如果所获得的工资报价不断在升高，那么这个搜寻者就会调高自己的保留工资；反之，如果他发现工作很难找，获得的工资报价都低于原来的期望，那么他就会调低自己的工资报价。这种工作搜寻的原则实际上也就是在每一次搜寻过程中比较搜寻的成本（所放弃的工资报价）和收益（期望可能得到的工资报价）。因此，上面提到的两类工作搜寻模型之间并没有实质性的区别。

8.3.4　工作搜寻与摩擦性失业

不管工作搜寻模型是怎样描述搜寻过程的，可以肯定的一点是，工作搜寻活动是导致失业的重要原因。正是由于每天都有很多人在市场上找工作，所以才会有大量的失业者。换句话说，失业不是因为劳动力市场的功能有问题，相反，恰恰是因为劳动力市场在发挥它的功能才会有失业，遗憾的是，劳动力市场还远远不是在信息充分的"无摩擦"状态下运行的。

如果失业的确主要是由工作搜寻过程导致的，那么这种失业就是一种摩擦性失业（frictional unemployment），一种结构性的失业（structural unemployment）。从理论上来说，我们可能会因此而观察到失业率和空位率之间的负相关关系：当失业率很高时，进行工作搜寻的收益就会下降，所以很少有人会在失业率高的时候辞职去换工作，于是空位率较低；当失业率很低时，找工作变得容易了，于是就会有大量的人辞职，试图找到更好的工作，这时空位会相应地升高。这种失业率和空位率此消彼长的关系可以用图 8.2 中的贝弗里奇曲线来表示。①

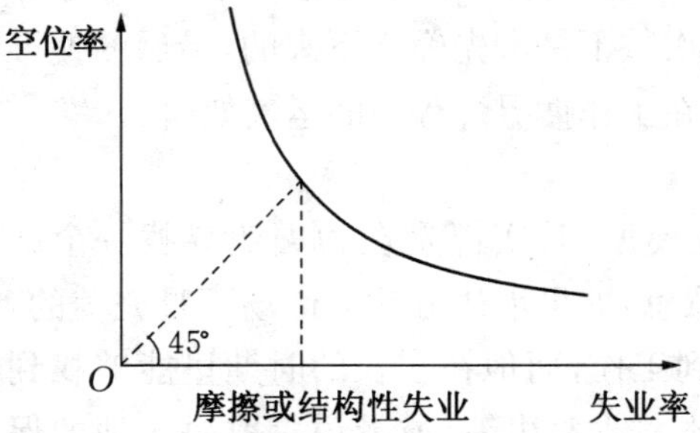

图 8.2　贝弗里奇曲线

图 8.2 中的曲线表示出了失业率和空位率之间的负相关关系，这条曲线与 45°线相交的地方所对应的失业率是与空位率相等的失业率，也就是摩擦性或结构性失业率。如果失业率超过了空位率，那么失业率减去空位率后剩下的部分就是由其他原因（如经济周期）所导致的失业率。有研究发现，由贝弗里奇曲线所描述的失业率和空位率之间的负相关关系的确是存在的，而且随着时间的推移，该曲线还有向上移动的趋势，这表明，在同样的空位率下，失业率更高了，结构性失业可能越来越严重。不过，工作搜寻模型对于失业的解释作用是有限的，这一理论主要是解释摩擦性失业的，但是当一个经济中出现较高的失业率时，往往还有其他导致失业的原因在起作用，我们将在第 10 章中详细讨论失业理论。

① 参见 Beveridge，W.H.，1909，*Unemployment：A Problem of Industry*，London：Longmans & Co.中的开创性研究。

讨论：现在让我们暂且假设，一个经济中的失业完全是摩擦性的，那么，对于公共政策制定者来说，下面这样一些政策会对失业率产生什么影响？为什么？如何应对劳动力市场的变化？

(1) 提高失业保险金水平；

(2) 对产能过剩的钢铁行业进行去产能政策，停止对该产业亏损企业的贷款；

(3) 对于一些劳动力市场上提供求职服务的中介机构进行清理，或者对其加强征税管理。

上面我们讨论的是一些与公共政策有关的问题，下面这则阅读材料看似与公共政策没有直接关系，在学习了搜寻理论之后，你对这些现象的解释是不是有新的想法？

【阅读】

啃老族

啃老族，又称“吃老族”或“傍老族”，或者尼特族，尼特族是 NEET 中国台湾地区的译音，NEET 的全称是(not currently engaged in employment, education or training)，最早使用于英国，之后渐渐地使用在其他国家；它是指一些不升学、不就业、不进修或参加就业辅导，终日无所事事的族群。在英国，尼特族指的是 16—18 岁年轻族群；在日本，则指的是 15—34 岁年轻族群。

“啃老族”并非找不到工作，而是主动放弃了就业的机会，赋闲在家，不仅衣食住行全靠父母，而且花销往往不菲。“啃老族”是年龄都在 23—30 岁之间，并有谋生能力，却仍未“断奶”，得靠父母供养的年轻人。社会学家称之为“新失业群体”。

据中国媒体调查，“啃老族”主要有以下六类人：

一是大学毕业生，因就业挑剔而找不到满意的工作。

二是以工作太累太紧张、不适应为由，自动离岗离职的，他们觉得在家里很舒服。

三是“创业幻想型”青年，他们有强烈的创业愿望，却没有目标，缺乏真才实学，总是不成功，而又不愿“寄人篱下”当个打工者，占 20%。

四是频繁跳槽，最后找不到工作，靠父母养活着。

五是下岗的年轻人，他们习惯于用过去轻松的工作与如今紧张繁忙的工作相比，越比越不如意，干脆就离职，约占 10%。

六是文化低、技能差，只能在中低端劳动力市场上找苦脏累工作，因怕苦怕累索性呆在家中。

“啃老族”适应环境的能力较弱，在中等教育阶段没得到专业的职业技能训练或没能很好接受职业技能培训，在就业市场中缺乏优势或根本不想就业。

如今"啃老"已成为一种较普遍的社会现象，中国社科院社会学所研究员李春玲认为可以将"啃老族"分为失业、待业人员群体和低收入就业人员群体。

早在2009年就有报告数据显示，中国大学毕业生中有多达16.51万"啃老族"，他们大多是因为找不到工作，被迫加入"啃老族"队伍的，他们认为"啃老"是理想与现实之间的矛盾所致，是无奈之举。然而今天，越来越多原本有工作的年轻人却主动辞职回家，加入了"啃老族"的队伍。从某种意义来说，就是从"被动啃老"变为"主动啃老"。

8.4 劳动力迁移

迁移是指劳动力变换居住(工作)的地点，通常都是指跨地区迁移(migration)。改革开放特别是20世纪90年代以后，中国劳动力迁移规模迅速扩张。迁移人口规模从1982年的657万人增加到2010年的2.214亿人，增长了33倍。而在此期间，中国的总人口仅仅增长了30%。如图8.3所示，跨地区迁移人口(即外来人口)占总人口之比已经从1982年的0.65%急速上升到2010年的16.53%。

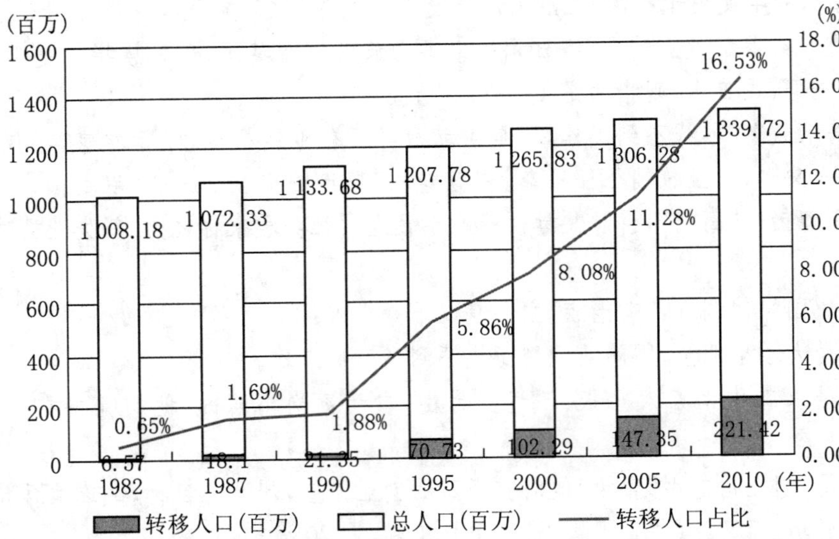

资料来源：1982年至2005年迁移人口数据来自段成荣、杨舸、张斐、卢雪和，《改革开放以来中国流动人口变动的九大趋势》，《人口研究》2008年第6期。2010年迁移人口数据来自中国第六次人口普查。总人口数据来自1982年第三次人口普查、1987年的人口抽查、1990年第四次人口普查、1995年的人口抽查、2000年第五次人口普查、2005年的人口抽查、2010年第六次人口普查。

图8.3　1982—2010年中国迁移人口数量及其占比

那么，我们怎么理解劳动力迁移现象呢？

8.4.1 个人的迁移决策

个人的迁移决策同样可以用成本收益框架来分析。在美国，有数据显示，年轻人和高技能（或受教育水平高）者有着更高的迁移倾向。

随着年龄的增长迁移率有所下降的原因主要有两点：一方面，年龄越小，迁移后获得更高收入的收益时间越长；另一方面，一个人很容易随着年龄的增长而产生对工作单位、生活的地区以及周围的邻居、同事和朋友的感情，而这些都会带来迁移的心理成本，考虑到迁移的心理成本就会降低迁移的收益率。

受教育水平较高的人流动率较高的事实反映出，这类人的工作选择范围非常的广阔。一个小地方往往不能够为专业分工很强的人才提供令人满意的工作。不同地区之间同类工作的工资差异也是吸引高素质人才流动的重要原因，而越是难以标准化的工作（比如职业经理、大学教授）在不同地区的收入差距越大。

8.4.2 一些影响迁移的因素

1. 不确定性的影响

在简单的成本收益分析框架之下，正在进行迁移决策的人对于有关收入的信息是非常清楚的，但这一假定显然与现实有着一定的差距，因为人们在考虑是否迁移的时候往往并不确定地知道自己将有一份怎样的工作。实际生活当中，大量的迁移决策并不是在找到新工作之后才做出的。迁移后所找到的工作的收入是不确定的，更为重要的是，是否在迁移后能够找到工作也是不确定的。当迁移后新工作的不确定性增大时，对于风险规避的人来说，他就需要修正自己对迁移的收益的预期，更高的不确定性必须通过更高的收入来补偿。

显然，失业率和空位率都是影响不确定性的重要因素，因此，人们总是愿意迁移到失业率更低，空位率更高，从而不确定性更小的地区。正是因为不确定性是影响迁移的重要因素，我们可以从这一角度来理解为什么迁移率是与教育程度正相关的，因为教育程度较高的人一般对于市场信息的掌握程度也较好，在目的地找到工作的可能性也比较高，这就有效地降低了他们迁移的不确定性。同样道理，我们也可以用类似的原理来理解为什么在一个城市里，很多移民都来自于同一个地方，比如说巴黎的温州人特别多。北京、上海的外来劳动力也往往是老乡相互介绍来进城的，其中的经济解释就是老乡和亲友的介绍有效地降低了迁移后收入的不确定性。

在发展经济学里，托达罗还用上述理论来解释为什么城市失业率和农村向城市的大规模移民是并存的。他认为，决定劳动力流动的因素是城乡间的期望收入差别，在城市，期望收入就是名义收入乘以（1－失业率），失业率越高，风险越大，在城市找工作的期望收入就越低，农村居民的移民倾向就会下降。①

2. 距离的影响

距离显然是一个制约迁移的重要因素。这里，我们主要需要考虑距离因素引起的迁移成本的增加。首先，距离肯定影响交通成本，而一个人迁移之后总还是要不断回到故乡的，这来来回回很多次的交通成本不能不考虑。其次，心理因素是很重要的，离家近一些，制度、语言、文化、生活习惯，甚至宗教信仰都比较接近一些。心理因素对迁移成本的影响甚至还会超越简单的距离概念，比如说，从上海到日本比从上海到陕西近多了，但前者却跨越了国界，由此引起的客居他乡的感觉绝不是在陕西可以感受到的。第三，也是非常重要的是，有关劳动力市场的信息的充分程度往往也与距离很有关系。如果生活在上海，我们就对江浙一带的事情熟悉得多，而对东北、西北则感觉比较陌生。原因很简单，一般来说，我们的亲朋好友和同学都离得不太远，他们可以提供很多信息。就算没有朋友的帮助，我们还可以用较少的成本到近的地方去看看嘛。大学毕业生常常会愿意在学校所在的城市就业，这也与几年生活经历积累了对所在城市的了解有关。在中国，从 2010 年人口普查数据来看，83%居民的现住地与出生地是在同一个县(区)，9%左右是同属于一个省但不同县(区)，只有 8%是跨省的。

3. 住房的影响

住房对于迁移的影响也很有趣，一般来说拥有住房的人迁移率(换工作率)都比较低一些。反过来说可能更好理解，工作稳定的人更加会选择买房子而不是租房子住。在转型国家中，曾经因为住房市场不甚发达，这就对劳动力流动产生了负面的影响。住房是公有的，但工作机会较多的地方又往往是私有经济发展较快的地区，这就导致了不同地区失业率的差异。可以推断，在转型经济当中建设一个高效率的商品住房市场一定有助于劳动力的流动和劳动资源配置效率的提高。

讨论：当前中国只有少数地方对于住房按其市场价值征收物业税，同时，对于住房的交易却征收了相对来说比较重的税。请问，这种制度安排对于劳动力迁移会产生什么影响？

需要特别提醒读者们，从成本收益决策的角度来理解劳动力迁移是非常重要的。在这样的视角下，迁移行为总体上是因为迁移之后比迁移之前更好了。即使在信息不对称和存在不确定的情况下，迁移之后发现自己决策错误，这个人再迁移回老家，或者迁移到其他地方，仍然是个理性的决策，是在改进自己的福利状态。而从全社会的角度来看，劳动力迁移本质上是在改善劳动力资源的配置效率。而且，在人口总数给定的情况下，一个国家有人口流入地，就一定会有相应的人口流出地。在城市和农村之前，如果城市化水平不断提高，农村地区的居民就一定会减

① Todaro, M.P., 1969, "A Model of Labor Migration and Urban Unemployment in Less Developed Countries," *American Economic Review*, 59(1):138—148.

少，从而出现空心村和“农村衰败”的现象。对于经济社会发展过程中出现的一些现象，要学会从源头上的制度背景和行为选择去理解，而不宜以个人的好恶来给出价值判断。下一章，我们还将有针对性地讨论城乡和区域间的劳动力流动问题。

8.5 劳动力的国际迁移和人才流失

劳动力的流动也在国与国之间发生。在经济全球化的过程中，居住地和出生地不在同一个国家的人口在世界人口中所占的比重在上升。据中国与全球化智库和社会科学文献出版社《中国国际移民报告(2014)》蓝皮书显示：2013 年世界移民人口数量达到 2.32 亿，占世界人口总数的 4.2%，比 2010 年的 2.14 亿增加了 0.18 亿，比 2005 年的 1.95 亿增加 0.37 亿。2000—2013 年间，移民人口数量年平均增长率 2.2%。对于发展中国家来说，国际间的移民突出地表现为人才流失问题(brain drain)。而对于发达国家来说，主要的政策争论集中在是否应该更为严格地控制从发展中国家迁移来的大量移民。

同样道理，国际移民活动也是个人选择的结果。移民的成本包括交通费用、重新搜寻工作的成本，以及离乡背井到达一个陌生环境带来的心理成本；但移民后能获得更高的收入、更好的研究设备和学术环境，以及给后代更好的教育环境和机会。一个理性的个人会比较移民的成本和收益，当收益大于成本时，就会选择国际移民。

8.5.1 国际迁移的特点

国际移民活动存在以下三个特点：

第一，移民中以年轻人和高技能劳动者为主。同等教育程度情况下，随着年龄的上升，移民比率迅速下降，而在相同年龄段，受教育的时间越长，移民倾向越大。在移民前后收入差异一定的情况下，年轻人预期获取更高收益的时间较长，而且对年轻人而言，心理成本也比较小，因此这一人群移民倾向较大。而劳动者受教育时间越长，移民带来的收入差异就越高，因此移民率也就越高。而因为是国际移民，移民的目的国通常通过各种制度来挑选他们想要的移民，教育往往就是重要的标准。

第二，人才流失的方向是从发展中国家流向发达国家。由于教育和其他人力资本的回报率在发达国家高于发展中国家，因此高技能劳动者的流动方向几乎都是由发展中国家流向发达国家。大量的统计资料也证明了这种趋势。同样根据中国与全球化智库和社会科学文献出版社《中国国际移民报告(2014)》蓝皮书显示：美国是拥有移民人数最多的国家，大约每 5 个移民就有一个在美国。截至 2012 年，美国拥有的移民总数达到 4 578.5 万人。向发达地区流动一直是国际移民的大趋势。1990 年至 2013 年，北美地区的移民输入最为明显，所拥有的移民比例从

18%提高到23%;中东—北非拥有的移民占比从10%提高到14%;亚太地区、撒哈拉以南的非洲、拉丁美洲—地中海地区,比例均有所下降。

第三,迁入国和输出国的政策会对个人的移民决策产生重要的影响。发达国家普遍采取向高技能者倾斜的移民政策。由于英、美、加这三类国家总体上制度较灵活,税负较轻,人力资本的回报较高,因此吸引了来自发展中国家、欧洲大陆国家以及前苏联国家大量的高技能者。而美国又因为体制特别灵活,高技能劳动者收入特别高而成为了全世界的"人才高地",吸引了包括英国和加拿大在内的世界各国的人才。

讨论:2015年以来,伴随着叙利亚的危机,大量难民涌入欧洲,被认为带来了"难民危机"。在这一问题上,支持和反对接受难民的观点截然对立。请自行收集一些相关的材料,来了解一下双方的观点,并进行相应的评论。

面对日益增长的城市人口,中国的一些城市也开始使用"积分制"来控制外来人口在本地落户的数量,并且在积分制中设置了教育水平的相关条件。请问,你怎么评价这件事?国际移民和国内移民的政策有什么本质区别?(提示:如果阻碍国内的地区间移民,地区间的收入差距会怎样?作为较发达地区,能够不管欠发达地区吗?怎么管?而在考虑国际移民问题的时候,有什么不同?)

【背景】

关于欧洲移民危机,你该知道的10个数据

据欧盟边境机构Frontex统计,2015年1至7月有34万非法移民进入欧洲。很多人说,欧洲正遭遇第二次世界大战以来规模最大的移民危机。

近日,英国《卫报》发表了帕特里克·金斯利(Patrick Kingsley)对于欧洲移民危机的解读。在他看来,虽然很多人把英国视为难民的福地,但英国对于难民的收容、补助都微乎其微。另一方面,很多难民并非源于非洲,也并不单纯因为经济问题才想移民。为方便读者理解,他举出了10个数据。

62%

按英国外交大臣菲利普·哈蒙德、英国内政大臣特丽莎·梅等人的假设,多数难民是为了"摆脱贫穷"移民欧洲,但这一理由在国际社会看来说服力不足。事实上,根据联合国的数据,截至今年7月底,那些船渡至欧洲的人中有62%来自叙利亚、厄立特里亚和阿富汗。

而这些国家,正被战争、独裁压迫和宗教极端主义撕裂。他们的公民似乎有往欧洲避难的合法权利。如果算上来自苏丹达尔富尔地区、伊拉克、索马里和尼日利亚的一些地区，那么有资格申请庇护的移民总比例会超过70%。

50%

在哈蒙德等人的言辞中，当代欧洲移民基本来源于非洲。但实际的情况是怎么样的？根据联合国的数据，今年50%的移民来自叙利亚(38%)和阿富汗(12%)。若算上来自巴基斯坦、伊拉克和伊朗的移民，答案变得更加明显：来自非洲的移民数量明显少于总数一半。

0.027%

哈蒙德认为难民会加速欧洲社会秩序的崩溃。但实际上，今年难民的数量(20万)是如此微不足道，它占欧洲总人口(7.4亿)的0.027%。帕特里克·金斯利认为世界上最富有的欧洲应该很容易接纳这样一种相对小的"涌入"。

120万人

由于难民危机，一些国家的社会基础设施正受到威胁——但这些国家不在欧洲。最明显的例子是黎巴嫩，总人口约450万，但容纳了120万叙利亚难民。一个在规模上小于欧盟100倍的国家却已经在难民接纳数上超过了欧盟50倍，而这一数据甚至已经包括了欧盟在未来才考虑安置的难民数。因此帕特里克·金斯利说："黎巴嫩有难民危机，但欧洲，特别是英国没有。"

4%

去年秋天，欧盟选择暂停在地中海进行全面的难民海上援助，因为这一行动被认为鼓励更多难民冒着风险从利比亚到欧洲。但在现实中，移民还是源源不断地来了。援助中断的那个月，难民同比增长4%。

国际移民组织日前发布的最新数字显示，今年已有23.7万名非法移民横渡地中海进入欧洲，很多人在途中丧命(今年4月18日，800名非法移民在地中海沉船事故中遇难。国际移民组织的数据显示，今年以来已有2 300多名非法移民在偷渡欧洲时命丧地中海)。联合国难民署的统计显示，今年以来抵达希腊的移民数量已超过10.9万人，其中大部分是难民。

而在2014年，只有2.674万人试过偷渡欧洲。帕特里克·金斯利认为，差距表明难民要么根本不知道有援助的存在，要么不受其暂停影响。

110亿欧元

在哈蒙德和戴维·卡梅伦看来，解决移民问题的方案就是"增加驱逐"。他们认为这将节省英国的开支，因为用于安顿寻求政治避难者的支出就少了。然而，这种策略忽略了驱逐本身的成本。根据一系列调查移民文件，自2000年以来花在遣返移民上的支出已高达110亿欧元。

1%

按英国主流媒体说法，法国加来是欧洲移民危机的主要战场，英国也是这些难民梦寐以求的目的地。但迄今为止，去加来的难民仅占移民欧洲总人数的1%。有消息称约2 000至5 000位难民到了加来，这不过是到意大利和希腊的移民数(超过20万人)的1%至2.5%。

36.95 英镑

许多人声称英国是一个令人垂涎的移民目的地，因为它有慷慨的福利制度。但大多数移民其实不了解欧洲国家收容制度的本质，尤其英国的庇护是不真实的。每个避难者在英国获得微薄的 36.95 英镑以维持生活，但他们通常不被允许找工作。

在法国，类似福利政策可能会推高加来的难民数，实际上加来的难民得到的补助更多。根据数据库(the Asylum Information Database)，寻求庇护者一个星期在法国能获得 56.62 英镑。而德国和瑞典——两个最受欢迎的移民目的地，一周时间里分别支付难民 35.21 英镑和 36.84 英镑，略低于英国。

25 870 人

2014 年有 2.587 万人在英国寻求庇护，只有 1 万多人被接受。帕特里克·金斯利提出，在接受难民的欧洲国家中，若按人口规模的比例计算，英国比比利时、荷兰和奥地利都要差。如果按 2015 年利率算，那么即使是负债累累的希腊，也超过了英国。

−76 439 人

在英国的难民数量自 2011 年以来已经减少了 76 439 人。根据英国的难民委员会消息，在过去的四年里英国的难民数量从 19.36 万人下降到 11.71 多万。相比之下，据联合国统计发展中国家在过去的十年里的难民安置比例已经从 70%上升至 86%:“英国可以做更多。”

资料来源：澎湃新闻网(上海)，2015 年 8 月 28 日。

8.5.2　对输入国劳动力市场的影响

从直觉来说，来自国外的移民的直接影响是减少本国居民的就业机会，要增加本国居民的就业就应该对外国移民进行清退，持这种观点的多为政府官员和社会公众，也经常成为反移民政策的理由，但这种观点却是值得仔细推敲的。

首先，移民和本国居民之间的就业通常没有完全的替代性。实际情况是，两者之间的关系往往是互补的，而不是互替的。一方面，发达国家的移民当中有相当多的人是高科技人员，这些人员多一些不仅不减少本国居民的就业，相反还会大大带动经济的增长和就业的增加。另一方面，很多来自于发展中国家的移民是低技能的劳动力，这些劳动力从事的工作大多是处于社会底层的工作，收入也较低，发达国家的本国居民一般都不愿从事这些工作。

其次，即使移民和本国居民在劳动力质量上没有任何差异，对移民的清退(或更严的控制)也并不会等量地增加本国居民的就业，也不一定会降低发展中国家居民的移民倾向。道理很简单，在清退移民就业时，市场上的总体劳动力供给量下降，于是，市场均衡工资将随之上升，这时，市场上的劳动力需求总量就会减少，因此，被清退的劳动力数量不会完全转化为本国劳动力的就业。

【模型】

清退移民政策的结果

我们不妨借助于一张图来分析政府清退移民政策的影响。在图 8.4 中，AC 是劳动力的需求曲线，BD 是本国劳动力的供给曲线，而 BD 右边更平坦的曲线是包含移民在内的劳动力总供给曲线。总供给曲线之所以更平坦，是因为移民供给对工资的上涨所做出的反应比本地劳动力更敏感。举例来讲，如果工资上涨一单位引起美国国内劳动力供给增加一单位，那么来自于中国、印度等世界各国的移民的劳动力供给将增加更多。

在未对移民进行限制之前，市场的均衡点出现在 C 点，均衡工资为 W_2，就业量为 L_2，其中 L_3 是本国劳动力，$L_2—L_3$ 是移民。对移民实行清退后，供给曲线左移，新的均衡点出现在 B 点，此时，均衡工资为 W_1，就业量为 L_1。可以很明显地看出，清退政策造成两个后果：首先是工资从 W_2 上升到 W_1，其次是由于工资的上升，$L_2—L_1$ 的岗位消失了。换句话说，清退外国移民并不 1∶1 地增加本国劳动力的就业。

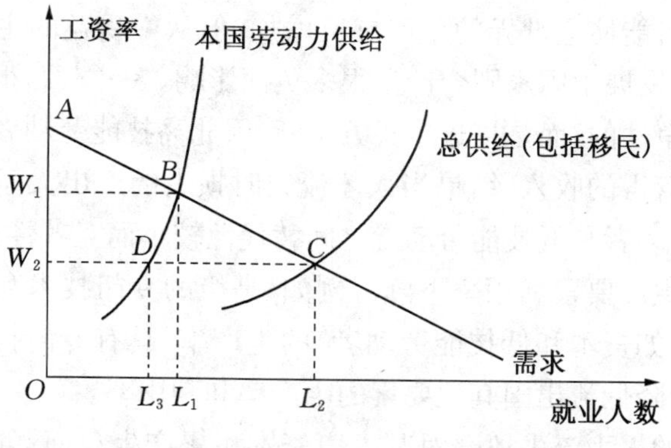

图 8.4　移民对本地劳动力市场的影响

上面我们假定来自国外的移民被全部清退了，但现实中清退移民只是造成移民就业的概率下降而已，同时均衡的工资水平却上升了。综合起来看，移民的期望工资水平（工资与就业概率的乘积）却并不一定下降。不难发现，移民的期望工资的变化与劳动力需求曲线和供给曲线的斜率有关，在新的均衡之下，移民的期望工资并不一定下降，所以，除非有非常严格的遣返移民的政策，否则清退移民就业并不一定能减少来自国外的移民规模。

8.5.3　对输出国的影响

由于发展中国家向发达国家的移民中很大一部分是高素质的人才，因此，这种人才流失现象倍受发展中国家的关注。

尽管移民本身是一种个人选择，但经济学还需要从整个国家和社会的角度出发来看待人才流失问题。人才流失对迁入国和输出国会产生不同的影响。这种劳动力流动对迁入国的经济发展会起到促进作用，这一点几乎是公认的，但是它对于输出国的影响却存在诸多争议。

传统理论认为，这部分国际移民在国外的收入和劳动生产率都有所提高，因此通过生产要素的流动使全世界的福利有所增加。从输出国角度来看，如果劳动力市场是竞争性的，每个劳动者获得的收入与他的边际产品是相等的，一个移民迁往别国后，减少了对本国产出的贡献，但同时也放弃了相当数量的国民收入，因此输出国并没有损失。相反，通过国际移民，这部分劳动者获得了更高的收入，其中相当一部分会以汇款的形式返回输出国，会对输出国的经济发展产生一系列正面效应。海外移民能够促进国际间的文化、经济、技术和信息的交流，迁入国先进的生产技术、管理体制会对输出国产生辐射和示范效应。据中国与全球化智库和社会科学文献出版社《中国国际移民报告(2014)》蓝皮书显示：2012 年，国际移民汇款回国超过 4 000 亿美元，而当年的官方发展援助仅为 1 260 亿美元。

上述关于劳动力国际流动的理论虽然有一定的道理，但是随着国际移民日益成为由发展中国家向发达国家的单向人才流失，对它的影响也就有了新的认识。人才流失虽然有可能使全世界的生产有所增加，但从中受益的主要是作为迁入国的发达国家，而对发展中国家则会产生很多负面影响。一方面，很多发展中国家的人才市场不是竞争性的，而是接近于买方垄断，因此高技能劳动者创造的边际产品可能会超过他们获得的收入，结果当人才流失时损失的产出大于节约的收入。另一方面，高技能劳动者与低技能劳动者之间替代性较小而互补性很大，人才流失还会使与之互补的生产要素利用率下降。例如，高级的专门技术和管理技能可以增加其他生产要素(如资本和低技能劳动者)的生产率，具有专门技术和管理才能的人流出到外国，会降低流出国其他要素的生产率和利用率。

发展中国家的人力流失还会对其人力资本积累产生负面影响，最终将损害经济的长期增长，不利于国家的可持续发展。在大多数发展中国家里，教育成本中相当大一部分是由国家负担的，并且教育等级越高，国家负担的开支越大，当高技能劳动力迁往外国时，输出国遭受了损失，必须投入巨额的调整成本才能恢复原来的人力资本规模。

目前，关于发展中国家向发达国家的人才流失问题对发展中国家产生了什么样的影响，还很难做出有说服力的综合评价，不能不说这是一种遗憾。

8.6　中国的工作转换、工作搜寻和迁移

劳动力流动是劳动资源进行配置和再配置的重要过程，但是在长期的计划就业体制下，中国的劳动力流动率是非常低的，一个劳动力在初次工作时得到的工作

往往就是他一生中的工作，即使有换工作的可能，也不是通过市场渠道实现的，而是政府部门或组织上的行政命令在起作用。这种劳动资源只有初次配置而缺乏再配置的情况下，是谈不上“劳动力市场”这一概念的。

改革开始以后，特别是 1986 年劳动合同制推行以来，具有“一次定终身”性质的计划就业体制有了重大的改革，劳动力市场逐步得以建立。进入 20 世纪 90 年代以来，中国的理论界对于“劳动力是商品”“社会主义国家也会有失业”等基本问题统一了认识，就业体制的改革步伐也加快了。特别是 1996 年以来，以分流国有企业富余人员为目标的再就业服务中心工作的开展取得了重大进展。另外，随着我国的劳动力市场的不断发育完善，户籍制度对于中国地区间和城乡间的劳动力流动的制约作用总体来说也有所下降。

中国的劳动力流动现象是在就业体制改革和劳动力市场发育的过程中逐步形成和发展的，这就使中国的劳动力流动呈现出一些不同的现象，其中，主要表现为劳动力在城镇不同就业体制环境下的“体制间”流动，以及以劳动力的城乡和地区间迁移。下面，我们还是分工作转换、工作搜寻和劳动力迁移三个方面来总结中国劳动力流动过程中呈现出的一些特征。

8.6.1 工作转换

与西方国家相比，中国长期以来实施着计划色彩较重的就业体制，劳动力流动性较低，表现在工作转换方面，辞职率并不高。以失业人员的构成为例，2004 年因为辞职而失业的人加上被辞退或合同期满的失业人员总共才占到全部失业者的 14.5%，而 1999 年这一比例为 12.9%，1997 年仅为 5.7%①，这一方面说明工作的调整主要还是由于被动的原因导致的，比如单位破产、下岗后离开原工作单位等，另一方面也说明中国劳动力主动流动的意识正在迅速提高。应该注意的是，在中国，由于失业保险金水平不高，而且制度规定只有被动失业的人才能领取失业保险金，因此很多人辞职后是不去登记为失业的，这就可能使统计数据中的失业人数被低估，因为辞职而失业的人数更是可能被低估。

中国在经济转型的相当长的一段时期里，实行着具有二元色彩的就业体制，在国有部门工资水平相对较低，人才发挥才能的机会较少，而对于低技能的劳动力来说，国有部门却能够提供更好的保障（较低的失业风险）和高于市场竞争水平的工资。相反，在非国有部门，工资和就业主要是由市场的供求力量决定的，因此高技能的劳动力在这一部门能够拥有更高的收入和更好的发挥才能的机会，而低技能的劳动力则只能得到较低的市场竞争性工资，同时还要面对相对较高的失业风险。在这一制度背景下，较能干的人和那些高技能劳动力都纷纷流向非国有部门，特别是其中的风险偏好者。而那些低技能劳动力则更倾向于留在国有部门，以回避市

① 参见《中国劳动统计年鉴 2005》《中国统计年鉴 2000》和《中国统计年鉴 1998》，中国统计出版社。

场竞争可能带来的风险。

国有部门富余的低技能职工不愿离开原单位的现象在中国的经济转型时期也非常普遍，有时即使国有企业已经濒临破产，企业的职工仍不愿意与原单位解除劳动关系，因为这部分劳动力走向市场以后很难找工作，这就大大降低了他们脱离原单位后的期望收入。相反，在原单位呆着不仅可以继续得到由企业提供的收入和福利，还可能得到由政府和企业提供的更多的再就业机会。在这种理性选择下，就一度产生了国有企业富余职工对于企业的"粘连"现象。

中国在体制转轨时期所表现出来的工作转换现象显然具有鲜明的"中国特色"。在发达国家往往是低技能的劳动力工作转换的几率更高些，而在中国的经济转轨时期情况则恰恰相反——国有企业里的低技能劳动力"粘连"着负重不堪的原单位，而高技能劳动力（包括管理人才、技术人才等）却被非国有部门的高工资吸引而频频"跳槽"，这也对国有企业的市场竞争能力构成了威胁。

近些年来，劳动力市场改革已经逐渐缩小了国有部门和非国有部门的就业体制的差距，同时，大量的国有企业也进行了非国有化的转制，因此，劳动力的体制间流动和与之相伴随着的工作转换正在逐渐成为历史。不仅如此，由于存量的国有企业大量是大企业和垄断行业的企业，现在，去国有企业反而被人们认为是稳定且待遇好的职业选择。

总体上，经过多年的体制转型和市场发育，如今中国劳动力市场上的离职率早已是今非昔比了。根据中国健康与养老追踪调查（China Health and Retirement Longitudinal Study，CHARLS）2014 年生命史数据的分析可以看出①，有近 40% 的劳动者有 2 份及以上的非农业工作（参见图 8.5）。

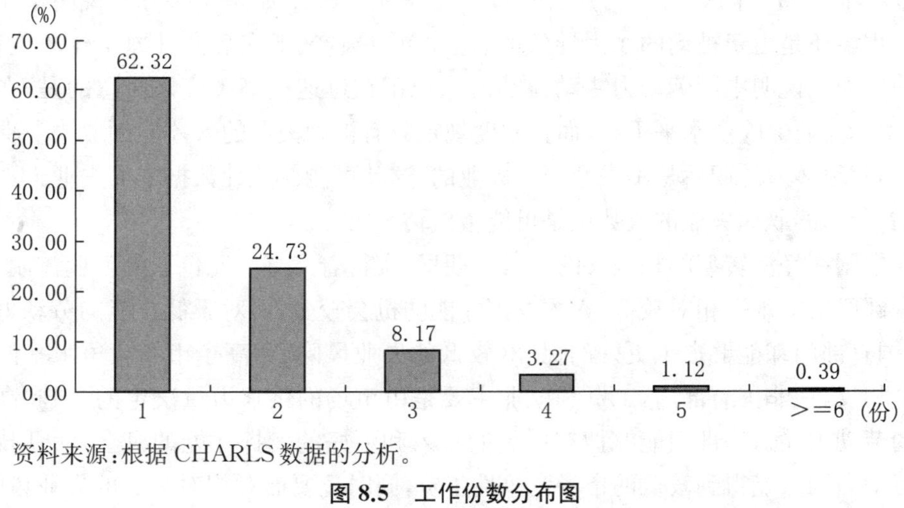

资料来源：根据 CHARLS 数据的分析。

图 8.5　工作份数分布图

① CHARLS 数据的调查对象为 45 岁及以上的人群。感谢封进、韩旭为我们提供图 8.5 和表 8.2 的数据分析结果。

从人群的社会经济特征来看，高等和初等教育者的工作转换显著低于中等教育者。城市规模越大，劳动者的工作份数越多。此外可以看到，劳动者在年轻的时候倾向于进行更多的工作转换（见表 8.2）。

表 8.2　工作份数分组描述性统计

分　　类	类　　别	工作份数均值	工作份数标准差
教　　育	小学及以下	1.396	0.745
	初中	1.688	0.989
	高中、中专	1.758	1.065
	大专及以上	1.407	0.778
城市规模	小城市	1.457	0.808
	中等城市	1.559	0.892
	大城市	1.787	1.089
年龄范围	＜＝30	0.547#	0.708
	(30，40]	0.325	0.572
	[41，50)	0.373	0.566
	＞＝50	0.182	0.414
总　　体	样本数 2 325	1.576	0.923

注：#这里表示在该年龄段的工作份数均值，包括了未工作的，因此数值小于 1。
资料来源：根据 CHARLS 数据的分析。

【新闻】

调研报告：2015 年员工平均离职率 17.7%制造业居首

新京报讯（记者孔悦）前程无忧近日发布的《2016 离职与调薪调研报告》显示：2015 年员工整体流动性小幅上升，平均离职率为 17.7%。2015 年企业调薪幅度为 7.6%，预计 2016 年企业调薪幅度依旧维持下降趋势，将降至 7.3%。此外，职场人跳槽观念也有较大变化，对“工作内容”不满超越对“薪酬”不满，成为离职首要原因。

数据

从行业看，制造业、传统服务业、消费品行业的员工仍处于离职率领跑地位，分别为 20.9%、19.8%和 19.6%。此外，高科技、金融等行业员工 2015 年离职率频频走高，分别为 19.1%和 18.1%。操作人员离职率仍是所有职位等级中最高的，达到 25.3%。

从企业看，2015 年民企 20.2%的离职率仍旧最高，比国企（12.4%）高出近 8 个百分点。不过，国有企业离职率较 2014 年同比增长 4.2%，同比增幅最高。

从近三年企业调薪情况看，2015 年调薪平均幅度为 7.6%，较去年下降 0.5 个百分点。预测明年企业调薪幅度将降至 7.3%。

分析

较具竞争力的薪酬福利与职业成长空间，依然是大部分职场人权衡去留的关键因素。但2015年个人离职原因“薪酬福利缺乏竞争力”排名从往年的第1位下降至第3位，而“对目前工作内容感到不满”跃居首位，折射出了职场人跳槽观念的更迭。

2015年，在全行业整体调薪幅度下降的情况下，金融行业仍稳居榜首，高科技行业位居其次，生物医药行业紧随其后，房地产行业与现代服务业分列第四和第五位。

从各行业2016年预计的调薪幅度来看，2016年预计金融行业仍然处于领跑地位，调薪幅度为8.8%，其后依次为高科技行业、生物医药行业、现代服务业，而房地产行业则跌至第六。从预测数据来看，2016年将进行一次调薪的企业比例为69.9%；预计调薪超过一次的企业比例为15.6%，两组数据均比2015年有所下降。

资料来源：财经网(北京)，2015年12月28日。

8.6.2 工作搜寻

无论是什么原因导致劳动力失业，失业以后找工作本身都是一个工作搜寻的过程，工作搜寻过程是否有效率与劳动力市场的建设状况有着直接的联系。中国自就业体制改革以来，就开始建设适应市场化就业体制的劳动力市场，其中一项重要的工作就是大量地创办公共的职业中介机构，从图8.6中我们可以看到，中国的劳动力市场中介机构数量有了显著的增长。由政府兴办的职业介绍所兼有失业保险、职业介绍和职业培训等多种功能，为失业者的工作搜寻提供了帮助。

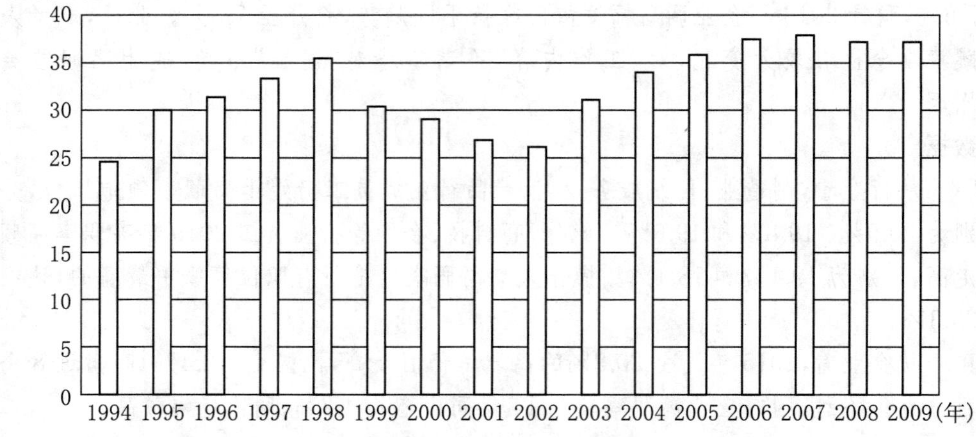

资料来源：历年《中国统计年鉴》和《中国劳动统计年鉴》。

图8.6 中国劳动力市场中介机构数量

在原来的计划就业体制下，职工找工作、换工作都是政府劳动部门统一安排的，那么，经过多年的体制转轨和市场建设，劳动力是否已经通过市场化的方式实现就业和再就业呢？答案是肯定的。表8.3显示出了不同年龄组别的城镇失业人员的寻找工作的方式。从数据中也可以看出，委托亲友找工作仍然是最为重要的找工作方式，而且对于青年人和40岁以上的群体尤其重要。而浏览招聘广告、参加招聘会和在职业介绍机构登记也都是重要的求职方式，相比之下，对于40岁以上的群体而言，这几种求职途径的重要性都明显下降。在大约十年前的求职方式统计中，还有下岗等待安置，现在，这一类型已经不再存在了，体现出就业体制的完全市场化已经完成。

表8.3　按年龄分的城镇失业人员寻找工作方式构成(%)

年龄(岁)	合计	在职业介绍机构登记	委托亲友找工作	参加招聘会	应答或刊登广告	浏览招聘广告	为自己经营作准备	其他
总　计	100	7.7	50.2	7.7	0.9	11.4	6.9	15.2
16—19	100	5.5	51.3	8.3	1.6	14.4	3.3	15.6
20—24	100	10.2	41.7	18.4	1.0	12.9	4.8	11.2
25—29	100	9.9	41.6	10.2	1.6	13.9	7.8	14.9
30—34	100	8.3	45.7	6.0	0.8	16.1	8.5	14.8
35—39	100	6.8	51.8	4.5	0.8	10.2	8.9	17.0
40—44	100	6.6	52.4	4.2	0.6	11.5	9.1	15.7
45—49	100	6.1	59.0	2.9	0.8	8.3	6.4	16.5
50—54	100	5.9	58.6	1.3	0.7	7.8	6.1	19.6
55—59	100	6.7	63.8	2.2	0.3	5.8	5.2	15.9
60—64	100	4.0	71.9	0.4	0.5	2.6	4.1	16.6
65+	100	0.3	65.9		0.1	3.4	9.0	21.2

资料来源：《中国劳动统计年鉴2014》，中国统计出版社。

8.6.3　劳动力迁移

中国的劳动力迁移表现为地区间的流动，主要是从经济较落后的农村地区流动到经济较发达的城市。下一章中，我们将详细地分析城乡和地区间的劳动力流动。这里，我们先简要地总结一下中国劳动力流动的社会经济特征。

(1) 迁移人口女性比例呈上升趋势。

迁移劳动力的性别比例在过去30年间有着大幅变动。在上世纪90年代之前，女性是迁移劳动力的主体。在改革开放之初，婚姻随迁、亲友随迁成为了女性劳动力迁移的主要原因。这个结构在90年代后发生了变化，如图8.7所示，1990年的性别比值125意味着男性是劳动力迁移的主力军。这种变化主要来源于非农产业对于男性劳动力的巨大需求。进入21世纪后这一比例降至107，2005年进一步降至101。这一阶段女性劳动力的比例上升，一部分源于服务型产业大量的人口需求，一部分源于妻子与丈夫的团聚需要。而这一比例又在2005—2010年间扩大，原因可能是由于制造业的增长，从而产生了大量男性劳动力的需求。

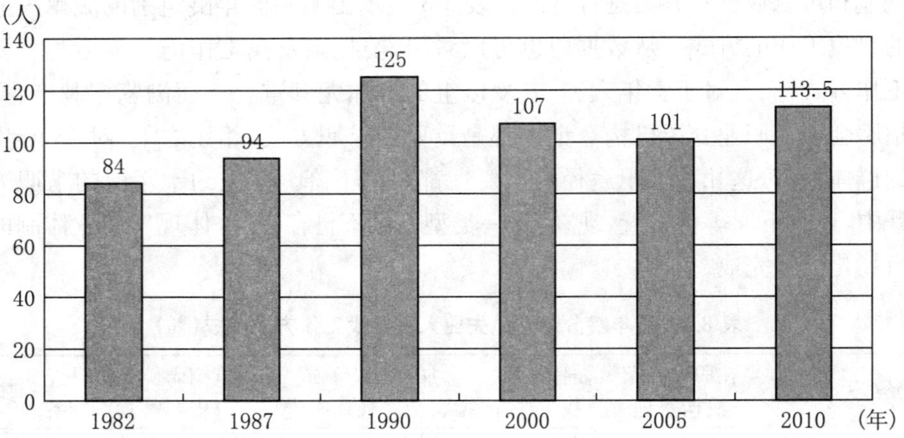

资料来源：1982年至2005年迁移人口数据来自段成荣、杨舸、张斐、卢雪和，2008，《改革开放以来中国流动人口变动的九大趋势》，《人口研究》第4期。2010年迁移人口数据来自段成荣、袁艳、郭静，2013，《我国流动人口的最新状况》，《西北人口》第6期。

图8.7　1982—2010年中国迁移人口性别比例(每100名女性对应的男性数量)

(2) 迁移人口教育水平得到提高。

过去30年间，不仅迁移劳动力的数量在增长，迁移劳动力人口的平均教育水平也显著提高。从图8.8中可以看到，从1982年至2010年，迁移劳动力人口的平均受教育年限提高了4.34年。在2010年的统计数据中，迁移劳动力的平均受教育年限为9.92年，高于总人口平均受教育年限的8.85年和农村人口的7.75年。这

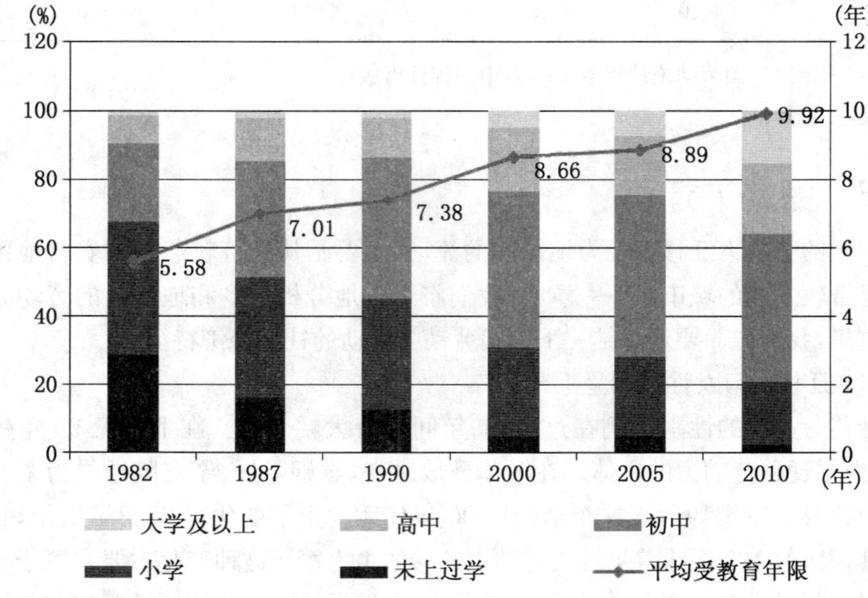

资料来源：同图8.7。

图8.8　1982—2010年6岁以上迁移人口的教育构成和平均受教育年限

意味着迁移人口属于教育精英阶层，人力资本得到快速提升。迁移人口中高学历人口占比持续提升，而低学历人口占比持续下降。根据中国的户籍政策，当一个人进入大学，一般情况下他会在城市工作并得到非农户口，这部分人也不会被统计为迁移人口。由于这个原因，在1990年前迁移人口中几乎不包含大学毕业生。而1990年后，大学生不再包分配，同时越来越多的毕业生涌入大城市，部分学生也不能获得户籍，因此他们被算在外来人口内。同时，从表8.4中我们可以看出，在各种教育层次的大学毕业生的迁移中，省内流动超过了省际流动。

表8.4　2010年迁移人口省际流动和省内流动占比(%)

	省　内	省　际		省　内	省　际
总人口	66.94	33.06	高　中	75.55	24.45
未上学	74.08	25.92	大　专	79.79	20.21
小　学	65.02	34.98	本　科	77.86	22.14
初　中	57.37	42.63	研究生	75.19	24.81

资料来源：马红旗和陈仲常，2012，《我国省际流动人口的特征——基于全国第六次人口普查数据》，《人口研究》第6期。

(3) 拥有着社会关系网络对于农村外出打工者非常重要。

一个对现实的观察就是，农村外出打工者往往都是由自己村里的同伴介绍出来，“抱团”在一个地方工作。这样做的好处显而易见：农民得到的信息直接来自于信任度较高的老乡，因此得到工作的概率较大，提高了预期收入。同时，“抱团”打工不仅使得移民的直接成本较低，更为重要的是降低了由于对城市的陌生感所带来的心理(机会)成本。在这一过程中，拥有社会关系网络无疑对于人口的流动具有促进作用。

以上有关劳动力流动的社会经济特征的总结，还没有触及一个问题，那就是劳动力流动的方向。这个问题实在是太重要了，以至于我们需要用整整一章来讨论这个问题。

8.6.4　人才流失

最后，我们也需要提一下中国的人才流失问题。作为一个发展中国家，中国的人才流失问题也相当严重，特别是改革开放以后的这段时间里，随着出国留学人员的增多，人才流失已经成为中国必须面对的一个问题。据教育部统计，改革开放至2007年，我国累计留学出国人数为121.2万人，累计留学回国人数32万人，回流率仅26.4%。不过，另一个趋势也非常明显，随着中国经济发展水平的提高，回国的留学生数量正在增加，而且增长的速度非常明显，与韩国等地经济发展过程中走过的历程类似。到2015年底，中国各类出国留学人员总数达404.21万人，留学回国人数总量达221.86万人，回流率达54.8%，比2007年提高一倍。①

① 资料来源：《中国去年出国留学回流率过半8年间提高一倍》，《京华时报》2016年7月21日。

思考题

1. 刚刚博士毕业做教师的时候，有不少人问："你为什么不去尝试其他的工作，一直呆在学校里有什么意思？"还有人认为，高校待遇相对较低，博士毕业以后，不妨先去挣钱，等到钱挣够了，再回到学校来教书。对此，如果从经验的回报角度来看，你如何评论？

2. 有不少人坚信，"失业"就是"找工作"的另一个名字，从某种意义上来说，失业就是结构性的。在劳动力市场上，可以比较容易地获得失业人数和空岗数量两个指标，可以用这些数据来对失业是否是结构性的进行判断吗？如果失业人数明显超过空岗数量，能说明什么？

3. 近些年，法国的移民与原法国居民之间的冲突有所上升，甚至成为局部地区社会骚乱和恐怖袭击的深层次的原因。有人认为应该加强对移民的限制，有人认为应该致力于促进移民与原法国居民之间的融合。对此，你怎么看？（读者有兴趣的话，不妨找来 2006 年度第 78 届奥斯卡最佳影片《撞车》看看，以了解当代美国社会不同种族之间的矛盾和冲突。）

4. 请读者总结一下，失业保险金的变化能够通过几个渠道来影响失业率？其作用原理是怎样的？

5. 在上世纪 90 年代，当中国出现大规模的乡—城移民时，一些地方政府试图用清退外地劳动力的方法来增加本地劳动力就业，在清退外来劳动力的过程中，本地劳动力能够 1∶1 地增加就业吗？清退外来劳动力是否一定能减少外来劳动力的流动？（请借助于本章有关清退外国移民的政策效果的分析来回答此问题。）

6. 很多研究都证实，社会关系网络对于找工作的成功率和找到工作后的收入有正面的影响。在中国，社会关系网络对于找工作非常重要。这是为什么？中国的劳动力市场正处在"市场化"的过程之中，那么，你认为社会关系对于找工作的重要性会发生什么样的变化？

7. 在中国，很容易观察到，留在农村种地的往往是老年人，而大量年轻人都进城打工了。但年轻人一旦结了婚，出门打工的可能性就大大下降。与此同时，仍然有大约 6 000 多万的"留守儿童"留在农村读书，而他们的父母（双方或一方）却在城市打工。请结合劳动力流动的理论和中国的制度背景对此进行解释和评论。有种观点认为，应该通过鼓励加惩罚的措施，引导外出打工的年轻父母回到家乡，这样才能根治留守儿童问题。对此，你怎么看？

8. 在全球化的背景下，移民数量不断增长，移民目的地的原住民往往感觉自己的利益受到了损害。目前，从经验研究的结果来看，通过劳动力市场的竞争，移民可能会对原住民收入水平的上升起到一定的抑制作用，这种效应主要来自于低收入人群。即使如此，是不是能直接得出"限制移民"的政策含义？（提示：反过来想，如果限制移民，会对劳动力市场、经济增长等产生怎样的影响？）

▶9

劳动力的城乡和地区间配置[①]

在上一章中，我们已经了解到，中国的劳动力流动规模非常庞大，但是，我们没有深究一件事，中国大规模的劳动力流动的方向是怎样的？如何解释？

与其他章节的打开方式不同，这一章，让我们先来看一张图，了解一下中国的劳动力迁移状态（见图 9.1）。

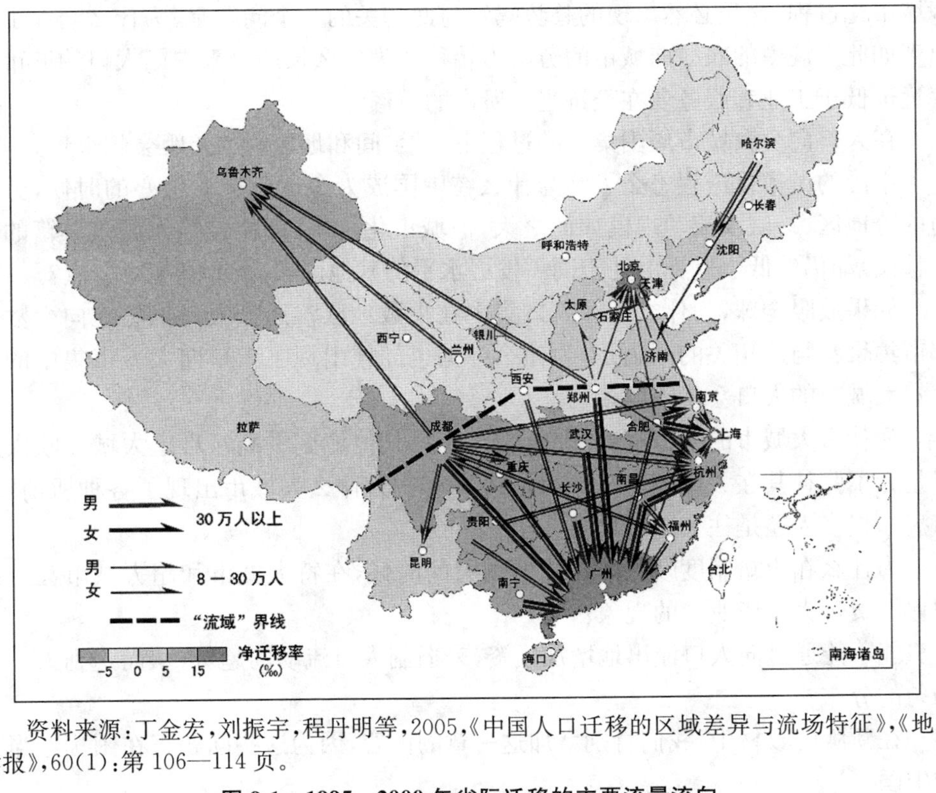

资料来源：丁金宏，刘振宇，程丹明等，2005，《中国人口迁移的区域差异与流场特征》，《地理学报》，60(1)：第 106—114 页。

图 9.1　1995—2000 年省际迁移的主要流量流向

① 本章涉及城市、区域和国家发展的众多问题，读者可通过阅读陆铭，2016，《大国大城：当代中国的统一、发展与平衡》，上海人民出版社，更为全面地了解相关的问题。

这张图现在看来似乎有些陈旧了，但是，我们还是舍不得在这一版的教材中将它删除，一个原因是它太直观太漂亮了，另一个原因是，当我们用更新的数据来展现中国跨地区的人口迁移状况的时候，大家将看到，最近这二十多年来的人口流动趋势并没有发生根本性的变化。

图 9.2 是 2000 年和 2010 年两次人口普查中劳动力跨地区流动的空间分布，这是在地级市层面的图。非常清楚的是，在这十年间，人口仍然主要在向东南沿海迁移，更为具体地来说，实际上是在向珠江三角洲、长江三角洲和环渤海湾地区集中。而在中国中西部地区，迁移人口则主要是在向一些地区性的大城市周围集中。由于中国处在快速的城市化进程当中，这些跨地区的迁移人口中，主体部分其实是农村向城市的迁移人口。换句话说，中国的跨地区迁移主要是从中西部的农村向东部和地区性的大城市迁移。

既然中国的跨地区迁移伴随着城市化的进程，那就必须要回答一个问题了。这些迁移人口呆在家乡不好吗？甚至有不少人会感慨，农村多好啊，风景好，空气新鲜，自己有房有地，来城市受罪干什么？

好的，让我们放眼全球和全国，把问题问得再严肃一点。为什么经济发展会出现城市化过程，这是必然出现的趋势吗？与此相关的一个问题是，为什么会在中国出现如此大规模的农村向城市的劳动力转移？为什么长期以来中国人口的城市化率远远低于工业和服务业在经济当中所占的份额？

在人口向少数城市周围集中的过程中，城乡间和地区间的差距会越来越大吗？

中国的城市化进程怎么了？为什么在中国成为全球制造业中心的时候，劳动力的跨地区、跨城乡流动规模如此之大，但城市化水平（即使包括无城镇户籍的外来移民）却仍然低于世界上处于同一发展水平的其他国家大约 10 个百分点？

如果放眼全球，为什么全球人口集中在少数地区？而且人口仍然在向少数大都市集聚？与此相关的问题是，为什么中国也同样出现了人口向大城市集中的现象？大城市的人口会越来越多吗？

为什么大城市的人口密度更高，收入也比其他地区更高？难道大城市收入高只是为了弥补其在大城市更高的生活成本吗？为什么大城市出现了各种所谓“城市病”，很多人还是往大城市集中？

为什么在户籍制度歧视低技能劳动力的时候，在特大城市和超大城市甚至出现保姆贵过大学毕业生的现象？

能不能通过向人口流出地增加投资，来遏制人口流动的趋势，从而达到人口更均匀的分布？

在新版的教材中，我们特别增加这一章的内容，因为这些问题正在困扰着当下的中国。

9.1 二元经济中的城乡间劳动力流动

人们通常用经济发展水平来区分发展中国家和发达国家，而另一个重要的指

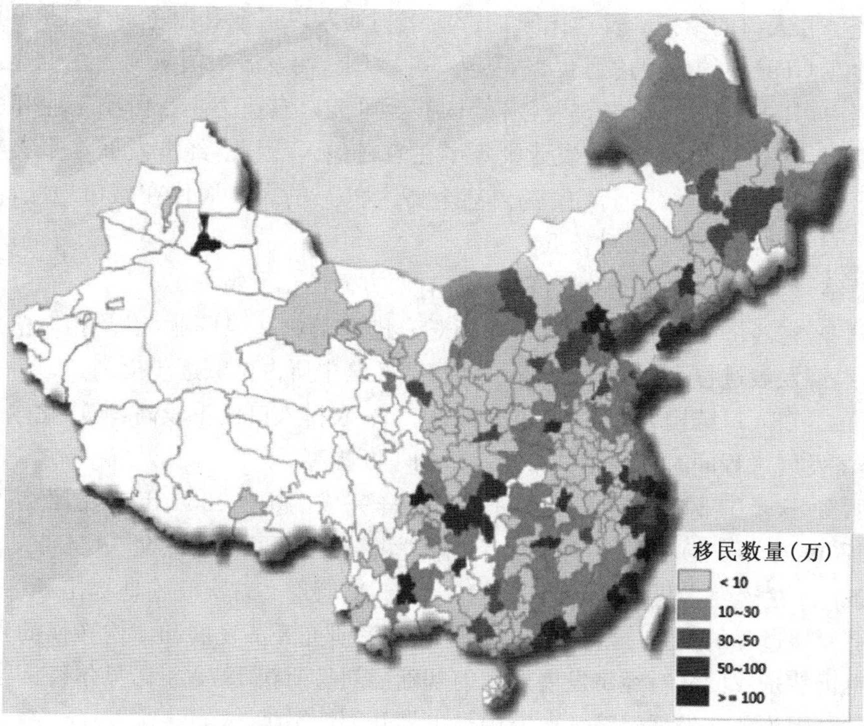

(a) 2000 年

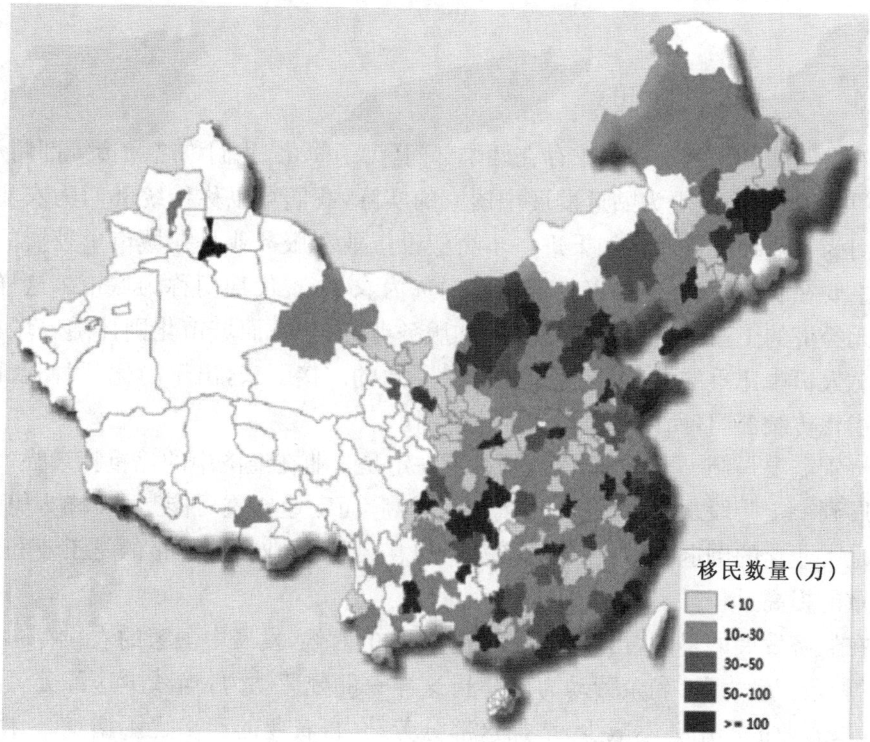

(b) 2010 年

图 9.2　2000 年和 2010 年人口普查中移民的分布

标是经济和人口的结构。发达国家的产业结构通常以工业和服务业为主，尤其是服务业在GDP中的份额达到60%，甚至80%以上，而发展中国家则处在工业化的过程当中，其中的低收入国家的经济结构甚至可能以农业为主。由于工业和服务业的发展往往集中在城市，而农业则集中在农村地区，因此，经济发展水平又与城市化水平相关，发达国家通常有75%甚至高达90%的人口居住在城市地区，而发展中国家的城市化率则相对较低。

总结一下，发展中国家的经济结构具有两方面的二元特征。

第一，在经济结构方面，同时存在相对先进的工业和服务业，以及相对落后的农业，经济发展过程表现为工业和服务业在GDP中所占份额逐步提高。

第二，在人口结构方面，发展中国家人口中，农村人口比重较高，城市化水平较低，经济发展过程同时表现为城市化水平的不断提高。

那么，这个工业化和城市化的过程是怎样完成的呢？1954年，美国经济学家刘易斯(W.A.Lewis)在英国曼彻斯特大学学报上发表了一篇论文——《劳动无限供给条件下的经济发展》。在经济学发展史上，这篇论文首次完整地提出了一个针对经济发展过程的二元经济模型，开创了经济学研究经济发展和结构转换的先河，至今也仍然是我们分析经济发展过程的基础。刘易斯获1979年诺贝尔经济学奖，主要就是因为他在发展经济学研究中做出的开创性贡献。

下面，我们就来一起学习一下刘易斯模型。

9.1.1 刘易斯模型

刘易斯的二元经济模型中存在两个部门，为了简化，我们称之为传统部门和现代部门。或者，为了更为贴近发展中国家的实际，我们可以称传统部门为农业，现代部门为工业和服务业。如果进一步再假设工业和服务业是在城市里发展的，而农业主要在农村，我们也可以将传统部门称为农村，现代部门称为城市。这样，这个二元经济的工业化进程伴随着工业和服务业的提高，而城市化则伴随着城市人口在总人口中比重的提高，这两个进程是一致的。接下来，出于简化，我们就以农村来指代传统部门，而以城市指代现代部门。

特别需要强调一下，工业化进程并不一定是工业在经济中的比重持续提高，经济发展到一定阶段之后，服务业比重越来越高，而工业比重可能是下降的，但这不能说是工业化的倒退。因此，在经济发展的意义上，工业化进程指的是工业和服务业比重的提高过程。

在经济发展的早期，当城市经济还不发达的时候，发展中国家的农村存在着大量的“剩余劳动力”。剩余劳动力就是指这样一部分劳动力：当减少这部分劳动力的时候，农业的产出并不减少，增加这部分劳动力，农业的产出也不增加。什么时候会出现这样的情况呢？当农业的土地数量给定，而人口—土地比率非常高的时候，农业的产出是由土地数量决定的，这时，人口的增减并不能改变农业产量，这时，就存在剩余劳动力。

在经济发展的过程中，一国只有发展现代部门才能吸收剩余劳动力，提高全体人民的生活水平。为什么城市的现代部门可以持续地创造就业岗位呢？现代工业和服务的特点是，它们的发展不再受制于土地数量的约束，只要能够不断地积累资本，城市总是可以源源不断地创造劳动力需求。再强调一下，在二元经济中，产量是受制于土地还是可以通过资本积累不断提高，是区分传统部门和现代部门的核心特征。这意味着，在经济发展过程中，城市化水平不断提高是一个必然的过程。如果你担心农村劳动力进城找不到工作，那就相当于在担心城市部门没有经济增长和创造就业的空间了，这时，经济发展也就停滞了。而实际情况是，一个国家的发达程度总体上来说是与其城市化水平高度相关的。

在刘易斯模型中，经济发展将出现两个阶段：

在第一个阶段，随着城市不断创造新的劳动力需求，一些农村地区的剩余劳动力向城市转移，但这部分剩余劳动力的流出不影响农业的总产量。不妨假定，所有农村劳动力在农村是共同分享农业产出的，于是，当农业产出给定时，农业的平均产出也是不变的。这时，一个农村剩余劳动力只要在城市部门能够获得高于农业平均产出的工资水平，剩余劳动力就会不断地转移到城市。

经济发展的关键阶段就是第二阶段。这时，农业边际劳动生产率为零的剩余劳动力已经全部转移到了城市现代部门，在这个阶段劳动力如果继续从农业流出，必然导致农产品总产量下降，只有用资本替代劳动，才能避免农产品短缺。城市部门如果要雇用新的劳动力，就必然要提高工资，与农业竞争劳动力。这时，将出现劳动力短缺的现象，城市部门将出现持续的工资水平的上升。

刘易斯模型刻画了上述经济发展过程。这个产生于20世纪50年代的简单模型虽然没有进一步刻画农村的变化，同时，其城市的发展也仅仅被简化为一个资本不断积累的过程，实际上，如果进一步推理的话，在经济发展进入第二阶段以后，一个国家在城市部门出现的工资水平持续上升将带来一系列的变化。在通常情况下，资本的价格（即利率）是相对比较稳定的，而当工资快速上升之后，劳动相对于资本就越来越贵，于是，城市部门将出现资本替代劳动的技术进步和产业升级，一些劳动密集型的产业将逐渐迁离本地。同时，在农业中，随着劳动力的持续减少，一方面人均土地面积将持续增加，以家庭为单位的生产方式将逐渐被大农场的模式所替代。另一方面，同样由于农业劳动力越来越贵，农业的机械化也将成为必然趋势。

讨论：有人说，中国的东部在2004年之后出现了刘易斯拐点，而中西部却没有到达这个点。请问，在刘易斯模型中，会出现一个国家的不同地区在不同时间到达刘易斯拐点的情形吗？

【模型】

刘易斯“二元经济模型”

刘易斯“二元经济模型”可以用一个被修正的劳动供给—需求模型来表示。在下图9.3中，LS表示的是城市工业和服务业的劳动力供给曲线。这条曲线与通常的劳动供给曲线的关键差别是它有一段水平的部分W_0T，这部分就是农村（农业）中仍然存在剩余劳动力的阶段。正如前面所说，这时，农业劳动力转移到城市的工业和服务业中，但农业的产量并不下降，只要城市部门付一个最低水平的工资，而这个工资扣除掉流动成本后能够高于农村的平均收入，就会有人愿意去城市工作。这段水平的劳动供给曲线就是所谓“无限弹性的劳动供给曲线”，换言之，工资不变，但劳动供给可以一直增加。

T所在的位置就是“刘易斯拐点”，在到达T点之后，如果城市部门要进一步增加劳动力雇用，就需要进一步减少农业部门的劳动力，而由于剩余劳动力已经吸纳完毕，农业劳动力的减少将影响到农业产出。这时城市增加劳动力数量，就产生了与农业部门的竞争，必须付出更高的工资水平。于是，劳动力供给曲线的形状变成斜率为正的向上倾斜状。

我们再来看劳动力需求曲线。图中，有一组向右下倾斜的劳动力需求曲线。根据我们在前面所学到的知识，每一条劳动力需求曲线对应于一个资本存量水平。随着现代工业服务业资本积累水平的不断提高，劳动力需求曲线不断向右移动。

在整个二元经济的发展过程中，随着劳动力需求曲线从LD_0右移到LD_1，城市工业、服务业的劳动力数量从L_0增加到L_1，这时，工资水平维持在W_0的状态。之后，劳动力需求曲线进一步右移到LD_2，这时，整个经济越过了刘易斯拐点，工资水平提高到W_2。而当劳动力需求曲线出现一个连续移动的过程的时候，工资水平就从保持在W_0开始，在T处出现一个拐点，之后，工资水平出现连续的上升趋势。

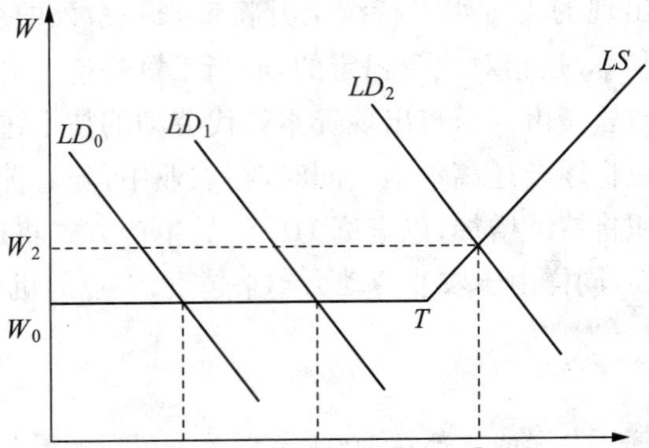

图9.3　刘易斯二元经济模型

刘易斯模型经典、简单，产生之后既招致了不少批评，也引起了后续有关二元经济的研究，对此，本书就不一一介绍了。有兴趣的读者请学习发展经济学中有关农村到城市的劳动力流动的知识。

9.1.2 存在劳动力流动障碍的二元经济模型

通常来说，一个高度简化的理论能够为我们分析现实提供一个很好的起点，而如果要更好地利用这样的理论来理解现实，就还需要看到现实与理论的差距，对理论进行适当的修正。

我们来回顾一下刘易斯模型隐含的假设。刘易斯模型所刻画的是一个完全竞争的劳动力市场，不存在劳动力从农村流向城市的制度性障碍，工资完全由劳动力市场的供给与需求曲线共同决定，不存在任何垄断性的市场力量来改变由市场决定的工资水平。相应地，流入城市的劳动力规模也是由市场供求共同决定的。然而，中国二元经济发展中的制度背景与刘易斯模型的假设不符，城市内部因户籍而存在的社会分割，城乡之间和地区之间的劳动力流动存在着制度障碍。

在刘易斯模型中，城市内部的产业工人没有类似于户籍这样的身份差异，无论他是城市的原有居民还是来自农村的新移民，拿的都是产业工人的工资。根据这一模型，在出现"刘易斯拐点"之前，城市工业部门的工资是几乎不变的，工业的剩余都成了资本拥有者的利润。然而，长时间以来在中国所发生的事实则是，在城市劳动力市场上，相比于本地城镇户籍劳动力，不拥有本地城镇户籍的劳动力工资收入更低，更难进入相对较高收入的行业和职业。此外，由于公共服务的获得与户籍身份挂钩，社会保障体制仍然存在城乡间和地区之间的分割，劳动力流动面临着额外的制度成本。因此，我们需要一个存在劳动力流动障碍的二元经济模型，来理解中国城乡二元经济的发展。

相对于劳动力自由流动的状态，在一个存在劳动力流动的制度成本的二元经济模型中，能够理解以下几个中国经济长期存在的现象：

第一，劳动力流动规模和城市化水平被压低了。尽管中国的城乡间和地区间劳动力流动规模非常巨大，但如果不是因为制度性的障碍，其中有相当大一部分居民应该早就转化为居住和工作地的户籍人口，而不是"非本地户籍的常住人口"。根据国家统计局的数据，在既有的城镇常住人口中，截止到2015年末，大约有2.77亿的农村进城人口不拥有居住地的城镇户籍，即使把这部分城镇常住人口全部计入城镇人口，在2015年末的城市化率仅有56.1%。即使以这样的城市化率做国际比较，不同的研究均表明，中国的城市化水平相对于其他相近发展水平的国家而言，城市化率(即城镇常住人口占总人口的比重)低了大约10个百分点。而如果仅计算拥有城镇户籍的常住人口城市化率，仅略高于全国人口的三分之一。这种大量城镇常住人口仍然是"农民身份"的现象也常被冠以"半城市化"和"伪城市化"的称谓。

第二，城市化水平远远落后于工业化水平。在刘易斯模型中，工业化和城市化是同步的，城市的工业部门持续地进行人力资本积累，工业化水平不断提高，同时，这一过程带来持续增长的劳动力需求，吸引农村劳动力转入城市，城市化水平不断提高。但在中国，工业和服务业的 GDP 长期处于 90%左右，远远高于人口的城市化率。

第三，城乡间和地区间的收入和福利差距巨大。一方面，由于存在劳动力流动的制度障碍，城乡间劳动力流动规模被压低了，于是，农村劳动力的边际生产力和人均收入也被压低了。另一方面，在城市里，与城镇户籍相挂钩的各种公共服务和福利（如教育、最低生活保障和廉租房）相当于给城市户籍人口额外增加了一块实际收入。在上述背景下，中国城乡间的人均收入差距长期维持在 3 倍左右，如果将公共服务和福利包括在内，则实际收入差距更大。由于中国不同地区的城市化水平差异巨大，因此，在城乡间收入差距巨大的情况下，农村人口比例较高的地区的人均收入水平也被相应“压低”了。

城乡间的劳动力流动障碍会造成城市部门的劳动力供给不足，特别是低技能劳动力相对供给不足，相应地，城市化进程和经济增长速度也被压低了。同时，由于现有制度拉开了城市外来人口与城市原居民之间的福利差距，也将导致社会不和谐。因此，在制度上逐步降低对于劳动力流动所形成的障碍，既有利于推进城市化和经济发展，同时也有利于消除城市内部的“新二元结构”，从而有利于社会和谐。①

讨论：有调查显示，在中国农村居民中，大约只有 10%的人有进城的意愿。据此，有种观点认为中国城市化进程的动力已经消失了。请问你怎么看？（提示：请注意人们做出迁移决策时的制度背景和约束条件。）

9.2 经济集聚与区域间劳动力流动

中国是一个幅员辽阔的大国，劳动力资源在空间上的分布是理解中国劳动力市场的重要视角。

我们不妨来看一组国际比较的数据，看看世界上的其他地方的经济和人口在空间上的分布状态。世界银行发布的《世界发展报告 2009》在报告开篇即指出，全球有半数的经济活动位于 1.5%的陆地区域，开罗以埃及总面积的 0.5%创造了整个国家一半以上的 GDP，巴西中南部三个州的生产活动也占全国的一半以上，但这三个州的土地面积仅占全国土地总面积的 15%。

① 对于经济学理论模型有兴趣的读者，请进一步参见以下两篇论文，加深对于中国城市化进程的制度障碍及其影响的理解。陈钊、陆铭，2008，《从分割到融合：城乡经济增长与社会和谐的政治经济学》，《经济研究》第 1 期，第 21—32 页。刘晓峰、陈钊、陆铭，2010，《社会融合与经济增长——城市化和城市发展的内生政策变迁理论》，《世界经济》第 6 期，第 60—80 页。

同样是《世界发展报告 2009》指出，经济发展水平越高的国家，人口的空间集中度越高。以美国为例，全美国人口大约有 12%集中在加利福尼亚一个州。再来看世界各国首位城市(一个国家人口最多的城市)人口占总人口比重的状况：在美国，纽约作为一个大城市，其人口占到美国总人口的 2.7%；而且这里所讲的纽约只是在行政区划上的纽约市，并没有包括与纽约已经连成片的、非纽约市管辖区域的其他周边地区。我们再看一下英国，伦敦人口占英国人口的 13.1%。在日本，仅用小东京的概念，东京都的人口已经占全日本人口的 10.3%。如果我们用东京圈的概念的话，它的人口超过 3 700 万，也就是说每三个日本人里面有一个住在东京圈之中，然而东京圈的面积仅相当于上海全境加上苏州的面积。我们再看一下法国，法国人口有很大比重是集中在巴黎的，达到了 15.9%。相对来说，在比较小的国家，由于人口的集聚发展，首位城市占国家城市人口的规模比重就更高了。比如韩国有 20%左右的人口集中在首尔，奥地利有 20%左右的人口集中在维也纳，秘鲁首都利马的人口占到整个秘鲁人口的 25%。上述数据只是为了给读者一个大致的印象，其实，人口越多的国家，其首位城市人口占比越小，不能简单地用其他国家的首位城市人口占比套用在中国，但可以肯定的是，人口向少数地区集中是全球普遍现象。

那么，为什么人口会集中在少数地区？为什么会出现一个国家内部跨地区的劳动力流动？为了说明这些问题，就需要读者学习一些区域经济学、城市经济学和劳动经济学交叉的知识，其中，就需要从理解什么是城市开始。

在全世界范围内，已经有超过一半的人口居住在城市，因此，城市劳动力市场的运作是理解劳动力市场的新的视角，也催生了“城市劳动经济学”(urban labor economics)这样一个新兴学科。同时，对于城市发展感兴趣的人们来说，城市劳动力市场的运作机制是揭开城市发展的秘密的关键。

9.2.1 城市劳动力市场

全球经济发展的一个普遍规律是，经济发展水平越高的国家，城市化率也越高。为什么会这样呢？城市为什么会成为现代经济发展的场所？为什么大城市会起到引领现代经济增长的作用？要回答这些问题，就需要了解在现代经济发展中的一个重要的机制——“规模经济”。

1. 规模经济效应

经济在城市集聚，存在着三个方面与其先天地理条件无关的规模经济效应。第一，分享(sharing)：在城市里，生产者可以从更大的范围获得广泛的投入品供给，从而发挥生产中的规模经济，在生产规模提高时降低平均的生产成本。对于投入品的分享也使得供应商能够根据客户的需求来提供高度专业化的产品与服务。第二，匹配(matching)：在更大的市场范围里，各种生产要素可以更好地匹配。企业可以更好地选择所需要的投入品和特殊技能的劳动力，满足特定的市场需求；同时，在一个有众多企业的地方，劳动力也更可能找到合适的雇主。第三，学习(learning)：空间集聚可以加速知识的传播，方便职工和企业家之间，以及不同产业之间相互学习。

让我们以开诊所为例来解释上面三个规模经济效应的机制。首先，在不同城市开办同样硬件的诊所，其固定成本差异不会太大，这时，在人口众多的大城市，就有更多的病人来分担诊所的固定成本。第二，如果同一类病人的数量足够多，那么，在大城市开诊所就可以只针对某一类病人，这样，就会产生不同诊所之间的分工和专业化，病人也更容易找到专业化的诊所和医生。第三，在更专业化的诊所里，医生通过接触数量更多的类似病例，可以更好地借助于“干中学”机制也进行技能的积累，同时，在大城市里，医生也与其他更专业化的医生有更多交流和相互学习的机会。

以上几个方面的规模经济效应，也可以总结成这样一句话：由于存在规模经济效应，在人口密度较大的城市(尤其是在大城市)及其周围，生产者和消费者集聚在一起，运输货物、人和知识的成本都下降了。

2. 人力资本外部性

在现代经济发展中，城市扮演了极其重要的角色。大学以上教育程度的人在城市集聚，并且相互分工协作，在社会互补中相互学习，均极为有利于促进劳动生产率的提高。于是，经济学家就发展出了“人力资本外部性”这个概念，来刻画城市生活中人们的知识传播和相互学习过程。

“人力资本外部性”的含义是，一个人的教育水平提高不仅提高了自己的私人收入，还在与其他人的社会互动中产生知识的外溢性，从而在加总的意义上产生社会回报，即一个人能够从其他人的教育水平提高中获得收益，包括收入提高、犯罪率下降和人民生活质量改善。如果人力资本外部性很大的话，劳动力从农村流动到城市，或者从教育水平低的城市流动到教育水平高的城市，就可以获得收入的提高。中国的人力资本外部性对收入的影响有多大呢？如果用2005年1%的人口小普查数据进行分析，一个城市的平均受教育年限增加一年，这个城市的居民平均收入将提升大约19.6%到22.7%。①

需要特别指出的是，由于存在人力资本的外部性，传统的教育的私人回报就被高估了，因为这其中包含了教育的社会回报。而且，很容易想到，如果仅仅看私人的教育回报，那么，人力资本外部性越大的地方，用传统方法估计出来的私人的教育回报就越高。的确，经验数据的发现是，城市的教育回报显著高于农村的教育回报，在城市层面，那些教育程度更高的大城市有着更高的教育回报。从2002年至2007年，中西部省份的教育回报率停止增长并出现下滑的态势(例如安徽和甘肃)。与之形成对照的是，沿海地区(如北京和江苏)的教育回报率持续攀升，在部分地区出现了爆发式增长。高等教育回报率呈现出类似的态势。可以看出，教育

① 梁文泉、陆铭，2015，《城市人力资本的分化：探索不同技能劳动者的互补和空间集聚》，《经济社会体制比较》第3期，第185—197页。

回报主要来自于高等教育阶段，特别的，沿海地区的高等教育回报成为了该区域教育回报的主体。同样，研究也显示，总体上来看，每年教育回报和城市人口规模呈现出正相关关系，城市越大教育回报越高。同时，每年教育回报和城市的大学毕业生占比正相关，大学生占比越高，教育回报越高。①

3. 技能互补性

读者可能会问，难道高技能者所产生的人力资本外部性不只是由高技能者自己得到的吗？这样，城市要发展自己，就不需要低技能劳动者，或者说，城市受教育水平的提高会替代掉低技能劳动者？不是这样的，事实上高、低技能者之间存在着技能互补性（skill complementarities），这使得大学生更多的大城市反而需要更多的低技能劳动者。那为什么大城市会促进技能互补？原因可能是以下三点：

一是劳动力分工。当市场容量增加的时候，会促进劳动力的分工更为细化，劳动力彼此之间的联系更为紧密，不同技能的人在生产过程中位于不同的岗位，相互分工，从而产生互补性。

二是人力资本外部性。人力资本外部性的存在会提升高技能者周围劳动力的生产率。

结合以上两点，可以说明存在劳动力分工时，不同技能的人会从事符合各自比较优势的职业。存在人力资本外部性的情况下，高技能者的增加会提高其自身劳动生产率，同时也会促进低技能者劳动生产率的提高。因此，大城市会促进高、低技能者之间的互补。

三是消费外部性。就业工资的上涨会增加人们从事家务的机会成本。对于高技能劳动力而言，从事家务的高机会成本会促使其将家务活动外包给从事家政、餐饮等消费型服务的低技能劳动力。同时，收入水平的提高还会增加其他诸如医疗、艺术、法律等的服务需求，而它们的从业人员主要是高技能劳动力。大城市会通过外部性、分享和匹配等机制提升高技能劳动力的工资，促进高技能劳动力将更多的家务活动外包，同时增加对消费型服务业的需求，进而会增加消费型服务业的就业量。

由于存在高、低技能劳动力之间的互补性，高技能劳动力的集聚将相应地带来低技能劳动力的就业岗位。在美国，城市中每增加 1 个高技能岗位，就会增加 5 个消费型服务业的岗位，其中 2 个是医疗、艺术、法律等高技能劳动力从事的岗位，3 个是餐饮、收银员等低技能劳动力从事的岗位。②

在中国，在高技能者向大城市集聚的过程中，也带来大量低技能劳动力的需求，从而表现为城市规模对于就业和收入水平的正效应。同时，由于存在技能互补性，使得城市受教育水平的提高带动低技能劳动力的工资上涨。在这些现象上，中

① Xing, Chunbin, 2015, "Human Capital and Urbanization in China," Asian Development Bank Working Paper.

② Moretti, Enrico, 2012, *The New Geography of Jobs*, Boston and New York: Houghton Mifflin Harcourt.

国并不特殊。中国真正与美国形成对比的是这样的现象:在美国,高、低两端的劳动力同时向大城市集聚,而在中国,由于落本地户籍、积分落户等制度更加排斥低技能劳动力,因此,大城市更多地集聚了高技能劳动力,而低技能劳动力的比率却相对更低。①

读者不妨运用已经学过的劳动力供求理论来分析一下,这样的针对低技能劳动力的排斥会导致什么结果?进一步地,排斥低技能劳动力的制度对效率和公平有什么影响?读者不妨先阅读一下下面这篇有关劳动力短缺的新闻报道,然后来讨论一个问题。

讨论:还记得上一章中的一个课堂讨论问题吗?当劳动力流动伴随着外部性的时候,政策含义是怎样的?请举例说明,劳动力流动是不是会带来正、负两个方面的外部性?如果会,政策应该怎么做?这样的政策之下,城市规模会怎么变化?(提示:政策应该是去提高正外部性,减少负外部性。)

【新闻】

劳动力人口连续三年下降劳动力短缺现象日益加剧

我国劳动力人口自从2012年出现拐点后,总量持续下降。国家统计局数据显示:2014年,16周岁以上至60周岁以下(不含60周岁)的劳动年龄人口9.16亿人,比上年末减少371万人,这已是第三年连续下降。

"到2013年,劳动力人口数量绝对增长没有了,出现了标志性的转折点,劳动力人口绝对数量开始下降。但看劳动力够不够不能仅仅看数量,还要看结构、质量,以及其他社会因素,比如老年人是否就业等等。"中国社会科学院人口与劳动经济研究所副研究员陈秋霖说,从性别比例来说,男性比例从上世纪80年代以来一直在攀升,处于失衡状态。从年龄结构来看,2014年,60岁以上人口占15.5%,65岁以上占10.1%,我国已进入老龄化社会。这些因素都会影响劳动力有效供给。

从人口抚养比来看,人口年轻化,供养的老人少,更加有利于经济社会发展。但目前,中国的人口结构呈现老龄化和少子化共存的特点,给劳动力人口带来压力。"发达国家老龄化一般经过两个阶段,第一阶段是少子化,人们生育意愿下降;第二阶段是长寿化,人口预期寿命延长。但在中国,少子化与长寿化同期并行。相对日韩等国家达到中等收入时的锥形结构,我们的人口老龄化程度严重很多,结构不合理。"陈秋霖说。

近年来,中国生育率长期保持在1.4—1.5的水平,远低于其他发展中国家。20世纪80年代以来,我国0—14岁少儿人口比重不断下降,老年人口比重不断上升。

---

① 具体分析参见梁文泉、陆铭,2015,《城市人力资本的分化:探索不同技能劳动者的互补和空间集聚》,《经济社会体制比较》第3期,第185—197页。

2000 年，0—14 岁人口比重比 1982 年下降了近 11 个百分点，65 岁及以上人口的比重则在上升，少子化的速度超过了老龄化。

不能认为，劳动力总量减少就是劳动力不够了，还要看供需是否匹配。从供给来看，劳动力人口在减少，但绝对数量仍有 9 亿人，规模庞大，资源还是比较丰富。对于近年来出现的"招工难""就业难"问题，人力资源社会保障部有关部门负责人认为，"两难"更多的是结构性问题。用"机器换人"以提高生产效率，应对人工成本上涨的压力，主要发生在东部地区。

从改善劳动力供给和需求两头着力，蔡昉提出加快户籍制度改革，以及提高劳动力的受教育程度。加快户籍制度改革，推动农民工的市民化，可以进一步转移农业富余劳动力，大幅度提高非农产业的劳动参与率，增加劳动供给，缓解劳动力短缺和劳动力成本上升的压力。劳动力人口中受教育程度参差不齐，促进教育公平，加快现代职业教育体系建设、构建劳动者终身职业培训体系等，有利于提高劳动者素质，从而延长人口红利。

资料来源：人民网—《人民日报》，记者李红梅、杨洁报道，2015 年 7 月 3 日。

讨论：说到这，我们已经可以讨论一个有关中国经济增长的问题了。中国已经出现了人口老龄化的趋势，劳动力供给的绝对数量有出现萎缩的可能性，这是一个不利于经济增长的因素。那么，劳动力供给数量的萎缩必然带来经济增长率的下降吗？（提示：请考虑劳动力在城乡和地区间进行再配置，将对经济增长产生什么影响？）

9.2.2 经济集聚与人口的空间分布

经济活动和人口的空间集聚现象，这本身就是不同地区按照自己的比较优势进行分工所致。有些地方具有相对较好的发展工业与服务业的条件，比如说接近港口，物流成本较低，又比如说，有些城市群自身构成了大市场，因此会吸引更多的企业集聚在附近，同样因为接近大市场而节省了物流成本。而另一些地方的比较优势是发展农业、旅游、自然资源等产业，这些产业的产出受到了某种数量有限且不能移动的投入品的限制（如土地、风景和自然资源），因此，其就业创造能力有限。在经济发展的过程中，有发展工业和服务业的比较优势的地方将成为人口流入地，这些地方在人口流入的过程中产生更强的规模经济，有利于提高人均 GDP；而在适宜发展农业、旅游和自然资源产业的地方则可能成为人口流出地，当这些地区的总产出增长受到局限的时候，人口的流出反而有利于提高人均产出。在全国范围内人口的跨地区流动，恰恰是劳动力资源进行跨地区再配置的过程，有利于经济效率的提高和可持续的经济增长。

在人口自由流动，且不同城市形成自己的比较优势产业，相互之间有效分工，协调发展的条件下，大城市和中小城市之间将形成一个相互关联的城市体系。城市的类型、等级可以有所不同，不同规模的城市分工于不同的产业。大城市更多集中了现代服务业，而中小城市则相对更多地发展占地更多的制造业，并服务于周围的农业。在区域经济学中，中心—外围模型（core-periphery model）刻画城市体系的形成机制，空间经济分为集聚大量经济活动的中心区和经济总量相对较少的外围区。

城市的最优人口规模与城市的功能和产业结构有关。一个地方的产业结构越是以农业为主，其附近的城市规模越小。相反，以制造业和服务业为主的地方，其城市人口规模就比较大，因为制造业和服务业有较强的规模经济效应。与制造业相比，服务业的产品更不具有可储藏性和可运输性，往往服务的生产和消费是同时进行的，因此，服务业的发展更依赖于本地市场。一个城市的服务业比重越高，则其城市规模更大。同样是因为这样的道理，在经济发展的过程中，伴随着服务业比重的提高，会出现两个现象：一方面，这个国家的大城市的产业结构越来越向服务业主导的方向发展，人口越来越多；另一方面，在整个国家服务业占 GDP 比重持续提高的过程中，人口仍然在向大城市集聚，即使是在城市化进程已经基本结束的发达国家，人口向大城市集聚的过程仍然在继续。

有了上面这些知识，请读者对下面这则材料中的“超大城市人口疏解”政策进行评论。同时，请讨论一个问题：

> 讨论：有实证研究用中国的数据发现，城市人口规模对于生产率的影响是倒 U 形的，也就是说，对于规模最大的那些城市，已经出现了“规模不经济”，并由此得出结论，认为应该控制那些“规模不经济”的城市的人口规模。问题是，数据上显示出来的“规模不经济”是不是可能恰恰是实施了不利于规模经济的政策的结果？请读者思考以下政策的结果：
>
> (1) 如果技能互补性是存在的，但政策上限制低技能劳动力进入。
>
> (2) 在超大城市，由于事先对于人口增长估计不足，从而出现交通基础设施供给不足。
>
> (3) 在某些行业，教育与产出并不一定有严格的关系，比如艺术，但通过积分落户籍的制度却歧视低教育水平的人。

【新闻】

超大城市人口疏解谁去谁留

早上 7 点半，家住北京双井的孙女士挤进了北京地铁 10 号线，前往中关村上班，“人都被挤成了照片”。顾不得与陌生人严重挤压的尴尬与苦恼，她很庆幸自己赶上了这班车。她不知道的是，即便如此，实际上，这条北京最繁忙的地铁线路，在2015年全年减少了近1亿人次的客流量。

面对人口疏解，哪些人走了，哪些人会留下，超大城市的人口疏解如何才能找到平衡点？

北上广人口拐点来临？

据记者了解，北京市2015年末常住人口比2014年末增加18.9万人，但增幅下降，与2014年相比少增加17.9万人。同时，北京2015年末城六区常住人口占全市比重比2010年下降0.6个百分点。

上海市2015年末常住人口总数比2014年末减少10.41万人。这是新世纪以来，上海市常住人口首次出现负增长，降幅为0.4%。

广州市2010年至2014年5年内，广州的常住人口总共仅增长了30余万人，总体看，“十二五”较“十一五”增速出现阶段性放缓。

北上广人口增长的变化是不是一个拐点？对此有观点认为，中国超大城市人口自然增长率在下降。在上海，有专家根据小学入学人数、公共交通客运量等较为基础的数据分析，印证了2015年上海人口自然增长率的确下降。对于“账面人口”的变化，也有专家指出，其重要动力是政策的驱动，其中大城市严控、疏解人口成为主因。

实际上，北上广地方政府近一两年都在大力推进人口疏解的工作，而基层官员的任务压力陡增，在考核指标上甚至排在GDP之前。记者在2016年北京地方两会看到，核心城区都将人口疏解问题列入了政府工作报告。

“地方政府设立人口红线，每年设置人口疏解指标，起码从‘账面’上给不堪人口压力重负的超大城市，提出了解决问题的方向，并以搬迁市场、拆除违建、清理群租房等城市管理形式积极推进。”暨南大学管理学院教授胡刚说。

被疏解者不愿放弃机会

在地方政府强力推进人口疏解的同时，北上广的巨大资源虹吸效应，仍然让大量疏解目标人群不愿轻易离开。

为了能留在北上广，很多外来人口努力在政策夹缝中寻找机会。

记者在北京市东城区某危旧房改造后的新型社区看到，尽管小区里每套房子都价值数百万元，但在楼房不起眼的入口下面，一条条长长的、坑洼不平的通道尽头，是另外一种截然不同的生活。在仅1.5米宽的狭长走廊两旁，每个出租屋门口都堆放着鞋子、水桶、垃圾袋甚至还有自行车等各种杂物。走廊的尽头是公共洗手间，挤满了忙着洗漱和方便的住户。据“二房东”介绍，这类地下出租屋内多住着从事餐饮行业的服务员和厨师以及其他外来务工人员。

今年4月北京市职业介绍服务中心发布的“2016年上半年北京市人力资源市场供求形势分析”显示，北京市上半年服务业用人缺口高达17.6万人。而中国人力资源市场信息监测中心公布的数据也显示，上海市今年一季度餐厅服务员、厨工的岗位缺口与求职人数比高达9∶1。

在这种情况下,被疏解的人口只得一层层向外转移。位于北京朝阳区与顺义区交界处的孙河乡,截至2014年底的户籍人口2.2万人,而流动人口达5.6万人。2016年,随着产业调整、清理违法群租房等措施,该村外来人口从高峰时的1.6万人减少至七八千人。离开的七八千人中,一部分返回了老家,还有数千人搬到了位置更远的顺义、昌平等地。

人口、资源与利益的平衡点在动态中不断调整

不管是哪一类城市常住人口,当下超大城市受限于资源与环境压力出台的人口疏解政策,都将继续在实践中寻找平衡点。北京市人口研究所副所长尹德挺指出,人口疏解不能伤害城市自身活力,忽视对部分行业劳动力的刚性需求。

上海社科院人口与发展研究所副所长周海旺表示,对于大城市的人口调控,更应该注重人口结构、素质和合理布局。

而对于大都市圈的整体规划,目前工作在北京、上海,居住在燕郊、昆山等潮汐式工作生活带来的交通、教育、医疗等问题,也需要统筹协调解决。据了解,通州预计还能承接大约40万人口。未来,通州将吸纳城市核心区的优质医疗、教育资源,全面建立起与北京城市副中心定位相匹配的三级医疗、教育服务体系。

资料来源:新华社,记者杨毅沉、乌梦达报道,2016年7月18日。

9.3 中国的城乡间、区域间劳动力流动

改革开放之后,中国经济逐渐融入全球市场当中。廉价劳动力带来的比较优势促使中国发展劳动力密集型产业,特别是出口加工产业。由于东南沿海地区具备运输便捷等优势,外国资本进入中国后,大多布局在东南沿海地区。同时,东南沿海的民营经济也积极融入全球市场中去,发展起了规模庞大的出口导向的制造业。这两股力量给该地区带来了大量就业机会,吸引劳动力从乡镇转向城市,从内陆转向沿海。中国的人力资本在东南沿海地区迅速累积,在空间上出现了新的分布格局。与此同时,城市化和经济发展进程使得城市(特别是大城市)对于提升人力资本回报的作用越来越重要,使得教育成为影响劳动力流入的主因之一,高技能劳动者在城市(特别是大城市)集聚成为一种趋势,而这又进一步产生了对于服务业的需求,进一步促进了劳动力的跨地区流动。

9.3.1 "人往高处走"

在展现下面的劳动力流动方向的数据之前,请读者先复习一下上一章的知识:劳动力流动的决策本质上是个成本收益分析。

1. 劳动力向东南沿海地区集聚

转移劳动力主要呈现出一种向东部地区聚集的状况。如表 9.1 所示，劳动力流出最多的省份来自中西部地区，主要有安徽、江西、河南、湖北、湖南、广西、四川等省份，这些省份的劳动力流出规模占全国比重均超过了 5%，而安徽、湖南、四川三省的劳动力流出规模占全国比重在 10%左右。

表 9.1　省际人口流动规模

省份	1995—2000 年		2005—2010 年	
	人口流出规模（万人）	流出规模占全国比重(%)	人口流出规模（万人）	流出规模占全国比重(%)
北京	17.44	0.54	40.6	0.74
天津	10.43	0.32	21.34	0.39
河北	87.22	2.70	201.74	3.67
山西	33.36	1.03	79.37	1.44
内蒙古	44.11	1.37	64.76	1.18
辽宁	37.99	1.18	68.54	1.25
吉林	52.93	1.64	85.39	1.55
黑龙江	93.98	2.91	146.32	2.66
上海	16.29	0.50	40.1	0.73
江苏	124.1	3.84	189.35	3.44
浙江	96.98	3.00	133.94	2.44
安徽	289.3	8.96	552.56	10.05
福建	62.45	1.93	111.37	2.03
江西	268.06	8.30	348.33	6.33
山东	87.82	2.72	201.5	3.66
河南	230.9	7.15	543.04	9.87
湖北	221.02	6.85	380.42	6.92
湖南	326.12	10.10	459.19	8.35
广东	43.8	1.36	161.29	2.93
广西	183.81	5.69	282.05	5.13
海南	12.96	0.40	23.59	0.43
重庆	110.31	3.42	184.41	3.35
四川	439.55	13.62	498.81	9.07
贵州	123.19	3.82	268.08	4.87
云南	39.81	1.23	108.91	1.98
西藏	3.54	0.11	6.25	0.11
陕西	71.93	2.23	134.75	2.45
甘肃	56.08	1.74	104.69	1.90
青海	12.32	0.38	15.0	0.27
宁夏	8.74	0.27	15.07	0.27
新疆	21.68	0.67	28.67	0.52
全国	3 228.21	100	5 499.39	100

资料来源：王桂新、潘泽瀚、陆燕秋，2012，《中国省际人口迁移区域模式变化及其影响因素——基于 2000 和 2010 年人口普查资料的分析》，《中国人口科学》第 5 期。

在过去的30年中，人口流入呈现出相对集中的态势，大多流入了东南沿海区域，特别是长三角和珠三角区域。在上世纪80年代，流入传统工业地区和东北老工业基地的人口占到流入人口的38.4%。在90年代之后，东南沿海地区吸收了越来越多的外来人口，流向东北老工业基地的人口持续下降，而东北已经转变成为人口净流出省份。其中广东省的流入人口占比由1982年的5.23%上升到了2005年的22.37%，同样，长三角地区的流入人口占比也从11.27%提升到了20.58%。①

2. 教育推动劳动力由农村转移至城市

教育回报在城市的工业和服务业上要高于农村，因此，劳动力从农村转移向城市就是提高教育回报的途径。在一个代表性家户中，教育水平较高的成员在工业和服务业领域有比较优势，会被派到城市里务工。

3. 高技能劳动者向教育水平更高的城市集聚

经济收入和就业机会是吸收劳动力流入的一个主要原因。此外，获取公共服务也是吸引劳动力流入的因素。更高收入和更多的就业机会，以及更好的基础教育和医疗服务的地区都会吸引劳动力流入。但是，研究显示，公共服务影响劳动力流向的作用效果小于工资、就业对劳动力流向的影响。因此，即使公共服务均等化政策能够促使人口的空间分布适度分散，仍然无法改变劳动力向大城市集聚的趋势。②

高技能劳动者向教育水平更高的城市集聚是这些城市规模扩张的源动力。由于人力资本存在外部性，一个城市的平均受教育程度越高，劳动者获得的学习机会就越多，其劳动生产率和工资的增长就越快。如图9.4所示，平均教育水平更高的

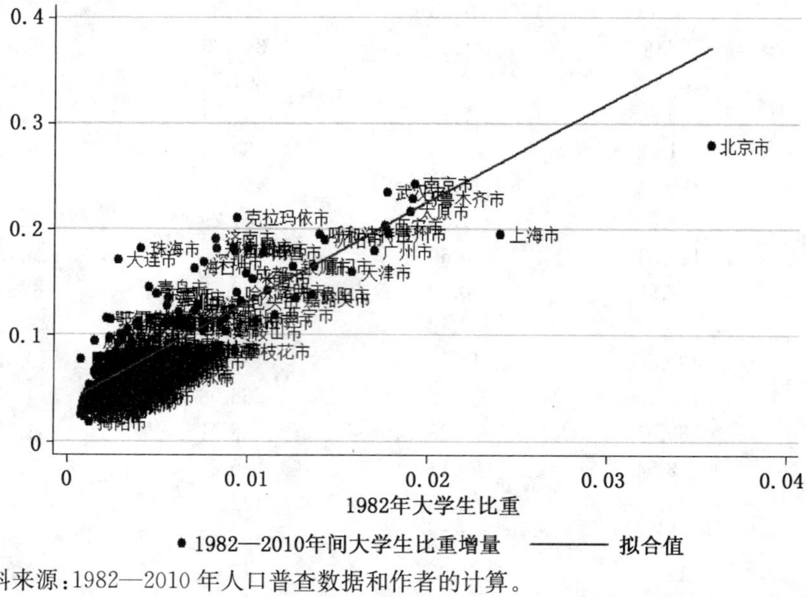

资料来源：1982—2010年人口普查数据和作者的计算。

图9.4 大学生的集聚(1982—2010年)

① 段成荣、杨舸，2009，《我国流动人口的流入地分布变动趋势研究》，《人口研究》第6期。

② 夏怡然、陆铭，2015，《城市间的"孟母三迁"——公共服务影响劳动力流向的经验研究》，《管理世界》第8期。

城市吸引了更多高技能劳动力的流入，或者说，初始大学生比例更高的城市，在未来大学生比例会增长更快。事实上，这种大学生向大学生多的城市集聚的现象不是中国独有的，在美国同样存在这样的现象。

4. 城市化进程中的留守儿童和流动儿童问题

根据国家统计局提供的《全国农民工监测调查报告》显示，举家迁移的人口仅占到全部迁移人口的20%，但"候鸟迁徙"式的人口流动仍然是劳动力外来务工的主要形式。由于迁移人口的子女未能在流入地获得平等的受教育机会，举家迁移比率始终处于低水平的状况伴随着大量留守儿童的问题。根据第六次人口普查数据，全国大约有6 100万留守儿童，这些儿童的父母至少有一方在外地工作，而他们自己留在农村老家上学。同样根据第六次人口普查数据推算，0—17岁城乡流动儿童规模为3 581万，这些孩子虽然居住在城市，但却未能与城市儿童一样获得同等的教育。①

中国的快速城市化增加了人力资本的积累，但在当前的户籍制度和教育财政制度下，城市化也伴随着一些问题，将对人力资本的长期发展带来危害。由于中国的户籍制度限制，大多数的外来务工人员不能在他们的务工地享有养老、医疗、公共教育等社会福利。虽然跨地区的人口流动规模庞大，但初等教育经费主要是由本地户籍儿童的数量决定的，且该经费未能实现跨行政区的流转。因此，流入地的地方政府缺乏激励来解决随迁儿童的入学问题。面临子女入学难的问题，外来务工的父母们有三个处理办法：一是缴纳择校费让子女进入当地公立学校学习，二是让子女进入私立学校学习，三是将子女留在老家由祖父母或其他亲戚监护，或者夫妻分居，其中一方照料孩子。事实上，由于前两种途径的成本高昂，甚至在特(超)大城市遇到学校总量供应不足的问题，大量家长的选择是将孩子留在家乡，造成大量的留守儿童问题。留守儿童的学业和身心健康得到了社会各界的普遍关注。在城市这一端，流动儿童的教育也令人担忧。临时随迁儿童被录取入学的可能性远低于本地儿童，随迁儿童入学难的问题在特(超)大城市更为严重。

讨论：对于大量的农村留守儿童问题，有两种政策导向，第一是鼓励农民工回家照看孩子，第二是为农民工子女在城市提供更好的教育机会和条件。请问，你的看法是怎样的？为什么？两种政策的效果有何不同？（提示：在发达国家，对于当地的常住人口，即使是合法工作的外国人，政府出资的基础教育是平等提供的。）

思考题

1. 请读者自己修正一下刘易斯二元经济模型中的劳动力供给曲线，将其拐点

① 全国妇联课题组，2013，《我国农村留守儿童、城乡流动儿童状况研究报告》，http://www.docin.com/p-659569964.html。

处画成从水平逐步提高斜率的平滑形状。请问，这时，随着经济发展和城市化水平的提高，城市部门的工资水平是怎样变化的？

2. 2004年之后，中国出现了比较明显的劳动工资上升趋势。请问，用这个作为"刘易斯拐点"到来的证据，有什么问题？同样是在2004年之后，为了帮助欠发达地区发展，中国分配给中西部省份的建设用地指标越来越多，而在东部则实施了较为严格的建设用地指标限制。请问，这一政策拐点会对房价和劳动力流动趋势产生什么影响？（提示：请读者参考陆铭、张航、梁文泉，2015，《偏向中西部的土地供应如何推升了东部工资》，《中国社会科学》第5期，第59—83页。）

3. 有人说，如果放开人口自由流动，全国人口都会集中到北京和上海。你觉得这种观点对吗？能够用来支持控制人口的政策建议吗？（提示：世界上的其他国家存在"人口爆炸"的城市吗？）

4. 有人认为，对于城镇居民来说，如果允许劳动力自由流动，会伤害自身利益。对于这种观点，你认为对吗？为什么？（请读者检索一下美国政治学家罗尔斯提出的"无知之幕"，并结合公共政策的公正性来讨论这一问题。）

5. 让我们在上一个问题答案的基础上，再深入一步。如果在城镇地区实施针对低技能劳动力的歧视政策，加大这一部分人口的跨地区流动成本，那么，将对城镇地区的劳动力供给的技能结构产生什么样的影响？相应地，这对低技能劳动力在城镇地区的工资水平产生什么影响？高技能劳动力的生产率会受到影响吗？城镇地区的生活质量和竞争力会受到影响吗？

6. 很多人在讨论城市化、大城市发展和劳动力流动的时候，是用下面这样一些论点来反对低技能劳动力自由移民的，请问你怎么看这些论点？请给出理由。

（1）大城市的产业升级换代带来的是越来越多的高技能劳动力需求，不需要低技能劳动力。

（2）如果放开低技能劳动力自由流动，他们在城市（特别是大城市）是找不到工作的。

（3）大城市的房子贵，将构成对于低技能劳动力进入大城市的障碍。

7. 请读者思考以下一组问题，或者展开辩论：

（1）如果由于劳动力流入，城市公共服务的供给出现短缺的时候，是应该增加供给还是限制需求？

（2）针对一个城市本地常住居民（包括外来移民）的公共品是应该由中央政府财政还是由地方政府财政出资提供？为什么？

8. 为什么一些地区出现了大学生就业难和农民工短缺并存的现象？在最近若干年以来，农民工的工资水平出现了较快的增长，而城镇非本地户籍的大学生的工资水平却增长较慢，对此如何解释？

9. 有一种流行的看法，认为经济和人口的空间集聚一定会导致地区之间的不平衡发展。下面这张图展现的是美国每一个州在全国GDP和人口中所占的份额，请问如何解读这张图？如何理解地区间的"平衡发展"？请读者自己收集一下中国每个省的相应数据，再对比一下美国的这张图，然后回答一个问题：如何实现中国的省之间的“平衡发展”？

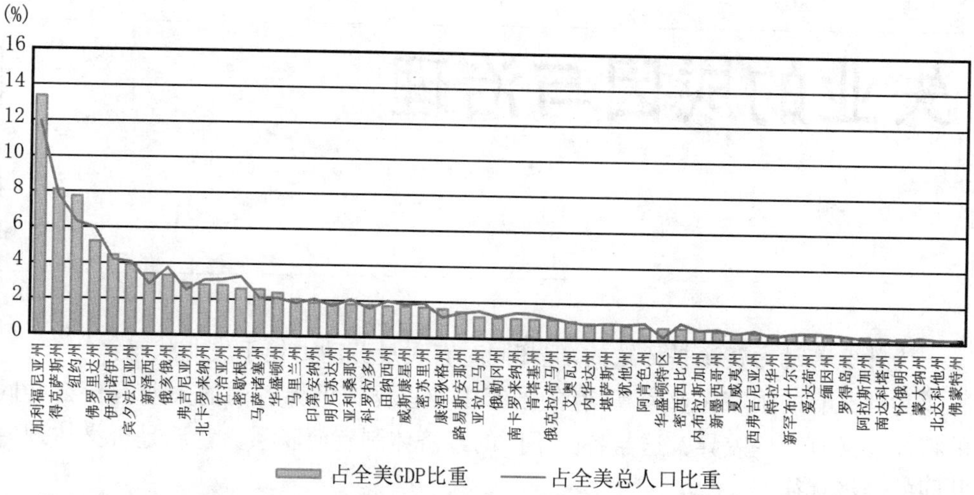

资料来源：傅蔚冈，《不要畏惧城市人口增加》。参见 http://blog.caijing.com.cn/expert_article-151580-70789.shtml。

图 9.5 2009 年美国各州经济总量和人口分布

10. 最后这个思考题仅供有兴趣的同学思考。中国是一个天然的统一货币区，全国使用人民币，人民币仅有一个汇率。在这样的统一货币区内，如果一个欠发达地区的人口不能自由地流动到收入更高的地区，会进一步引起什么后果？（提示：读者不妨参考下面这篇文章来回答这个问题：钟辉勇、陆铭，2015，《中国经济的欧洲化：统一货币区、央地关系和地方政府债务》，《学术月刊》第 10 期，第 63—71 页。也可通过阅读陆铭，2016，《大国大城：当代中国的统一、发展与平衡》，上海人民出版社，更为全面地了解相关的问题。）

▶10

失业的成因与治理

为什么劳动力资源是稀缺的，但却同时有大量劳动力处于失业状态？

为什么有的国家失业率高，有的国家失业率低？世界各国的失业有什么共同的特征？又有哪些差异？这与各国不同的经济体制有何联系？背后是否又体现着共同的经济规律？

机器人、人工智能……好吓人的词。技术进步一定导致失业上升吗？哪些人的就业会受到技术进步的威胁？

为什么有人毕业即失业？读大学会变得不值得吗？

大家都说中国的就业压力很大，但中国的登记失业率与其他国家的失业率相比却是比较低的，这是为什么？中国的失业成因有何特殊性，又体现着怎样的经济规律？

失业已经成为当今世界各国最为重要的经济和社会问题。在分析了劳动力市场的供给、需求和劳动力流动之后，我们已经可以为失业提供一些解释了。比如说，总是有一些劳动力不愿意在市场通行的工资水平之下就业，从而选择"自愿的失业"，当然，这种失业在统计上并不被列入失业的范畴，也不是我们所要关心的问题所在。我们还可以从经济结构调整和工作搜寻的角度来理解具有摩擦性质的失业。甚至我们还可以将失业看成是劳动力进行跨期的闲暇和收入替代选择的结果，也就是说，当经济萧条时工资下降，劳动力不再愿意像在经济繁荣、收入较高时那样多地工作。这些解释均认为劳动力市场能够较好地发挥其调节劳动力供给和需求的功能，但20世纪80年代以来的很多经济学研究却认为，失业是与劳动力市场功能障碍相联系的一种现象。在这一章中，我们就来回顾一下全球失业状况的演变，并系统地总结当代经济学对于失业现象的理论解释，讨论失业的治理政策。①

① 想对全球失业状况和失业理论的发展进行深入学习的读者可以参阅袁志刚，1997，《失业经济学》，上海三联书店、上海人民出版社。本章的写作也参阅了这本书。

10.1 全球失业概况

在这一节的失业概况中，我们主要讨论两类国家的情况，一类是发达的市场经济国家，另一类是东欧的转型经济国家，由于经济体制的差异，这两类国家的失业变化趋势及失业的成因各有特点，需要分别加以研究。

10.1.1 发达市场经济国家的失业状况

我们选择了七大工业国作为研究发达国家失业变化及特征的代表。图 10.1 将七大工业国又划分成了两个组别，第一组是以英、美两国为代表的强调自由竞争的国家，第二组是比较强调国家干预，劳动力市场相对比较僵化的欧洲大陆国家和日本。在第二次世界大战以后 20 世纪 70 年代以前，发达的资本主义国家曾经经历过一段非常好的增长期，在这段时间，这些国家成功地运用凯恩斯主义的宏观经济政策，实现了经济的高速增长和低失业。非常有意思的是，自从 20 世纪 70 年代以后，这两组国家的失业率变动形成了非常鲜明的对照。

从图 10.1(a)中我们可以看到，美国、英国和加拿大这三个国家的失业率呈现出比较明显的周期性波动特征，如果以一段时期之内的平均失业率近似地作为自然失业率的话，我们可以说这三个国家的自然失业率都没有发生明显的变化。其次，与其他工业化国家相比，近十多年来，这三个国家的失业率明显较低，这显示出其劳动力市场调节劳动力供需的功能非常灵活。第三，这三个国家的失业率变化基本是同步的，这也说明这三个国家之间经济的相互影响比较明显。

与上述三个国家形成对照的是以法国和德国为代表的欧洲大陆国家和日本。从图 10.1(b)中可以看出，这些国家的失业率变化的周期性特征比英、美、加三国要弱得多，所以，可以认为欧洲大陆国家和日本的失业率主要是自然失业率。此外，

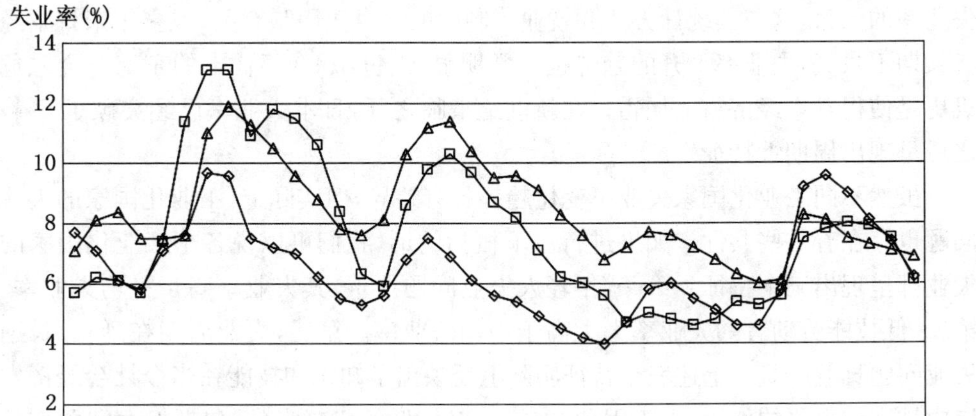

(a)

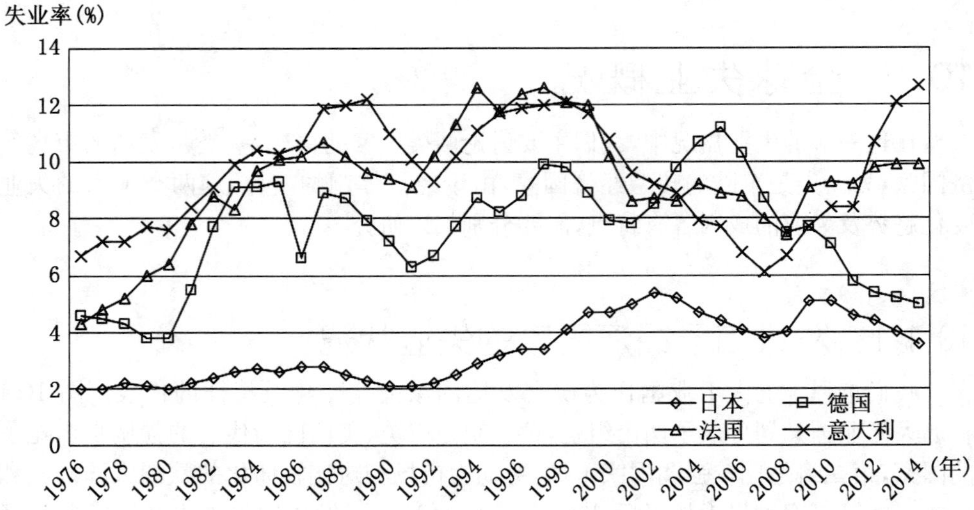

(b)

注:各国 1990—2005 年的数据统计方法存在着一些差异,其中日本数据为就业机构的数据,法国数据是社会保障部门的数据,其他几国数据是调查数据。

资料来源:1976—1989 年间的数据取自《世界经济年鉴》(1983—1984, 1988, 1992),中国社会科学出版社;1990—2014 年间的数据取自 International Labour Organization, ILOSTAT Database。

图 10.1 1976—2014 年间七大工业国的失业率

我们还可以发现另外两个重要的事实:

第一,这类国家的失业率自 20 世纪 70—80 年代总体上呈现出上升的趋势,这说明自然失业率不是一个稳定的比率,而是可以随时间而变化的。

第二,这类国家的失业率普遍较高,特别是法、德两国失业率长期维持在 10% 以上,形成了社会的一个痼疾。其中,唯一的例外是日本。日本是一个长期维持低失业率的国家,这与其统计方法和就业体制中的终身雇用制有关,但多年来日本经济长期不景气,失业率上升的趋势也非常明显,上世纪 90 年代末的东南亚金融危机更是使得日本经济雪上加霜。在新世纪来临之际,日本失业率已经突破了 5%,之后呈现出周期性特征。

虽然不同工业化国家失业率变化趋势各有差异,但实际上,工业化国家的失业问题也存在着一些共性。如果进行一下概括的话,我们可以说各个工业化国家的失业都呈现出三个特征。第一,年轻人失业问题严重,其失业率高于平均失业率。第二,低技能劳动者的失业率大大高于平均失业率。第三,失业周期在延长,长期失业问题日益严重。上述三个特征实际上反映出了知识和技能在当今社会经济发展中越来越重要的作用,也正因此,技能相对较低的年轻人(还包括妇女和西方社会的少数族群)成了劳动力市场上的弱势群体,而这部分人一旦失业就很难再找到工作,从而成为长期失业者。近年来,欧洲大陆国家的失业率有所下降,其中既有经济形势好转的原因,又有长期失业者“退出”劳动力市场的原因。

10.1.2 东欧转型经济中的失业

图10.2显示了六个具有代表性的东欧转型国家中的失业率变化趋势。从图中可以看出,各个转型经济国家均曾经在上世纪90年代经历过10%以上,甚至高达20%的高失业率,之后失业率总体上呈现下降趋势。近年来,只有捷克和俄罗斯的失业率相对较低。

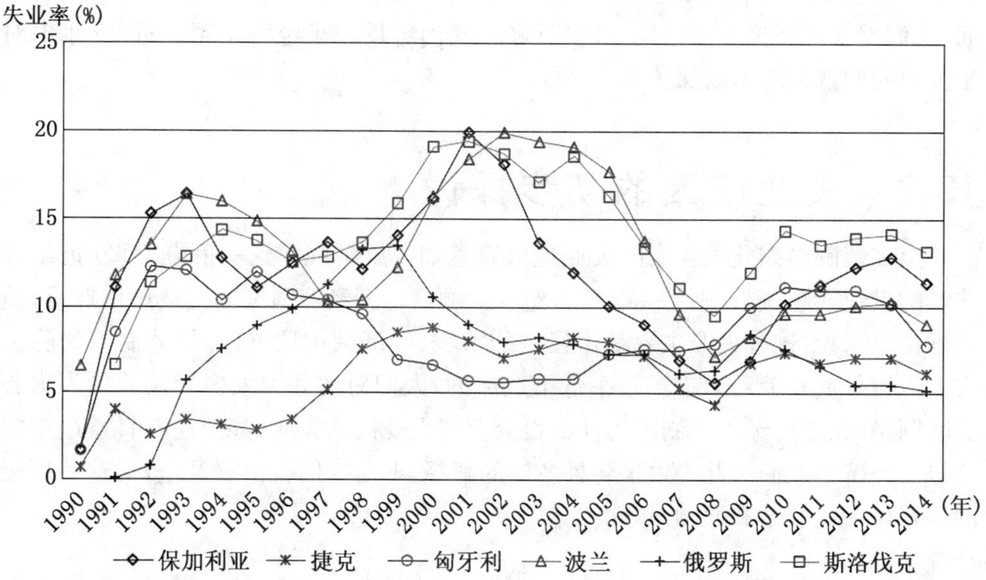

资料来源:International Labour Organization, ILOSTAT Database。其中1990—1998年数据来自ADM-EOR-Registered unemployment records, 1999—2014年数据来自LFS-EU Labour Force Survey。

图10.2 1990—2014年间六个转型国家的失业率

导致东欧转型经济中高失业的直接原因是转型过程中的政治动荡和经济滑坡,原来的东欧阵营瓦解所造成的外贸滑坡,以及各国国内需求的下降。在需求方面,高通货膨胀率造成居民实际购买力下降,同时,国内收入差距的迅速扩大又造成总需求下降。另一个造成失业的原因是转型经济中的就业体制市场化改革以及企业对于富余职工的分流,也就是隐性失业的显性化。更为仔细地加以考察的话,我们将发现,东欧的失业问题是与这些国家的经济重构相伴随的,这主要表现在两个方面:(1)东欧国有部门的就业减少非常迅速;(2)各国扭曲的经济结构得到调整,工农业就业有所下降,而服务业就业有所上升。

在东欧国家的经济转型过程中,失业还呈现出一些共同的特征。(1)失业队伍的流动率很低。私有部门的就业人员常常是直接从传统部门的工作进入新的工作,而不是先经过一段失业。失业队伍的流出(outflow)对劳动力需求变化并不敏感。(2)失业的周期在延长。(3)劳动力参与率在下降,尤其是在妇女中该比率下降更明显。传统部门的就业下降更多的是导致劳动力退出劳动力市场，而不是进入失业队伍。①

尽管东欧转型经济中的失业有其体制转型和经济重构的特殊背景，但实际上就失业者而言，在转型国家也同样是一些就业的弱势群体容易受到失业的威胁，其中特别是低技能者和女性，而这又是导致转型经济中失业者失业周期延长的重要原因。

所以，从本质上来讲，尽管不同的经济体制下失业的初始原因和特征不同，但是低技能者越来越难就业是一个全球性的规律，而这又与知识经济时代对于劳动者知识和技能的要求越来越高，以及全球化带来劳动力市场的竞争加剧有关。下面，我们就来从理论上探讨失业的成因，这些内容反映了经济学家在近 20 年中对于失业问题认识的不断深化。

10.2 失业成因的初步探讨

全球范围内如此大规模的失业现象究竟如何解释呢？这一问题是 20 世纪经济学的世纪话题，现在则是一个新世纪的话题。转型经济国家的失业虽然严重，但从理论上来说，这种失业主要是由经济的滑坡、经济结构调整、计划体制下的隐性失业进行分流和劳动力市场效率低下造成的，人们对此并无太多异议。更为重要的问题是，在市场经济体制下为什么也会存在大规模的失业，甚至还有日益严重的趋势？经济学家们对此提供了各种各样的解释，下面我们就由表及里，对这些理论的解释作一些总结和回顾。

10.2.1 一些直观的解释

对失业的直观解释主要有三种，这三种解释虽然有一定道理，但都经不起仔细的推敲。

首先，有人认为失业的原因在于劳动力供给的大量增加，特别是第二次世界大战以后妇女和少数民族(指美国的黑人、亚裔等)大量加入劳动力队伍，同时又有大量移民到来，使得工作岗位不足，造成了失业。但是，仔细考察西方国家的数据，我们不难发现，劳动力人口的大量增加并不必然造成失业。一方面，从横向比较来看，劳动力人口增加较多的美国在西方国家中并不是失业率高的国家。从历史上来看，英国在失业率较高的 1980—1984 年间，劳动力人口的增长很慢，而在劳动力人口增加较多的 1984—1989 年间，失业率反而有所下降。所以，很可能失业率低是劳动力人口增长的原因，而不是劳动力人口增加会导致失业。

失业的第二种直观解释是结构性失业，即经济结构性的调整会造成失业，这种理论注意到了劳动力市场失业与空位并存的现象，认为失业是因为劳动力供给的

① 参见 Boeri, T, 1994, "'Transitional' Unemployment," *Economics of Transition*, 2(1):1—25。

质量不符合空位对于劳动力的要求。这种失业还表现为摩擦性失业，即工作搜寻过程中的失业。但是，这种理论也不能为大规模的失业提供令人信服的解释，因为劳动力市场上的失业者数量往往大大超过空位数量，特别是在经济萧条的时候这种情况更为明显。

失业的第三种直观的解释是认为失业的原因来自于技术的进步，即资本替代劳动，使得劳动力需求的数量萎缩。这种解释初看起来是成立的，但却经不起仔细的推敲。首先，从理论上来说，技术进步的作用是多方面的，造成部分劳动力失业只是技术进步的结果之一。技术进步可以导致劳动时间的缩短和劳动强度的减少，这种技术进步并不导致失业。技术进步还可以产生大量新的产品，从而创造大量新的需求，带动就业岗位的增加。一个最为典型的例子就是电脑，电脑的产生使得原来很多传统的职业大量减少了，比如打字员、印刷厂的排字工，但电脑的发明和广泛应用又催生了许多新的职业和岗位，比如软件员、电脑的维修和销售。综合起来看，技术进步的作用是有利于增加就业的，这已经被发达国家的经济发展史所证明。如果说技术进步真的会导致一部分人失业的话，那么，当技术进步是“技能偏向型”(skill-biased)的时候，它产生的劳动需求主要是高技能劳动力，而对低技能劳动力的需求较少。如果一个国家的劳动力技能跟不上技术进步的步伐，那么，大量低技能劳动力的确可能面临失业的压力。

显然，上面这三种失业的理论都不能承担起解释大规模失业的任务，因此我们需要再寻找新的理论来解释失业现象。从理论发展史来看，早期的失业理论实际上就是在古典学派和凯恩斯学派的争论中发展起来的。

讨论：

(1) 在理论上，技术进步一定是技能偏向型的吗？有没有可能某种技术进步反而更多增加对于低技能劳动力的需求？(提示：现实生活中，有没有某种服务业相关的技术，促进了供求匹配，提高了生活质量，从而催生了大量的服务需求?)

(2) 在经济下行期，特别容易产生反全球化和反移民的呼声。在一定程度上，英国脱欧和川普当选的过程中，移民都是重要的议题。请借助于下面这段新闻再次思考移民与失业的关系。

【背景】

失业率高还要增加移民数量？专家作出警告！

联邦移民部长麦家廉预计会在31日(周一)宣布2017年的移民数量，此前他曾透露要大幅提高移民人数。但近来人们都在讨论一个问题，那就是现在加拿大失业率很高，尤其那些年轻人都很难找到工作，在此时大幅吸收移民是否是一件好事。有专家指出，在增加移民数量的同时，政府需要做好更周全的准备。

加拿大的经济发展建议小组此前曾提出在未来五年内，把每年吸纳移民的数量提高到 45 万人，尤其是重点应该吸收那些拥有高技术、受过高等教育的人以及企业家等。但麦家廉当时表示，这个目标显得有些野心过大，不过他也表示，政府确实会大大增加移民的数量。

加拿大现在正面临人口老龄化以及劳动力短缺的情况，因此吸收移民能够带来一些好处。联邦政府把 2016 年的目标设定在吸收 30 万新移民。不过对此，专家也提出了一些警告。

新移民来了以后会变得更好吗？

多伦多大学加拿大研究项目的副教授 Emily Gilbert 表示，在政府欢迎新移民的同时，也必须确保他们能够融入社区，而且还要确保他们能找到与自己的技术水平相对应的工作，不会让新移民的家庭在来到加拿大后遭遇经济困境。Gilbert 还担心如果移民数量增长过快，政府却没有足够的支持，将导致潜在的社会及经济矛盾。

增加移民之后能够提高所有人的生活水平吗？

经济发展小组的报告建议移民部把吸收企业家及国际学生放在首位，来最大化移民政策的经济效益，还说如果这个措施执行妥当，将能提高所有加拿大人的生活水平。而且近日有民调显示，大部分人还是支持移民的，只是报告警示，政策决策者必须注意限定移民的数量。

经济发展小组在报告中提到，如果新移民的融合问题没能被有效管理，人们对于移民政策的支持率将下降。虽然报告建议把经济类移民人数增加到 15 万，但这必须在人们所享受到的公共教育、交通或医疗系统等资源不会变得更加紧张的情况下进行，增加移民数量带来的人口增长将需要三级政府投入更多的资金来发展公共服务和设施。

资料来源：加拿大留学中心，2016 年 10 月 30 日。

10.2.2 古典失业与凯恩斯失业：工资是否可以灵活调整是关键

古典学派和凯恩斯学派的失业理论并不是对立的，两个学派只是对于工资是否可以灵活调整，或者是否存在粘性（stickiness）的看法不同，因此，对于失业的治理政策也持不同意见。我们不妨先来看一张简单的劳动力市场供给—需求平面图。在这张图中，我们可以画出一条向右上倾斜的劳动力供给曲线（S）和一条向右下倾斜的劳动力需求曲线（D），这两条曲线的交点就是劳动力市场的均衡点，相应的均衡工资和就业人数分别是$(W/P)^*$和L^*（见图 10.3）。

古典学派认为，在劳动市场上，如果有失业现象存在，唯一的可能性就是工资太高了，当工资水平[如图中的$(W/P)'$]超过均衡的工资水平时，失业就产生了。但是，古典学派认为，这种失业现象只是短暂的现象，只要劳动工资可以灵活地调整，那么，工资就会调整到均衡的工资水平$(W/P)^*$，失业现象将得以消除。虽然社会的就业总量有所下降，但这部分劳动力都是在新的均衡工资水平下不愿意就业的"自愿失业者"。

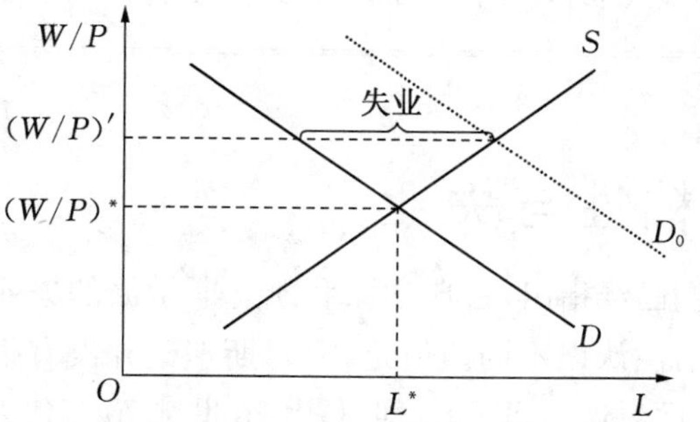

图 10.3　古典失业与凯恩斯失业的联系

凯恩斯学派与古典学派的关键区别在于，凯恩斯学派认为劳动力市场上的工资是粘性的，失业不能通过工资的调整得以消除。我们假设在图 10.3 中劳动力的需求曲线的初始位置在 D_0 处，均衡的工资水平为$(W/P)'$。当经济受到需求方的冲击时，有效需求不足将导致劳动力的需求曲线也向内移动，这时，如果工资不能灵活地调整到新的均衡水平$(W/P)^*$，那么，失业就出现了。由于凯恩斯失业是由经济衰退导致的，经济繁荣时失业率就会下降，因此，这种失业也被称为"周期性失业"(cyclical unemployment)。从政策建议来看，凯恩斯学派主张动用积极的财政政策和货币政策来提高社会的有效需求，从而使劳动力的需求曲线再回到 D_0 处，这时，失业就被减少了。

讨论：工资的粘性有很多原因，最低工资制度也是其一。请问最低工资对就业可能产生什么样的影响？受影响的将是哪些人群？（有兴趣的读者不妨再找一些相关的研究文献，看看对于这个问题的回答是不是已经有了一致的答案。）

【背景】

美报告：提高最低工资有助减轻贫困 但将带来失业

据英国路透社 2 月 19 日报道，美国国会预算办公室(CBO)18 日在一份报告中称，预计提高美国最低工资将在 2016 年底前导致约 50 万人失业，同时帮助近 100 万人摆脱贫困。该报告重新点燃了关于美国总统奥巴马今年一大执政重点的争论。

调查显示，四分之三美国人倾向于提高最低工资。受此数字鼓舞，奥巴马及其民主党同僚呼吁将最低时薪从 7.25 美元提高至 10.10 美元，以提高数百万低收入人群的薪资。CBO 还表示，提高时薪将在多年中小幅减少美国预算赤字，但之后又会导致赤字小幅增加。

CBO 指出难以预测提高最低工资对就业的影响，称时薪为 10.10 美元的情况下，“有三分之二的可能性，影响会介于就业微量减少和 100 万人失业之间”。

资料来源：《环球时报》-环球网(北京)，2014 年 2 月 19 日。

10.3 工资粘性与失业

在上一节中我们已经指出，古典学派和凯恩斯学派的失业理论的差异关键在于对工资调整的灵活性认识不同。但是，凯恩斯理论并没有很好地说明为什么工资具有向下的粘性，而对这一问题的说明是由 20 世纪 70 年代以来发展起来的“新凯恩斯主义”学派完成的。下面我们就对这一学派的四个主要的工资粘性理论逐一地进行介绍。这一节，我们将利用一些简单的模型，对于读者来说，也可以通过我们提供的“一段话的学习”来理解这些理论的核心思想。有兴趣的读者可以在“一段话的学习”之后再了解“具体的解释”，没有兴趣的读者则可以跳过那些“具体的解释”。

10.3.1 隐含合同理论(implicit contract theory)

[**一段话的学习**]我们可以这样理解隐含合同理论：企业在为员工提供失业保险。员工不喜欢工资水平随着经济周期而出现大幅度的波动(平安是福，求神保佑)，如果有可能做到这一点的话，他们宁愿交点保险费。这时，企业说，我来提供保险，条件是即使经济形势好的时候，工资也不涨(或少涨点)，这就是员工的保险费了。双方达成默契，企业省了钱，员工得到平稳的工资，减少了风险，皆大欢喜。问题是，如果经济真的出现衰退，即使失业者愿意接受更低的工资去找工作，企业却因为工资不能下降而不增加雇用。

[**具体的解释**]这一理论的逻辑起点是雇员是风险规避者，而企业则是利润最大化者。该理论认为，可以找到这样的一个固定的工资水平，它不随宏观经济周期的起伏而波动，由于工资是固定的，这能满足雇员规避风险的目的。如果这个固定工资能够略低于企业愿意支付的随经济周期波动的工资的期望值，那么，这个工资水平也能被企业所接受。这时企业和雇员就达成了一种合作，仿佛双方签订了一张合同一样，企业通过支付固定工资而省了钱，而职工则减少了风险。我们不妨通过图 10.4 来说明隐含合同下工资的确定。

在图 10.4 中，我们首先画出一条凹的效用曲线 $U(W)$，这是一条表示风险规避的效用曲线。图中 W_L 和 W_H 分别表示经济萧条时市场出清的低工资和经济繁荣时市场出清的高工资。由于受经济周期的影响，劳动力市场分别依一定的概率出现低工资和高工资,如果没有隐含合同,那么,职工就在经济繁荣时得到高工资,而在经济萧条时得到低工资,在某个给定的概率下,职工的期望工资为 $E(W)$,期望效用为 $E(U)$。不难发现,由于职工是风险规避的,只要固定工资达到或超过 W^*,职工的效用水平就超过了 $E(U)$,职工就会接受这个固定工资。而对于企业来说,只要工资不超过 $E(W)$,那么企业实际支出的工资就比随经济周期波动的工资水平要低。如果企业可以单方面地确定这一固定工资水平的话,W^* 将是最终的工资水平。由于这一固定工资是职工和企业双方都愿意接受的,相当于双方签订了一张合同,保证工资不随经济周期而波动,这就很好地解释了工资的粘性。当经济萧条来临时,隐含合同下的固定工资将高于市场出清水平,这时候企业就只有通过解雇员工来削减劳动成本,从而导致失业现象的出现。①

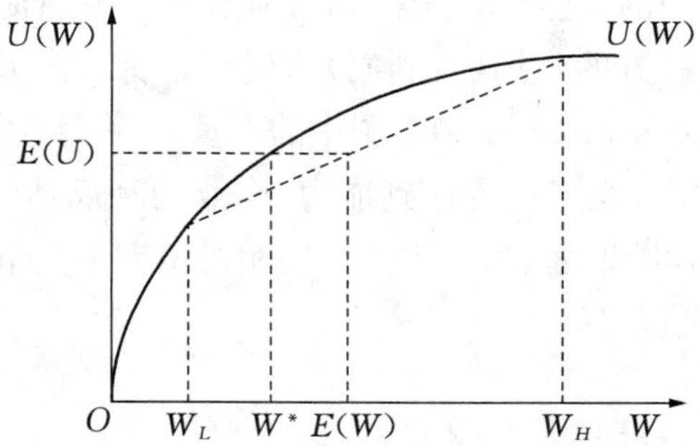

图 10.4　风险规避的职工和隐含合同

10.3.2　谈判(议价)理论(bargaining theory)

[**一段话的学习**]工资是由企业的资方和劳方事先谈判规定的,具体由双方的谈判能力来决定,一旦决定之后,就不易改变,也不随经济的周期性波动而调整。于是,即使经济出现衰退,有人愿意接受更低的工资,企业的工资水平也不调整,它们不愿意增加雇用。相反,企业却可能因为工资不调整,从而减少劳动力雇用数量。有时,企业的就业人数和工资水平都是事先由劳资谈判决定的,这样,两者都难以改变。

[**具体的解释**]隐含合同理论很好地解释了工资粘性,但没有在理论上很好地模拟企业和职工之间的工资谈判过程。在现实中,工资往往是通过工会代表职工与企业进行谈判而确定的。这时,劳动力市场接近于双边垄断的市场。我们在第 4 章中曾经指出,双边垄断市场上工资和就业的决定是传统方法无法分析的问题,但第二次世界大战以后诞生的谈判理论给我们分析这类问题提供了有力的工具。

在工资和就业的谈判模型中,职工和企业双方分别最大化各自的效用(或利润),职工想提高工资,增加就业,而企业则想压低工资,减少就业。由于双方的目

① 隐含合同理论的开创性文献是 Azariadis, C., 1975, "Implicit Contracts and Unemployment Equilibrium," *Journal of Political Economy*, Vol.83。对此理论的一篇经典的综述文献是 Rosen, S., 1985, "Implicit Contracts: A Survey," *Journal of Economic Literature*, 23:1144—1175。

标是对立的，所以，最终的工资和就业取决于职工和企业的相对谈判能力。

这样一个工资和就业的谈判模型可以用图形来表示。在图 10.5 中，U 是一条工会的等效用曲线，如果把工资和就业当作是工会的两种普通"消费品"，那么，这条无差异曲线与通常的无差异曲线没有什么不同。

一组倒 U 形的曲线是企业的等利润曲线，位置越高的曲线代表工资和就业越多，利润越低。等利润曲线的最高点表示工资与边际劳动生产力相等的点，也就是完全竞争条件下企业利润最大的点，将这些点相连便可以得到完全竞争条件下的劳动力需求曲线，如果从这条线向左右两个方向移动，会出现就业过低或过高的情况，利润下降（达到一条位置更高的等利润曲线）。

谈判的结果将出现在等利润曲线与等效用曲线的切点处，如 E 点，这种点是具有帕累托最优的性质的，这意味着职工和企业如果一方想提高自己的效用（或利润），就必须以降低另一方的效用（或利润）为代价。所有像 E 点这样的点组成的 CE 线就是契约曲线(contract curve)。图中的 C 点是完全竞争状态下的点，这时，企业的谈判能力非常大，职工没有谈判能力，企业的利润达到了最大化。不难发现，像 E 点这样的谈判结果之下的工资(W^*)相对于完全竞争状态下的工资(W_0)是偏高的，而就业则是偏多的。

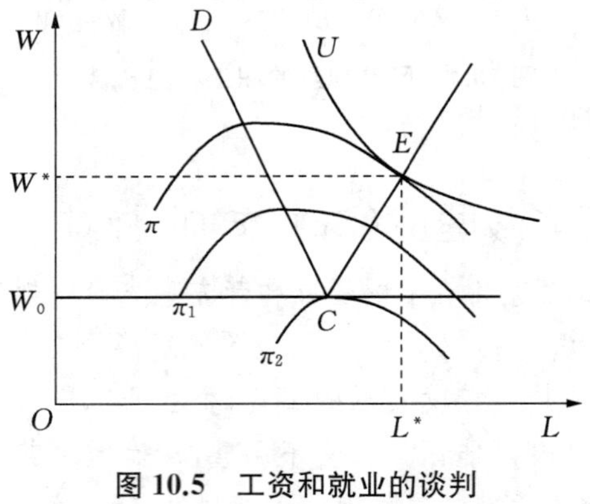

图 10.5　工资和就业的谈判

10.3.3　内部人—外部人模型(insider-outsider model)

[**一段话的学习**]无论是雇用人还是解雇人，都需要付出成本。这时，企业的内部人会获得一个优势，就算他们的工资水平高于其边际劳动生产率（只要不高太多），也可能不被解雇。而那些失业者要求的工资即使低于企业内部人的工资也无法就业。

[**具体的解释**]内部人—外部人模型是另一种解释工资粘性较为成功的理论①，

① 参见 Lindbeck, A. and D.J. Snower, 1988, *The Insider-Outsider Theory of Employment and Unemployment*, The MIT Press。

这一理论认为，市场竞争导致劳动力市场出清的新古典理论的假定条件过于苛刻，其中最与现实不符的假定就是劳动力市场的运作没有任何的成本（参见第 4 章中的劳动力需求模型）。实际的情况是，解雇企业现有的职工和到劳动力市场上招聘新的职工都是要耗费成本的，由于存在这样的劳动力替换成本（labor turnover costs），便导致企业已经雇用的职工（内部人）拥有某种优势，使得内部人的工资高于外部劳动力市场上的工资，即使那些失业者要求的工资要低于企业内部人的工资也无法就业。企业内部和外部工资的差异就反映了劳动力替换成本，也成为工资粘性的来源。在粘性的工资下，企业的劳动力需求不能进一步扩大，外部劳动力市场上也总有一些失业者不能就业。

10.3.4 效率工资模型（efficiency-wage model）

［**一段话的学习**］如果存在信息不对称，员工就有可能不努力工作，这时，有些企业可能愿意支付一个较高的工资水平，激励员工努力工作。如果多支付的工资能够换来员工的努力工作，对于企业还是值得的。但是，对于整个劳动力市场来说，如果企业支付的工资高了，就可能有些失业者宁愿接受更低的工资，也不会被企业雇用。

［**具体的解释**］在解释工资粘性的诸多理论当中，效率工资理论可谓是影响最为深远的。该理论认为，真正为企业创造价值的不是劳动力本身，而是劳动力付出的努力，而努力又是一个不可完全被监督的变量。在这种信息不对称的情况下，雇主有激励主动地将工资提高到一个高于市场出清水平的程度，这样做就可以激励职工努力工作。不过，工资也不是无限提高的，因为提高工资也会降低利润。在企业最大化利润的目标下，均衡的工资取决于企业在激励的收益与工资成本之间的权衡。只要一些参数是给定的，市场均衡的工资就是一个具有粘性的工资水平，恰恰是这一高于市场出清水平的工资使得工作岗位难以增加，失业者难以被雇用。①

比较早的一个效率工资模型是由诺贝尔奖得主索洛提出的。在索洛模型之后，其他经济学家也陆续提出了一些效率工资模型，其中最为著名的是夏皮罗和斯蒂格利茨共同提出的一个模型。夏皮罗—斯蒂格利茨模型认为，均衡的效率工资和自然失业率是同时决定的，失业不一定是坏事。在信息不对称的条件下，偷懒不能被完全地监督，企业为了防止职工偷懒必须支付高于市场出清水平的工资，而在这一工资下市场上存在着一个相应的失业率，这个失业率对职工的劳动行为是一种“纪律约束机制”。②

在图 10.6 中，假定 N 是一个外生的劳动力供给数量，并且不随工资变化而变化，在效率工资机制下，这条劳动供给曲线并不构成企业面临的真正的劳动供给。

---

① 这里提供一篇综述文章供读者参考：Costabile，L.，1995，“Institutions，Social Custom and Efficiency Wage Models：Alternative Approaches，” *Cambridge Journal of Economics*，19：605—623。

② 参见 Shapiro，C. and J. Stiglitz，1984，“Equilibrium Unemployment as a Worker Discipline Device，” *American Economic Review*，74：433—444。

企业面临的真正的劳动供给曲线是 NSC(no-shirking condition,即无偷懒条件),这条曲线上的每一个点都是一个工资水平和一个失业率(NSC 曲线和 N 的水平距离)的组合。如果在一定工资水平下职工偷懒的话,那么,他就可能被解雇,一旦被解雇,他就会遭受损失,失业率高,再就业就困难,损失就大。可见,失业率较高的时候较低的工资水平就可以防止职工偷懒,而当失业率较低的时候,必须有一个较高的工资才能够防止职工偷懒。在这一机制下,均衡的工资和就业就不再由劳动需求曲线[即 $F'(L)$,边际劳动生产力曲线]与劳动力供给(N)的交点决定,而由劳动需求曲线和 NSC 曲线的交点 E 决定。可见,这样的工资水平和失业率水平对于企业而言是最优的,企业不会愿意降低工资和增加就业,因为在更低的工资下,不能有效地防止职工偷懒,企业虽然节省了成本,但产出下降得更多,企业的利润没有被最大化。

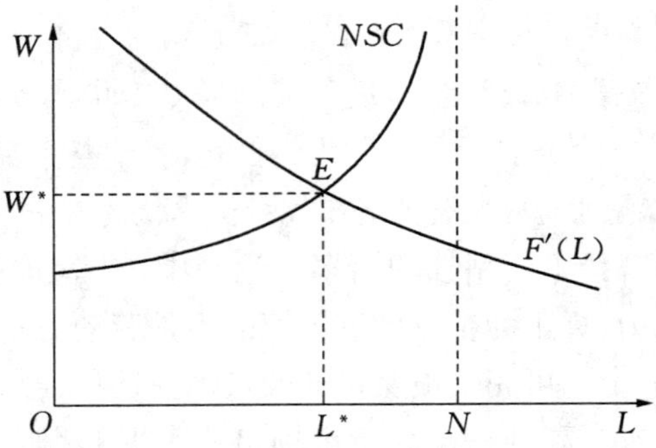

图 10.6　夏皮罗—斯蒂格利茨的"效率工资"模型

另一位诺贝尔奖得主阿克洛夫的效率工资模型是一个社会学特点较强的模型,他认为,职工是根据努力准则(effort norm)工作的,超过企业工作标准的部分好比是无偿地赠给企业的一份礼物。这种努力准则并不是个人的,而是集体共同的,它是出于职工之间的情感(例如团结)以及职工与企业之间的情感。职工的精神面貌和他们付出的努力取决于他们认为公平的工资,这个"公平"是相对于其他的职工和失业者而言的。这样,企业出于鼓舞士气的目的,会支付较高的工资,结果使得该工资水平高于劳动力市场出清时的工资水平,于是非自愿的失业也随之出现。虽然失业者情愿在市场出清的工资下工作,但这种要求却不会被企业接受,因为这会给企业员工的士气带来负面影响,进而影响企业的产出水平。①

10.4　分割劳动力市场和失业的回滞

新凯恩斯主义的几个理论为工资的粘性提供了一些解释,不难发现,这些解释

---

① 参见 Akerlof, George A., 1982, "Labor Contracts as Partial Gift Exchange," *Quarterly Journal of Economics*, 97(4):543—569。

都与劳动力市场分割为内部劳动力市场和外部劳动力市场有关。在内部劳动力市场上，工资的决定不再是由供给和需求共同作用这样一个简单的过程，而是受到了一些其他因素的影响，从而使得职工的工资不再是可以随意调整的变量。从广泛的意义上来说，劳动力市场的分割包括了这种内部、外部的分割，但我们通常所提到的劳动力市场分割主要是指因为技能、产业、地理等因素造成的分割，这些分割也是造成失业的重要原因，在这一节中，我们将对这一理论作一个简单的介绍。此外，正如我们在本章一开始所介绍的那样，欧洲大陆国家失业率不断上升和长期失业越来越多的现象非常引人注目，为了对这一现象进行解释，失业回滞理论（hysteresis in unemployment）应运而生，这一节也将对这一影响深远的失业理论进行介绍。

10.4.1 分割劳动力市场理论（segmented labor market theory）

我们知道，新古典主义理论的主要特征是假定市场是完善而统一的，所交易的对象是同质的，价格是可以自由调整的，市场可以无摩擦地运作。新凯恩斯主义批评了传统理论的后两个假定，而分割劳动力市场理论则批评了前两个假定，并构成了20世纪70年代以来对传统劳动力市场理论的又一重大挑战。①

分割主义者认为，劳动力市场可以被区分为两个部分，一个部分提供着“好”的工作，另一个部分则提供着“差”的工作，由于存在着这种二元特征，分割劳动力市场理论也被称为“二元劳动力市场理论”。那么，不同的劳动力市场有什么样的特征，导致劳动力市场分割的因素又有哪些呢？

通常认为，在提供“好”工作的第一劳动力市场上，工作比较稳定和安全，工资率相对较高，技术水平和资本密集程度较高，工会的力量较强，而第二劳动力市场的状况则恰恰相反。如果抽象一些来说，两部分劳动力市场的差异是，第一劳动力市场工资较高，工资的粘性较强，而第二劳动力市场上工资较低，工资是完全自由竞争决定的，可以灵活地调整。只要第一劳动力市场的劳动力愿意，他们可以较自由地进入第二劳动力市场，而第二劳动力市场的劳动力则因为种种原因难以进入第一劳动力市场就业。

导致劳动力市场分割的因素有以下几个方面：(1)技能，第一劳动力市场的劳动力一般具有较高的技能；(2)产业，那些对劳动力技能要求较高的、资本密集程度较高的产业的劳动力通常属于第一劳动力市场；(3)地理因素，地理上的分割往往是造成劳动力市场分割的直接因素，如果再加上一些地区间制度和经济发展特征的差异，使得地区间的劳动力市场分割往往非常明显。从人口特征来看，西方国家的少数族群（如非洲裔、亚裔等）、女性和年轻人往往工作条件较差，属于第二劳动

① 这里同样推荐一篇介绍分割劳动力市场理论的综述文章：Leontaridi, M.R., 1998, “Segmented Labour Markets: Theory and Evidence,” *Journal of Economic Surveys*, Vol.12, No.1:63—101。

力市场。

劳动力市场二元分割的直接后果就是导致市场上存在两个工资水平，以及与此相对应的劳动力之间的收入差距。由于劳动力在两个市场间的流动非常不充分，所以这种工资的差异不能得以消除。

劳动力市场的分割对失业也有直接的影响。如果第一劳动力市场受到了外来的冲击，由于这个市场的工资具有粘性的特征（因为效率工资盛行、工会力量强大等原因），外来的冲击不会引起工资下调，而是造成失业。这时，第一劳动力市场的失业者将面临两个选择。首先，他可以选择失业，也许他担心到第二劳动力市场去找工作（虽然这并不难）会影响他的职业声誉。如果他选择失业，那么这种失业就同时带有自愿和非自愿的性质，从失业的初始原因来看，这种失业是非自愿的，但从劳动力的选择来看，他又是自愿处于失业状态的。当然，第一劳动力市场上的失业者也可以选择进入第二市场找工作，这可能导致两个结果，一方面，第二劳动力市场的劳动力将会被替代，这可能是最直接的结果，于是，失业便传播到了第二劳动力市场上。另一方面，由于竞争加剧，第二劳动力市场的工资将下调，但这一下调的过程不可能在短期内达到新的均衡状态，即使在长期，也可能由于一些因素（比如最低工资管制）而无法实现均衡，这样一来，失业仍然会传播到第二劳动力市场上。

10.4.2　失业回滞（hysteresis in unemployment）

“回滞”最初是一个物理概念，其含义是指物体的运动轨迹具有某种路径依赖性（path dependence），也就是说，一个物体的运动轨迹不仅受到当前的外力影响，还受到所有过去所受的外力的影响。用这一概念来看失业现象，我们不难发现，20世纪70年代初的“石油危机”以来发达国家的失业率有上升的趋势（特别是在欧洲大陆国家），这说明外来冲击对于失业率的影响可能是持久性的。经济学家们认为，当外来的冲击导致失业率上升时，这种趋势就会保持下去，除非有其他的因素导致失业率下降，这就是失业率变化趋势中的路径依赖性。

首先，失业回滞现象与劳动力市场的功能有关。劳动力市场的功能性障碍越强，劳动力流动性越低，则劳动力市场受到的冲击越是不容易被市场调整所消化，失业的路径依赖性越强。有趣的是，各种研究均表明，失业率的路径依赖性在欧洲大陆国家较为明显，而在西方国家当中，欧洲大陆国家的劳动力市场的确是比较僵化的。

第二，失业人员的人力资本折旧和“干中学”的中断也是失业回滞的原因。失业者由于没有工作，便无法通过“干中学”积累人力资本，而已经获得的人力资本也会在失业期间折旧，所以失业时间越长，人力资本含量越低，再找工作就越难。于是，劳动力市场上失业人数的增加就难以被消除。

第三，内部人—外部人因素和工会的影响是造成失业回滞的又一个因素。我们知道,工会组织是保护就业者的,当经济衰退来临时,企业试图通过降低工资来增加就业,但工会成员和企业的内部人却会抵制这一做法,又由于用外部人(失业者)替代内部人是有成本的,这就保证了内部人在工资谈判中拥有一定的优势。于是,一旦经济衰退,失业率上升,受工会组织保护的职工数量(或者内部人数量)就会减少,而更多的外部人则不能顺利就业,这就导致了失业率的持续上升。

第四,投资活动的下降和失业率的上升可能会形成一种恶性循环,导致失业回滞。在经济萧条的时期,企业的利润水平下降,于是投资活动又进一步萎缩,这时,即使失业者所要求的工资有所降低也难以就业。

第五,劳动力市场的信息不对称可能也是造成长期失业者越来越多和失业率不断上升的一个原因。劳动者的技能是劳动者的私人信息,雇主是很难了解到的,于是失业的时间就成了了解劳动者质量的一个信息,失业的时间越长,可能意味着这个失业者在技能、敬业精神等方面的"质量"越差。所以失业者失业时间越长,就越是难以就业,于是,劳动力市场上失业者的平均失业时间逐渐延长,导致失业率有所上升。①

失业回滞理论对西方国家(特别是欧洲大陆国家)失业率上升和长期失业者不断增加的现象给出了令人信服的解释。更为重要的是,这一理论的政策含义是,积极的劳动力市场政策如果可以有效地降低失业率,那么,将会对失业率的长期走势产生影响,因此政府不能天真地相信市场的自发调整可以使市场恢复到稳定的自然失业率水平,积极的需求管理政策、培训政策和一些恢复劳动力市场功能的政策都将对降低失业率产生积极而持久的影响。

10.5 中国体制转型和经济重构中的失业及政策

在展开中国失业问题的讨论之前,不如先看一则新闻报道。

【新闻】

报告:中国工资增速放缓 失业率升

高盛集团分析师称,中国工资增速已呈现减缓趋势,失业率也高于政府数据所示水平。

据彭博社报道,魏静娴等高盛分析师在报告中说,中国今年一季度的工资增幅或已从2013年的10%以上缩小到了7.3%;到2017年,这一增幅预计还会进一步降至6.7%的水平。

报告指出:"随着工业、服务业收入增速双双减缓的溢出效应波及家庭和消费,

① 经济学家们对于产生失业回滞的原因有着很多种解释,对此读者不妨参考一篇综述文章 Roed, K., 1997, "Hysteresis in Unemployment," *Journal of Economic Surveys*, 11:389—418。

工资增幅的进一步下降可能会对消费增长产生影响”“不过虽说工资增速减缓会成为经济增长的又一个小小障碍,但政府可能也会出台更多的刺激政策来提振消费增长。”

中国官方工资数据一年发布一次。最新数据显示,2015 年全国城镇非私营单位平均工资增长 10.1%。城镇登记失业率连续五年几乎无变化,同时,有大约 2.7 亿的农民工并未纳入统计范围。

高盛预期,中国的失业率今年有可能升至 6.5%。

据中新网此前报道,中国人力资源和社会保障部副部长信长星 8 日在国务院政策例行新闻会上,回应有关就业的诸多热点问题时说:“上半年就业形势总体平稳,1 月至 6 月城镇新增就业 717 万;失业率总体较低,数据没有加任何修饰。”

根据信长星提供的官方数字:上半年六个地区提高最低工资标准,平均增幅 11%;大学毕业生签约率与去年同期基本持平。他说,二季度末城镇登记失业率是 4.05%,31 个大城市的 5 月份城镇调查失业率是 5.02%。

资料来源:《联合早报》,2016 年 7 月 14 日。

由于制度不同,统计口径也不同,中国的失业现象被弄复杂了。首先,究竟怎样认识中国的失业率水平就是我们遇到的第一个问题。其次,在这样一个处在经济体制转型时期的发展中大国,失业的成因既有其一般性,又有其特殊性。特别地,由于中国的就业体制正在由计划就业体制向市场就业体制转型,同时,在经济的快速发展中经济的重构速度又是非常之快的,因此,由体制转型和经济重构带来的失业问题就成为非常有中国特色的经济现象。最后,随着经济开放程度的提高,全球的经济周期也会对中国的劳动力市场形成冲击,形成一些周期性的失业。在这一节中,我们便从失业率的统计入手,来揭示中国失业问题的一般性和特殊性,并结合中国的实践提出对失业进行综合治理的政策措施。

10.5.1　中国失业的规模与分类

为了准确评价中国失业问题的严重程度,我们必须找到一个相应的失业率指标。目前我们能够从《中国统计年鉴》上直接找到的失业率数据是中国城镇地区的登记失业率(参见第 3 章的图 3.4)。这一失业率从 20 世纪 80 年代就业体制改革开始以来基本上保持着上升的趋势,除了少数年份中有所波动以外,而近年来则较为平稳。如果以失业人数这一绝对指标来衡量,我们可以发现失业问题似乎在日趋严重(参见图 10.7),但需要注意的是,随着城市化率的提高,作为计算失业率的分母的城镇人口(不管是不是包括进城务工人员)是不断提高的。

但是,读者必须知道,在 20 世纪的最后几年,公开的登记失业率并不能准确地反映中国真实的失业程度。1996 年之后，中国各地政府通过建立“再就业服务中心”的方式实施国有企业富余职工的下岗分流。下岗职工实际上已经失去了工作，但大量下岗职工并没有与原企业解除劳动关系，或者社会保险关系，企业仍然为他们发放“下岗工资”，为他们缴纳社会保险，在医疗保险没有社会化的时候，仍然为他们提供医疗保障。因此，下岗职工没有进入城镇登记失业率的统计。①这部分失业人员构成了一部分隐性失业，从数量上来看，下岗职工人数曾经大大超过社会失业人员数量(参见图 10.8)。由于大量失业者没有进入政府的统计，就造成了失业率的低估。如果按照国际通行的定义，2000 年第五次人口普查数据显示出的城市失业率大约为8.3%。②

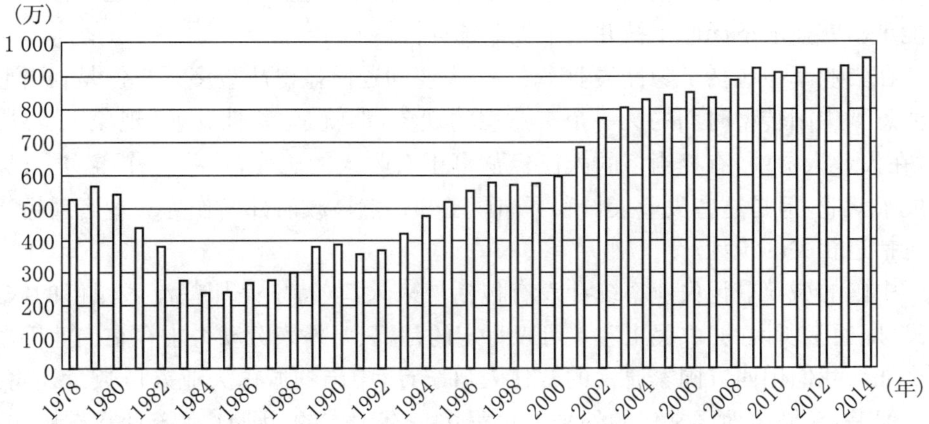

资料来源：《中国统计年鉴 2005》《中国统计年鉴 2015》《中国劳动统计年鉴 2014》《新中国五十年统计资料汇编(1949—1999)》。

图 10.7　中国的登记失业人数

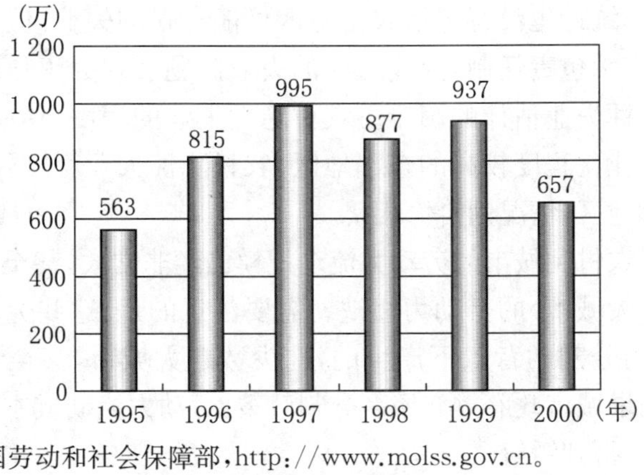

资料来源：中国劳动和社会保障部，http://www.molss.gov.cn。

图 10.8　中国的下岗职工人数

① 政府部门所指的下岗职工仅包括再就业服务中心中的下岗职工。

② 参见王德文、吴要武、蔡昉，2004,《迁移、失业与城市劳动力市场分割——为什么农村迁移者的失业率很低?》,《世界经济文汇》第 1 期，第 37—52 页。

另一方面，转型时期国有企业对富余职工的分流并不是一步到位的。中国仅允许连续亏损的国有企业成立再就业服务中心，对富余职工进行分流，而在那些盈利企业，政府不允许以下岗方式分流富余职工，所以在国有企业中还存在相当数量的富余人员没有被分流，这些在岗的富余职工也构成了隐性失业的一部分。隐性失业的规模很难估计，据国际劳工组织和中国劳动部在1995年联合进行的一次“企业富余劳动力调查”显示，城镇各类企业的综合隐性失业率为18.8%，接近于国家其他权威部门对城镇就业中隐性失业率作过的估算（国家计委和体改委提出为25%，国家研究机关提出为20%—25%，统计局为20%，劳动部为10%—12%）。① 自20世纪90年代中期之后，就业体制的市场化改革推进得非常之快，国有企业富余职工的下岗分流工作在进入新世纪之后告一段落，再就业服务中心逐渐被关闭，未能重新就业的下岗职工被并入了失业统计。

在失业率中包括了隐性失业率之后，失业问题便显得严重多了。但是，我们还应注意到中国转型时期的又一个有意思的现象，那就是“隐性就业”现象。也就是说，在失业人员中，有相当多的人已经从事于有收入的工作，这些工作事实上已经构成了就业，但是这些失业人员和下岗职工却仍然被政府部门作为失业者对待，并被包括进相关的统计。

中国的城镇登记失业率统计没有包括外来人口（特别是那些流入城市的农村居民，即通常所说的“农民工”）。可以肯定的是，只要外来劳动力中存在失业问题，那么如果我们用西方国家通常的常住人口统计，中国的城镇失业人口数量还将上升。但是，在城镇地区常住的外来人口很多是有工作的，因此，在统计数据中包括了外来的劳动力并不一定使失业率升高。中国社会科学院人口所基于2000年第五次人口普查的数据得出，城市本地劳动力失业率为9.1%，城市迁移者失业率为7.9%，农村迁移者失业率为3.6%。②

中国的失业率统计也没有包括农村地区可能存在的失业，但由于中国的农村实行的是家庭联产承包责任制，因此农村的失业问题表现为工作的分享和就业不足，这也造成了隐性失业估计的困难。农村隐性失业的程度与一个地区的经济发展水平有关，在工业化程度较高的东部地区，农村隐性失业程度较轻，而在经济相对落后的中、西部地区，情况则恰恰相反。

最近这些年，农村到城市的劳动力流动规模已经非常大，甚至已经出现了城市地区（特别是沿海大城市）的劳动力短缺。需要注意的是，这些劳动力短缺现象是在城乡劳动力市场分割的背景下产生的，在少数超大城市，甚至还在控制人口增长。换句话说，如果城市政府放弃城乡分割政策，劳动力流动成本下降，那么，劳动力短缺现象就可以得到缓解。

---

① 参见王诚，1996，《中国就业转型：从隐蔽失业、就业不足到效率型就业》，《经济研究》第5期。

② 参见王德文、吴要武、蔡昉，2004，《迁移、失业与城市劳动力市场分割——为什么农村迁移者的失业率很低?》，《世界经济文汇》第1期，第37—52页。

10.5.2 中国失业的特点和成因

农村即使存在失业，也是隐性的，因此这里主要讨论中国城镇失业的特点。从近年来的情况来看，中国的失业表现出来的特点与其他国家大致一样。

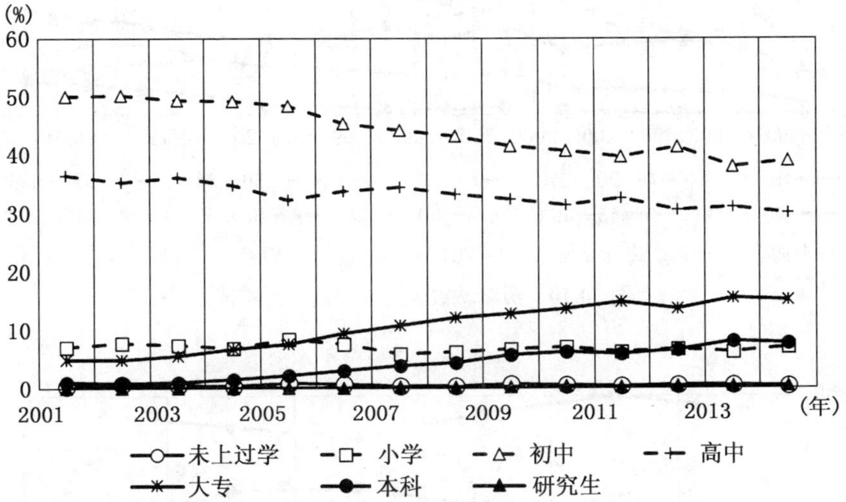

资料来源：《中国劳动统计年鉴 2002—2015》，中国统计出版社。

图 10.9 历年城镇失业人员的受教育构成

换句话说，在中国也是低技能的、受教育水平较低的劳动者更加容易失业。从图 10.9 可以看到 2001—2014 年城镇失业人员的受教育构成。2014 年的失业者当中，38.9%的人仅具有初中以下文化程度，另有 30.1%的人具有高中文化程度。值得注意的是，大专和大学文化程度的失业者占有的比例在上升。

从年龄结构来看，20—29 岁青年人失业居多，40—49 岁中年人失业占比也高(见图 10.10)。青年人失业的问题不容忽视，在因各种原因失业的人口中，由于毕业后未工作而失业的占到了 18.7%(参见表 10.1)。与西方国家不同的是，由于特殊的历史背景和经济的快速发展，中国的受教育水平较低和技能较低的人群并不一定是年轻人，而是年龄偏大者，这就使得中国的失业者的年龄结构呈现出与西方国家不同的特点，即年龄偏大的占到了相当大的比例。

从失业周期来看，失业者中长期失业者已经占到了相当高的比例。从图 10.11 中可以看出，失业人员未工作时间超过 25 个月的比例达到了 20%左右。

随着经济的市场化和开放，中国经济也面临国际经济共同面临的挑战，即技能偏向型的技术进步相对不利于低技能劳动力的就业，在此不再重复。此外，作为转型和发展中的大国，中国的体制转型和经济重构带来的结构性失业是非常重要的失业成因。体制转型带来的失业是在所有转型经济国家中都出现的现象，在上世纪 90 年代之后的经济体制转型的过程中，国有企业和集体企业都逐步转变为利润

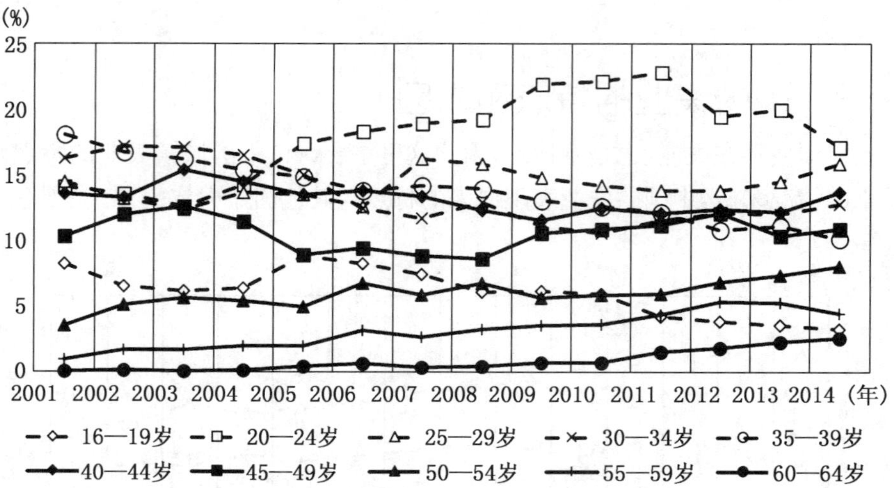

资料来源:《中国劳动统计年鉴 2002—2015》,中国统计出版社。

图 10.10 历年城镇失业人员的年龄构成

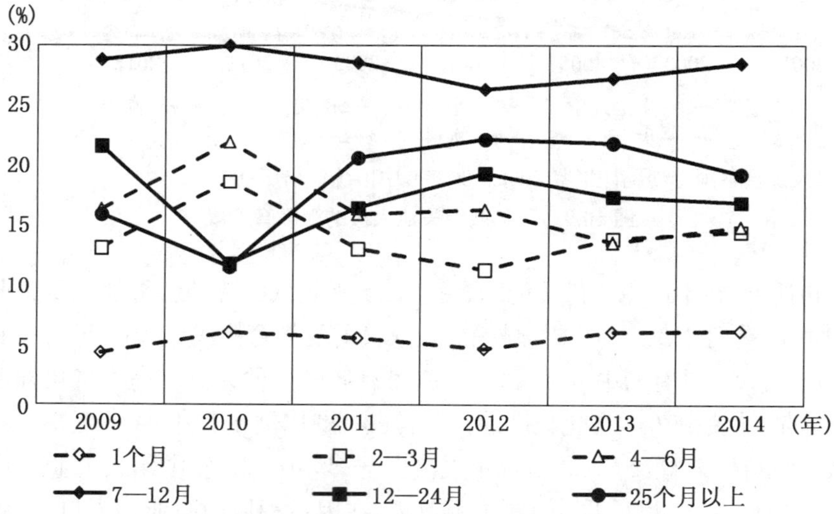

资料来源:《中国劳动统计年鉴 2010—2015》,中国统计出版社。

图 10.11 历年城镇失业人员未工作时间构成

表 10.1 城镇失业人员失业原因构成(%)

合计	离退休	料理家务	毕业后未工作	因单位原因失去工作	因个人原因失去工作	承包土地被征用	其他
100	5.9	23.0	18.7	16.2	25.9	1.7	8.5

资料来源:《中国劳动统计年鉴 2014》,中国统计出版社。

最大化目标的追求者,于是就产生了向外部市场释放隐性失业的要求,但是长期以来,中国对隐性失业的释放是采取控制措施的,对此我们在第 3 章中就已经有了说明。随着市场经济体制的建立和国有企业深化改革的需要,中国政府对企业的就业管制有所放松，特别是1996年以来，中国开始以成立再就业服务中心的方式对国有企业的富余人员进行分流，这直接导致了国有部门从业人员的下降。在国有单位和集体单位就业份额有所下降的同时，其他所有制单位的从业人员却迅速增长，并已经成为中国就业岗位创造的主要来源（参见图10.12）。在这些新生的部门，就业数量的调整比国有部门和集体部门要自由得多，随着新生部门的不断发展壮大，也使得中国的就业体制市场化的倾向日益明显。

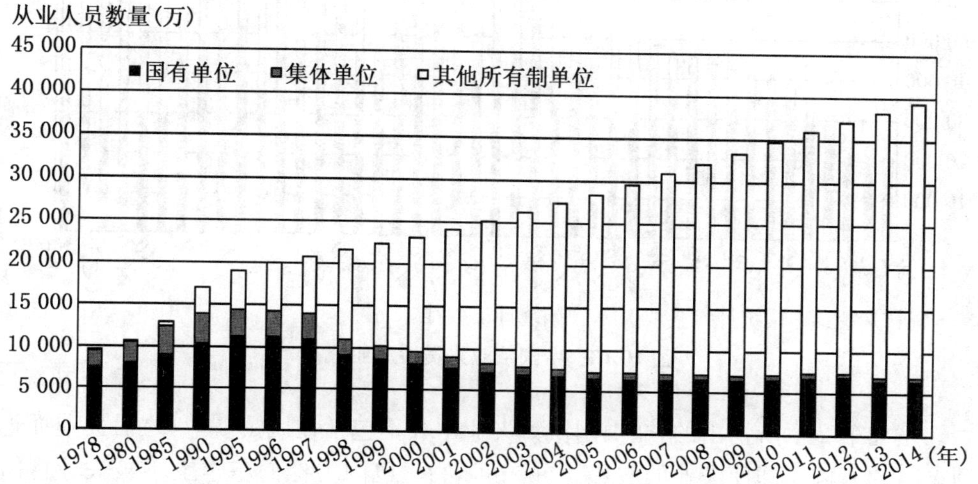

注：1990年就业人口的统计口径放宽了，这导致这一年的就业人口的统计数据有一个大幅度的提高。图10.13也存在这一问题。

资料来源：《中国统计年鉴2015》，中国统计出版社。

图10.12　中国城镇从业人员按所有制分布

就业结构在不同所有制单位之间的调整本身就构成了中国经济重构的一个重要方面，也是中国失业成因当中不同于其他国家的一个重要特点。中国的经济重构的另一个方面是经济的产业结构和行业结构自改革以来都发生了迅速的调整。从图10.13中我们可以看到，自1978年以来，中国的第一产业的就业数量持续下降，第二产业的就业数量先是上升，然后趋于稳定，近年来又有所上升，而第三产业的就业数量则始终保持了较快的上升。与发达国家形成对照的是，中国经济重构的速度非常快，这一快速的经济重构过程既带来了快速的经济增长，同时新创造的工作岗位对劳动技能有新的要求，不少劳动力对此不能适应，于是不能顺利实现再就业。

特别值得一提的是，进入21世纪之后，中国城镇失业率的变化也在一定程度上受到国际经济周期的影响。在2003—2008年期间，借着国际经济的景气周期，中国出现过一轮制造业和出口的快速扩张，这段时间，城镇失业率有所下降。之后，2008年爆发的国际经济危机对中国也形成了一定的冲击，失业率有所上升（参见图2.4）。在应对经济危机而实施的4万亿支出计划中，又进一步地加剧了投资，这在短期内对于缓解失业上升和经济下滑起到了一定的作用，但是同时也进一步造成了一些部门产能过剩进一步恶化，给之后的产业结构调整造成了压力。

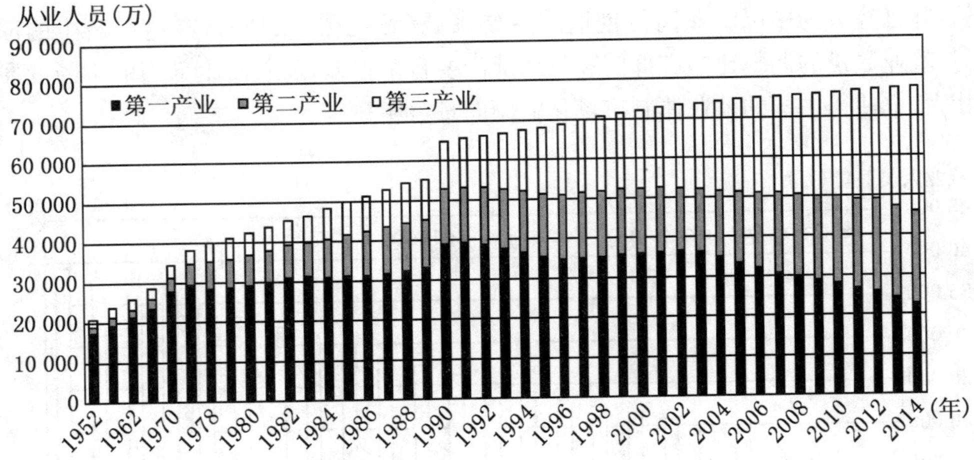

资料来源:《中国统计年鉴 2015》,中国统计出版社。

图 10.13 中国从业人员按产业分布

正如第 2 章所指出的，在中国城镇失业中并不包括在城镇就业，之后失业而返回老家的人群。即使失业的农民工并未回老家，也因为他们基本上不被失业保险制度所覆盖而不被计入城镇失业人口，这使得由于国际经济周期因素而导致的失业被低估了。

讨论：有种观点认为，幸亏中国的农村现有土地制度承担了社会保障的功能，使得农民工失业后能够回到农村，城镇失业问题得到了缓解，因此，农村的土地制度不能改。请对此观点进行评论。(提示：是不是能够列举出其他发达的市场经济国家，像目前的中国这样，将土地作为社会保障，来缓解城镇失业问题？在中国经济的发展过程中，农民工的失业保障到底应该如何解决？)

10.5.3 劳动力市场政策

无论失业的成因是什么，失业首先表现为一种劳动力供给大于需求的现象。同时，市场上的工资往往受到一些制度性因素的影响不能充分地浮动，不能很好地发挥调节劳动力供需的功能，当劳动力工资偏高时，就可能导致劳动力供大于求，使得失业人员不能顺利地实现再就业。

此外，经济学家们还认为，即使从总体上来看一个经济中的劳动力供给和需求数量是处于平衡状态的，劳动力的供给和需求往往也不能在短时间里结合起来。有时劳动力的供给和需求信息不够充分，有时劳动力的技能不能满足劳动力需求单位的要求，有时劳动力的供给和需求存在着地理位置的差异，这类原因导致社会上总是存在着一定程度的结构性失业。

从上述理论认识出发，世界各国的劳动力市场政策都可以大致分为三个方面，即调节劳动力供给、增进劳动力需求和劳动力市场建设，前两类政策都是为了在既定的劳动力市场条件下尽量实现劳动力供需的数量平衡，而劳动力市场的建设则是为了使工资更加灵活，并通过信息服务和培训等工作使得劳动力市场更好地发挥结合劳动力供需的功能。

但是无论怎样，失业者总是存在的，不可能完全地消除失业现象，这就需要政府为失业者提供必要的失业保障，与劳动力供给和需求的管理和劳动力市场建设这些主动的政策相比，失业的救济属于被动的劳动力市场政策。在这一小节中，我们对劳动力市场政策进行一些总结和归纳。

1. 调节劳动力供给数量的政策

在转型时期，地方政府（特别是在大城市）曾经通过控制外地劳动力在本地的就业来保护本地居民的就业。其中，行政性控制手段主要是限制外地劳动力在部分行业和岗位就业。同时，地方政府还通过征收务工管理费和管理基金的手段提高单位雇用外地劳动力的实际成本，控制单位使用外地劳动力的数量。随着就业体制的市场化，国家已经规定各地政府取消对外来劳动力就业的各种不合理收费。目前，构建统一的劳动力市场的主要障碍是，外来劳动力不能获得与本地城镇劳动力同样的就业服务、社会保障、子女教育等方面的待遇，加大了劳动力流动的成本，这些差别性的待遇实际上起到了控制劳动力流动规模的作用。但这些差别性的待遇应被“公平就业”目标所取代。消除歧视，实现公平就业（或者平等就业）是世界各国在建设现代文明社会进程中的共同努力目标。

在全社会提高青年人的受教育水平是一项一举两得的有力措施，既能够有效降低青年人的劳动参与率，缓解青年人失业的问题，又能够提高青年人的知识和技能水平，从而适应经济和社会快速发展的需要。在提高青年人受教育水平方面，中国大力发展高等教育，从上世纪末开始对大学进行扩招，大学毕业生数量从 2001 年的 114 万增长到了 2016 年的 765 万。大学生的扩招推迟了青年人进入劳动力市场的年龄，也在一定程度上增加了大学生就业的压力。值得欣慰的是，根据我们用中国家庭收入调查（CHIPS）历年数据的估计，高等教育给个人带来的回报总体上仍然在上升（见图 10.14）。

除了大学扩招以外，根据国家有关规定，从 1999 年起，在全国城镇普遍推行劳动预备制度，组织新生劳动力和其他求职人员，在就业前接受 1—3 年的职业培训和职业教育。这对于推迟青年人进入劳动力市场的时间，提高他们的技能也有一定的作用。

从全社会来看，计划生育曾被作为控制人口增长的一项基本国策加以实施。但随着人口出生率的持续下降，以及人口老龄化趋势，劳动年龄人口增速放缓，国家于 2015 年提出全面实施一对夫妇可生育两个孩子政策，积极开展应对人口老龄化行动。与此同时，推迟退休年龄的政策也逐步实施。

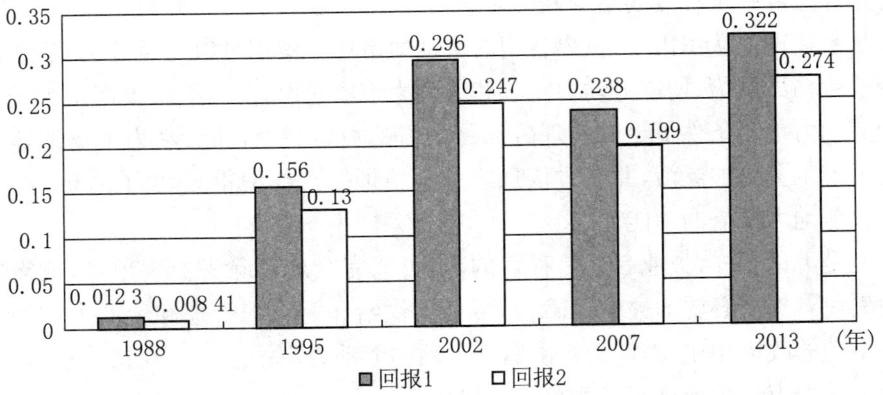

注：图中的数字表示相对于对照组别，获得大学（含大专）以上教育的劳动力的收入提高幅度。“回报1”中对照组包括高中及初中以下；而“回报2”中的对照组只有高中及中专。举例来说，0.322相当于，平均而言，大学生比对照组的收入高大约32.2%。

图 10.14 中国高等教育回报

【背景】

我国平均退休年龄全球最早

人力资源和社会保障部部长尹蔚民认为，过去几年，我国社保基金的规模在不断扩大，2014年全国五项社会保险收入合计3.98万亿元，支出合计3.3万亿元，累计结余合计5.23万亿元。

不过，他也表示，我国离人人享有社会保障的目标还有差距，养老保险未全面覆盖到农民工和灵活就业人员。

在可持续性方面，尹蔚民表示，我国是一个未富先老的国家，又是一个急剧快速老龄化的国家。“我们现在60岁以上的人口为2.1亿，占总人口的比重达到15.5%。综合有关方面预测，到2020年，我们60岁以上的人口将达到19.3%，2050年达到38.6%。”

“实行渐进式的延迟退休年龄的政策，这个大家非常关心。”尹蔚民说，我国现在是世界上退休年龄最早的国家，现行退休政策是上世纪50年代初期确定的，当时人口的预期寿命不到50岁。“现在人口的预期寿命是70多岁，参加企业职工养老保险的退休人员是8 000多万，平均退休年龄不到55岁。”他介绍，现在大多数国家的退休年龄都在65岁、67岁。

他表示，延迟退休将实行小步慢走，每年推迟几个月。方案“会有一个预告期，若干年以后开始实施，逐步推迟到合理的退休年龄。”

资料来源：根据网络材料整理。

2. 促进劳动力需求的政策

中国是一个发展中国家，经济规模正在迅速地成长，产业结构也正在快速地调整，因此在经济发展的同时也带来了很多新的就业机会。促进劳动力需求首先就要鼓励下岗失业人员在市场经济中挖掘就业机会，进行就业内容和就业形式的创新，这类政策有助于树立劳动者自主就业和参与竞争的意识。其次，企业对失业人员的吸纳也是重要的劳动力需求来源，为此一些地方政府向企业提供了一些优惠政策，以降低企业雇用下岗失业人员的成本，鼓励企业雇用下岗失业人员。

(1) 鼓励就业内容和就业形式创新的政策。

近年来，一些新的行业(如社区服务业、家庭服务业等)得到了快速的发展，临时工、小时工等新的就业形式也发展很快。各地政府制定一些税收、资金扶持等方面的优惠政策，鼓励失业人员通过市场实现就业。在失业人员中，还存在着一个就业困难群体，这类劳动者在任何国家都可能存在，对这些劳动者提供特别的帮助既能够有效地降低失业率，又体现了政府对于社会弱势群体的关心，具有很好的社会效益。在中国，政府通过公益性劳动组织和非正规就业组织帮助就业困难群体实现再就业。近年来，中国政府鼓励创业，大幅度简化了工商注册的手续，并对微小企业进行税收减免，对于促进就业产生了积极的作用。

(2) 鼓励企业雇用失业人员的政策。

为了帮助失业人员实现再就业，一些地方政府还针对劳动力市场的另一主体——用工单位制定了鼓励其吸纳失业人员的有关政策。鼓励企业吸纳失业人员的手段主要是通过财政、税收等政策，降低企业使用劳动者的成本。政府利用经济手段鼓励企业雇用失业人员的做法相当于政府在向企业“购买就业岗位”，在实施这项政策的时候，政府根据企业雇用的失业人员数量给予企业经济补偿，这就直接降低了企业雇用劳动力的成本，于是企业便愿意雇用更多的劳动力。这种政策并不是对企业的雇用决策进行直接的干预，负面影响较小。在购买就业岗位的政策之下，虽然需要增加政府支出，但却可以节省失业保险金支出，同时可以获得由社会稳定和经济增长带来的潜在收益。

3. 劳动力市场的建设

一个有效率的劳动力市场就是一个能够有效率地将劳动力的供给与需求结合起来的劳动力市场，其中，职业介绍、职业指导、劳动力市场的信息服务和针对失业人员的培训工作发挥着非常重要的作用。中国劳动力市场上的职业中介机构发展非常迅速(参见第 8 章图 8.4)，许多劳动者通过职业介绍实现了就业。

与此同时，中国的职业培训工作也取得明显成效(参见表 10.2)。从参与各类培训的总人次上看，近十几年增加了 1.28 倍，从 2000 年的 896 万人次增加到 2013 年的 2 049 万人次。按培训内容来看，有就业技能培训、岗位技能提升培训和创业培训，其中就业技能培训所占的比重较高。按照培训对象来分，包括农民工(或农村劳动者)、城镇登记失业人员(或下岗人员)和城乡未继续升学的应届初高中毕业生，其中，农民工已经成为培训的主要对象。

表 10.2　培训内容和培训对象的构成(万人次)

年份	按培训内容分			按培训对象分		
	就业技能培训	岗位技能提升培训	创业培训	农民工	城镇登记失业人员	城乡未继续升学的应届初高中毕业生
2001			24		457	92
2005			51		610	
2009			110	1 100	450	
2013	1 227.5	548.7	208.2	938.4	398.0	102.0

资料来源:历年的《劳动和社会保障事业发展统计公报》(从 2009 年起为《人力资源和社会保障事业发展统计公报》)。

4. 为失业人员提供保障

为失业人员提供必要的生活保障属于被动的劳动力市场政策,但也不是对降低失业一点作用也没有,失业救济保持了失业者的人力资本,有利于其实现再就业,同时,失业保险金也为培训和公益性职业介绍提供了资金支持。

中国自 1986 年起逐步建立起了失业保险体制,失业保险覆盖面逐年扩大(参见表 10.3)。中国目前实行的失业保险体制与其他国家有一些共同点。首先,对领取失业保险的资格设置了条件,即要求在领取失业保险前有一定时间的就业经历。第二,为了鼓励人们在享受保险金期间重新工作,各国对领取失业保险的时间也作出限制,这一限制取决于当事人就业时间的长短及年龄。

表 10.3　中国失业保险制度的发展

年份	年末参保人数(万人)	年末领取失业保险金人数(万人)	全年发放失业保险金(万元)
1992	7 443		8 959
1995	8 238		79 199
2000	10 408	190	561 984
2005	10 648	362	1 366 801
2010	13 376	209	1 404 485
2013	16 417	197	2 032 389

资料来源:《中国劳动统计年鉴 2014》。

具体来说,在中国,失业人员在满足非因本人意愿中断就业;已办理失业登记,并有求职要求;按照规定参加失业保险,所在单位和本人已按照规定履行缴费义务满 1 年三个条件后,方可享受失业保险待遇。

失业保险的领取时间与累计缴费时间相关。失业保险累计缴费时间满 1 年不满 5 年的,最长可领取 12 个月的失业保险金;累计缴费时间满 5 年不满 10 年的,领取失业保险金的期限为 18 个月;累计缴费时间满 10 年以上的,领取失业保险金的期限为 24 个月。

与其他国家不同的是，中国的失业保险是不与失业者在失业前的收入水平挂钩的，因此严格地来说，这种失业保险还只是一种失业救济。而在大多数国家，失业保险都同原来的收入和当事人的就业经历相联系。

劳动力市场上总是有一些没有资格领取失业保险金的人，各国政府对这部分人都实施了社会援助计划。中国实行的是对人均家庭收入低于一定水平的贫困人口提供城市最低生活保障的制度，由民政部门负责实施。

思考题

1. 不同的国家失业率的变化趋势有何异同点？这些趋势背后呈现着怎样的规律？全球化和知识经济在其中扮演着怎样的角色？

2. 在经济学家看来，完全消除失业并不是最好的，这是为什么？曾经实施计划经济体制的国家声称自己可以消除失业，它们真的做到了吗？一个更为深刻的问题是：如果要消除失业，又不对经济效率产生不良影响，需要什么样的条件？

3. 如果失业是由劳动力市场的缺陷导致的，那么通过需求管理就不能降低失业。这个判断对吗？为什么？

4. 截止到目前，我们已经学习了哪几种机制，可能在失业保险金水平提高的情况下增加失业？

5. 随着劳动工资在近年来出现较为明显的上升趋势，中国沿海地区的一些省份实施了鼓励企业用机器替换人的政策。与此同时，中国仍然存在劳动力跨地区流动的制度障碍。请问，对此现象如何评价？

6. 中国香港在 1996 年成立了平等机会委员会，通过执行香港法例中的《性别歧视条例》《残疾歧视条例》及《家庭岗位歧视条例》，消除基于性别、婚姻状况、怀孕、残疾及家庭岗位而产生的歧视，借此促进香港社会的机会平等。据香港明报新闻网 2014 年 3 月 24 日报道，香港平等机会委员会主席周一岳表示，将检讨是否修订《种族歧视条例》，保障在港内地人免受歧视。类似的实践对于思考中国内地的劳动力市场政策有何启示？

7. 经常在媒体上看到有关“大学生就业难”和“用工荒”同时并存的报道。对此现象，你如何解读？如何解释很多人抱怨“大学生就业难”的同时，大学教育的回报却呈现上升趋势(图 10.15)？

【背景】

调查称超半数民企预计未来 1—2 年会遭遇“用工荒”

人才是企业发展的核心竞争力。总体来看，当前民营企业的人力资源环境远不能满足企业发展的要求。零点集团开展的《2011 年中国企业家生存环境指数研究》调查结果表明：仅有 29.4%民营企业家认为引进人才比较容易，超过一半

(51.9%)受访企业预计在未来1—2年会遭遇“用工荒”。

劳动力资源丰富与人力成本低一向被视作我国发展出口导向型产业和劳动密集型产业的巨大优势。民营企业家对用工荒的普遍担忧是不是意味着我国“人口福利期”已经终结了呢？根据中国人力资源市场信息监测中心统计分析数据，2011年全国117个重点城市公共就业服务机构累计提供岗位2 068万个，求职人数累计1 956万人次，岗位空缺与求职人数比率约为1.06，基本实现了人力市场的供需平衡。

而事实上，企业正面临实实在在的招工难题，大学生和农民工群体却都在抱怨找不到满意的工作。根据麦可思数据，从2011年9月至2012年3月，2011届已工作的大学毕业生对目前工作的总体满意度仅为31%，其中就职于民营企业/个体的毕业生满意度最低(23%)。零点相关数据也显示，农民工群体对工作的满意度也在下滑，从2004年的60.6%降至2011年的40%。

“用工荒”着实是个伪命题，招工难与就业难并存的背后，隐藏的是人力市场的深层次结构性矛盾。整体来看，民营企业最紧缺的是熟练技术工人(28.5%)和高级技术人员(18.2%)，对一线普通工人(14.5%)的需求则排在末位。60.3%受访企业家认同引才难的首要原因在于“行业性专业人才紧缺”，而当前待就业群体的劳动技能和工作经验并不能满足企业对高端人才的需求：农民工缺乏相应的技能及对口的就业培训，而高校教育和社会需求的脱节使大学生难以在毕业后立即适应工作要求。

近八成(78.4%)民营企业家期望通过提高职工福利待遇来解决招工难题。事实上，薪酬已不再是新一代农民工的唯一关注点。根据零点相关调查结果，分别有31.7%、12.9%和12.1%新一代农民工表示会把发展潜力、工作内容和工作环境作为选择新工作的标准。可见，优化“软件”应该成为民营企业破解招工难题时新的努力方向。

可喜的是，分别有52.3%、47.7%和36.9%企业家把培育企业文化、重视员工培训和加强人文关怀作为引才新策略，说明软实力要素正在开始受到重视。

资料来源：http://www.sina.com.cn，2012年3月30日。

8. 在2010年之后到修订本书的2017年间，中国经济增长率总体上呈现出下滑趋势。与此同时，局部地区仍然存在劳动力短缺和招工难现象。对此，如何解释？

9. 美国通过保持劳动力市场的竞争性，使得其失业率长期保持在较低的水平。而欧洲大陆国家的劳动力市场不是那么灵活，失业率也相对较高。两种类型的体制在收入分配、贫困、社会安定等方面会表现出其他的差异吗？对这种差异你如何评价？

【阅读】

长期失业还是犯罪？——欧盟—中国国际就业研究网络首届会议侧记

在秋天时节到巴黎开会，作为一个来自中国的学者，我急于了解的是，在像法国、德国这类欧洲国家安详的生活背后，是否存在对于长期失业的恐慌。要知道，法国近来失业率有所下降，2001年8月的统计数据是8.5%，其他原失业率超过10%的一些欧洲国家也都如此，目前欧盟15国的平均失业率已经下降至7.6%。但与此同时，法国超过1年的失业者却占到失业者的40%，欧盟15国的平均水平高达45%（参见10月23日的法国报纸Le Monde）。事实上，欧洲国家失业率统计数据的下降，除了有经济好转的因素以外，有部分的原因是因为有些更长期的失业者不再被政府作为统计对象了。

在这次看似松散的欧盟国际就业研究网络首届会议上，我依然感觉到来自十余个国家的学者之间对于不同体制模式的深入思考。会上有两次我问到关于工会组织的问题，来自保加利亚的Vladimirova女士说，他们的工会组织在经济转型的过程中正在变得越来越弱，很多新兴的小企业根本就没有工会组织。而当我问到德国的情况时，一位叫Klammer的学者却说，随着劳动力市场的状况正在变得越来越复杂，德国的工会在集体谈判中发挥的作用也越来越大。在会议的间歇，我们又谈到工会是否会成为妨碍工资灵活性的因素，因为在经济学的标准理论中，工资能够下调是保证充分就业的基本条件。对此，Klammer说，美国统计的失业率虽然不高，但那里的犯罪率却比欧洲高得多。对啊，就业是重要的，但如果在市场出清的工资水平下，就业的收入很低，那么就业又有多大的意义呢？所以，问题似乎已经变成，我们是要选择低失业率加贫困加犯罪，还是高失业率加好的社会保障。换句话说，在经济全球化和知识经济时代，我们是要把难以就业的低技能者放到监狱里（从而“退出”劳动力市场），还是让他们成为有保障的失业者？

在会后的一个晚上，我们一些与会者共同漫步在塞纳河畔，一位法籍的台湾女士告诉我们，在法国的制度下，穷人们如果愿意，他们可以到一个由某已故歌星捐助的社会救助机构获得免费的食物，还可以从一些特殊的医院得到免费的医疗救助。还有一次，法国劳动部负责研究和统计工作的Fouquet女士告诉我，法国最近实施了一项政策，由政府为那些收入太低的就业者提供一些补贴，引起了理论界的很大争论。有趣的是，一些受补贴的人自己也对这一笔“意外”的收入感到无所适从。实际上法国的很多政策就是在这样的争论中被实施的，不久前通过的“35小时法案”也是这样，这让人不禁想起在法国历史上兴建的一系列招人非议的建筑。无论怎样，我们看到了与美国不同的一种建设人类社会的努力方向。这种努力是艰难的，来自全球范围内的竞争使得法国面临高福利、高税收带来的人才外流和资本外流问题，这在很长一段时间内（当然是在“9·11”恐怖事件之前）让人们相信，以竞争为本的美国模式是保持一个国家活力的唯一途径，在这种体制下，它可以吸引全球的人才和资本。相比之下，法国和德国这样一些国家的福利制度似乎的确很难维持下去，但是，人们是不是已经开始厌倦与美国的高速经济增长相伴随的收入差距和精神紧张呢？

资料来源：根据作者发表在《经济学消息报》(2001 年 11 月 30 日)的短文修改而成。

10. 对于经济学理论感兴趣的读者，请思考一个理论问题：失业是一种帕累托最优状态吗？(或者说，什么样的失业可能是一种帕累托最优状态？)

第 10 章附录

【模型】

工资和就业的谈判模型

假定企业的目标是最大化利润，其利润函数为 $\pi = F(L) - WL$（产品价格标准化为 1)，且生产函数的性质是 $F' > 0$，$F'' < 0$。而工会的目标是全体职工(L)的效用总和最大，每个职工的效用函数为 $u(W)$，且 $u'_W > 0$，$u''_W < 0$，所以工会的目标函数为 $U(L, W) = L \cdot u(W)$。诺贝尔奖得主纳什证明，当谈判双方达成一个有约束的契约时(即进行合作)，双方的目标是使得双方在谈判过程中获得的效用增量的乘积(被称为“纳什积”)最大化。假定双方在谈判破裂的情况下各自获得的利润和效用都是零，因此，在这里的工资谈判过程中，最终的工资和就业水平是下列最优规划的结果：

$$\operatorname*{Max}_{L,\,W} H = \pi \cdot U = (F(L) - WL) \cdot (L \cdot u(W)) \tag{10.1}$$

上述最优规划的一阶条件是：

$$U \cdot (F'(L) - W) + \pi \cdot u = 0 \tag{10.2}$$

$$U \cdot (-L) + \pi \cdot L \cdot u' = 0 \tag{10.3}$$

不难发现，上述最优化的一阶条件隐含着下式：

$$\frac{\pi'_L}{\pi'_W} = \frac{U'_L}{U'_W} \tag{10.4}$$

上式的两边分别是等利润曲线和等效用曲线的斜率的绝对值，所以上式说明工资和就业谈判的解是等利润曲线和等效用曲线的切点。这意味着工资和就业谈判的解具有帕累托最优的性质，而上式就是所有这些具有帕累托最优性质的点组成的契约曲线的方程。

将一阶条件(10.2)进一步化简，并将劳动的产出弹性写作 $\frac{F'(L)L}{F(L)} = \eta$，可以得到：

$$W = F'(L)\ \frac{\eta + 1}{2\eta} \tag{10.5}$$

上式意味着工资总是边际劳动生产力的一个固定的比例。由于在很多生产函数形式(比如柯布—道格拉斯的生产函数)下劳动产出弹性都是常数,又由于一般情况下劳动的边际产出弹性小于1,上式还隐含着工资总是大于边际劳动生产力,这又意味着就业数量超过了企业利润最大化时的就业数量。

进一步地,我们将式(10.5)代入式(10.3),可得:

$$W \cdot \frac{1-\eta}{1+\eta} = \frac{u(W)}{u'(W)} \tag{10.6}$$

上式说明,在谈判结果下工资只与劳动的产出弹性有关,只要劳动的产出弹性是常数,工资就是一个具有粘性的常数。这意味着当技术冲击来临时,劳动的边际产出下降,但工资是不变的,被调整的变量将是就业,以使得式(10.5)仍然成立。由此我们就说明了工资和就业的谈判是如何导致工资粘性和失业的。

【模型】

内部人—外部人模型

这是一个高度简化的模型。假设企业现有的职工总数为 N,企业想解雇的已有职工数量为 L_1,其余的$(N-L_1)$这部分职工则继续雇用。我们再假设企业想从外部劳动力市场上雇用数量为 L_2 的职工。假设内部人和外部人的工资水平分别为 W_1 和 W_2。解雇职工和雇用职工的成本函数为 $C_i(L_i)$, $(i=1,2)$,且 $C(0)=0$, $C'>0$, $C''>0$。这样一来我们就可以将企业的就业决策用下面的最优规划来表示:

$$\underset{L_1,\,L_2}{\mathrm{Max}}\ \pi = R(N - L_1 + L_2) - W_1 \cdot (N - L_1) - C_1(L_1) - W_2 \cdot L_2 - C_2(L_2) \tag{10.7}$$

其中,$R(\cdot)$表示企业的收益函数。解上述最优规划,可以得到下面这两个一阶条件:

$$-R' + W_1 - C'_{L_1} = 0 \tag{10.8}$$

$$R' - W_2 - C'_{L_2} = 0 \tag{10.9}$$

将两式相加,我们得到:

$$W_1 - W_2 = C'_{L_1} + C'_{L_2} \geqslant 0 \tag{10.10}$$

可见,只要存在劳动力替换,那么,由于解雇和雇用劳动力都需要成本,内部职工的工资就一定高于外部劳动力的工资要求,且两者之差恰好等于解雇劳动力和雇用劳动力的边际成本之和。这样,内部人—外部人模型就解释了工资粘性的又一种原因,以及为什么外部人工资要求低于内部人已经得到的工资水平,但仍然有一部分失业者无法就业。

【模型】

索洛的效率工资模型①

效率工资理论有两个基本的假设前提。假设一:由于企业内部(即内部劳动力市场上)存在着监督者和被监督者(职工)之间的信息不对称问题,因而职工都有偷懒的动机。假设二:职工的努力程度(e)是其实际工资(w)的单调增函数,即 $e=e(w)$,努力函数被假定在一定定义域内是凹的,满足 $e'(\cdot)>0$, $e''(\cdot)<0$。进一步地,我们假定企业的生产函数为 $Y=F(e(w)\cdot L)$,其中,Y 为企业的产出水平,L 为职工的数量,e 为努力程度,生产函数 $F(\cdot)$满足通常的性质,即 $F'>0$, $F''<0$。企业的目标是通过选择工资水平(w)和就业数量(L)来追求利润最大化,这时企业的最优规划可以写作:

$$\operatorname*{Max}_{L_1,\,w}\pi=F(e(w)\cdot L)-wL \tag{10.11}$$

根据这一最优规划的一阶条件可以推导出下面这一等式:

$$e'(w^*)=\frac{e(w^*)}{w^*} \tag{10.12}$$

式(10.12)就是著名的“索洛条件”,该式表明,效率工资水平恰恰使得这一工资水平之下的边际努力等于平均努力。从式(10.12)还可以看出,效率工资唯一地由努力函数的性质决定。这样,工资的粘性也就得到了解释(参见下图10.15)。如果这个有粘性特征的效率工资是高于市场出清水平的,那么市场上存在非自愿的失业就是必然的结果。

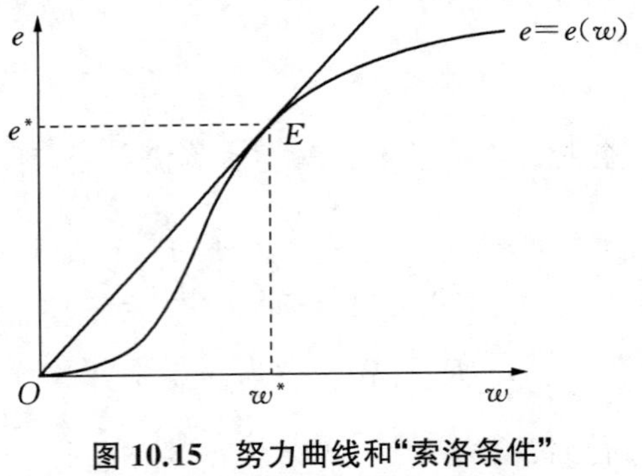

图 10.15　努力曲线和“索洛条件”

① 参见 Solow, R.M., 1979, “Another Possible Source of Wage Stickiness,” *Journal of Macroeconomics*, 1, 79—82。

【模型】

劳动力市场功能障碍和失业回滞

这里我们介绍一个非常简单的失业回滞模型，来展现失业率的路径依赖性。① 我们将社会的总劳动力人数标准化为1，并用 u 和 $(1-u)$ 分别表示失业人数和就业人数，由于总劳动力人数为1，所以 u 和 $(1-u)$ 也可以表示相应的比率。这样第 t 期初的失业人数和就业人数分别可以写作 u_{t-1} 和 $(1-u)_{t-1}$。假定在 t 期有比例为 p 的失业者实现了再就业，又有比例为 q 的就业者因为辞职或被解雇而失业。此外，有一个随机的因素 μ 会对当期的失业率产生影响。这样一来，t 期末的失业率就可以用下式来表示：

$$u_t = u_{t-1} - p \cdot u_{t-1} + q(1-u_{t-1}) + \mu = q + (1-p-q) \cdot u_{t-1} + \mu \quad (10.13)$$

我们假定在一开始，外来的冲击为零，而且失业率处于一个稳定的状态，这时，可以计算出这个稳定的失业率为 $u^* = \frac{q}{p+q}$。但是，一旦当经济遇到外来的冲击，失业率就会偏离原来的值，这时失业率的路径既取决于上一期的失业率，又取决于本期的外来冲击，而且冲击的影响是持久性的。从式(10.13)中可以看出，在一个 $(p+q)$ 比较小的经济里，外来冲击的持久性更强。不难理解，$(p+q)$ 是一个反映劳动力流动性的指标，这个简单的模型说明，失业回滞的强度与劳动力流动性是负相关的。

【模型】

政府购买就业岗位的理论基础

在经济学理论中，为了分析企业雇用劳动力的决策，我们假定企业追求利润最大化目标。进一步地，我们假定企业的生产函数为 $F(L)$，L 为企业雇用的劳动力数量，市场上的实际工资水平为 w_1，这时企业的劳动力雇用数量(记为 L_1)必然使得企业的边际劳动生产力等于工资水平，即 $F'(L_1) = w_1$。

可以看出，政府要扩大就业，就必须降低企业雇用劳动力的成本。也就是说，为了鼓励企业雇用劳动力，政府可以实行购买就业岗位的政策，企业每雇用一名失业人员，政府都给予 $(w_1 - w_2)$ 的补贴。这时，企业雇用这些劳动力所负担的实际工资成本下降到了 w_2，于是企业雇用的劳动力增加到了 L_2。在实施这项政策时，政府付出的成本是 $(w_1 - w_2) \cdot (L_2 - L_1)$，即图10.16中阴影四边形 $ABCD$ 的部

① 这个模型来自 Barro, R.J., 1988, "The Persistence of Unemployment," *American Economic Review*, 78, 32—37。

分。而实施这项政策给政府带来的收益却至少包含了以下两项：

(1) 节省下来的失业保险金。如果以 u 代表失业保险金数量，节省的失业保险金总数为 $u \cdot (L_2 - L_1)$；

(2) 由社会稳定和产量增加带来的潜在收益。

当以上收益大于政府购买就业岗位付出的成本时，政府购买就业岗位的政策就是有益的。同时，这项政策对企业也不构成利益损害，而对于失业者来说，能够就业并获得更高的收入也更好。因此，政府购买就业岗位的政策可以实现多赢。

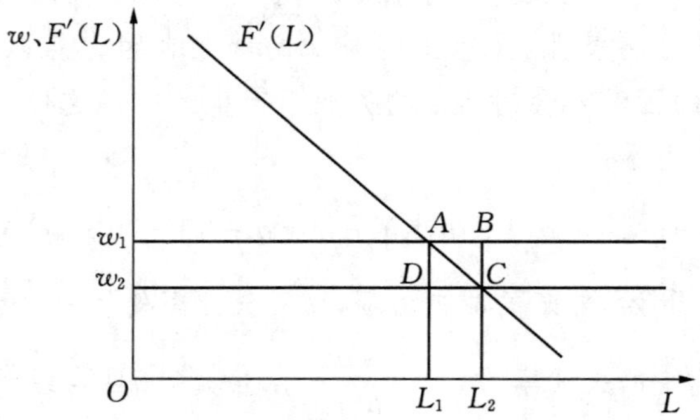

图 10.16　政府购买就业岗位的成本和收益

▶11

工会与劳动关系

工会究竟是一个什么样的组织？它保护着劳动者的权益？它阻碍了劳动力市场的灵活性？

为什么全球范围内工会的力量都在弱化？这与经济全球化和知识经济的到来有什么联系？

中国的工会组织与发达市场经济国家的工会组织的职能有何不同？如果你的单位是国有的，或者是私有的、外资的，工会的作用是不是还有些差异？面对经济全球化的挑战，中国的工会如何转型，为维护职工利益提供切实的制度保障？

工会组织在现代经济生活中扮演着一个重要的角色。在资本主义市场经济国家，工会多以集体谈判的形式参加到企业的工资和就业决策中，对劳动力市场和经济的运行有着重要的影响。经济学家们已经对工会的作用进行了深入细致的研究。但是，到目前为止，经济学家们只是分析了工会可能产生的各种经济影响，至于其作用到底是以积极的一面为主还是以消极的一面为主，仍然没有一致的看法。

就转型经济国家的情况来看，由于各国在改革前都实行了计划经济制度，因此改革后工会组织的职能也在很大程度上受到了传统体制的影响。就目前的情况而言，转型经济中的工会组织的形式和作用都与资本主义市场经济中的工会组织有很大的不同。

在这一章中，我们首先对有关工会及其经济影响的研究进行一个理论上的回顾。然后我们对欧美国家、东欧和中国工会组织的不同演变过程进行比较。我们将特别地把工会组织的变迁放在经济全球化的大背景下进行讨论，这是理解全球化时代劳动力市场变迁的重要视角。

11.1 工会的经济影响

工会的存在首先是保障职工的权益，主要目标是提高工资，有时，工会也对企业解雇职工的决策进行干预。上一章介绍的议价理论表明，如果工会与企业进行谈判的话，最终的工资和就业将比完全竞争状态下的工资和就业更高，而企业的利润则会偏离最大化水平。这一系列的结论又引发了一系列关于工会的经济影响的争论，在这一节里，我们主要讨论三个问题：第一，工会真的给它的成员带来了更高的工资吗？如果是，工会成员的工资优势有多大？第二，工会的存在对于经济效率有何影响？在议价理论下，工会的目标是与企业的利润目标相悖的，这是否意味着工会是危害经济效率的呢？第三，工会对收入分配有何影响？虽然对于工会成员来说，工会有助于提高他们的收入，但是社会中仍然有很多人不是工会成员，那么，从全社会角度来说，工会是在扩大还是在缩小收入差距？下面，我们总结既有研究的一些观点，值得注意的是，这些研究都是针对西方发达国家而开展的，并不一定直接适用于中国，但了解这些争论有利于我们思考如何使中国的工会组织走上健康发展的道路。

11.1.1 工会工资的优势

工会组织最主要的目标就是提高工会成员的工资水平，问题在于，工会成员的工资优势在数量上到底有多大？

一般来说，我们用工会工资(W_U)与非工会工资(W_N)之差与非工会工资之比来衡量工会工资的优势，如果用 WD 表示工会工资优势的话，那么 WD 可以由式(11.1)计算得出：

$$WD=\frac{W_U-W_N}{W_N}\times 100\% \tag{11.1}$$

人们通常都认为在有工会组织的部门劳动工资水平较高，因为工会成员会以罢工为威胁与雇主讨价还价，但这一观点值得做一些进一步的推敲。两件看上去相关的事物，之间并不一定有因果关系。

*在同行业商品市场完全竞争的条件下，不会有工会工资优势，现实中观察到的工会工资优势可能只是行业间工资差别的表现。*在一个竞争性的商品市场上，如果一家企业的工资水平在工会作用下被抬高，那么这家企业是不可能在市场上长期存在下去的。因此，工会往往是在整个行业范围内进行组织，而不是在某个行业的个别企业内进行组织。如果是这样，那么，在竞争性的市场上所看到的工会工资优势，就可能只不过是行业间工资差别的表现。而行业间工资差别的根本原因可能只是不同行业间的劳动生产率不同，进一步来说，行业间的工资差别又与行业间劳动力市场非完全竞争有关。

*在商品市场和劳动力市场不完全竞争的条件下，工会工资优势就更加紧密地与行业特征联系在一起了。*在商品市场为不完全竞争的情况下，工会的发展较好，所以，即使我们观察到工会的组织程度和工资水平之间有着正相关关系，我们也很难判断是工会的因素还是行业的因素导致了工资的升高。在这一问题上，又有两点事实值得注意。一是在那些工会力量较弱的行业内女性职工的比例较高，而这些行业工资水平较低可能部分地是因为女性职工的工资比较低。另外，工会力量较强的行业往往也是企业规模较大和资本密集程度较高的行业。在大企业内职工

的监督和管理较难，所以企业常常用提高职工工资的方法来吸引高素质的职工，而资本密集型的企业则需要技能较高的职工，从而其工资水平也较高。但反过来，也可能是由于工会抬高了职工的工资，于是企业用资本来替代劳动力。

经过以上讨论，我们至少可以认为，工会工资的优势并不完全是由于工会的作用而造成的，而可能包含了一些其他因素对工资的影响。具体地来看，由式(11.1)所示的指标之所以不能准确地反映工会对工资的影响，可能是因为下面这样一些因素：

(1) *溢出效应*。在工会力量较强的企业里，由于工资被抬高了，企业会减少劳动力雇用数量，这部分在工会力量强的企业里不能被雇用的劳动力，就来到非工会成员的劳动力市场上参与竞争，从而降低了非工会成员劳动力市场上的工资水平，这一效应使得实测数据可能高估工会谈判对工资水平的影响。

(2) *威胁效应*。溢出效应会被工资的集体谈判抵消掉。非工会成员在工资的谈判中会以加入工会作为威胁，使雇主抬高工资，这样就使工会对工资的影响高于实测数据所反映的程度。

(3) *产品市场效应*。由于工会力量强导致工资上升会引起产品价格上涨，一部分产品需求就会从工会力量强的市场转向工会力量弱的市场，这有利于提高非工会成员的工资水平，因此实测数据可能低估工会对工资水平的影响。

(4) *高素质职工效应*。工会工资水平高会吸引大量职工竞争相应的工作岗位，这时，企业能够小心地筛选，雇用到不需要过多监督的高素质职工，而他们原来就应该得到较高的工资，这就使得实测数据可能高估工会对工资的影响。

(5) *补偿工资效应*。工会成员得到的高工资与其从事的工作的性质有关，这些工作可能组织更为严密、工作时间的柔性较差而工作节奏较快，或者工作强度较大、安全性较差，高工资中有一部分是对这些工作的补偿。

【阅读】

计量经济学、遗漏变量偏误和政策制定

随着当代劳动经济学理论的日益成熟，劳动经济学的研究重点已经转向实证研究。从某种意义上来说，当代的劳动经济学研究已经成了微观计量经济学最为重要的应用领域。劳动经济学的实证研究能够为相关的公共政策提供依据，因为每一个政策的效果都可以与实证研究中某个解释变量对被解释变量的影响相对应，因此，要制定有效的公共政策，就需要了解每个解释变量对被解释变量的影响系数的方向和大小。

为了准确地得到实证模型中解释变量对被解释变量的影响系数的方向和大小，最大的挑战就是要克服模型中可能存在的“遗漏变量偏误”。在实证研究中，要得到“准确的”系数，一个基本的要求是所有其他可能的影响变量都在模型中被考虑了，相反，如果某种(或几种)重要的影响因素没有得到控制，那么，就可能使模型

中已经得到的系数存在“遗漏变量偏误”。

到目前为止，我们已经在好几处都接触到了“遗漏变量偏误”问题。在讲到教育的回报的时候，我们曾经说到，由于能力高的人通常也会接受更高的教育，而能力因为难以度量往往不被包括在模型里，因此，如果简单地来看教育与收入的相关系数，就可能把能力的影响也包括在了教育的影响当中，从而使教育的回报率被高估。在讲到性别歧视的时候，我们又讲到，不能简单地计算性别工资差距，并将这个数量作为劳动力市场性别歧视的程度，实际上，女性的工资低于男性，其中一部分原因是在于女性的受教育程度通常低于男性，这就可能使观察到的性别工资差距夸大了劳动力市场的性别歧视的程度。在这一节里，我们又讲到，如果将工会成员与非成员的收入差距作为工会工资优势，也可能导致估计偏误，其实这种偏误从本质上来说就是“遗漏变量偏误”。比如说，工会工资差别可能被夸大了，因为工会成员的工资更高，可能有一部分原因在于男性参加工会比例更高，大企业工会的组织程度更高。

“遗漏变量偏误”的一种特殊形式是“选择性偏误”，也就是说，如果一个解释变量是某种没有被观察到的因素的选择结果，那么，就可能导致“选择性偏误”。比如说，工会成员工资更高，很可能在相当大的程度上是因为男性或者能力强的劳动力更加倾向于加入工会，这时，把式(11.1)作为工会工资优势就可能包括了其他因素(如性别和能力)的影响。

在当代应用微观计量经济学的研究中，如何得到变量之间系数的“准确”估计值是非常具有挑战性的问题。有很多方法都可以被利用来克服“遗漏变量偏误”，但是，对这些方法进行介绍已经超过了本书的范围。举例来说，用双胞胎数据可以较准确地得到教育的回报，其原理就是为了通过对教育水平不同的双胞胎之间的收入进行比较，确保教育对收入的影响不是因为未观察到的先天差异。

11.1.2 工会对效率与生产率的影响

在工会对经济效率和生产率的影响这一问题上，经济学家们的争议很大。经济学主要是一门研究资源配置的科学，因此在评价工会的影响时，经济学家主要将工会作为劳动力市场上的一支重要的制度性力量，而且是妨碍劳动力市场完全竞争的力量。

在西方市场经济体制下，工会组织对经济效率的负面影响主要有三个方面。第一，工会组织会通过参与管理而使企业的工作制度僵化。例如，工会可能会对争取对职工的单位产出(以每周、每日或每小时计)有直接的限制；工会可能在某些生产领域坚持使用费时的生产方法；工会可能要求做一些不必要的工作；工会可能会要求保持一个规模过大的职工队伍；工会可能会要求由自己来对于职工工作的职能进行界定；工会还常常干预管理层的工资和就业决策，例如主张以工龄而不是能力和效率作为职工晋升的依据。虽然这些僵化的制度特征并不完全是工会组织造成的，一些没有工会的部门也同样存在类似问题，但工会至少通过将这些制度变成正式的规定，进而加剧了制度的僵化程度。

第二，由工会组织的罢工活动也会造成产出的损失。当企业与工会的谈判遇到僵局时，工会常常以罢工作为威胁和反抗，造成企业停产，而职工在此过程中则损失了相应的收入。特别是当罢工的部门是一些提供重要的生产要素的部门时（如交通部门），罢工造成的生产损失就会波及其他部门。但是，以停产时间作为衡量罢工的损失的指标往往会夸大罢工的直接损失，因为雇主往往能够估计到罢工的发生，从而事先采取一些措施（如在罢工前延长工时）来降低损失，同行业的其他未发生罢工的企业也会增加产量，从而使整个行业的产出水平下降程度很小。但另一方面，有些罢工的后果却可能因难以衡量而被忽略，例如企业在罢工前增加产品存货，可能引起生产成本上升以及设备过度利用，以及罢工企业的生产被其他企业替代而隐含的效率损失，等等。事实上，罢工是由于职工与企业不能就一些问题达成一致而引发的，并不能只归咎于职工一方，由于企业单方面关闭工厂而导致的停产现象也很多。

第三，工会的工资优势导致劳动力的配置效率损失。如果在有工会组织的市场（第一市场）上劳动工资被人为地提高到高于市场出清水平之上，则这一市场上的劳动力需求会相应地降低，一部分原来就业于第一市场的劳动力就被迫来到没有工会组织的市场（第二市场）上参与就业竞争。第二市场上就业竞争加剧导致这一市场上工资水平降低，但如果第二市场上的工资存在向下的刚性，所有在第一市场上失业的人员未必都能够再就业。在工会工资优势导致失业者增多的同时，也会引起失业者在寻找工作时花费的总成本上升。而动态地看，工会工资优势会相应地降低企业利润水平和投资能力，因而会减缓经济增长的速度。

在西方经济学家普遍批评工会组织对经济效率的负面影响的同时，也有一些经济学家却认为工会对经济效率和生产率有正面的贡献。

首先，工会的存在可能促使企业使用低成本和高生产力的技术。当产品市场充分竞争的时候，有工会组织的企业如果支付了更高的工资，就只有使用高生产率的技术（在同样的产量下使用的劳动较少）才能在市场上生存。从这一意义上来说，工会的存在是促进企业采取新技术的动力，这一观点恰恰与前面提到的工会不利于投资和经济增长的观点相左。

其次，工会作为一种集体组织也能发挥提高生产率的作用。当企业的职工对现状不满时，他的一种选择是退出，另一种选择就是通过工会来调解内部矛盾、改善工作条件从而提高生产率。工会还能够增强企业员工队伍的稳定性，一方面，工会通过调解矛盾减少了职工因对企业不满而辞职的情况，另一方面，工会成员获得的工资优势也降低了职工的辞职率。工会强调资历因素在企业晋升和解雇决策中的影响，这也增加了企业职工的安全感，从而使得企业的老职工愿意将其知识和技能通过“传、帮、带”传授给企业的新员工，这也有利于提高职工的生产率。对于企业的管理层而言，工会化提高了企业的劳动成本，为了在满足工会的工资要求的同时保持盈利，企业的管理层不得不努力提高管理效率。工会的集体谈判还为管理层提供了一种信息渠道，可以帮助管理层知道提高生产率的途径。

综上所述，工会组织对经济效率和生产效率的效应是积极和消极并存的。我们不妨这样来评价工会的作用，工会的基本职能是维护劳动者的权益，但过度地追求提高劳动者的收入和福利也可能危害经济的增长。无论是从企业管理角度来看，还是从员工利益出发，抑或是从更为宏观的资源配置效率思考，对工会发挥着什么样的作用给出结论似乎并不是关键，通过劳资双方共同努力，让工会更多地发挥它的积极作用才更重要。

【背景】

女性自我雇用者的工会：SEWA的努力

2007年2月，我参加了一个学术访问团在印度考察了10天，其中，我们走访了位于Ahmedabad的自雇用的妇女协会（self-employed women association），简称SEWA。这个组织的成员大多数不是企业的正式雇员，而是在生产链低端的自我雇用者，但其工作与通常所理解的工会职能并无本质区别。SEWA的工作及其发起人的话也许对我们思考工会组织应该做什么的问题有所帮助。

SEWA的成员有很多是家庭里的工作者，还有不少是小商贩，另外是农业里的人口和在农村里打短工的妇女。SEWA的目标有两个，一是全面就业，二是自立。在全面就业方面，希望妇女能够得到就业的、社会的等各方面保障。在自立方面，希望增进女性的权利。SEWA为家庭提供资金服务，进行能力建设，以此来帮助家庭战胜贫困。SEWA还组织女性争取权益，同时，也组织一些为家庭提供的服务，比如照顾小孩。

SEWA的工会的城市会员共72个行业，18万会员。SEWA下有街头小商贩的协会，商贩们受到政府部门的干预，有时，交了罚款也收不回车（这与中国的小商贩与城管之间的关系非常相似）。这个矛盾来自于城市急剧扩张与小商贩用地之间的冲突，SEWA为此问题形成议案交给法院，经过不断的努力，最后，法院通过法案，只要是SEWA的会员，政府不能干预她们的小商贩活动。

在收垃圾的行业，随着政府对垃圾的管理更加严格，垃圾减少，减少了从业人员的垃圾来源，同时，政府对于收垃圾进行招标，中标的人往往是政府官员的亲友。SEWA出面竞标后，得到了几个街区的收垃圾的权利，每人每月可以因此得到政府提供的1 500卢比的收入，收入高了，但从业人员却减少了。有时，SEWA的员工只能得到雇主的实物支付，在SEWA的努力下，有很多妇女得到了现金收入。

SEWA还为成员争取收入的提高，包括享受最低工资。以卷香行业为例，以前卷香每1 000支收入7角，现在是7卢比。现在，卷香的行业也在争取建立员工、雇主和政府的三方机制，在这个行业建立最低工资，但她们也知道，这个最低工资不能太高，否则这个行业会转移到其他邦。当时的最低工资水平是35卢比每天，而正规部门的最低工资大约是90卢比每天。传统上，劳动部门只管理正规部门，现在，在SEWA的努力下，邦的政府成立了一个专门的部门来管理非正规就业者。由于三方共同确立的工资认可度比较高，所以，这个标准的执行率达到100%。在三方协商机制下，也能够较好地避免最低工资对于劳动力市场的扭曲，减少对于失业的影响。

SEWA的发起人介绍道："经过了30年之后，原来她们所希望的逐渐将非正规就业正规化的趋势并没有出现，相反，在经济全球化的过程中，就业的非正规化正在成为趋势。但各国的劳动法似乎没有变化，保护的是那些在正规部门就业的人。现在的趋势是，大公司的权力越来越大，而小生产者却很难与它们去匹敌。同时，在技术要求越来越高的时候，穷人怎么迎接挑战？另外，阶层的分化也越来越严重，从印度独立以来，最大的受益者是中产阶级，他们集中在城市、大学里。以前的政府里有很多劳动者的代表，政策曾经在很大程度上保护劳动者，而现在的政府却集中了很多中产阶级和受良好教育的人，远离劳动者。在全球化趋势下，政府也难以抵抗资本的力量。国家政府相对于国际组织的力量也在弱化，显得无力保护劳动者，劳动者的组织也不知道如何保护自己的利益。这时，就更需要跨国家的人民的联盟和组织的合作，这也是SEWA现在努力的方向。"

我的问题是，如果有支持全球化的人认为SEWA所做的保护穷人利益的工作是反全球化的，从而是反效率的，那么，她会给出怎样智慧的回答？

她说："……全球化并不是全新的，没有人可以反对全球化，我们的邦还是全球化和贸易的受益者。问题是全球化是单向的，发达国家输入资本、信息到发展中国家，这是不公平的。我们不反对全球化，我们关注的是我们可以在全球化过程中做什么。比如说，以前，小生产者了解与自己的生产有关的信息，在全球化过程下，一个小生产者对于市场过程的信息（买主、款式等）都不了解，SEWA要做的，是将小生产者组织起来参与市场。效率的概念需要重新定义，并不是越来越多的利润就是效率，还要看如何分配。"

11.1.3 工会对收入分配的影响

在这一小节中，我们首先考察工会对企业收入在企业和职工之间的分配有怎样的影响，然后我们再来研究工会对整个经济的收入分配差距有何影响。

1. 对企业利润的影响

经济学家较为一致的意见是工会降低了企业的利润率，但这是否影响经济效率大家没有一致意见，具体地来说要区分两种情况。一种情况是垄断产业，在这种产业中，工会的影响只不过是钱进了资本所有者的口袋还是被工人得到的问题，对经济效率和总产出并无重大影响。另一种情况是在竞争性产业中，企业只能获得

"正常"的利润,如果工会力量导致职工工资上升则会产生一些负面影响,因为高工资会侵蚀利润,从而导致企业投资水平下降,技术进步放慢,甚至在长期内企业可能选择退出该产业。最终的结果是该产业的供给水平下降,物价水平上升,就业人数减少。从宏观层面来看,结果就是经济增长的速度减缓。需要进一步说明的是,在上述两种情况中,哪一种更为重要,人们对此经济学家的研究发现存在着分歧。

2. 对收入分配的影响

经济学家在工会对收入分配的作用这一问题上分歧也很明显,大多数人认为工会不利于促进收入均等化,也有部分人持相反意见。

持相反意见的经济学家主要有三方面理由。首先,前面所提到的"溢出效应"使得工会成员的工资提高,而非工会成员的工资则下降,这就拉开了工会成员和非成员之间的收入差距。一项跨行业的研究发现,工会成员比例每上升 10 个百分点,就会使该行业中非工会成员的平均工资降低 3 个百分点。①其次,在高技能的和较高收入的蓝领工人中间工会的组织程度较高,使得这部分劳动力能够占有工会工资的优势,而在低技能和较低收入的劳动力中间工会的组织程度则较低,这样收入差距也被拉大了。第三,当职工要求企业支付高于均衡点的工资水平时,企业就会尽力雇用那些高技能劳动力,而相对较差的职工的需求则相应降低,从而也拉开了不同技能劳动力之间的收入差距。②

持正面意见的经济学家认为工会是一种促进收入均等的力量。首先,工会力量保证了同工同酬。如果没有工会的存在,企业往往会根据职工的表现和工龄,甚至亲疏关系来决定其收入,而工会则力图消除这些因素的影响,实现同工同酬,这特别有利于保护一些易受歧视者(如妇女、少数族群等)的利益。第二,工会是使得企业间工资差下降的因素。道理很简单,如果工会只在某一行业的一家企业要求高工资是不行的,因为这家企业将无法在竞争性的市场上生存下去。所以,为了保障工会成员的工资优势,工会往往在全行业争取同一工资标准,从而避免了企业间工资的差别化。第三,工会缩小了白领和蓝领两类工人之间的收入差。从一般情况来看,在蓝领职工中工会的作用更强,而这些职工又多为社会中的低收入者,所以这类职工收入提高有利于缩小收入差距。

总体来看,一个社会中最高收入的那部分人往往不需要参加工会,而最低收入的那部分人往往是劳动力市场上的弱势群体,甚至是处于非正规部门的劳动者,他们也缺乏工会组织的保护,因此,参加工会的职工通常以中间收入的那部分人为主。如果说参加工会使得这部分人的收入提高,那么,从全社会来看,收入差距既可能上升,也可能下降,最终就要看这部分人群的数量、他们通过工会得到的工资上升幅度,以及他们的收入水平在全社会收入分布中所处的位置等参数了。

---

① Neumark, D. and M. Wachter, 1995, "Union Threat Effects and Nonunion Industry Wage Differentials," *Industrial and Labor Relations Review*, 48:20—38.

② Pettengill, J.S., 1980, *Labor Unions and the Inequality of Earned Income*, Amsterdam: North-Holland Publishing Company.

11.2 全球工会组织变迁

11.2.1 西方国家工会力量的弱化

西方国家中比较盛行由一个或多个雇主和他们的职工之间进行工资和就业的谈判。各国的制度主要有三个方面的不同，一是工会参加比率和集体协议的覆盖率不同，二是集体谈判的层次不同，三是集体协议的内容有所不同，而反映工会力量的主要是前两者。此外，我们从罢工的工时损失中也可以看出工会力量变化的一些迹象。

1. 工会参加比率正在下降

从横向来看，工会参加比率和集体协议的覆盖率能够反映各国工会的力量有所差别。图 11.1 中列出了 1990 年 17 个经合组织(OECD)国家私有部门和国有部门总的工会参加比率和集体协议的覆盖率。从数据中可以看出，集体协议覆盖率非常高，所有 17 个国家的平均覆盖率达到 69%，12 个欧洲国家的平均数为 78%。相比之下，工会参加比率要低一些，17 国的平均数为 38%，12 个欧洲国家平均工会参加比率为 40%。

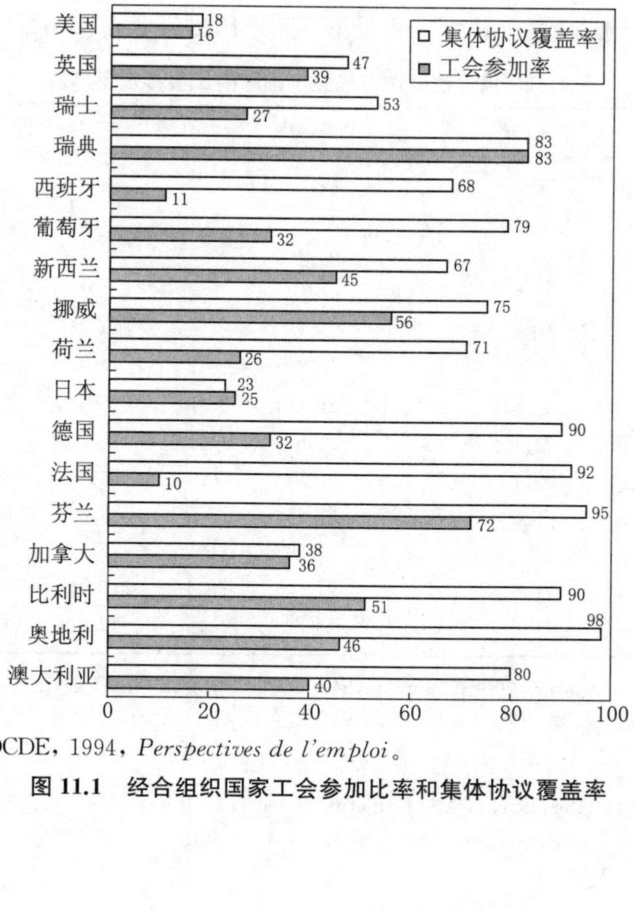

资料来源：OCDE，1994，*Perspectives de l'emploi*。

图 11.1 经合组织国家工会参加比率和集体协议覆盖率

各个国家的工会参与比率和集体协议覆盖率的差异主要与各国不同的制度背景有关。例如，在法国和西班牙等欧洲大陆国家，集体协议中不能对工会成员和非工会成员有所歧视，因此在这两个国家协议覆盖率很高，但工会参与比率却很低。而在澳大利亚、新西兰、美国和英国这几个英语国家，工会成员和非工会成员之间的歧视是合法的，因此，参加工会就对职工较为有利。所以，工会参加比率并不能很好地反映工会组织的力量。比如说在法国，虽然工会组织的参加率很低，但工会组织的影响力仍然非常重要。法国的法律规定，在有 50 个雇员以上的企业里，工会有权代表职工与企业进行集体谈判。相反，美国的工会参加比率虽然更高一些，但法律规定工会代表职工与企业进行谈判必须首先经过大多数职工投票同意。这也解释了为什么在美国集体协议的覆盖率很低。总的来说，集体协议的覆盖率更能反映工会的力量强弱，以此来衡量，显然欧洲大陆国家的工会力量要强于其他发达国家的工会力量。

如果我们不是为了横向比较的话，某一国家工会参加比率的变化也能够反映工会力量的变化。在 20 世纪 70 年代以前，美国、加拿大和英国的数据都表明，经济的衰退和失业的增加都会引起工会参加比率相应升高。但那之后，这一规律就不再成立了，世界上主要发达国家的工会参加比率都出现了下降的趋势，这表明，发达国家中工会的力量正在逐渐弱化。其中，美国自第二次世界大战结束以来，工会的参加比率就一直在下降。1945 年的时候，美国的非农业劳动力中的工会参加比率曾经达到 35.5%①，1975 年，该比率已经下降到 23.5%，1995 年美国的工会参加比率下降至 14.3%，到最近的 2013 年，更是下降到了历史最低点 11.8%(参见表 11.1)。

表 11.1　代表性发达市场经济国家的工会参加率(%)

国　家	1970 年	1980 年	1990 年	1995 年	2000 年	2005 年	2010 年	2013 年
奥地利	62.8	56.7	46.9	41.1	36.5	33.3	28.4	27.4
英　国	44.8	50.7	39.3	32.6	29.8	28.4	26.4	25.4
德　国	32	34.9	31.2	29.2	25	21.7	18.6	17.7
法　国	21.7	18.3	10.1	9	8.1	7.7	7.7	—
意大利	37	49.6	38.8	38.1	34.9	33.6	35.5	36.9
西班牙		12.9	12.5	16.3	16.1	14.8	17.6	—
荷　兰	36.5	34.8	24.3	25.7	23.1	20.6	18.6	17.6
瑞　士	38.9	31.1	24.3	22.8	19.4	19.3	17.1	—
爱尔兰	53.2	57.1	51.1	45.8	36.6	34.0	32.7	29.6
芬　兰	51.3	69.4	72.5	80.4	75.5	70.6	69.1	—
瑞　典	67.7	78	80.8	83.1	79.1	76.5	68.2	67.7
丹　麦	60.3	78.6	75.3	77	73.3	70.7	67.0	66.8
美　国	23.5	19.5	15.5	14.3	12.8	12.0	11.4	10.8

资料来源：Jelle Visser，2006，"Union Membership Statistics in 24 Countries，" *Monthly Labor Review*，January，38—49。2004—2013 年数据来自 OECD.Stat。

① 此处数据转引自 Filer，R.K.，D.S. Hamermesh and A.E. Rees，1996，*The Economics of Work and Pay*，New York：Harper Collins Publishers，p.428。

导致工会参加比率下降的原因具体有以下五点：

首先，从职工角度来看，他们组织工会的努力并没有上升。1953—1974年间平均每个工人的组织费用并没有增加，而同时，国民收入和实际工资都在增长。另有研究表明，1977—1991年间职工对工会作为自己的代表的需求确实下降了，这是导致工会参加比率下降的主要原因。

其次，从企业角度来看，在20世纪80年代，美国有工会组织的企业规模在变小。一项针对英国的研究显示，和美国的情况一样，没有工会组织的企业成长得更快，同时，由于市场竞争程度越来越强，上世纪80年代成立的企业更倾向于没有工会组织。

第三，如果把工会作为一种服务来看的话，那么这种服务的供给者（企业的雇主）拒绝工会化的倾向更强了，特别是在20世纪80年代国际竞争加剧和垄断利润下降的情况下，工会成员较高的工资越来越难以被企业承受，这时，雇主就更加不愿意组织工会了。

第四，从工会组织的需求方（职工）来看，职工的结构也发生了一些变化，女性职工、教育程度较高的职工和白领阶层的比例提高了，而这几类职工参加工会的倾向都较低。

第五，对那些没有参加工会的职工来说，参加工会组织的潜在收益降低了，因为有些原先由工会提供的"服务"（例如对解雇职工的限制）开始由政府提供了，于是非工会成员也感觉更满意了，而工会所能提供的"服务"则更少了。①

2. 集体谈判的层次正在降低

西方国家的集体谈判一般分为三个层次，即企业（工厂）一级的、行业一级的和中央一级的，各个国家集体谈判的主要层次也各不相同。

在加拿大和美国，谈判主要发生在企业和（或）工厂一级。具体地说来，在加拿大最为重要的谈判层次是在工厂一级（即一家工厂对一个工会的谈判），其次是企业一级的谈判（即一个有多家工厂的雇主与一个工会的谈判）。在美国，有很多大企业都有遍布全国的小厂家，在各种层次的谈判中，企业一级的谈判更为重要。行业一级的谈判常常只发生在那些多由中小企业构成的行业，这种谈判层次在北美并不重要。自1991年以来，新西兰也开始以企业（工厂）一级的谈判为主了。同时，在英国这一级的谈判正在变得越来越重要。在英国，集体谈判制度是随着劳动关系的演变而变化的。在第二次世界大战及战后的一段时间里，工会和职工的力量有所增强，于是工厂一级的谈判也就自动地得到了发展。同时，随着企业的规模变大，企业将越来越多的生产活动和工作内部化了，这样一来，从许多雇主共同进行的谈判中分离出来，形成自己独立的劳动关系对企业较为有利。在法国，虽然人们仍然在各种层次上进行着集体谈判，但企业一级的职工组织和集体谈判已经明

① 这些原因都被一些实证研究所证明了，限于篇幅，我们没有列出这些文献的出处，有兴趣的读者可以详细参考 Filer, R.K., D.S. Hamermesh and A.E. Rees, 1996, *The Economics of Work and Pay*, New York: HarperCollins Publishers。

显变得更为重要了。日本也同样经历了谈判分散化的过程,现在日本主要的谈判形式是工业企业的经理阶层与企业的工会之间进行的谈判。这些企业内的工会并不是行业工会组织的分支组织,实际上行业的工会通常只是企业一级工会组织的联盟,其目标只是交流信息、协调谈判策略和政治活动等等,也就是说,日本行业工会的作用并不强。

西方国家第二种谈判的层次是在行业一级,德国、奥地利、新西兰和瑞士都以这种谈判层次为主。在澳大利亚、比利时、芬兰、挪威、荷兰、葡萄牙、西班牙和瑞典,谈判主要在第三种层次(即中央一级)上进行,但在西班牙和瑞典这种谈判形式已经越来越不重要了。①

表 11.2 中还列出了各个国家在整个经济层面上的协调程度。这里需要区分一下显性的协调和隐性的协调。显性的协调指的是需要等待全国一级的雇主联合会和工会组织之间达成集体谈判的协议(可能也有国家的参与),这意味着谈判的集中程度比较高。隐性的协调指的是谈判在联合会对其成员的控制下进行,且(或)将主要行业达成的协议作为其他行业的参照,这意味着全国一级的协调虽然存在,但却并不是直接由全国一级的雇主组织和工会来谈判的。如果一个国家不在全国一级进行集体谈判,并不意味着这个国家没有全国一级的协调,因为这一协调可能是以隐性的形式出现的,这时,谈判的集中化程度实际上也是比较高的。比如说,在德国和日本,集体谈判不在全国一级进行,但在这两个国家全国一级的协调却很强。在日本,劳动者通过"春斗"给一些大企业的工资要求规定了大致的标准,而这些标准往往都被分散的集体谈判所遵守。在德国情况又不一样,一般是将冶金工业达成的协议作为其他集体谈判的参照。②

通过以上分析我们可以发现,除了奥地利以外,所有的 OECD 国家都有在企业一级进行的集体谈判,而且谈判的分散化,特别是向企业一级分散成了一种趋势(见表 11.2)。近年来,随着失业问题在西方国家越来越严重,集体谈判分散化的呼声也越来越高涨,有些经济学家甚至主张实现雇主和职工之间的单独谈判,可以使得工资更为灵活地应对劳动力市场的各种变化。

表 11.2　17 个经合组织国家谈判的层次(1980—1994 年)

	集体谈判的层次[a]	主要的谈判层次[b]	在整个经济层面上的协调	
			协调目标	职工的能力
澳大利亚	1, 2, 3	2→3, 1	显性的协调	强
奥地利	2, 3	2	隐性的协调	强
比利时	1, 2, 3	2	显性的协调	有限
加拿大	1, 2	1	无协调	无

① OECD, 1994, *Perspective de l'emploi*.

② 参见 Cahuc, P. and A. Zylberberg, 1996, *Economie du travail: la formation des salaires et les déterminants du chômage*, Département De Boeck Université。

（续表）

	集体谈判的层次[a]	主要的谈判层次[b]	在整个经济层面上的协调	
			协调目标	职工的能力
芬　兰	1，2，3	3→2/1	显性的协调	强
法　国	1，2，3	2	显性的协调	有限
德　国	1，2	2	隐性的协调	强
日　本	1，2	1	隐性的协调	强
荷　兰	1，2，3	2	显性的协调	有限
挪　威	1，2，	2→1	显性的协调	无
新西兰	1，2，3	2→3	显性的协调	强
葡萄牙	1，2，3	2→2/3	显性的协调	有限
西班牙	1，2，3	2/3→2	显性的协调	有限
瑞　典	1，2，3	3→2	显性的协调	有限
瑞　士	1，2	2	无协调	有限
英　国	1，2	2→1	无协调	无
美　国	1，2	1	无协调	无

注：a 1＝企业/工厂；2＝部门；3＝中央一级。b →代表变化的方向。
资料来源：OCDE，1994，*Perspectives de l'emploi*。

3. 罢工损失工时正在减少

罢工损失的工时是衡量劳资矛盾激烈程度的一项重要指标，从中我们也能够看出工会力量的变化。罢工造成的工时损失受到两方面因素的影响，一是罢工的发生率，二是罢工的持续时间，其计算公式是：

$$\text{工时损失的比例}=\frac{\text{罢工人数}}{\text{从业人数}}\times\frac{\text{罢工持续时间}}{\text{年度工作时间}}\times 100\% \qquad (11.2)$$

表11.3列出了1948—1993年间美国有1 000及1 000以上职工参加的停工情况，从表中我们可以看出以下几点趋势。首先，美国在这50年间罢工造成的工时损失有了非常明显的下降。其次，罢工损失的工时下降主要是因为罢工的发生率有了大幅度的下降。值得注意的是，我们不能简单地从罢工损失工时的下降就简单地推断这半个世纪以来美国的劳资矛盾有所缓和。现实中的问题远远比数字来得复杂，从表11.3中我们可以看出，在罢工发生率迅速下降的同时，罢工的持续时间却有较明显的延长。此外，罢工发生率下降的真实原因又是什么呢？是劳资矛盾更为缓和？是劳资矛盾的解决速度和“效率”提高了？还是工会组织的力量有所弱化，工人们已经越来越无力拿起罢工的武器？从上文中对于工会参加比率和集体谈判层次变化趋势的分析来看，工会参加比率的下降和工会力量的弱化至少是导致罢工发生率下降的原因之一（如果不是全部原因的话）。从这一意义上来讲，工会参加比率的下降、谈判层次的降低和罢工损失时间的下降恐怕都是发达国家工会力量弱化的表现，其背后更为深层次的原因可能还是知识经济时代和经济全球化趋势，劳动者面临着就业越来越困难的局面，越来越缺乏保护自己权益的手段。

表 11.3 美国有 1 000 及 1 000 以上职工参加的停工情况

年份	工时损失的比例*	发生率（在全部雇员中的比例）	持续时间中位数（天）
1948	0.22	3.0	18.2
1955	0.16	3.9	10.3
1960	0.09	1.5	14.8
1970	0.29	3.2	21.4
1975	0.09	1.2	18.2
1980	0.09	0.8	26.2
1985	0.03	0.3	22.6
1988	0.02	0.1	36.9
1989	0.07	0.4	37.6
1990	0.02	0.2	32.1
1993	0.01	0.02	21.8

资料来源：Filer，R.K.，D.S.Hamermesh and A.E.Rees，1996，*The Economics of Work and Pay*，New York：HarperCollins Publishers，p.471，Table 12.2。

全球化浪潮使得劳动力市场的竞争性越来越强，就业的非正规化趋势明显，工会力量被日益削弱，劳动权益的保护受到严重挑战，这一系列的趋势最终成为全球范围内广泛出现的收入差距扩大现象的重要原因。但是，收入差距的扩大又引发了一些新的劳动力市场变革，劳动权益的保护在最近这些年又重新得到了社会各界的重视。

【阅读】

世界劳工形势大转弯

20 世纪 70 年代初的石油危机和经济“滞涨”，引发了新一轮劳动力市场的改革。欧美政府进行了一系列改革，基本内容是减少政府对市场特别是劳动力市场的干预，放宽或者取消政府设置的许多限制，强化企业的经营自主权，抑制工会作用，以刺激经济增长，促进充分就业。……

据 2006 年 11 月欧盟委员会公布的劳动法令绿皮书所述，目前在欧盟几乎所有的成员国，双层劳动力市场（一部分正规就业人士受到劳动法保护，其他人则没有或很难得到劳动法律保护）已经成为社会普遍现象，各种有利于增加就业但劳动保护状况不佳的非正规用工方法如定期合同工、派遣工、临时工等，所占比例不断扩大。自 2001 年以来，在欧盟 25 国，这些非正规就业的比例已经从 36%上升到 40%。……

与上述解除劳动力市场管制和自由化改革紧密相联，近几十年来，世界收入分配形势一个突出的现象是：不断偏向资本利润，劳动者的收入状况不断恶化。……根据摩根斯坦利研究所发布的数字，2006 年，在七国集团中，资本利润占国民收入的比例达到创纪录的高点15.6%,而劳动收入则达到创纪录的低点53.7%。……

此外,20世纪70年代后,随着西方国家的政策调整,特别是一些国家右翼势力对工会组织的打击,工会运动在西方世界遭受到极大挫折,至今仍然处于颓势。以工人的入会率为例,近30年来,仅有斯堪的纳维亚半岛的瑞典、挪威等少数国家,工人的工会化率仍然较高,维持在50%乃至70%以上,其他主要工业化国家基本都是处在很低的水平,如美国2005年的工会化率是12.5%,法国仅有8.3%。

2006年的劳动事件已经对世界的政治形势和格局产生了重要影响。……在当今世界各国,特别是西方主要国家,已经出现了一个关注底层劳动、保护劳工权利的新趋势。目前,这种新趋势的触角已经初露端倪。

例如,在美国,民主党在2007年初主控国会之后的一件主要工作就是通过了在美国已经争论多年的最低工资修正法案,将联邦层次的最低工资标准大幅提高41%,从目前的每小时5.15美元升到了7.25美元(目前美国众议院已经通过)。这是美国近10年来工资标准的第一次调整,而且调整的幅度也是美国自1938年建立联邦最低工资制度以来所罕见的。……

在欧洲,2006年11月底,欧盟委员会抛出欧洲劳动法令修订草案绿皮书,在全欧洲范围内进行公开讨论和征求意见。草案提出的一个核心的新概念,叫作"灵活安全性(flexicurity)"(由flexibility与security结合而来)。其主要目的就是要在加强劳动力市场改革的同时,响应广大劳动者的诉求,加大劳动者基础权利保护,为所有劳动者包括各种灵活就业劳动者设置权利保障的底线。

资料来源:节选自杨鹏飞,《世界劳工形势大转弯》,《社会科学报》,2007年2月15日。

11.2.2 东欧的工会组织转型

东欧各国在改革以前都实行了社会主义计划经济体制,因此,工会的作用并不是与资本方对立起来争取劳动者的权益,而是作为执政党和政府在企业组织里的延伸。在经济体制转型和市场经济体制的建立过程中,资本雇用劳动的关系在各国逐渐建立了起来,劳动者权益的保护又成为重要的问题。但是,由于各国历史条件和转型路径的不同,工会组织的变迁也呈现出了一些不同的特征。

在改革前,东欧各国较为普遍的一种企业形式是职工管理型的企业。在这类企业中,职工对企业的工资和就业决策有很强的参与权利,而工会组织则是职工参与企业管理的一个主要渠道。在传统体制下,东欧各国的工会在不同程度上是执政党和政府的延伸,由于职工被视为企业的主人,所以参加工会也就成了一件顺理成章的事情。然而在体制转型过程(包括私有化过程)中,职工管理型的企业形式在大多数国家已经逐步退出历史舞台。反映在工会组织变迁方面,工会制度演变的两大趋势是形成自由工会组织和集体谈判制度。相应地,企业一方在工资和就业决策中的影响则越来越强。在这一体制转型过程中,东欧国家普遍出现了工会参加率下降的趋势。但即便如此,由于传统体制下的工会参加率非常高,因此东欧国家转型过程中的工会参加率仍然大大高于一些发达市场经济国家的工会参加率(参见表 11.4)。

表 11.4 东欧转型经济国家的工会参加率(%)

	1995 年		1985 年	
	非农业劳动力	雇员	非农业劳动力	雇员
阿尔巴尼亚	75.4	63.8	100	96.3
保加利亚	51.4(1993 年)	58.2(1993 年)	61.9(1991 年)	62.3(1991 年)
捷克共和国	36.3	42.8	76.8(1990 年)	76.9(1990 年)
匈牙利	52.5	60.6	74.1	80.4
波兰	27.0	33.8	47.1(1989 年)	58.8(1989 年)
罗马尼亚	40.7(1993 年)		50.7(1991 年)	52.8(1991 年)
斯洛文尼亚	52.3	61.7	76.8(1990 年)	76.9(1990 年)

注:在雇员数据中没有包括失业者。

资料来源:BIT, 1997, *Le travail dans le monde 1997—1998. Relations professionnelles, démocratie, et cohésion sociale*, Genéve, Bureau international du Travail。

工会参加率的下降在一定程度上意味着职工对于工资和就业决定的影响力在下降,但是,导致东欧国家工会参与率下降的一个重要原因是这些国家的新兴企业(特别是小型的私有企业)往往都不成立工会组织。

11.3 中国的工会组织转型

中国工会是中国共产党领导的工人阶级群众组织,是党联系职工群众的桥梁纽带,是国家政权的重要社会支柱,是职工利益的代表者、维护者。

在改革以前的计划经济时代,中国企业的工会组织与东欧转型经济国家的工会组织一样,在某种程度上也是党和政府职能在企业内部的延伸。当时,企业工会组织的职能具有四个方面的特点:第一,既维护国家利益,又保护企业利益;第二,兼有“桥梁”作用、“支柱”作用和“学校”作用;第三,在维护职工权益方面,以维护职工政治权益为主;第四,常常依靠党委的协调和上级的干预开展工作,自主性不强。

在经济转型过程中,工会组织的发展受到了严重的挑战。工会参加比率曾经一度呈下降趋势,根据国际劳工组织的数据,1985 年我国所有职工参加工会组织比率为 59.4%,到 1995 年这一比率下降了 4.7 个百分点。①出现这一趋势的原因主要有两方面。首先,原先国有部门的工会参加比率是在计划经济体制下形成的,因

① BIT, 1997, *Le travail dans le monde 1997—1998. Relations professionnelles, démocratie, et cohésion sociale*, Genéve, Bureau international du Travail.

而这一比率曾经非常高，在向市场经济体制过渡的时候这一比率有所下降是一种正常的趋势。更为重要的是，中国的改革过程中私人部门的成长速度非常快，而私人部门的工会组织情况相对较差，因此私人部门的比重越大，总的工会参加比率便越低。

中国的工会组织近年来正在经历迅速的转型与发展。据中华全国总工会统计，截至2005年9月底，全国基层工会组织达到117.4万个，比上年增加15.4万个，增长15.1%；基层工会覆盖法人单位233.1万个，比上年增加39.6万个，增长20.5%。全国工会会员人数15 029.4万人，比上年增加1 334.5万人，增长9.7%。全国职工入会率为69.2%，比上年增长6.1个百分点。全国已建立基层以上工会组织5.7万个，比上年增加9 490个，增长20.1%。省级地方工会31个，地（市）级地方工会333个，县级地方工会2 861个，乡镇街道一级的基层以上工会2.0万个。截至2005年底，全国基层单位中有2 100万农民工加入工会，占工会会员总数13.8%。而到2012年9月底，全国基层工会组织达到266.3万个，比上年增加34.4万个，增长14.8%；基层工会覆盖法人单位616.7万个，比上年增加90.1万个，增长17.1%。全国工会会员人数28 020.3万人，比上年增加2 136.3万人，增长8.2%。全国职工入会率为80.2%。全国已建立基层以上工会组织8.1万个，比上年增加4 560个，增长6.0%。省级地方工会34个，地（市）级地方工会386个，县级地方工会2 846个，乡镇街道一级的基层以上工会2.8万个。截至2012年底，全国基层单位中有10 490万农民工加入工会，占工会会员总数37.4%。

截至2005年9月底，全国签订集体合同75.4万份，比上年增加10.7万份，增长16.5%；覆盖企业137.8万个，比上年增加1.9万个，增长1.4%；覆盖职工10 384.0万人，占全国企业职工的58.0%，比上年增加575.3万人，增长5.9%。全国签订区域性集体合同8.4万个，签订行业性集体合同2.9万个。截至2012年9月底，全国签订集体合同224.5万份，比上年增加44.3万份，增长24.6%；覆盖企业579.2万个，比上年增加215.7万个，增长59.3%；覆盖职工26 719.7万人，比上年增加4 272.0万人，增长19.0%。全国签订区域性集体合同28.1万个，签订行业性集体合同20.8万个。

在维护职工的劳动经济权益方面，截至2005年9月底，全国县及县级以上地方工会开办职业介绍所2 557个，累计成功介绍439.5万人次，其中下岗职工292.3万人次；建立职业培训机构2 776个，累计培训691.5万人次，其中下岗职工476.9万人次，下岗职工经培训实现再就业的274.0万人次；累计向下岗失业人员提供小额借款3.9亿元，获得小额借款的14.0万人；兴办再就业基地4 431个，累计吸纳下岗失业人员90.0万人。

在保障职工的民主政治权利方面，截至2005年9月，全国省、地级地方工会参与制定地方法规240个，其中涉及职工权益的法规166个，涉及工会权益的法规50个，工会参与制定的地方性规范文件（除法规外）698个。全国基层工会所在企事业单位建立职代会制度的43.2万个，比上年增加6.3万个，覆盖职工8 263.8万人，比上年增加 427.4 万人。全国基层工会所在公司制企业建立职工董事制度的 2.9 万个，比上年增加 4 799 个；工会主席进入董事会的 2.6 万人，比上年增加 843 个；建立职工监事制度的企业 2.4 万个，比上年增加 6 599 个；工会主席进入监事会的 2.1 万人，比上年增加 491 个。而到 2012 年底，全国省、地级地方工会参与制定地方法规 290 个，其中涉及职工权益的法规 213 个，涉及工会权益的法规 31 个，工会参与制定的地方性规范文件(除法规外)579 个。全国基层工会所在企事业单位建立职代会制度的 404.9 万个，比上年增加 126.8 万个，覆盖职工 21 310.0 万人，比上年增加 4 286.4 万人。全国基层工会所在公司制企业建立职工董事制度的 12.7 万个，比上年增加 4.2 万个；工会正副主席进入董事会的 8.8 万人，比上年增加 3.8 万个；建立职工监事制度的企业 12.5 万个，比上年增加 4.3 万个；工会正副主席进入监事会的 6.8 万人。①

那么，中国的工会组织有没有起到实际的作用呢？有研究显示，有工会组织的中国企业的确小时工资更高，社会保障覆盖率更高，每月工作时间有微弱的减少。②工会组织还在满足职工的精神文化需求、积极参与劳动关系协调和调处劳动争议、促进社会性别平等和维护女职工特殊权益等方面发挥着作用。

讨论：请围绕着出租车行业的罢工及其结果，谈谈你对罢工维权的看法？这个案例中的罢工是为了解决劳资矛盾吗？

【新闻】

现有出租车运营模式能否改变

11 月 3 日早晨，重庆市主城区发生了大规模出租车罢运事件，据当地媒体报道，3 日早晨 7 时，重庆市渝北区、渝中区、沙坪坝、九龙坡、南岸区、江北区等基本上见不到一辆出租车，给当地群众出行造成不小困难。

据笔者了解，出租车罢运当天上午，重庆市委、市政府就连续召开了几个不同层面的会议，研究处置方案。事件发生后，重庆市交委曾举行新闻发布会，有关部门总结了导致此次主城区出租车罢运的四个原因：一是出租车企业与驾驶员利益分配存在矛盾；二是主城区出租车存在加气难问题未得到彻底解决；三是出租车租价结构不合理；四是非法营运车辆扰乱正常秩序。

最新的消息是，重庆市有关部门表示，将进一步协调出租车营运企业与驾驶员之间的利益分配，增加出租车天然气供应，打击非法营运出租汽车等，确保正常的

① 以上数据取自《2005 年中国工会维护职工合法权益蓝皮书》，中国网 http://www.china.com.cn/chinese/law/1230425.htm，2006 年 6 月 5 日，以及中华全国总工会网站。

② Yao, Yang and Ninghua Zhong, 2013, "Unions and Workers' Welfare in Chinese Firms," *Journal of Labor Economics*, Vol.31, No.3:633—667.

出租汽车市场营运秩序和社会稳定。

“加气难、油价高都是临时问题，都好办；重庆出租车罢运事件的重点，在于改变出租车公司和司机之间的关系。”长期关注出租车业的中国社会科学院工业经济研究所研究员余晖说。

“这是出租车行业内部的利益分割出现了问题，通过行政垄断措施，出租车管理公司拿走了大部分报酬，司机感到压力很大。”曾经深入研究、报道一系列城市出租车业问题的《中国经济时报》高级记者王克勤在接受媒体采访时也表示。

而要彻底解决出租车行业的问题，专家们提出：一要取消准入歧视，二要放松数量控制。

中国的出租车行业起步于20世纪80年代，当时刚刚改革开放不久，个体经营的出租车司机们纷纷找一个企业挂靠，这就是所谓的戴上了“红帽子”。90年代后，政府为规范经营，实行了数量管制，并提出禁止挂靠，出租车公司必须“名副其实”。

在这种情况下，中国的出租车行业开始了改革，大多数城市采取了产权和经营权分离的模式，即承包经营模式。出租车公司从政府部门获得出租车的经营权，司机则出资购车，承担运营费用，按月给公司上缴管理费。

这种模式的不完善引发了出租车行业的种种问题。余晖提出，出租车公司本应具有规模经济效应，将零散的出租车司机集中起来，以便降低成本，保证司机的权力，为乘客提供更好的服务。但目前的出租车企业不仅没有承担起应有的职责，反而垄断整个行业，索取出租车司机的大量利润。

资料来源：《中国青年报》，记者陈艳报道，2008年11月6日。

为了适应工会转型和发展的需要，中国通过《工会法》等立法来保障工会的权利和义务，但是，在实际生活中，工会的发展和职工权益的保护却面临着种种困境，法律所规定的工会的权利往往难以落实，在西方国家职工争取权益的最为重要的手段——罢工，在中国仍然不被法律支持，虽然实际上罢工时有发生。无论是从转型时期的法律和制度构建来看，还是从工会组织的职能转变来看，工会组织在维护职工合法权益和促进和谐劳动关系等方面仍然大有可为。

首先我们来看国有部门(集体企业的情况与国有企业类似)。当前企业中工会组织与经营者职能尚未完全分离，工会组织在调整劳动关系中的地位和职能也未能在实际上得以明确。工会也往往仍然局限于行使政治职能和福利职能，在实际协调劳动关系中能力仍然薄弱。从工会领导者(工会主席)的身份来看，国有企业还习惯于将其看作企业的领导者和经营管理者之一，而不是由工会成员选举出来的，代表职工向企业争取权益的代言人。同时，在法律允许的范围内，职工争取自己权益的手段也非常有限。因此，国有企业的职工事实上还没有很好地组织起来通过集体谈判制度对企业的工资和就业决定产生影响。

上述制度的局限性从推行集体合同与集体协议工作中也可以得到反映。虽然集体合同覆盖率正在提高，但集体合同往往流于形式，尚未触及协调用工分配、制约双方侵权行为的矛盾问题。由于缺乏企业与职工之间的劳动关系调节机制，政府在企业劳动纠纷的处理上也无从顺利退出。政府在面临比较尖锐的劳资纠纷时，往往为了平息事端而采取行政处理的手段。不断沿用行政处理的结果是无法促进企业劳动关系协商机制的形成，也无法引导劳动者用法律手段保护自己。

由于国有企业的职工没有很好地组织起来，非国有部门中处于相对弱势的职工也缺乏组织起来争取更好待遇的力量。非国有部门(特别是一些“三资”企业)为了争夺高技能劳动力，往往实行了高于国有部门的收入水平，而且由于非国有部门的生产率较高，教育回报较高，相对较高的收入也有保证。同时，由于非国有部门的职工面临着更大的失业压力，而这部分职工往往又不愿意去收入相对较低的国有部门就业，因此，非国有部门的职工也没有很好地组织起来争取更高的经济利益。即使企业成立了工会组织，其领导也首先是企业的雇员，难以站在职工的一方担当维权的职责。在最近这些年里，尽管从数字上来看，非国有企业组建工会的比率和参加工会的人数在提高，但是，非国有企业组建工会的工作仍然受到来自企业的阻挠。企业管理者甚至提出，根据中国《工会法》的规定，工会是“职工自愿结合”的组织，自己所在的企业没有职工提出要组建工会，所以企业领导层并没有这个权力来出面组建。企业不愿意组建工会的一个直接原因是为了规避成本，因为根据《工会法》第四十二条，“建立工会组织的企业、事业单位、机关按每月全部职工工资总额的2%向工会拨缴经费”。也就是说，一个企业可能只有部分员工加入工会，但要按全部员工工资的2%收取会费，这个规定往往让资方不愿接受。

改革开放以来，众多的外资企业进入中国，但并未按照《工会法》的要求组建工会，甚至阻挠在本企业内成立工会。直到2004年前后，中华全国总工会要提起诉讼来威胁拒绝设立工会的外资企业，一些大的跨国公司被点名，之后，外资企业的工会组建进程才得以获得快速的推进。据中华全国总工会统计，截止到2011年3月份，我国外商投资企业已建会的有45 896个，尚未建会的外商投资企业有16 894个，外商投资企业的工会组建率约为73%。

在工会的组建过程中，地方政府扮演着非常特殊的角色。在中国，实行着中央和地方财政分权的体制，地方政府在当地的税收中可以获得一定的份额作为地方的财政收入。同时，中央对于地方官员的考核的最为重要的指标就是地方GDP的增长速度，这在很大程度上决定了地方官员能否得到进一步的晋升。由于地方政府片面强调GDP增长和招商引资，就在一定程度上导致了地方政府重资本、轻劳动的政策倾向，忽视对职工权益的维护和保障，存在明显的政策性违法现象。

在中国，农民工的权益保障成为劳动者权益保护中特别突出的问题。一方面，农民工自发建立的维权组织往往得不到各级工会正式组织的承认，另一方面，由于农民工没有“当地”户籍，往往又成为当地工会维权盲点，农民工也得不到当地其他政府部门的足够关注，也缺乏其他有效的维权途径。在这些因素的共同作用下，才形成了由总理出面为农民工“讨薪”，由新闻媒体出面为农民工“代言”的局面。

和全球工会力量弱化的背景一样的是，中国工会组织在维护劳动者权益过程中面临的种种困境与经济的全球化有很大的关系，如何让普通的劳动者分享由经济全球化所带来的繁荣，将继续成为当今世界所需要面对的难题，也是中国工会组织发展中无法回避的难题。在当代中国，构建和谐社会已成为中国迈向现代化的重要目标，而和谐的劳资关系则是构建和谐社会最基本的要求。无论从劳动者、政府还是企业的角度来说，都必须认识到，和谐劳动关系的构建，并不一定是与经济发展和企业成长的目标相对立的。

从工会角度来说，当今中国经济、政治和社会正面临着史无前例的重大调整，国企改革、外资进入、民企成长等等都给和谐劳动关系的建立带来了巨大挑战，而工会作为劳资双方的“缓冲器”应该责无旁贷地担当起缓解劳资矛盾，提高企业生产效率的重任，将企业发展目标与劳动权益保护和谐地统一在一起，而不应只是简单地把工会组织与企业对立起来。

从政府的角度来看，中国的经济已经进入了一个新的阶段。在第一阶段，劳动力市场的竞争，工会组织的弱势在特定的经济发展阶段，有利于发挥劳动力成本低的比较优势，但是，由此带来的收入差距扩大却可能对社会和谐发展和经济持续增长构成威胁。必须清楚地认识到，劳动者权益的适度保护有助于降低过大的收入差距，有利于降低由收入差距导致的社会矛盾，减少与此相关的资源消耗和管理成本，从而最终有利于经济的可持续增长。不过，在当前中国的政府管理体制下，如何让地方各级政府摆脱对 GDP 增长率的简单追求，更多地关注像“和谐劳动关系”这样的目标，仍然是重大的挑战。

从企业的角度来说，应该认识到，企业应该承担起更多的社会责任，而这与企业发展的目标在一定程度上是可以和谐统一在一起的。从 20 世纪 80 年代开始，伴随全球化浪潮，在发达国家逐步形成了“企业的社会责任运动”。目前世界上对 CSR(Corporate Social Responsibility)有多种理解，其中，“利益相关者”理论认为，在市场经济体制下，企业的责任除了为股东(stockholder)追求利润外，也应该考虑相关利益人(stakeholder)，即影响企业和受企业影响的各方的利益，包括劳工、社区、政府、消费者、NGO 等的利益。与此相应的是，西方社会兴起了“反血汗工厂运动”，这迫使企业改善劳工及环保条件，并对发展中国家的供货商提出了 CSR 的要求。目前，国际上通行的 SA8000 标准是社会责任国际(Social Accountability International，简称 SAI)制定的全球第一个可用于企业社会责任管理的认证体系，成为跨国公司考查发展中国家的供货商的劳工权益是否合乎标准的重要标准。无论是从达到国际上对于企业社会责任的标准来说，还是从国内构建和谐劳动关系的要求来说，劳动者权益的保护都应引起中国企业的足够重视。

思考题

1. 全世界范围内出现的工会力量弱化趋势与经济全球化和知识经济时代的到来有何关系？这对收入分配可能产生怎样的影响？而这又对劳动力市场的制度会有怎样的进一步的影响？

2. 有的经济学家会说，工会导致了工资水平超过市场出清水平，不利于增加就业，这种结果是非效率的。但请读者回忆一下，在第10章的议价模型里，均衡结果是不是具有“帕累托效率”的？那么，在不同的语境下，我们是不是采取了不同的“效率”概念？怎样看待不同的经济学家对工会作用的不同看法？

3. 在中国的市场经济体制建立过程中，劳工权益没有得到充分的保护。如何做到既保障职工的权益，又促进经济效率的提高？中国的劳工权益保护是否可能在不同于西方国家的体制模式下实现？

4. 在处于经济全球化时代的当代中国，在劳动权益的保护这一问题上，工会、政府和企业是否有可能达成一致？有没有可能实现工会和企业各自目标的双赢？

5. 某日，“西安出租车司机大批集结，抗议专车经济。一时，主干道交通堵塞，师傅们群情悲愤，警察神情严峻持盾维护秩序。”有媒体人评论道，“最近几年，各地出租车的师傅们不断聚众抗议，或呼吁油价贴补，或讨伐份子钱，或抗议同城增添出租车辆，后来抗议的声音逐渐统一起来，旗帜鲜明地反对专车经济。……二十年间，出租车从一个新兴行业，到一个垄断行业，到今日，出租车只是百舸争流诸多出行模式的其中一种。师傅们过去做过弱势群体，辛苦颠簸养家糊口，待到拥有一枚出租牌照后，又竭力反对城市放开经营，从弱势转为垄断。”请问，是不是所有职工“罢工维权”行为都是合理的？

6. 2007年4月10日《新华每日电讯》报道了重庆籍农民工彭开合因工伤致残后，经历两年多时间的诉讼才由福建泉州市中级人民法院作出终审判决，由企业支付赔偿的故事。此前，彭开合曾求助于当地政府，先后找到南安市人大、政法委、法院、信访局、工会、劳动局等部门，却没有得到帮助，直到泉州市总工会介入才出现转机。就在法院判决之前，曾雇用彭开合的正大石业有限公司更名为昌新石业，企业法人代表也换了人。这一变更就发生在彭开合向南安市法院提起一审诉讼的前10天，从而可能使法院判决最终“可能是一纸无法执行的法律文书”。此报道评论道：“法律规定，用工企业要与工人签订劳动合同，但当地企业劳动合同签订率只在50%左右，不少企业正是想借此来逃避相关责任。据分析，有的农民工试图通过法律维权，但程序复杂，时间拖不起；一些官司要求农民工举证，但大部分农民工连合同都没有签，谈什么举证？”

在中国农民工维权遭受重重困难的时候，美国的汽车业却被认为受到了“工会之累”。对于这些出现在新闻中的报道，你有何评论？

【新闻】

美国汽车巨人集体沉沦

美国汽车业总是坏消息不断。从前年福特公司的经营危机到去年的通用之困，如今美国第三大汽车巨头克莱斯勒又将被戴—克公司出售。什么原因造成美国汽车业如此动荡不堪呢？

在日本汽车工业强大攻势下，美国汽车巨头的地位正岌岌可危。最令人丧失信心的消息是，数周前市场传出，戴—克公司有可能出售连连亏损的美国克莱斯勒。这是十年里的克莱斯勒被第二次推上拍卖场。1998 年 5 月，戴姆勒—奔驰公司以 350 多亿美元的价格并购美国克莱斯勒汽车公司。

2003 年 9 月，当丰田的汽车销售量第一次超越克莱斯勒的时候，《纽约时报》就颇为忧虑地表示："美国汽车工业多年来所惧怕的这一天终于到来了。"那时，丰田汽车公司只是把克莱斯勒挤出了美国三大巨头行列。今天，美国三大汽车公司其中一员将由此而消失。

谁将能像当年拯救克莱斯勒、通用那样，成为拯救美国汽车业的功臣，现在，一切还是未知数。

工会之累？

在遭受外国汽车制造商猛烈打击的同时，底特律的这些汽车公司能做的就是尽可能地关闭自己的工厂。

福特 2006 年年度亏损了 127 亿美元，整整比 2005 年高了 21 亿美元。当年 1 月份，福特宣布将在 2012 年前再裁员 3 万人，并关闭 14 家工厂。通用汽车也好不到哪里去，2008 年之前它得关闭 12 家工厂，而克莱斯勒也在 2007 年 2 月宣布将裁减 1.3 万个职位，即使如此依然难以扭转颓势。

显然，这些举措并不是美国联合汽车工人工会(UAW)所希望看到的。

2006 年底特律车展期间，与光彩夺目的香车、名模形成对比的则是，数百名底特律汽车工人在展馆外打出"一个人受伤就是所有人受伤""叛徒还我养老金"等抗议标语。

美国联合汽车工人工会这个上世纪 30 年代诞生的工会组织，为美国的汽车产业工人争取到了全额支付的医疗费用、法律咨询、对子女的照顾、退休金、假期、教育补贴以及失业保障金。

在与通用、福特以及克莱斯勒订立的劳工合同中，UAW 一再申明，即使在工厂停业期间依然要付给工人全额工资，而且如果没有工会的同意，并不能无限期关闭工厂。

如此，美国汽车公司又多了一项任务——不断与 UAW 谈判。长久以来，二者彼此或有让步。上个世纪 80 年代初，为了拯救危机之中的克莱斯勒，美国联合汽车工人工会做出了降薪、工资冻结、废除员工生活补助等一系列让步。现在，或许应该是这些汽车巨头让步的时刻了。

然而，面对这样一份高额福利清单之时，任何巨头都会有所顾虑。以通用为例，2006 年，通用为现有雇员、退休人员及家属支付的医疗保险就高达 50 亿美元，养老基金更是高达 860 亿美元。正如《纽约时报》记者米什莱恩·梅纳德在《底特律的没落》一书中所说的那样，这些"无形中使每辆车的成本增加了 1 200 美元"。

通用应该高兴的是，它已与 3.5 万名全美汽车工人联合会会员达成协议，以一次性支付的方式结束就业银行制度（即为待岗工人支付工资），这些工人占通用汽车员工总数的 1/3。

资料来源：节选自《南方周末》，http://www.nanfangdaily.com.cn/zm/20070315/jj/chanj/200703150012.asp。

▶12

收入分配

一个"好"的社会应该实现收入完全均等吗？收入不均等和社会不公正有什么关系？如果一个社会没有收入差距，又会怎样？

有人说，经济的发展初期出现收入差距扩大是"必然"的，随着经济的进一步发展，收入差距的缩小是"自动"的。是这样吗？

过大的收入差距对于经济增长将会产生什么影响？社会和谐和经济增长是一对相互矛盾的目标吗？很多人(特别是其他学科背景的人)认为，在经济学里，效率与平等是矛盾的，真是这样吗？

在发达国家中，欧洲国家收入差距相对较小，而美国的收入差距比较大，这种差异与它们的经济体制的差异有什么关系？经济全球化和知识经济时代的到来对收入差距有何影响？

改革开放之后中国的收入差距一度不断扩大，但近年来有缩小的趋势。收入差距是怎么产生的，将对中国的社会和谐和经济增长产生怎样的影响？中国是否可能同时实现社会和谐发展和经济持续增长？

这一章中，我们在更为宏观的层面上讨论收入分配问题，宏观层面的收入差距在很大程度上是微观层面的劳动力市场运行的结果。在发达国家，收入分配问题越来越受到经济学家们的重视，收入差距的扩大(特别是在美国)越来越成为与失业同样严重的社会问题，对社会和谐和经济增长有着直接的影响。在转轨经济(包括中国)中，收入差距也正在成为备受关注的热点话题。

在这一章中，我们首先来讨论一下收入差距的衡量方式和影响因素。第二节将讨论经济发展与收入分配之间的相互关系，焦点是能否在经济增长的同时缩小收入差距，以及收入差距对于经济增长的影响。这个讨论直接指向了社会和谐和经济增长的关系，这对发展中国家(包括当前的中国)特别有意义。最后，我们用一节的篇幅来看一下全球范围内的收入差距是如何变化的，其背后的原因又是怎样的。作为全书的结尾，我们来讨论中国体制转轨时期收入差距变化的趋势及成因，并以此来进一步深化有关社会和谐和经济增长的关系的思考。

12.1 收入分配不均的衡量及影响因素

12.1.1 收入分配不均的衡量

收入分配差距的衡量是研究收入分配的基础。从图形上来看，在图 12.1 中的 A 和 B 两种收入分配状况中，尽管平均收入水平是一样的(分布是对称的，而且人数最多的收入水平是一样的)，但 B 显然是一种收入分配差距更大的情况。

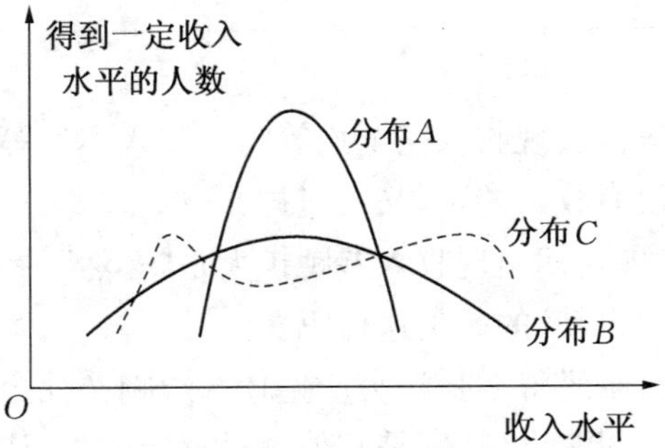

图 12.1 不同收入差距的情况

图形是直观的，但却没有办法帮助我们准确地度量收入分配不均的程度，比如说，在图 12.1 中，我们无法判断 B 和 C 两种收入分布下，哪种情况的收入差距更大。那么，怎样用量化的指标来度量收入分配差距呢？一般来说，人们常用以下几种方法：

(1) *方差*。方差的计算公式是：

$$Variance = \frac{\sum_i (I_i - \bar{I})^2}{n} \tag{12.1}$$

其中，I_i 代表第 i 个人在被考察人群中的收入水平，n 代表被考察人群的人数，$\bar{I}$ 表示该人群的平均收入。不难理解，当收入绝对平均的时候，人人收入都一样，方差就等于零。如果收入差距很大，那么，方差就很大。但是，方差这一指标有一个很重要的缺点，它的变化可能并不一定表示收入差距扩大，而可能只是因为人均收入水平有所提高而引起的。比如说，如果所有人的收入都增长了一倍，社会的相对收入差距应该是不变的，但方差却上升到原来的四倍，因此方差只能作为度量绝对收入差距的指标。

(2) *变异系数*(coefficient of variation)。变异系数等于方差的平方根(标准差)除以均值。这个指标是一个相对指标，它克服了方差随平均收入水平变化而变化的问题。当所有人的收入都增加一倍的时候，变异系数是不变的。

(3) *分组指标*。这是一种最为常用的收入差距表示方法，也比较易于理解。首先，我们需要对所有的相关人口按其收入水平由低到高排序，然后看一下当达到某一个给定的收入水平时相应的人口比例有多少。例如，某年收入达到 1 万元的人位于总人口的20%的位置，收入达到10万元的人位于总人口的90%的位置，这意味着该年20%的人收入低于1万元，80%的人收入超过1万元，而收入超过10万元的人就只占总人口的10%了。进行过分组以后，我们就可以计算出某一收入组别的人占到了社会总收入的多少比例，然后，将最高收入的组别（比如收入最高的20%的人）的收入与最低收入组别的人的收入进行比较，这就能够体现出一个社会的收入不均状况。

(4) 基尼系数(Gini coefficient)和洛伦兹曲线。在分组计算的基础上，一种更为精确的计算收入差距的方法就是计算基尼系数，这也是最为常用的收入差距度量指标。这里，我们需要利用如图12.2所示的洛伦兹曲线。在图中，横轴表示居民的百分比，纵轴表示相应的居民在收入中所占的百分比。我们将居民按收入从低到高排列，再将每一百分比的居民所对应的收入百分比描成点，这些点的连线就是所谓的洛伦兹曲线。在图中一条向右上倾斜的45°直线表示的是收入分配完全平均的情况，这条直线与洛伦兹曲线围成的阴影面积与1/2的比率就是基尼系数。显然，当基尼系数为1时，全社会的收入被一个人独占了，而基尼系数为零时，则意味着收入分配完全平均。如果我们在收入排序的时候，可以对所有的人进行排序，而不只是分组进行，那么，我们所获得的基尼系数就更加精确了。

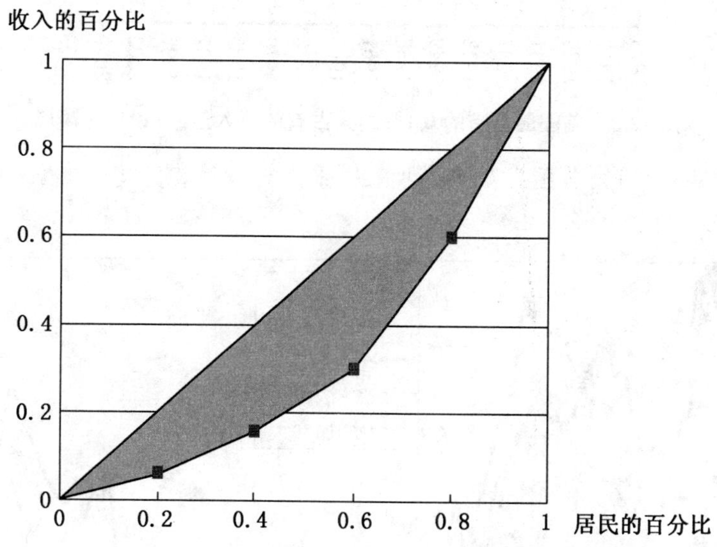

图 12.2 洛伦兹曲线

【背景】

《21世纪资本论》与收入差距

最近整个经济金融领域都在谈论一个人，那就是法国经济学家皮凯蒂(Thomas Piketty)。他最近出版的《21世纪资本论》引起巨大轰动。皮凯蒂指出，由于资本回报率总是倾向于高于经济增长率，所以贫富分化是资本主义无法避免的致命缺陷。

皮凯蒂警告全球贫富差距仍可能严重恶化，甚至威胁到民主社会的根基。贫富分化对经济也是有害的，法兴银行策略师爱德华兹(Albert Edwards)曾经指出："你不需要成为一个共产主义者也能够得出结论，高水平的贫富差距不但影响长期增长，也会导致经济更容易陷入衰退。"

下面这两张图向我们展现了美国的贫富差距及发达国家之间的比较：

(1) 最富有0.1%美国人获得9%的收入，接近历史高点，而上世纪中叶为2%(见图12.3)。

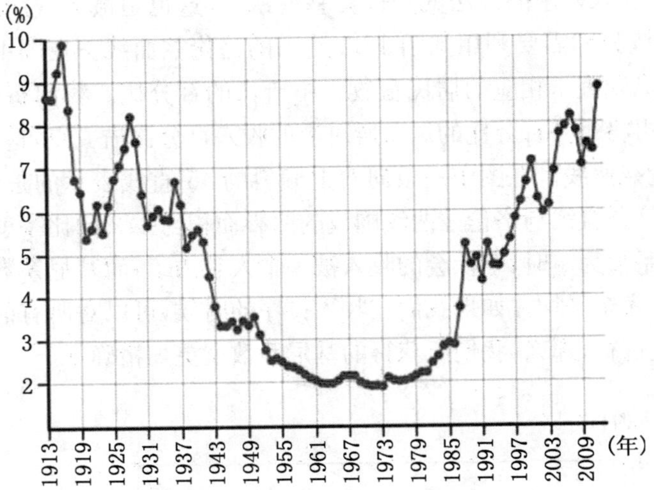

图12.3　美国最富有的0.1%的人占有的收入份额：1913—2012

(2) 最富有0.1%美国人获得的收入比重大大超过其他发达国家(见图12.4)。

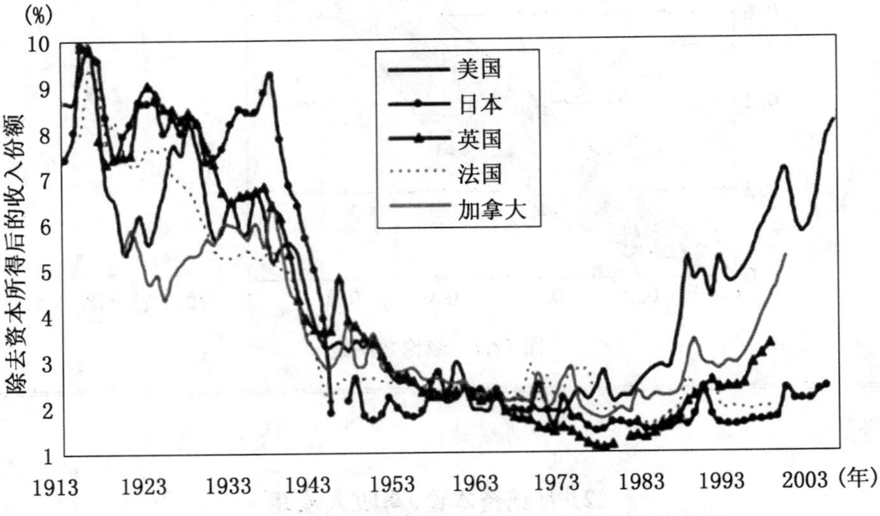

图12.4　几个国家最富有的0.1%的人占有的收入份额

资料来源：根据新浪财经《17张图展现美国惊人的贫富差距》(2014年4月24日)一文整理。

以上几种都是实际生活中比较常用的收入差距指标，但是，在经济学研究里，一个好的收入差距指标应该满足几个公理性的条件，它们是：

第一，*匿名性或无名性*(anonymity)。举例来说，你的一个样本中有收入不同的一组人，你用每个人的收入作为观察值来度量收入的不平等，然后对调任意两个人，结果不会影响你的观测结果。观测结果只会和数值有关，而和观测的人的地位、身份没有任何关系，这就是所谓的匿名性。

第二，*齐次性*(homogeneity)。你度量一个指标，比如收入或者教育程度，变换度量衡单位，结果并没有受到影响。这就是指标的规模无关性。方差指标显然不符合这个要求。

第三，*人口无关性*(population independence)。样本的大小是不影响度量结果的。比如在一个大的国家(中国，13亿人口)和一个小的国家(几千人的国家)，度量衡不应该和样本的大小有关，而且样本大小不会对收入分配不均等程度造成影响。

第四，*转移原则*(transfer principle)。这是说，给定一个样本，给定一组人，如果你从富人收入中拿出一部分钱，转移到穷人的收入中，那么收入不均等程度应该下降。

第五，*强洛伦兹一致性*(strongly lorenz-consistent)。指标要和洛伦兹曲线有一致性，就是在度量收入分配的时候，要把所有的样本观测值都用进来，而不能只用一部分。举例来说，很多人在讲到东、中、西部差距的时候，都喜欢说，东部的收入在20世纪80年代初的时候是西部的三倍，但是这个指标只用了最高的和最低的两个值，没有用中间的样本观测值，所以这绝对不是一个好的指标。一个好的指标要把所有的数据、所有的样本指标都使用进来。上面提到的分组指标往往不符合这个条件。

讨论：有人批评说，在一个人口13亿的国家仅抽出1万个样本来计算收入差距，会以偏概全。对此，你如何评论？

根据上面这五个条件，在我们所介绍的几个收入差距指标中，只有基尼系数和变异系数满足所有要求。无论是政府还是经济学家都常常使用基尼系数来度量收入差距。基于基尼系数，当前国际上还有人们比较公认的收入差距警戒线，0.4的基尼系数值通常被认为是判断一国(地区)收入差距是否过大的关键值。具体来说，基尼系数若低于0.2表示收入非常平均；0.2—0.3表示比较平均；0.3—0.4表示相对合理；0.4—0.5表示收入差距较大；0.5以上收入差距很大，0.6以上表示收入差距悬殊，社会处于动乱随时发生的危险状态。在世界各国里，除美国以外的发达国家的收入差距都比较合理，有的发达国家的基尼系数甚至略低于0.3。美国、俄罗斯和中国是基尼系数超过0.4的国家，收入差距较大，而基尼系数达到0.5以上的国家则相对集中在南美洲。但是，必须指出，这个收入差距的警戒线只是一个经验性的指标，并没有科学的依据。如果在一个城市内部度量收入差距，一些大城市的收入差距普遍较大，就不适用这样的警戒线了。

【阅读】

两个常用的符合公理性条件的收入差距指标

基尼系数

基尼系数因为简单、直观，有几何含义，取值在0—1之间，因此应用最为广泛，世界各国都使用，易于做国际比较。

基尼系数也可以直接用公式计算：

$$Gini=\frac{-(n+1)}{n}+\frac{2}{n^2\mu_y}\sum_{i=1}^{n}iy_i \tag{12.2}$$

其中，n 代表样本的数目(通常为居民或家庭的数目)，y_i 表示经过收入由低到高排列后第 i 个个体的收入(或财富、消费等其他指标)，μ_y 是相应的平均值。

泰尔指数及其分解

泰尔指数也是一种符合收入差距的几个公理性要求的度量指标。虽然它在描述收入差距时不太流行，但它有一个优点，就是可以直接按一定的分组方式将一个收入差距分解为“组内”和“组间”的收入差距，因此也常常在研究中被使用。

泰尔指数的定义式为：$Theil=\frac{1}{n}\sum_{i\in N}\frac{y_i}{\mu_y}\ln\frac{y_i}{\mu_y}$。假定集合 N 被分成 m 个组 $N_k\ (k=1,\ 2,\ \cdots,\ m)$，每组相应的收入向量为 y^k，收入均值为 μ_k，人口数量为 n_k，则其占总人口规模的份额为 $v_k=n_k/n$。方便起见，令 $\bar{y}^k$ 表示用 μ_k 替代 y^k 中的每一个分量所得到的新的收入向量。则有：

$$\begin{aligned}T(y)&=T(y^1,\ y^2,\ \cdots,\ y^m)=\frac{1}{n}\sum_{k=1}^{m}\sum_{i\in N_k}\frac{y_i}{\mu_y}\ln\frac{y_i}{\mu_y}\\&=\sum_{k=1}^{m}\frac{n_k}{n}\frac{\mu_k}{\mu_y}\frac{1}{n_k}\sum_{i\in N_k}\frac{y_i}{\mu_k}\ln\frac{y_i}{u_k}+\frac{1}{n}\sum_{k=1}^{m}\sum_{i\in N_k}\frac{\mu_k}{\mu_y}\ln\frac{\mu_k}{\mu_y}\\&=\sum_{k=1}^{m}v_k\frac{\mu_k}{\mu_y}T(y^k)+\sum_{k=1}^{m}v_k\frac{\mu_k}{\mu_y}\ln\frac{\mu_k}{\mu_y}\\&=W+B\end{aligned}$$

其中，$W=\sum_{k=1}^{m}v_k\frac{\mu_k}{\mu_y}T(y^k)$ 表示 k 个组不平等值的加权平均，它通常被认为是总的收入差距值的组内差距部分。$B=\sum_{k=1}^{m}v_k\frac{\mu_k}{\mu_y}\ln\frac{\mu_k}{\mu_y}=T(\bar{y}^1,\ \bar{y}^2,\ \cdots,\ \bar{y}^m)$ 则表示总收入差距值的组间差距部分，它是通过将每个人的收入换成其相应的组均值计算而得的。在这里，W 和 B 的权数 $v_k\frac{\mu_k}{\mu_y}$ 为第 k 组收入占总收入的份额。

尽管泰尔指数分解非常简单而常用,但它也有明显的不足。比如说,我们将人群按性别分为女性和男性,算出性别内部和性别之间的收入差距,但这并不是说性别之间的收入差距就是由性别导致的,而可能是由一些与性别相关的其他因素导致的。通常来说,女性的平均教育水平低于男性,由此造成的女性收入低于男性应该由教育而得到解释,而不是由性别来解释,但是在泰尔指数的分解中,这部分的收入差距也会被计入性别间收入差距。

12.1.2 收入差距的影响因素

在一个社会中存在一定的收入差距并不一定是坏事,相反,如果没有了收入差距,人们就没有了努力工作的激励,社会就失去了活力。当然,形成收入差距的原因是非常复杂的,并不是每一种形成收入差距的原因都是“好”的。我们可以从下面几个方面总结一下收入差距的影响因素。

(1) 教育。与人力资本投资理论中所介绍的内容相一致,教育水平的差异可以解释一部分的收入差距。一般来说,受教育水平高的人收入较高,而且随着年龄的增长,受高等教育的人与同龄人的收入差距将不断扩大。

(2) 能力。虽然受教育程度本身就与能力有关,但如果我们观察到相同受教育水平的人之间仍然有收入差距,那么,能力(比如智力、体力、表达能力甚至艺术才能等)的差异就是很好的解释因素了。如果有一部分人所缺乏的是对于任何一种工作都重要的一般能力(比如智力),那么这样的人就可能会失业。也有些能力是特殊的(比如艺术才能),只在某些职业中才具有经济价值,在这些职业中,某些最为出众的明星的收入要远远超过他人,其中的原因在于这些明星的产品(比如电影和唱片)的需求特别大,这就产生了某种明星效应,使得明星的收入与同行业其他人的收入差距远远超过他们能力的差距。①当然,明星效应只在一些像娱乐业、出版业等特殊的行业存在,这些行业的产品比较容易复制,所以一种产品的需求可以遍及全球,而在一般的行业当中,即使是最为出众的人也无法获得远远超过他人的收入。经济学家中好像也有自己的明星。

(3) 责任。在前面的章节中,我们说过,在企业内部劳动力市场上,一个人获得多少收入往往取决于他处在什么样的工作岗位上,而与他个人的能力和实际贡献并无直接的联系。不同的工作岗位意味着承担着不同的责任。在实行着等级制和锦标制的内部劳动力市场上,得到晋升的难度越大,那么晋升后得到的收入增加量就必须更大,这才能给员工提供足够的激励。由此可以认为,不同的人之间的收入差距与他们在各自的工作中所承担的责任不同有关。

(4) 劳动者偏好与职业的匹配。不同的劳动者偏好是不同的,有的人偏好风

① 参见 Rosen, Sherwin, 1981, “The Economics of Superstars,” *American Economic Review* 71: 845—858。

险，有的人规避风险，有的人喜欢高收入，有的人宁愿收入平平，但比较自由。不同的劳动者偏好和不同的职业特点就造成了人们的收入差距，换句话说，人们的收入差距在一定程度上是他们根据自己的偏好自由选择的结果。所以，我们会看到有的人选择了当演员，一旦成了“谋女郎”或者“星女郎”，从此便星途坦荡，但是如果运气比较差，一辈子演小角色也是可能的。有的人觉得收入最重要，只要收入高，一天工作十几个小时也行，周末和节假日不休息也无所谓，那么，他会选择去咨询公司或者投行。也有些职业平均地来看收入不见得很高，比如公务员，即使当了总统，收入也与歌星没法比，但这样的职业却比较稳定，适合规避风险的人去从事。

除了以上几个最为重要的因素以外，还有一些其他的因素对收入分配差距也有影响，有些我们在相关章节中已经有所论及。首先，在西方国家工会组织始终是一个影响收入分配的重要力量，但是我们却难以确切地估计工会对收入分配的真实影响，因为难以找到一个没有工会组织的经济作为参照系。实证研究表明，总的来说工会对于缩小收入差距有正面的作用，而工会力量的弱化则在一定程度上解释了美国自20世纪70年代以来收入差距的扩大。有时，一些工作因为比较危险，工作条件恶劣，所以工资相对较高，这种工资差异是一种“补偿性工资差异”。

在市场经济体制下，存在着一定程度的收入差距是合理的，而且有利于增强社会的活力。关键问题在于形成收入差距的原因是什么，因此有必要进一步区分“收入不均等”和“收入不公正”。在市场经济体制下，由教育、能力、责任等因素造成的收入差距不会给人不公正的感觉，对社会的危害较小。但是，有些因素所造成的收入差距却会给人非常强烈的不公正的感觉。

（1）垄断。市场结构也是影响收入分配的重要因素，在垄断程度较高的行业，人们的收入一般来说也较高。比如说，在中国，常常有一些垄断行业的业内人士抱怨说企业是在亏损的边缘经营，似乎进一步加大竞争和开放是不可承受的。但是，这种亏损边缘的状态不就是因为垄断造成的低效率和过高的人工成本吗？一部分行业的垄断是造成行业与行业间收入差距的原因。

（2）歧视。这里，我们所指的歧视主要是指西方国家普遍存在的对少数族群劳动力和外来移民的歧视。至于性别间的“歧视”和由此造成的女性劳动力收入水平相对较低，在很大程度上是可以由女性受教育程度和受培训水平平均较低得到解释的，而这又与两性之间的分工和劳动力市场上的信息不对称有关，并不能完全归为“歧视”的影响。读者不妨再回忆一下前面章节中的有关内容。在中国，歧视现象更多地是与城乡间的劳动力市场分割结合在一起的。如果劳动力在地区之间和工作之间不能自由流动，劳动者之间的工资差异就无法通过劳动力的流动而趋同，使得工资差异长期存在。

（3）特权。在世界上的任何国家，总是或多或少地有一部分人因为政治身份和社会地位而拥有着普通人没有的特权，这部分人往往会凭借其特权来获取收入，然后再用收入投资于特权，这是人们通常所感受到的腐败和不公正的重要成因。

针对收入差距，政府的再分配政策可以起到非常直接的调控作用。在世界上的很多发达国家，都对富人征收较高的累进所得税和遗产税，并通过完善社会保障制度和公共服务的均等化来提高低收入者的实际收入。在中国，政府也实施了累进的个人所得税，并对个人所得税制定了免征额，同时，也在考虑开征物业税（财产税）和遗产税，这些措施对于缩小收入差距都会有积极的作用。

讨论：什么样的收入差距是“好”的，什么样的收入差距是“坏”的？（提示：不妨从效率和公正两个角度来考虑。）

12.2 经济增长与收入分配

在第一节中我们所讲的是一些一般性的影响收入差距的因素，在经济发展过程中，经济增长和收入分配之间的关系是一个被经济学家持续研究了半个多世纪的问题。这个问题也是当前中国构建和谐社会和转变经济增长方式的重要理论基础。

在20世纪50年代到70年代之间，经济学家讨论经济发展与收入分配之间关系时的主要结论是所谓的“库兹涅茨效应”（Kuznets Effect）和“库兹涅茨曲线”（Kuznets Curve，也称“倒U曲线”）。也就是说，在经济发展的初期，收入分配先有利于高收入阶层，从而表现出收入差距扩大的现象，但随着经济进一步发展，收入分配就趋于平均化了。①这些早期的研究得出的相应政策含义是，在经济发展过程中应首先鼓励富人进行储蓄和投资，而任何旨在缩小收入差距的再分配政策只会抑制经济增长，从而最终仍然损害穷人的利益。

上述观点在后来的研究中受到了很多批评，经济学家对经济发展和收入分配之间关系的研究在理论和实证两方面齐头并进。现在，经济学家们认为“库兹涅茨效应”并不是一条铁的定律，经济发展与收入分配之间的关系存在着多种可能性。从世界各国的经验来看，“库兹涅茨曲线”似乎只总结了发达国家在其经济发展过程中出现的现象，对此，经济学家的解释是，在19世纪末20世纪初的一段历史时期，那些发达国家的当政者面对越来越大的收入差距和革命的危险，将投票权赋予了低收入阶层，从而使得一些有利于低收入阶层的经济政策得到了实施，从而有效地缩小了收入差距，避免了社会和政治的动荡。

再来看其他国家和地区的经验。在拉丁美洲，各个国家的收入差距都非常大，有的国家的基尼系数甚至超过0.6，社会和政治也动荡不安，收入差距也没有明显的缩小趋势。与此形成鲜明对照的是，在亚洲各国或地区的经济发展中，收入差距却得到了很好的控制。事实上，经济增长过程中收入差距的变化趋势并不只有唯一的可能性，而发展教育则是实现兼顾公平的经济增长的一条途径。在中国的台湾省，自20世纪70年代以来一直保持着高速度的经济增长，在1979—1994年间，

① Kuznets, S., 1955, “Economic Growth and Income Inequality,” *American Economic Review*, Vol. 45(1):1—28.

其年均 GDP 增长速度达到了 7.8%，但其个人收入的基尼系数却在总体上呈现出下降趋势(见图 12.5)。

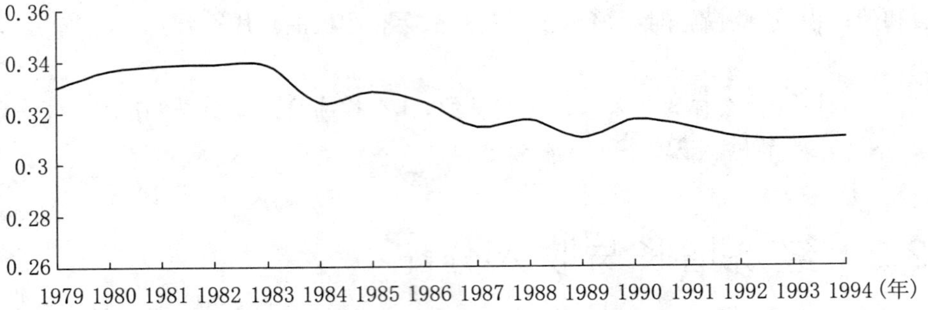

资料来源：Bourguignon, F., M.Fournier and M.Gurgand, 2001, "Fast Development with a Stable Income Distribution: Taiwan, 1979—1994," *Review of Income and Wealth*, Series 47, No.2: 1—25.

图 12.5 台湾省 1979—1994 年间个人收入基尼系数的变化

台湾省之所以能够实现兼顾公平的经济增长，关键在于当地人口的受教育程度有显著的提高。在 1979—1994 年期间，台湾省文盲及小学教育程度的人口比重逐年下降，而中学及大学教育程度的人口比重逐年上升。由于人力资本回报在台湾省显著上升，因此劳动力受教育程度普遍提高使得收入分配差距缩小的作用也非常显著。台湾省的经验说明，如果要实现兼顾公平的经济增长，就需要大力发展教育(特别是全民教育)，普遍提高劳动力的受教育水平，同时以市场机制为引导提高教育的收益率，从而扩大中等收入者在居民中的比例。而收入的均等化又有利于进一步提高居民的受教育水平，提高人力资本的积累水平，使得经济的可持续增长步入一条良性循环的轨道。

拉丁美洲各国收入差距大、经济增长慢和亚洲经济收入差距小、经济增长快的鲜明对照引起了经济学家们的深思。20 世纪 90 年代中期以后，有关经济增长和收入差距的相互关系的研究热潮从经济增长如何影响收入差距转向了收入差距如何影响经济增长。经济学家们提出，收入差距可能通过几个机制对经济增长产生负面的影响。

(1) 信贷市场不完善。由于存在信贷市场的不完善性，银行不愿意贷款给穷人，于是，收入差距的扩大将使得更多的穷人面临信贷约束，从而降低其物质资本和人力资本投资。

(2) 政治经济学。在民主社会中，更大的收入差距会使得更多的人支持用增加税收来促进再分配，而更高的税收不利于激励人们努力工作，会对经济增长产生负面影响。

(3) 恶化投资环境。收入差距的扩大会引起社会和政治的动荡，恶化社会投资环境，并且使更多的资源用于保护产权(比如法庭、监狱、防盗设施)，从而降低具有生产性的物质资本积累。

(4) 增加出生率、降低教育投资。由于低收入家庭的生育率更高而人力资本投资更少，当收入差距扩大时，会增加低收入家庭的比例，从而降低全社会的受教育程度和经济增长。

教育和人力资本在决定收入分配和经济增长之间关系时的作用非常关键。以亚洲国家经验来看，收入分配均等化程度的提高使得大多数的人能够接受教育，从而为经济增长创造了广泛的基础。随着经济发展水平的提高，人力资本对于经济增长的作用将越来越大，于是，收入不均不利于穷人进行人力资本积累，从而不利于经济增长的机制将越来越重要，这时，控制收入差距就成了经济持续增长的必要条件。

总的来说，大多数研究都认为收入差距扩大将通过降低物质资本和人力资本的积累对经济增长产生不利影响。从实证研究的结果来看，大多数的研究都证实，收入差距的确对经济增长有显著的负面影响。在中国，也有经验证据证实了收入差距对于经济增长的不利影响。①

经济学研究中，除了讨论收入差距对于经济增长的负面影响外，经济学家们还发现，过大的收入差距对于减少城乡贫困、增加社会流动、提高健康水平、提升幸福程度、增进公共信任和保护环境资源等方面也都存在着负面影响。在发达国家，收入差距大还伴随着更高的婴儿死亡率和较低的预期寿命。

特别需要指出的是，基于发达国家经验的库兹涅兹曲线并不意味着收入差距随着经济的发展"必然"会扩大，也不意味着收入差距随着经济的进一步发展会"自动"缩小。如果任由收入差距持续扩大，就将给社会和谐发展和经济持续增长带来巨大的代价。

讨论：1. 如果说中国也存在收入差距不利于经济增长的情况，你认为可能是通过什么样的机制引起的？

2. 经验研究的发现通常都是指某个因素对某个结果所产生的"净影响"，尽管大多数研究都发现收入差距对于经济增长不利，在理论上，有没有可能存在一些机制，使收入差距有利于经济增长？（提示：收入差距更大对于投资率会产生什么影响？）

12.3 全球收入分配状况变化

全球收入分配状况的变化仍然是一个与经济体制联系紧密的问题，在这一节中，我们仍然会看到在不同的经济体制下经济运行结果的差异。与前面的章节一样，我们还是将经济体制划分为市场经济体制和转轨经济体制两大类，并分别加以考察。

① 陆铭、陈钊、万广华，2005，《因患寡，而患不均：中国的收入差距、投资、教育和增长的相互影响》，《经济研究》第12期，第4—14页。

12.3.1 发达市场经济国家的收入差距变化及成因

从 1965—1975 年间的数据来看，发达市场经济国家的收入分配差距都差不多(参见表 12.1)，而那之后的情况就出现了一些变化。从不同国家的情况来看，美国、英国的收入差距有所上升，而其他国家的收入差距却有所下降。而在那之后，直到 2010 年间，表中所列的国家中，除了意大利和英国之外，多数国家的收入差距均有所扩大。

表 12.1 发达市场经济国家家庭收入的基尼系数

国　家	美国	澳大利亚	加拿大	法国	德国	意大利	日本	瑞典	英国
1965—1975 年	0.36	0.34	0.34	0.38	0.36	0.38	0.30	0.29	0.31
1975—1995 年	0.381	0.334	0.312	0.322	0.303	0.354	0.297	0.256	0.361
2010 年	0.405	0.349	0.337	0.338	0.311	0.344	0.321	0.268	0.348

资料来源：1965—1975 年间的数据来自 Muller, Edward, 1988, "Democracy, Economic Development and Income Inequality," *American Sociological Review*, 53:50—68。1975—1995 年间的数据取自 Burniaux, Jean-Marc, 1998, "Income Distribution and Poverty in Selected OECD Countries," OECD Economics Department Working Papers No.189；其中，英国的数据为 2004 年的值，取自 http://www.statistics.gov.uk。2010 年数据取自 World Databank, World Development Indicators, http://data.worldbank.org/，其中，日本的数据为 2008 年。

可以看到，在发达国家中，除了美国的收入差距比较大之外，其他国家的收入差距水平适中，并且经过了一些波动之后，总体上变化不大。这里我们主要讨论一下美国的情况，它最能够反映出经济全球化和知识经济对于劳动力市场运作的影响。在美国，收入差距扩大的现象始于 20 世纪 70 年代初期，并在 80 年代以后有加速发展的趋势。有数据表明，从 1970 年底到 1990 年，美国最低的实际工资(如看门人的收入)下降了 15%。相反，医生的收入、企业高级职员的收入同期却上涨了 50%多。一部分劳动者就业收入降低，而失业时得到的救济金水平又较低，于是导致美国贫困人数有上升的趋势，收入低于贫困线的全日制劳动者比例在 1970—1990 年间从 12%上升到了 18%，收入差距总体上来看在不断扩大。①更为细致的一组数据表明，1973 年前后美国居民收入的变化在不同收入组别的家庭中有完全不同的表现。如图 12.6 所示，若将美国家庭按其年均收入分成 5 个组别，在 1973 年以前各组别家庭的年均收入增长率基本持平，并且最低收入组别的家庭拥有最高的年均收入增长率，反映出这一时期收入差距有缩小的趋势。但是在 1973 年以后，情况完全两样。虽然各收入组别家庭的年均收入增长率均较 1973 年以前有所下降，但收入越低的组别其收入增长率下降得越多，出现了贫者越贫，富者越富的现象。

① 此处一系列数据取自袁志刚，1997，《失业经济学》，上海人民出版社，第 41 页。

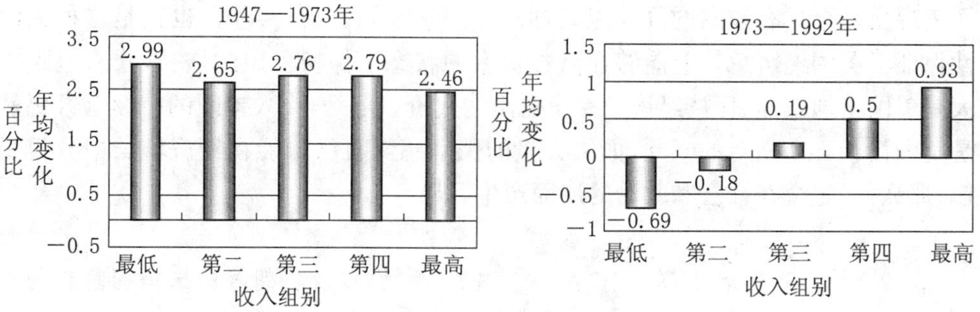

图 12.6　美国 1973 年前后各收入组别收入变化对比

由于美国较长时期保持了低水平的失业率，因此 1973 年以后收入差距的扩大不能简单地用“失业大军”的增加来加以解释。导致美国收入差距扩大的主要原因是工资水平的结构性变化。这首先体现在拥有不同受教育程度与工作经验的劳动者之间工资差距的扩大。美国 25 岁到 34 岁的劳动者中，大学毕业生与高中毕业生的工资差距在 1974 年到 1992 年间扩大了一倍多，而在同样的非大学毕业生中，拥有丰富工作经验的年长劳动者的工资增长又相对快于缺乏工作经验的年轻劳动者。造成这种工资差距扩大的原因是企业对高技能劳动者需求的上升，而这又源于技术进步的要求，这也被称为“技能偏向的技术进步”。

除此之外，有两项制度性因素也在一定程度上加剧了美国社会收入差距的扩大，即工会力量的削弱和最低工资限制的放宽。工会力量的削弱使工人在工资谈判中的地位下降，拉大了工资差距。在 1970 年，最低工资占私人生产企业平均小时工资的一半左右，而到了 1992 年这一比例降至 40%，使得工资向下调整的余地有所扩大，也扩大了工资差距。实际最低工资在通货膨胀的作用下有所下降，但其对收入差距的影响并不像想象中那么大，因为最低工资的下降一方面减少了部分劳动者的收入，另一方面也提高了社会中低工资者的就业率。①

收入差距的扩大会对一国的经济发展、政治稳定等方面产生不良影响，但是由于美国的收入差距是在一个较长的时期内逐渐发展变化的，因此在谈论收入差距扩大的同时不能不考虑各收入阶层之间的“流动性”。通俗地来说，如果“收入流动性”高，意味着穷人能够有机会让自己(或者后代)在未来变成富人，同样，富人也有可能未来成为穷人。数据显示，尽管美国收入差距有所扩大，但居民在不同收入组别间保持着较好的流动性。

美国居民在不同收入阶层之间的流动，以及这种流动所体现出来的整体上的“改进”，在一定程度上抑制了收入差距扩大可能产生的不利影响，缩小了长期的收入差距，同时也体现出市场经济下劳动力资源配置的灵活性。也正是因为在美国收入差距很大，人们才有通过努力来争取更高收入，改变自己社会地位的激励，从

① 此处一系列数据(包括图 12.6 中的数据)取自 United States Government Printing Office，1994，*Economic Report of the President*，Washington。

而表现出社会具有较高的收入流动性。经济学家们认为，实际上也正是这种灵活性保证了美国经济总体上能够在低失业率的状态下保持稳定的增长，收入差距扩大是美国增加就业、保持经济效率所付出的代价。但是，收入差距的持续上升仍然是美国社会必须面对的问题，如果大量的民众感觉自己未能在经济增长中分得蛋糕，那么，一定会在社会和政治的层面产生后果。

讨论：请读者了解一下"占领华尔街"运动，以及特朗普当选美国总统的竞选口号和选票来源。请问这些事件与美国的收入不均等有关吗？你认为"反全球化"是解决收入不均等问题的良方吗？

【背景】

特朗普赢了，美国经济将出现哪些变局？

美国共和党总统候选人唐纳德·特朗普战胜民主党总统候选人希拉里·克林顿，赢得 2016 年美国总统大选。这是年底最大的一次黑天鹅事件，将对全球经济金融市场造成巨大冲击。

特朗普认为美国经济更多的是总量问题，而非结构问题，因此其经济政策重在强调提升经济增速。他希望通过实施一系列的经济政策改革，使美国 GDP 在未来 10 年的年均增速至少维持在 3.5%的水平。

为了实现这个目标，他提出了四个刺激经济的政策：一是降低税收，二是贸易保护，三是产业回迁，四是大兴基建。其中，核心经济政策主要是前两个，即降低税收和贸易保护。

具体来说，降低税收政策的主要内容是：大幅降低企业和个人的边际税率；大幅提升标准减免额；限制和废除部分税式支出；废除个人和企业的替代性最低税；对国内企业的海外分公司利润进行征税。其中，降低企业税收的出发点主要基于以下考量：一是通过降税，增厚企业净利润，刺激投资；二是希望通过减税缓解"税收倒置"（税收倒置是指美国本土企业通过并购海外公司改变注册国，由高税率国家迁往低税率国家，以达到规避美国国内高额所得税的目的）现象。

特朗普赢得大选，其经济政策会对美国经济造成什么影响呢？

首先，大规模减税计划将导致美国政府税收收入大幅下降，财政赤字大幅提升。根据布鲁金斯税收政策中心（Urban-Brookings Tax Policy Center，UPTC）的测算，如果实行特朗普的税收政策，2017—2026 年，美国政府的企业所得税相较于当前税制将净减少 22 490 亿美元，个人所得税收入将净减少 63 270 亿美元。

政府收入减少将导致美国财政赤字不断扩大，随之而来的政府债务利息支出增加，政府债务规模扩大。UPTC 的测算表明，如果实行特朗普的减税政策，2026 年，美国政府财政赤字将累计增加 15 592 亿美元，利息支出将累计增加 3 849 亿美元，政府债务将因此累计增加112 115亿美元，这一债务规模相当于2016年美国政府债务规模的15倍。穆迪的测算也支持这一观点，如果特朗普的经济政策得到完全实施，2017—2020年美国财政赤字率将大幅上升至6.0%、7.4%、9.4%、10.2%，与现在4%的赤字水平相比显著恶化，接近欧债危机时期希腊的赤字率，趋于失控状态。

其次，收入差距将进一步扩大。个税方面，特朗普的减税政策主要有四条：一是提高标准扣除额，大约为现行的四倍；二是提议废除遗产税；三是将股息及资本利得税税率最高限制在20%；四是计划把现行的个人所得税累进档从7个简化为3个，大幅降低了高收入阶层的税率。

特朗普税制下，虽然个体所得税最高税率由39.6%降为25%，税收等级由7个简化为3个（10%、20%、25%），但这种税制显然更有利于高收入群体，低收入群体受益非常有限。根据UTPC的测算，收入前20%群体的税后收入增加额占全部群体税后收入增加额的比例将达到67%，而收入后40%群体仅占5%。这种税制下，富者更富，贫者更贫，美国社会的贫富差距在特朗普减税政策实施后将急剧恶化。

资料来源：财新网，作者石大龙，2016年11月9日。

12.3.2 东欧转轨经济国家的收入差距扩大现象及成因

在转轨经济国家中，收入差距在体制转轨期间迅速扩大是一个普遍存在的现象，但20世纪90年代中期之后，收入差距变化并不大，在个别国家，收入差距甚至有所下降（参见表12.2）。

表12.2 转轨经济国家基尼系数的变化

国家	基尼系数		
	1987—1988年	1993年	2012年
保加利亚	0.11	0.34	0.360
捷克共和国	0.08	0.27	0.261
匈牙利	0.02	0.23	0.306
波兰	0.05	0.30	0.324
斯洛文尼亚	0.04	0.28	0.256
俄罗斯	0.14—0.24	0.48	0.416

资料来源：1993年之前的数据取自World Bank，1996，*World Development Report 1996：From Plan to Market*，New York：Oxford University Press。2012年数据引自World Databank，World Development Indicators，http://data.worldbank.org/。

造成俄罗斯等转轨经济国家收入差距扩大的原因究竟在哪呢？从表12.3中

的数据我们可以看出，失业人口的增加是导致俄罗斯收入差距扩大和贫困人口增加的直接原因，在非常穷困和穷困两个组别当中，失业的成年人所占的比重明显高于他们在总人数中所占的比重。再比较俄罗斯和匈牙利两个国家我们可以发现，失业救济水平较低是造成失业人员贫困的重要原因。在失业救济水平较高的匈牙利，1993 年有失业人员的家庭仅占贫困家庭的 17.5%，而同期这一比例在俄罗斯为 63%。

表 12.3　俄罗斯各收入组别人员的构成(1993 年调查数据)(%)

类　　别	非常穷困	穷困	中等收入	高收入	总和
年轻就业者	36.5	38.5	44.4	46.8	43.1
继续工作的退休者	0.8	0.7	4.4	12.6	4.3
退休者	6.6	13.4	20.7	18.2	18.6
失业的成年人	15.9	12.4	4.4	4.7	6.6
大学学生	1.2	1.8	3.5	1.7	2.9
其他在校生	19.9	17.9	15.0	9.1	15.2
学龄前儿童	18.3	14.9	7.6	6.9	9.2
其他人员	0.8	0.4	0.0	0.0	0.1

资料来源：Rimashevskaya, N., 1997, "Poverty Trends in Russia: A Russian Perspective," in Jeni Klugman (ed.) *Poverty in Russia: Public Policy and Private Responses*, The International Bank for Reconstruction and Development, The World Bank.

实际上，失业只是导致转轨经济国家收入差距扩大的直接原因，根本原因还应归结为经济体制的转轨本身。

首先，对计划经济体制下不合理的平均分配格局的改变是造成收入差距扩大的原因之一。计划经济体制的一个特点就是对劳动者实行过于平均的分配，人为地抹煞了不同劳动者对社会贡献的不同和人力资本含量的不同。在经济体制的转轨过程中，这一不合理的现象得到了改变，劳动力资源开始借助于市场机制来实现配置，于是客观上必然造成收入差距的扩大，个人能力对收入的决定起到了较大的作用。例如在波兰，只受过很少正规教育的人贫困的可能性是受过高等教育的人贫困的可能性的 9 倍，在罗马尼亚这一比率为 5 倍。

其次，转轨经济国家所实行的经济政策也影响到收入差距的变化。例如在俄罗斯，改革前地区间的工业布局明显地表现出其不合理性。在改革后，俄罗斯没有采取足够的政策来纠正这种工业布局的不合理现象，没有采取充分的措施(如发展住房市场)来增进劳动力的流动，因此改革前的工业布局的不合理现象就在市场化改革后成为加剧地区间收入不平等的一个重要原因。有数据表明，1995 年 6 月，俄罗斯 20%的富有地区(主要是一些资源丰富的地区和莫斯科地区)得到了总收入的 44%，而 20%的贫困地区(主要是北高加索地区和伏尔加地区的共和国)只得到了总收入的5%。①

① 此处一系列数据引自 World Bank, 1996, *World Development Report 1996: From Plan to Market*, New York: Oxford University Press:70—71。

第三，转轨过程中法制建设的相对滞后也促使社会上形成了一个暴富群体。不可否认，在经济转轨的过程中，由于制度变革的速度较快，新生事物较多，客观上就造成了法制建设的相对滞后。于是不少人借法制不健全之机成了暴发户，这也成为转轨经济中收入差距扩大的一个特殊原因。这一点在俄罗斯突出地表现为私有化过程中不少人通过各种手段（包括非法手段）聚集了大量的私有资产，从而跻身于富人阶层。

虽然各转轨经济国家收入差距扩大的原因有相似之处，但后果却有所不同。在以俄罗斯为代表的采取激进改革方式的国家，由于改革过程伴随着收入分配格局的迅速变化，从而导致一部分人实际收入下降。紧接着出现的问题是全社会的消费需求下降，进而加剧了经济的滑坡，并进一步导致全社会的人均收入水平下降。

在俄罗斯和东欧、中亚的转型国家，激进的市场化改革给这些国家的居民带来的是生产滑坡、社会和政治的动荡，以及失业率上升、收入差距扩大。尽管仍然有人认为，这些困难只是暂时的，但越来越多的人相信，经济学对于体制转型知之甚少，一个国家不应忽视自己的传统和历史条件，盲目地模仿其他国家的制度模式。

12.4 中国的收入分配变化及成因

12.4.1 收入差距及其变化趋势

在改革开放之前，中国的居民收入差距是被人为地控制的，其中的重要原因在于工资收入的均等化压低了人力资本的回报，同时，强大的中央财政力量又通过地区间资源转移支持了中西部的发展，控制了地区间的收入差距。当时的收入差距主要是由较为严重的城乡分割和城乡间收入差距造成的，而这又是因为中国在改革之前采取了压低农产品价格以支持工业发展的政策。

改革开始之后的这段时间里，中国的收入差距总体上呈现出扩大的趋势，而且与其他国家相比，水平也较高（参见图 12.7 和图 12.8）。值得欣慰的是，在 2008 年之后，中国全国的基尼系数进入了下降阶段。另外一个值得注意的现象是，如果将中国看作城市和农村两个部分（见图 12.7），其各自内部的收入差距均大大低于总体的收入差距。由此也可以推断，城乡之间的收入差距在中国整体的收入差距中“贡献”很大。

当然，由于中国是一个幅员辽阔、人口众多的国家，单纯以基尼系数来反映收入差距的严重程度也有些片面，即使是城市内部和农村内部的收入差距实际上也是不同地区的城市和农村居民之间的收入差距。因此，有研究指出，如果计算一下根据生活成本调整后的基尼系数，截止到 2002 年，全国的基尼系数没有超过 0.4。

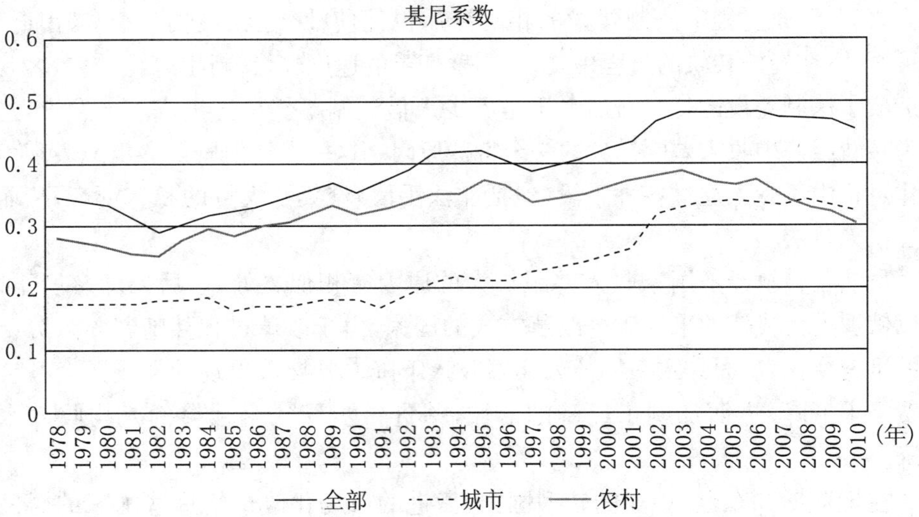

资料来源：由万广华估计并提供。

图 12.7　中国的基尼系数(1978—2010 年)

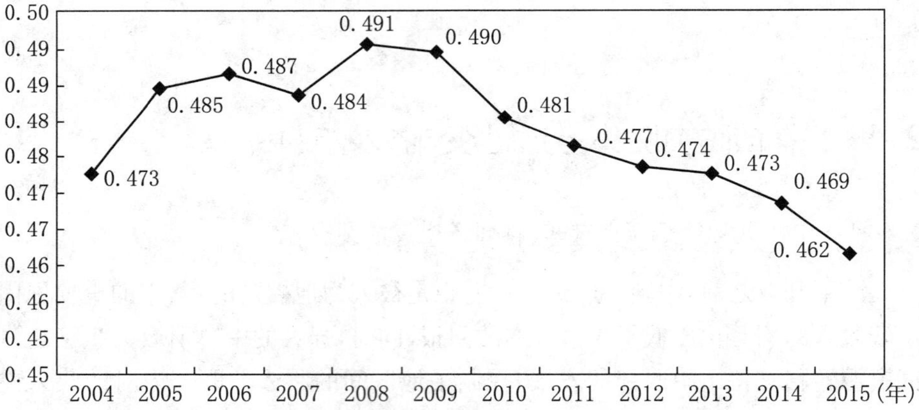

资料来源：原始数据来自国家统计局，直接来源为中国经济数据库(CEIC)。

图 12.8　中国的基尼系数(2004—2015 年)

正如我们在前面分析到美国收入差距问题时所说的那样，如果社会上的收入流动性大，那么，收入差距本身的危害就可能被缓解。如果总结有关改革开放以来中国收入流动性的研究，大致可以得到这样的结论，与美国等发达国家相比，中国在上世纪 80—90 年代的收入流动性还是比较高的。但是，值得注意的是，在较近的研究中，均发现中国的收入流动性有下降趋势。

12.4.2　收入差距的成因及分解

利用之前介绍的泰尔指数的分解，可以将中国收入差距的成因分解为城乡间、地区间、农村内部和城镇内部几个方面，不难看出，中国的收入差距主要是由巨大的城乡和地区间收入差距造成的。同时，正如图12.9所示，中国的农村内部和城镇内部的收入差距也在上升。

（1）城乡之间的收入差距。城乡居民收入的差距在20世纪80年代初期呈缩小的趋势，这主要是因为农村改革带来了农村居民收入的提高。之后这一比率又呈现出上升趋势，到1994年之后又有所下降，这主要是因为当时农产品的收购价格有所上升，但1997年之后，城乡差距再次呈现出扩大的趋势。尽管近年来政府下大力气对待“三农”问题，免征农业税，并对种粮户进行补贴，城乡差距扩大的趋势受到了控制，自2009年之后，城乡差距有所缩小。正如我们在劳动力流动那章所指出的那样，要最终消除城乡间收入差距，根本上不能依赖补贴，而是要去除制度障碍，促进劳动力流动。

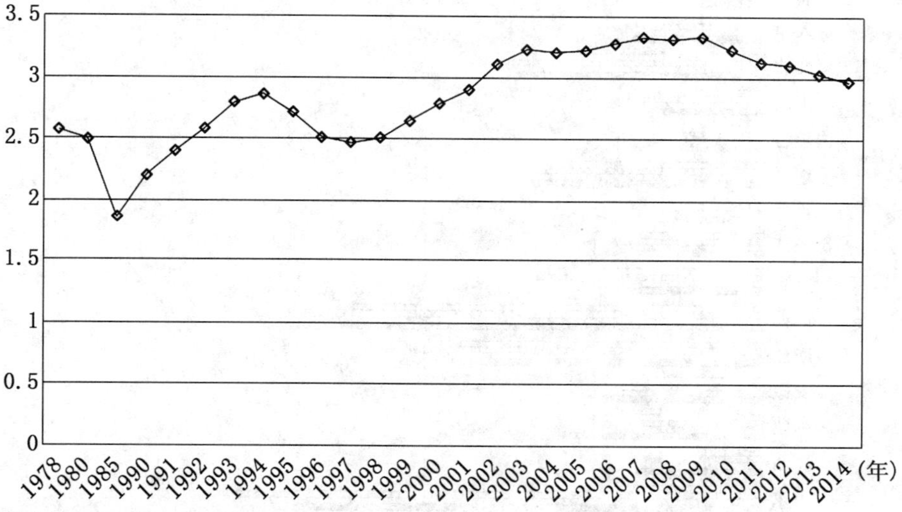

资料来源：《中国统计年鉴2015》。

图12.9　中国城乡人均年收入之比（1978—2014年）

（2）地区之间的收入差距。改革开放之后，中国的地区差距总体上也呈现出扩大趋势，直到大约2004年之后，以人均GDP的省间差距为度量指标的地区间差距才有所下降。世界银行的报告认为，地区间收入差距的扩大虽然有政府贸易和投资政策倾斜于东部沿海地区的因素，但更为根本的原因在于中国不同地区间的比较优势在改革前受到了抑制，改革后国家对沿海地区实行的优惠政策是为了发挥地区间的比较优势，因而也有合理的成分。①

讨论：经济在少数地区集聚是否必然带来地区间收入差距的扩大？如果人口能够自由流动，使得经济的集聚与人口的集聚同步出现，地区间人均收入差距会如何变动？中国在2004年后出现的地区间收入差距缩小真的是地区间的经济发展水平在“收敛”吗？

① 参见World Bank，1996，*World Development Report 1996：From Plan to Market*，New York：Oxford University Press：70。

【背景】

工业集聚与地区差距

在改革开放以来，向沿海地区（特别是长江三角洲、珠江三角洲和环渤海湾地区）的工业集聚伴随着地区间收入差距的扩大。图 12.10 绘制了 2001 年之后中国各地区的工业 GDP 份额，从中我们可以非常清晰地看到，东部沿海省份在全国工业 GDP 中所占的份额仍然很高。

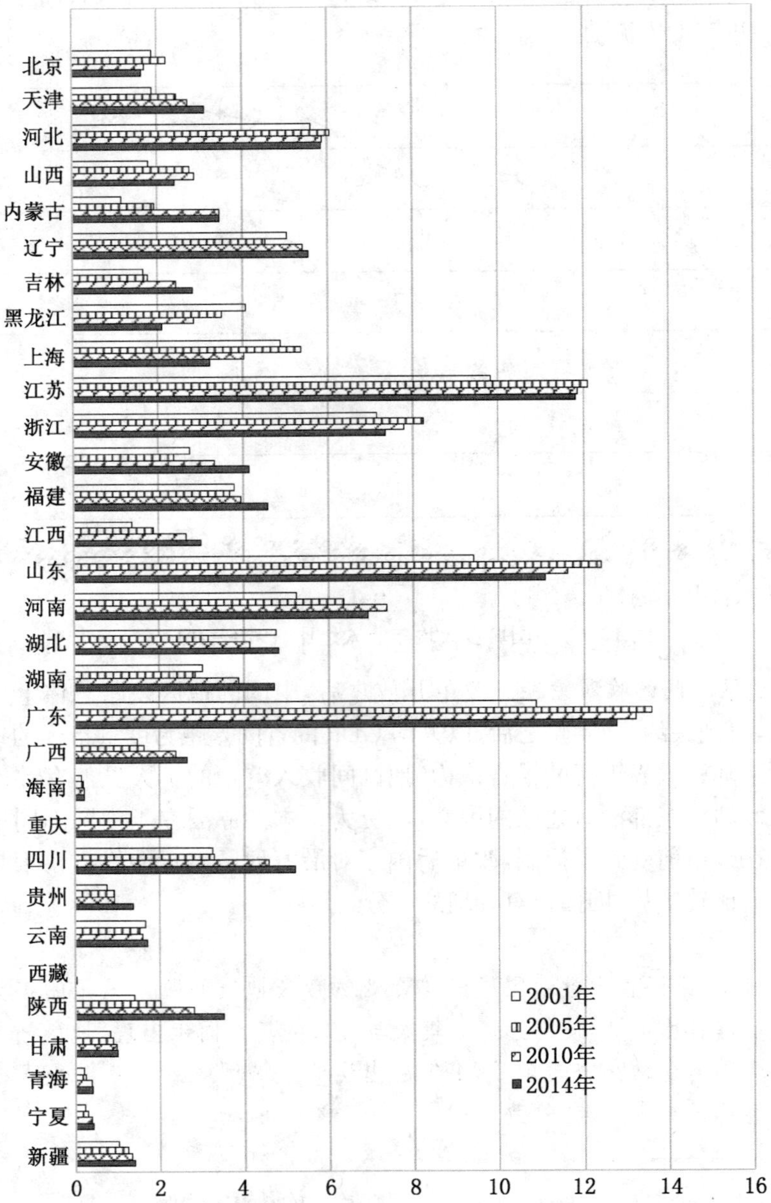

图 12.10 1987—2014 年各省的工业比重份额(%)

外部性和收益递增这两个经济学概念对于我们理解产业集聚现象具有重要的意义。如果一种活动使得其他主体获益(或受损),而这种活动的实施者却没有相应得到补偿(或受到惩罚),那么,正(负)外部性就产生了。在区域经济发展中,正外部性的作用是非常大的,其中,特别重要的是企业之间相互产生的正外部性。例如,一家企业的生产活动能够为当地的相关企业培养一支技术劳动力队伍,一家企业的创新活动能够为相关企业提供创新的经验和创新的人才,其创新成果也往往能够被其他企业分享。此外,一家企业在生产所需的公共设施方面所采取的投资(或者政府的公共投资)也往往能够给当地的其他企业带来获益。于是,一旦有一家企业在一个地方落了户,它就可能在劳动力、技术和公共设施等方面对当地其他企业产生正的外部性,这种正外部性既可以发生在同类企业之间,也可能通过前向后向的联系发生在上下游企业之间。于是,正外部性成了企业集聚在一起,相互产生积极影响的动力来源。

收益递增是经济学里非常有用的概念。要理解收益递增机制并不难,只要想象一个小球在马鞍上滚动就行了,这个小球如果要从马鞍的一头滚动到另一头,就必须沿着马鞍的中轴线滚动,而任何一个偶然性因素的出现都可能使小球的运动偏离中轴线,越滚越快,最后滑到地面。收益递增概念能够帮助我们理解在现实生活中的很多现象,特别是由偶然因素导致的结果。在工业集聚这一问题上,外部性和收益递增是共同发生作用的机制。只要有一个初始的动力使得工业发展的不均衡出现,在工业发展好的地区就将产生很强的企业之间的正外部性,而收益递增机制则会加强这种企业之间的外部性和对新进入企业的吸引力。

在上述机制的作用下,产业集聚成为全球普遍存在的现象。但是,如果产业集聚过程中,生产要素在集聚地的价格上升超过了集聚带来的好处,那么,集聚就可能走向扩散。

但是,中国在2003年之后出现一些中西部省份工业GDP在全国占比上升的现象却不仅仅是通常市场经济下的产业扩散,而在很大程度上是通过行政干预手段来实现的,包括大量的资金支持和建设用地指标倾斜政策。如果在中西部省份发展的工业不符合当地的比较优势,没有规模经济效应,缺乏市场竞争力,这样的工业发展未必可持续,相反,却有可能带来全国范围内资源配置效率的下降,以及欠发达地区的财政和债务负担。①

总之,产业扩散是不是“好”的,要看它是不是在市场经济下实现的,是不是符合各个地区自身的比较优势和地区之间相互分工的原则。遗憾的是,有研究发现,大约在2005年之后,中国省之间的专业化程度是下降的。②

① 请参见:陆铭,2016,《大国大城》,上海人民出版社。

② 请参见:吴意云、朱希伟,2015,《中国为何过早进入再分散:产业政策与经济地理》,《世界经济》第2期,第140—166页。

(3) 农村内部的收入差距。图 12.7 显示,农村家庭人均收入的基尼系数总体上呈现上升再下降的趋势。农村内部收入差距(及其变化)的一个重要影响因素是农村内部不同地区之间非农产业发展的差距(及其变化),具体表现为农业户和非农户之间收入差距的扩大。由于中国是一个大国,一些欠发达地区的农民缺乏在当地获得非农就业的机会,要提高他们的收入,还是要通过促进农民跨地区寻求更高的收入和更多的就业机会来实现。

(4) 城镇内部的收入差距。图 12.7 同样显示,城镇家庭人均收入的基尼系数总体上也呈现上升趋势,到近年来才有所缩小。城镇内部的收入差距已经超过了农村收入差距,在全国收入差距中的相对重要性也随之提高。在城镇内部,女职工的收入相对于男职工的收入更低了。由于人力资本回报率的提高,受教育程度高的职工和专业技术人员的收入相对变得更高了。不同行业和不同所有制之间职工工资差距也有所扩大,这也反映出城镇的劳动力市场仍然处在相互分割的状态。城镇常住人口内部,由于户籍身份造成的本地居民和外来人口之间的收入差距,也会反映在城镇收入差距上。当然,同样道理,城镇之间的人口流动仍然不够充分,也是城镇人口内部收入差距的影响因素。

讨论:随着城镇人口比重逐步提高,城镇内部的收入差距将越来越能够反映全国层面的收入差距。想想,在思考城镇收入差距的问题时,我们还遗漏了什么方面?

通过以上的讨论,我们可以对中国的收入差距问题进行一些总结性的评价。

首先,改革以来中国收入差距的扩大有其合理的一面,其中,资源更有效率的配置、价格体系更加合理、教育的回报更高、体制安排更加合理等市场化因素都在不同程度上成为扩大收入差距的力量。但是,不能否认,一些不公正的因素(如行业垄断、权力寻租、户籍身份歧视等)也成为收入差距扩大的原因。

其次,尽管全国的收入差距已经非常大,但这主要是由中国巨大的地区间和城乡间收入差距造成的。从趋势上来看,一些市场的力量(比如人力资本投资回报率的提高)仍然可能导致地区内部的收入差距扩大。

第三,中国的居民收入差距虽然也在扩大,但与其他经济转轨国家相比,中国收入差距扩大的速度却相对较慢,同时,由于在改革以来中国的人均收入水平保持了持续的快速增长,这就可能使得收入差距扩大对于社会经济发展的负面影响在短期内被掩盖起来。

从政策的角度来看,通过经济的平衡发展缩小中国地区间和城乡间收入差距是缩小全国收入差距的关键,但平衡发展的关键不是通过行政力量在欠发达地区发展他们缺乏比较优势的产业,而是应该促进市场建设,让每个地区、每个城市发挥比较优势,找到当地产业的竞争力。一个地区如果经济总量有限,那么,就通过人口流出来提高当地的人均收入,最终实现地区之间人均收入的趋同。

其次，改进一些微观政策，如个人所得税政策、社会保障政策、劳动力流动政策、教育政策（特别是增加基础教育的投入），将有助于缩小收入差距，提高收入流动性。对于在改革过程之中遗留的一些不公正因素而造成的收入差距扩大问题，只有通过不断深化改革和完善市场体制来加以消除。

现代市场经济不可能没有收入差距。在经济改革的第一阶段，中国通过市场的竞争提高了经济的效率，也使得中国成功地利用了自己的劳动力低价优质的比较优势实现了经济的高速增长。但当收入分配不均的负面影响越来越显著，尤其是当不公正因素造成的收入差距越来越被人们所厌恶的时候，和谐社会的构建被提出，收入分配得到社会各界的高度关注。建设公正的市场经济，将收入差距调整到一个合理的水平应该被政府作为施政目标，只有这样，才能实现经济的持续增长与社会的和谐发展。

思考题

1. 拉丁美洲各国收入差距大、经济增长慢和亚洲经济收入差距小、经济增长快。中国地处亚洲，但收入差距却很大，经济增长也很快。为什么会这样？中国和其他亚洲国家（地区）的发展道路有何异同？中国怎样避免“拉美化”？

2. 在中国旧有的计划经济体制下，有一个权力结构，一些部门和群体拥有更强的控制经济资源的权力，比如说，一些行业垄断程度更高，一些人更有特权和关系。经济转型的过程中，在这个权力结构之下，收入差距会发生什么样的变化？收入的流动性会受到什么样的影响？

3. 在理论上，要找到控制收入差距的政策措施并不难，比如征收累进的个人所得税，开征物业税和遗产税，但这些措施却面对很大的阻力。这是为什么？

4. 有人说，由于存在着集聚效应，将投资引导到城市和沿海发达地区产出更高，因此，政府将投资引导到西部地区是牺牲效率换公平。对此你怎么看？如果要促进地区之间的收入均等化，向欠发达地区转移资源是唯一的办法吗？（提示：人均 GDP＝GDP/人口，请思考，提高一个地方的人均 GDP 有几个办法？分别适用于什么样的产业和地区？具体的讨论，请参阅陆铭，2016，《大国大城》，上海人民出版社。）

5. 当我们批评垄断行业收入太高的时候，他们会说：“不对啊，我们收入高，是因为我们雇用了大量教育水平更高的员工啊。”对此，怎样从理论逻辑和实证检验两个角度进行回应？

6. 公共服务均等化的重要意义是缓解由名义收入差距带来的福利差距，是一项保护低收入阶层的社会政策。在大城市收入差距较大，公共服务均等化政策尤其重要。请思考，在中国存在的将户籍身份与公共服务享受权利挂钩的政策是不是达到了这样的政策目标？

7. 近些年，收入分配制度改革正在成为中国政府的工作重点。在今天的中国，这一改革有何意义？社会和谐和经济增长是什么样的关系？

【新闻】

四部委有关负责人就改革收入分配制度答记者问

新华社北京7月17日电　改革收入分配制度，规范收入分配秩序，构建科学合理、公平公正的社会收入分配体系，是贯彻落实科学发展观、建设社会主义和谐社会、完善社会主义市场经济体制的迫切要求。这项工作关系到最广大人民的根本利益，关系到广大干部群众积极性、主动性、创造性的充分发挥，对于全面建设小康社会、开创中国特色社会主义事业的新局面具有重要意义。中央政治局研究改革收入分配制度的会议精神使广大人民群众深受鼓舞，社会各界十分关注。就此，我们采访了人事部、财政部、民政部和劳动保障部的有关负责人，请他们就这项改革的有关情况向大家作了介绍。

问：我国为什么要进行收入分配制度改革，其重要意义何在？

答：改革开放以来，我国收入分配制度改革不断深化，劳动、资本、技术和管理等生产要素按贡献参与分配的原则逐步确立，按劳分配为主体、多种分配方式并存的分配格局逐步形成。随着国民经济的持续快速健康发展，城乡居民收入较大幅度地增长，社会保障制度改革取得长足进展，城镇困难群众基本生活保障水平相应提高，人民生活总体上达到了小康水平。但是必须看到，收入分配领域还存在一些不容忽视的问题，城乡之间、地区之间、行业之间的收入差距还在扩大，一些行业收入水平过高，分配秩序比较混乱，妥善处理和解决这些问题，必须进一步深化收入分配制度改革，理顺收入分配关系，这是建设社会主义和谐社会的重要方面。收入分配问题解决好了，社会公平能够得到维护和实现，各方面的社会关系才能协调，人们的积极性才能充分发挥出来，整个社会才能充满活力。

问：收入分配制度改革将遵循哪些原则，要达到的目标是什么？

答：收入分配制度改革将遵循以下原则：一是坚持和完善按劳分配为主体、多种分配方式并存的分配制度，坚持各种生产要素按贡献参与分配。二是在经济发展的基础上，更加注重社会公平，合理调整国民收入分配格局，使全体人民都能享受到改革开放和社会主义现代化建设的成果。三是进一步理顺分配关系，完善分配制度，着力提高低收入者收入水平，扩大中等收入者比重，有效调节过高收入，取缔非法收入，努力缓解地区之间和部分社会成员之间收入分配差距扩大的趋势。

收入分配制度改革的目标是要通过深化改革，建立科学合理的工资制度；通过规范秩序，遏制收入分配的混乱现象，逐步缩小地区间、部门间的收入差距；通过统筹兼顾，着力构建科学合理、公平公正的社会收入分配体系。

问:公务员工资制度改革受到社会各界的普遍关注,请介绍一下当前推进这项改革的主要原因。

答:首先,改革公务员工资制度是落实《中华人民共和国公务员法》的必然要求。公务员法已于今年1月1日开始施行,公务员法明确规定"公务员实行国家统一的职务与级别相结合的工资制度"。按照公务员法的规定,需要对现行的公务员工资制度进行改革,建立国家统一的职务与级别相结合的、科学完善的公务员工资制度。根据公务员法的规定,今年3月召开的十届全国人大四次会议审议通过的《政府工作报告》,也把改革公务员工资制度作为今年政府的一项重要工作确定下来。其次,现行的公务员工资收入分配面临的矛盾和存在的问题比较突出,改革势在必行。一是收入分配秩序比较混乱;二是工资制度不尽合理;三是工资管理体制需要完善。这些问题说明,原来的工资制度已难以适应社会主义市场经济发展的要求,不利于建立规范和谐的收入分配秩序,一定程度上影响了公务员工作的积极性和队伍稳定,必须深化公务员工资制度改革。第三,改革公务员工资制度和规范公务员收入分配秩序,可以引导和带动整个社会收入分配制度的改革,逐步理顺社会各方面的收入分配关系,对于构建科学合理、公平公正的社会收入分配体系有着积极的促进作用。

问:公务员工资制度改革的主要特点是什么?

答:主要有以下三个特点:一是重在建立新制度,形成新机制。通过简化工资结构、增设级别、增强级别功能、完善工资调整办法等措施,进一步加强工资的激励作用,促进公务员队伍建设。二是适当向基层倾斜。我国公务员队伍60%在县以下基层单位,92%是科级以下人员。为了鼓励广大基层公务员安心本职工作,工资改革中采取了相应的倾斜措施。主要有:加大低职务对应级别数,使低职务公务员有充分的晋升空间;实行级别与工资等待遇适当挂钩,使基层机关因机构规格和领导职数限制没有晋升职务机会的公务员也能提高待遇;对县乡党政主要领导高定级别等等。三是向艰苦边远地区倾斜。完善艰苦边远地区津贴制度,扩大实施范围,提高津贴标准,增加津贴类别,建立动态调整机制。这对于扶持艰苦边远地区公务员提高工资收入,缩小地区间收入差距有着重要作用。

资料来源:人民网,2006年7月17日,http://politics.people.com.cn/GB/1027/4600530.html。

8. 人类处在一个全球化和知识经济的时代,这对于收入差距有何影响?为什么?反全球化是解决收入差距问题的出路吗?

9. 东亚经验既表明经济发展的早期收入差距并不一定扩大,也表明,经济的进一步发展并不一定伴随着收入差距的缩小。请读者查阅东亚主要经济体收入差距变化的资料,思考经济发展与收入差距之间的关系。

10. 欧洲大陆国家收入差距小,失业率高,经济增长相对较慢。美国收入差距大，失业率低，经济增长相对较快。这些现象背后的机制是什么？中国在自己的发展道路上，应该朝着什么方向走？在现代市场经济的道路上，对于增长和分配两个目标，人类将走向何处？

11. 以法国经济学家皮凯蒂为代表的一些学者提出，只有全球共同行动，对资本所得进行征税，才能控制全球收入差距普遍扩大的趋势。对此，你如何评价？一个国家单独行动，会产生什么结果？

后记

读者见到此书时，距离上一版已经整整十年。

本书上一版出版之后一年，全球金融危机爆发。之后，国际上出了些大事儿：欧债危机、难民潮、《21世纪资本论》畅销、英国脱欧……直到本书修订时，特朗普当选。

反观国内，除二孩政策放开之外，乏善可陈。经济增长的曲线，从2003年之后狂升，2008年之后开始下滑，到2009—2010年间，随着刺激计划的实施，经济略有起色，之后，又一路下滑。十多年来的经济增长线，很像"过山车"，但很少有人严肃地去想，过山车的后半段与前半段的关联。

国际上的问题，是经济全球化做大蛋糕后如何分配的问题。

国内的问题，是到底要不要持续推进市场化改革，推进市场统一和生产要素自由流动，提升资源配置效率和国家竞争力的问题。这些问题不解决，就算是曾经有外力助推经济增长，到了过山车的顶，还是会滑下来。

而这些，在最基本的方面都与劳动力资源能不能得到有效配置有关。

想来想去，还是要花点时间，把这些道理说说。这是我们能够为更好的当下以及未来所做的努力，不仅为了中国，也为了整个世界。

感谢上海交通大学王瑞协助更新部分数据。

感谢很多人。感谢出版社。

陆　铭

2017年3月

图书在版编目(CIP)数据

劳动和人力资源经济学:经济体制与公共政策/陆铭,梁文泉著.—2版.—上海:格致出版社:上海人民出版社,2017.7(2020.1重印)
(当代经济学系列丛书/陈昕主编.当代经济学教学参考书系)
ISBN 978-7-5432-2757-6

Ⅰ.①劳… Ⅱ.①陆… ②梁… Ⅲ.①劳动经济学
Ⅳ.①F240

中国版本图书馆CIP数据核字(2017)第095405号

责任编辑 钱 敏 王梦茜
装帧设计 敬人设计工作室
吕敬人

劳动和人力资源经济学(第二版)
——经济体制与公共政策
陆 铭 梁文泉 著

出 版 格致出版社
上海三联书店
上海人民出版社
(200001 上海福建中路193号)
发 行 上海人民出版社发行中心
印 刷 浙江临安曙光印务有限公司
开 本 787×1092 1/16
印 张 18.75
插 页 3
字 数 382,000
版 次 2017年7月第1版
印 次 2020年1月第2次印刷
ISBN 978-7-5432-2757-6/F·1032
定 价 49.00元

当代经济学教学参考书系

劳动和人力资源经济学——经济体制与公共政策(第二版)/陆铭等著
宏观经济学数理模型基础(第二版)/王弟海著
金融学原理(第六版)/彭兴韵著
货币理论与政策(第四版)/卡尔·瓦什著
精通计量:从原因到结果的探寻之旅/乔舒亚·安格里斯特等著
鲁宾斯坦微观经济学讲义(第二版)/阿里尔·鲁宾斯坦著
机制设计理论/提尔曼·伯格斯著
博弈论/迈克尔·马希勒等著
金融市场学/彭兴韵著
信息与激励经济学(第三版)/陈钊著
经济增长导论(第三版)/查尔斯·I.琼斯等著
劳动经济学:不完全竞争市场的视角/提托·博埃里等著
衍生证券、金融市场和风险管理/罗伯特·A.加罗等著
国际贸易理论与政策讲义/理查德·庞弗雷特著
高级微观经济学教程/戴维·克雷普斯著
金融基础:投资组合决策和证券价格/尤金·法玛著
环境与自然资源经济学(第三版)/张帆等著
集聚经济学:城市、产业区位与全球化(第二版)/藤田昌久等著
经济数学引论/迪安·科尔贝等著
博弈论:经济管理互动策略/阿维亚德·海菲兹著
新制度经济学——一个交易费用分析范式/埃里克·弗鲁博顿等著
产业组织:市场和策略/保罗·贝拉弗雷姆等著
数量金融导论:数学工具箱/罗伯特·R.雷伊塔诺著
微观经济学:现代观点(第九版)/H.范里安著
《微观经济学:现代观点》练习册(第九版)/H.范里安等著
现代宏观经济学高级教程:分析与应用/马克斯·吉尔曼著
政府采购与规制中的激励理论/让·梯若尔等著
集体选择经济学/乔·B.史蒂文斯著
市场、博弈和策略行为/查尔斯·A.霍尔特著
公共政策导论/查尔斯·韦兰著
宏观经济学:现代原理/泰勒·考恩等著
微观经济学:现代原理/泰勒·考恩等著
微观经济理论与应用:数理分析(第二版)/杰弗里·M.佩洛夫著
国际经济学(第七版)/西奥·S.艾彻等著
新动态财政学/纳拉亚纳·R.科彻拉科塔著
全球视角的宏观经济学/杰弗里·萨克斯著
《微观经济学》学习指南(第三版)/周惠中著
《宏观经济学》学习指南/大卫·吉立特著
法和经济学(第六版)/罗伯特·考特等著
宏观经济理论/让-帕斯卡·贝纳西著
国际经济学(第五版)/詹姆斯·吉尔伯著
博弈论与信息经济学/张维迎著
计量经济学(第三版)/詹姆斯·H.斯托克等著
微观经济学(第三版)/周惠中著
基本无害的计量经济学:实证研究者指南/乔舒亚·安格里斯特等著
中级公共经济学/吉恩·希瑞克斯等著
应用微观经济学读本/克莱格·M.纽马克编
理性的边界/赫伯特·金迪斯著
合作的微观经济学/何维·莫林著
策略:博弈论导论/乔尔·沃森著
博弈论教程/肯·宾默尔著
经济增长(第二版)/罗伯特·J.巴罗著
宏观经济学/查尔斯·琼斯著
经济社会的起源(第十三版)/罗伯特·L.海尔布罗纳著
政治博弈论/诺兰·麦卡蒂等著
发展经济学/斯图亚特·R.林恩著
宏观经济学:现代观点/罗伯特·J.巴罗著
合同理论/帕特里克·博尔顿等著
高级微观经济学/黄有光等著
货币、银行与经济(第六版)/托马斯·梅耶等著
全球市场中的企业与政府(第六版)/默里·L.韦登鲍姆著
经济理论中的最优化方法(第二版)/阿维纳什·K.迪克西特著